现代立国法政文献编译丛书

丛书主编　高全喜

法国革命时期法政文献选编

本卷主编　施展

王新连　等　编译

清华大学出版社

北京

图书在版编目（CIP）数据

法国革命时期法政文献选编 / 施展主编；王新连等编译.
-- 北京：清华大学出版社，2016
（现代立国法政文献编译丛书）
ISBN 978-7-302-40905-2

Ⅰ.①法… Ⅱ.①施… ②王… Ⅲ.①法律－文献－汇编－法国－近代 ②政治－文献－汇编－法国－近代 Ⅳ.①D956.59 ②D756.59

中国版本图书馆CIP数据核字（2015）第165626号

责任编辑：周 菁
封面设计：贺维彤
责任校对：王荣静
责任印制：宋 林

出版发行：清华大学出版社
网 址：http：//www.tup.com.cn，http：//www.wqbook.com
地 址：北京清华大学学研大厦A座 邮 编：100084
社 总 机：010-62770175 邮 购：010-62786544
投稿与读者服务：010-62776969，c-service@tup.tsinghua.edu.cn
质量反馈：010-62772015，zhiliang@tup.tsinghua.edu.cn
印 刷 者：三河市君旺印务有限公司
装 订 者：三河市新茂装订有限公司
经 销：全国新华书店
开 本：185mm × 260mm 印 张：32.25 字 数：566千字
版 次：2016年1月第1版 印 次：2016年1月第1次印刷
定 价：90.00元

产品编号：057329-01

《现代立国法政文献编译丛书》的编辑翻译工作，得到“上海能近公益基金会”和“上海世界观察研究院”的学术基金资助，在此深表谢忱！

政治宪法学的积薪之业
——《现代立国法政文献编译丛书》代序言

高全喜

风雨如晦，鸡鸣不已。

屈指数来，从2006年秋季筹划现代六大国制宪兴邦的此一系列法政文典汇编，至今已有九载，现《现代立国法政文献编译丛书》出版在即，回首其中经历的曲折艰辛，感慨良多，难以成眠。

记得我在最初的一份文案中曾经这样写道："这是由一群非常之人所从事的世界上主要大国宪政之成败得失的非常时期之非常人物之非常之文的编译工作，我们力求将之作为一项志业来做。"我在这句话中刻意用了四个"非常"的词汇，为什么我有这样的期许呢？

译介发端

文艺复兴与宗教改革之后，欧美各国先后建立起自己的宪政民族国家，其中法政文献资料浩繁无涯。今日的中国正处于政治转型时期，迫切需要学习成功国家制宪建国的法政经验，鉴取它们的教训。目前中国法政学界译介西方专业性的学术著作已经较为成功，各种译丛名目繁多，但是，以西方现代大国立国时期的法政思想为主题的综合性翻译丛书尚有遗缺，而我这些年学术思想的关怀，恰恰在此。

自从当年主编《大国》丛刊（后来改名为《大观》丛刊）之时起，我就对现代国家的宪政发生学情有独钟，认为那是一个非常时期，即制宪立国兴邦的伟大时期。这个时期的现代诸国各自究竟是如何开源生发出来，以至于根深叶茂、蔚为壮观的？时下的各种翻译文献并没有这样的自觉意识去深入浅出地把握辨析。因此，选择当今世界在政法方面业已取得成功的六个国家（尽管其中有些国家的制宪立国之路不无曲折）——确切地说是英国、美国、法国、德国、日本、俄罗斯六国，尤其是精选这些国家在建国时期（或非常转型时期）的一些重要法政篇章、文典宪制，按照政治宪法学的学术体例加以遴选、编排和翻译，从而为我国的法政理论乃至制度实践提供思想理论上的资源储备，就成为我主持的这套《现代立国法政文献编译丛书》之六卷集的主旨。

按照我在九年前的设想，这一系列当时暂定名为“现代立国法政文献编译丛书”的译丛总共六卷，集萃英国、美国、法国、德国、日本、俄罗斯六国的立宪文典。每国一卷，篇幅在50万字，全部《译丛》总计300万言。为了尽可能保持历史原貌以及思想蕴涵，计划每卷遴选的法政人物5~10人，他们主要是政治家（如大臣、外交家、大法官等）、政治思想家、历史学家、法学家等传统意义上的法政人物或国家精英，而不是20世纪以降的所谓大学职业教授。因为立宪不仅是理论工作，更是一项最为严肃的实践工作。宪法学的研究不能仅仅关注技术细节，更应有一种大的视界与实践感。这常常是今人所短，亦是前人所长。

整个《译丛》文献的选择时间段大致在15世纪之后，第二次世界大战之前，从政治史的视野看，在这个时期西方诸国，以及日本等东亚国家，都大致完成了各自国家作为现代国家的立国建制之功。但是，由于各个国家的历史传统、政治情势等具体境况不同，在这个时间跨度内，每个国家独具的立宪建国的非常时刻也是不尽相同的。所以，久经斟酌，在众多编译者群策群力之下，这部译丛命名为《六国立宪文典》，并且每卷都精心商定了醒目的五字书名。最终，在出版之际，因为种种考量，我们又改回最初定的丛书名——《现代立国法政文献编译丛书》，并用各分卷书名中的副标题取代了各分卷的五字书名。但我在以下行文之中，仍愿意按照斟酌底定的设想，称之为“六国立宪文典”。

为了达致荟萃现代国家“立宪建国之非常时期之非常法政人物之非常法政文献”这一编辑目标，就需要我与各个分卷主编对于具有政治宪法学意义的“立宪时期”具有深刻而审慎的理解，并据此审视宪政历史，遴选和把握其中的立国文典。因此，我觉得这部“文典”翻译文本的选择本身就是一个高度学术性和思想性的工作，作为总主持人，我的编选指导思想是非常明确的，即客观、富有张力地呈现各个国家关键时期的法政思想遗产。

我认为，这部出版在即的《现代立国法政文献编译丛书》，贯穿其中的主导性思想脉络大致有三个声部，即自由主义、保守主义和激进主义，上述三股强有力的现代政治思潮，发轫于各国的立宪建国的非常时期，因不同的政治机缘，喷薄而出，相互激荡，构成了今日世界范围内各国宪政制度之思想基础。

诸国之英

基于上述设想，通过数年之努力，“六国立宪文典”六卷集编译完成，其构成如下：

英国卷，《英国革命时期法政文献选编》，毕竞悦、泮伟江主编。英国卷包括六编，内容分别涉及有关主权和国家的争论、共和与自由的探讨、宗教与政治的纠葛、政党与议会政治的产生、国家的经济职能、普通法的“技艺理性”之特质。

1688年的“光荣革命”标志着英国历史转型的重大成功，由此在时间节点上向前可追溯到英国宗教改革、柯克大法官与詹姆斯一世国王关于普通法的论辩，至1640年“清教徒革命”和后来的复辟；向后可延伸到1707年英格兰与苏格兰合并，以至英国式议会主权、两党制和内阁制在18世纪中的缓慢形成与定型。在这个大历史的时段中，许多思想家围绕着英国命运的论辩不仅是思潮的交锋，而且在历史上直接影响到了英国在现代转型时刻的立宪实践。英国卷的编选立足译丛的主题构想，入选的人物著作涉及弥尔顿、哈林顿、霍布斯、洛克、博林布鲁克、柏克、胡克、温斯坦莱、威廉·配第、亚当·斯密、柯克大法官和黑尔大法官等人。入选的相关制度法令有《权利请愿书》（1628）、《人身保护令》（1676）、《宗教宽容法令》（1689）、《权利法案》（1689）、《王位继承法》（1701）。

英国卷所涉及的思想家多是近现代法政思想史上耳熟能详的关键人物，但是很多著作却未必为国人所熟知，而且这样的专题汇集也是第一次。哈林顿的《政治体系》是《大洋国》的姊妹篇，反映了他对于政府建构的主要观点。在国家制度的讨论方面，博林布鲁克是英国宪政史上最早系统阐述政党制度功能与意义的学者，他对如何防止政府腐败堕落，有相当精辟至今让人叹服的见解。《论爱国主义精神》体现了博林布鲁克对于爱国主义与立宪的关系，以及公民爱国的责任和义务等方面的观点，这部作品为客观看待我国当前的民族主义情绪的问题提供了参考。博林布鲁克还是英国民族主义思想的一个代表，他的民族主义观点很有英国特色。伯克本身是议员，许多议会的发言都很重要。《关于国会下议院改革的讲话》是柏克五十多岁思想成熟时期的一次重要的演讲，演讲中对诸如财产与自由、英国议会的形成等重要问题做出阐释，对此演讲稿的翻译与研读将对柏克本人的政治思想及英国宪政的原理提供助益，同时为对美国宪政产生深刻影响的英国辉格党传统和普通法的研究提供了资料。宗教因素在英国革命中占据了一个非常关键的维度，争论的核心都是围绕着英国国教展开的。因此，这部分主要选择了英国国教的理论集大成者胡克尔的《教会政制法规》第一卷所涉及自然法和政治的那部分。关于“光荣革命”前后的政治经济学重点体现在国家财政的革新，包括税收方面、信贷体系、英格兰银行等，围绕各派的争论展开，该部分所选的威廉·配第代表新兴产业资本的利益和要求，积极著书立说，为统治者出谋划策，为英国统治殖民地、夺取世界霸权寻找理论根据，是当时对于政治影响力最大的经济学家。柯克的贡献代表了英国的司法独立以及对公民权利的强调，司法独立方面选择了柯克所判决的两个最经典判例的判词，这两份判词对英国的政治思想史的影响是巨大而深远的。

美国卷，《美国建国时期法政文献选编》，柯岚、毕竞悦主编。美国卷共分五编，内容分别围绕殖民地的权利和地位、联邦政府、财政和联邦主义、司法权和司法审查、《权利法案》等来组织。收录的人物著作涉及托马斯·潘恩、杰弗逊、约翰·马歇尔、詹姆斯·威尔逊、汉密尔顿、麦迪逊、约翰·杰伊、乔治·梅森和理查德·亨利·李等，荟萃了《美国危机》《常识》《联邦党人文集》等为人熟知的经典著作。此外，附录中还选编了《五月花号公约》《独立宣言》《弗吉尼亚权利法案》《美国联邦宪法》《权利法案》《葛底斯堡演说》等。

以上涉及的人物不仅是当时法政领域内的著名思想家，而且很多同时是政治参与者，有些长期担任国家领导人，在当时美国的政治舞台上举足轻重，他们的思想和理论经受了美国立国实践的考验，有着建国创制的独到经验。美国宪政史中的重要人物与事件基本都为国内法政学界所掌握，本卷的选编在参考前人文献的基础上，尽量突出立宪文典的特色。从 1776 年美国发表了《独立宣言》，到 1787 年制定《美利坚合众国宪法》，正式成立美利坚合众国，在这个过程中，始终存在着两条主线：一是强调统一国家的重要性，构建一个统一的政府；二是注重基本的权利和自由。本卷选文围绕着上述两个主题，凸显了美国立宪中的核心话题。

法国卷，《法国革命时期法政文献选编》，施展主编。法国卷分为两部分，包括革命时期和后革命的复辟时期。法国卷选编的人物和著作有西耶斯的《第三等级是什么？》与《关于宪法评审团之授权及组织的意见》、罗伯斯庇尔《革命政府的诸原则》、贡斯当《恐怖的效果》、斯塔尔夫人《论国内和平》、特拉西《对孟德斯鸠〈论法的精

神〉的评论》;迈斯特的《宪政生成原理》;基佐的《论政府及其反对派》、圣西门的《论加强政治力量和财富的制宪措施》。

近代的法国是欧陆宪政发展的策动地，也是各种宪政思想的实验室。在大革命时期及其后的复辟时期，多种宪政思想之间有着激烈的交锋，并且多有付诸实践，给后世留下了诸多遗产。故而法国卷选辑书目即集中在这一段时期。西耶斯所代表的“1789年原则”是法国大革命初起的温和阶段，其理性共和国主张奠立了法国大革命的整体基调，并且是嗣后法国共和派的精神渊源。罗伯斯庇尔是雅各宾派的核心人物，激发了后世各国激进革命的想象力，而贡斯当是著名的自由主义者，他对雅各宾派思想的分析相当精当。特拉西是督政府宪法制定过程中的重要参与者，“空论派”的代表人物。他的这部作品写于复辟时期，是写给美国的杰弗逊的，对北美宪政思想影响很大，奠立了法兰西第三共和国的宪政理论基础。他此时既有实际的政治经验，又有足够的反思时间，故而其思考兼具学理性与现实性，奠定了法兰西第三共和国的宪政理论基础。迈斯特的著作是其政治思想的导言，从中可以看到欧陆保守主义的主要理论诉求。基佐著作中所论述的思想，在七月王朝基佐当政时期获得推行。他面对一个充满意见冲突的社会，对于秩序的思考是相当值得重视的。圣西门号称三大空想社会主义者之一，还是个执迷的工业主义者和精英主义者，他在19世纪前半叶提出的工业立国，工业家和法学家依凭理性治理社会，以此来建设现代国家的诸多想法，在相当程度上规定了法国嗣后的政治人物进思方向，并在实际上成为拿破仑三世所统治的法兰西第二帝国的官方哲学，推动了法国的工业革命。

日本卷，《日本明治前期法政史料选编》，张允起主编。日本卷由五部分组成：政治背景编、著述学说编、建议建言编、论说论争编和宪法草案编。日本社会转型时期的法政选择既有现实的利益纷争，又有东西碰撞的深厚历史背景，需要发掘其历史脉络和内在逻辑，从而揭示出选择方案的多样性及其时空局限，还历史以本来面目。

本卷试图通过对相关历史文献的译介，从政治背景、学说论争、建言建议、制度设计等多重角度，全面展示明治初期政治转型过程中学界、政界、舆论界对立国法政新秩序的构想与谋划。入选的人物有四十多位，加藤弘之、西村茂树、福泽谕吉、穗积八束、中江兆民、岩仓具视、木户孝允、大久保利通、山县有朋、黑田清隆、井上馨、伊藤博文、大隈重信、板垣退助、森有礼、中村正直、马场辰猪、井上毅等星光灿烂的人物被编译者一网选入。这么多人物，相应的文献著作和文章达到七十多篇，很难一一列举，张允起等编译者所耗费的心血汗青可鉴。例如建议建言编中那些给天皇提出的立宪政体建议，特别是宪法草案编所收录的五部宪法草案，既是立国法政理论浓缩的精华，更直接地反映了当时朝野重臣的宪政认识水平。又如政治背景编入选的法律、诏令和制度有五条誓文、政体书、废藩置县诏书、太政官职制、议院宪法颁布之诏、地方官会议开会之诏、爱国公党之本誓、立志社设立趣意书、大阪会议约定之草案、渐次树立立宪政体之敕谕、元老院开院典礼之诏书、命元老院起草宪法之敕语、进呈国宪草案之报告书、赐告开设国会之敕谕、为调查宪法诸制度派遣参议伊藤博文至欧洲之诏敕、内阁改制之奏议、内阁职权、内阁改制之诏敕、伊藤枢密院议长进呈上奏宪法稿案之表等 19 部文献，多为国内学界以往所未引介。

俄国卷，《俄国 19、20 世纪之交法政文献选编》，郭春生主编。俄国卷分为自由主义、激进主义和保守主义三编。自由主义派文献有政治改革的推行者、当时的大臣会议主席（即首相）斯托雷平在国家杜马等公开场合的 17 篇讲话，立宪民主党人米留科夫的两篇公开讲话，自由主义“左”派人士司徒卢威的选集摘译。激进主义派文献有革命恐怖主义者涅恰耶夫的《革命者教义问答》——涅恰耶夫的纲领被马克思称为兵营式社会主义的典型，民粹派革命家、布朗基主义者特卡乔夫的《恐怖是俄罗斯精神和社会复兴的唯一手段》，还有切尔诺夫为社会革命党撰写的纲领；坚持俄国传统的保守主义阵营的文献则有波别多诺斯采夫的《莫斯科文集》，吉霍米洛夫的《我为何不再当革命家》与《君主制国家体制》（节选）。他们大都亲身参加了俄国 1900 年前后大变革时代国家道路选择的政治实践——甚至是以反政府的恐怖主义方式，因而著作文献中有着不同观点和实践的激烈交锋，是对那个时代法政思想资源最精准最浓缩的反映。

当时俄国激进主义特别是马列主义的著作，已经大量地出现在中文文献中，因此限于篇幅，该卷着重选译了当时保守主义思潮的代表著作。正如该卷主编郭春生在该卷“导读”中所说：“保守主义之对俄国近现代政治发展影响之大，是其他思想流派所无法比拟的。在沙皇专制制度下，保守主义属于为专制制度辩护的思想流派，自然也就受到专制制度的庇护，二者相辅相成，力量强大。从十二月党人武装起义开始，俄国的专制制度开始受到质疑，但是，在整个 19 世纪，专制制度从来也没有遭受到重大冲击；哪怕是进入 20 世纪之后，1905 年革命也并没有否定沙皇专制制度，沙皇政府只是颁布了一纸准备召开国家杜马的宣言，就轻而易举地扑灭了革命的火焰，沙皇的权力没有受到多大损害。直到第一次世界大战前，专制沙皇仍然牢牢地把握着国家政权。正因如此，整个 19 世纪一直延续到‘一战’前，作为专制权力保卫者和辩护者的保守主义也一直占有优势。”

阅读俄国卷书稿期间，我也深切体会到郭春生教授的灼见——保守主义并非是完全固守传统，它往往也是主张变革的，只不过其所主张变革的程度较低罢了。作为思想精英的保守主义者，不可能对周围快速变化的世界无动于衷或抱守残缺，他们也会适时提出变革主张，来应对时代变革所造成的挑战——只是自后世看来，历史在很多关节点上是“时不我待”而已。

德国卷，《德国魏玛时期国家法学文献选编》，黄卉主编。德国卷的编译围绕着魏玛时期的立国宪制思想展开，内容是富有德国特色的国家理论和国家法学。从人物上可以分为三组人物，第一组是在魏玛共和国诞生前的第二帝国时代就奠定了德国国家理论和国家法学基础的两位重要思想家奥托·冯·基尔克和格奥尔格·耶里内克；第二组包括被称作魏玛宪法之父的胡果·普洛斯、格哈特·安许芝、瑞查德·托马以及马克斯·韦伯等人，他们的思想直接关系到魏玛宪法精神的生成，可以部分解释魏玛宪制后来的得失成败；第三组是魏玛共和国建立之后宪政论辩中最重要的几个法政人物，他们分别是汉斯·凯尔森、鲁道夫·斯门德、卡尔·施米特、海因里希·黑勒和艾里希·考夫曼。由于韦伯、施米特和凯尔森的重要著作都已翻译成中文，该卷除了节选若干已有翻译外，选择了尚未有中译的几篇重要文献，比如施米特的《国家的价值与个人的意义》，凯尔森的《民主的本质和价值》。其余作家的所选文献均是德国国家理论和国家法学发展史中的经典文献。

魏玛宪法的制定，不可谓不是精英荟萃、思潮汇集；魏玛宪法的条文，不可谓不是博大精深、条缕详尽；但是魏玛道路上的实践，却是功败垂成，天才与群魔共舞，德意志国家与民族陷入浩劫。其中曲折隐忧，处于大变革时代的国人不可以不处变不察。

演进之道

翻译是一件苦事，但百余年来，一代代前贤不辞劳苦，克尽厥功，不外乎是为了中西思想与文明的交汇融合，为中华文脉与制度转型寻找一线生机。早在筹划组织这部立宪建国之文典的翻译时，我就知道这份私家功业之艰难，因为它既没有国家资助，也不是单独一部外文作品的翻译，而是一项纯粹的志业，是传承殷鉴他国立宪建制之薪火得失。而且就学术来说，也非现有大学专业体制之所限，涉及政治学、公法学、历史学和法政哲学等多个学科，就外文来说，涉及英、法、德、日、俄五个语种。因此，组织起这部“文典”的翻译学术团队，其实本身就是法政思想学术共同体的一桩事业。好在经过九年的大浪淘沙和相互砥砺，其间也经历沉潜打磨与修葺重订，终于逐渐凝聚起这支翻译队伍。尤其是各位分卷主编，历经漫长的年轮岁月，经受住坚韧与清贫的煎熬，较为圆满地完成了各自承担的遴选文本、组织翻译、校对勘误等工作。由于国内业已翻译出版的著述，如商务印书馆的《汉译世界学术名著经典丛书》等，与“六国立宪文典”的主题存在某些方面的交叉叠合，故各位分卷主编经过审议，对于已经翻译出版的某些篇章，如能择善而从，就尽可能采用，而问题较多者，则根据原文重新翻译。此外，各位分卷主编根据我的要求，还为每卷撰写了相关国家立宪建国文献编译的“导读”，将选辑诸文献的内在线索、价值等予以梳理辨析，并将其放在一个更大的政治历史背景之下，展示这些文献作为立宪文典的重要意义。

在组织编译“六国立宪文典”的过程中，我的学术思想研究，从某种意义上可以说是与这部“文典”同时俱进，生命相系，其中的一个重要标志，就是我形成了一套自己的政治宪法学的主张和理路。应该指出，中国政治宪法学的兴起，虽然发轫于中国百年的立宪建国之道，但其彰显的还是古今之变的文明立宪之构建，属于人类普遍的事业，其中蕴含着普世治道的内在诉求。因此，西方诸国的立宪文典对中国所仍身处的古今政制转型，就不是外在的，而是可以内化蕴包的，中华文明的传续与这个政制之道的交通就不是敌意的，而是相契的，所谓中西政制的立宪之道具有若合符节之功。故而，我所服膺的政治宪法学，就不属于极端的激进主义，而是演进论的改良主义，虽然政治革命在此具有推动的作用，但宪法出场，革命退场，立宪建国是一项宏大的政治守护事业，属于我所揭示的“革命的反革命”之国家创制与运行的机理。因此，虽然“六国立宪文典”洋洋洒洒，汇编了政经法之众多国家建设的议题，但在我看来，它们均没有超出政治宪法学的圭臬，都可以纳入政治宪法学的立宪建国的法政逻辑之中。虽然有些国家的立宪创制，囿于环境、民情以及天意，而步入或保守或激进的褊狭路径，因而为此付出时间和血泪的代价，但通观整部“六国立宪文典”，我们便不难发现，在忠实于客观史实文献的梳理编选之下，依然凸显出一条立宪建国的正道。之所以最终把这份法政资料选编命名为“六国立宪文典”，这从一个层面表明了我基于政治宪法学的一个预见，那就是尽管各国立宪建国的道路不尽相同，但并不因此就否定世界各国普遍性的历经古今之变的立宪建国之正道。正道即文典，能够揭示出这个正道之万一，就不枉我们矻矻八载之甘苦矣。

他山之石，可以攻玉。“六国立宪文典”从一开始，就不是仅仅为了翻译而翻译，而是取其薪火，传诸华夏。自鸦片战争以降，尤其是历经甲午战争，中华大地纷扬改制立宪之风潮，虽然百十年来屡遭坎坷挫败，但一直前赴后继，不绝于缕。中国的政治宪法学，旨在接纛风旗，再辟途径。其中，探索现代国家的成功立宪建国之道，便成为迷津中的指路灯塔。我认为，六国的立宪建国史，尤其是其历经的立宪创制的非常时刻，对于我们的制宪转型具有重大的逻辑提示意义。因此，“六国立宪文典”的编选迻译，就蕴含着一个强烈的中国意识，即在英格兰宪制孕育、美利坚合众国全新缔造、法国革命轮回、俄国20世纪初国家道路选择、日本明治维新之崛起和德国魏玛宪制走向失落之“六国立宪文典”中，挖掘可供我们借鉴的观念价值与立国技艺，甚至辨析其中致使某些国家失败的种子。百年中国的历史烽烟去矣，我们面临的依旧是一个没有完成立宪良制的政制状态，国家转型依然是我们无法摆脱的非常时期，在此，借鉴西方优良政体的立宪建国之正道，就越发显得格外重要与严峻。中国的政治宪法学不是凭空制造出来的，而是伴随着中国立宪建国的政治实践所生发出来的，是在中西政治文明的激荡中孕育而生的。唯有如此，我愿把这部“六国立宪文典”的编译视为中国政治宪法学的积薪之业，期盼它们能够在不久的政治大变革中薪火相传，发扬光大。

最后，我要指出，这部“六国立宪文典”的编译及其出版，绝非我一人之功，而是凝聚了众多至爱亲朋、志同道合者的心血、襄助和友情，是我们大家协力同心、共同奋斗的结果。首先，我要感谢上海的能近公益基金会——在徐友渔、朱学勤两位教授的引荐下，这家由9位中欧国际工商学院校友组建的纯粹民间的基金会出于对中国学术事业的质朴情感，给予了我一笔虽不大但十分关键的资助，使得我的宏大设想能够真正启动，开始了为期九年的编译事业。其次，我要感谢参与立宪文典翻译的数十位译者，尤其是担任分卷主编的毕竞悦、柯岚、泮伟江、施展、黄卉、张允起、郭春生诸君——他们克服了众多困难，最终与我一起并肩走完这段路程，没有他（她）们的参与和付出，很难想象这部文典能够编译出来。此外，我还要感谢张千帆、李强、刘苏里、谈火生等学友以及田飞龙、张绍欣两位年轻学人——他们或者为此文典的编选出谋划策，或者为文典的出版介绍推荐，或者为译文的编辑加工定制，总之，九年来他们为此项工作费心费力，襄助巨大。我相信，这部记录了风雨沧桑、古今之变的“六国立宪文典”将成为我们合作推进中国学术出版之新机的最好见证。

山有蕨薇，隰有杞桋。

君子作歌，维以告哀。

2013 年 4 月 17 日　于北京西山寓所

2013 年 8 月 18 日　修改

2015 年 10 月 5 日　改定

本卷导读·理性、自由与秩序——法国立宪的思想资源

施　展

1789年开始的法国大革命，颠覆了当时欧洲大陆头号强国的君主政权。人们未及品尝革命所许诺的“自由”的滋味，却在转瞬间陷入极度的动荡与血腥。正当外人觉得法兰西可能就此一蹶不振时，它却转瞬间又猛然崛起，威震整个欧洲。整个过程中的跌宕起伏，理想与现实的撕裂，理性与激情的对撞，慷慨与贪婪的冲突，伟大与邪恶的纠葛，这一切都是史上从未见过的，并且直到20世纪几场更大规模的革命之前，也是未有可与其宏阔相比肩的。所以，西方人称法国大革命为“史诗般”的革命。

伟大的革命只能出于伟大的国家。法兰西是西方世界最早从中世纪的混乱中走出来的几个国家之一。1337—1453年的英法“百年战争”，以法国的胜利而告终。通过这场战争的锻造，原本分裂割据的法国，开始了其完成自身统一的进程。这一进程经过波旁王朝几位伟大的国王——亨利四世（1589—1610在位）、路易十三（1610—1643在位）、路易十四（1643—1715在位）而臻于完成。桀骜不驯、时时发动叛乱反抗国王的贵族，都被国王打败。贵族们被国王聚拢于凡尔赛宫，日日欢宴、夜夜笙歌。原本由贵族们来担纲的地方治理工作，转由直属国王的中央集权官僚体系来完成。国王终于将国家统一起来，并作为这个统一国家的主权者，将国内的一切人都变为自己的下属或臣民。路易十四用“朕即国家”这句名言，将此一现实表现得淋漓尽致。

此时欧陆其他的地方仍处于分裂割据、破碎不堪的状态，后世所知的几个欧陆强国还不存在或未崛起，法兰西便成为头号强国。路易十四一朝东征西战，立下赫赫武功；同时，他的凡尔赛宫也成为欧洲的文化中心。凡尔赛的宫廷礼仪为所有欧洲贵胄王室

所模仿，凡尔赛所流行的文化观念风靡欧洲上流社会，法国的中央集权官僚制为渴盼自身强大的国家所效仿，法语也成为各国贵族的通用语言。

然而，这个伟大的王国在路易十四时代走上其辉煌的巅峰，也在这个朝代开始了衰颓的迹象。路易十四的一生征战，耗尽了先辈所留及本朝前段所积的充盈国库，国家濒于破产。国民被迫承受深重的赋税，这与奢靡的宫廷生活恰成对比。法国刚刚开始其统一道路之际，相较于同时期正在文艺复兴的意大利，其上流社会的精神虽粗粝，[1]却有勃勃生气；到了旧制度后期，法兰西上流社会的精神变得高雅细致了，其形式之繁复精细难有人出其右，但是其精进的生气却大为耗损。于是，在宫廷精神之外，一种新的精神成长起来，它呼唤着革新，呼唤着理性与自由，呼唤着宽容与平等，呼唤着再造伟大，这就是启蒙运动。[2]

由于各种历史因素的推动，1789 年爆发了大革命。深受启蒙学者影响的革命者怀抱着对理性的推崇与对简洁明了的热爱，却带来了巨大的动荡。为了恢复秩序，在同样的精神指导下，他们又自然地倾向接过旧制度留下的官僚体系，在上面加了个民主的帽子，期待着这会带来理想中的平等与自由，然而具体的实践也并不令人乐观。

面对这种窘迫的现实，究竟该如何办？理性、自由与秩序究竟应该是何种关系，在制度上，在现实中，它们究竟该如何安顿？一句话，推翻了国王之后，宪政秩序究竟该如何建立？革命中及革命后的法国人对此做了各种思考，这些思考构成后来法国立宪的思想资源。

一、法国立宪思想的殊途与同归

法国的立宪过程是个漫长的历程。通常认为，革命是立宪的起点，立宪完成便意味着革命的终了。然而，在法国当代著名历史学家孚雷看来，法国大革命始自 1789 年，但它却没有一个明确的结束年限。革命的进程总是在动荡和反复中，悖离革命的目标。直到 1876—1877 年，共和主义者战胜了王党建立起第三共和国，使得法国有了适合

[1] 甚至到了路易十四时期也还很粗粝，比如这位国王本人就是不爱洗澡，身上肮脏，口音粗鄙。

[2] 启蒙运动中有对后世影响巨大的观念，但也不乏对现实的辛辣而又轻佻的批评。托克维尔极其反感那些对政治轻佻的风气，批判他们以为“光靠理性的效力，就可以毫无震撼地对如此复杂、如此陈旧的社会进行一场全面而突然的改革”。他们鼓吹着激进的变革，但是“对于必然伴随着最必要的革命而来的那些危险，他们连想都没想过。他们对此毫无预感；由于根本没有政治自由，他们不仅对政界知之甚少，而且视而不见”。（［法］托克维尔：《旧制度与大革命》，冯棠译，北京，商务印书馆，1992 年，179 页和 176 页。）但是托克维尔也看到，文人与革命者昧于真实的政治社会这一可悲状况，正是旧制度下过分强大的中央集权制运作的逻辑结果。这些人长期被排斥在公共生活之外，官僚系统中那些精明强干的人，却由于只能作为行政过程当中的一个环节，而欠缺一种普遍性视野，他们都对于治国这门科学一窍不通。

于 1789 年革命理想的政体，既确保了公民平等，又确保了政治自由，革命才算终结。所以孚雷的法国革命史著作名为《革命法国，1770—1880》。[1]

这样说来，法国的立宪过程便要延续上近百年了。确实，在这近百年中，法国的政体始终处在纠结变动当中。共和制几起几落，君主制来来回回。甚至吊诡的是，共和制在个别情况下要靠极端专制的血腥暴力来维护自己（雅各宾专政），而君主制却以人类历史上第一次出现的全民普选制铺开了道路（第二帝国）。这种种吊诡的历史记忆使得第三共和国在其初起之际也是处在风雨飘摇之中，共和政体尚未成为人们的共识。直到 1879 年麦克马洪总统提前辞职，标志着在政坛上共和派战胜了君主派。19 世纪 80 年代《费里法案》[2] 出台，共和派又掌握了国民教育大权，有能力去从根本上规定国民心性了，共和观念从此后日益深入人心，法国的政体问题才算最终落定。

然而，法国立宪的思想资源却并不是在这百年中逐渐生长起来的。可以说，法国基本政治观念的出现，起于启蒙时代，终于复辟王朝。嗣后的政治动荡并未带来新的观念，而只不过是对既存观念的各种适用与尝试罢了。

本卷文集并未收入启蒙学者的著作，一方面是因人们对他们已足够熟悉，其作品不难寻得；另一方面是因为他们的著作在具体的革命过程当中，是通过一些当时时代的思考者——他们往往也都是行动者——带有特定问题意识的解读与传播而间接发生作用的。所以，本卷收入的是从 1789 年革命开始到法国复辟王朝（1815—1830）时期，有代表性的思考 - 行动者——选入文集的作者都曾有过极深的政治参与——的著作。他们既以自己的行动，更以自己的观念深刻地影响了法国的革命—立宪过程。

虽然没有选入启蒙学者的作品，但仍有必要在此导读中对他们的思考做个极简要的述评。启蒙时代对于革命法国立宪思想具有最重要影响的无疑是卢梭与孟德斯鸠，而这两人的思考路径有着巨大差别。卢梭的学说走的是政治哲学路径，孟德斯鸠的学说则更近于政治社会学路径。政治哲学所关注的是何为善，什么是政治秩序所应追求的价值，或说应然层面；政治社会学所关注的则是现实的秩序如何成其为可能，或说实然层面。这两种路径也正应和了法国的现实所需。法国革命有着与过去一刀两断、重塑世界的伟大理想，这需要对于政治秩序的基本价值有个重新定义，这便是卢梭工

[1] Francois Furet. *Revolutionary France,* 1770—1880. Translated by Antonia Nevill, Oxford, UK, Blackwell Ltd., 1992.

[2] 第三共和国时任教育部长儒勒·费里推动通过的系列教育法案。1881 年颁布的第一个《费里法案》规定初等教育免费，1882 年颁布的第二个《费里法案》规定对 7 ~ 13 岁的儿童实行义务教育，规定了教育的非宗教原则和义务制（实施 6 ~ 13 岁的 7 年义务教育），而 1886 年又明令禁止宗教人士在公立学校任教。这系列法案确立了法国国民教育的义务、免费和世俗性三条原则，为近百年法国国民教育的发展奠定了基础。

作的意义。同时，法国又是西方最早建立起完善的官僚体制的国家，它的强势行政机构有着长期的传统，从一个角度来说，其秩序问题在旧制度时期便早已解决，[1] 真正要处理的是现实的秩序究竟在如何运作以及该如何对其进行调整的问题，这便是孟德斯鸠工作的意义。而无论是卢梭还是孟德斯鸠，其面对的又都是一个日益理性化的法兰西，这规定了他们的问题背景。这种理性化通过中央集权的理性官僚体系的多年运作，已经内化为法兰西人的本能之一，它最初曾在笛卡儿开启的理性主义哲学当中获得了一种学理性的表达，之后又通过伏尔泰、百科全书派等人的理论宣传，而构成了革命者的基本思考方法。这种理性不是英国人所推重的那种工具理性，以不附有特定价值诉求、纯粹形式化的法律程序为其实现过程；而是一种价值理性，以对具有实质内容之价值的追求为根本旨归。革命者——无论是激进的还是温和的——甚至对反对理性化的卢梭、孟德斯鸠的理论解读也是以理性为根本标准的，他们试图在理性当中寻找出自由的含义，寻找出秩序的基础。哪怕是革命的激情，也要在这样一种理性的方法下被整合。我们在本卷文集的诸多选文中都可以看出这一点——除了在迈斯特那里。

本卷卷首辑录了法国大革命的纲领性文件《人权宣言》，后面的内容分为上下篇，分别辑录革命时期和复辟时期的重要著作。革命时期的温和派西耶斯、激进派罗伯斯庇尔的著作走的是卢梭路径，他们都是在构思，在开天辟地的革命时代，新的政治价值该如何建构出来；但同为革命时期，作为罗伯斯庇尔反例的贡斯当，以及代表热月原则的斯塔尔夫人和特拉西，无疑走的是孟德斯鸠路径，他们在开天辟地所带来的动荡与恐怖之后，开始反思现实秩序究竟如何构造了。本卷在热月原则这一条目下收录了三篇文献，该时期的思考显得独特而又重要，它们衔接了政治哲学与政治社会学（从三篇文献的构成也可看出），开启了保守革命之成果的道路——这是革命当中最困难复杂的事情——对于从革命的非常政治到日常政治的过渡有着重要价值，某种意义上也对第三共和国一直向下的法国的政治观念有着统摄性的影响。复辟时期的左派圣西门和中间派基佐也都是走的孟德斯鸠路径，继续了政治社会学的路径，对他们而言，经历了革命的法兰西及所应该追求的价值都是现成存在，无须去另行构造，需要考虑的是现实问题。被本卷归在下篇的右派迈斯特则比较特殊。这一方面是就其时代而言，他的创作高峰期是在复辟王朝到来之前，但他的真正影响却是在复辟王朝时期全面展开的。另一方面，他根本地拒斥革命法兰西，因此其理论便需要对政治价值问题进行

[1] 托克维尔的《旧制度与大革命》对此一现实有着深刻的分析。从学术方法上来讲，托克维尔相当于是孟德斯鸠的继承人。

认真探讨；同时迈斯特又高度关注具体的政治运作过程，所以他的理论近乎卢梭路径与孟德斯鸠路径的结合。同时值得重视的是，走政治社会学路径的这几位思想家与实践者，在其理论中还蕴含着一种历史哲学的构造。这是一种不同于政治哲学的、同等重要的努力——政治哲学解决政权正当性之叙事逻辑问题；历史哲学则解决认同感打造、民族自我意识的问题。两者携行并进，才能真正地完成革命法国的精神重构。

本卷所辑这些人的思想极有代表性，构成了 1789 年以后一个世纪中法国近乎一切重要政治观念的来源，并且对具体的历史过程都有着深刻的影响，是我们理解、观察法国立宪思想资源的重要窗口。前面 7 位的政治思想在路径上、在一些基本问题的看法上都有差异，甚至尖锐冲突，但其所采皆为理性主义方法论，其思考的目标都指向共和政体，虽则殊途，亦可称同归。而迈斯特独与众不同，他反对理性主义，反对共和政体，虽则同归（同归入一个文集），亦必为殊途。但是迈斯特的思想与圣西门的弟子孔德向下开启的社会学之间，又有着深层次的思想史关联，对后世的政治社会学有着隐秘的影响，思想史的复杂性于此尽显。更进一步，选辑的这 8 个人，其根本的问题意识都源自于对自由与秩序的思考，只不过他们在自由和秩序的内容上有着极不相同的看法，这也算另一种殊途同归罢。

二、何种“人民”？

前文对法国立宪思想内部路径差异的分析有助于我们更清晰地对其进行把握。同时，还应把法国的立宪思想与英、德这另外两大思想传统进行一定的比较，以理解外部差异性。

既然我们在尝试进行比较的是英法德三大流派的立宪思想，便不妨以它们对制宪权主体——“人民”——的理论构造之差异为例证来展开，其他的理论差异都是可以从这一差异中推衍出来的。

制宪权的主体即主权者，这个概念是伴随着“主权国家”而出现的。“主权国家”并不是自古就有的事物，它从古典帝国中裂解而生，在终结了三十年战争的 1648 年的威斯特伐利亚体系当中第一次获得了法理上的正当性。从此之后，对内最高、对外独立的主权就成为政治秩序的基础，旨在一统天下的帝国作为一个虚幻的旧梦被人放弃了。法国的博丹清晰地表达出了主权的理念，“主权是共同体（Common Wealth）所有的绝对且永久的权力”。[1] 它是绝对的、公共的、唯一的、不可分割的。各自独立

[1] ［法］让·博丹著，［美］朱利安·H. 富兰克林编：《主权论》，李卫海、钱俊文译，北京，北京大学出版社，2008 年，第 25 页。

的绝对主义君主成为天然的主权者，但此时他们还不能被称作制宪权主体，因为其统治下的国家并无后来意义上的立宪政体。

绝对主义国家在 17 世纪和 18 世纪经历了几场革命，转型为现代“民族国家”。革命的意图在于建立宪政，推翻绝对君主，把人民——民族（Nation）作为制宪权主体时的称呼——变成为主权者。政治学意义上的人民，并不是一群零散个人的简单集合。这群人必须要能够表达出共同的意志，具有集体性的自我意识，进行自我立法、自我治理，才成其为“人民”。可以说，这种意义上的“人民”，需要进行一番政治学建构，一番法学拟制，才能够被识别出来，其意志也才能够被表达出来。英、法、德的理论传统在这种建构和拟制上有着重大差异。

要预先说明的是，思想史的脉络是非常复杂的，限于篇幅，下文所做的比较极为简略，只是以几个典型思想家为例，大致勾勒出三大理论传统在主权论方面的气质性差异。每一传统内部不同的思想家之间实际上还有着极为复杂的差异，本文未作进一步处理，只是因为这种内部差异可以大致作为一种次级差异处理，但并不意味着这种次级差异不重要了。

先来看看英国的主权学说的理论传统。英国的主权学说比较复杂，在很多英国思想家那里，政治性的主权学说又与非政治性的普通法传统相表里，限于篇幅，本文仅讨论霍布斯的理论。之所以如此选择，在于霍布斯的主权学说的政治性气质是最强的，他的理论是后世所有国家学说的起点，对英、法、德的主权理论都有着深远影响。

非常粗糙地，可以说霍布斯的主权学说是一种意志论的结构。霍布斯的政治哲学开始于对自然状态的预设上。在这种预设里，自然状态是一种任何的社会性概念都还没有诞生的状态，此时没有任何公共权威，只有一群零散的个体。人与人之间若非处在战争状态之下，便是处于对时刻会到来的战争的忧虑之中。这使得生存权无时不处在一种极度不确定的状态，从而求生的欲望便是自然状态中最强大的推动力，促使人们建立国家。由于自然状态的预设，人不是天生的政治动物；但由于对生存权的忧虑，人又是天生倾向政治的动物。自然状态下人对于生存权的渴望是一种最为强烈的激情，理性为了满足该激情，便推衍出自然法，意识到其第一诫命便是保持和平。和平可以通过签订信约来维持，但是信约若不以强力来支持便无法有效，所以最后唯一的办法就是，大家同意把所有人的权力和力量托付给某一个人或一个能通过多数的意见把大家的意志化为一个意志的集体，由此人或集体来在有关公共和平或安全方面采取任何行为，大家都服从他。“这就是伟大的利维坦的诞生，用更尊敬的方式来说，这就是活的上帝的诞生；我们在永生不朽的上帝之下所获得的和平和安全保障就是从它那里得来的。……这就是一大群人相互订立信约、每人都对它的行为授权，以便使它能按其认为有利于大家的和平与共同防卫的方式运用全体的力量和手段的一个人格。承当这一人格的人就称为主权者，并被说成是具有主权，其余的每一个人都是他的臣民。”[1]

个人将权力让渡给主权者，并不是说要让渡给一个喜怒无常的个人或会议，而是要让渡给所有人共同组成的整体，以此种方式来将无数个零散的个人整合为“一”，构成为一个整体意义上的“人民”。主权者不过是这一整体的人格化，是该整体赖以行动的代表者。最初的信约使大家同意共推一个主权者，推举出来之后便有了一个整体的代表；也就是说，没有主权者便没有作为一个整体的人民，而一旦有了人民便意味着他们已经推举出了主权者。

霍布斯的理论开启了一个“利维坦时刻”，就在这一时刻，一个不同于传统王权国家的新型政治共同体建立起来了，主权者与人民的关系获得了一种全新的定义，国家的构造模式有了一种革命性的变化。主权与主权者不是一个既定的事实，而是一种政治拟制的结果，国家的认同结构也与过去有了一种根本性的变化，民族国家的叙事结构就此建立起来了，政治民族因此诞生。而这种所谓诞生，实际源自一种政治意义上的创世意志的结果。这个意志是非时间性的，亦不承认超越于它之外的自然法；相反，霍布斯所梳理出的自然法只不过是政治创世前，零散个体在求生意志的推动下以工具理性进行推衍的结果。由于政治意志的理性化表达不过是通过工具理性，于是后续跟上的作为主权者意志的法律，也不过是一种纯形式性的程序而已，法律作为一个总体系统，其本身也并不包含价值性的承诺。这与欧陆传统有很大区别。

霍布斯的理论逻辑严谨，只要我们接受了其前提，便几乎是不可避免地会得出其结论。然而他的理论对现代政治中深层的秘密表达得太直白了，以致很多人将其视作专制主义者的辩护师，而将洛克视作英国自由主义政治哲学的代表。实际上，洛克的理论不过是用一层类似于普通法的精神覆盖在了霍布斯的理论之上，将其中刺眼的东西给悄悄地藏在了一层面纱之下而已。

再来看看法国的主权学说的理论传统。它在启蒙时代表现在卢梭的理论当中，在革命时代则以西耶斯对卢梭理论的发展为代表。这个传统有一种意志论的外观——它也强调缔结政治契约的政治意志的关键作用——但究其实质是一种理性主义的结构，它承认了在社会契约缔结之前已经有一个依从自然法（自然理性）的民族预先存在了，

[1] ［英］霍布斯：《利维坦》，黎思复、黎廷弼译，北京，商务印书馆，1985，第132页。

该民族又依凭立法（制宪）理性来为自己赋形，也即缔结一个社会契约。所以，可以说法国的理论传统中有着一个双重理性结构。

卢梭在其《论人类不平等的起源和基础》一书当中也提出自然状态的假设，这并不是一种像霍布斯的自然状态那样可以瞬间迈入政治秩序，从而完成政治创世、实现人民创生的状态，而是一种由于全然的无知从而无善无恶的状态。但人类有着一种自我完善的能力，在这种能力的推动下，人类逐渐开始了文明的发展，建立了社会，有了善恶的观念，同时人性当中的贪婪与邪恶也表现了出来，强者建立了人压迫人的制度以把强取豪夺变成不可被取消的权利。弱者拒绝接受这种压迫，社会内部出现了战争，人类回到了类自然状态，每个人对每个人都是可怕的敌人。所以卢梭建议，要使人类摆脱这可悲的境地，便必须重建政治社会，以人类高贵的同情心为动力，以理性为引导，通过社会契约建立一个全新的政治社会，引领人类进入真正的幸福时代。契约的缔结是一个开辟性的时刻，“只是一瞬间，这一结合行为就产生了一个道德的与集体的共同体，以代替每一个订约者的个人；组成共同体的成员数目就等于大会中所有的票数，而共同体就以这同一个行为获得了它的统一性、它的公共的大我、它的生命和它的意志。这一由全体个人的结合所形成的公共人格，以前称为城邦，现在则称为共和国或政治体；当它是被动时，它的成员就称它为国家；当它是主动时，就称它为主权者；而以之和它的同类相比较时，则称它为政权。至于结合者，他们集体地就称为人民；个别地，作为主权权威的参与者，就叫做公民，作为国家法律的服从者，就叫做臣民”。[1] 国家、主权者、人民，作为某种意义上的同义词，瞬间出现了。

但这是对既有社会的一种重塑，而不是凭空而起。既有的社会虽属邪恶，但也是个现成存在，缔约的一刻只不过是对作为质料的既存秩序进行一种全新的赋形。既存秩序并不是从自然状态直接生成的，而是有着一种近乎依从自然法的生长过程。

这一点在西耶斯的理论中表现得更为明显。在本卷所辑录的西耶斯著作《第三等级是什么？》一文中，他先是将国家定义为“生活在一部普通法之下并由同一个立法机构代表的人们的联合体”。此处所谓的立法机构实际上就是指一个制宪机构。而作为制宪权主体的人民或国民，如果它“非要等到有一种人为的方式出现才能成其为国民，那就至今也不会有国民。国民唯有通过自然法形成。政府则相反，它只能隶属于人为法。国民唯其存在才能起到自己能起的一切作用”。依凭自然法而存在的国民（人民），是个现成的主体，只不过它的理性自觉需要通过制宪会议这样一种机制来进一

[1] ［法］卢梭：《社会契约论》，何兆武译，北京，商务印书馆，2003 年，第 21 页。

步表达出来。

从而，前面所说的法国的双重理性结构，可以具体表述为，带来国民之现成存续的自然理性，以及为这个国民赋形的立法理性——或者更精确地说，制宪理性。法国理论传统中的主权者是天然存在的，从而政治的质料基础并不是问题，需要做的是改造其形式，即通过一定的机制来有效地识别与表达主权者的意志。而在霍布斯那里，不存在理性意义上的自然法，于是政治的质料和形式便都是通过社会契约而成其为可能，其基础便是纯粹的意志决断。但是在同为英国人的洛克那里，我们可以看到与法国传统相像的双重理性，社会契约也不过是把自然社会转变为政治社会。[1] 值得注意的是，洛克与法国的区别在于，前者的双重理性是要受到潜在的普通法精神所规训的；后者则不承认任何先在于理性价值的法律秩序。

西耶斯进一步提出，“政府只有合于宪法，才能行使实际的权力；只有忠实于它必须实施的法律，它才是合法的。国民意志则相反，仅凭其实际存在便永远合法，它是一切合法性的本源”。可见，国民意志是外在于宪法的，它对宪法构成一种外在的约束。而同时，自然法又是外在于国民的，其对国民意志进而对宪法又构成外在约束，从而形成一种双重的外在约束机制。这种外在机制使得“民族国家”是无法自我证成的，而一定要诉诸一种外在的、更高的理性，这种外在的理性定义了何为自由，定义了政治当中所要追求的最高价值。对于宪政而言，是存在一种不以意志为转移，也不由制宪者随意改动的外在标准的，公民可以此一外在标准来对政治秩序做出判断。

这与最初表现在费希特《对德意志民族的演讲》当中，后凝结为黑格尔哲学宏大体系，并作为普鲁士－德意志国家官方哲学的理论传统有着很大不同。这一传统也是理性主义结构的，但它不承认有一个为自然法理性所规定而预先存在的、只待赋形的民族和人民，而是认为民族和人民逐渐生长的历史过程，也正是理性逐渐展开的过程。从而这是一种内在化的理性，法国式的置于宪政之上的外在标准在这里被否定了，对于宪政的衡量标准内在于宪政生成过程本身。

黑格尔的论证从作为“自由”的“精神”之主体性开始，“‘物质’的实体是在它的自身之外，‘精神’却是依靠自身的存在，这就是‘自由’。……‘精神’的这种依靠自己的存在，就是自我意识。……‘精神’——人之所以为人的本质——是自由的”。[2] “自由”并不是像英国那样只表达为一套抽象的行为规则，也不像法国那样表达为外

[1] 关于洛克理论当中的双重结构，笔者曾另有撰文论述，参见施展的《英国的辉格主义主权叙事与帝国叙事》，辑于李强主编的《宪政与秩序》，出版于北京大学出版社，2011 年版。

[2] ［德］黑格尔：《历史哲学》，王造时译，上海，上海书店出版社，1999 年，第 18 页。

在的理性，它是作为“自我意识”由内及外的完整实现，最终达到普遍化。这是一种最为实体性的“自由”，甚至用我们通常所用的概念来说，它也没有办法被称为“自由”，它是“自我”的一种最为饱满的表达。

自由的精神并不是一开始即形成完整的自我意识的，而是需要通过历史的不断演进来推动，自我意识的发展在世界历史的进程当中展现出来。随着精神的自我运动，普遍性的自我意识在“国家”中得到最高表达，从而自由获得终极实现。“国家是伦理理念的现实——是作为显示出来的、自知的实体性意志的伦理精神，这种伦理精神思考自身和知道自身，并完成一切它所知道的，而且只是完成它所知道的。国家直接存在于风俗习惯中，而间接存在于单个人的自我意识和他的知识和活动中。同样，单个人的自我意识由于它具有政治情绪而在国家中，即在它自己的实质中，在它自己活动的目的和成果中，获得了自己的实体性的自由。”[1] 主权国家即意味着一个独立实体，意味着彼此的区分，从而意味着最为深刻的自我意识。个人的自我意识正是通过主权国家而获得充实，形成了自我的饱满与国家的饱满，主体性在这里获得了最根本的确认。国民意识的充实带来了个人对于国家的深度认同，从而带来国家的根本灵魂，主权正是这种根本灵魂的体现。

“人民”在这个过程中生长为一个有意识的存在，主权并不是他的意志或理性的结果，而是伴其一同生长而成，最终表达为国家。待其完备之后，人民与宪政本身是一体的，其与国家处在一而二、二而一的通贯内蕴的状态。“精神只有认识了自身以后才是现实的，作为民族精神的国家构成贯穿于国内一切关系的法律，同时也构成国内民众的风尚和意识。因此，每一个民族的国家制度总是取决于该民族的自我意识的性质和形成；民族的自我意识包含着民族的主观自由，因而也包含着国家制度的现实性。”[2]

在这样一种历史主义的路径下，作为个体的公民无法依凭外在标准对政治秩序作出判断，而只能接受现实秩序；更进一步，公民的完整意识也是在该生成过程中才得以完善的。虽然如此，历史主义对于传统所具有的那种深刻自觉，却也构成了一种虽非外在、但可称为先在，从而亦是足够有力的约束，使得政权不至于胡作非为。但是其特殊主义的取向有一种走向相对主义、从而为极权力量上台铺下道路的潜在危险。[3]

[1] ［德］黑格尔：《法哲学原理》，范扬、张企泰译，北京，商务印书馆，1961 年，第 253 页。

[2] ［德］黑格尔：《法哲学原理》，第 291 页。

[3] 参见施特劳斯对马克斯·韦伯的批评。［美］列奥·施特劳斯：《自然权利与历史》，彭刚译，上海，上海三联书店，2006 年。

再次说明，此处对于英法德理论传统的比较，做了过度简化。一方面，任何一个理论传统内部都有着复杂得多的内容，不同思想家之间的差异也是极大的。比如霍布斯与洛克之别，法国启蒙三杰之别，康德与黑格尔之别等，限于篇幅，前文都未细作处理，而只是做了一个极简化的气质差异的勾勒。另一方面，思想观念对于具体历史的影响，也是有着极为复杂的过程与机理，限于篇幅，本文对此完全未触及。唯望读者诸君细察。

有了这样一种背景性的介绍，我们接下来就可以对于本卷所选辑的诸文再进行简要的分篇导读。

三、分篇导读

本卷辑录的第一篇文献为《人权宣言》。《人权宣言》以18世纪启蒙学说所颂扬的自然权利学说为基础，宣布了自由、财产、安全和反抗压迫是不可剥夺的天赋人权，肯定了言论、信仰和出版自由，并阐明了立法、行政、司法三权分立，法律面前人人平等的基本准则，涵盖了前文所述理性、自由、秩序等基本内容。《人权宣言》当中有着鲜明的法国启蒙气质，即以一些超越时空差异的基本原则为基础，构造出一幅理想政治的图景，然后以此为标准来衡量或改造现实的政治秩序。“人”在这里作为一种非历史的抽象存在而被确认，以此为基础的政治便必定对于传统具有巨大的颠覆作用；但也正因为这种非历史性，使得由其推衍出的主张具有了巨大的普遍性意义，于诸多在历史、传统方面有着深刻差异的国家中都得到了回响。由此也使得现代性意义上的“人”第一次走出启蒙学者的理论，成为一种现实的政治存在。尽管其带来的影响极其复杂，难以一言置评，但《人权宣言》对于法国大革命的纲领性意义，以及对于后世诸多场革命的激励作用，再及对于现代世界的人权观念的影响，怎么评估都不为过。

本卷所辑录诸人，其思想对于法国的现实政治都有着深刻影响。代表法国大革命1789年原则的西耶斯和1793年原则的罗伯斯庇尔自不待言，代表热月原则的特拉西对于法兰西第三共和国（1870—1940），迈斯特对于复辟王朝（1815—1830），基佐对于七月王朝（1830—1848），圣西门对于法兰西第二帝国（1852—1870）都有着重要影响。

1. 西耶斯

西耶斯（Emmanuel Sièyes，1748—1836）是法国革命绝对的风云人物。本卷所选著《第三等级是什么？》是表达法国大革命 1789 年原则的温和立宪主张的关键文献。西耶斯曾任夏尔特尔副主教。1789 年当选为三级会议代表，尽管身为第一等级的人，却因前述小册子而被视为第三等级的代言人，曾参与制定 1791 年宪法和建立雅各宾俱乐部，但革命的迅猛激进化迫使其沉默下来。1794 年“热月政变”后，任救国委员会委员，后担任督政府的督政官，又与拿破仑等人一起策动了“雾月政变”。此后担任第二临时执政，不久被排挤出执政府，拿破仑委任其为元老院议长，1808 年又晋封伯爵爵位。1815—1830 年波旁王朝复辟时期亡命比利时布鲁塞尔。直到 1830 年“七月革命”后才重归巴黎。

西耶斯是大革命中斐扬派（Feuillants）的代表人物，这派除他之外还有拉法耶特（Marie Joseph La Fayette，1757—1834）、巴纳夫（Antoine Pierre Joseph Marie Barnave，1761—1793）等主要人物。他们都主张君主立宪制，是大革命中的温和派。拉法耶特号称两个世界的英雄，曾帅志愿军参加美国革命，后又成为法国革命中的英雄，甚至到了 1830 年“七月革命”时，人们还是把他找出来，用他的威望来稳定局势。巴纳夫也是贵族出身，被称作 1789 年精神的化身。1791 年国王出逃被截住后，巴纳夫受命前去将国王押解回京，途中对王室产生了很大的同情与理解，并向王室进呈了一部反革命的计划书，力图以此中止革命中的过度暴力行为。于是在随后革命的激进过程中巴纳夫被贬回原籍，旋即入狱。他在狱中进行反思，留下了诸多手稿，后人在手稿的基础上整理出《法国革命引论》一书，堪称研究法国革命的第一本著作。此后不久他即上了断头台。

西耶斯的理论相当于对卢梭理论的某种继续，但又对其做了重大改进。卢梭主张，为防止政府僭夺主权者的权力，人民应该以维护社会契约为目的而定期集会，集会永远以两个提案开始，并分别表决，第一个是：“主权者愿意保留现有的政府形式吗？”第二个是：“人民愿意让那些目前实际在担负行政责任的人们继续当政吗？”[1] 主权者的经常出场意味着制宪权的反复行使，从而便是一个“不断革命”状态，这对从革命的非常政治步入日常政治非常不利。另外，主权者的直接出场在技术上也是不可行的。

西耶斯的改进正是要解决这两个问题。前文已述，西耶斯确认了存在着一个依凭于自然法而先在于任何政治意志的法兰西人民，它是主权者，其意志具有超越于世俗的绝对性。西耶斯进一步提出，由于人民进行总体集会在现实中的不可能性，所以应该由人民委托特别代表，由其代表人民来集会，进行人民根本意志的表达。这个特别

[1] ［法］卢梭：《社会契约论》，何兆武译，北京：商务印书馆，2003 年，第 129 页。

委员会便是制宪会议，它是前文所述法国传统双重理性当中的制宪理性一层的担纲者，其意志表达为宪法，为已经存在的法兰西人民赋形。在制宪会议代表人民的意志而制定的宪法之下，会形成具体的关乎日常政治的权力部门。其中包括一个立法机构，它也是人民的代表团体，但这是一个普通代表团体，即立法会议。西耶斯特别强调，“特别代表团体与普通立法机构毫无相似之处。这是两种不同的权力。后者只能在为它制定的组织形式和条件中行动。前者则不受任何特殊形式的约束”。制宪会议只有制宪这样一项专门权力，并且只在很罕见的情况下才会付诸实施。

通过这样一番政治哲学的改进，西耶斯便区别出了日常政治与非常政治。他继承和接受下了卢梭理论当中的革命性内容，确认政治的正义性需要在其道德性当中获得体现。“我们决不离开道德；道德应当调节将人与人之间与其个别利益、普遍利益或社会利益相联系的各种关系。应由道德告诉我们应该做些什么，而且归根结底只有道德才能告诉我们。”这是一种实体性的道德观，便直接确认了主权的实体性，区别于洛克为代表的将主权形式化的盎格鲁－撒克逊传统。同时西耶斯又屏蔽掉了卢梭理论中不断革命的危险性，使得宪政秩序有了获得稳定结构的可能。西耶斯的理论对于嗣后法国的宪政思想有着极为全面、亦是比卢梭更加直接的影响。

本卷还辑录了西耶斯在热月时期的一篇演讲《关于宪法审查委员会之授权及组织的意见》。热月时期曾有人问西耶斯，在恐怖统治时期都做了什么。他答道，活着。这句凄苦之言的背后，蕴含着西耶斯对于宪法本身一方面无力自我保护，一方面无力应对变革的深刻反思。他于是在早期的宪政思考上继续向前，提出宪法审查委员会这样一种设置，构成了后来法国的宪法审查机制的起源。但我们从他的阐述中也可看出，西耶斯的宪法审查思想延续着其早期宪政思考的自然法原则，与美国的宪法审查思想有着相当差别。

2. 罗伯斯庇尔

罗伯斯比尔（Maximilien François Marie Isidore de Robespierre，1758—1794），律师出身，是法国大革命时期雅各宾派政府的实际首脑之一。他同时也是法国大革命史上争议最大的人物之一。批评者认为他是极权统治的最初实践者，带来了大革命中最为血腥残忍的一段历史；支持者则认为罗伯斯庇尔的所作所为实乃时势所迫不得不然，一方面他的极端手法保住了共和，另一方面有人甚至认为罗伯斯庇尔实际上是在公安委员会中试图节制更为激进的富歇（Joseph Fouché, 1759—1820）等人，才导致自己左右不逢源最终垮台。

雅各宾派的重要代表人物还有马拉（Jean-Paul Marat, 1743—1793），圣鞠斯特（Louis Antoine Léon de Saint-Just, 1767—1794）等人。马拉创办的《人民之友报》（后改名为《法兰西共和国报》）曾是雅各宾派重要的宣传阵地，雅各宾政府时期马拉是专政的最重要鼓吹者之一，后被吉伦特派支持者刺杀而死。圣鞠斯特是雅各宾专政时期罗伯斯庇尔最重要的助手，被称作“革命的大天使”。他在1791年曾出版《革命与法国宪法》一书，成为革命阵营的青年理论家，并是著名的演说家，最后与罗伯斯庇尔同时死于断头台。

本卷所选罗伯斯庇尔的这篇文献，较好地体现了大革命最激进阶段的1793年原则。对这篇简短文献的解读也可以澄清过去对于罗伯斯庇尔或左或右的误解。

罗伯斯庇尔并未像极权统治者那样，后者消除了非常政治与日常政治的差别，将政治彻底非常化，从而以统治者的意志取代了法律的地位。革命与制宪时刻可算是非常政治，它奠定了一个新的秩序的起点，此时主权者的意志是最高的，嗣后则要进入日常政治的法治阶段。罗伯斯庇尔清晰划分了非常政治与日常政治的分别，他说，“立宪政府的目标是保持共和国；革命政府的目标是建立共和国”。立宪政府即是日常政治，革命政府即是非常政治。罗伯斯庇尔进一步区分了两种政府的任务，“立宪政府主要是关怀公民自由；而革命政府则是关怀社会自由。”亦即，社会自由是宪政的起点，而公民自由则是宪政的结果。在这些划分之外，他也接续了法国的双重理性结构，提出具有新秩序开辟性的革命政府，也还是要服从于一种先在的秩序准则的，它“也有自己的从正义和社会秩序那里继承下来的规则。……它同专横毫无共同之处。这个政府应当遵循的，不是个别人的爱好，而是社会利益”。这一切都表明，对于罗伯斯庇尔作为一个极权主义者的批评，是很不合适的。其基本理论结构与极权主义天差地别，后者既无非常日常之分，更无外在的理性秩序作约束，而仅以统治者——要注意，这与霍布斯的主权者是大不一样的概念（统治者仅代表统治集体，主权者代表国民全体）——的意志为唯一标准。

之所以罗伯斯庇尔会招致这种批评，在于他虽做出了前述划分，但是在自己的施政当中基本上是依照非常政治在行事。他为此做了辩护，“革命政府所以需要非常行动，正是因为它处在战争状态。它所以不能服从划一的和严格的规章，是因为它周围的情况是急剧发展和变化无常的，特别是因为它必须不断采取新的和迅速见效的手段来消除新的严重的危险”。就事论事地来说，罗伯斯庇尔面对当时的危急形势，此一选择并无错误。但他并不是通过宪定的正当程序来进入非常政治，而是以非常手段进入的，于是如何退出非常政治便难以找到合适的程序。在这种情况下，手中掌握的巨大权力会把这个“不可腐蚀者”也腐蚀掉，它很容易导致非常政治日常化，从而带来与罗伯斯庇尔初衷完全相悖的血腥残暴。当然，我们这些事后的评价只是一种纯粹学理性的纸上谈兵，以此来批判具体历史情境中当事人的选择是没有任何意义的。但这种纸上谈兵却可以使我们为历史理出一条原本看不见的线索，这种线索对于立宪问题的思考还是很有价值的。

3. 贡斯当

贡斯当（Benjamin Constant, 1767—1830）出身于瑞士洛桑一个法裔贵族家庭。先辈原是法国新教徒，后为躲避宗教迫害而逃到瑞士。贡斯当在苏格兰的爱丁堡大学接受了教育。他读书时正值苏格兰启蒙运动达到高潮的时期，故而他深受亚当·斯密等人的影响，这奠定了他自由主义思想的基础。孟德斯鸠和贡斯当是人们公认的法国思想家中难得的两个偏向英美思想气质的人。贡斯当一生的理论活动都是对法国大革命的反思。他憎恨革命前的旧制度，赞美大革命最初的温和阶段，而对雅各宾专政则充满了厌恶。对于革命从温和走向激进，其内在的思想机理，贡斯当曾做了一篇著名的演讲《古代人的自由与现代人的自由》来加以分析，这在某种意义上开启了后来以赛亚·伯林的积极自由与消极自由之分。

本卷所辑《论恐怖效应》一文，是贡斯当在 1797 年为反驳为雅各宾恐怖统治唱赞歌的一本书《论大革命的根源及其后果》而作。这本书反映了当时正在蔓延的一种认识，认为正是恐怖统治拯救了共和国，为法兰西赢得了同半个欧洲的光荣条约，因此应再度采纳这样一种制度。之所以当时会有这种观念流传，是因为热月政变后建立的督政府一直处在风雨飘摇之中，人们从中看不到革命承诺的践行，看不到法兰西的荣耀，只处在一种动荡而又压抑的心境之中，于是渴望通过一些非常手段来突破这种困境。最近的恐怖统治虽则令国内血流成河，但带来了秩序；在国外则获得了一系列军事胜利。这正是离人们最为切近、印象最为深刻的一种非常手段。在风雨飘摇的时候，人们容易下意识地对过去进行某种不当的美化，这种下意识正是贡斯当要让人们警醒的。

贡斯当对雅各宾专政的非常政治深恶痛绝。他拒绝从法兰西的荣耀这种抽象的观念出发来讨论政治问题，他更关注的是革命的目的——自由，如何获得实际的保障。

深受英国传统影响的贡斯当很自然地把自由与法律秩序联系在了一起。法律秩序需要有一种法律强制，但这种强制却并不是基于恐怖，而是基于正当的治理规则。贡斯当批评那些赞美恐怖的人“混淆了恐怖及曾与之共存的所有举措。人们未认识到，最为独裁的政府有其合法的强制性一面，此与最为公正的政府相同，理由很简单：强制性是一切政府得以存在的基础”。贡斯当于此表现出对于主权的强制特性的清醒认识，但他更认识到这种强制特性的法律前提。故而，“在革命时代，须区分属于治理之物与属于恐怖之物，区分治理的权利与恐怖的重罪”。

法律的有效性，与自由的持续，又依赖于人们的对法律的自愿服从，这源自人们对于自由精神的热爱。但是“恐怖引导人民忍受任意一种枷锁，而使其无动于或者不适于自由”。这将从根本上败坏这个社会的政治德性，以致到了后来即使重建自由的制度，已不适应自由的人们也难于使该制度真正有效地运转起来。拿破仑刚刚上台之际，贡斯当曾对其寄予厚望，认为他是保卫共和国与革命成果的人物。然而几年后拿破仑走向了独裁统治，贡斯当遂大失所望，在流亡中写下《论僭主政治》，批判拿破仑对于法兰西民族政治心性的败坏。这一批判所秉的思路在本卷所辑的这篇早年文章中已露端倪。

同时，恐怖还在另一个方向上毁灭着法律，“恐怖为邪念提供了对抗政府最为公正的、行动的、战无不胜的武器。它以似是而非的致命方式毁灭了最为严格的法律”。这样一种对于法律、对于政治权威肆无忌惮的挑衅，也将使得任何秩序都难成为可能。这在后革命时期的法国确实构成了一个严重问题，也是本卷所辑的基佐著作中所着力讨论的问题之一。

4. 斯塔尔夫人

斯塔尔夫人（Madame de Staël，1766—1817）是大革命时期著名的评论家和小说家，原名日耳曼尼·内克。其父亲是著名的瑞士银行家雅克·内克，曾三度出任路易十六的财政大臣。正是1788年二度出任该职的时候，内克看到了法国已入膏肓的财政困境，力主召开三级会议破解困境，主张废除贵族免税特权，这却将国家内部的矛盾进一步呈现出来。国王将其免职，这激怒了社会，三天后即发生了标志着法国大革命爆发的攻克巴士底狱一事。国王被迫召回内克试图稳定局势，但后者已回天乏力，大革命逐渐走上了失控的道路。

斯塔尔夫人因这种家庭背景，而对法国的政治、历史有着直接的体会与深刻的见解。她在少女时代即以才智见称，1786年与瑞典驻法国大使斯塔尔男爵结婚，嗣后遂以斯塔尔夫人闻名。法国大革命刚刚爆发之际，她热情欢呼革命，但不久即大失所望，在雅各宾派当政时逃到日内瓦。到了拿破仑执政时，因政治观念的龃龉，斯塔尔夫人再度被迫离开法国，旅居欧洲各地，尤其常居在瑞士。斯塔尔夫人在洛桑经常举办沙龙，沙龙上人才荟萃，皆为一时之选，不亚于汇聚在拿破仑身边的精英。本卷中收录的贡斯当、迈斯特，皆是沙龙中的常客；贡斯当还曾与斯塔尔夫人有过缠绵的爱情故事，并为他提供了不少创作灵感。1814 年拿破仑倒台后，她才得以返回巴黎，恢复了其在巴黎的沙龙，至 1817 年去世。

斯塔尔夫人的重要著作包括《论文学与社会建制的关系》、《论德国》、《法国大革命主要事件思考》以及若干本小说。

本卷所辑斯塔尔夫人的这篇短文，写于热月党人编纂共和三年宪法的时期，勾勒出热月党人宪政思想的主要特征。文中力图要回答热月时期所面临的一个严峻的问题：在一个被情感、观念、血仇严重撕裂的国家，如何重建共识。在她看来，这个共识的基础就是对于自由的希冀。“如果人们要在法国的分裂与动荡中找到一些伟大，想在暴风骤雨中找到持久的信念，想要找到支持法国人走出血腥与废墟的目标，这就是能够自由的希冀。”但是何谓自由呢？此处斯塔尔夫人做出了细致的区分，“政治自由对于个人自由来说，就如同担保对于担保之物的意义，它只是手段，而非目的。导致法国革命如此混乱无序的原因，就在于人们颠倒了这两种自由的位置，人们以牺牲个人自由为代价来寻求政治自由，结果只为统治者留下自由的表象，以及把持权力的企图。然而，在一个真正自由的国家，恰恰需要寻求与此相反的结果”。这种区分里面，我们可以看到其情夫贡斯当后来所做的古代人的自由与现代人的自由之分的先声。而个人自由的保障，则首在对财产权的保障上。如此一来，斯塔尔夫人便找到了君主立宪派与共和派的最大公约数——建立一个保障个人自由的法兰西。

这种共识的敌人是那些力图打碎一切秩序以求自利的人，而这些人的力量在于其强大的煽动技巧。在斯塔尔夫人看来，“政治理念不会激起那些无法理解它的民众的热情，常常需要借助利益的诱惑，才能促使他们接受一种观点：对于他们而言，摧毁贵族制的意义，就在于不用缴纳封建赋税，而共和国的意义，则在于停止征税”。这是雅各宾派得以成功煽动起无产者统治的前提，但这种煽动没有什么建设性而只有破坏性。热爱自由的君宪派与共和派因此需要联起手来，一方面用秩序所能带来的物质利益满足无产者，一方面为法兰西提供真正的政治品质。“那些命中注定以劳作为生的人，永远无法通过其自身的行动，冲破劳作赋予他的思维局限，所应当关注的是他们的物质性生存，即帮助他们寻求更多的谋财之道。至于政治商讨，就让那些民众愿意接受其统治的首领来做吧，民众也会因此安宁的。”这种带有精英主义取向的主张，代表了法国理性主义政治思考的特征。

5. 特拉西

特拉西（Antoine Louis Claude Destutt de Tracy, 1754—1836）是大革命时期观念派（Idéologues）的核心人物，今天我们所知的意识形态（ideology）一词，最先即是由他在其五卷本著作《观念学诸要素》（*Eléments d'idéologie*）中发明出来。特拉西是贵族出身，在大革命初起的三级会议当中曾经作为贵族等级代表，坐于号称新旧两块大陆英雄的拉法耶特身边参会。雅各宾恐怖统治阶段他被投入监狱，被判处死刑，但是罗伯斯庇尔的倒台让他幸免于难。热月政变后建立起的督政府，特拉西曾参与到其宪法的制定当中。在此过程当中他与加巴尼斯（Georges Cabanis, 1757—1808）、沃尔奈（Constantin-François Volney, 1757—1820）、多努（François Daunou, 1761—1840）、西耶斯等人往来甚密，共创了“观念学”（idéologie）这一新的研究路径，他们的新思想获得巨大声誉。拿破仑帝国时期特拉西成为元老院成员，1808 年又被选为法兰西科学院院士。到了复辟王朝时期，他又获得了贵族称号，但长期地作为一个自由主义反对派而存在。本卷所辑《有关孟德斯鸠〈论法的精神〉的评论》完成于 1806 年，却是在 1811 年由美国前总统杰斐逊支持于费城先出了英文版，后来才被译回法文版。该书中的思想构成了后来的《观念学诸要素》第一卷的核心内容。

特拉西深受孔狄亚克（Condillac, 1715—1780）感觉主义的影响，认为人的感觉是一切准确观念的基础，宗教与形而上学等的错误就在于它们无法被还原为直接的感觉，观念学则致力于完成这种还原，力图建立起一种数学般精确的社会科学，以此为基础，便能够建立新的社会与新的政治，从而可以最终地满足人类对于秩序的需要，达到追求幸福的目的。从特拉西对纯粹抽象理论的批判可知，他走的是孟氏政治社会学路径；但从其哲学基础亦可看出，他对于孟德斯鸠对传统的重视很可能不以为然，而是要以理性为原则来重释孟德斯鸠。

特拉西不认为孟德斯鸠做的“共和政体”、“君主政体”、“专制政体”这三种划分方法有意义，他提出，“我仅关心特定政治社会的基本原则，不在乎它们的各种样式，也不抨击其中的任何一种样式。我准备把所有政体分成两类，一些称为‘国民型’（nationaux）或普遍权利型，其他的称为‘特别型’（spéciaux）或个别权利型或者例外权利型”。在特拉西看来，正当的政府毫无疑问是国民型的。国民型政体的基本原则是，“一切权利和权力始终属于国民全体”。特拉西所谓的国民全体，就是类似于西耶斯所说的基于自然法的国民，是有着一种内在均质性的整体，可依理性秩序来实现治理。在大革命取消了一切特权，拿破仑又用自己颁布的民法典对法国社会做了理性的规制之后，这样一个均质化的国民在法国已然是个现成存在的。所以特拉西对国民概念并未像西耶斯那样多加着墨；同时他又以这样一个新的现实为基础，拒斥了孟德斯鸠视作现成存在的古典身份性社会——孟德斯鸠因此而拒绝了整齐划一的治理机制，所以特拉西会提出不同于孟德斯鸠的政体划分原则。

在这样一个现实的基础上，相较于讨论制宪权问题，特拉西更关注的是现成秩序如何成为可能的问题。他仔细分析了何种社会结构才能够支持国民型政体，以及如何培育此种社会结构；他重视具体的技术进展与政治运作之间的关系，比如提出了印刷术开启民智与有效的代表制之间的关联；他重视具体的地理结构、地缘环境与政体之间的关系等。这些关注与讨论和孟德斯鸠很相似。他像孟德斯鸠一样赞同司法机制对于自由的根本保障作用，但对后者做了更进一步的发展，提出了在孟德斯鸠所从未考虑过的人民主权这样一个结构之下，司法独立该如何获得保障，宪法审查机制该如何设立等，这都是对于后世法国立宪思想来说极为重要的资源。

由于特拉西所坚持的感觉主义哲学理念，他也就否定了不考虑现实状况的激进革命的现实性，批评深受卢梭思想鼓舞的革命精神为脱离实际的形而上学。特拉西提出，“改良政治制度不能一蹴而就，只能与大众知识的增加相辅相成，‘绝对意义上’的最好并非总是‘相对意义上’的最好。因为，法律越是完善，就越与谬论相悖；如果对太多人产生冲击，要维持这些法律就得过度使用暴力”。

这种想象出来的最好的法律，将损害人们的自由。因为“最广义的自由仅仅是实施意志和实现愿望的能力”。所以，政治制度必须与大众的意愿水平相一致，法律制度应当是动态地匹配于现有的观念与意愿结构，自由才能不走到卢梭所说的“被强迫自由”的路上，自由与秩序由此才能获致一个平衡。特拉西由此成为剥去大革命时期政治观念的意志论外衣，表达出该诸观念深层的理性主义结构，将革命法国的秩序建设放置在政治社会学视野下来审视的开山之人。

6. 圣西门

圣西门（Claude-Henri de Saint-Simon, 1760—1825）这个名字较为国人所熟悉，

人们皆知其为三大空想主义者之一。实际上他的思想要比我们通常所理解的空想社会主义复杂得多。圣西门生于法国巴黎一个贵族家庭，他早年曾以此为荣并自豪地说："我是查理大帝的后裔。"这种对出身的坚持不过是圣西门的一个古怪念头的另一种表达，他坚信自己就是将要拯救众生的弥赛亚，并发明了世俗宗教以试图打造新的人性。以赛亚·伯林称圣西门的著述与生平矛盾百出甚至乱成一团。[1] 圣西门曾参加过北美独立战争；北美独立后他又南下仍在西班牙统治下的墨西哥，鼓吹开凿巴拿马运河；随后又去荷兰鼓动荷兰人向英国殖民地开战；嗣后又去西班牙鼓吹开凿运河将马德里连到大西洋。没多久发生了法国大革命，圣西门便放弃了爵位，加入吉伦特派参与革命，中间还曾坐过雅各宾政府的牢。革命后，他看到穷人的境遇并未改善，便转而批判新的政治制度，并决意设计一种新的制度以彻底改造这个世界。圣西门为了进行对新制度的研究，与众多学者交往，大排筵宴，力图吸取新知识，由此萌生了各种有稀奇古怪而富有想象力的想法，但最终耗尽家财，贫困潦倒。但是圣西门对于科学和实业对改造人类世界、增进国家实力的论述，对于科学家、实业家作为精英人物参与治理国家重要性的讨论，却深刻地影响了法兰西第二帝国的政策，也正是在这些政策的影响下，法国真正地开始了其工业革命的进程。圣西门曾经聘用孔德当他的秘书，后者受圣西门影响颇多，开创了实证主义，成为社会学的创始人。

本卷所辑圣西门的长文，作于复辟王朝时期，是他的思想较为凝练的表达。圣西门在文中的基础假设是：第一，自然法则是一切的基础；第二，人类理性遵循自然法则而在不断地演进变化，从而人类社会也应该演进变化。历史上人们可以看到不同的阶层在推动这种变化，而就现世而言，最为推动这种变化的社会阶层，就是实业家阶层。所以，法国应该积极地立法，以鼓励实业界的发展，并将权力逐步地交给他们来行使。最终的目的是要"寻找一套方法来建立一个开支最少而最有利于生产的政府"。

为了做到低开支、高效率，圣西门提出对现有法律体系要进行深刻的改革。他批评现有的民事法庭在审理案件时，"几乎都以形式为主，而以实质为副"，法官与律师们共谋降低效率以提高自己的重要性。这大不同于商事法庭，商事法庭上的法官往往同时还是兼业者，他们通过仲裁的方式可以迅速地解决法律纠纷。圣西门这一番极度的外行话，其目的是要指出，如果把地主阶层的地产转性为实业财产，则一切民事案件便会由商事法庭管辖，"一切案件都可以而且应当以仲裁方式审理"，于是便会极大地提高司法和经济效率。圣西门将财产权置于一种非法律性，而是政治性的地位。这

[1] ［英］以赛亚·伯林：《自由及其背叛》，赵国新译，南京，译林出版社，2005年，第108页。

样一种安置最终必定反过来伤害财产权，但这是实质理性的理论原则走到其逻辑终点的一个自然结果，类似的诉求在法国19世纪左派运动中有着经常的回响。

之所以圣西门要如此处理财产权，还在于他将国家做了一种完全工具实用性的定义。在他看来，“国家的组成不是以掠夺为目的就是以生产为目的，也就是说国家不是具有军事性质就是具有实业性质，如果它不公然宣称其中之一为其目的，那它就是一个不伦不类的社会”。这种定义确乎是高度唯物主义的主张，近代以来的“国家理由”在一种纯粹现代性的样式下呈现出来。而所谓国家的军事或实业性质之分，实际上也并不存在，因为圣西门认为现代经济和技术的发展已经使得构成国家的军事力量的东西不再是军队，而是实业了。这种区分只不过是对随着时代的变化而对国家实力所作的一种新的表达。

所以，在圣西门看来，实业界应当是国家真正的引路人。但实业界还未变成一种自觉的存在，实业界在推动发展的社会仍不过“是依靠一种实践本能和传统习惯而取得一些进步成就的”。于是，圣西门意图通过自己的呼唤把实业界的力量转化为一种自觉的意识，从而能够真正地实现人类的幸福与理想。

这一连串的理论主张混杂着真知灼见与胡思乱想。但圣西门确实是第一个从不同时代的政治秩序与社会结构之间的关系，以及从实业时代之到来该如何应对的角度思考政治秩序问题的人，虽然他给出的药方是不济事的，但其对于实业的重视与对实质正义的高度追求，在其身后从不同的角度给了各种阵营的人以观念刺激。

7. 基佐

基佐（François Pièrre Guillaume Guizot, 1787—1874）是法国著名的政治家和历史学家。他的父亲在大革命时死于断头台上，基佐随母流亡。1805年基佐回到巴黎学习法律，1812年就任巴黎大学历史教授，同年因联姻关系而结识了保皇党头面人物，参与到政治活动当中，站在自由主义反对派的立场上，成为君主立宪制的鼓吹者和“空论派”（doctrinaire）团体的重要成员。1820—1830年，基佐的主业还是在巴黎大学从事历史研究和教学，其课堂讲义陆续汇编成《欧洲代议制政府的历史起源》、《欧洲文明史》、《法国文明史》等重要著作，托克维尔曾是基佐课堂上的学生。基佐的文明史研究视野宏大，颇具开创性。1833年基佐还组织成立了法国历史学会，他的一系列学术研究与组织工作奠定了法国现代史学的基础。1830年七月革命后建立的君主立宪制七月王朝（1830—1848），基佐是君宪派领袖之一，并是政坛上的风云人物，曾先后任教育大臣、外交大臣和首相。1840 年代的七月王朝基本是由基佐所主导的，奉行自由主义经济政策，又以高财产门槛把大量公民排除在选举权之外，力图确保政治上的稳定。可惜的是，1840 年代后期的基佐日益丧失了对于现实的敏感性，由于他顽固拒绝改革，终至 1848 年法国发生革命。这场革命结束了基佐的政治生涯，嗣后他隐居乡间，研究英国革命史，又出版了若干本重要著作。

空论派团体以基佐、鲁瓦耶－科拉尔（Pièrre Royer-Collard）等人为领袖。该派别之所以得此名，在于复辟王朝时期，该派诸位同仁在议会演说中频繁使用原则、学说（doctrine）之类的词语，于是遭受他们抨击的极端王党分子便蔑称这些人为“空论家”（doctrinaire），喻其只会依照抽象理论纸上谈兵，思维教条而缺乏政治头脑。但实际上空论派在当时的知识界和政界都发挥着不容忽视的影响。鲁瓦耶－科拉尔是空论派的早期领袖，是其中最年长的一位，终生为理性主权呐喊，反对暴力和专制。

空论派总体上来说是自由主义阵营，它采取一种中间路线，一方面主张革除过时的旧制度，要使得法国的权力分配与法国的现实社会结构相匹配；一方面反对革命的激进，主张要通过稳妥的手段来终结大革命，从而可以把革命当中的创新有时间慢慢地巩固下来，使得法国能够进入一种真正的理性时代。一句话，既要革新，又要终结大革命。

本卷所辑基佐的小册子所讨论的核心内容即围绕此双重任务展开。“击退旧制度，建立宪政制度，这就是我们当前的任务。”要完成这双重任务，需要有一个强大的主权。而这个主权也面临着双重的使命，既要克服旧制度下的种种阻碍，它们因短视与贪婪而完全无视现实的社会变革；又要克服激进革命中纯粹哲学性的人民主权论所带来的疯狂，它使得完成治理工作的政府时刻处于被颠覆的危险之中。所以，新的主权应建立在理性之上，其基础“既不存在于过去的神权理论中，也不存在于消极服从的理论中，更不存在于对政权服从的幻觉中。……用以对抗人民主权的原则，应该是正义的主权、理性的主权、权利的主权；早晚有一天，面对完全满足社会的真正意图与正当需求的理论时，人民主权论会退出历史舞台”。这样一种主权观念，完全拒斥了政治哲学的主权论思考，面对着一个既存的法兰西，只从行政学角度来探讨政治问题，开启了 19 世纪后期狄骥的公法理论的先声。

对基佐来说，完成这双重任务的最终目的，是建立起自由与秩序之间的均衡关系。这种关切是复辟王朝时期中间派诸贤的核心议题。此本小册子作于 1821 年，基佐以复辟政权反对派的立场说话，所以他提出“不仅要支持自由的斗争来反抗政府，还要负责像保卫自由那样要求秩序，因为自由和秩序都是新法兰西的需要与愿望，两者都遭受到现在内阁体系的损害。（反对派）有一场革命需要保卫，同时有一场革命需要打击”。只有这样，才能真正做到承认和保卫新法兰西“那些合法的和真实的东西”。

基佐的史学研究也处处在探讨自由与秩序之间的均衡关系是如何从欧洲的历史当中逐渐生长起来的。他的政治观完全融在他所构造出来的历史观当中，其深邃思想的表达，对现代法兰西民族心性的塑形有着极为深远的影响。

8. 迈斯特

迈斯特（Joseph de Maistre, 1753—1821）的理论是法国保王党的指导思想，然而严格说来他并不是个法国人。迈斯特出生于萨瓦的尚贝里（Chambèry de Savoie），这是属于撒丁国王的一块公爵领地，但却是隶属于法语文化圈。法国大革命当中，萨瓦地区被革命军所占领，嗣后便被合并于法国。迈斯特的父亲是萨瓦公国的参议员，因其工作中的杰出表现而受封为伯爵，成为穿袍贵族。迈斯特在 1788 年亦成为萨瓦的参议员。早年的迈斯特，表现为一个温和的改良派，支持法国国王的改革。在 1789 年法国召开三级会议时，迈斯特非常赞同，认为作为改革的天然领袖的三级会议必将带来法国的复兴，并且因其家族在法国有领地，迈斯特一度考虑要亲自竞选法国三级会议的代表。但很快革命的发展令其大失所望。1792 年，法国军队进入尚贝里，迈斯特就此开始其流亡生涯。他先是任撒丁国王派驻瑞士洛桑的外交官，在那里进行了相当的反革命宣传，出入于反革命流亡者的沙龙，并参与到组建反法联盟的外交活动中。1797 年迈斯特被撒丁王国召回，旋被派驻撒丁岛任总督至 1802 年，然后于 1803 年又被派往俄国首都圣彼得堡任外交官，直到 1817 年被召回，返回都灵后任司法大臣，直到 1821 年逝于任上。

同时代的法国反革命思想家，重要的代表人物还有伯纳尔（Louis de Bonald, 1754—1840），他常被人与迈斯特相提并论，被许多人称作迈斯特的思想双胞胎。伯纳尔相较于迈斯特更多地有一种托马斯主义的倾向。他倡言一种“传统主义的科学主义”，要建立一种“社会神学”，力图将上帝的神秘和难解的传统进行科学化。涂尔干曾认为伯纳尔是社会学的奠基人之一。

迈斯特最重要的著作题名《圣彼得堡之夜》，该书以对话体展开，完整表述了迈斯特的哲学与政治思考。本卷所辑小册子《论宪政和其他人类制度的生成原则》，集中表述了迈斯特的宪政观念，相当于是《圣彼得堡之夜》的导言。

迈斯特的哲学基础是神秘主义的。他并不拒斥理性，但认为应为其划出严格的界限，理性只具有工具性意义，而完全无力就价值性问题给出回答。根本的价值只能是出于神意，人类应当在历史中去体会这种神命，而不能试图脱离历史凭空创造。任何理性所创建的东西，也可以被理性所打倒；只有不是出于理性的东西，才是理性无法打倒的，也才是可以持久的。所以，迈斯特极其反对大革命依照理性的原则来建构人民、改造社会的努力，认为这是一种只会带来灾祸的狂悖。

制宪，在迈斯特看来是一件荒唐的事，他明确地提出，革命时代最大的谬误就是，"相信宪法可以先验地被书写和创造"，以为人类的权利可以通过一纸宪法而获得创建。迈斯特认为，"人民的权利绝不是写下来的，除非作为对先前就有的、不成文的权利的简单宣示"。任何权利都不可能像卢梭所主张的那样，先验地存在。它们只能是在历史中，经过君主与君主之间、君主与贵族之间、领主与附庸之间长期的博弈，而形成的一种真实存在的权力结构关系，权力相互抗衡所撑出来的空间，便是人们所说的权利之所在，也是真正的自由之所在。迈斯特认为脱离开这种真实存在来谈论的权利，是不可能具有生命力的；脱开真实存在所谈论的自由，是靠不住的，甚至很可能带来自由的反面。

迈斯特进一步探究了上述博弈过程，由此他又进入了一种政治社会学式的理论考察。他从历史中读出，"很少有主权能够证明其起源的正当性"。这是为伏尔泰、卢梭等人所深恶痛绝的，在他们看来这正证明了过去历史的非理性本质。然而迈斯特的非理性哲学使其可以坦然接受这一现实，并进一步分析出，"主权的起源，必须显得超乎于人力的领域之外。……至于正当性，如果它的起源看起来晦暗的话，那它也可以为上帝在此世的首席大臣——时间——所解释"。也就是说，主权的建立，十有八九是出于兵火厮杀，与正当性无关，而只与暴力有关。因此，主权者便尤其需要把自己夺得权力的原因归功于神意，才能获得正当性，而对神意的解释则超出了主权者能力之外。随着时间的流逝，对神意的解释，以及各种人对于此种解释的诸多利用，使得他们能够在彼此的冲突中逐步形成各自的行动空间，这个过程会使得主权的正当性逐渐为人们所认可——因为他们反对主权者的时候，所依凭的理由也是主权者在宣传的那种神意。而这种实在的行动空间的确立，意味着其中的自由也获得神意的外衣，从而是坚不可摧的。充满贪婪、欲望、非理性冲动的人类，正是因为这样一种历史过程，才不至于最后陷于暴政无法自拔。而这样一种过程的实现，在迈斯特看来，不过证明了神意的伟大与深远。

迈斯特对于传统秩序的赞赏，使得他的思想在复辟王朝时期深受推崇，也是直迄19世纪后期保王党的重要理论基础。但是他的思想却为共和主义者所厌恶，到了第三共和国时期，终于逐渐淡出了日常政治讨论之外。迈斯特的非理性主义政治哲学，在理性主义占据主导的法国，是一个扎眼的异类，提供了一种极为重要的理论张力。他对于理性政治所内蕴的危险的讨论，不啻对于20世纪许多灾难的预言，其很多思想在后现代理论中又以一种隐秘的方式被复活了。

本卷所辑这9篇著作再加上《人权宣言》，可以较为完整地勾勒出法国立宪时期的思想光谱。法国的宪政过程动荡曲折，与中国有着相似性。在本卷所勾勒的光谱中，我们可以看到思想史的复杂性，看到对于理性、自由与秩序做各种理解的努力，看到法国人对于宪政秩序的不懈追求。在本导读中，笔者也力图简要地勾勒出英、法、德三国对待政治问题的理论传统之差异。粗略说来，英国传统将政治做了法律化处理；法国传统将政治做了理性化处理；德国传统将政治做了历史哲学化处理。对法国以及西方这些宪政思想的考察，对今天我们对中国宪政问题的思考，必会有着相当的启发。

施　展

2013.1.10 于北京

目 录

法国国民议会（1789 年 8 月 26 日）

人权宣言[1]

[1] 《人权宣言》国内早已有译文，译者已难考。本卷所辑的译文，系周威参照了现有译文，对比法语版进行了部分修订所成。

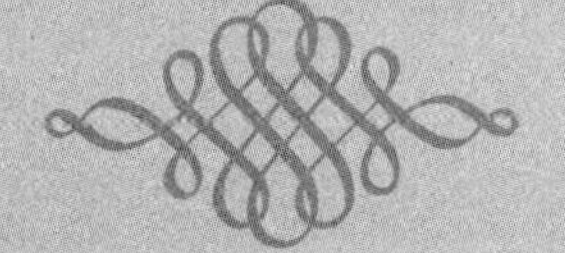

法国国民议会（1789 年 8 月 26 日）

组成国民议会（l'Assemblée Nationale）的法兰西人民的代表，由于认识到不知人权、遗忘人权或者蔑视人权是公众不幸和政府腐败的独一无二的原因，决定将自然的、不可转让的、神圣的人权公布于庄严的宣言之中，以便该宣言经常呈现在社会的所有成员面前，使他们不断地想到他们的权利和义务；以便立法行为、行政行为能够时时刻刻与各种公共机构的宗旨相比较，这样会更加受到他们的尊重；以便公民们今后以简单而无可争辩的原则为根据的那些要求始终围绕宪法的遵守和全体人民的幸福。

为此，国民议会在最高主宰[1]（l'Etre suprême）面前并在其庇护下，确认并宣布人和公民的如下权利。

第 1 条

在权利方面（en droits），人生来是并且始终是自由的、平等的。社会差别（Les distinctions sociales）只能基于公益。

第 2 条

全部政治结合（toute association politique）的目的都在于维护人的自然的不可剥

[1] 1789 年爆发的革命是对旧秩序、对形形色色特权的冲击，而“一般针对封建制度发生的一切攻击必然首先就是对教会的攻击”。初期，宗教斗争主要围绕教士是否宣誓效忠宪法和 1790 年 7 月颁布的《教士法》等问题展开的。理性崇拜（法语：Culte de la Raison）是法国大革命时期出现的一种基于无神论的信仰。该信仰由雅克・埃贝尔、皮埃尔・加斯帕德・肖梅特和他们的支持者创立，其目标在于取代基督教。理性崇拜学说的对立面之一，是创始人为罗伯斯庇尔的至上崇拜。这两个信仰都是大革命时期和恐怖统治时期法国去天主教运动的重要组成部分。至上崇拜（法语：Culte de l'Être suprême）是法国大革命时期罗伯斯庇尔试图建立的一套自然神论，并试图将其确立为法国国教以取代天主教。

夺的权利。这些权利是自由、财产、安全和反抗压迫。

第 3 条

整个主权的原则本质上存在于国民（la Nation）。任何团体、任何个人都不能擅自行使并非明确地来源于主权的权力。

第 4 条

自由在于能够做无害于他人的行为，即每个人自然权利行使的界限即须确保其他社会成员（Membres de la Soci é té）享有同样的权利。这些界限只能由法律确定。

第 5 条

法律仅有权禁止（défendre）危害社会的行为。法律所未禁止的行为不得受到阻碍，任何人不得被迫从事法律所未规定的行为。

第 6 条

法律是公共意志的表达。所有公民有权亲自（personnellement）或者通过其代表参与法律的制定。法律对于所有人，无论是保护还是惩罚，都应是同样的。由于法律对所有公民一视同仁，所有公民都能平等地根据能力（selon leur capacité）获得各种荣誉，担任各种公共职位（toutes dignités, places et emplois publics），除德行和才能（leurs vertus et de leurs talents）的差别外，不得有其他差别。

第 7 条

非在法律规定的情况下且按照法律规定的方式，任何人不受控告、逮捕或拘留（accusé, arrêté，détenu）。凡动议、发布、执行或令人执行专断命令者应受处罚，但被依据法律传唤或者扣押（applé ou saisi）的公民应当立即服从，若抗拒则构成犯罪。

第 8 条

法律只能规定显然必不可少的刑罚（des peines）。非根据事先制定和公布且依法施行的法律，不得处罚任何人。

第 9 条

任何人在未被判处有罪前应被视为无罪。即使认为必须予以逮捕，但不为扣留人身所要的各种残酷行为都应受到法律的严格禁止（réprimer）。

第 10 条

对于发表意见，甚至宗教观点，任何人不受阻挠（inquiété），只要（pourvu que）发表的意见不扰乱法律所规定的公共秩序。

第 11 条

自由交流思想和意见是人类最宝贵的权利之一。因此，每个公民都能自由地讲话、写作和出版著作（parler, écrire, imprimer），但应在法律规定条件下对滥用此项自由负责。

第 12 条

保障人和公民的各项权利需要武装力量。因此，设置武装力量应是为了所有人的整体利益，而非为了武装力量受托者的特殊利益。

第 13 条

对于维持武装力量和行政管理的正常运行，公共赋税（une contribution commune）是必不可少的。应在全体公民之间按照能力大小平等分摊公共赋税。

第 14 条

所有公民有权亲自或者通过其代表来确定赋税的必要性，有权自由地赞成公共赋税，有权监督公共赋税的使用，并有权决定税额、税率、纳税方式以及纳税期限。

第 15 条

社会（La Société）有权要求（demander compte à）政府公务人员（Agent public）报告其工作。

第 16 条

凡权利无保障和分权未确立的社会没有宪法。

第 17 条

财产是神圣不可侵犯的权利。非为了合法认定的显然必需的公共需要，且在公平而预先赔偿的条件下，任何人的财产不受剥夺。

- 第三等级是什么?
- 关于革命政府的各项原则
- 论恐怖效应
- 关于宪法评审团之授权及组织的意见
- 论国内和平
- 有关孟德斯鸠《论法的精神》的评论

上编　革命时期

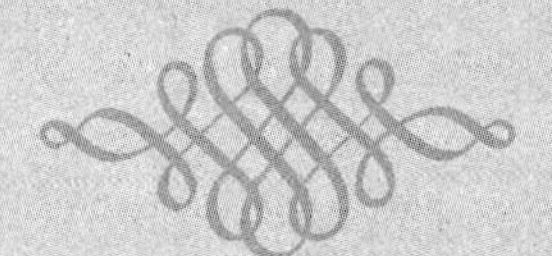

第三等级是什么？*

西耶斯　著

冯　棠　译

只要哲学家并未超越真理的界限，便不要埋怨他们走得太远。哲学家的职能在于指明目标，因此它必须抵达目标。假如他中途辍步，竟然打出自己的旗帜，这面旗帜便可能是骗人的。行政官则不然，他的任务是根据困难的性质，稳步前进……哲学家未抵目标便不知身在何处；行政官看不见目标便不知走向何方。

本文的计划甚为简单，我们要向自己提三个问题。

（1）第三等级是什么？是一切（TOUT——编者注）。

（2）迄今为止，第三等级在政治秩序中的地位是什么？什么也不是（RIEN——编者注）。

（3）第三等级要求什么？要求取得某种地位（A ETRE QUELQUE CHOSE——编者注）。

我们先看看这些回答是否正确，然后再来考察，为使第三等级确实取得某种地位，过去曾试用过一些什么方法，今后该采取些什么方法。因此我们将要提及以下内容。

（4）为了第三等级的利益，大臣们曾试图做些什么，特权者们自己现在建议做些什么。

（5）本来应该做些什么。

* 本译文摘录自［法］西耶斯：论特权·第三等级是什么？，北京，商务印书馆，1990年。

（6）最后，第三等级为了取得其应有的地位，现在还需做些什么。

第一章　第三等级是整个国家

一个国家要生存下去并繁荣昌盛，要靠什么呢？靠个人劳动与公共职能。

一切个人劳动可归为四类：①鉴于土地和水提供了人类所需的基本资料，因此按照思维顺序，所有务农的家庭从事的劳动便属第一类劳动。②这些资料从第一次出售到消费或使用，经过人数有所增加的新劳动者之手，被追加了复合程度不同的第二价值。人类的勤奋遂使大自然的恩赐臻于完善，初级产品的价值成倍、成十倍、成百倍地增加。这就是第二类劳动。③在生产与消费之间，以及不同的生产阶段之间，出现一大批既有利于生产者，又有利于消费者的中介人，即商贩和批发商。批发商不断地将不同地点与不同时间的需求加以比较，在贮藏与运输中赚取利润；商贩总揽大宗或零星的销售。这类有益的劳动称为第三类劳动。④这三类勤劳而有益的公民为供消费和使用的物品而忙碌；在一个社会中，除他们之外，还必须有大量直接有益于或取悦于人的特殊劳动和勤务。这个第四类劳动包括上自最杰出的科学与自由职业，下至最不为人看重的家务。以上便是社会得以维持的各种劳动。谁承担着这些劳动呢？就是第三等级。

在目前情况下，全部公共职能同样可分列在人所熟知的四种名称之下，即军队、法院、教会和行政。在这些部门，第三等级人数都占二十分之十九，差别仅在于他们承担的都是十足的苦差，都是特权等级拒不充任的差使，这种情况人所共知，毋庸细述。特权等级的成员占有名利双收的那些职位。我们是否因此承认他们的贡献呢？如果承认的话，那么除非第三等级拒不充任这些职位，或第三等级无能力履行这些职务。实情如何，不言自明。然而人们竟敢禁止第三等级担任此类职务，并对他们说："不管你如何殷勤效劳，不管你如何才华超群，你前程有界，不可逾越。给你荣誉，并无好处。"罕见的例外，正如人们真实地感受到的那样，只不过是一种嘲弄，在这些罕见的场合下，被允许发表言论更是一种侮辱。如果说排斥第三等级是社会对它的一种罪行，难道还能说这种排斥对公共事务有丝毫裨益吗？唉！人们岂不知道垄断的后果吗？如果说它使被排挤的人沮丧，那么人们难道不知道，它使得宠的人变得笨拙无能吗？难道人们不知道，任何事业一旦脱离了自由竞争，便将付出更为昂贵的代价，而且变得更糟吗？

当人们把某种职务作为特权交给公民中一个特殊等级时，是否注意到，需要发给薪金的对象不仅是那个担任公职者，而且还有这同一等级中全部未任职者，还有任职者和未任职者的家属的全体成员？人们是否注意到，这类事情在我们这里卑鄙地通行无阻，出现在古代埃及历史和印度游记中却使我们觉得可鄙而且可耻？……让我们暂且不去论述这类问题，或澄清这类问题，以免延误我们论述的进展。

这里只需让人们领会：特权阶级有益于公共事业的说法只不过是一种幻想；没有特权阶级，第三等级同样能完成公共事业中全部艰难的任务；没有特权阶级，高级职务将被更出色的人所承担；这些职务理所当然地应该是对公认的才干和劳绩的奖励和酬谢。如果说特权阶级已经窃取了所有名利双收的职位，那么这既是对全体公民极可憎的不公道，也是对公共事务的背叛。

因此，谁敢说第三等级自身不具备组成整个国家的一切必要条件？第三等级犹如一个强壮有力的人，他的一只臂膀还被绑在锁链上。如果除掉特权等级，国家不会少些什么，反而会多些什么。因此，第三等级现在是什么？是一切，是被束缚、被压迫的一切。没有特权等级，第三等级将会是什么？是一切，是自由的、欣欣向荣的一切。没有第三等级，将一事无事，没有特权等级，一切将更为顺利。我们已经证明，特权等级不但远不能为国家造福，反而只会削弱国家，危害国家；但这还不够，还必须证明，贵族阶级根本不在社会组织之内；它尽管对国家是一种负担，但不会成为国家的一个组成部分。

首先，在国家的一切基本成员中，不可能找到或安置贵族这个等级。我知道，为数众多的人，由于身有残疾、能力低下、懒惰成性或伤风坏俗而不能参加社会劳动。在常规之外，总有例外和弊端，在一个幅员辽阔的帝国内尤其如此。不过我们至少会同意，这种弊端越少，国家就越被视为治理有方。治理最坏的要数这样一种国家，在那里人人都在忙碌，而在公民中却有整整一个阶级，不只是孤立的个人，以无所事事为荣，他们消费的是产品中的精华，却从未在生产上出过一点力。由于其浪荡，这样一个阶级对于国家肯定是异己的。

贵族等级享有民事的（civiles——编者注）和公共的（politiques——编者注）特权，所以在我们中间同样是异己的。

国家是什么？是生活在一部普通法（une loi commune——编者注）之下并由同一个立法机构（législature——编者注）代表的人们的联合体。

贵族等级享有特权、优免，乃至同广大公民的权利截然分开的种种权利，这难道不是再确凿无误不过的吗？贵族等级由此而脱离了普通等级和普通法。因此，贵族等级的公民权利已经使他们成为一个大国中的一群独特的人。这是真正的国中之国。

至于他们的政治权利，他们同样单独行使。他们拥有自己的代表，这些代表不受其他等级人民的委托。他们的全体代表单独集会，当他们和普通公民的代表在同一大厅中开会时，他们的代表权在本质上同样是与众不同和分离的。由于他们的使命不是由人民所委托，由于他们的目的不是保卫普遍利益，而是保卫特殊利益，所以他们的原则和目的和国民是格格不入的。

因此凡属于国家的一切，第三等级都包罗无遗；而一切并非第三等级的东西，便不能看作是属于国家的。第三等级是什么？是一切。

第二章　迄今为止第三等级是什么？什么也不是

我们下面不准备考察人民长期呻吟于其间的奴役状况，也不准备考察他们到现在还没有摆脱的压制与侮辱的境地。他们的民事地位已发生变化，它还应变化。假如第三等级没有获得自由，那么作为整体的国民，乃至任何一个个别的等级，也完全不可能获得自由。自由不能靠享有特权来获得，只能靠享有属于每个人的权利才能获得。

倘若贵族们竟然不惜放弃他们不配享有的这种自由，企图继续把人民置于被压迫的境地，人民就敢于质问他们，凭什么权这样做。假如回答是凭征服权，那就必须表示同意，因为这意味着向过去追溯一步的愿望。但是第三等级不应当害怕追溯往昔。他们将回溯到征服以前的年代；而且，既然他们今天已相当强大，不会再被征服，他们的反抗无疑将更为有效。第三等级为什么不把那些继续狂妄地自诩为征服者种族的后裔并承继了先人权利的所有家族，一律送回法兰克人居住的森林中去呢？

我想，经过这番清洗的民族必将感到自慰，因为他们自信这个民族此后仅由高卢人和罗马人的后裔所组成。事实上，如果人们非要以出身来区别人，那么难道我们不能向可怜的同胞们揭示，出身于高卢人和罗马人至少不逊于出身于西冈布尔人、威尔士人以及其他来自古代德意志的丛林池沼的野蛮人吗？人们将说道，不错，不过征服打乱了所有的关系，征服者已变成了世袭贵族。好吧！现在需要再改变贵族的来源，第三等级这回要成为征服者，重新变成贵族了。

特权等级是第三等级的宿敌，如果我们在特权等级中所看到的和所能够看到的无非是同一个第三等级的子弟，那么用灭亲的胆量来仇恨、蔑视和压迫他们的兄弟，我们对此又作何评说呢？

让我们继续我们的话题。必须把第三等级理解为属于普通等级的全体公民。凡是法律规定的一切特权，不管其方式如何，都已脱离一般地位，不受普通法管束，因而决不属于第三等级。我们上面已经说过，一部普通法和一个共同的代表机构，这就构成一个国家。在法国，一个人如果除了受普通法保护外一无所有，那么他就什么也不是；如果不依靠某种特权，他就只得甘愿承受种种轻视、侮辱和欺压，这个道理千真万确。倒霉的非特权者为了不被压成齑粉，唯有一途：低三下四地攀附一个大人物。仅以此为代价，他便可买到在某些场合下自称有某人撑腰的权力。

但是我们在此对第三等级考虑得更多的是他们与国家组织的关系，而不是他们的公民地位。让我们看看他们在三级会议中的地位如何。

自命为第三等级的代表是哪些人？是新封贵族和非世袭特权阶级。这些伪代表有时甚至不是人民自由选举的。充当人民代表被视为担任某种官位者的权利，在三级会议中往往如此，而在外省三级会议中几乎全是这样。

旧贵族不能容忍新贵族，不允许新贵族同他们平起平坐，除非像人们所说的那样，新贵族能够证明自己的身份可以追溯到四代和一百年前。因此，他们就被旧贵族推入第三等级，但他们显然不再属第三等级。可是，从法律眼光看，所有的贵族都是同等的，不论是旧贵族还是在不同程度上把自己的出身或篡夺行为遮掩起来的贵族。两者都享有同样的特权。唯有舆论将他们区别开来。但是如果说第三等级不得不容忍法律认可的偏见，那么让第三等级向一个违反法律条文的偏见屈服，便是毫无道理的。

无论人们愿意怎样对待新贵族，一旦一个公民取得与普通法截然对立的特权，他就不再属普通等级，这是肯定无疑的。他的新的利益便同普遍的利益相对抗；他无权代表人民投票。

这个无可争辩的原则同样把非世袭的特权者排除于第三等级的代表之外。他们的利益也或多或少同普遍利益相对立；尽管舆论将他们列为第三等级，尽管法律对他们的地位未作规定，事物的本性却强于舆论和法律，它以压倒的力量将他们排斥于普通等级之外。

如果不仅把世袭特权者，而且还把非世袭特权者排除出第三等级，人们会问，这样做是不是轻率地使第三等级失掉最有见识、最富勇略、最受尊敬的成员，从而削弱第三等级呢？

我远非企图削弱第三等级的力量或尊严，因为在我的心目中，第三等级同国家的观念始终是融为一体的。但是不管支配我们的动机如何？我们难道能抹煞真理吗？因为，一支军队的精锐士兵的逃亡已然非常不幸，难道还非得将营地交给这些士兵防守吗？一切特权，再说一遍亦不为过，都是同普通法对立的。因此，一切特权者毫无区别地组成一个与第三等级迥异并且对立的阶级。与此同时，我要指出，人民的朋友们对这一真理丝毫不必感到惊慌。恰恰相反，这个真理使人们强烈地感到必须立即废除一切非世袭特权，从而恢复全民的根本利益，因为这种特权分裂第三等级，而且似乎逼迫第三等级将自己的命运交给敌手。此外，决不可将这种考虑与下面那种考虑分开：在第三等级里废除特权，并不意味着它的某些成员将丧失他们享有的优免。这类优免只不过是普通法而已。普遍剥夺大多数人民的优免，这事从来就非常不公正。因此我所要求的不是一种权利的丧失，而是这种权利的恢复。如果有人反驳我说，若把若干类特权变成普遍享有，例如免予抽签服兵役，人们就会使自己失去满足社会需要的手段，那么我的回答是，一切社会需要均应人人承担，不应由公民中某一特殊阶级单独承担。如果不去寻求更具有全民性的方法以完善和维持人们所希求的军备状况，这既违迕情理，也悖于公道。

听到有人抱怨教会、佩剑贵族和穿袍贵族三位一体的贵族体制，人们有时感到吃惊。人们但愿这只是一种说法而已，但是这种称呼应按严格意义来理解。如果说三级会议是普遍意志的代言人，并因此而拥有立法权，那么凡是三级会议仅由教士、贵族和法官组成的地方，那里便是名副其实的贵族体制，这难道不是真实的情况吗？

除了这个令人惊骇的、千真万确的事实外，还有一种现象：所有的行政权力机构也都以这样或那样的方式落入了为教会、法院和军队提供人员的那个阶级手中。某种兄弟义气使得贵族彼此看重，互相照顾，而把其余国民一概不放在眼中。他们的篡夺可谓彻底；他们的统治货真价实。

请大家读读历史，着意考察一下究竟事实与上述论断是相符还是相悖。然后人们便会相信法国仍处在君主制度下的这种说法是个极大的错误，对此我已有切身体验。

只要从我国史册中抽掉路易十一[1]、黎塞留[2]以及路易十四[3]的不折不扣的专制统治时期的若干岁月，你便会觉察你在读一部宫廷贵族史。是宫廷而不是君主在统治。

[1] 路易十一（Louis Ⅺ，1461—1483 在位），法王查理七世之子。1477 年击败以勃艮第公爵大胆查理为首的贵族叛乱。到 1483 年，将法国领土，除布列塔尼外；几乎全部统一起来，从而奠定了法国君主专制制度的基础。——译者注

[2] 黎塞留（Richelieu，1585—1642），法国国务活动家，红衣主教，路易十三（1610—1643 在位）的首相，1624 年起成为法国的实际执政者。他大大巩固了君权，加强了国家的中央集权制。在他的统治下，法国专制制度的主要特征完全形成。——译者注

[3] 路易十四（Louis XIV，1643—1715 在位），他统治的时期是法国专制制度的全盛时代，由于穷兵黩武和挥霍无度，使法国陷于民穷财尽的地步。——译者注

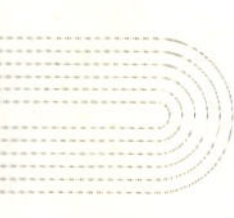

是宫廷在行令设禁、任免大臣、设职授职如此等等。庞大的贵族阶级遍布法国，通过其成员到处伸手，占据了公共事务各部门的所有要津。什么是宫廷呢？无非是这个庞大的贵族阶级的首脑。因此，人民也习惯于在私下言谈中把君主同政权的推动者分开。他们一直把国王视为受骗至深，身处活跃而强大的宫廷贵族之中而毫无防范，以至他们从未将那些冒国王之名所做的一切坏事归咎于他。

概括起来说：迄今为止，第三等级在三级会议中并无真正的代表。因此他们的政治权利等于零。

第三章　第三等级要求什么？要求取得某种地位

绝不能依据某些对人权有不同程度知识的作家的孤立言论来评论第三等级的要求。第三等级在这方面还差得很远，我不光是就那些研究社会秩序的人的学识而言，而且是就形成为公众舆论的大量流行思想而言。只有根据王国各大市镇向政府提出的真实要求，才能评价第三等级的真正诉愿。人们在那里看到了什么？人民要求取得某种地位，而且事实上只求有一席之地。他们要在三级会议中拥有真正的代表，即来自本等级的、善于表达他们的意志、捍卫他们的利益的代表。可是，如果三级会议里与第三等级对立的利益占压倒优势，那么参加三级会议又有何益！无非是以他们的出席，对他们永久承受的压迫加以认可而已。因此，可以断言，假如他们不能在那里拥有至少相等于特权阶级的影响，他们就不会到三级会议来投票，他们还要求让他们的代表名额同另两个等级的代表名额总数相等。最后，假如每个等级分别投票，这种平等代表权便纯属虚幻。故此，第三等级要求按人头而不按等级投票。这就是使特权等级为之骇然的诸项要求的要点，其之所以使他们惊骇是因为这些要求本身就使革除弊端势在必行。第三等级的真正意图是在三级会议中拥有与特权等级相等的影响。我再说一遍，他们能要求得比这更少吗？倘若他们在三级会议中没有相等的影响，他们就没有指望摆脱政治上无足轻重的地位，没有指望取得某种地位，这难道不明白吗？

但是真正的不幸在于第三等级的这三条要求不足以使他们取得确实不可或缺的相等的影响。纵然选自本等级的代表争得了相等的名额也是徒然。因为特权者的影响将占据并控制第三等级自己集会的场所。分配肥缺、职位、利禄的权力在哪里？是谁要求庇护？谁掌握庇护权？……非特权者因才华出众看来最适于维护本等级的利益，他们难道不是在对贵族愚陋或强制的敬畏中培养起来的吗？须知许许多多的人通常都易于向一切可以从中得益的习惯势力屈服。他们时时想着改善自己的命运，而当个人勤奋劳动不能依正道晋升时，他们便投入歧途。我不清楚是古代哪个民族，为使其子弟习惯于猛烈或灵敏的训练，只有在他们取胜或在这方面努力之后，才给他们分发食物。同样，在我们这里，第三等级中最能干的一类人，为了取得其生活的必需，被迫为强者的意志效忠。国民中的这部分人竟然为祈求恩宠而孜孜矻矻，对主人俯首帖耳，时刻准备为博得期待的欢心而牺牲一切。最适于捍卫国家利益的优秀品质竟被滥用来维护偏见，看到这类品行，怎能不令人担忧？贵族阶级最肆无忌惮的捍卫者将出自第三等级，出自那些生来聪明伶俐但缺乏灵魂的人们，他们既贪图权势和渴望显赫人物青睐，又对失去自由的代价麻木不仁。

贵族在法国支配着一切，封建迷信使大多数人精神堕落，除了这两种巨大的力量之外，还有财产的力量，这是一种自然的影响。我绝不排斥财产的力量，但人们将会同意，这种力量也完全有利于特权阶级，人们也有理由担心特权等级会借助这股强大力量来反对第三等级。

各市镇过分轻易地相信，只要把特权阶级的人从人民代表中排除便能免受特权影响。在农村和各地，哪一位稍得人心的领主，只要他愿意，没有一群数不尽的人听命于他？请估计一下这第一种影响的后果及反响，可能的话，请设法搞清楚，一个你以为已离初选委员会相隔很远，而实际上依然由那些初选人所拼凑的议会，能产生什么结果。

人们越思考这个问题，越发觉第三等级的这三项要求远远不够。然而，尽管远远不够，这些要求还是遭到猛烈的攻击。让我们来考察一下这种攻击的一些借口。

第一节　第一个要求 第三等级代表只能选自真正属于第三等级的公民

我们已解释过，要真正属于第三等级，就必须丝毫不沾染任何一种特权。

通过某一门径成为贵族的那些法官，不知为何决定在他们之后关闭进入贵族之门径，他们竭尽全力要钻进三级会议。他们自言自语：“贵族不要我们；我们也不要第三等级；如若我们能单独组成等级，那就太妙了；但我们办不到。怎么办？我们只有维持第三等级选贵族为代表的陋习；这样我们的欲望既能得到满足，我们的志向也不至于落空。”所有新贵族，尽管出身不同，都迫不及待地怀着同一心理反复说道：“必须使第三等级选贵族为代表。旧贵族自以为得天独厚，无意保存这种陋习；但他们也颇会算计。”他们曾说：“我们将把我们的子弟放在下院中，权衡利弊，这个主意比我们自己担当第三等级代表更好。”

一旦主意已定，理由总是可以找到的，这是不言而喻的。于是有人说，必须保存陈规……绝妙的陈规，因为根据这个陈规，说是为了代表第三等级，实际上到这时为止，第三等级竟被完全排除于代表之外！第三等级拥有政治权利和公民权利，他们应自己行使这两种权利。那个时候，区别三个等级是为了让前两等级得益，第三等级招损；这个时候，混淆三个等级是为了让前两等级获利，国家受害，这主意何其高明！教士和贵族凭借陈规实际上便可占据第三等级的席位，要维持的这种陈规是什么陈规！说真的，倘若第三等级能侵占教士和贵族等级的代表权，那么他们是否认为第三等级就代表了他们呢？

为了说明一种原则的弊端，应允许将其后果推论到所能达到的极限。应用这种方法，我就可以说：如果三个等级的人自行不加区别地委任他们中意的人为代表，那么，在议会里便可能只有一个等级的成员。比方说，人们是否会同意唯有教士能够代表整个国家？我还可以进一步推论下去。在将三个等级的信任都赋予一个等级之后，让我们再把所有公民的委托都集于一个人身上。人们是否会支持这种观点，即一个人就能取代三级会议？一个原则如果导致荒谬的结果，这说明这个原则是错误的。

有人还说，将委托人的选择限制在一定范围之内，这有损于他们的自由。对这个所谓的难题，我有两点答复。第一，这是用心不良，有事实为证。领主对农民和其他农村居民的控制，这是众所周知的；为数众多的领主代理人其中包括他们的法官，他们惯用的或可能使用的伎俩，这也是众所周知的。故此，凡欲对初级选举施加影响的领主，一般都确有把握在大法官辖区被选为代表。而到了那里，就只是在领主们当中或最受他们信任的人当中挑选的问题了。你们千方百计把窃取人民信任的权力弄到手，难道是为了人民的自由？为遮掩与自由截然相反的意图而亵渎自由的圣名，使人听了毛骨悚然。无疑，必须给委托人以完全自由。正因为如此，才必须从他们的代表中排除所有惯于横暴地统治人民的特权阶级。

我的第二点答复直截了当。无论何事都不可能有无限制的自由或权利。各国的法律都规定了一些明确的条件，不具备这些条件的人既不能当选举人，亦不能当被选举人。譬如，法律应规定年龄限制，不足此年龄者无权当公民的代表。又譬如，妇女不论是非到处都被排斥在这类代表权之外。人民的政治信任不能交付给游民或乞丐，一向如此。仆役和所有依附于主人的人、未入籍的外国人能接受他们加入国民代表之列吗？因此，政治自由同公民自由一样有其限制。问题仅在于第三等级所要求的作为无被选举权的条件，是否并不如我刚才列举的各条那样重要。然而，对比之下，道理完全在第三等级一边。因为乞丐、外国人可能并无同第三等级的利害相对立的利害。相反，贵族和教士以其地位而论，则是他们所享有的特权的朋友。因此在法律依照公平原则和事物本性应交给代表进行选择的所有条件中，对于第三等级来说，他们所要求的条件乃是最重要的条件。

为了进一步突出这一论点，我提出一个假设。假定法国正与英国交战，国内一切与战争有关的事务均由国民代表组成的一个督政府领导。在这种情况下，请问能以不侵犯自由为借口而允许各省挑选英国的内阁成员来充任他们在督政府中的代表吗？

特权阶级对普通等级表现的敌对性，肯定不亚于英国人对法国人在战时表现的敌对性。

根据这一系列原则，绝不应容许第三等级中那些纯属前两个等级的成员被委以市镇的信任。有人觉得，依这些人的地位，他们不可能得到市镇的信任。然而，如果不明确规定将他们排除在外，那么领主的影响尽管对他们自己于事无补，却免不了还要对他们掌握的人发生作用。我特别要求大家对封建制度众多的代理人加以注意。

法兰西至今仍不幸分裂为彼此敌对的三个等级，罪魁祸首就是这个野蛮的封建制度的可憎的残余。如果封建制度的代理人窃取了普通等级的代表席，一切便都完了。谁不知道，为了保护主子的利益，奴仆比主子本人还表现得更贪婪、放肆？

我知道，这一禁条既然特别涉及所有领主的司法官等人，就必定会波及许多人……但是事物的本性要求必须这样做。

多菲内省在这方面作出了突出榜样。必须像这个省份那样，从第三等级的被选举人中排除税务机关的人、他们的保证人、官府的人等。至于前两个等级地产上的佃农，我亦认为，就其目前状况而言，他们的依附性太强，不可能自由地为本等级的利益投票。但我是否可以期望，立法机构有朝一日会认清农业、公民责任感和公共繁荣的利害关系，最终结束那种将税收上的贪婪同政府的工作混为一谈的局面？那时，人们将准许甚至将促进与佃农签订终身租约，而我们将从此只把这些如此宝贵的佃农视为确实非常适于维护国家利益的自由佃农。

有人提出，第三等级的成员不具备足够教养和胆识来充当代表，他们必须求助于贵族的才智。人们以为提出这一点会加剧我们刚才已经排除的疑难……这种奇谈怪论不值一答。请考察一下第三等级中的那一类可用之人。我和大家一样，把生活比较富裕、能够接受自由教育、培养理性、关心国家大事的那一类人，称为可用之人。这类人唯

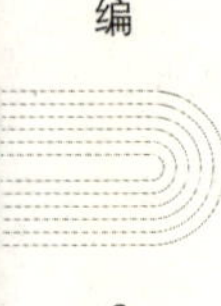

以人民的利益为利益。请注意，他们当中有没有足够有教养的、诚实的公民，在各个方面都堪称优秀的国民代表。

但是，有人最后说，要是某一大法官辖区非要把第三等级的代表权交给一位贵族或一位教士不可呢？若是它只信任贵族或教士呢？……

我已经说过，不可能有无限的自由，而在规定被选举权的全部条件中，第三等级所要求的条件是其中最必要的条件。让我们回答得更直接一些吧！假定某个大法官辖区非要加害于自己不可，难道他因此就应有损害他人的权利么？如果受我之聘的诉讼代理人的活动只与我一个人有关，人们可能只会对我说：您活该，为什么您选错了人呢？但这里，一个裁判区[1]的代表不光是委任他们的那个大法官辖区的代表，他们还要代表全体人民，要替整个王国投票，故此必须有一个共同的规则和一些条件，来使全体国民放心，使某些选民不得随心所欲，尽管这些条件会使某些委托人感到不快。

第二节　第三等级的第二个要求　第三等级的代表须与两个特权等级的代表在数量上相等

我不禁要再说一次，这项懦怯无力的要求仍受到往昔的影响。王国的诸城市未曾充分地考虑知识和公众舆论的进步。它们当初若要求以两票对一票，也不至于碰到更多的困难。如果那样，也许人们早已迫不及待地同意实行代表数量相等的制度了，而今天有人却仍在吵吵嚷嚷反对这种平等。

此外，当人们打算对此类问题作出决定时，决不能像人们通常所为，满足于提出其意愿或以惯例作为理由，而必须提高到原则。政治权利和公民权利一样，取决于公民的身份。公民身份这一法律地位人人相同，它与每个人构成其财产或享受的真正财富之多寡无关。凡具备选举人规定条件的公民，均有权当选为代表，他的代表资格不能是另一个公民的代表资格的一部分。此权利是完整的一体，人人同样行使，正如人人同样受他们协同制定的法律所保护一样。怎能一方面认为法律是普遍意志，亦即大多数意志的体现，而同时又主张十个个人意志可以抵得上一千个个别意志呢？这岂不是要让少数人制定法律？这显然是违背事物本性的。

如果说，这些原则虽然千真万确，却离一般人的想法稍远，那么我要提请读者注意在他眼前的一项对比。

[1] 裁判区（district）系旧制度下一种司法地域区划，法官不得越出本区执法。大法官（bailli）代国王或领主行司法权，其所辖区划即大法官辖区（bailliage）。——译者注

庞大的普瓦图大法官辖区在三级会议中的代表多于小小的热克斯大法官辖区，除讷韦尔的主教先生[1]外，世人不是都认为此事合理吗？为什么呢？有人说，因为普瓦图的人口和捐税远胜过热克斯。这就是说人们同意根据某些原则来决定代表的比例。那么是否以纳税多寡来决定呢？尽管我们并不确切掌握各个等级的纳税情况，但是第三等级承担着其中一半以上，却是显而易见的。

在人口方面，大家知道第三等级远远超过前两个等级，跟大家一样，我不大清楚确切的比例；跟大家一样，我也要来算一笔账。

先算教士。包括附属教堂在内，教区教堂共40000个，很快就算出包括附属教堂的代理主任司祭在内的本堂神甫为40000。

每四个教区有一位副本堂神甫，计有10000。

大教堂与主教管区的数量相同；依平均各有20个议事司铎计，其中包括140名主教或大主教，计有2800。

粗略估算，假设僧侣会议事司铎是前者的两倍，计有5600。

除了上述这些人以外，决不能以为有多少圣职、修道院、隐修会和小教堂，便有多少僧侣。须知，在法国也有兼职的情况。主教与议事司铎同时又是修道院长、隐修院院长和礼拜堂牧师。为了不致重复计算，我将尚未计入上列数中的圣职人员估计为3000。

最后，我假设有近2000名教士隶属各圣修会，但无任何有俸职共2000人。

其余的是修士和修女，三十年来，其数目加速地减少，今天我想不会多于17000，计有17000。

教士人数共计80400。

贵族。我只知一种方法去求得该等级的约略人数，即拿一个贵族数目最清楚的省份跟法国其他地方进行比较。这个省便是布列塔尼；我先要指出，该省的贵族比其他省数目多，可能是因为那里贵族从不丧失自己的身份，也可能是因为各种特权将贵族家庭系留在那里等。布列塔尼据估计有1800家贵族。我假设有2000家，因为有的尚未进入三级会议。

[1] 讷韦尔（Nevers）的主教先生系指讷韦尔的主教皮埃尔·德·塞吉朗（Pierre de Seguiran）。他曾出席显贵会议，在会上提出这一观点。——译者注

按每家五口计，布列塔尼有各种年龄和性别的贵族 10000 人。该省人口总数为 2300000。此总数与全法国人口的比例 11 ∶ 1。故须将 10000 乘上 11，因此，整个王国的贵族至多有 110000 人，计有 110000。

故此，前两个等级的特权者总共不到二十万人。请将此数与二千五六百万这个数字比较一下，就能断定问题之所在了。

如若参照其他同样不容置疑的原则，确实想达到同一结论，我们就应该认为：特权阶级之于全体公民正如例外之于法律。

每一个社会都应依一些普通法治理，并应受共同秩序管辖。如要在社会里搞什么例外，至少这些例外也应是极少的。在任何情况下，这些例外均不能在公共事务上具有与普通规章同样的分量、同样的影响。将全国民众的重大利益同优免者的利益相提并论，如同人们千方百计要使这二者的利益相平衡一样，实在是荒唐。此外，我们在第六章中将进一步阐述此问题。若干年后，当我们偶尔忆起今天人们给第三等级这一毫不过分的微薄要求所设置的重重困难时，无论是对人们用以反对这些要求的站不住脚的借口，还是对无所顾忌地寻找这些借口的极度不公，都会感到惊异不止。

就是那些援引事实为权威以反对第三等级的人，倘若是真诚的，也可以在这些事实中找到他们的行为准则。在美男子菲利普[1]治下，只因有了少数有出息的城市，便足以在三级会议中组成一个下院。

从那时起，封建奴役消失了，农村涌现出了人数众多的新公民。城市倍增，规模扩大。城市的商业和技艺产生人数众多的新公民。这些新阶级中有大量殷实之家，而在这些殷实之家中受过良好教育并致力于公共事务者比比皆是。这两方面的增长远远胜过那些有出息的城市过去在国家中所占的分量，而为什么这种双重增长不曾促使事实这个权威为第三等级创设两个新的议院呢？公正和德政二者共同要求这样做。

对另一种出现在法国的增长，人们倒不敢表现得那样蛮不讲理，我说的是自上届三级会议以来并入法国的新省份。[2]没有一个人敢说，这些新省份不该在 1614 年的三级会议代表之外拥有自己的代表。既然工场和技艺也同领土一样，提供着新的财富、新的税收、新的人口，那么，当事关堪与领土扩大相媲美的这种增长时，我要问，为

[1] 美男子菲利普（Philippe le Bel，1285—1314 在位），法王菲利普三世（1270—1285 在位）之子。他在位期间大大增强王权，贬抑封建权力，同教皇博尼法斯八世（Boniface Ⅷ，1294—1303 在位）在教士纳税问题上冲突，1302 年他首次召集三级会议，他的反教皇立场受到支持。经过斗争，终于胜利地选举法国人克莱门五世（C1ément Ⅴ，1305—1314 在位）为教皇，并将教廷迁往法国阿维尼翁。在他统治下，法国领土进一步扩大。——译者注

[2] 1614 年以来法国合并的新省份分别为阿尔萨斯（根据 1648 年威斯特伐里亚条约）、鲁西荣、阿图瓦（根据 1659 年比利牛斯条约）、弗朗什—孔泰（根据 1678—1679 年尼姆维根条约）。——译者注

什么人们拒绝给予他们超出1614年三级会议的代表席位呢?

可是，对那些只知按照自身利益行事的人，我在这里讲尽道理，要打动他们，只能通过另一种思路，下面我提供一种考虑。今天的贵族仍然保持着哥特时代[1]的言语和举止，这样是否适当？在18世纪末，第三等级仍然保持着往昔被奴役时代那些可怜而卑怯的习俗，又是否适当？倘若第三等级懂得自知自重，其他等级自然也会尊重他们。请大家不要忘记，各等级间旧的关系从两方面来说同时发生了变化。曾沦落到毫无地位的第三等级，依靠其勤奋夺回了一部分过去为强者不公正地夺走的东西。他们不是索回自己的权利，而是同意购买这些权利，人们没有把权利归还他们，而是将权利卖给了他们。但不论通过什么方式,他们毕竟已能拥有这些权利。他们不会不知道，过去他们只不过徒有其名，今天他们已成为国家中活生生的现实；而在这个漫长的变化过程中，贵族已不复是能够不受惩罚地压迫人的极端可怕的封建现实，它不过是一个阴影，但这个阴影却仍徒然试图吓唬全体国民。

第二节　第三等级的第三个即最后一个要求　三级会议投票不依等级，而依人头

可以设想用三种方法来考虑这个问题，或按第三等级的想法，或根据特权阶级的利益，或遵循正确的原则。就第一种观点而言，我们上面讲过的话已经足够，无需再作任何补充；很明显对第三等级来说，这个要求是前面两个要求的必然延伸。

特权阶级害怕第三等级具有同等的影响，他们把这种平等宣布为违宪。迄今为止他们始终是以两个等级对付一个等级，而他们并未觉得这种不公平的优势有丝毫违宪之处，因此他们这种行径就更加令人惊异。他们痛感需要对一切可能违反其利益的东西保留否决权。20位著作家已抨击过这种狂妄的要求和为旧条文辩护的论据，我不再重复他们所讲的道理。我只有一点要指明，在法国肯定存在一些流弊，这些流弊只有利于某一种人，得利的绝不是第三等级，受害最甚的倒恰恰是他们。因此我要问，在这种情况下，只要为从中得利的人保留否决权，那么破除任何流弊是否可能？在这种情况下，一切司法均将软弱无力，一切都须仰赖特权阶级的大慈大悲。这难道就是人们对社会秩序所持的观念吗?

如果我们现在想根据那些用以阐明这个问题的原则来考虑这个问题，即根据构成社会科学的那些原则，而不为任何特殊利益所左右，我们就会看到这个问题又出现了新的一面。不推翻最天经地义的观念，无论是第三等级的要求，还是特权等级的辩护，

[1] 哥特时代（1es si è cls gothiques）在这里是指中世纪。——译者注

人们都无法接受。我当然不会指责王国有出息的城市曾有此意图。它们曾经希望，只要这两种影响至少保持平衡，它们的权利就近在咫尺。它们还宣扬一些上好的真理：在各种利益如此对立的国家里，允许一个等级对其他等级有否决权。这可使一切陷于瘫痪，这是亘古不变的。若不依人头投票，肯定会有无视真正多数的危险，而这将是最大的弊病，因为照此办理，法律就根本无效了。这些真理当然是无可辩驳的。但是，问题的症结在于这三个等级以它们现在的构成，能否汇聚一堂，依人头投票？不能。参照现存的原则，三个等级不能共同投票，既不能依人头，亦不能依等级。不管在他们之间采用何种比例，都不能达到既定目的，即通过一个共同意志，将全体代表团结起来。毫无疑问，我的这个说法需要详加阐述和证明：请允许我把这些说明放在第六章。我并不想使那些温和分子感到不快，他们总怕真理出现的时机不当。必须事先使他们承认，正是由于特权者的过错，形势今天已到了这等地步，该打定主意并大声疾呼伸张真理正义了。

第四章　政府曾试图做过什么以及特权者为第三等级倡议什么

政府并不是在想博得人们感激的一些动机的推动下，而是由于确信没有国民的自愿协助，它就无法弥补自己的种种过失，才答应为国民做些事，以为这样就赢得了对它的所有计划的盲目赞同。正是从这种观点出发，德·卡伦先生[1]提出了建立省议会的方案。

第一节　省议会

只要关注一下国民的利益，就不会不为第三等级在政治上毫无地位而感到震惊。这位大臣甚至已经感觉到，等级的区分与一切向善的愿望是背道而驰的，他大概打算逐渐消除这种区分。第一个省议会方案似乎至少是本着这一精神设想和制定出来的。只须稍加留心地读一读这个方案，便会发现，此方案并未涉及公民个人的等级。提到的只是他们的财产或现实的等级。人们应当作为财产所有者，而不是作为教士、贵族或平民被召集到省议会来。省议会因其宗旨而引人注目，因其应以何种方式组成而更显重要，因为真正的全国性的代表乃通过省议会产生出来。

财产分为四类：第一类，领地。凡领地所有者，贵族也好，平民也好，骑士也好，

[1] 卡伦（Calonne，1734—1802），1783 年继内克（Necker，1732—1804）任财政总监，提出整顿法国财政，实行纳税平等的政策。1787 年召开的显贵会议反对他的改革方案，并指控他舞弊。卡伦解职逃往英国。大革命时期成为流亡贵族的首领，执政府时期方回法国。——译者注

在俗的也好，构成第一类。普通的或单纯的财产则分为另外三类，以示有别于领地。若采取更为自然的分类，则应依据劳动的性质和利益的分量只区分两类，即农村财产与城市财产。在城市财产中，除房舍外，还应包括所有的技艺、工场、行业等。但是，人们大概认为，将教会的普通财产融入这两类财产中为时尚早。因此人们认为应将教士的单纯财产单独列为一类。此即第二类财产。第三类包括农村财产，第四类则包括城市财产。

请注意，上述各类财产中有三类被三个等级的公民占有，彼此不分，因此四类中的三个，均可以由贵族、平民或教士组成，并无区别。第二类本身应包括马耳他教派骑士[1]乃至俗人，以代表收容所、教区工场等。

由于在这些省议会中，处理公共事务时不考虑个人的等级，故而人们理所当然地相信，三个等级之间不久便可形成为一个利益共同体，因而也就是普遍利益；国家终将成为统一的，而这种统一状态本应是一切国家的起点。

人们曾对首席大臣的头脑大肆吹嘘，但这头脑却对这么多的出色见解视而不见。这并不是因为他看不清他打算为之服务的利益，而是因为他丝毫不了解被他糟蹋的东西的实际价值。他重新划分了非政治性的个人等级，尽管这个唯一的变动使他必须制定新方案，但是对于那些在他看来并不违背他意愿的东西，他还是满足于旧的方案。此后，因二者缺乏协调，每天都产生许多难题，对此他感到惊讶。贵族尤其无法想象，在一个数典忘祖的议会里，他们怎能重整旗鼓。他们这方面的忧虑成了旁观者的笑柄。

建造这座大厦有种种弊病，最严重的弊病就在于它不是建立在天然的基础，即人民的自由选举之上，而是本末倒置，从房顶动工。但是，这位大臣至少出于对第三等级权利的尊重，宣布第三等级的代表人数与僧侣和贵族的代表总数相等。从这一条来看，该方案是有积极意义的。实际结果如何呢？竟让第三等级从特权等级中遴选议员。我就知道有一个这样的议会，在 52 名成员中，只有一个不属于特权阶级。人们就是这样在为第三等级的事业服务，而且事先还公开宣布要对第三等级公平相待！

第二节　显贵会议

显贵们已使一个又一个大臣大失所望。提到显贵们，没有比色吕蒂先生[2]卓越的

[1] 马耳他相传曾为圣保罗之落难岛，在历史上曾为许多国家争夺不休。1530 年，神圣罗马帝国皇帝卡尔五世（Charles Quint，1519—1556 在位）将马耳他赐予耶路撒冷圣约翰慈善团修士作为封邑，这些人后成为马耳他教派骑士。——译者注

[2] 色吕蒂（Cerutti），作家，在三级会议召开前夕，曾发表抨击贵族阶级的政论性小册子，文锋犀利。——译者注

笔锋形容得更中肯了："国王曾两度把他们召集在自己身边，向他们就王权和国家的利益征询意见。1787 年[1] 显贵们做了些什么呢？他们反对王权，维护特权。1788 年[2] 显贵们又做了些什么呢？他们反对国家，维护特权。"本来就不该在特权方面向显贵咨询，而应在知识方面向显贵咨询。倒是小民百姓，每当他们需要就自己的事情，或就与他们确有利害关系的人的事情找人出个主意时，绝不至于找错对象。

内克先生[3] 上当了。但是他怎能想到，正是投票赞成在省议会中第三等级代表与另两个等级代表总数相等的这些人，却反对在三级会议中实行这种平等呢？无论如何，公众在这个问题上不曾上当。我们总是听到公众说他们不赞成某项措施，因为他们已预计到其后果。他们认为，即使作最好的估计，由于这项措施迟迟不予实施，国家也将因此受害。这里倒像是个机会，可以探讨一下大多数末代显贵的行为动机。但是我们还是不要走在历史审判的前头吧。对于某些人来说，历史出来讲话还为时过早。这些人身处最佳地位，能指令一个伟大国家实现公正、美好、善良的事物，却热衷于糟蹋这大好机会，为一个卑鄙的集团谋私利。

可见大臣们的几次尝试并未产生有利于第三等级的可喜后果。

第三节　前两个等级的爱国作家

教会和贵族的一些作家在捍卫第三等级的事业方面，比非特权者本身更为热情，更为有力，这是一件了不起的事情。

从第三等级的动作迟缓这一现象中，我只看到了受压迫者身上的那种沉默寡言和畏首畏尾的习惯，这是压迫确实存在的又一证据。如果对人类制度中残酷的不公正没有从内心深处感到愤慨厌恶，怎么可能对社会状况的原则和目的进行认真严肃地思考呢？因此，前两个等级产生了第一批正义和人道的捍卫者，对此我丝毫不感到惊异。才学之士是由专一思索和长期习惯造成的，第三等级成员有千万条理由应该在这方面才华出众，但是公共道义的学识则应首先出现在所处地位更宜于掌握社会重大关系、锐气比通常受挫较少的那些人身上，因为有一些学问既有赖于感情，也有赖于智力。如果国民取得了自由，我坚信不疑，他们一定会怀着感激之情回忆起前两个等级中那些爱国作家的。这些人带头抛弃了年深日久的谬误，以普遍公正的原则为重，反对以

[1] 1787 年 2 月至 5 月，召开首次显贵会议，会上显贵们反对卡伦的改革方案，向国王提出召集三级会议建议。——译者注

[2] 1788 年 11 月至 12 月，召开第二次显贵会议。——译者注

[3] 内克（Necker，1732—1804），法国政治活动家，18 世纪 70 年代至 18 世纪 80 年代多次被任命为财政总监，大革命爆发前夕曾试图进行某些财政改革。——译者注

集团利益牺牲全民利益的罪恶行径。在等候国民授予他们公共荣誉之际，但愿他们不会鄙视一位公民的敬意，这位公民的灵魂在为自由的祖国而燃烧，对于所有旨在使祖国从封建制度的废墟中解脱出来的努力，他都表示由衷的敬佩！

可以肯定，前两个等级关注第三等级权利的恢复，对这一点丝毫不必隐讳。公众自由的保证只存在于拥有实际力量的地方，我们只有和人民在一起，并依靠人民，才能获得自由。

如果说，对人民的重要性作这样的评论超出了大多数法国人猥琐和狭隘的自私自利，那么他们至少不能不为公众舆论方面发生的变化而感到震惊。理性的威力日益扩大；归还被窃取的权利日益成为必需。或迟或早，各个阶级必须约束在社会契约的界限之内。是采集这样做法的无数硕果，还是为专制制度而牺牲这些硕果？此乃真正的问题所在。在野蛮与封建的长夜里，人与人的真正关系遭到破坏，所有的国家被搅得动荡不安，所有的司法部门均已腐化。但是，当阳光升起的时刻，必须扫尽哥特人的颠倒黑白，消灭并埋葬古代封建制度的残迹。这是确定无疑的事。我们究竟只是让苦难变个花样，还是让尽善尽美的社会秩序取代旧日的混乱？我们即将经受的变动，将产生于一场从各方面来说都有害于三个等级而仅仅有利于政府权力的一场内战呢？还是从简单与公正的观点出发，通过良好的合作（这种合作必须借助于强有力的时机，由所有利害相关的阶级真诚地加以推动）而产生的那种预期的、驾驭得当的自然结果呢？

第四节　平等承担赋税的许诺

显贵们已正式表示这样的愿望：让三个等级承担同样的赋税。人们并没有就此征求他们的意见。问题是召集三级会议的方式，而不是三级会议要讨论的议题。因此，只能将这种愿望看作来自王公、高等法院以及大量的社团和个人的一种愿望，这些人现在急急忙忙地表示，最富的人应和最穷的人缴纳同等数量的赋税。谁都明白，倘若从前真是按照应该采用的办法纳税；即作为纳税人的自愿赠与，那么第三等级是不会心甘情愿地表现得比其他等级更慷慨大方的。

这种从未见过的协作行动使一部分公众惊骇，对此我们亦无法隐讳。当一种公平合理的捐税摊派即将由法律予以宣布时，事先就表示乐于服从这种摊派方法。这无疑很好，而且值得称赞。但是，人们心里已经在想，第二等级何以热情得出奇，何以如此一致，如此殷切？当他们提出自动放弃时，是否期望法律不必再对此作明文规定？处心积虑地抢在三级会议将要采取的行动之先，这难道不会意味着企图避开三级会议？我丝毫不指责对国王说这样话的贵族：陛下，您需要三级会议只是为了重整您的财政。好吧！我们愿意同第三等级一样纳税。您看，有了这笔余款，是否就可以让我们摆脱这个会议？我们对这个会议比您更不放心。不，这种看法是不能设想的。人们更有理由怀疑贵族企图给第三等级制造幻想，并以提前给予某种公正待遇为代价，使第三等级忽略当前的请求，转移第三等级的注意力，不去考虑为自己在三级会议中取得某种地位的必要性。贵族仿佛在对第三等级说："你们要求什么？不是要我们跟你们一样纳税吗？这很对，我们一定缴纳。过去，你们什么权力也没有，一切由我们说了算，我们不费吹灰之力想缴多少就缴多少，那老一套嘛，现在就把它置之脑后吧！"

第三等级可以这样回答："你们同我们一样担负起捐税的重担，确实是时候了，这笔捐税对你们比对我们更有用。你们早就清清楚楚地预见到，这种骇人听闻的不公平再也不能继续下去了。如果叫我们自由捐赠，很显然，我们才不会比你们捐赠得更多。对，你们这回要出钱了，不过不是出于乐善好施，而是出于公平合理；并不是因为你们心甘情愿，而是因为你们必须这么做。我们期待于你们的，是遵守普通法的行动，而不是对你们长期以来冷酷对待的一个等级表示什么带侮辱性的怜悯。但是这件事应该在三级会议上讨论。今天要做的事是使三级会议的组成合理。若是第三等级在三级会议中没有代表，那么在三级会议中便听不到国民的声音，三级会议便将一事无成。即使你们没有我们的协作也能找到在各地建立良好秩序的途径，我们也不能容忍没有我们在场而受人摆布。长期而凄惨的经历甚至使我们不能相信有什么切实可靠的良好的法律，如果法律只是强者的恩赐。"

特权者不厌其烦地说，一旦他们放弃金钱上的豁免权，各等级之间便一切平等了。倘若一切平等，他们对第三等级的要求还惧怕什么呢？难道他们以为，第三等级打算损害共同利益从而伤害自身吗？倘若一切平等，为什么还拼命阻止第三等级摆脱它在政治上无足轻重的地位呢？

我倒要请问，是哪一种神奇力量能够保证法国将来再也不会有任何种类的任何弊端？只有这种力量促使贵族缴纳他们那份捐税。如果除了动用税收的那些人外，各种流弊或混乱继续存在，那么请给我解释一下，从中受益者与从中受害者二者之间怎样能够一切平等。

一切平等如此说来，正是基于平等的精神，才向第三等级宣布，把他们最不光彩地排除在所有职务，所有比较高级的位置之外喽。正是基于平等的精神，才向第三等级榨取额外税，以创造各类巨额财源，专供所谓的穷贵族享有喽。

在我们的特权者和一个老百姓之间不论发生什么事情，这个平民百姓肯定要忍气吞声地受人压迫，这难道不正是因为如果他敢于呼吁公道，他必须求助于某些特权阶级吗？唯有特权阶级掌握着一切权力，而他们的第一个反应，难道不是视平民的怨诉为不服役使吗？人们借以使对手沮丧或毁灭的财产分配、提审、延缓定案等一切司法方面的特权，到底对谁有利？难道对没有特权的第三等级有利吗？

最受税务机关官员和政府各部门下属的人身欺凌的是哪些公民？是第三等级的成员。我指的始终是真正的第三等级，不享受任何豁免权的人。

法律至少应该做到不偏不倚，但法律本身也分明是特权的帮凶。法律看来是为谁制定的？为了特权阶级。与谁作对？与人民作对，如此等等。

可是还想叫人民知足，不要再有什么奢求，因为贵族已同意跟他们一样纳税！还想叫新的一代人对当代的知识思想视而不见，而对行将终老的一代人再也无法忍受的压迫秩序习以为常！这是一个永远说不完的话题，只会激起愤怒的感情，我们就不谈了吧！

第三等级的全部特殊捐税必将废除，对此不应有任何怀疑。有这样奇怪的国家，在那里从公共事物中受益最多者反而对此奉献最少；在那里有种种使人耻于承担的捐税；连立法者自己都斥之为使人堕落的捐税；在那个国家里，劳动使人身份降低，消费光荣，生产可耻，艰辛的职业被称为卑贱，似乎除了邪恶之外，尚有其他的卑贱事物，似乎正是在劳动阶级中，这种卑贱，这种唯一的、真正的卑贱才最多，这种国家叫什么国家？

最后，“人头税”、获得贵族封地的平民应向国王缴纳的税、军队过境时无偿使用居民的家具器皿等[1]，所有这些字眼均将从政治语言中永远清除。外国人将其资本与技艺带到我们中间来，却受到令人羞辱的区别对待。立法者再也不应愚蠢地以排斥这一大批外国人为乐。

当我在设想一个组成合理的议会应该为人民争得这许许多多的好处时，我尚未看见有任何承诺使第三等级得到一部好宪法。第三等级在这方面也没有提出更多要求。特权阶级坚持两院制，坚持在三票中占有两票，他们始终主张这两票各有否定效力。

第五节　特权者与政府的共同朋友所提出的折衷办法

政府最害怕的是那种会使全部事务停顿下来的议事方式。只要能就弥补财政赤字

[1] 人头税（taille）为平民向国王或农奴向领主缴纳的直接税。获得贵族封地的农民向国王缴纳的税，即自由封地税（franc-fief）。军队过境时无偿使用居民的家具器皿叫作器皿使用权（ustensile）。以上这些均为大革命以前法国存在的封建特权。——译者注

一项达成协议，政府对其他事情也就无甚兴趣，各等级爱争论多久就争论多久。相反，他们做得越少，政府越觉得其原有的无限权力完好无损。由此而产生了一种和解方法，人们开始把它四处兜售，因为它大有益于特权阶级和政府，而对第三等级则是致命伤。这就是：建议以按人表决临时税及有关捐税的一切事项。表决后就让各等级各自回到他们那稳如汤池的议院里，让下院议员们在那里毫无成果地争论不休，让特权阶级高枕无忧地尽情享乐，而大臣仍主宰一切。但是，难道有人相信第三等级会上这个圈套吗？表决临时税应是三级会议的最后议程，因此在此之前必须就所有议事的总方式达成一致才行。

第六节　有人提议仿效英国宪法

在贵族这个等级内，不同的利益已日渐形成。贵族分裂为两派已为期不远。一切依附于三四百个名门望族的人，都渴望效法英国，建立上院；他们非常高傲，希望再也不与一般绅士混在一起。故而上层贵族将真心同意将其他贵族与一般公民赶入下院。

第三等级将提防这样一种制度，其目的无非是把那些与普遍利益截然相反的人塞满第三等级的议院，这种制度将把第三等级重新置于无足轻重和备受压迫的地位。就此而言，英法两国之间存在着实质性的区别。在英国，所谓特权贵族无非是指那些根据宪法享有部分立法权的贵族。

所有其他公民在利益一致原则上融为一体，绝无造成不同等级的特权。因此，若想在法国三个等级合而为一，那就必须先废除各种特权。必须使贵族和教士除普遍利益外别无其他利益，使他们只能根据法律享受普通公民的权利。非此，将三个等级冠以同一称谓便是徒然，他们永远是三种不可融合的异质物。大家切莫责怪我支持等级区分，我一向将等级区分视为最有害于一切社会幸福的发明。如若有更甚于此的不幸，那就是在名义上将这些等级融合为一，而实际上则因保持特权而使各等级依旧分离。这不啻让特权永远压制国民。国家要得救，就要求社会的普遍利益在某处保持纯净无杂。正是基于这种唯一正确的、唯一代表国民的观点，第三等级才永远不会同意在所谓的下院中将三个等级混在一起。

第三等级的反抗将得到小贵族的支持，这些小贵族永远不会愿意以其所享特权换取一种可能对他们并无好处的名声。请看，他们在朗格多克果然起来反抗那些男爵贵族了。一般来说，人们都热衷于把一切高于自己的人拉回到与自己平起平坐的地位。他们于是以哲学家自居，只有当他们发现地位比他们低下的人也实行这些同样的原则时，哲学家这个字眼才使他们感到可憎。

第七节　仿效精神不会把我们引向正确的道路

假如我们的政治知识追溯得更古远或更普及，我们对于英国的机构就不会如此地信奉。从这方面来说，法国国民的构成不是过于年轻就是过于年老。这两种年龄的人在许多地方都类似，而在只会步他人后尘这一点上更彼此相像。年轻人力求模仿，年长者只知老生常谈。老年人固守其旧有习惯，年轻人则依样画葫芦。他们的本事到此为止了。

故而当大家看到一个国家刚刚睁眼见到了光明，便倾慕英国宪法，要把它当作一切的楷模时，请不必大惊小怪。此时此刻，最好有一位优秀的著作家替我们阐明下述两个问题。

英国宪法本身是否完备？纵然完备，它对法国是否适合？

我很怀疑，这个被人吹嘘得如此厉害的杰作能否经得住按照真正的政治秩序的原则来做的公正检验。也许我们会承认，它是偶然性和机遇的产物，而非智慧的产物。英国的上院显然受革命时期[1]影响。我们已经说过，只能把它视为哥特式迷信的遗物。

请看国民代表制度，英国人自己也承认，它的每一个组成部分都糟得很！然而具备一个良好的代表制度的许多特征恰恰是组成良好的立法机构的根本。

将立法权分为三部分，其中只有一部分被认为是国民的代言人，这种想法是否是从真正的原则汲取来的？如果领主和国王不是国民的代表，他们在立法机构便应该什么也不是，因为唯有国民才能表达自己的意愿，从而为自己创立法律。所有进入立法机构者只有受到人民委托，才有资格代表人民表决。既然自由的普选不存在，委托何在？

我并不否认英国宪法在其创立的那个年代是一个惊人之作。但是，尽管有人打算嘲笑我这个不对英国宪法顶礼膜拜的法国人，我仍旧敢说，我在英国宪法中并未看到井然的秩序，而只发现为防止混乱而建立的叠床架屋式的提防设施。由于政治机构中一切均相互关联，由于没有任何一种结果不会又引起一系列的因果来，而人们如果加以深究，还可以由此再引出另一些因果来。因此，善于思索的人发现这里面的深奥莫测，这丝毫不稀奇。此外，最复杂的机器出现于先，社会技艺和所有其他技艺的进步出现于后，此乃事物发展的通常过程，社会技艺的成功同样在于用最简单的手段产生最巨大的效果。

[1] 指英国 17 世纪革命。——译者注

就因为英国宪法已维持了一百年，而且看来大概还能持续几个世纪，人们便决定拥护英国宪法，这就错了。事实上人类的制度，无论怎样坏，哪一种不历经不衰，专制制度不是也存在很久，而且在世界上绝大部分地方看来将万古长存吗？

更好的证明是看制度的效果。人们依此观点将英国人民和欧陆上他们的邻国人民加以比较，就不得不承认他们拥有某些更好的东西。确实，他们有一部宪法，尽管很不完整，而我们却什么也没有。这是巨大的差别。人们从实效发现了这点，不足为奇。但是把英国所有好的东西一概归功于宪法的威力，这里肯定有错误。显然还有比宪法本身更有价值的某种法律。我要说一说陪审员审判制，这在英国乃至全世界以追求自由为目的各国，都是个人自由的真正保障。这一公正理案的方法，是防止滥用司法权的唯一方法，凡是在不由同等地位的人审理的地方，这种滥用权力的现象都是司空见惯而骇人听闻的。有了陪审制，为了维护自由，只须不怕可能来自政府权力的非法命令。为此，或者需有一部好宪法，而英国并没有，或者需造成这样的环境，使行政首脑不能明目张胆地依仗强力为所欲为。我们清楚地看到，英国是唯一可以不拥有一支强大陆军的国家。故而英国是无需一部好宪法即可获得自由的唯一国家。想到这些，我们应有足够理由厌恶那种仿效我们邻人的怪癖，并促使我们去考虑我们自己的需要和我们与别人的关系。

我们羡慕不止的这部宪法，并非因为它是英国的所以就好，而是因为它除了一些实实在在的缺点之外，也有一些宝贵的优点。若是你们试图将它移植到我国来，你们无疑会很容易将这些缺点也搬来，因为对于你们担心会成为障碍的那个独一无二的政权来说，这些缺点是有用的。至于你们能否得到这部宪法的优点，这就更成问题了，因为那时你们将碰到一个力图阻止你们实现你们的愿望的政权。说到底，为什么我们要羡慕英国宪法呢？因为从外表看，它很接近社会组织的正确原则。这是一个判断各种进步的善和美的模式。对这个社会技艺方面的模式，不能说我们今天比 1688 年[1]的英国人更不熟悉。然而，若是我们有了真正的善的典型，为什么非要仿效一个复制品不可呢？让我们立即树立雄心壮志，把我们自己变成各国的榜样吧！

有人说，没有哪国人民过去做得比英国人更出色。如果确实如此，那么政治艺术的产品到 18 世纪末岂不只应是 17 世纪得以达到的那个样子？英国人不曾落在他们那个时代的知识发展的后面。让我们也不要落在我们这个时代的知识发展的后面吧，如

[1] 1688 年，英国发生政变。国会中的辉格党人和托利党人推翻詹姆士二世（1685—1688 在位）的专制统治，从荷兰迎立威廉和玛丽为英国国王和女王。这次事件在英国历史上称为“光荣革命”，君主立宪制从此确立。——译者注

果我们想要表明自己有资格沿着优秀榜样的足迹前进，那就应该这样去仿效他人。尤为重要的是，不要由于从历史上找不到任何可资借用的东西而泄气。研究社会组织的真正学问兴起还不久。人类在学会建造宫殿之前，长时间盖的是茅屋。同大量与专制主义完全结成一体的那些技艺相比，社会建筑学的进步从来就更慢一些，这是有充分理由的。

第五章　本应做的事——有关的原则

在道德上，没有什么能够代替简单和自然的方法。但是人在徒劳无益的试验上浪费的时间越多，就越害怕还要重新开始的想法，好像重来一次并圆满结束，不见得总比听任种种事件和人为的手段支配强。而运用这类手段，人们必须不断地重新开始，却永远不会前进一步。

在所有自由国家中——所有的国家均应当自由，结束有关宪法的种种分歧的方法只有一种。那就是要求助于国民自己，而不是求助于那些显贵。如果我们没有宪法，那就必须制定一部，唯有国民拥有制宪权。如果像某些人一再坚持认为的那样，我们已有一部宪法，并且如他们所宣称的那样，根据宪法将国民议会划分为三个公民等级的三种代表，那么人们至少不可能不看到，这三个等级之一会提出某项如此强烈的要求，以至不就此作出决断，便不可能再前进一步。那么，该由谁来裁决这样的争执呢？

人们清楚感到，对这类性质的问题漠然置之的只能是这样一些人，他们把社会事务中的公正和自然的手段看得无足轻重，唯独重视人为的、或多或少不公正的、或多或少复杂的手腕，正是这些东西到处造就了那些所谓国家要人、大政治家们的名望。至于我们，我们决不离开道德。道德应当调节人与人之间与其个别利益、普遍利益或社会利益相联系的各种关系。应由道德告诉我们应该做些什么，而且归根结底只有道德才能告诉我们。任何时候都必须回到简单的原则，因为这比一切天才的努力更有力量。

如果不下决心像剖析一部普通机器那样剖析一个社会，分别察看它的每个部分，随后在想象中把它们全部依次重新组装起来，从而掌握其间的配合，领会由此而产生的全面和谐，我们就永远搞不清楚社会机制。在这里我们不需要进行如此广泛的研究。但是既然必须始终表达清晰，而无原则地高谈阔论根本无法做到这一点，我们至少要请读者观察一下政治社会形成过程中的三个时期，将这三个时期区分清楚会使一些问题得到必要的澄清。

在第一个时期，我们设想有一群数量相当多的孤立的个人想要聚集起来。仅此一举，他们即已形成为一个国民实体，他们拥有国民的一切权利，剩下的问题只是如何行使这些权利。这一时期的特点是许多个人意志在发挥作用。他们努力的结果是结为团体。这些个人意志是一切权力的本源。

第二个时期的特点是共同意志发挥作用。结为团体的人们欲使他们的联盟坚实牢固，他们要想完成联盟的宗旨。为此他们进行商议，并相互商定公众的需求以及满足这些需求的方法。我们看到，这里的权力是属于公众的。个人意志始终是其本源，并构成基本成分；但是若分开来考虑，他们的权力便化为乌有。这种权力只在整体中才存在。共同体必须有共同意志，没有意志的统一，它便根本不能成为有意志、能行动的一个整体。同样肯定的是，这个整体没有任何不属于共同意志的权利。现在让我们穿越时间的间隔来考察。由于加入团体者为数过多，分布的地域过广，因而他们自己无法顺利执行他们的共同意志。怎么办？他们从中分出必要的一部分人去照看和满足公共事务的需要，这一部分人就代表了国民意志，因而也就是权力，也就是说他们将行使权力委托他们之中的某些人。此即由委托而行使政府权力的由来。就此我们悟出几个道理。第一，共同体表达意志的权利丝毫未被剥夺。这是共同体的不得转让的所有权。它只能将行使权委托出去。此原则在下文中将加以详述。第二，由代表组成的团体甚至也不能拥有此行使权的全部。共同体只能将其全部权力中为维护良好秩序所需的那一部分委托给代表组成的团体。非为此所需的剩余权力丝毫也不给予。第三，故此代表们不得冲破所受委托的那部分权力的界限。可以设想，此种权力可能自相矛盾。

区别第三个时期同第二个时期的标志在于，在第三个时期，起作用的不再是真正的共同意志，而是一种代表性的共同意志。它具有两个不可抹煞的特点，必须加以重申：第一，这种共同意志并不是完全地、无限地赋予代表组成的团体，而只是国民的大共同意志的一部分。第二，代表们决不是作为自己的权利，而是作为他人的权利行使这个意志。在这里，共同意志仅被委托而已。

本文会相当自然地引导我们去考虑许多值得思考的问题，我现在只能将这些搁置起来，直奔目的地。这就是弄清楚应如何理解一个社会的政治宪法（constitution——编者注），并注意它同国民（nation——编者注）自身的正确关系是什么。

为了某种目的而创立一个团体，而不赋予它一种组织形式、一些规章以及使它能完成所规定的职能的一些法律，这是不可能的。这便是人们所说的这个团体的宪法。

很显然，若无宪法这个团体就不能存在。也很显然，一切受委托的政府均应拥有其宪法；适用于一般政府的道理同样适用于构成政府的所有各部分。因此，被委以立法权或行使共同意志的代表团体，只以国民赋予它的存在方式而存在。没有组织形式，它便什么也不是；唯有通过组织形式，它才能行动，才能前进，才能掌握方向。

如果要让政府存在或行动，除了必须组织政府这个实体外，全体国民还必须关注这个受委托的公共权力，使之永远不会危害其委托人。因此，人们将许多政治性预防措施掺入宪法，这些措施都是政府的基本规则，没有这些基本规则，行使权力就成为非法。故而人们发觉，赋予政府以确定的内部和外部形式，具有双重的必要性，因为这些形式既保障政府有能力达到它创建的目的，又保证它无能力背离这个目的。

但愿有人告诉我们，依照什么观点，出于哪种利益，才能为国民本身制定一部宪法。国民存在于一切之前，它是一切之本源。它的意志永远合法，它本身便是法律。在它之前和在它之上，只有自然法。人为法只能来源于国民意志，如果我们想对人为法的序列有一个正确的概念，那么，我们首先注意到的便是宪法性法律，它们分为两部分：一部分规定立法机构的组织与职能；另一部分决定各种行动机构的组织与职能。这类法律称为根本法，这并非指它们可以独立于国民意志之外，而是因为依据根本法而存在和行动的那些机构，绝不能与国民意志相抵触。宪法的每一部分都不能由宪法所设立的权力机构去制定，而是由立宪权力机构去制定。任何一种受委托的权力都不得对这种委托的条件作丝毫更动。正是在这个意义上，宪法性法律才是根本的。第一部分法律，即建立立法机构的那些法律是由国民意志先于任何宪法而建立的，它们构成宪法的第一级。第二部分法律应由专门的代表性意志来制定。因此，政府的各个部分相互呼应，而归根结底取决于国民。我们这里所提供的只是一个很简略的概念，但是这个概念是确切的。

人们随后便很容易理解，严格意义上的那些法律，即保护公民并对共同利益作出决定的那些法律，是由组成的并按照其组织诸条件行事的立法机构制定的。尽管我们把这些法律列为第二级，可是它们却是最为重要的，因为它们乃是目的，而宪法性法律不过是手段。它们可分两部分：直接的或称保护性法律，间接的或称指导性法律。这里不宜对这一分析作进一步的发挥。

从上文我们已看到，在第二个时期产生了宪法。很明显，宪法只同政府相联系，国家通过规章和宪法来约束其代理人。因此，设想国民本身要受这些规章和宪法的制约，这是荒谬的。如果国民非要等到有一种人为的方式出现才能称其为国民，那就至今也不会有国民。国民唯有通过自然法形成。政府则相反，它只能隶属于人为法。国民唯其存在才能起到自己能起的一切作用。将自己所不具有的更多的权利赋予自己，这根本不取决于国民的意志。在第一个时期，国民拥有它的一切权利；在第二个时期，它行使这些权利；在第三个时期，它通过其代表行使为保存共同体和保持共同体的良好秩序所必须的一切权利。我们如果背离这一简单的思维顺序，便只能谬误百出。

政府只有合于宪法，才能行使实际的权力；只有忠实于它必须实施的法律，它才是合法的。国民意志则相反，仅凭其实际存在便永远合法，它是一切合法性的本源。

国民不仅不受制于宪法，而且不能受制于宪法；也不应受制于宪法，这仍无异于说它不受制于宪法。

国民不能受制于宪法。那么国民从谁那里能取得一种人为的组织形式呢？是否先前有一位权威的人，他可能对一群个人说："我把你们聚集在如此这般法律之下，按我为你们规定的这些条件，你们去组成国民。"我们这里说的既不是敲诈勒索，亦不是强行控制，而是合法的，亦即自愿的与自由的联合体。

能不能说，国民可以通过其意志的首次行动，根据不以任何形式为转移的真理，保证将来只以某种既定的方式表达意志？首先，国民既不能丧失亦不能禁止自己表达意志的权利。不管其意愿如何，它都不能丧失改变意志的权利，只要它的利益要求它这样做。其次，国民向谁作这样的保证？我理解它能用什么办法使其成员、受委托人以及一切隶属于它的机构承担任务。但是在任何意义上，它能为自己规定对自己承担的义务吗？什么叫与自己缔结契约？既然双方均属同一意志，这个意志便可随时解除所谓的契约。

当国民还能做到时，它不应该将自己置于人为形式的束缚之中。这样便会使自己面临永远丧失自由的危险，因为专制制度只要一时得逞，便可以宪法为借口，置人民于某种组织形式之下，于是他们就再也不能摆脱专制的枷锁了。我们应该将世界上的各国国民理解为身处社会联系之外的个人，或像人们所说，处于自然状态的个人，他们行使自己的意志是自由的，不牵涉任何民事组织。他们的意志既然只存在于自然秩序中，因此为了发挥意志的全部效力，只需要带有一种意志的自然特征。无论国民以何种方式表达自己的意愿，只需表达即可；任何形式都可以用，而国民意志永远是最高的法律。既然在设想一个合法社会的时候，我们曾经假定纯粹自然的个人意志拥有组成团体的精神力量，那么，对于同样也是自然的共同意志，我们怎么能够拒不承认一个同样的力量呢？国民永不脱离自然状态，在难以胜数的风险之中，国民用以表达意志的各种可能的方式永远不会过多。我们重申一下：国民独立于一切规章之外，无论以哪种方式表示其意愿，只需将其意志表达出来，一切人为法便在它的面前失效，正像在一切人为法的源泉和最高主宰前面失效一样。

但是，我们的原则的正确性还有一个更为有力的证据。

国民不应也不能强制自己遵从一些宪法规定的组织，因为一旦宪法的各部分发生分歧，那么按规定只能依照此项有争议的宪法采取行动的国民将如何处置？请注意，公民在现行政权中的某一部分找到能迅速结束他们的诉讼的权力机构，这在民事范围中是何等至关重要的事。同样，现行政权的各个部门在遇到一切难题时，应当能够引用立法机构的决定。但是，假如你们的立法机构本身，以及这第一部宪法的各部分之间彼此不一致，那么，谁来充当最高仲裁呢？因为不论何时都必须有一个最高仲裁，否则无政府状态便将取秩序而代之。

怎么能想象一个依据宪法建立的机构可以对宪法作出决定？一个法人团体的某一个或某几个有机组成部分，如果单独分离开来便什么也不是。权力只属于整体。一旦某一部分提出异议，整体便不复存在，整体既已不存在，它又怎么能够仲裁？所以，人们应该意识到，如果国民不是独立于所有的规章及所有的宪法条文而存在，宪法的各部分之间一旦出现小小的障碍，一个国家中便再也没有宪法了。

根据这些说明，现在可以回答我们向自己提出的问题了。你们所看到的法国宪法，它的各部分之间意见不一致是经常发生的。那么应当由谁来作出决定呢？由国民，由必须独立于任何人为组织形式之外的国民来决定。即使国民有了定期的三级会议，凡涉及宪法的争端，也不应由这个依据宪法建立的机构来裁决。如果这样做便是逻辑颠倒，恶性循环。

有一部分共同意志乃为维持良好的行政管理所必需，人民的普通代表担负着依据宪法组织形式行使整个这一部分共同意志的任务。他们的权力局限于有关治理的事物。

特别代表将拥有国民乐于授予他们的某种新权力。既然一个国民众多的国家不可能每当非常情况要求举行集会时便将所有的人聚集在一起，个人亲自参加会议，因此必须把处理这类事件的必要权力委托给特别代表。如果国民真能在你们面前集会并表达其意志，你们还敢因为它不是以这种形式而是以另一形式行使其意志而剥夺其权利吗？在这里，实质是一切，形式则无足轻重。

一个由特别代表组成的团体代行国民集会的职能。无疑，它不需要承担国民意志之全部；它只需要一项专门权力，并且是在一些罕有的情况下。但是在独立于所有宪法组织形式之外这点上，它代行国民职责。这里没有必要采取种种预防措施以免它滥用权力；这些代表仅仅对某一项事务来说是代表，而且只是在特定时期内。我是说他们丝毫不受宪法组织形式的约束，这些形式需由他们来决定。第一，否则这就自相矛盾了，因为这些条文尚未拟就，正有待他们来拟定。第二，对于已经确定了的人为组织形式那类事物，他们没有任何发言权。第三，他们被置于应该亲自制定宪法的国民的位置上。同国民一样，他们独立于宪法之外。同处于自然状态下的个人一样，他们只需表示意愿就足够了。无论他们以什么方式被委派，怎样集会，怎样讨论，只要人们能够知道（国民既然委托他们,又怎能不知道？）他们是依照人民的特别委托办事的，他们的共同意志就与国民本身的共同意志具有同样的效力。

我的意思并不是说，国民不能把这里提到的这种新任务委托给他们的普通代表。同一批人无疑可以协力组成不同的团体。但有一点永远是确实的，这就是特别代表团体与普通立法机构毫无相似之处。这是两种不同的权力。后者只能在为它制定的组织形式和条件中行动。前者则不受任何特殊形式的约束。虽然它仅由少数人组成，但是如果它要给其政府一部宪法，它便集会、审议，一如国民自己集会、审议一般。这些区别决不是毫无用处的。我们刚才列举的各项原则对社会秩序都是根本性的；如果遇到某种情况，社会秩序不能指出对此应按哪些足以应付一切的行动准则办事，这种情况即使仅仅发生一次，也说明社会秩序是不完善的。

现在该回到本章的标题上来了。处在进退两难和对下届三级会议争议不休的情况下，人们当初应做些什么？召集贵族吗？不行。听任国民和国事不死不活吗？不行。在有关各方中间进行活动，促使它们各自作出让步吗？不行。应该凭借特别代表这一重要手段。应该听取国民的意见。

让我们回答两个已经出现的问题：到何处去找国民？由谁来征询国民意见？

第一，到何处去找国民？自然到其所在之处，即四万个教区。它们包括所有国土、所有居民以及全部向国家纳税者，这无疑是国民之所在。应该划分国土，以便组成包括二十至三十个教区的大区，从中产生初级代表。根据类似方法，各大区可组成为省，由各省向首都派出拥有决定三级会议宪法特别权力的真正特别代表。

你们是否会说这一方法太费时间？事实上，与原来那套只会把事情搞乱的办法相比，这个方法并不更费时间。况且，关键是采取确实的方法去达到目的，而不是斤斤计较时间。假使当初人们愿意或懂得尊重正确的原则，我们在四个月里为国民所做的事，本来会超过才智和公众舆论的进展在半个世纪中的成就，尽管我认为这两方面的进展极大。

但是，你们会说，如果由公民的大多数任命特别代表，那么三个等级的区别会怎么样了呢？特权怎么样了呢？应该怎么样就怎么样。我在上面阐述的原则是不容置疑的。必须抛弃所有社会等级，或者说承认这些原则。国民永远是改革宪法的主人。尤其当宪法遭到非议时，国民不能推卸制定一部固定宪法的责任。时到如今，大家都已同意这点。难道你们没有看到，如果国民本身只是争论的一方，它便不可能触动宪法？一个服从宪法条文的团体，只能依据组成法决断任何事情。它不能为自己制定另一部组成法。一旦它不依照为它规定的条文行事、说话和活动，它便立即不复存在。因此三级会议即使已经召开，亦无权就宪法作出任何决定。此权利只属于国民，我不厌其烦地重申，国民是不受任何条文与条件限制的。

人们都看到，特权阶级有充足的理由混淆这方面的概念与原则。今天他们竟会大胆地提出与6个月前他们提出的主张截然相反的东西。那时，在法国只有一种呼声：我们根本没有宪法，我们要求制定一部宪法。

到了今天，照他们的说法，我们不仅有一部宪法，而且若相信特权阶级的话，这部宪法还包含两条妙不可言而又无懈可击的措施。

第一个措施是依等级区分公民；第二个措施是在形成国民意志时，各等级的影响一律平等。我们已经十分充分地证明，纵然那时所有这些东西已构成我们的宪法，国民仍然一直有权更改这些东西。更有待进一步加以特别考察的是所谓每个等级对国民意志影响一律平等，这种平等的本质如何。我们会看到，这种思想已荒谬到了无以复加的地步，没有哪个国家会把这样的东西写进其宪法。

一个政治团体只能是加入此团体的整体。国民决不会作出决定，说它自己不是国民，或只能以某一种方式成为国民，因为这等于说，如以其他方式，它就不成其为国民。同样，国民绝不会用法律规定，其共同意志将不复为其共同意志。可悲的是，我们不得不陈述诸如此类的主张，如果不想到有人企图从中推导出什么结论的话，这些主张之天真未免显得幼稚可笑。故而国民从来不会以法律规定，共同意志所固有的权利即多数人所固有的权利，可以转到少数人手里，共同意志不会毁灭自己。它不会改变事物的本质，使少数人的意见成为多数人的意见。显而易见，制定这样的法规不是什么合法合情的行动，而是痴呆的行动。

因此，如果有人硬说，法国宪法应当规定，二千六百万公民当中，二三十万人就等于普遍意志的三分之二。那么，除了说有人坚持二加二等于五之外，又能作何回答呢？

个别意志是构成普遍意志的唯一成分。既不能剥夺最大多数人参与普遍意志的权利，亦不能决定这十个意志只等于一个，而另外十个意志则等于三十个。这些都是矛盾之最，是不折不扣的谬论。

普遍意志是多数人的意见，而非少数人的意见。假若有人有一时一刻抛弃这个一目了然的原则，那就无需讲什么道理了。与此同理，有人可以决定把一个人的意志说成是多数人的意志，而且既不需要三级会议亦不需要国民意志等，因为假若一个意志可以等于十个，那为什么不可以等于一百个、一百万个、二千六百万个呢？

这些原则会产生什么自然后果，我们对此是否有必要强调呢？有一点是肯定的，那就是在普通国民代表和特别国民代表中，影响的大小只能与有权指定代表的人数多寡成正比。代表团就其所要做的事而言，永远是代替国民本身的。其影响应该保持同样的性质、同样的比例、同样的规则。我们可以得出这样一个结论，所有的原则在以下几点上都是完全一致的：第一，唯有特别代表团才能更动宪法或为我们制定一部宪法等；第二，这种制宪代表团的组成不应考虑等级的区别。

第二个问题：由谁来征询国民的意见？假使我们有一个立法机构，它的每一部分都有这样的权利，理由是诉讼人永远有权求助于法官，更正确地说是因为某一意志的代言人必须征询他们的委托人，这种征询或是为着请委托人解释委托的内容，或是为着通知委托人出现了什么情况，要求新的权力。但是，我们已有近两个世纪没有代表了，如果说在此之前我们曾有过代表的话。既然我们根本没有代表，那么在国民面前谁来代行他们的职责呢？谁去通知人民需要派遣特别代表呢？这个问题的答案只会难住那些把乱七八糟的英国概念赋予召集这个词的人。这里说的不是国王特权，而是召集这个词的简单自然的词义。这个词包含告示国务之急并通知共同会晤的意思。可是，当祖国敦促着每一个公民去拯救它时，还能浪费时间去探询谁有召集权吗？倒不如问问：谁没有召集权？对于凡是在拯救祖国中可以有所作为的人，这是神圣的义务。行政机构更可以这样做，因为它确实比普通个人有更大的能力，可以通知全体公民，指明集会地点，并排除集团利益可能为召集会议设置的一切障碍。作为第一公民，君主当然比任何人对召集人民更有切身的关系。虽然他没有资格就宪法作出决定，但不能说他没有资格促进这样的决定。

因此，人们本应做些什么？这个问题丝毫不难解决：本应召集国民，让他们向首都派遣负有特殊委托的特别代表，以便决定普通国民议会宪法。我不希望这些代表除此之外还有权力根据他们自己制定的宪法，以另一种资格随后组成普通议会。我担心他们不能一心一意为全民利益做事，而是过分注重他们即将组成的集团的利益。从政治上来说，正是各种权力的混杂和分工不清，才使世界上经常不能确立起社会秩序。只要人们愿将应加以区别的东西分开，就能经过努力解决人类社会的重大问题，使人类社会按其组成者的普遍利益行事。有人会问，我为何在人们本应做的事情上大费笔墨。

人们会说，过去的已经过去了。我的回答是：首先，认识过去本应该做些什么，会引导人们去认识将来要做些什么。其次，陈述正确的原则，尤其是讨论对大多数人来说非常新颖的题目，总是有益的。最后，本章中阐述的真理会有助于更好地解释下一章中的真理。

第六章　尚需做的事——若干原则的阐发

三个等级一心只考虑抵御政府的专制，准备联合起来反对共同敌人，那个时代已经过去。尽管国民利用目前的时机，朝着社会秩序哪怕只前进一步，第三等级也不会不从中得益。可是，前两个等级看到王国的各大市镇正在要求属于人民的政治权利中的小小一部分时，他们的自尊心便大大受伤。这些特权阶级如此热衷于维护其多余之物，如此急于阻止第三等级取得此类实在不可再少的必需之物，他们到底希望什么？他们是否要让大家引以为傲的振兴专为他们一己服务？他们是否要把始终不幸的人民只当作盲目的工具来加以利用，以扩大和延长他们的贵族统治？当后代人听说国家的第二等级和僧侣即第一等级曾如此狂怒地讨伐市镇的要求时，他们将会怎么说呢？他们会相信曾有过秘密和公开的联盟故意制造紧张局势，以及使人民捍卫者中计的恶毒伎俩吗？在爱国作家为后代撰写的忠实记述中，什么也不会遗漏。他们将告诉大家，在一种连最自私的人也会发出爱国热情的情况下，法国贵人们的行径是多么高尚；在位王朝的王公们如何断然插手国家各个等级之间的争执；他们如何听任卑劣的文人们大量制造恶毒而又可笑的诽谤，让这类诽谤充斥这些文人署名出版的令人难以置信的报告中？

有人抱怨第三等级的某些作家言辞激烈。一个孤立的个人，他的思想方法算什么？微不足道。第三等级真正的活动，确确实实的活动，仅限于在城镇和一部分有三级会议地区呈递请愿书。请将这些活动与王公们同样确确实实的反对人民的活动作一对比（人民小心翼翼地不去攻击他们），可以看出，前者是何等谦恭，何等节制！后者又是何等凶暴，何等不公之至！

第三等级期待得到所有各阶级的协助，期待恢复其政治权利和享有全部公民权利，但都枉然；前两个等级由于惧怕看到改革流弊而产生的不安，甚于他们对自由的渴望。在自由和某些可憎的特权之间，他们选择了后者。他们的灵魂已与奴役带来的好处融为一体。不久以前他们还热情召唤三级会议，如今却惧怕三级会议了。对他们来讲，万事如意，他们所抱怨的只是那种革新思想。他们什么也不缺，恐惧已经给了他们一部宪法。

第三等级应该在思想和事物的发展中看到，除了他们自己的知识及勇气外，什么也指望不上。理性与正义在他们一边，他们至少应该坚信理性与正义的全部力量。不，谋求各派和解的时代已经过去了。在被压迫者的力量与压迫者的盛怒之间，还能期望达成什么协议呢？

他们竟然说出了分裂一词。他们这样来威胁国王和人民。啊！伟大的上帝！这个求之不得的分裂若能一劳永逸，国民将何等幸福！撇开特权阶级会是多么惬意！把特权阶级变为普通公民将是多么困难！

有一些问题，那些害怕正义的人大概永远不会讨论，这些问题肯定有助于启发公众，而且，自愿也罢，强制也罢，知识一定要导向公正。况且，对于第三等级来说，已不再是有所改善或是依然如故的问题。形势决不允许这样盘算：必须要么前进，要么倒退；要么废除不公平的非社会的种种特权，要么承认这些特权并使之永存。所以，人们应该感到，在 18 世纪末还企图认可封建制度可憎的残余，这是多么荒诞。在这个问题上，事物消失了，表达这些事物的语言却保留下来了。贵族们津津有味地说着平民、乡巴佬、泥腿子这些字眼。他们忘记了，不管赋予这些词语什么含义，时至今日，这些字眼要么对于第三等级已风马牛不相及，要么对三个等级全都适用；他们还忘记了，当这些词语意义确切之时，他们自己当中百分之九十九的人都无可辩驳地是平民、乡巴佬和泥腿子。

对于时间和事物的必然发展所引起的变革视而不见，也是枉然，这种变革并不因此而不存在。从前，第三等级是奴隶，贵族等级是一切。今天，第三等级是一切，贵族不过是一个词。但在这个词下，却溜进来一个新的难以容忍的贵族阶级；而人民有一切理由绝对不要贵族。

在这样的处境中，假使第三等级要以对国民有利的方式拥有其政治权利，还需要做哪些事呢？达到这个目的的方法有两种。根据第一种方法，第三等级应当单独集会：他们决不与贵族和僧侣合作，无论依等级还是依人头，他们都不与贵族和僧侣坐在一起。我请大家注意，第三等级的会议与另外两等级的会议之间存在着巨大区别。第三等级的会议代表二千五百万人，商议的是国民利益。而另外两个等级，即使他们合在一起，也只不过拥有近二十万人的权力，而且只考虑他们的特权。有人会说，第三等级不能组成三级会议。啊！那更好，他们将组成国民议会。

如此重要的主意需要用正确的原则中最清晰和千真万确的道理加以论证。

我说，僧侣和贵族的代表同国民代表毫无共同之处，三级会议中三个等级间绝无联合可能。既然他们绝不可能共同表决，所以他们既不能依等级表决，亦不可能依人头表决。在第三章末尾，我们曾许诺要在这里证明这一真理。此外，这一真理也许不能提供什么新鲜的东西：有识之士早已将它传播到公众之中了。

有句格言谈到万能权（droit universel——编者注）时说，没有比无权更大的缺陷。大家知道，贵族并不是僧侣和第三等级委派的。僧侣决不负有贵族和第三等级的委托。由此可见，每个等级都是自成一体的国民。正如荷兰三级会议或威尼斯政务会议无权就英国国会的决议进行表决一样，每个等级亦不得干涉其他等级的事务。受委托的代理人只与他的委托人发生联系，代表只有为他所代表的人代言的权利。假若不承认这一真理，就必须取消所有原则。

有鉴于此，我们应该看到，要想找出每个等级在参与形成普遍意志时应占什么比重或比例，这种企图完全是徒劳无益的。只要仍保留三个等级和三种代表，这种意志便不可能是一个。这三个会议至多能在同一愿望下聚集在一起，犹如结成同盟的三种国民可以形成同一愿望。但永远不可能把它们变成一种国民、一种代表和一个共同意志。我感到，这些真理尽管都是千真万确的，但在一个不以理性与政治公正为指导的国家里，却变得令人困惑不解了。有什么办法呢？你们的房屋全靠人工支撑，奇形怪状的支柱多得不可胜数，七颠八倒，既无风格，又无设计，有的只是在即将坍塌的地方胡乱撑上几根柱子；要么应该重建这所房屋，要么就需下定决心在困境中得过且过，终日担心着有一天死在瓦砾堆下。社会秩序中一切都相互关联。若忽略其中一个部分，其他部分也难免同受其害。如果开始就毫无秩序，他们必将看到其后果。倘若从不公正与荒谬中取得的果实竟与从公正与理性中取得的果实一样，那么公正与理性的好处又何在？

你们大叫大嚷说，如果第三等级单独集会是为了组成国民议会，而不是所谓三级会议，他们便不能为僧侣和贵族投票，这两个等级也不能为人民议事。首先，我请你们注意，正如我们刚才所说，第三等级代表无可非议地拥有构成国民的二千五百万或二千六百万人的委托书，仅二十万左右的贵族或教士不在其中。他们给自己加上国民议会的头衔，这个数目已足够。因此，他们代表全体国民商议政事将毫无困难，排除在外的仅二十万人。依此设想，僧侣可继续开他们的会，讨论向国王无偿奉献；贵族可讨论采取某种方法向国王缴纳御用金。为使对这两个等级的特殊安排永远不会成为第三等级的沉重负担，第三等级一开始就应正式宣布，他们不打算缴纳任何其他两个等级不承担的课税。只有依此条件他们才对御用金投赞成票；如发现僧侣和贵族以某种借口免缴课税，那么即使税额已经分配停当，也决不能向人民征收。

这种安排也许和另一种安排一样，有利于将全民逐渐引向社会统一，虽然表面上看去并非如此。但是至少从现在起，它对解除正威胁着这个国家的危险有所裨益。事实上，当人民看到两个特权集团，也许还有第三个集团的一半，准备在三级会议的名义下，摆布人民的命运，把万古不变的悲惨命运强加在他们身上，他们怎能不感到恐惧？驱散二千五百万人心中的惶恐，并通过我们的原则与行为证明，当我们谈到宪法时，我们是了解并尊重宪法的首要成分的，这种做法完全正确。

毫无疑问，僧侣和贵族的代表决不是国民的代表，因此他们没有资格代表国民投票。

假如让他们来审议有关普遍利益的事项，后果又将如何？第一，如果表决依等级进行，其结果必然是二千五百万公民不能就普遍利益作出任何决定，因为十万或二十万特权者不喜欢普遍利益。这也就等于说，一百多人的意志将被一个人的意志所取缔，所消灭。

第二，假如表决依人头进行，那么即使特权阶级与非特权阶级之间影响平等，其结果也必然是二十万人的意志可与二千五百万人的意志平分秋色，因为这两部分人的代表数额相等。然而，组成一个议会，使之能够投票赞成少数人的利益，岂不活见鬼？岂不是与议会南辕北辙？

在第五章里，我们已经论证了这一必要性，即只承认大多数人的意见为共同意志。这个准则是不容争议的。由此得出的结论是，在法国，第三等级的代表是国民意志的真正受托人。故此他们可以准确无误地代表全体国民讲话。因为，即使特权阶级联合在一起，始终一致地反对第三等级，他们也依然不能在第三等级的审议中与大多数人势均力敌。根据既定数字，每个第三等级代表均代表近五万人表决；故而只须规定，在下院中超过半数五票为多数，即可将二十万贵族或僧侣一致所投的票视为无足轻重了。请注意，在这一假设中，我姑且不考虑前两个等级的代表绝非国民代表，我还同意听任他们坐在真正的国民议会中，运用他们单独拥有的影响，不停地发表反对多数人愿望的意见。纵然如此，他们的意见也显然必将居于少数。

以上这些论述，既足以证明第三等级必须自己单独组成国民议会，又足以在理性与公正面前，批准第三等级无一例外地代表全体国民议事和表决的要求。

我知道，对第三等级中最善于捍卫该等级利益的那些成员，这样的原则并不完全合他们的口味。好吧，但愿人们不否认我是从真正的原则出发的，我的推理所依据的是正确的逻辑。我还要说点，不能把第三等级与前两个等级分离斥为制造分裂；必须将这个词语及其含义留给首先使用这个词语的人。事实上，多数根本不会与整体分离，否则多数和整体这两个词就有矛盾，因为多数要脱离整体，那多数就非与自身分离不可。唯有少数人才会根本不愿服从多数的愿望，因而唯有少数才会制造分裂。

不过，我们向第三等级指出他们共有哪些手段，确切地说，共有哪些权利时，我们的意图绝对不是怂恿他们全部加以运用。

我已申明，第三等级有两种手段可使自己在政治领域中拥有他们应占有的位置。假如我刚才提出的第一种手段显得有些过于突然；假如有人认为必须让公众有时间来习惯于自由；假如有人认为，对于一些国民权利，无论其如何昭灼，一旦有人争夺，即使是最少数人来争夺，亦需要某种法律裁决——姑且借用此词——来加以确定，并通过最终批准加以认可，我并不反对。那就让我们诉诸国民这个法庭，这个唯一有权裁决所有涉及宪法争端的仲裁者吧！此即第三等级可采用的第二种手段。

在这里，我们需要全部重温一下第五章中关于必须组成普通代表团的论述，以及就只能将这项重大工作委托给拥有特殊专门权力的特别代表的论述。

大家不会否认，下届三级会议的第三等级会议肯定极有资格召开全王国的特别代表会议，因而也正应该由他们来告诉全体法国公民，法国的政体是虚伪的。他们将高声指斥，三级会议是一个组织不善的团体，不能履行其全国性职能；他们同时还将阐明，必须赋予特别代表以专门权力，以便通过可靠的法律，确定立法机构的组成形式。至此，第三等级虽不中止其准备工作，却暂停行使其权力；他们将不作任何最后决定，他们将等待国民对划分三个等级这个大讼案作出裁决。我认为，这是最光明磊落的和最宽宏大度的，因而最符合第三等级尊严的做法。

故而，第三等级可以从两个角度来看待自己：从第一个角度，他们只把自己看作是一个等级。于是，他们不完全同意荡涤从前不开化时代的偏见。他们在身份上将另外两个等级区分开来，但除了合乎事物常理的权势外，再不赋予另外两个等级以其他的权势。他们对那两个等级尽量尊重，同意对自己的权利采取存疑态度，直至最高仲裁者作出决定。从第二个角度，第三等级就是国民。以此资格，他们的代表组成整个国民议会，他们拥有国民议会的一切权力。既然他们是普遍意志的唯一受托人，他们便无需就实际上不存在的争执与他们的委托人磋商。无疑，他们时刻准备服从国民乐于为他们制定的法律。但是如果他们自己要向国民提出法律，那就不能涉及从国民议会中多数等级中产生的任何问题。

派遣一个特别代表团或至少如上述设置新的专门权利，以便首先处理宪法这一重大事务，看来是结束国民现时的纠纷和可能产生混乱的好办法。即使无需担心这些混乱，这仍然是一项必须采取的措施，因为无论我们是否高枕无忧，我们都不能不了解，不能不设法获得我们的政治权利。假如我们考虑到政治权利乃是公民权和个人自由的唯一保证，这种必要性对我们来说就显得更加迫切。

如果我只准备提供一些行动方法，到这里我这篇对第三等级的论述就该结束了……但是我的目的是还要对一些原则加以阐发。因而请允许我在即将发生的关于如何切实组成国民议会的公开辩论中，继续捍卫第三等级的利益。我要讲的决非一般事务，亦非权力；而是关于决定应由哪些人来组成代表团的规则。

首先必须清楚地了解国民的代议机构的宗旨或目的是什么。它不能有别于国民本身抱定的目的，如果全体国民能够聚集在同一地点进行商议的话。什么是国民的意志？它是全部个别意志的产物，一如国民是所有个人之聚合。不可能设想一个合法的团体不以公共安全、公共自由，总之，公共事务为目的。无疑，每一个人又都抱有个人目的。他对自己说："在公共安全的保护下，我可以安心地从事于我的个人计划，我将追求我所理解的幸福，确信我将遇到的法律界限，无非是社会出于公共利益的考虑而为我规定的那些界限，而公共利益中有我的一份，况且我的个人利益与公共利益极为有益地结合在一起。"

但是，能否设想在全体会议中会有这样一些成员，他们狂妄到竟敢说："你们聚集在这里，并不是为了商议我们的共同事务，而是为了来管我的事务以及我和你们当中某些人组成的小集团的事务。"当我们说一些加入联合的人之所以集会，是为了处理与他们共同相关的事情，这就解释了促进各成员加入联合的唯一动机，说出了一个如此简单的根本道理，以致越想证明这些道理，结果反而削弱了这些道理。

现在，让我们来说明一下国民议会全体成员如何以各自的个别意志，同心协力去形成这一不应违背公共利益的共同意志，这是很有意义的。

首先，让我们以最为有利的假设来阐述这一政治规则，或者说这个政治机制。这个假设就是：公益精神的力量十分强大，只允许在议会中反映共同利益的活动。这类奇迹历来罕见，而且并不持久。如果把团体的命运与努力从善挂上钩，那是太不了解人类了。当利己主义似乎支配了所有灵魂因而民风日下时，我认为，即使在那种漫长的间歇时期中，一个国民的议会也必须组织得十分好，使这个议会中的个人利益始终处于孤立，而多数人的意愿永远与普遍利益一致。

我们应注意到，人心中有三种利益：第一种利益使人们彼此相似，它给公共利益规定适当范围；第二种利益使个人仅与若干他人联合，此即集团利益；最后，第三种利益使每个人自我孤立，只考虑自己，此即个人利益。使一个人与同团体中所有的人相一致的利益，显然是众人意志的宗旨，也是共同集合在一起的宗旨。在这里面，个人利益应该毫无影响。事实也正是如此，因为个人利益各不相同，结果都不能发生影响。最大的困难来自那种使一个公民仅与若干他人相一致的利益。这种利益促进人们共同商议，结成联盟，由此策划出危害共同体的计谋，最终形成最可怕的公众的敌人。这类事实在历史上屡见不鲜。

因此，社会秩序严格要求普通公民不组成行会，甚至要求那些势必组成真正集团的受命掌握行政权力的人，在他们任职期间，不谋求被选为立法代表，对这些要求，请不必大惊小怪。

没有其他办法，只有这样才能确保公共利益支配个人利益。只有在这种情况下，人们才能懂得为什么基于加入者的普遍利益，有可能建立起人类的联合体，并从而说明政治团体的合法性。

上述原则亦同样有力地使人感到，必须按照一个不允许议会养成集团意识并蜕化为贵族的计划，建立代议制议会本身。我在其他章节中已充分阐明的下述各基本准则亦生于此种考虑：代表应每年更换其三分之一；卸任的代表只应在相当长的间隔后才有再次当选的权利，以便让尽可能多的公民参与公共事务，因为公共事务如可被视为若干家族的事务，它也就不成其为公共事务了，等等，等等。

但是，如果立法者不尊重这些基本概念，不尊重这些十分清楚、十分确切的原则，却相反地擅自在国家机构中创设行会，承认一切正在形成的行会，并以立法者的权势对它们加以认可；如果立法者竟敢号召规模最大的因而也就是危害最大的那些行会，在等级的名义下成为国民代表团的一部分，这表明邪恶的原则在人们中间千方百计地损害一切，毁灭一切，搅乱一切。只要让这些可怕的行会拥有凌驾于国民这个大团体之上的实际优势，那么，社会混乱就会达到顶点并得以持续下去。如果不应将此归咎于事物本身的盲目发展，或归咎于我们的先人的无知和凶暴的话，那么人们就指控立法者应对法国大部分弊病负责，这些弊病使这个美好的王国陷于水深火热之中。

我们了解国民议会的真正宗旨：建立国民议会绝非为着照管公民的个人事务，它只从共同利益的观点对它们作总体考虑。我们从这里可得出一个自然的结论，那就是指定代表的权利之所以属于人民，只因为他们之间有着共同的品质，而不是因为他们之间有着不同的品质。

使公民彼此区别的各种优势是超乎公民性以外的东西。财产与技巧的不等犹如年龄、性别、身材等的不等一样，绝不改变公民责任感的平等。无疑，这些属于个人的优势是受法律保护的；但是立法者却不应制造这类性质的优势，将特权赋予一些人，而拒绝赋予另一些人。法律不赋予任何东西，它保护业已存在的东西，直至业已存在的东西开始损害公共利益时方停止保护。只有在这里才对个人的自由设置界限。我将法律比作一个庞大球体之中心。所有公民无一例外，在圆周上均与中心保持同等距离，所占位置相等；所有的人都同等地依存于法律，所有的人都将其自由与财产交由法律保护；这就是我所称的公民的普通权利，在这点上他们彼此全部类同。所有这些个人互通往来，作出承诺，磋商协议，这一切始终在法律的共同保障下进行。在这一普遍运动中，倘若某一个人想要统治他的邻人或篡夺其财产，普通法便制止这种侵害，并将所有的人重新置于与法律同等的距离上。但是法律丝毫不妨碍每个人根据其先天与后天的才干，随机遇好坏，凭财运或卓有成效的劳动来增加财产，并可在其合法的地位上，提高最符合他的欲望而且最值得羡慕的幸福。法律保护所有公民的共同权利，也就保护了一切他能做的事的权利，除非公民想要做的事已开始危害公共利益，否则这种保护绝不会停止。

也许我对同样的思想反复陈述过多，但是我没有时间将它们压缩到最简洁的程度，况且，在陈述一些人们特别生疏的概念时，并不宜过于简练。

所以唯有使公民们彼此类同的利益才是他们能够共同相处的利益，只有凭借这种利益并以这种利益的名义，他们才能要求政治权利，即要求积极参与制定社会法律，因此，也只有这种利益才给公民打上可代表品格的烙印。因此某人之所以有权选举代表和被选为代表，并非由于他是特权者，而是由于他是公民。我再重复一遍，一切属于公民的东西，诸如公共利益、私人利益，只要它们不损伤法律，均有受保护的权利。但由于社会联合只能由一些共同点结合而成，因此只有共同品格才有权立法。故此，集团利益不但不能影响立法机构，只能使立法机构信誉扫地。集团利益与代表团的宗旨背道而驰，又与其使命格格不入。

当涉及特权集团与特权等级时，这些原则就变得更加严格。我说的特权者，是指所有背离共同权利的人，或因他声言不完全服从普通法，或因他声言有享有特殊权利。特权阶级是有害的，不仅因其集团精神，而且因其存在本身。它所获得的那些必然违反公共自由的优惠愈多，就更须将其排除在国民议会之外。特权者只能因其公民资格而可以被人代表；但是在他们身上这一资格已被破坏，他们丧失了公民责任感，他们敌视共同权利。如果给予他们代表权，这在法律上将是一个明显的矛盾；如不采取强制行动，国民是不会屈从此种法律的，但是不能这样设想。

当我们论证现行权力机关中的受命人不能拥有立法代表的选举权和被选举权时，我们并未因此而不再把他们视为真正的公民。像所有其他人一样，他们在个人权利上仍是公民。职位使他们与众不同，但这决不能破坏他们身上的公民责任感，相反，职务是为了完成公民责任感的权利而设立的。假如仍需让他们停止行使政治权利，那么对于蔑视共同权利，杜撰与国民毫不相干的共同权利的那些人应当作何处理？这些人的存在本身经常与人民这个大团体为敌。显然，这些人已经摒弃了公民性，当然不应享有选举权与被选举权。对一个其公开声明的利益至少并不与你们的利益相敌对的外邦人，你们尚且不给予选举权与被选举权，对这些人当然更应如此。

概括起来说，凡背离公民共同品格者，均无权参与政治，这是一条原则。人民的立法机构只能负责保证普遍利益。但是，如果存在着因其地位而与公共秩序为敌的特权者，而不是对法律来说几乎是无关紧要的简单差别，这些特权者就应该断然被排除在外。他们可憎的特权存在一日，他们便一日不得拥有选举权和被选举权。

我知道，在大多数读者看来，这样的一些原则会显得荒唐。这是因为对于真理来说，偏见可能显得很荒唐，所以对偏见来说，真理大概也显得荒唐。一切都是相对的。我的原则是确切的，我的结论是正确的，对我来说这就够了。但是，至少有人会说，这些东西眼下是绝对行不通的。我也根本不以将其付诸实施为己任。对我来说，我的角色亦即所有爱国作家的角色；这就是阐述真理。另一些人视其力量和境遇，将或多或少地接近真理，或出于恶意而背离真理；我们所无法阻止的东西，我们也只好忍受。假如大家都照实思考，那么一旦变革展示出符合公共利益的宗旨，再巨大的变革也不会有任何困难。除了竭尽全力来帮助传播这一开拓道路的真理之外，我还能做什么比这更有益的呢？对真理，人们开始时难以接受，继而思想上对它渐渐习惯起来，公共舆论也逐渐形成，终于，人们在实施中发现了那些起初被称作痴心妄想的原则。在几乎各类的偏见中，假使某些作家们当初未曾心甘情愿地被人当作疯子，今天的世界还不会这样开明。

我到处遇到只愿一步一步地走向真理的温和派。我怀疑他们这样说时，是否能为人们所理解。他们把行政官的步调同哲学家的步调混为一谈了。前者在可能范围内向前行进，只要他们不偏离正确的道路，得到的只能是人们的赞扬。但是这条道路必定已由哲学家开辟到尽头。他们必已抵达终点，否则，他们便无法确证这条路千真万确地通往终点。如果他们以小心谨慎为借口，想让我停步便让我停步，我怎么能知道他们引导我走的是正路呢？难道他们怎么说就应该怎么信吗？在理性范围中是不允许盲目相信的。确实，有人在慢条斯理地说完一句再说一句的时候，看来正企图并希望陷敌手于措手不及，使敌手落入圈套。我丝毫不想与人争论，是否甚至在个人之间，坦率行事亦为最精明；缄口不语和见机行事，被认为是集人们经验之大成的技巧；但是，当这许多代表真正和开明利益的人公开讨论一些全民事务时，这种态度无疑是不折不扣的愚蠢。在这里，真正促使事物前进的方法，不是对敌人掩盖敌我皆知的东西，而是使公民的大多数深信事业的正义性。有人过于相信真理可划分为若干部分，以为这样真理便可零星地较为容易地进入人们的头脑。不对，灌输真理常常需要通过强烈的震动和光辉给人留下强烈的印象，使人对公认的真实、美好和有益的东西产生炽热的兴趣，但是真理并不全部具有这种光辉。

只有对真理发展的过程不甚了了的人才会设想，应让全体人民对自己的真正利益始终茫无所知，而集中在少数几个人头脑中的最有用的真理，只应随着某个能干的行政官为保证其措施得到成功感到需要真理时才逐步显现。首先，这种看法是错误的，因为这根本不可理解。其次，谁人不知真理只能慢慢地进入同国家一般大的群众头脑之中？难道不需要给为真理困惑的人们留点时间让他们习惯于真理，给如饥似渴地接受真理的年轻人留点时间让他们成长起来，让老年人有时间悄然消逝？一句话，难道打算到收获时节来到才播种吗？如果这样，就永远不会有收获了。

况且，理性绝不喜爱神秘；只有通过大规模传播，它才起作用；只有到处出击，它才能击中要害，因为这样才能形成舆论的威力，大多数于人民有利的变革，大概都应归功于这种舆论的威力。你们说，人们尚无倾听你们的思想准备，你们将使许多人感到吃惊。必须如此：最值得宣布的真理，并不是那种人们已经相当熟悉的真理，并不是那种人们已然准备接受的真理。不，恰恰因为它会刺激更多的偏见。更多的私利，才更有必要加以传播。大家未注意到，最需谨慎对待的偏见是与真诚相连的偏见；我们要刺激的最危险的私利，是那种人们认为自己拥有正义，而真诚又赋予其全部感情的私利。必须把它们的这种奇怪力量拔除掉；必须通过解释、说明使这些偏见和私利归结为单纯的不义手段。我现在向温和派说明上述这些想法，如果他们不固执地经常将行政官谨慎而有节制的行为与哲学家的无拘无束的冲劲混为一谈，那么，他们便不会再为他们称之为为时过早的真理担忧了。行政官若不计算各种摩擦和障碍，就会把一切搞糟；哲学家则因见到困难而越发激动；人们的头脑越受封建不开化的禁锢，越需要哲学家来阐明正确的社会原则。

最后，有人会说，如果说特权者们根本无权要求共同意志来关心他们的特权，至少他们应该以公民资格和社会的其他成员一起，享有他们政治上的代表权。

我已经说过，当他们具备了特权者的性质时，他们就已经成为公共利益的真实敌人，因而他们绝对不能承担保障公共利益的任务。我补充一点；只要他们愿意，回到社会秩序中来的主动权始终操在他们自己手中；同样，失去政治权利的行使权也完全是出于他们自愿。最后，既然他们的真正权利，那些可能成为国民议会讨论议题的权利，对他们与对构成国民议会的议员们完全相同，当他们想到，如果议员们试图损害这些权利，这些议员也将损害自己时，他们便可以聊以自慰了。

因此可以肯定，唯有非特权等级的成员可以成为选民和国民议会议员。第三等级的愿望对全体公民来说永远是良好的，特权等级的愿望则永远是邪恶的，除非他们不考虑他们的私利，愿意同普通公民一样投票，就是说，同第三等级一样投票。故而第三等级足以满足大家对国民议会的一切期望；故而，人们有理由期待于三级会议的一切好处，唯有第三等级才能带来。

有人也许会想，特权等级还有最后一着，那就是把自己看作是单独存在的一国国民，要求拥有单独的独立的代表团……我在本书的第一章便已预先答复了这一妄想，我证明了特权等级绝不是也不可能成为单独存在的人民。他们只是而且只能靠真正的国民生活。哪一个国民会自愿赞同这样一种结盟呢？

目前，还不能说两个特权集团在社会秩序中应占据何种位置：这无异于询问，打算给予在病人体内正在损坏并折磨着病人的恶性脓肿以什么位置。必须消除它的有害影响，必须使人体和所有器官的功能恢复良好，以确保在各种器官中不再形成这类会败坏生命力的最基本要素的病原性组合物。

关于革命政府的各项原则[1]

罗伯斯庇尔　著

赵涵舆　译

各位人民代表们，胜利麻痹懦弱的人们，可是使坚强的人们得到鼓舞。

我们让欧洲和历史去颂扬土伦的奇迹，我们自己则去为自由争取新的胜利。

共和国的捍卫者们奉行恺撒的原则。他们认为：只要还剩下什么要做，就等于什么也没有做。我们还有很多危险，需要我们鼓起全部劲头来工作。

战胜英国人和卖国贼，对于我们英勇的共和国兵士来说，是轻而易举的事；有一个同样重要然而更加困难的工作，这就是通过不懈的努力来粉碎我们自由的一切敌人层出不穷的阴谋，并使社会繁荣所应当凭借的原则获得胜利。

你们责令治安委员会担负的最主要责任就是这样。

我们先谈一谈革命政府的原则和必要性，然后我们再指出在政府成立时使它瘫痪的原因。

革命政府的理论，也和产生这种理论的革命一样，是新鲜的东西。无论是在没有预见到这种革命的政论家的书籍里，或者是在满足于滥用自己权力而很少关心法制的那些暴君的法律里，都找不到这种理论。因此，“革命政府”这个名词对于贵族政治说来，只是惊恐或诽谤的对象，对于暴君说来只是耻辱，对于多数人说来只是一个哑谜。为了至少使善良的公民接近社会利益的原则，需要把这个名词向一切人们加以说明。

政府的职能在于把国民的精神力量和物质力量引向所既定的目标。

[1] 本译文摘录自［法］罗伯斯庇尔：《革命法制和审判》，北京，商务印书馆，1965年。

立宪政府的目标是保持共和国；革命政府的目标是建立共和国。

革命，这是自由反对自由敌人的战争；宪政，这是胜利与和平的自由的制度。

革命政府所以需要非常行动，正是因为它处在战争状态。它所以不能服从划一的和严格的规章，是因为它周围的情况是急剧发展和变化无常的，特别是因为它必须不断采取新的和迅速见效的手段来消除新的、严重的危险。

立宪政府主要是关怀公民自由；而革命政府则是关怀社会自由。在立宪体制下，保护个别人免遭社会权力的蹂躏，差不多就够了；在革命体制下，社会权力本身被迫自卫，来击退向它进攻的一切派别。

革命政府对于善良公民应当给予充分的国家保护，而对于人民敌人只有让他死亡。

这些概念足够说明我们称作革命的法律的起源和本质了。认为这种法律是横暴或暴虐的人们——是颠倒是非的、有意装糊涂的或居心险恶的诡辩家。他们希望和平与战争服从同一制度，健康与疾病服从同一制度，或者确切地说，他们只希望暴政复辟和祖国灭亡。如果他们号召逐字逐句遵守众所周知的宪法规定，那么，这只是为了不受拘束地违反这些规定。这是一些卑鄙的杀人犯，他们希望不冒什么危险就把共和国扼死在摇篮里。因此他们竭力用他们自己也不遵守的那些模糊不清的规定把共和国的手脚束缚起来。

这只宪法大船建造起来，不是要永远留在造船厂里；但是难道应当在风狂雨骤的时候把它推到海里去让逆风任意摆布吗？反对造船的暴君和奴隶们是希望这样的，但是法国人民命令你们等待风平浪静。人民的一致愿望，把贵族和联邦主义的号叫都压了下去，命令你们首先要击退一切敌人，把人民解放出来。

神殿建筑起来，不是要作玷污神殿的渎神者们的庇护所；而宪法制定起来，不是要鼓励那些力求消灭宪法的暴君们的阴谋。

如果革命政府应当比普通政府在自己行动方面更加坚决，更加自由，难道说这个政府因此就是不正义的和不合法的吗？不是的。这个政府所依靠的，是一切法律中最神圣的法律即拯救人民，是一切权利中最无争论的权利即必要性。

这个政府也有自己的从正义和社会秩序那里继承下来的规则。它同无政府状态或混乱毫无共同之处。相反，它的目标是遏止无政府状态和混乱，以便奠定和巩固法律的王国。它同专横毫无共同之处。这个政府应当遵循的，不是个别人的爱好，而是社会利益。在能够严格适用通常的和一般的原则而不侵害社会自由的一切场合，革命政府就应当坚持这些原则。阴谋分子的厚颜无耻或背信行为应当是衡量政府力量的标准。

革命政府对于坏人越厉害，对于好人就应当越亲切。周围情况要求政府采取必要的严厉措施越多，它就越应当少采用那些无益地限制自由和侵害私人利益，然而对社会毫无好处的措施。

它应当在两种暗礁之间迂回前进，这两种暗礁就是：懦弱和鲁莽蛮干，温和主义和过火行为。温和主义貌似稳健，正如虚弱貌似童贞；而过火行为貌似刚毅，正如浮肿貌似健康。

暴君们总是尽力把我们沿着温和主义道路拉回到奴隶制；他们有时也想把我们抛向相反的极端。两种极端是一致的。不管你落到目标的这方面或那方面，目标都是一样不能达到。没有一个人像普遍统一共和国的不及时宣扬者那样与联邦主义的信徒格格不入。国王们的友人和人类的总检察官彼此是很融洽的。穿袈裟的狂信者和宣扬无神论的狂信者彼此有很大相似之处。男爵民主主义者是科不伦茨城侯爵的兄弟们，有时戴红尖顶帽的人们比可能设想的更近似穿红后跟鞋的人。

因此政府也就应当是很慎重的，因为自由的一切敌人都在摩拳擦掌，不仅要利用政府的错误，而且甚至利用政府最英明的措施来反对自由，如果政府打击所谓过火的东西，他们就竭力称赞温和主义和贵族政治。如果政府追究这两种怪物，他们就竭尽全力来推向过火行为。让他们有可能把善良公民的热诚引向迷途，是很危险的事情；对被他们欺骗的善良公民泼冷水并进行迫害，那就更危险了。如果有前一种弊害，共和国就有抽搐死亡的危险；如果发生后一种弊害，它就必然会因衰弱而灭亡。

应当做什么呢？追究背信阴谋的罪恶的策划者，支持爱国主义，甚至在迷失方向时也要支持他们，启发爱国人士并不断提高人民的觉悟，使他们理解自己的权利和崇高使命。如果你们不掌握这一原则，你们就会失掉一切。

如果需要在爱国热诚过分、公民感情缺乏或温和主义的无力之间进行选择的话，那是不需要踌躇的。苦于血气过剩的强壮身体比尸体具有更多的能力。

主要的是，我们在希望使爱国主义健全发展时要谨防扼杀爱国主义。

爱国主义就其本质来说是炽热的。谁能冷冰冰地爱祖国呢？爱国主义是大部分普通人们具有的情感，这种人很少能按照行为的动机来断定公民行为的政治后果。什么样的爱国者甚至受过教育的爱国者，能永远不犯错误呢？唉，如果容许真诚的温和者和胆小者存在的话，那么为什么不让被高尚情感一时诱离正轨真诚的爱国者存在呢？从而，如果认为在革命活动中超出智慧所划定的明确界限范围的人们是犯罪的，那就会同坏公民一起受到一切自由的真正友人、你们自己的朋友和共和国的一切拥护者们的冷遇。

暴政的狡猾密使们在欺骗了他们以后，自己就会成了他们的公诉人，甚至法官。

谁能区别所有这些色彩？谁能在各种过火行为之中划定分界线呢？人们热爱祖国和真理，而国王和骗子手总是要尽力消灭这种热爱。他们不愿意同理智和真理发生任何关系。

在提到革命政府的责任时，我们会指出威胁政府的暗礁。政府的权力越大，它的行动越自由、越迅速，它就越应当以善良的意图为指南。当革命政府一旦落到不纯洁或背信弃义的人们手中，自由就会被毁灭，政府的名称会成为反革命本身的借口和辩护理由，它的毅力会成为烈性的毒物。

因此，法国人民的信任与其说关联到作为机关的国民公会本身，不如说关联到国民公会所表现的性质。

人民把自己全部权力交给你们，是期待你们的治理，犹如对于祖国敌人是严厉的一样，对于爱国人士是慈善的。人民责成你们同时表现出威力和灵敏，这是为镇压敌人，而主要是为维持你们所需要的内部团结以便完成你们的伟大计划所必需的。

法兰西共和国的建立不是儿戏。它既不能是异想天开或听天由命的结果，也不能是一切私人要求和革命原则互相冲突的偶然后果。英明也和威力一样指导了宇宙的创造物。当你们向那些从你们当中选出的人们不断提出关怀祖国命运的重大任务时，你们也责成自己用自己的力量和信任来支持他们。如果人民代表不用自己的知识、毅力、爱国主义和善意来支持革命政府，政府怎会有力量来抵抗欧洲和一切自由的敌人从四面八方进攻革命政府的力量呢？

我们的敌人只要在我们之间散布仇恨就能战胜我们。如果我们轻信他们的背信诽谤，我们就要遭殃！如果我们破坏我们的联盟，而不巩固这个联盟；如果个人利益和受侮辱的虚荣心的声音压倒祖国和真理的声音，我们就要遭殃。

我们要培养自己的共和国美德并向古希腊罗马时代的榜样学习。弗弥斯托克利比指挥希腊舰队的斯巴达将军还英明些。但是当这位将军不喜欢弗弥斯托克利为拯救祖国而提出的意见，举起手杖来打他时，弗弥斯托克利只是反驳将军说："你打吧，但是请你听从劝告。"因而希腊战胜了亚细亚的暴君。斯奇庇奥丝毫不逊于另一位罗马将军，然而他在打败了汉尼拔和迦太基人以后，以在自己对手的统率下服务为荣。唉，伟大心胸的美德！狭小心胸的一切惊惶和奢望同你比较起来，显得多么渺小，唉，美德！难道说建立共和国不像和平管理共和国那样需要你吗？唉，祖国！难道说你对于法兰西人民代表的权利还不及希腊和罗马对于自己将军的权利吗？我还有什么可说呢！如果在我们当中，革命管理的职能不再是重大的责任，而是野心的对象，那么共和国就已经完蛋了。

需要使国民公会的威信受到整个欧洲的尊重。暴君们在运用自己政策的一切手段并不惜花费大量财富，以求贬低和消灭公会。应该使国民公会坚决作出决定维护自己的管理，而不让伦敦内阁和欧洲宫廷来管理。因为，如果国民公会不去管理，暴君们就要实行统治。

他们在这次同共和国进行的狡猾而邪恶的战争中拥有各种各样的优势。一切恶习都帮助这些暴君作战，而帮助共和国的只有美德。美德是纯朴、平凡、贫乏，往往是愚昧，有时甚至是粗暴的；美德是不幸的人们的命运，是人民的财富。恶习却用各种宝库装饰起来，用一切淫荡的魔力和背信弃义的诱惑力武装起来。伴随着这些恶习的，还有被用来犯罪的一切危险的才能。

暴君们在以多么巧妙的手段利用我们的热情和软弱，甚至我们的爱国主义来反对我们啊！

如果我们不赶快把他们在我们中间散布的不和的种子压下去，这些种子可能何等迅速地生长起来啊！

由于五年间的叛变和暴政，由于太没有远见和轻信，由于某些刚勇的行为很快受到懦弱懊悔的抑制，致使奥地利、英国、俄国、普鲁士、意大利有时间在法国境内建立了与法国政府对抗的秘密政府。他们也有自己的委员会、自己的国库、自己的职员。这个政府取得我们使自己的政府失掉的力量；这个政府拥有我们早就缺乏的、团结一致的、我们认为可能超过我们的政策，具有我们还未充分感觉其必要性的首尾一贯和协调的行动。

因此，外国宫廷早已向法国派来了他们所雇用的狡猾恶棍。他们的特务仍然布满在我们的军队中间，土伦的胜利就是这一情况的证明。为了战胜叛变，曾需要兵士的百倍勇敢，将军们的无限忠诚，人民代表的全部英勇。他们在我们行政机关，在我们区议会里协商，他们钻进我们的俱乐部，他们甚至出现在我们国民代表的圣地，他们现在并且将来还要永远根据同样计划指导反革命。

他们围绕我们徘徊，他们侦探我们的秘密，他们鼓励我们的私欲，他们甚至企图指导我们的观点，他们利用我们的决定来反对我们。如果你们软弱无力，他们就赞美你们的小心谨慎。如果你们小心谨慎，他们就责备你们软弱无力；他们诉诸你们的勇敢和大无畏，诉诸你们的正义和残酷。如果你们宽恕他们，他们就公然使用奸计；如果你们威吓他们，他们就带上爱国面具暗中破坏。昨天他们杀害了自由的卫士，今天他们参加这些卫士的隆重葬仪和要求对他们表示崇高的尊敬，为的是等待时机毁灭类似他们的人。如果需要挑起内战，他们就开始宣扬一切荒谬妄诞的迷信勾当。如果内战的火焰已因法国人血流成河而熄灭，他们就背弃自己的神圣称号和自己的上帝来重新煽起内战的火焰。

曾有过这样的事情：英国人和普鲁士人到我们的城市和乡村来，用国民公会名义宣扬某种毫无意义的教义，被剥夺神职的神甫们也领导人群以宗教名义进行反叛活动。由于憎恨和狂信而作出不慎行为的爱国人士已经开始遭到杀害。在许多地方由于这些可悲的纠纷已经流了血，好像我们同欧洲的暴君进行斗争所要流的血还嫌太少似的。唉，可耻！唉，人类理智的薄弱！伟大民族竟变成了最可轻视的暴政仆从们手中的玩物！

外国人有时好像是社会安宁的主宰。金钱有没有都是由他们决定的。人民有无面包吃是按照他们的愿望的；是否有人停在面包房门前要看他们的颜色。他们指挥自己雇用的杀人凶手和间谍来包围我们。我们知道这一点，我们看到这一点，可是他们却依然存在。法律的矛头显然难于接近他们。甚至现在惩罚有势力的谋叛分子了，比从诽谤之中救出自由的友人要难些。

我们刚刚揭穿法兰西敌人所引起的虚伪哲学的极端，爱国主义刚刚在这个讲台上把他们称做“超革命分子”，里昂的卖国贼们、暴政的一切信徒们立即就把这个名词用在替人民和法律报了仇的热心而高尚的爱国人士身上。他们一方面恢复迫害共和国友人的旧制度；另一方面，他们呼吁对双手染满祖国的鲜血的恶棍表示宽大。

但是他们的犯罪行为有增无已：外国密使的渎神队伍每天都在募集，法兰西到处都有他们，他们现在在等待并且将来永远会等待对他们的破坏阴谋有利的时机。他们增强起来，他们盘踞在我们中间，他们修筑新的碉堡和新的反革命炮垒，同时豢养他们的暴君还在集结新的军队。

背信弃义的密使同我们交谈，和我们亲热，这些家伙都是嗜血成性的仆从们的兄弟和同谋者。那些仆从们把我们谷仓抢劫一空，占据了我们的城市和他们的老爷所买下的现在成了我们的舰队，砍杀我们的兄弟，惨无人道地杀害被他们俘去的我们的公民、我们的妻子、我们的子女和法兰西人民的代表。我还有什么可说呢！干出这种万恶勾当的怪物，比起秘密撕裂我们内脏的卑鄙坏蛋，残忍程度还差千倍，可是这些坏蛋却仍然健在，他们还在为所欲为地使用奸计。

他们只要有领袖就能联合起来，他们正在你们中间寻找领袖。他们的主要目的是引起我们中间的冲突。这一致命的斗争会产生贵族政治的希望，会使联邦主义的阴谋诡计得逞，会替吉伦特党报仇，会对惩治这一党派恶行的法律报仇。这一斗争会因山岳党的极大忠诚而惩治山岳党。因为他们是在攻击山岳党，或者更正确的就是在攻击国民公会，在公会里制造不和并破坏它的工作。

至于我们，我们只是要同英国人、普鲁士人、奥地利人和他们的同谋者进行战争。我们要对付诽谤和诬蔑，把它们消灭；我们只会憎恨祖国的敌人。应当产生恐惧的，不是爱国人士和受难人们的心灵，而是外国强盗的巢穴，因为在他们巢穴里正在进行分赃和畅饮法兰西人民的鲜血。

委员会注意到，对于惩治大罪犯说来，法律不够迅速。外国人、联合起来的国王们的著名代理人、沾满法国人鲜血的将军们，杜木里埃、休斯钦和拉马尔列尔的前同谋者早就被关起来了，但是没有受审。

谋叛分子的人数很多：他们的人数显然在增长，而受审的例子却是很少见的。处罚几百名无名小卒和次要罪犯，不如处死一个阴谋的魁首对自由有益。

革命法庭的爱国主义和正义，一般说来是值得称赞的。这个法庭的法官们自己向治安委员会指出了有时使法庭的工作发生困难和增加错误的原因。法官们请求我们修改一项法律，这项法律令人想起它颁布时的倒霉时代。我们建议委托委员会在这方面向你们提出若干修改地方。这些修改将都是为了使审判工作对于无辜者更加有利；而对于犯罪和阴谋更加难逃法网。你们在上一个法命里已经责成委员会注意这一点。

我们向你们建议立即加速审判那些被控告同反对我们的暴君们阴谋勾结的外国人和将军们。

只是对祖国的敌人采取威吓方法，是不够的，还需要帮助祖国的保卫者们。因此，我们要在你们的正义面前请求作出一些有利于为自由而战和受难的兵士的决定。

法国军队不仅是暴君们的灾难，它还是民族和人类的荣誉。我们善良的军人迎着胜利前进的时候，高喊“共和国万岁”！他们在敌人炮火下牺牲的时候也说“共和国万岁”。他们临终时所说的话是自由的颂歌；他们最后的叹气是为祖国而祈祷。如果所有官长都同兵士一样，欧洲早就被打败了。对于军队采取的每一良好行动都是民族的感激的行动。

给祖国卫士们和他们的家属发的补助金，在我们看来太少了。我们认为这种补助金可以毫无困难地增加三分之一。共和国广大的财政资源容许采取这种措施，祖国需要这一措施。

我们也觉得，残废的兵士，为祖国而牺牲的人的寡妇孤儿，由于法律所要求的手续，由于要经过许多请求，有时由于某些次要行政人员的冷淡或恶意，而碰到了妨碍他们行使法律所保证的优先权的困难。我们认为，排除这些障碍的手段就是给他们指派法律规定的服务辩护人，以便他们维护自己的权利。

根据所有这些理由，我们向你们建议发布下列法命。

国民公会命令。

第一条　革命法庭的公诉人立即使吉特里赫、休斯钦、被法律处罚的将军之子、德布留利、比伦、巴尔切列米以及被控诉同杜木里埃、休斯钦、拉马尔列尔、古沙尔同谋的所有将军和武官受到法庭审判。公诉人主要要使被控叛变和与勾结起来反对共和国的国王们同谋的外国人、银行家和其他人们受到审判。

第二条　治安委员会应在极短期限内报告、改进革命法庭组织的方法。

第三条　前颁各项法令给为祖国作战受伤的祖国卫士们或他们的寡妇孤儿所规定的补助金和奖赏，要增加三分之一。

第四条　成立一个委员会，负责便利他们行使法律所赋予的权利。

第五条　这个委员会的委员由国民公会按照治安委员会的提名任命。

论恐怖效应[1]

贡斯当　著

韩伟华　张明明　译

恶人的狂热无损正义的单纯。

贺拉斯[2]

报纸上嚣攘的人身攻击曾使我一时恐于应对[3]，但阅览之下我欣喜地发现，大可不必理会。忘掉其人，继续怀揣决心寻求真理。

我希望借《论政治反动》一书再版之机，尽力驳斥一种开始蔓延的学说：我以为其本义是错误的，其后果是危险的，但似乎有人希望将之归为体系，此学说的可采名目繁多，因其可使历经七年震动的疲倦灵魂得到休息，又可使七年来饱尝苦痛的尖刻心灵谋得报复之机。

此说之梗概如下[4]。其各部分似乎自相矛盾，但这种矛盾只是表面上的。

[1] 译文所据底本为 Benjamin Constant, *Des réactions politiques, seconde édition, augmentée de l'examen des effets de la terreur*, an V. 载于 Benjamin Constant, *uvres complètes, Tome 1: Ecrits de jeunesse (1774-1799)*, T ü bingen, Max Niemeyer, 1998, pp. 515-529。

[2] 原文为拉丁文 Nec civium ardor prava jubentium mente quatit solida.——译者注

[3] 对《论政治反动》之评论详见 Christian Viredaz,《Comptes rendus contemporains et réponses aux écrits de Benjamin Constant（1787—1833）》, in *Annales Benjamin Constant*, No. 6, Lausanne: Institut Benjamin Constant, 1986, pp. 98-100.——译者注

[4] 我不知道人们是否会认为，我精确地表述了一本题为《论大革命的根源及其后果》的小册子中所推衍出的系统。我以我所理解的程度来表述它，未存任何偏见。尽管这部作品的主导思想在我看来是不公正的，但它却是以富于才能的笔法和巨大的思想力量写就。它包含了许多深入的概述与出色的推断；它表明一个作家，无论其以前选择何种派别，若在此危急的时刻，真诚无遗地投入共和主义者的阵营，他就始终是其派别中卓越的人物，为人们如何赞扬都不为过。译者按：在下文中贡斯当将《论大革命的根源及其后果》一书略称为《论大革命的根源》。详见 Adrien Lezay-Marnésia, *Des causes de la Révolution et de ses résultats*, Paris: Imprimerie du Journal d'économie publique, An V. 此书最初是以匿名形式出版的。

“法兰西共和国的建立者们并不知其所建为何物。对于大多数人来说，它是一些负罪迷失之人，听说在共和国里，愈反叛便愈具威望（《论大革命的根源及其后果》，第 65 页）。通过建立共和国，他们引入了恐怖。国家应消亡，政府应变得残忍（同上书，第 27 页）。是恐怖巩固了共和国，它在内建立起顺从，在外建立起纪律（同上书，第 34 页）。它从共和军传衍至敌军（同上书，第 34 页），乃至统治者，为法兰西赢得了同半个欧洲的光荣条约（同上书，第 35 页）。恐怖之后方现的成功乃所预见的结果（同上书，第 35 页）。它摧毁了本将反抗新制度的常规（同上书，第 45 页）。为了不屈服于敌人的暴力手段，需要同样凶暴，乃至更为凶暴，以将其摧毁（同上书，第 37 页）。[1] 今日为恐怖所巩固的共和国是一种卓越的制度，应该采纳它。罗马同样为强盗所建立，但正是这个罗马成为了世界的指挥者（同上书，第 66 页）。”

我丝毫不愿因这个系统的后果而指责其作者。关于人们及其思想结合方式最为普通的经验告诉我们，似乎显然地源于某一原则的结果，时则对其最热烈的拥护者来说是完全陌生的。系统环节、表述措辞、中介意念或并存看法中的一个细微差别，即可导向一系列截然相反的推理与结论。未经认可擅自从一位作者的原则中提炼出所谓的结果，而将此荒谬可憎的结果安插在其头上，尤物更有损于智慧的进步。需要推展此结论，以与作者得出的结论相较；然而从来是至恶的不公使这种推展沦为控诉。

故而我首先高声声明，我对上述系统的捍卫者们未怀丝毫恶意。我绝不认为其目标在于在始终厌恶共和国与曾经侮辱共和国的人之间，达成一个其基础可视为建立者之耻的契约。但我确认，其初未怀有的目标乃是此系统的积极结果。凭此结果，一切罪恶或许皆可被谅解，惟有原则将受到惩罚。人们或许放逐韦尼奥，而为马拉辩白。[2] 或许只需既未协助建立共和国，亦未捍卫如此做的可敬之人；只需在共和政府成为十头政府 [3] 后方始支持它；只需未向革命激变中投入一个观念，而只投入愤怒，以使一切过激与残忍均得到谅解，如恐怖的代理人们所被迫捍卫的体制所必需的

[1] 一些人称，在我所驳斥的那部作品中，恐怖被描述成并非法兰西所必需，并非一场革命所必需，而只是对于一场由被腐蚀的人民所发起，而其主要人物皆以罪恶著称的革命来说是不可避免的。以下是作者的原话：“当这些革命（人民革命）不再为人民的热情所支撑，也尚未为人民的厌倦所支撑，此时若不突然出现一种直抵其核心的增援，革命将因力量匮乏而失败，而这种增援，就是恐怖（第 28 页）。”此处所涉及的，既非“由被腐蚀的人民所发起的”革命，亦非“其主要人物皆以罪恶著称”的革命，而是论及一种可不作辨别地应用于一切革命的公理。这本小册子第三章和第四章将恐怖描述为为所有此类革命所必需，无论对其过程还是对其成功来说均是如此。所有公正的读者可从中发现这种推衍出的，以大量或深或浅的论证所支撑的理论，而我所驳斥的，正是这一理论。

[2] Pierre Victurnien Vergniaud（1753—1793），吉伦特派最雄辩之领袖人物，1793 年 10 月 31 日雅各宾恐怖统治时期被革命法庭处决。——译者注

[3] 在文中贡斯当始终以古罗马的“十头政府”（décemvirat）来指代雅各宾专政。——译者注

支持一般。

我试图驳斥的是这个系统：首先我发现不能将其与容让革命过激行为的信条相混淆，惟有后者能保证共和国内部的安宁。人们不会控诉我反对此一信条。到目前为止，人们所试图加于我头上的是相反的控诉。然而，此种容让的信条只针对人，而我所反对的系统则针对原则。掩盖过去或许是好的，然而，错误乃至罪恶可发生在过去，一个系统则永不限于过去。公理没有时限，始终可被践行：它存在于当下，也威胁着将来。证明应谅解革命震荡下的迷失者，是一个十分有用的尝试，在这条路上我比我的对手们起步更早；然而，声称迷失本身乃有益而必需之物，将其时出现的所有益处均归功于它，则从所有的理论来看均是有害的。

恐怖被归结为系统并在此形式下被证为合理，较之恐怖分子凶残横戾的暴力要可怖得多，因为此系统存在之处，同样的罪恶就将重演，并非恐怖分子猖獗，而是恐怖更新。其原则永远是危险的，它们试图迷惑智士，毒害仁人。革命政府的建立或许从国家内部驱除了其貌至柔的猛兽，如我们所见牧月22日的法令[1]从最温顺的人民中创造出了刽子手般的法官。稍许一点专制即足以扰乱头脑、腐化心灵、歪曲诸种感情。被赋予无限权力的人转而醉心于权力。任何时候也不可认为，在某种情形下，一个不受节制的权力是可行的，实则它永非必需。

然而，如果恐怖的原则是不变的，应永受谴责，其拥护者作为灵活的人，则可被影响、重塑、减少。故而对人应怀以宽容，而对原则应怀以警惧。人们何以奇怪地颠倒所为？人们追随一伙人，这伙人狂愤于一时，而数量日减，其毁灭力量早已被人打倒，而后者如今正受到在党派精神名义下的责难。人们为一个毁灭性的系统辩护，乃至改观无期！人们只对人铁面无情吗？如果新的恐怖分子——无论其是何种意义上的——如今唯一构成威胁的恐怖王权的拥护者一旦掌权，他们尽可向我们炫耀连篇的诡辩，可援引名家之说，罗列恐怖的种种益处，而将不久前激烈反对恐怖的著作引为其骇人理论的支撑。

我试图证明，恐怖无益于保全共和国，而共和国是从恐怖中得救，因为恐怖为其制造了大部分的颠覆性障碍，恐怖所未制造的障碍也将被一种公正合法的制度所克服。总之，恐怖只作恶，是它给如今的共和国遗留了所有危险，这些危险至今仍从四方威胁着共和国。

[1] 牧月22日法令是指1794年6月10日由罗伯斯庇尔颁布的关于革命法庭的恐怖法令。——译者注

当人们为恐怖辩护（岂非只是声称：没有恐怖的话，革命便不会胜利？[1]），则流于滥用词汇，混淆了恐怖及曾与之共存的所有举措。人们未认识到，最为独裁的政府有其合法强制性的一面，此与最为公正的政府相同。理由很简单：强制性是一切政府得以存在的基础。

因此有人称，是恐怖影响至全境，是恐怖重建了军纪，震慑了阴谋家，打击了叛乱。

以上主张均不确切。推动事态者确乎是掌控恐怖者，但他们并非以恐怖推动了事态。其施行权威的过程包含两个部分：治理与暴力（或称恐怖）。应将其成功归于一部分，而将其破坏与罪恶归于另一部分。

他们毁灭的同时也需治理，恐怖与治理就这样共存，由于错误而由治理转向恐怖，或由恐怖转向治理。

若有人说恐怖协助统治，其暴力一面所引发的恐惧加强了对其合法一面的服从，可以说这是显然而普遍的。然而不能据此认为加深恐惧是必需的，政府凭借正义手段无力引起足够的敬畏以导致服从。

或许，当法官同时判决无辜者与罪犯，恐惧会占据所有罪犯的灵魂，如同占据所有无辜者的灵魂一般。但对罪犯的惩罚则实现了必需的目标。当罪行被惩治之时，罪犯同样会颤抖。当人们同时看待残暴与公正之时，应谨戒将此二者合为可怖的整体。不应在此可叹的结果之上，建立起不择手段的系统；不应不经察别便将所有的成效归功于所有的动因，贸然将景仰献给残暴之物，将恐惧献给合法之物。

故而在革命时代，须区分属于治理之物与属于恐怖之物，区分治理的权利与恐怖的重罪。

政府（在此不拟将之置于与其根源的所有关系之下，而只在其治理性质下进行考察）有权派遣公民阻击敌人，此权利属于所有政府，无论在君主制国家、共和制国家，无论在瑞士或俄国。作为一桩轻罪所带来的合法的伟大之处，政府还有权对拒战与逃亡的战士施以最严厉的惩罚。但这并非恐怖所为。恐怖驱遣圣鞠斯特、勒巴（Lebas）们毁灭顺从而勇敢的军队；它废除所有体制，乃至军事体制；它拾起滥权的工具；它随意处置个体的命运，狂热地决定战争的命运。然而这些恐怖于共和国毫无益处。即便当初圣鞠斯特未驱使数千无辜者进入莱茵军队，这支军队的战斗力就会下降吗？不

[1] “当这些革命不再为人民的热情所支撑，也尚未为人民的厌倦所支撑，此时若不突然出现一种直抵其核心的增援，革命将因力量匮乏而失败，而这种增援，就是恐怖。”（《论大革命的根源》第 28 页）试问一场革命如何可以为人民的厌倦所“支撑”？若说一个政府被这种厌倦所支撑，尚可理解；但一场革命，我无法理解。

要从根源上玷污我们的胜利，让我们设想，不能将阿尔克里（Arcole）及里沃利（Rivoli）的胜利归功于执政官的愤怒与常设的断头台。

政府有权严厉地审查其战胜或战败将军们的行动，并且毫无宽容地审判其中的可疑者。这种不可动摇的公正也包括对于叛徒。但这并非恐怖所为。恐怖将其怀疑者送入刽子手手中，倾洒无辜将士的鲜血。既然有待审查，这些谋杀便决非必需。他们停止了，便不会再有一位共和国将军因软弱或背叛而遭判罪。

政府有权监督、追捕、传讯阴谋反抗共和国者；但恐怖制造的法庭无从申诉，毫无规程，未经判决便日杀六十人。有人声称这种残暴并非无益，死亡无择，一切都颤抖了。[1]是的，或许一切都颤抖了，但只罪人颤抖就足够了，并非必须以八旬老者、十五岁少女、未审被告所遭受的刑罚来震慑阴谋家们。

政府有权召唤所有公民为共和国服务，法律保证了其不可变更的严厉性。然而恐怖强行分类，致使牺牲的受益者为一些专断贪婪的官员。恐怖借罪恶而得到的，是法律本可借正义所保证的，而罪恶使得恐怖操起不忠而贪婪的工具，唯一的效果只是使个体更为不幸，而其牺牲对共和国更为无益。

政府有权在迫近的危险中，阻止公民抛弃祖国；但恐怖是将罪名加在无辜者头上。它迫使公民逃亡，以惩罚其逃亡，从而催生虚假的控诉，为未来的政府备下纷乱的迷局。它使得名单可疑，阴谋易生，例外必需，同情泛化；同在所有情形下一样，恐怖驱使法律反对无辜者，而为真正的罪犯提供对抗法律之方。

政府有权惩办好煽动的教士；而恐怖放逐、杀害乃至希望毁灭所有教士：它重造一个阶层以屠灭它。正义阻止狂热；恐怖则残忍不义地追捕狂热，打击狂热，而使之成为了某些人眼中的神圣之物，许多人眼中的可尊之物，几乎所有人眼中的有趣之物。

我不拟将对恐怖效力的考察推得更远。我的结论是，恐怖毫无益处。在恐怖的身侧存在着一切政府所必需之物，但本与恐怖无涉之物，同为恐怖所毒污之物混杂其间。

关于恐怖的效力，可蒙蔽人的是有人将共和主义者的献身归功于它。当暴君们蹂躏其祖国，共和主义者则坚持捍卫祖国，对外作战。面对谋杀的威胁，他们并未在争取胜利的道路上却步。

此外还可蒙蔽人的是人们欣赏恐怖推翻了它自己制造的障碍。然而，人们所欣赏的实则应当控诉。

[1] “看到死亡无择，每个人都颤抖了；当人们看到恐怖打击之迅捷，恐怖的效力便增强了。如若当初诉讼程序缓慢，恐怖就会为希望所延缓；而如若当初死亡只威胁到它所应触及之人，它只能遏制了他们。”（《论大革命的根源》第33页）

确乎需要以罪治罪，而恐怖煽动群情，当众人迷失后，又需恐怖予以压制。然而，若无恐怖，煽动本不会存在，也就不需为了避免巨大的危险，求助于骇人的药物。

恐怖激起了里昂的反抗、外省的起义、[1] 旺代的战争。为了镇压里昂的反抗，驱散诸省联盟，扑灭旺代战争，需要恐怖。

然而，若无恐怖，里昂本不会暴动，诸省本不会联合，旺代本不会拥戴路易十七。[2]

我方才所做的让步也并非准确。恐怖毁灭了旺代，此后正义方予以抚平。

有人对我们说："恐怖的另一效力，在于摧毁旧俗，而赋予新习以同样的力量。18 个月的恐怖足以祛除民间几个世纪的风俗，而赋予其几个世纪仍难以建起的风俗。恐怖的暴力塑造了崭新的民众。"（《论大革命的根源》，第 44 页）

再没有更明显的错误了。恐怖将骇人的回忆同与共和国有关的一切相连。它将道德意念同最为幼稚的实践相混淆，同君主制最为无谓的形式相混淆。

应将公众精神的衰退、所兴起的针对自由原则的狂热、遍及所有共和主义者、最为睿智纯洁的人们的屈辱，皆归咎于恐怖。共和国的敌人们巧妙地抓住了恐怖所造成的结果。人们以对罗伯斯庇尔的回忆侮辱孔多塞的阴魂，西耶斯是 1794 年的狂热使得荏弱而乖戾者宣称放弃了 1789 年的光辉。

有人补充道："恐怖专制应为自由政制开辟道路，毫无疑问，若无此前提，此政制便无以确立。"（同上书，第 44 页）

没有更谬误的了。恐怖引导人民忍受任意一种枷锁，而使其无动于或者不适于自由。恐怖使人低头，使精神衰灭，使心灵干枯。

当恐怖掌权时，它服务于无政府主义的朋友们；今日，对恐怖的回忆则服务于专制。

恐怖使人民习于听取以最为神圣的名义鼓动最为可憎的行动的言论。它混淆一切定义，使精神趋向专制，勾起各式的轻蔑，备下诸种暴力与罪行。在大众眼中，它责难从前为慷慨的灵魂所热情拥抱，而后为常人所模仿遵从的思想。

[1] 我希望人们不会认为，我混淆了里昂的暴动和旺代的叛乱、外省的起义。忠君思想很快控制了里昂的运动。狂热始终是旺代人的动机。相反，外省联盟从未因与共和国任何敌人的联合而被玷污。这一道德反对罪恶，秩序之友反对恶人的尝试，在其根源上是纯洁的，而直至其失败，一直保持着纯洁。连不幸、确实的死亡前景也未能促使起义首领们采取任何危及祖国或自由的举措，而在十头政府的暴政下法兰西所蒙受的众多损失当中，最无从修复的或许便是以吉伦特派或联邦党人之名闻名的人们的损失。整整一代人被吞噬了。这一代人年轻、强健、新鲜、博识，尽管狂热却濡养于古典研究、哲学原理、伏尔泰与卢梭的著作，会聚了才能、自由思想与勇气。人们难以期望再在正在湮灭或成长的人们中找到这样的一代。如今我们处于稚气的老者与缺乏教养的儿童之间。

[2] 路易十七是指王储、路易十六之次子，他于共和三年牧月 20 日（1795 年 6 月 8 日）死于巴黎狱中，年仅十岁。——译者注

恐怖为邪念提供了对抗政府最为公正的行动的战无不胜的武器。它以似是而非的致命方式毁灭了最为严格的法律。当罪大恶极者控诉权威而以之为恐怖，据此便可唤醒一切热情，任意武装一切回忆。

若将恐怖原则视为自由的革命之必需，则其罪恶将变得无可补救。

这个意念将使以此为代价获取自由的法国人羞愧，使尚未实现自由的国家气馁，而对新获自由的人们造成同样的恶果。它可能说服民众，为确保其自由，需要罪行与过激。所有为法兰西所抵抗，为共和国的友人所尤为厌憎的恶棍们，可借助这些特别的推理，将我们尚无经验的邻居引入歧途，将我们的胜利描述成我们实则深受其害的暴力活动的结果，将恐怖宣扬成一种必需，一切革命所不可或缺的伙伴和助益。

为自由洗刷这种不公而肮脏的罪名是适宜的。恐怖既非自由的必然延续，亦非革命的必需助益。它是内敌的奸诈、外敌的联盟、恶棍的野心、狂夫歧途的延续。恐怖狼吞虎咽，敌人的鲁莽使之萌生，狂热的手段服务于它，自炫的首脑引导它。共和主义者从来都是其受害者。他们在看到恐怖滋长时打击它，他们将所有为情势所迫，为安逸、财富、生活所驱的人们聚集到身边，向其求助。荒谬的愤恨、羞怯的私心、对胜利者不惜采用谋杀手段的愚蠢的复仇欲望，阻碍了这种联合。共和主义者被遗弃了，他们战败了。然而他们的失败成了他们的辩护词，他们的死亡回应了卑下的诽谤者或尖刻的人们，后者貌似罗伯斯庇尔最初的敌人，实乃其同谋；貌似社会秩序的殉难者，实乃其毁灭者。请重读他们借助法律向你们徒劳乞求的讲话。请回想一下这场不等而英勇的斗争，他们在你们中间独自苦苦支撑，你们作为当初无动于衷的观众，如今成了他们的控诉者。

恐怖开始于共和主义者的失败，而确立于其坟墓之上。你们不必前溯年代，一些短暂而不法的特殊的混乱、骇人的灾难并不构成恐怖。只有当政府系统是罪恶本身，而非其敌人时；当政府驱使罪恶，而非打击罪恶；当政府组织愤怒的恶棍，而非求助于好人之时，恐怖才存在。[1]

恐怖在法国的建立，是在第一批共和主义者失败之后，在其友人逃亡、入狱或被流放之后。

故而不应混淆共和制与恐怖，共和主义者与杀害他们的刽子手。尤其不应为罪恶

[1] 关于此一重要的区分，请见刚刚出版的公民 C. Leuillette 的作品第 15 页及以后。这位青年作家充满了才华、勇气和对自由的热爱。译者按：详见 J.-J. Leuillette, *Des émigrés français*, Paris: Cercle social, an V（1797）。此书乃是对 T. G. De Lally-Tollendal, *Défense des émigrés français adressée au peuple français*, Paris, an V（1797）一书所作之回应。

辩护，而讽刺道德。既然你们最终希望采纳共和制，便不应侮辱其建立者，流放其捍卫者。

你们援引古罗马的共和制，但你们弄错了事实。古罗马的君主制乃由一些强盗所建，它未能吸收意大利四分之一的领土。而古罗马的共和制乃由至严至贤者所建，[1] 诚然，在塔尔昆（Tarquins）遭逐后，我认为，没有一个罗马公民敢于玷污布鲁图斯（Junius Brutus）的声名。[2]

你们都曾为自由的友人，如今则犹豫不决，被考量、契约、回忆或恐惧所羁绊，不能认清自己的处境。你们因一种骄傲而自惑。你们暗地里褒扬倒退的冲动，实则受其威胁。你们自炫可节制这种冲动，实则还在推动它。你们以为可以颂扬使贵族缴械；而共和主义者所求于你们的，只有正义。你们善抚一些人，他们尽管需要你们，却对你们大肆责辱；你们拒斥另一些人，他们曾怀疑你们，但可被你们说服。[3]

贵族们与你们有原则上的不同，他们因私仇与你们相聚，助你们摧毁你们所欲摧毁的，然而你们所欲保留的，他们也将一并摧毁。私怨使贵族靠近你们，使共和主义者远离你们。然而，若你们的主张真与所宣称的一致（谁人不愿相信？），共和主义者将在利益与原则上均与你们相合。他们希望阻止你们毁灭，却可帮助你们保存。

在贵族们的眼中，你们是一些罪人；在共和主义者眼中，你们只是可疑者。贵族们至多会接受你们的服务，而不会忘记你们的过错；无物可洗刷你们开始这场为他们所痛恨的革命的罪名；你们仅可修正他们所加于你们的一小部分罪恶，而当你们将自己争取自由的行为化为徒劳之后，将无法擦去他们对你们推动了无政府主义的控诉。

为你们的意图所说服，共和主义者将心存感激地接纳你们，作为有益而光荣的盟友。你们为自由所做的一切在他们眼中是一种功绩。

---

[1] 在成功驱逐了塔尔昆之后，李维察觉到：罗马虽未在其建立之时便成立共和国，然而仅仅 240 年之后，当其最初的居民——无行的强盗与自由的懦夫——即让位于举止更加文明、情感更加高尚、准则更富道德的一代，这是众神佑护的伟大表现，是罗马的巨大幸运。

[2] 如果允许我以并不确切的说明，以众多关系阐述我的想法，那么，在政治体制中有一部分，可以说属于信条一类。为了巩固政体，需要将其作为一种可敬之物介绍给民众。作为一种体制来源的事与人即属此类。加于其上的恶行将无可避免地落于体制之上。或许，当时间区分开仇恨与事实、怨愤与回忆、事与人，对一些人的谴责不再落于另一些人头上，届时，对共和主义者追加侮辱将不再是一种不公。然而今日，在我们所历经的革命中，侮辱革命首领，即是侮辱革命本身。赞赏革命而厌恶其开创者，对于普通人来说是一种过于玄妙的行为。有人欲引发对共和制作者的偏见，在共和制足以独立抵抗它们之前，需要将个人习惯与利益集结在既立政府周围。如果在民众面前，将共和制描述为为强盗所建立，为罪恶所巩固，那么，民众必将激进地退回君主制。撕碎孔多塞和韦尼奥，将 8 月 10 日描画成一桩谋杀，再将 5 月 31 日及其后的恐怖描述成推翻君主制的必然结果，我以为没有更坚定的反革命方式了。

[3] 一位雄辩的著名作者说："在党派战争中，失利一方常常要对得势的胜利者们进行报复。"（《论激情的影响》第 225 页）译者按：详见 Madame de Staël, *De l'influence des passions sur le bonheur des individus et des nations*, Lausanne: J. Mourer, Hignou et Comp, 1796, p. 225。

贵族们指责你们的行动：这些行动是你们无法否认与抹杀的。而共和主义者只怀疑你们的意图，你们可轻易证明，你们的意图从来无可指责，或已公开放弃它们。

在贵族与你们之间，你们需要原谅；在共和主义者与你们之间，只需信任。

不要说信任难以建立，共和主义者多疑、排外、执拗。真理是无比强大的，我提醒你们：为获取信任，难道你们不清楚你们所未做及你们所能做的吗？

然而，不应向你们隐瞒，这并非宣告你们对制度的恋慕，对人的憎恨；这并非保护一切威胁共和国的事物，将自由交与你们的武器提供给你们以反对自由；这并非为一些无耻或阴险的反革命作家而欢呼；这并非鼓起对一些人的诽谤，这些人两年间呻吟于暴政之下，打击它，推翻它，此后获得了全部权力以服务于自由；你们也并非如此证明你们的真诚。当制度的建立者们遭到迫害与侮辱，制度不会为人所喜。

请和我们一起颂扬共和国的建立者；[1] 不要玷污被暴君杀害者的陵墓：对于逃离十头政府怒火的人们，推翻可怖帝国的人们，在风雨中赋予你们一种比 1791 年在平静中设想与起草的法律贤明百倍的人们，发现外国人距巴黎 30 里时而在距维也纳 30 里处缔造和平的人们，还其以公道。

如此你们将挫败贵族的意图，后者觊觎你们的不满，欢庆你们的仇恨，视你们速逝的名望为对抗共和主义者及你们的武器。我以为你们的名望已消亡殆尽，你们正在尽力挽救。

如此你们将在席卷四周的反革命洪流前树起一道堤坝。如此你们可避免划向只知毁灭的捣乱分子，为了乞求自由而使其国家加速陷入罪恶的深渊，为了乞求秩序使其陷入新的深渊。你们将同共和主义者一道，成为法兰西的拯救者，若他们曾拥有建立共和国的荣耀，你们将拥有巩固共和制的荣耀。

共和五年牧月 10 日[2]

---

[1] 有人说共和国出自 Collot d' Herbois 的提议？这是可鄙的诡辩。我们所理解的所谓共和制的建立者，首先在法兰西播散共和思想；在 1791 年高声承认他们对这种体制的忠诚；在立法议会当政的整个时期，奋起抵抗宫廷的奸诈与沉滞，并推翻君主制以拯救自由。同样荒谬的，是将 Collot d' Herbois 和罗伯斯庇尔所雇佣的刺客视为共和国的建立者，或将 7 月 14 日的起义归功于残杀 Flesselles 和 Delaunay 的人们。尾随胜利军队的打劫者并非军队的首脑；如果事出偶然，打劫者成功地谋杀了将军们，随后放肆妄为，制造恐怖，我们可以说他们攫取了胜利以玷污它，而不能说他们赢得了胜利。以韦尼奥和孔多塞的名义，应重新致力于建立共和国。这些名字因睿智而珍贵，因勇气而闻名，因苦难而神圣，对不尊重它们的人应抱以永远的蔑视。译者按：Jean-Marie Collot d' Herbois（1749—1796），国民公会山岳派代表、公安委员会极端派成员，1796 年被逮捕并流放至圭亚那。Jacques de Flesselles（1721—1789）和 Bernard-René de Launay（1740—1789），大革命爆发之际分别为巴黎市长和巴士底总督，他们两人可谓是 1789 年 7 月 14 日革命最为著名的牺牲者。

[2] 1797 年 5 月 29 日。——译者注

关于宪法评审团之授权及组织的意见[1] 

（共和三年热月 18 日，在国民公会会议上的发言）

西耶斯　著

龚　克　译

本月 2 日，我已经向诸位提出四项动议，此次我准备向诸位介绍其中之一，即第四项，其目的旨在建立一个宪法评审团（jury constitutionnaire）。[2]

诸位此前曾将我派至十一人委员会（commission des onze）面前[3]，我几天前已经提交了自己的工作，并同该委员会也讨论了草案的不同部分。委员会认为采纳这一制度是合适的，而我相信有必要对它进行完整说明。并非所有的内容都已获得委员会认可：我们只局限于讨论我所声明的上述部分，其必要性已经众所周知，但是委员会同样认为，我应该按照自己的想法向诸位做一完整说明。因此我将对此进行简要解释。

我必须要说，本人的完整本意并不是要把方案中得到委员会承认的那一部分，从真正应属于它的位置中分离出来，因为我始终认为，在社会机制中，没有什么因素是任意的，每一个零件的位置，都是由诸多关系所决定的，而这些关系并不单纯以机械师的意志为转移。[4]

[1] 译文所据底本为 Emmanuel Sièyes, *Opinion sur la Jurie consitutionnaire*, dans la discussion sur le jury costitutionnaire dans la Séance de la Convention nationale du 24 thermidor, 1795。

[2] 迄今为止，Jury constitutionnaire 在汉语学界并没有统一译法，不同著作或有“宪法委员会”、“宪法审查委员会”，甚至更直接译为颇为现代化的“宪法法院”，但考虑到西耶斯并没有选择 commission、comité 或 conseil 等通常译为“委员会”的名称，而选择了 jury，该词在政治生活中并不常见，如今最通用的场合是法庭上的“陪审团”和学校答辩中的“评委会”，因此本文也译为略显生僻的“评审团”，以对应西耶斯所处的历史情境和特定选择。——译者注

[3] 1795 年国民公会委托一个委员会起草新宪法，该委员会由 11 名成员组成，因此被称之为“十一人委员会”。委员会接受了西耶斯的部分观点，但随后国民公会否决了西耶斯的动议。——译者注

[4] 十八世纪晚期的哲人们倾向于用新兴的自然科学思维模式来观察并解释社会，这里西耶斯用“机械师”（mécanicien）来指代上帝。——译者注

但是，即便在分离过程中，宪法评审团制度不能保持其简洁、明晰和有力，那么它至少还可以在诸位颁布的蓝图中成为一种有用的手段。正是出于这种目的，我完成了最近的工作。

考虑到我们当前的形势，我只能坚持己见，保留评审团的各项职能，尤其是涉及到逐步完善宪法文本的第二项职能。事实上，和其他任何时代相比，我们今天这个时代都更需要一种改善手段，以一种润物无声的方式起作用，且无论形式如何，真正只服膺于启蒙智识和现实经验的推动。我们也需要一种手段（请注意，我此言并非意指那些天翻地覆的事件，我们拟议中的评审团也并不负预防之责），总是严格忠实于启蒙思想的各项原则，同时又能把法兰西的精神同祖国的真正需要相协调。

从某种意义上说，宪法评审团的必要性构成了一个前提问题，这一点不容有疑义。事实上，立法者的先见之明怎么能允许他对这样的念头安之若素——即一部宪法自诞生之日起就被废弃？一部宪法应当是诸多有强制力的法律的集合，否则就不值一钱。如果它是（有强制力）法律之集合，我们就要追问："这部法典的守护者何在？裁判者何在？"这个问题必须得到回答。在普通法律秩序中，如果忽略了这种性质的问题，既不可思议，又荒谬不经；那么为何在政治秩序中，诸位就能忍受这一切？事实上，不管是哪一种法律，都预设了违反的可能性，以及促使其得到遵守的切实需要。

因此，这促使我追问："诸位将任命谁来受理针对违反宪法的控诉？谁来执行法律？以诸位之见，普通法官可堪担此大任吗？"请想想那部明智的法令，其中诸位禁止法官传讯普通行政官员，理由是维护后者之职权；那更不用说，诸位是绝不会允许（赋予法官）传讯我国最高政治领导集团的权力了。

不，我们不能无视宪法文本的重要性，从而把它降低到民法典之一篇的地步。在诸位的头脑中，同样的错误已经根深蒂固，诸位甚至还对我说，致力于彰显宪政矫正机制的必要性，只是徒费时间而已。

下面让我们来直面这个问题的真正难点吧。

我们将赋予宪法评审团以何种职权？这种赋权的恰当范围是多大？对它的确切限制又在何处？

我提议，赋予宪法评审团以下三项职能：

（1）忠实履行宪法文本的交存及保护；

（2）负责避免有害无益的激情影响，并负责处理一切有助于完善宪法的观点；

（3）在法律应负监护之责、却疏于公正保障的严重情况下，为公民自由提供自然衡平之渊源。

换言之，我认为宪法评审团应当：

（1）作为宪法秩序中的最高法院（tribunal de cassation）；

（2）随时势变迁而必须修改宪法时，作为修正建议的酝酿场所（atelier de proposition）；

（3）当实证司法出现漏洞时，作为自然司法的补充（suppl é ment de juridiction naturelle）。

现在我将展开阐释论点中的不同方面。

首先应当区分导致违反宪法的两种行为：担责行为（actes responsables）以及其他行为。

担责行为及其始作俑者，都自然有其法定主管法官；因此，此种行为及责任人，不属于宪法评审团职权范围。

关于公务员履行职务，则有不同的不担责情形。

如果是公务员超越了自己被授予权限的范围，或者没有履行法定形式，宪法便遭到了违反。侵害可能是严重的，政治秩序也处于危难之中。而谁来揭发这种“僭越”（excédence）[1]、这种权力的肆意？谁又来惩戒、或者至少遏止那些混合着野心、阴谋和轻率的企图？什么！在诸位拟议中涉及不担责情形的各项制度中，难道诸位竟然认为，没有必要预先敦促那些企图逾矩的人各安其分吗？

如果要围绕这个观点进一步展开的话，请允许我用一种罗列细节的方式（尽管很迅速）回答这个问题——即能够违反宪法的所有类型的个人。某种程度上说，了解这一领域可能被侵犯的所有薄弱环节，是很有好处的。

我从普通公民开始说起。当一位公民违反了宪法，他的行为构成一种罪行（délit），他本人要对此负责，并由普通法官进行审理。在这种情况下，没有宪法评审团行使职权的空间。

承担责任的公职人员在他们履行职务的过程中，同样可能违反宪法性法律。他们的行为可能出于两种方式：一种是滥用自己手中权力、但并没有超出他们的委任授权范围，另一种则是确实超出了其限制。我并不打算详尽考察这种权力僭越的危险效果。当然我们不妨说，他们的本意可能只是想要做好事，但无论如何，就他们自身而言，的确构成了违反宪法，他们也因此而被判定具有过错。

[1] 相比权力的“越界”（excession），我更愿意使用上面这个词。我们使用的以 ion 结尾的词太多了，反复使用，会让听者生厌。——原注

公民们，请注意公职人员和普通公民之间存在的巨大差异，尽管二者都要承担个人责任。

在法律规定尺度之外（au-delà）或法律不曾规定（au-dehors）之处，普通公民拥有随心所欲行事的余地。只有在行事相悖于（contre）法律时，他才承担责任。

相反，公职人员不仅在行事直接相悖于法律时犯有过错，而且在法律规定尺度之外或不曾规定之处，恣意从事微小的公职行为，也同样是一种过错。因为公民之存在及各项权利，乃是当然属于其自身的，是自然之赋予，法律不过是旨在保障其权利而已。相反，上述公职人员离开法律的创设，则既无自身存在理据，又无行事资格。对他而言，任何超越法律的行为，都是对权力或政治身份的篡夺（usurpation），这构成了一种真正的罪行。

进一步而言，无论担责的公职人员因违反宪法而犯下何种罪行，我们都必须像普通公民一样对待他，他已有或者应当有自己的法定主管法官。我要顺便多说一句的是，最高法庭不能被置于负责执行法律的政治机关之上。因此，这里并没有宪法评审团可显身手的空间。得益于普通法官的单一权威，宪法已经得到充分保障。

既然我们已经开了头，就让我们继续考虑那些被宣布为不担责（或者理应如此）的公职人员。这里并不是要论证此种特权的必要性，或者用更精确地表述来说，这不是特权，而是和义务不可分割的属性，而这种义务又是与多重公共职能相联系的。

为了便于理解我下面要说的内容，有必要对基本问题回顾一二。

所谓“免责职位”（fonctions irresponsables），指的是由选举产生的各种不同职位。

而在一切免责职位中，制宪议会中的职位又是最重要的。

宪法评审团涉及的问题正关乎此处。[1]

负有特殊责任、代表民族判断力并投票通过法律的群体，乃是这个社会的重要规制者。他们负责收集、讨论并提交法律素材。此外还涉及颁布法令的宪法问题。

但是，这些并不是全部。司法领域中的法官与陪审员职业也是一类同样免责的公职人员。下列观点肯定也不会让诸位感觉诧异，即在司法职位和立法职位之间，存在着巨大的相似性。

当立法者制定一部普遍性的法律时，他的思路已经将各种特定情形囊括在内。他既不会知道具体行为，也不打算去了解。被他归类在同一名目下的具体案情，应当在

[1] 此处西耶斯又使用了 jurie 一词，用法和 jury 相同，因此下文中也将西耶斯拟议的机构称之为 jurie constitutionnaire，但在今天的法语中 jurie 已经不再使用。——译者注

头脑中迅速对应到同样的适用裁判上，而法官只需随后重复并根据特殊情况的需要在细节上有所增删即可。否则的话，立法者要么不能把自己的表述普遍化，要么这种普遍化必错无疑。就此而言，（立法者和司法者）行为的性质是相通的。

司法可以被视为一种细节上的立法。同样，当我们把法律的司法适用者看做免责的代表时，并且在这种代表性中引入权力分立的原则，将其区分为陪审员和法官的不同职责时，我们也同样看到了（司法和立法二者）基于本性上的相似之处。

但是我现在要抓紧说明的目标，是证明这后一类免责公职人员，即陪审员和法官，同样不能成为我们所寻求之宪法评审团的职权对象，而理由则仍然是同样的。

对于保障宪法而言，法官和陪审员的违宪行为有一个天然且充分的制动闸：要么是法官对抗企图超越权限的陪审员；要么是最高法庭同时对抗法官和陪审员两者，这就无须另外画蛇添足。

在行政领域中，我们同样可以发现诸多免责职位，例如公共教育行业，但我必须止步于此，不深入进行下去，否则这种分析就变得冗长而无用。

接下来，我将就授予宪法评审团的职权提出建议：首先，它针对五百人院（le conseil des cinq cents）和元老院（le conseil des anciens）的违宪且个人免责的行为。[1] 我之所以总是提及“个人免责”，是因为议员任何超出这种类别的行为，例如叛国，都自有其相应的法官和刑罚。在不缺乏制动闸的情况下，我们不必另辟蹊径。

但我要说的是，上述两院做出的超越或违反宪法的行为，其极为现实的妨害和危险无法在诸位的纯粹空想中加以排除。因为日后提供建议也是这些凡夫俗子。就其所窃据的岗位上，我们通常可以想象其在欲望刺激下的更大胆量，以及更多的阴谋诡计。因此，我的建议中没有任何难以理解之处。

其次，我建议将各种选举委任活动中的违宪情形，同样纳入评审团的职权之中。我认为适用范围应扩展至初级议会（assembl é es primaires），因为它们以民族之名所做的一切，构成了各项权力的基础，而这是一项真正的、面目全新的原则。为行使权利者的利益和自由考虑，所有涉及初级议会权利以免责方式行使的事宜，倘若出现争议，必须要以合乎宪法的方式，将其置于一项调解性的权威之下。

至关重要的是，宪法在各初级议会中都应当得到遵守，正如那些纯粹为选举而召

[1] 立法权采一院制还是两院制一直是法国革命时期宪政的焦点问题之一。1791 年宪法和 1793 年宪法都采取一院制，1795 年宪法第一次采用两院制。五百人院相当于通常意义上的众议院，元老院则相当于参议院。西耶斯发表这篇言说时，1795 年宪法尚未生效，但两院制及其各自名称似已经成为定论。——译者注

开的集会一样。这项利益无论在何处都毫无区别，包括以免责方式行使政治权利的场合。当我们指望一项法律得到切实遵守，却除善意之外别无保障手段，那无异于沉溺在空想之中。当一项法律的执行只能建立在善意基础上时，就像一栋房子的天花板直接压在住户的肩膀上，迟早会发生什么事，这是不言自明的。

我已经解释了宪法评审团第一项职权的性质和限制。现在需要了解的是，在法庭审判领域，我们将把上诉或申诉的权利赋予何人。

我认为，申诉的一般性权利应当同等地给予五百人院和元老院。特别是当出现二者相争时，一方应当有权提请违宪之诉来指控另一方。在内部问题上，如出现多数派和少数派之间截然对立的局面时，不同派别也各自拥有提请权利。因为我必须把话说明白，诸位绝不可能使两院免于（相争或分裂的）危险。在这种情况下，诸位将得以借助宪法评审团，来防止或纠正对社会秩序的不利影响，或清除某种对于公共事务而言实属致命的惰性。

诸位是否同意将申诉权授予初级议会或选举议会？在这里，像其他问题一样，当我们激烈争论法律的含义或适用方式时，会激起无数纠葛或争吵。但如果诸位不愿忧心忡忡地看到有人用反社会的方式运用强力，攫取问题主导权并且粗暴地填补因诸位的疏忽而留下的空白的话，那就请诸位在宪法通过前，尽快做出权威决定吧。

我们已经提到过——但再重复一遍也并非无用——在普通法律关系中已经有长期实践的背景下，有些人仍不觉得有必要在一切政治和宪政关系中引入（和前者类似的）调解手段。他们没有察觉的一点是，他们已经阻碍了社会状态的自发进步，出于担心同普通法律领域混淆，他们就在诸多方面仍然停留在自然状态下的未开化阶段中。

此外，诸位都还对（旧制度下）那不幸的大杂烩局面记忆犹新。不久之前，诸位都曾目睹三百多种地方习惯盘踞在法兰西土地上，甚至更加毫无道理地在高等法院的判例中占得一席之地。诸位难道还想继续放任机会，让这个统一而不可分割的伟大民族支离破碎，让众多的地方因素衍生出各自的宪法判例？而这一切，都是因为诸位没有看到，宪法性法律的确定性和统一性，要比普通法律的统一性更为密切地维系着社会秩序的稳定。

但另一方面，我们必须避免一种情形，即给选举议会提供最为微小的口实，使得它们延长法定会期，或者超越自己的权限。我们也要避免一切造成初级议会永久议事的理由。它们提起申诉的权利或者义务，可以由两院代表来行使，且效果更佳。此外，我们也将把它们的（申诉）权利保留给公民个人。

不管是行政官员，还是（其他）担责的公职人员，甚至是被我们排除出宪法评审团职权范围之外的免责公职人员，如果他们遗憾不能参与此事，我们不妨问他们："各位是否有申诉可提交，而这种申诉和我们提交给宪法评审团的性质相同？"如果有的话，或者按照我的方案，提交给各位的法定代表，即政府；或者按照（十一人）委员会的方案，提交给两院之一。

作为行政权的督政府（directoire）是需要担责的。决定是否该赋予其申诉权，这的确让我感觉颇为棘手。但在我的方案中，政府扮演的是一个完全不同的角色，因此要回答这一问题并不困难。

至于普通公民，出于和此前相同，甚至貌似更加合理的原因，第一反应似乎应当是拒绝给予他们直接申诉权。他们不妨行使个人权利，即向两院之一请愿；他们也有诉诸舆论的自由等。但是我必须说，当事关个人自由时，要拒绝这种自由，仅仅说它"不必要"（point nécessaire）是不够的，而必须是"有害的"（nuisible）才行。在权利问题上，只应给予公职人员以必要权限，这一点我们均无异议；但在公民自由问题上，我要重申的是它应当尽力扩展，凡在权利无害的各种场合，它都应当受到尊重。因此，如果公民认为通过行使申诉权，他们可以感到更加自由，那便足矣，我无须再找其他理由为其张目。让我们向个人自由致以庄重的敬意吧，以便使之诸事齐备，政治秩序中再无缺憾。我经常听到有人谈论世间种种现象的目的因（cause finale）[1]，对我而言，社会领域中的目的因，应当便是个人自由。

针对上述赋予所有法兰西公民的权利，我仅对其行使设置一个条件，其目的在于防止滥用。我的本意并不是要为法官省时省力，而是希望某些职业申诉者的过度热情，不会妨碍其他人审慎地行使自由。这一条件，或者毋宁说是约束，就是当宪法评审团裁定"缺乏申诉动机"时，由警察当局（对申诉人）科处罚金。

关于宪法评审团的第一个问题，我就阐述到此为止。除了重申一点：宪法评审团绝没有权利主动出击做出判决；否则这将会赋予它过于强有力的行动，凌驾于公共机构的各个组成部分之上。

现在我来阐述第二个问题。

我们已经考虑过宪法守护者（即评审团）作为最终裁判机关，执掌分内一切事项的角色；现在我们来审视它作为谏议机构的角色，旨在收集对宪法文本有渐进改良之

[1] 西耶斯此处所说的"目的因"，出于亚里士多德哲学的"四因说"，即形式因、质料因、动力因、目的因。亚里士多德认为这四因是用来解释宇宙的基本要素。——译者注

功的建议。

我想谈的并不是诸位尚未决定的宪法修正草案，毋宁说我将和诸位探讨变革方式。

一部人民的宪法，如果不像所有人为创设一样，内在地包含维持和存续的原则，那它便是不完美的产物。但是必须要把它的生命同个人的血肉之躯相提并论吗？它也有其生长、衰落和死亡的周期吗？我并不认为如此。必须要赋予它种群属性并把它看做是一段无数个人组成的连续存在的链条吗？我同样不这么认为。

对于一部宪法而言，就像所有人为机构一样，必须要掌握如何吸收一切有利于其恰当发展的技艺；因此，我们赋予宪法评审团这种权能，即不断汲取数个世纪以来围绕它的各种启蒙智识和现实经验，以便让它始终能适应当代需求。这是一种无限完善的职能。这种职能是它真正的属性所在，而绝不是一种周期性、全面性的重建原则。

既然我们至少已经卓有成效地将一部宪法文本安置在其真正的基础之上，那么我便不愿看到，我们再汲汲于追求又一次全面修改的机会。

我们的责任，可不是对我们的宪法说："你自己来确定那些（适于修改的）良辰吉日吧，并且大张旗鼓地展示下一次自我毁坏的指示信号。"

有人说，宪法就像凤凰一样，会在自己的灰烬中涅槃重生，这纯属无稽之谈。凤凰的重生是一种幻想，而国民公会的周期性重现则是一种真切的灾难。[1]

此外，我无意置喙于未来世代的权利，他们可以审时度势来行事，但我也不妨做如下评论（这同时也是一种义务），即一部政治宪法的真正联系，在于民族之现存部分，而不在于已逝去之世代；在于人性需求之共性，而不在于个体之参差。对我们而言，这些考量造就了一条法则，正如上述，即赋予我们的宪法文本一种无限改善的原则，使之能够顺从适应于每一时代的需要，而不是一种全面的重建或毁损，放任于偶然事件的摆布。

时间紧迫，请容我直奔要点。在我看来，宪法评审团无权擅自修改宪法；否则这相当于授予其制宪权。

宪法评审团的职权限定于单纯的建议权，它甚至没有权利去审时度势，自行决定提出建议的时机和方式。我为它设定了遥远的时机和特定的形式，甚至连制宪行为也分散在初级议会、宪法评审团和立法机关之间。

一个试图建立永久性制宪权的方案会让诸位感到惶恐，这是情有可原的。因为这

[1] 事实上，西耶斯正是面对国民公会发表这篇演说的，后者一直存续到 1795 年 10 月。但在这里，西耶斯应该意指 1793—1794 年间由罗伯斯庇尔支配、造成"恐怖统治"（la Terreur）的国民公会。——译者注

就相当于不要宪法。宪法不仅失去了它全部的稳定性，而且特别属于自由民族的爱与崇敬的情感也不复存在，因为这种情感是和由此带来的不确定性格格不入的。没有一部法律，会比宪法更加需要某种程度的稳定性。如果俗人的技艺能够证明自己像构建自然的那位永恒机械师之手一样巧妙且有力，[1] 那么人们在宪法身上所期冀的，便几乎是那种伟大的、慑人的必要性，带有宇宙主宰的属性。（但事实上）一部出自人手的作品，需要保持开放，来面对出于理性和经验的进步过程。

因此一方面，赋予制宪权——甚至是单纯建议权——以永久属性，在我们看来可能将削弱并毁坏宪法的良好效果。

但另一方面，如果诸位使得宪法修正成为不可能之事，那便相当于剥夺了各个时代赋予我们的智识；同时也相当于在一部新宪法出台的情势下，将我们暴露在不幸或危险之中。如果诸位的作品中出现某种疏忽，[2] 我们不幸无力弥补；同时我们缺乏必要手段抵御危险，无力捍卫自己和子孙的自由，并反击敌人的阴谋。

然而，如果让一个庞大的民族在那些庄严神圣的日子里，大张旗鼓、匆匆忙忙地召集制宪会议，不也存在着一种危险，导致所有的震荡反过来危及它自身？这些集会，无论赋予它们什么名号，都将拥有无穷欲望，要改变无数利益，而这些利益难道不正是宪法评审团要去捍卫的？同样，我们的宪法草案仍然试图维护权力分立这一伟大原则的独立性，却又召集这些会议置于其中，难道不隐含着风险？我们来开门见山地说吧，因为回避这个问题是不可能的。这种做法，难道不是企图让法兰西周期性地回归到后果难以估量的骚动，蒙受不幸苦果吗？

现在，请诸位将这些极端意见同我的修正程序比较一下，后者的主要原则是同宪法评审团联系在一起的。

从本世纪末也就是从1800年起（距今也不是很遥远了），每到第十年，宪法评审团应将对宪法文本的陈情书（cahier）或改进计划（projet d'amélioration）付印。这一建议书应当是此前十年期间内在广泛收集意见基础上的择优之作。它的范围只限于那些对宪法改革真正有所裨益的观点。这部建议书将在初级议会召开至少三个月前呈送给立法机构之两院，并最大程度地为公众所周知。立法机构不得主导此事，因为它并不掌握制宪权。

为选举人民代表而每年召开一次的初级议会，在审读完上述建议之后，如果意欲

[1] 此处仍然指上帝。——译者注

[2] 即当时正在草拟的新宪法。——译者注

将临时制宪权力赋予当时的立法机构，应宣布“同意”（oui）或“反对”（non）。

如果多数初级议会投票反对，则程序即告终结，待下一个10年期满再另行展开；如果多数投票同意，立法机构就被授予制宪权，但限于就建议书范围内事项进行表决，既无权修正建议内容，也无权付诸实施；但是立法机构可拒绝全部或部分建议，并同时公布拒绝理由。

我认为，我已经无法找到比这种宪法修改程序更简便的方式了。在采纳人民呼声，却又并不割裂智者的见识，不沉溺于幻想方面，也没有什么比它更恰当的；在简便执行，避免麻烦方面，没有比它更堪用的；在培育仁爱之心，化解怨气方面，没有比它更适宜的；此外，没有比它更忠实于权力分立这一坚定原则的了。

现在我们来讨论第三个问题，我重复一下：在某些严重场合，负保护之责的立法权或许会疏于实施正当保障，此时宪法评审团必须要为公民自由提供自然衡平的渊源，这样，在实证性的司法权出现漏洞时，宪法评审团将作为补充性的自然司法权而存在。

我们都相信，某些情况下有必要赋予自然衡平裁决以强制效力，这种强制性是我们现有法庭的普通判决都具有的。我们也认为，应当组建某种裁判机构来提供这种裁决，并在宪法评审团当中遴选人员执掌这种裁判。

关于最后一点，有必要提醒如下：我们并不把这第三种职权赋予宪法评审团的全体成员。我们建议通过抽签方式，每年选择至少十分之一的成员专门负责自然司法的判决。在组成这一团体的同时，我们也就将与他们主管事项无关的其他难题排除在外。

公民们，你们当中有谁不曾目睹法官被置于令人困窘的两难境地：要么枉纵有罪者、（更糟糕的是）惩戒无辜者，要么就得违反法律？法庭堕于专断或不公的境地，难道不能证明立法之不足、空白之存在？如果诸位无力填补这种空白，那么我将建议来修复它。

哪一颗正直的头脑、哪一个敏感的心灵不曾对宽赦权（grâce）的存在倍感遗憾（虽然已被我们废除）？因为我们把它和皇家特权混淆在一起了。这种特权，关系到虽有犯罪外表而无奈屈从的无辜情形。宽赦是不幸者的最后期待，世上再没有比这更悲惨的局面。宽赦是给予心灵的全部安慰，无辜者和有罪者混为一谈的景象会折磨并扰乱灵魂深处。这种灾难几乎总是立法者方面的错误或者说轻忽的后果。当法官做好准备，遵循他真实的意愿去行事时，人们却强迫他根据（立法者的）预设意愿去实施。当我们目睹人类的自由如此曲折地展开，怎么能够拒绝我所提出的建议——通过设立自然衡平法官来进行弥补？当宽赦的权利变成一项义务时，它就是必要的，而当它变成义务时，就应当抛却名目之累。这不再事关宽赦，而是事关正义。

我想立意再高远一点地说，在各种社会原则当中，请诸位斟酌那种被认为是第一位的、对所有人都最真切的原则，也就是个人自由。这里绝不是要巧言令色，让我们来一起坚实地推断。请告诉我，当一个人感到权利受侵害，却申诉无门，他会自称并自认为这便是社会性状态中的自由吗？[1] 诸位想必会一致回答我，不是。

因此，这个人要实现自由，就不能被剥夺诉诸法官的权利。当他愿意服从时，他必须永远能够找到一部可适用的法律，因为我们认为他遭受到确实的错误对待……是的，毫无疑问应该如此。

即便诸位愿意把你们的立法视为完美之作（这又是何等虚妄！），你们难道就此认为，它已经预见，并且有能力预见各种情形、各种法律与救济不相调和的错误吗？在这方面，现实中的事件要比立法者的头脑更加千变万化，只会带来他们所不曾料想的种种情形。

因此，在一个自诩自由、自认开明的政治社会里，确立一个纯粹遵循自然法的司法支点是极为必要之事，其目的在于当穷尽实证法职权而仍然缺乏必要资源时，能够矫正违法、制裁确认无疑的犯罪并容纳极为正当的反抗。

或者不妨回答这个问题：诸位从实在法律中期待什么？不错，我们有所期待：但首先不管立法者怎样使出浑身解数，他都只能为违法行为勾勒出几大类，而对细微差异视而不见。人们经常抱怨已经有太多法律。这种陈词滥调有真实的一面，也有错误和庸俗的一面，但这并没有妨碍民间生活秩序的需求总是超越立法者所能做和所必须做的范围，因为不管哪种反思，都要求承认某种填补空隙的适当额外机制的用处，而立法者既没有迫切性又没有能力去独力填补这种空隙。

诸位从实在法律中期待什么？不错，我们有所期待；但是诸位也知道，一部实在法律不具有追溯既往的效力（effect rétroactif）。当法律制定出来时，也已经不再是消除恶果的时机。然而，在某些情形下，自然法却能发出强有力的声音。如果自然法为不幸者提供抚慰，为社会垂范，诸位至少也不能指责它的溯及既往效力。自然法的时间效力无远弗届，自天地初开便告诞生，和关于正义与非正义之不可磨灭的认知一道，镌刻在人性深处。

让我们一同完善并改进普通司法吧，因为正是由此出发，个人得以享受自由的福祉，并在臻于完善的安全保障下，享受自身的全部权利。

[1] “社会性状态”是当时流行的契约论中的术语，此处和“自然状态”相对立。——译者注

立法者在属于他们的世纪中所暴露的错误或偏见，或是源于无知，或是源于疏忽，或是源于优越，但他们都并非始终寻求去完成其第一要务。没有哪个地方，所有权利都被置于法律的平等和完全的保护之下。诸位刚刚已经回顾并了解了立法的某些严重错误，而我们的后代还可以指出更多。但是，公民们，他们至少不能不对我们今天纯粹的努力致以敬意；他们有义务最终建立一个人权法院（tribunal de droits de l'homme）。这才是我向诸位提议成立的道义及政治机构的真正名字，因为一切都事关人的权利。

如果这一法院能够在最初的政治联合阶段就建立起来，那么最为明显的人权就不会在如此漫长的岁月里被遮蔽不彰，或者被践踏在脚下，或者反过来对抗自由本身。

在关于正义与非正义的伟大自然法中，我们能够确保总是获得回应，而这是实在法中所不能始终提供的。我们也难以忍受这种情景，即在被我们用个人自由所浸润的土地上，仅存一个支点——仅此一个——留给那些专断行为的不幸受害者。

归结起来，当我们为这种职能而征召那些精挑细选、才堪大用的法官时，我们要求的不就是做出某些自然衡平的裁决吗？没有什么特殊情形能够危及原则。如果立法者自身不扮演一位自然衡平法官的角色，那么他又是何方神圣呢？如果不从我所提议的法典中汲取某些特殊性判决，所谓普遍性判决又来自何处？

堕于专断的危险，是我们必须克服的、重大而真切的困难……对于立法者来说，这种困难会稍逊一筹吗？诸位事实上已经克服了它。

对于我所提议成立的法庭，以及对于立法者来说，对抗专断的审慎，乃是权力分立原则的题中应有之义。

但是，请允许我暂时打断诸位，“专断”（arbitraire）一词可以有两种含义，必须加以区分。诸位想必是将“专断”理解为无节制、无规则、无原则地行使权威？这的确是一件可憎之事，我和诸位一样对其深恶痛绝：它和我们的社会关系格格不入。但是，如果诸位把这一名称赋予自然司法的判决，而立法者尚不知道如何把这种判决融入法典中，且日后也不打算采纳，那么这一不光彩的名称就变得有用而且值得尊敬，在这种意义上，它并不比其他事更专断。

应当采取正当谨慎的立场是，在自然衡平的宪法领域之内，不能赋予宪法评审团主动行事的权利，这一机制只能通过来自外界的、符合形式要件的呈请来启动。

这种呈请权不能无差别地赋予所有人，而只能给予法院，这样，后者也不能抱怨他们的职权突然被某种外部意志（即立法者意志）所瘫痪。

而法院本身也不能毫无规则或理由地提出呈请，而只能在某些具有显著必要性的情况下进行，关于这些场合，应由立法者作出一般性指示。

公民们，以上就是我们归之于宪法评审团正当名义下的三项职权范围。其中前两项动议旨在为宪法服务，而第三项则是为人权尽责。接下来我向诸位解释它的组成和更新。

就期限和去职成员而言，宪法评审团的更新是和诸位关于议会两院通过的法令相一致的。但是在选举和候选资格方面有若干差异。

我们认为，宪法评审团每年应有三分之一成员离职，而替补者应当从同一时期自元老院和五百人院离职的成员中选择产生。

这种布局自有其道理在：评审团成员不仅仅是一个忠于良知、秉持信念的普通人；除上述基本品质外，他必须还具备另外一种同样重要的能力，即必须了解自己将要议决的事项。

我从未将“专家”（expert）和“评审团成员”（juré）这两个概念相割裂，我在1790年提交的评审团草案中也是如此认为的。

宪法评审团将由108名成员组成，每年改选三分之一，即36人。

宪法评审团从议会两院的250名离职议员中，自行选举36人进入评审团。

宪法评审团的第一期组成，由国民公会从制宪会议、立法议会和国民公会议员中各选取三分之一。

公民们，诸位是否希望被授权维护宪政稳定的这一机构得到所有人尊敬，尤其得到议会两院的尊敬？那就请把利益联系植入到两院之中吧。

我们看到，当议会生涯终结时，进入宪法评审团将成为竞争契机，成为在这个值得信赖岗位上为祖国效力的显著见证，这将是何等景象！

诸位难道没有看到，有多少议员将暗自摩拳擦掌，愿意获取这一具有鲜明共和特征的补偿，因为它为本性良好的政治胃口和意识提供了一份符合道义且无可指摘的食粮，但是相反，如果在事业雄心的方向上，议员们既无兴趣，又缺乏指引，那么便可能庸碌而一事无成。

如果诸位不把（产生新任成员的）选举权赋予宪法评审团自身，那么我不知道诸位如何能够在两院中坚实可靠地树立起对宪法评审团的深切尊敬。毕竟，无论是在观点上，还是在日常发言上，两院议员都绝不能背离宪法文本。唉，否则的话，将滋生多少不幸！

两院议员将会看到，列席于宪法评审团的成员，是和他们一样承载人民信赖的人物。现在，宪法评审团的席位并非高不可攀，而也是议员自己或者他们最值得尊敬的同侪们所欲追求的。

然而，眼下不可能事无巨细地涉及所有理由，尽管它们决定了这种本质联系。我们只需看到，表面上微弱的政治推动力，很大程度上取决于道义的协调一致，而正是这种协调一致，将立法领域内的各方力量联结在一起。

以下便是我的法令草案，共分为 17 条。

宪法评审团（jury constitutionnaire）

第一条　兹设宪法文本之受托保管人，以“宪法评审团”命名。

第二条　宪法评审团由 108 名成员构成，每年改选三分之一，改选时间与立法机构相同。

第三条　三分之一成员之改选由宪法评审团自行议决，36 名新晋成员从立法机构两院同期离职的 250 人中产生。

第四条　首届宪法评审团组成，由国民公会秘密投票选举产生，其方式如下：三分之一来自制宪会议，三分之一来自立法议会，三分之一来自国民公会。

第五条　宪法评审团的会议不得对外公开。

第六条　宪法评审团对宪法所遭受的违反或侵害做出宣告，相关行为得被宣布因相悖于条文而无效，违宪行为可来自于元老院、五百人院、选举议会、初级议会、最高法院。提请无效宣告，可以元老院、五百人院或公民个人名义进行。对于上述宪定机构中，与多数派意见不合的少数派提请的违宪动议，宪法评审团亦得做出类似的无效宣告。

第七条　宪法评审团所作之决定，以“判决”（arrêt）命名。

第八条　经宪法评审团之判决宣布违宪的行为自始无效。

第九条　如被宣布违宪行为的全体或一部分属担责行为，宪法评审团应在判定违宪之前或之后，向有权限法庭发出通告，并附追诉命令。

第十条　宪法评审团依照惯例负责处理对于改善宪法文本及人权宣言有所裨益的意见。多数观点一旦形成，即载入特别登记册。

第十一条　自 1800 年，即共和八年、革命十一年起，每逢第十年，宪法评审团重新审查登记在册的观点。评审团编制“建议陈情书”，以改进宪法文本，并正式通告元老院和五百人院，以便最大程度为公众周知。这一通告在初级议会每年例行召开前至少三个月前提交。

第十二条　各地初级议会获悉建议陈情书后，如欲向元老院行使表决权，可宣布“赞成”或“反对”。如果多数初级议会表示反对，陈情书被视为自始无效，在下一个十年期满之前，其建议不得再行提出。如果多数初级会议表示赞成，制宪权即由此赋予元老院，对已提交之建议作出表决，元老院不得修正或替换建议。

第十三条　元老院行使制宪权的会议，须为此事项专门召集。会议总计不得超过 12 次，每 10 日内开会不得超过两次。制宪权各次会议均须有单独会议记录，列入一特定登记册内，会期结束后，该登记册即庄重存入宪法评审团档案内。

第十四条　宪法评审团每年通过抽签形式，产生至少十分之一成员，组成一自然衡平评审团（jury d'équité naturelle）。除上述两项职权外，该机构专门负责对各级法院提交的正式申请进行宣判，针对下列情形，以期自然衡平之判决：各法庭宣称因缺乏可适用之实证法而无法判决；或根据仅有之法律文本，法庭只能违背自身良知而裁判。

第十五条　自然衡平判决应由提交正式申请之法庭负责执行，或者由宪法评审团指定之其他法庭执行。

第十六条　自然衡平判决应在作出一月之内向五百人院正式通告。

第十七条　宪法评审团不得以其主动行为而作出任何判决。

论国内和平[1]

斯塔尔夫人　著

潘　丹　译

在自诩高深的政治家眼中，不同派别之间的联合似乎是一个幼稚的想法，所有的演讲，所有的书本，都在呼吁和解的地方戛然而止，似乎人们只把它当成一个约定俗成的结束语，似乎它唯一的作用，就是让读者们知道，这本书快要读完了。然而，我相信在这个人们习以为常的现象中，能发掘出新的内涵。它绝不会唤起我们在不幸的经历中深有体味的痛苦，当法国人重温所有的理念时，它们都或多或少被刻上不幸的印记，而当人们满怀激情重新言说这一不变的真理时，人们是如此欣喜地能够再一次憧憬它，言说它。

一篇来自英国的反驳《致皮特先生：关于和平的思考》的文章宣称，只要法国放弃它的征服，欧洲就能够和平。如果它确实能结束战争那令人恐怖的祸害，将是多么美妙的宣言啊！然而，是什么障碍使法国意见不同的党派彼此分裂？它们应该作出怎样的妥协才能彼此联合？自由不能够被牺牲，法国人甚至不能放弃对它的希望。胜利的军队将荣耀归功于这种情感，如果人们要在法国的分裂与动荡中找到一些伟大，想在暴风骤雨中找到持久的信念，想要找到支持法国人走出血腥与废墟的目标，这就是能够自由的希冀。毫无疑问，自由曾被可耻地扭曲，但哪怕最残忍的暴君也需要援引它。

什么！人们对我说，难道你不曾觉察，在最残忍的派别中那奴役的倾向？我知道有一种人，总是被冲动所支配，他们不能够控制自己的行动，总是一味地向前冲。这

[1] 译文所据底本为 Mme de Staël, *Œuvres complètes*, III, 1, *Des circonstances actuelles et autres essais politiques sous la Révolution*, sous dir. Lucia Omacini（Paris, Honoré Champion, 2009）。

种人夺取了明智之士所推广的理念，他们去驾驭那些他们本应追随的理念，并推选出一位领袖，他的力量源自他的粗鄙，这本应被慷慨的品质所战胜，被哪怕外在的优势所质疑。因此，由于不具备任何优于他人的素质，他只能利用粗鄙的平等体制，竭尽一切暴君的手段，但这一不合常理的现象，恰恰证明了一些词汇对民众的支配力量。

庸碌之徒只是向往自由，才智之士则知道怎么能够自由。

不同的感情出于不同的动机彼此汇合，都希望能在法国建立自由。对专制的仇恨，对共和的激情，对复仇的担忧，以及才智之士的抱负共同汇集成一个声音。因此，只有以自由的名义，才能汇集最多的法国人。一些人依旧反对自由，他们把大革命中所有的不幸归罪于它悖离传统，这种误入歧途的想法完全歪曲了大革命的价值。这一绝对王权的信条是如此荒谬，以至于以此为宗旨的人们在对它进行分析时，只能讨论事实上虚妄而无用的限制，他们看似坚持真理，却不过在诡辩而已。

支持绝对王权的派别不属于法兰西民族。事实上，他们都是外国人，聚集在英国，并拿起武器反对自己的祖国。正是这些旺代叛乱者与法兰西的所有理念及其一切利益割裂开来。正因为他们是异邦人，他们才被打败，并遭受如此对待。

在另一个极端，是蛊惑人心的暴君、残暴的宗派分子、伪善的强盗的追随者们，他们是社会秩序的破坏者，是绝大多数人的敌人。在他们构想的计划中，充斥着残暴的屠杀与人类的堕落。他们只承认人类的罪孽，以此为他们的屠杀谋一个说法。

需要什么样的联合，才能让我们脱离这无处不在的祸害；需要建立什么样的政府体制、坚持什么样的政治理念，才能不被这祸害所吞噬？

正是对自由的、圣洁的爱，正是这一只有具备高尚美德的人才能体会到的情感，才能激起人们灵魂深处的回应，尽管在我们的语言中，已经无法找到一个未曾被玷污的词汇来表述它；但自由的理念依旧崇高，因为人们甚至未曾领会过它的真谛，而正是因着自由最本真的意义，人们应当彼此妥协、相互联合。

啊！但愿人们能重新审视在法国最得人心的两种制度，但愿才智之士们能在不同的仪式当中看到共同的信仰；但愿君主立宪制的追随者，与有产者共和国的支持者，能够在各方面就彼此合作达成共识，包括他们的利益、情感与原则。

第一部分　致向往自由的君宪派朋友

在本世纪，大多数令人尊重的才智之士都认为，君主立宪制是最适合法国的政体。

孟德斯鸠、米拉波和许多政治学作者都持这一观点，这种想法也得到广泛实践。因此，遵循这样一种经过深思熟虑的制度，似乎是自然而然的。但值得注意的是，不管一个人的意见是什么，人们必须考虑到当时的局势，只能想望在这种局势下可能存在的体制，尤其是无须流血就能建立起来的体制。法国不可能在1789年时建立共和国，人们需要适应新的理念，新的理念需要得到人们的认可。不管怎样，民众受到一种理念的支配往往是出于习惯，而非经过思考。在1789年建立共和国是不可能的，当王权被动摇时，山岳派在屠杀中加速了它的陷落，那些预见到9月2日的人，应该反对8月10日。因此，君主立宪制的建立符合理智的指引，也符合革命初年的人道精神。

我们现在来分析从抽象的理论层面是否能够采纳共和制，以及从法国当前的事态出发是否彼此实行共和制。我将颠倒讨论的顺序，人们也将明白我这么做的理由：我先从分析当前形势的需求开始入手。

第一章　论当前形势下如何看待君权

现在，我们更多地是探讨君权的本质，而非某位君主的个人利益与意见。在寻常的时代，不管名义上的首脑个人情况如何，政府都能独立地运作。例如英国，在一个颇富效能的内阁的领导下，人们并没有因为君主患病而感到国家处于王位空缺期。然而，当革命倾覆君权，当各种激烈的派别分裂国家时，君权在宪政框架中的运作情况则取决于掌权人的性格。

继承王位与复辟王权是两种完全不同的情况。前者服从既定律法，后者则受激情支配。就维持在1688年革命中建立的宪法而言，威廉三世和他的后继者们一样必不可少。

然而，在法国，自不幸的路易十六悲惨地死去之后，依据常理来看，人们还能指望哪位君主不会成为自由的敌人？

有人说，我们可以用宪法来约束他，但他有可能遵守它吗？尤其是人们相信他能遵守吗？人们也曾信任路易十六的誓约，而他的家族中还有谁比他更值得信任吗，尤其在人们对君权充满疑惧的情况下？这部宪法使君主丧失了固有的权力，难道他会对捍卫这样一部宪法感兴趣吗？即使他愿意捍卫，他的亲友们不会唤醒他尚未熄灭的怨恨吗？人们是否能够让他悖离自己的党派，流放那些曾经捍卫过他的人，让他为了迎接未来而背叛过去？即便他的亲友们追随他，难道他们会愿意改变既有的制度？极端的观点从不向美好的信仰妥协。这样一个派别，当它以派别的形式存在时，总是容易走极端。这些理智的背叛者本应接受理智的，但乌合之众往往顺应习惯的驱使，那些法国境外的流亡贵族，当他们为独立的个体时，都十分理智。但同样是这些人，当他们作为一个派别聚在一起时，即成为一个拥有单一意志的整体时，就变得极度不宽容且毫不妥协。当他们终于变得温和一些时，他们所遭受的怀疑，也使他们完全不可能继续保持温和。在派别纷争的时代，人们所持有的观点越是遭受谴责，就越发固执己见，这是政治不信任最令人憎恶的恶果之一。正是民主派的疑惧致使民主人士远离法国，因为疑惧激起的迫害，又激怒了人们。当人们认为你与他们观点不同时，就不再与你交往；他只有认为与你同属一个派别时，才会把你视作朋友。而你的利益，往往与人们认为你所持有的观点紧密联系在一起，出于利益的驱使，你最终也会捍卫这个观点。

在法国，甚至杰出人物也会招致人们的疑惧，疑惧导致傲慢，傲慢引起疑惧。最好的解决方案往往是顺应形势需要的，而在这个人们被情势所裹挟的时代，尤其应当审慎分析当下局势。

有人说，好吧，那就改朝换代，选任一个和流亡贵族毫无关系的新君，他所拥有的一切全赖革命所赐，而且唯有认可革命并捍卫其原则，他才能继续担任君主。

这样的考量在立宪议会时期是合理的，那时法国只有两个派别，且绝大多数属于君主立宪派，而如今重提这个方案，不过是思想枯竭的人们老调重弹这个早已不合时宜的理念罢了，要把这个方案付诸实施，需要解决两个难题，即复辟君主制和建立新王朝。在当下法国，需要一个强有力的派别，才能完成这场变革，我们难道奢望王党可以战胜温和的共和派与雅各宾派么？更何况王党中的激进分子，也就是支持君权的山岳党人，只会认可正统王朝的合法继承者。读一读伯克先生，读一读那些理直气壮地支持君主制的作品，无一不坚持王位继承的原则神圣不可侵犯，因为一个权力的合法性若不取决于人事，必然源自天赋。而一旦承认君主是可以选任的，各种争论必将随之而起，这样一来，曾被视为王权合法性基础的神圣信条，也将因此被完全颠覆了。

那些倡导建立新王朝的人们，不仅将遭到共和派的反对，还将遭到绝对王权的支持者们的诟病。而在这场争端中，绝对王权的支持者，要比倡导建立新王朝的君主立宪派更有优势。因为选任这个人或那个人作为君主这个议题，很难真正引起广泛的关注。毫无疑问，关于建立新王朝的理由，是值得真正的思想家们欣赏的，但不会触动大众。在我们这个派别纷争的不幸时代，没有一个人会由于赢得公众的信任而走上王位，反而那些因其出身就有权继承王位的人，却拥有更多的资本来号召民众。

温和的共和派既拒斥雅各宾派，也反对反革命分子，他们形成独立于二者的第三个派别，并在法国当前的政治事务中处于领导地位，他们有权赢得公众的尊重。总的说来，在激情的驱使下，人们往往会分化为两个派别。冲击力，革命的冲击促使人们的观点分化为两个极端，在这种情况下，不仅第三个派别难以获得成功，由君宪派构成的第四个派别也同样难以取胜。在危机四伏的情况下，要建立这样的平衡几乎是不可能的。此外，我们还应当注意到，冲击力总是与它受到的阻碍成比例的。

在一个平静的时期（不论以何种方式，一旦需要动员民众，就不会是一个平静的时期了），人们可以精确地估算出，应当赋予一个君主多少权力，才能在不侵犯自由的前提下维持秩序。但若要君主具备足以推翻共和派的力量，那么必然导致绝对王权的复辟。

在当下法国，一个温和的政府无法采取必要的行动，来制服共和派反对王权的抵抗。在争斗中，惊恐的政府将动员一切人力，动用所有资源。立法议会为了挫败雅各宾派，也不得不采取专横措施。但结果呢，温和的共和派却刺激、强化了雅各宾派！在危急时刻，君权的捍卫者会吸纳一切支持君主制的主张，温和的共和派本以自由为宗旨，却被迫改易旗帜，借助别的理念来发动民众。当然了，斗争结束后，最失败的人却是那些缺乏远见的战胜者，他们将发现自己被自己的盟友所桎梏，并带上自己为自己锻造的铁铐。当吉伦特派致力于建立共和国时，雅各宾派却借机篡夺了革命的主导权，使之远远背离了吉伦特派的初衷，并让这些发起者们自食苦果。如果君主立宪派执意要发动革命以重建王权的话，这也将成为他们的历史。君主立宪派发起革命，但流亡者们终将成为这场革命的主人，这是这个时代的特性所决定的。革命正如侵蚀人类躯体的痼疾一样，有着无可避免的阶段。法兰西能通过巩固共和国结束革命，但若要建立君主立宪制，则必将借助军事征服，这就是革命爆发三年来所经历的变革。如今，宣告恢复1791年宪法体制将让各国君主欢欣鼓舞，但却让自由志士们痛心疾首！那些曾经敌视这部宪法的人，将暂时地汇聚在它的旗帜之下，但与此同时，也将那些曾经制定这部宪法的人远远排斥出去。这些专制主义的支持者们并没有为他们的直觉所欺骗，他们深知这部宪法是无法维持下去的，他们只是将它当作手段，尽管他们声称将它视为宗旨。这部宪法的创立，曾是迈向自由的、深远的甚或十分伟大的一步。一场不太剧烈的变革往往更为稳健，也更有可能取得成功。公共意见随之进步，热情逐渐上涨，没有人为革命所造成的祸害而身心俱疲，也没有人为这场残酷的争斗中的杀戮战栗不安。倘若重新建立君主制，就目前的社会情绪而言，已很难对君权进行限制了，“共和国”这个字眼仍让人不安，让人不得不联想起某些理念。它让一些人对由自由派别组建的政府也心存不满，他们正是用自由的箴言，与所有他们憎恶的专横权力抗衡，正是温和的共和派不敢贸然放弃原则的谨慎，以及那些坚持以自由反对暴政的不满者们的愤慨，共同汇聚成捍卫自由的力量。

然而，一旦重建君主制，将无法为因此而起的争论设定一个界限，以维系这个体制。事实上，在当前动荡的局势下，需要十分强大的权力，才能避免比一切都令人可怖的革命。

王党很快就会采纳最为专断的措施，而许多性格温和的人，也会出于善良的意愿而顺从这一切。

如今，难道不是一切都有利于君主获取绝对权力么！尽管这样一个政府过去曾遭到许多人的抵制，如今却能争取到他们的支持。许多作家、智者与哲人，都曾反对专制主义，如今却倾向于捍卫它，因为他们如今最为担忧的是雅各宾式的民主。过去，反对派还能因他们抵抗当局的勇气而荣耀，并赢得公众的尊重。但在当前形势下，人们的记忆是如此贴近，以至于罪恶与原则彼此混淆，初衷与后果难以分辨，重新成为君主的人，将拥有数世纪以来最令人难以置信的权力。它是公众意见支持与君主权威力量的结合，是名副其实的权威与自由意愿影响力的结合。这位君主既能赢得尊重与信任，也预示着灾难与耻辱的危险。最后，让我们重返革命开启的时代，我们会记起，那慷慨激越的情感曾激励我们与专制权力斗争。古人已为我们做出光辉榜样，在那些最富盛名的时代，个体的不幸往往不为人知，激情让人们振奋，越是在社会中身居高位，越是乐于做出牺牲，正是那些在革命带来的新秩序中获胜的人，能够以这一正义的理念为荣，这个理念是如此正义，以至于人们只能回归其最本质的真理。

然而如今，在我们当中，有谁在心底依然存留这些感情的时候，却不为他的表达方式感到担忧？人们想要自由，人们希望制定一部宪法，人们认为有义务捍卫它，但却被卑劣之徒掌握了话语权，这些字眼成为其罪孽的献祭品。自由最愚蠢的敌人，在痛陈其所遭遇的苦难时，也取缔了反驳他的力量。天良不能结束动乱，纯正难以战胜悔恨，这些或多或少蔓延开来的情绪，必然会削弱反对的力度。仅仅由于与罪恶的表面的联系，美德也丧失了它的力量，当正直之士们意图对绝对王权重新展开攻击时，也将由于各种各样的回忆和担忧陷于瘫痪，由于需要具备镇压派别纷争的力量，君主的权威也会日益壮大。而这句话：“你们难道还想再经历一场革命吗？”将成为人们不加讨论就拒斥各种观点的唯一理由。

就我们目前所处的形势而言，我们能够顺应事态的自然发展而走向自由。甚至民众对革命的厌倦也有助于实现这一目标，民众若不想要自由，反而需要发动叛乱了。但令人悲伤的是，我们注意到在让民众接受一部自由宪法的同时，却迫使他们承受最可怕的枷锁，也就是说，不能将颁布宪法与自由的实现混为一谈。

在法国，不论经由任何事件重建王权，将不再有力量也没有意愿去抵制它的扩张，反作用力总是与其遭遇的反向运动的强力成正比的。不幸的波旁家族曾流过多少鲜血，对他们来说，要弥补他们家族、弥补王权所遭遇的一切，必须经由极为强大的权力。所有一切为了重建君主权威而需要宣告的，为了维系君主制而需要进行的捍卫，为了安抚君主而需要的复仇，都苛求一种与自由毫不相容的狂热、警戒与权威。我们憎恶的罪恶在我们周围埋下灾难，我们无法侥幸绕过它，却不坠入奴役与束缚的深渊。

如今只有依靠民众的支持才能发动革命。例如英国在重建君主制之前，曾被专制的护国主统治了10年，并有清教徒军队作为其统治的支持，人们已习惯于服从一个人，动员民众正是一切阴谋的秘诀所在，也正是这一点，使中间派难以取得成功。

如何才能让人们真正懂得权力的平衡？如何才能在叛乱的旗帜上卸下孟德斯鸠的箴言？

人们会说，这是卓越之士的方案。

唉！人们难道忘了法国已没有卓越之士的位置，暴动所遵循的原则使他们饱受折磨，要发起暴动只能援引极端的理念，因为只有这些理念足以简单能够让民众理解，也足以鲜明夺目能够声名远播。身处革命年代，就不要奢望能发起与时代大潮背道而驰的运动；而是要投身于与我们目标最为接近的潮流当中。否则只会有利于我们共同的敌人，并让他们成功推行其制度，才智之士似乎能够创造潮流，但他们不过是具备引导潮流的艺术罢了。

人们会说，君主立宪派若皈依共和国，就背叛了他们的派别与理念。

不，这一选择不过是他们遵循其原则的结果。他们意识到一个民族始终有权选择宗教的政府。因此，一旦一个民族接受了共和国，它就要求所有的好公民认可它，如果唯有通过这一形式的政府才能获得自由，那么1791年宪法的创立者，将成为1795年宪法的捍卫者。

在历经血腥革命的废墟上，平地而起的共和大厦将回归自由之友们最初的思想，而非继续将这两个时代分割开来的那场令人憎恶的罪孽。

许多人以始终坚持一个理念为荣，这些人往往目光短浅、知识狭隘，他们就像赌博抽签似的偶然摸中一个理念。惯常熟悉的领域，也需要探索更多的路径，即便对于那些能够预见一切的人一样。也许百年之中会出现那么一个才智之士能够敏锐地预见未来，但大多数自诩能这么做的人，不过像古时的占卜那般臆测罢了，而非理性地分析与思考。

不容置疑，没有一个政府体制，是绝不允许根据时势境遇的需求作出调整的，还有什么比革命形势更具影响力？即便是民族的差异，疆土的辽阔，气候的多变，又怎能比这激情澎湃、暴风骤雨的时代造成更多的差异？在炽烈的躁动中，一个新世界诞生了，旦夕之间，昨天制定的方案可能已无法实施，正是那些始终以自由为目的的人，需要不断调整实现自由的途径。一位智者（庞热先生）曾说，有哪位水手会不管吹什么风，都死守规则进行同样的操作？那些固守僵化原则的人，将得到与其初衷完全不同的结果，他们最后将吃惊地发现，竟被自己坚定不移的步伐带到与其最初希冀的目的完全不同的地方！

第二章　在法国能够赋予共和政府的原则

如果仅仅证明在当前形势下唯有接受共和国才能捍卫自由是远远不够的，还应当尝试阐明以下两点：首先，一个以美国共和政府的原则为基础，并经过调整的共和国是能够在法国建立的；其次，无论怎么看待这一点，只有真诚地皈依共和国，才能成功地建立它，或者证明这个方案不可行。

在法国建立共和国是一场全新的试验，它曾面临着许多阻碍其成功的元素，也经历了诸多磨难才终获成功。过去反对建立共和国与如今想望重建君主制是完全不同的，这种自负的想法，将使法国再次遭受曾经历过的杀戮，以回到人们认为唯一可行的政体。

没有一个人会对自己的主张足够确信，以至于通过发动一场革命去实现它。在人们进行谋略的各种不确定性中，道德具备一种高于其他方式的优势，就是它所采纳的原则不是相对的，无需尝试第二种途径，以便不会妨碍推行第一种方式。如果中途失败了，人们也无需哀痛所做的一切只不过造成损害，而只是认为所期许的善仅仅实现了一半。

然而，即便不以上述观点为由，又能如何证明共和制的建立不可行呢？

若我们对古老的立法者说："你们能够根据自己的意愿为一个民族立法，并允许援引辽阔的思想场域中的所有理念，但唯一禁止使用的是继承权，也就是说禁止凭借出身的偶然选任一个人，并将他置于万人之上，他们会将这种禁令视作一种无法克服的困难吗？”

就欧洲君主制而言，君主一词往往让人联想到滥用权力，除非具备像在英国、瑞典等地那样的境遇，否则很难将君主与自由的理念结合在一起。君主制的特性就在于君主周围必须有一个和他一样遵循世袭原则的团体，以捍卫其不受因身居高位而面临的攻击。

在平等之上建立王权是一种虚幻的制度，要在一个不平等存在已久的国家中建立不平等，就需要同时恢复人们惯于组成不平等的所有古老元素，一位公爵和彼此平等的民众阶层同时存在，本身就是一种矛盾而不可行的理念，与世袭权力相伴而生的往往是某种贵族式的偏见。倘若在法国建立英国式的贵族院，这种偏见也会或多或少地与之相伴而生，即便它只是一个具体的职权机构，即便没有一名贵族在其中任职，在这样一种制度当中，必然会在古老的记忆与新型的权力机构之间引发关于世袭问题的永无休止的争论。

在法国，要么放弃建立君主制，要么在重建君主制的同时，恢复很大一部分贵族政治制度。此外，我们很难在法国建立英国式的政体。在法国，要在保持国内和平的同时抵抗外敌侵略，需要十分强大的军事力量，正是无法将如此强大的力量赋予君主的困难使立宪议会误入歧途。人们一方面看似合理地引介英国政体，但另一方面，议会同样合理地意识到，在一个国家，君主无须掌控200万人的军队亦能建立权力的平衡，但在当局必须掌握200万人军队的国家，这种平衡是无法实现的。正是出于这一担忧，立宪议会极力削弱君主权力，以至于政府几乎没有实权。

在法兰西这一个国度，难道不是由于需要赋予行政机构如此大的权力，以至于人们只能将其赋予共和国政府？难道不担心当这样一种必须富有效能的合法权力与君主的威望和影响力结合在一起时，必须造成对自由的侵犯？

我再重申一次，我仍然疑惑通过一场革命在这样一个国度建立共和国是合理的，但人们能够也应当明白，在法国若要阻碍共和政府的建立，则必将经由一场可怕的革命。

在一个一切造成身份不平等的虚妄之见都被摧毁的国度，除非经得起理性分析的权威，才是唯一可以树立的权威，财产权与启蒙理念的结合难道不会形成一个合乎情理的贵族阶层，它有助于国家的繁荣及启蒙理念的增长？

在英国，君主从不使用否决权，因为居于君主和人民之间的贵族院为之免去了争端，如果两院之间能够进行很好的职能分工，如果其中一院有权延缓另一院行使其职权，如果年长者、有产者能够具备更强的影响力，那么这两个职权机构之间就能自然地建立起事物特性中固有的平衡，即富于创新精神的行动能力，与审慎保守的反思能力。最后，行政机构若能参与到立法过程当中，那么区别于权力混淆的权力融合也必然能够建立起来。

不能将绝对否决权赋予共和国的行政机构。君主的这一特权与其说是他确定能够行使的权力，不如说是王冠浮华的装饰罢了。在一部一切都名副其实的宪法中，一个人阻断其他所有人意愿的情况是难以置信的，也是绝不可能的。但我们应当区分清楚阻断意愿与阐明意愿之间的差别。行政机构在执法过程中所获取的经验对于立法是必不可少的，如果行政机构无权修正它认为有害的法律，如果它不具备授予美国总统的修正权，立法机构制定出的法律往往无法付诸实施。

这些关于共和宪政架构的思考，以及其他许多相关的想法，都没有触及问题的本质，即拥有修宪权的议院是否应当遵循世袭原则？通过选任产生该院议员是否能够替代凭借出身的偶然担任议员的方式？而内阁成员们（在英国，他们事实上是由众议院任命的，因为几乎不可能出现君主留用一个失去该院大多数信任的阁员的情况），在没有君主的情况下，这些内阁成员们是否具备足够的权力来捍卫公共利益？

在英国，君主即便终其一生漫步云端般的无所作为，也不会影响政府的运转，而这云端的奥妙对于遏制私欲与野心有多么大的必要性，这正是我们需要弄明白的。

如果存在一个通过选举产生的王位，我确信每一次换届选举都将引发一场内战，然而，当人们进行分权并轮流掌权时，当不再存在一个权势极大的职位，并把原本可能赋予一个人的权力分配给政府中的各个成员。而每一个成员都尽忠职守时，我更担心才智之士们缺乏任职的热忱，而非人们争抢职位的狂热，也更担心人们缺乏参与选举的热情，而非因此引发使他们混乱不安的动荡。

无产者的统治意味着残暴的政府与恐怖的政府，罗伯斯庇尔的统治即是暴民专政的直接后果，死亡是蛊惑民心的唯一原动力。

然而，所有遵循社会现实的体制，都是某种贵族共和政体，意即少数人的统治，这些统治者或者凭借出身的偶然而任职，或者经由选举产生。

当人们把美国比作法国时，有人反对说美国是一个联邦共和国。

然而，由于被划分为85个省，法国至少在行政上也是联邦制的。陆军、海军、财政、外交则应当统归中央。至于立法，如果人们不再认为有必要每天颁布法令，而立法机构具备延期决议的可能性，那么在法国，为数不多但必要的法令能在各省统一推行将是一件幸事。在美国，就统治其的法律的多样性而言，人们更多地感到妨碍而非便利。

最后，人们还会说，美国只有有产者，而法国则充斥着大量的一无所有的人，他们因此贪婪地希望在动乱中谋求新的机会。

应当注意到，一个由有产者组成的共和制政府与任何一个君主制政府一样会为了维护其利益而扼制无产者。在一些国家，如那不勒斯、土耳其等地，无产者甚至支持君主专制，但他们从未支持过有产者精英。有产者精英支持那些拥有财产，并希望努力获得财产的人，他们培育年轻人的进取心，并安抚年长者，认可其劳作价值，因此，他们必然比任何形式的政府都更为反对劳作和安宁的敌人。

我们三年以来所遭受的祸害，是人们最常用来反对共和制可行性的理由。

我们应当把属于雅各宾民主制的特性和能够归于共和制的特性区别开来；把源自所谓革命政府的不幸与对共和宪政的担忧区别开来。值得注意的是，政府的合法运转从未真正受到束缚，军队一直都听从国民公会的指挥，政府曾发动密谋，但人们从未共谋反对政府。如果雅各宾民主派没有拒斥对财产权的保护，没有人用其派别的成员把持政府中的一切职位，那么政治机器本身的架构并不会致使该政权倒台。因为人们令行禁止，社会也能够尽然有序的运转。

有人可能会反驳道，派别纷争就诞生于共和国，并将与其共存亡。然而，人们无法证明这个推论，因为无论人们通过革命建立何种政府，在这场激起所有希冀与所有疑虑的运动中，都会出现派别纷争的情况，在我们这被仇恨撕裂的不幸的祖国中，即便建立英国式的宪政，也将马上看到贵族院与众议院彼此争斗，而君主则在二者之间另立一党，人们无法让这三个权力机构协同运转。在这一情况下，唯有抽象的论证才是准确的。

关于这些依据事物的本质所推导出的论证，你们还有什么要反驳的吗？赶紧对我说！

毫无疑问，人们还有反对建立共和国的理由。然而，那些认为共和制不可行的人，与那些期盼共和制取得成功的人，都应当采纳同一种做法，就是真诚地皈依共和国。这意味着不能阴险地在走向共和的道路上设置各种障碍，以便说服那些真心向往共和的人这个体制有诸多缺陷，当共和国正是由于背信弃义，由于不公正，由于种种阴谋而被颠覆时，这不切实际的梦幻，如果有的话，将一直萦绕着他们。此外，自由之友们不适宜用与启蒙相悖的方法来推广启蒙，这就歪曲了它的本质，损害了它的力量。

民众只能被事物的本质所说服。所有汇聚于自由旗帜之下的人，都或多或少理性地思考过。因此，唯有通过培育公共意见，才能引导这些人，而公共意见的培育需要时间，也会受到那些在一天之内完成需要历经数世纪方可实现的事件的影响。倘若不经历 18 个月笼罩在断头台阴影下的生活，人们就不敢在法国宣称财产权这一字眼的合法性。

必须通过建立共和国这一积极的方式，才能促使人们作出决定支持抑或反对这一形式的宪政。唯有满怀热忱地为共和国服务，而非盲目地摒弃这一政体，人们才能确切地了解这一政体的本质。

一些人在容许颁布 1791 年宪法的同时，却设想不严格执行它，以使其遭致国民的厌弃。这部宪法失败了,但其失败所导致的后果,却颠覆了自由之敌们的预期。如今，若正直之士们执着于与共和国的利益背道而驰的话，等待他们的不是君主制，而是又一次恐怖。

最后，温和的共和派与君主立宪派都是自由之友，无论他们如何看待未来，都应当选择同一条道路。

你们不是温和的共和派吗？那就加强行政权，以防君主趁乱复辟；你们不是君主立宪派吗？那就加强行政权，以使国民重新习惯接受政府的统治，暴乱情绪也因此得到抑制。你们不是温和的共和派吗？那就任用正直之士，因为他们能使新的体制深受爱戴；你们不是君主立宪派吗？那就不要放弃参与选举，致力于让有德行的人当选，因为权力一旦落入罪人手中，政权不但不会因此被颠覆，反而会通过暴政得到维持。

好吧，即使必须得有一名君主（这一观点远未被证明），此时此刻又如何能拥立君主？人们尚须时日，才能把君主这一设置视作与其他公职无异的行政官职，而非需要竭力赢取的特殊位置，人们决议采纳这一设置，而非被迫顺从这一制度。在允许使用与反革命相关的词汇之前，需要首先杜绝一切反革命的可能性，只是应当等到制约机制得以设置，权力的平衡已经建立，自由得到共和体制的保障，那么君主就不会像今天这样，趁着律法与风尚的混乱，即利用一切可乘之机，重建专制主义。所以，那些曾促使我们支持 1791 年宪法的意愿，如今将促使我们反对那些重建 1791 年体制的图谋，理性政治的声音总是被淹没，从未得到实现，但那些对此怀有信念的人，又如何愿意他的祖国惨遭不论何种形式暴乱的祸害？谁又愿意发起这样一场运动，其后果造成连发起者都无法控制的局面？当人们激情沸腾时，一如正经受高温冶炼的黄金，没有一名化学家能够掌控它。

最后还有一个在当前形势下不可辩驳的观点：一切妄图重建君主制的尝试，都只会招致一个后果，引发一种反动，即恐怖统治的重建。

不应当否认的是，国民公会及其支持者天生就是革命的，它诞生于革命的暴风骤雨当中，并且持续地受到这一源起的影响。罗伯斯庇尔的暴政及几位代表的决绝，促使国民公会与其天然的联盟—— 一个狂热而躁动的阶层分开。这是一个艰难的胜利。令人惊喜的是，在这样一个议会中，一个由最热衷于叛乱的人选举产生的议会中，十一人委员会竟陈述并促使通过有益于政府的理念，这些理念曾被制宪议会采纳。这是世界上第一个赞同启蒙理念并捍卫财产权的议会。这样一个奇迹的出现，完全是形势使然，它完全取决于形势的需求。向君主制迈进一步，就会促使国民公会滑向雅各宾主义，正如立宪派一样，几乎没人愿意眼睁睁地看着之间成为这个极端派别的牺牲品；而屈从于沦为牺牲品的命运，也决不符合立宪派的志气。

有人会急着反驳：公共意见是反对重建恐怖统治的。

我相信在当前形势下，公众意见足够有力保护我们免受恐怖之害。但如果内部确实出现一个王党派别，它又具备山岳派似的的极端倾向，那么政府自身就会采取恐怖统治。而在法兰西这样一个国家，政府具备极大的优越性，它是中心之所在，它能够采取各种切实有效的措施。一切不是由政府发起的图谋，就不会造成什么影响。因为在法国，没有人因其荣耀而存在，只剩下一些顺从政府、循规蹈矩并因此获得权力的人。

还应当阐明的是，思想家、有产者与正直之士们，都不善于进行正直辩论，他们自身是具备理性精神的，但却不知如何使之获胜。因此，出于维护正义与秩序的考量，应当团结那些其境遇与信念能够促使他们反对君主制而战的活跃分子。他们若感觉到重建君主制的意图，就会攻击那些致力于实现此计划的人所坚持的那些合乎情理的信念。倘若你真诚地放弃重建君主制，以使他们安心，他必然会归顺这一富有效能的有产者政府。然而，只要君主制的威胁一直存在，他们就无法克制自己的疑惑，谬见与担忧，是没有任何好处的。

在这样的危机之中，狂热之徒们仍有足够的手段去迫使整个民族屈从于历时一年的恐怖统治。毫无疑问，在此之后，这些始作俑者们也将成为自己所采取的手段的牺牲品。然而，法兰西还经得起这样的血腥杀戮么？好不容易才从罗伯斯庇尔的血腥暴政中幸免一难，又要经历新一轮的罪恶统治，在此之后，还能剩下什么样的人？难道应当让我们还能维系的最后的朋友遭受如此祸害吗？

当看到人们像过去那样沉溺于荒诞的琐事，耽于荒谬的见解，排斥异己、沉湎于狭隘的派别精神，仿佛醉心于灵魂中最崇高的激情时，我不禁为之战栗。这些受害者们竟是如此不假思索，向不久之前才指明的深渊走去。我常常思忖道，如果人们所遭遇的一切，不过加深了记忆中的怨恨，却从不曾促使他们深谋远虑地思考未来，那么过去对于人类还有什么意义呢？

但是，作为宣称热爱自由的人，你们必须学会思考。你们是通向自由之路的先驱者，倘若你们的努力不过招致毁灭与杀戮，你们竭力重建君主权威也是徒劳无益的，并将对自由的事业造成致命后果。而无辜的你们为此流下的鲜血，不过是为专制主义的复辟献祭罢了。很遗憾，我不得不提醒你们，这可怕的后果与你们的初衷是如此不同，而你们竟成为其第一批牺牲者；很遗憾，我不得不提醒你们，如果不是因为你们，就不会又爆发一场革命。自由必须在这个可怕的时代中幸存下来，尽管不幸的是，你们的生命中经历了太多的痛苦，但你们捍卫的原则自此之后将得到遵循，而作为其最初的人道而正义的捍卫者，你们也将因此赢得国民的敬重。

共和国不是你们的信念，但由于形势所迫，唯有这一理念才能捍卫自由，应当顺应形势需求，所有无损于道德的理念，你们都应当援用以实现自由。尽管这不是你们的意愿，却是你们的命运。

当看到美德再一次与希望相伴而生时，你们当中有谁不会再一次燃起革命初年那份激情？这一激情曾在我们心底耗尽，但又将从灰烬里重生。

你们为丧失亲朋而痛惜，但这不会阻止你们热爱祖国。那些懿行淑德、学识渊博、热爱祖国的人们，本当很好地为国效劳，但他们却过早地逝去了。请你们完成他们未竟的事业，像他们本应当做的那样。作为他们的朋友，具备这样的美德，就是对他们的亡灵最好的祭拜。

为了打动那些只有看到成功的希望才下定决心的人，我最后再陈述一个观点。在革命年代，往往需要借助狂热主义来取得成功。而一个接纳不同观点的混合派别，是绝不可能引发狂热主义的。旺代叛乱者与共和派有可能彼此争战，但战争的可能性仍不确定。而一切基于这两个派别之间的观点，都需要一种狂热个性无法具备的理性精神。

这些温和的观点把激情压制到如此狭小的空间，以至于一点点偏差就会背离目的。正是这一担忧排除了一切形式的狂热。狂热主义是一种具有极为特殊的效应激情，它结合了罪恶的力量与美德的激昂。在各个历史时期，都有人在狂热主义的驱使下犯下可怕的罪孽，而在平常时期，这些人绝非恶棍之流，狂热分子与那些本性邪恶之徒的区别，就在于前者不认为自己是有罪的，他光明磊落地行动，而非躲躲藏藏。他坚定地认为要作出自我牺牲，这一想法蒙蔽了牺牲他人的残暴。他深信不道德意味着为了个人私利牺牲一切，而在渴望投身于他所支持的事业时，他有可能在犯下十足的罪恶时，仍然心怀践行美德的情感。正是这一悖论，这一双重的效力，使狂热主义成为人类最可怕的摧毁力（在政治革命中，当狂热主义适用于建立一个政府时，也并非一个更幸运的时期。但倘若智者们对此表示赞同，人们就不再抵制它，也不会招致新的祸害了）。我不知道自己是否由于这一观点伤害了那些不幸的人，他的伤痛不容触碰，他们会为失去亲友痛哭并深受折磨。然而，当我扣问自己的心，一颗长久以来从未停止疼痛的心时，我认为仇恨（尽管它必然与无法挽回的悔恨相伴而生）不应当影响我们赞同这种或那种形式的政府，也不能因此欲求政治动荡，因为它惩戒罪人的同时也会伤及无辜，而它所带来的唯一的慰藉，就是在所谓的生命之河中，在不幸的生涯中，多添几个难友罢了。

第二部分　致崇尚秩序的共和派朋友

我是否有必要说，在建议人们皈依共和国的同时，却没有阐明这一词汇在法国被赋予怎样的内涵？

当然了，如果必须顺应热月9日之后的形势需求，如果必须完全取决于委员会成员的个人品德及换届的偶然，没有什么比这更适宜于如此动荡的形势了。但无论是统治者，还是被统治者，都没有依据法国当下的形势来界定共和国这个词，而我打算讨论的，只是我们准备修改的宪法。

一个民族由其选举产生的代表治理，遵循正义法律的统治，以其为准则和宗旨。在一个有二千四百万人口的古老王国中，一个民族实现了这样一种理想的社会秩序，即所有的权力机构都由选举产生，其人员换届也通过选举进行，甚至维系权力也必须借由在选举中获得影响力，权力不再源自迷信与偏见的幻象。上述一切在理念上当然是值得荣耀的。

然而，对于那些真诚地渴盼这一希望的心灵而言，当看到近三年以来法国只是充斥着罪人与受迫害者，充斥着专制者与牺牲者时，该有多么地痛苦啊！还有什么比看到道德世界中差异最大的罪恶与美德彼此混淆时更令人难受？还有什么情形，比满怀正义之情宣告共和国这一字眼时，却在人们心中激起那足以令人性蒙羞的残暴记忆更令人深感痛苦？我深深地同情真诚的共和派，愿他们真诚地、满怀正义地推崇正义、人性与一切美德！他们所最为不屑的人，也曾盗用其派别的名义，但这些人却以此为名做出与他们的信念和宗旨最为相悖的事情。他们远离了自己的盟友，却和敌人走到一起。他们在追随者中迷失了方向，既恐惧其成功，又恐惧其挫败！

这些值得尊敬的人，这些从一开始就真诚地接纳共和体制，抑或出于对自由的纯粹的爱皈依它的人，难道不是多么需要把曾将共和国误入歧途的可鄙的追随者们排除出去吗？难道不是多么需要把依据残暴原则制定的法典清理出去吗？至于那些在 1789 年走上政治舞台，但在 9 月 2 日事件后便远离政治事务的人，那些从未参与这一事件的人，那些过去被称作君主立宪派的人，这个默默无闻的阶层，或者被放逐，或者隐藏起来。但他们最值得共和派与之结盟，因为这些往昔的君主立宪派所坚持的绝大多数信念，都有助于共和国的运转。因为使这些人三年以来置身事外的美德，能够最有效地服务于新宪法的维持。我们将深入阐述这两点。

第一章　崇尚秩序的共和派朋友与崇尚自由的君宪派朋友坚持共同的原则

在君主立宪派所宣称的理念当中，只有一点会遭到共和派摒弃，就是世袭君主制。

我曾在前文阐明，这一制度的设立需要得到一个遵循世袭原则团体的支持，就这一点而言，它与宪政体制是矛盾的。这样，当不得不在放弃君主制还是摒弃平等原则之间作出选择时，就很容易明白形势的需求与所坚持的理念将促使他们作出什么样的决定。

然而除此之外，君主立宪派所设计的体制，是唯一能够促使共和国运转的方法。

世界上的一切宪法都涉及三个原则性的问题，幸运的是政治原理很少，而就政治学而言，空想是幼稚的，注重实践才是杰出的。

立法团体的分割，行政权独立，而最首要的是，保护财产权。这些理念构成了一切可行的宪政计划。

不论以何种方式改变三种权力的名称，它们总是存在于事物本质当中，总能找到最基本的元素。

坚持这些原则的君主立宪派要比其宪法本身更有价值，因为不遵循这些原则，共和国就无法存续下去。

他们认为有必要设立两院制，而十一人委员会也认可了这项原则。人们越赞同以各种方式延长元老院的任期，强化其权力及影响力，就赋予保存权越强的稳定性，而保存权是一切宪法为了维持其持久性所必须的，人们也因此更能成为维系 1795 年宪法的支持者。君主立宪派（以及赞同他们的 3/4 国民）认为行政权应当具备一定的独立性，敢于行使自己的权力，并且应当让行政机构参与法律的编撰，抑或拥有立法创议权，以使执行机构与立法机构协调一致。

有人对一切支持行政权的论据表示怀疑，但在我看来，这不过表明了他们通过赋予行政机构足够的权力来巩固共和国的真诚意愿。

当立宪议会中的贵族希望扼制 1789 年革命的进程时，他们当中的许多人都赞同一院制，以反对一切有助于巩固新政体的设置。没有什么比行政机构组织不当更有利于君主制的复辟了，惟有长期的混乱，才会让一名君主有机可乘。在法国很少有人出于个人利益的考量而希望重建君主制。民众所需要的，不过是既不感觉到政府干预太多，也不觉得它过于软弱。这些民众对革命的开启没有什么影响，但如何安顿好他们，却关乎革命是否能够结束。

人们会以担忧行政权篡权为由来反对这些推论。

首先，没有一个权力机构比其更为反对王党复辟君主制的欲求了，因为正是它取代了王党曾经的位置。

至于行政权自身的僭越，它会因此受到多少来自各个派别，各项制度设计的阻碍，以至于很难想象这种担忧究竟从何而来。此外，篡权不会凭借合法的权限，往往是事态的需求，而非制度赋予的权限导致篡权行为发生。而且人们越是不赋予行政机构治理国家所必须的权限，它越有可能在危机时刻冲破法律为其设置的障碍，因为法律没有赋予它足够的权威。

关于这个问题，我们暂时讨论到这里，接下来我们着手探讨一切与社会秩序紧密相关的财产权问题。唯有财产权得到保障，政治权利、公民职责才有可能实现。在经历了两年的暴政之后，人们仍在为这一问题争论，而君主立宪派对此持赞同的态度。若财产权不能得到保障，共和国将难以为继，社会也无法有序运转。

此时此刻，由于无产者似乎是君主制最为激烈的反对者，共和派们竭力尝试支持他们。但共和派没有考虑到，令他们叛乱骚动的，并非这种或那种形式的政府，而是任何一种保护财产权的社会秩序。

政治理念不会激起那些无法理解它的民众的热情，常常需要借助利益的诱惑，才能促使他们接受一种观点。对于他们而言，摧毁贵族制的意义，就在于不用缴纳封建赋税，而共和国的意义，则在于停止征税。在最近一次叛乱中，用于煽动郊区民众的口号就是：面包与 1793 年宪法（叛乱民众的动机与起义首领的目的）。人们正是以这种方式发动民众革命的。

然而，如何才能在一个宪政框架中安置这些欲求获利的人，他们缺乏财产，而他们的代表却只有在认可财产权——安居乐业的基础的前提下，才能为民谋福利。

托马斯·潘恩刚刚完成一本书，在书中他把煽动民众视作信条，并以所谓的原则作为其基础。

首先，没有一门学科（几何学除外）适用于这种数学的形而上学，这种方法只能用于研究静态的、恒定的事物。几何学家们不得不抽象地设想出三角形与正方形，因为大自然中的形状太不规则了，无法成为演算的对象。而人们又如何能将政治几何学应用于大规模的人类联合，这其中涉及多少复杂多样的变化与种种彼此差异的形势呀！当然了，如果立法不过意味着几个抽象理念的组合，并从属于其他抽象的人类知识，它就不再是人类最基本的学科了。

此外，在其阐述的所有原则中，有一点的确是合乎真理的，而且恐怕是放之四海而皆准的，那就是社会秩序的维持需要以保障财产权作为基础。而为了保障财产权，公民们需要以征税的方式牺牲一部分自然自由。

政治权利绝对平等恐怕比自然状态还要可怕。在这个奇特的社会中，人们容许财产权存在，不过因此激起对财产的怨恨；人们暂时放过有产者不过使其将来成为牺牲者；人们进行立法，不过是为了有组织地实施迫害。

事实上，几乎所有关于社会准则的律法都与财产权有关，甚至谋杀也往往出于偷窃的动机，请仔细看看各种法律文件吧，它们几乎都与财产权有关。

因此，让无产者来捍卫财产权不是很奇怪吗？难道让它们捍卫其大多数委托者都无权分享的福利，指望驻守在共和国各个岗位上的上千人日日尽忠职守不是很不切合实际的吗？

有人会说，但我们民族的大多数人都是无产者，而政府正是为大多数人组建的。

首先，我认为人们混淆了暂时性的大多数与持久的大多数，人们一刻也无法阻止社会阶层的流动，要求所有人都安于其目前所处的位置，大多数人都希望境遇能有所改善。

从未来两代到三代人的利益来看，保障财产权有利于维持大多数人的利益。个人获取、保存、失去抑或重新获得财产，但就社会总体而言，则建立在财产权的基础之上。在第一次动乱中，无产者最为庆幸；但在第二次动乱爆发时，则轮到他们遭殃了。而不幸将接连不断地降临到每一个人身上，即便人们不愿承受每一个时代任由偶然性摆布的命运。

无产者身上也具备许多美德，但只有在他们置身于被动的处境时。一旦让他们行动起来，他们就会在利益的驱使下犯下罪孽。他们为革命作出了很大的贡献，但与此同时，他们也是第一批受益者。

难道不是唯有公民自由才是所有人的权利和利益么?

真正的善与福利，都蕴含于这一自由当中。

应当按比例征税。

一切逮捕与审判都要以合法的、规范的方式进行。

不存在任何形式的特权，否则就没有必要考虑政治权利了。人们享有政治权利，需要以获得哪怕微少但独立的财产权作为基础。一切有助于促发进取心，而非阻碍个人价值实现的，一切以此为目的，而非排斥与歧视的，都不当被视为特权。

政治自由对于个人自由来说，就如同担保对于担保之物的意义，它只是手段而非目的。导致法国革命如此混乱无序的原因，就在于人们颠倒了这两种自由的位置，人们以牺牲个人自由为代价来寻求政治自由，结果只为统治者留下自由的表象以及把持权力的企图。然而，在一个真正自由的国家，恰恰需要寻求与此相反的结果。政治权利应当被视为公民向自己的祖国应尽的义务（驻守岗位），履行公民应尽的责任。而公民因这一付出所得的回报，就是个人自由。那些有抱负从政的人对政治权利感兴趣，而那些个性恬静、不希望被控制的人则珍视个人自由，而一切政治自由一旦超出其作为担保的效力，就会危及它所担保的目的本身。请不要说从那些每天满足于两盎司面包的人身上拿走或不给予一部分抽象的政治权利是危险的抑或不可能的。那些命中注定以劳作为生的人，永远无法通过其自身的行动，冲破劳作赋予他的思维局限，所应当关注的，是他们的物质性生存，即帮助他们寻求更多的谋财之道。至于政治商讨，就让那些民众愿意接受其统治的首领来做吧，民众也会因此安宁的。

唯有成功实现这些理念，才能巩固共和国。而为了支持捍卫这些理念的斗争，共和派就应当寻求其派别之外的盟友。

构建一个好的共和制吧，这是唯一杜绝君主制复辟的途径。为此，请你们学会鼓励而非打击，学会友爱而非惩罚。

为了结束革命，必须找到一个中间立场，一个共同的连接。无产者会发动叛乱，颠覆政权，投身战斗，但如果这些无产者同时是统治者的话，什么样的界标才能阻止他们，什么样的纽带才能将他们与社会维系在一起？稳固这一中间立场所需要的，正是认可财产权；而这一纽带正是个人利益。

古代共和国基于美德之上，并通过牺牲来维持，公民们通过共同效忠祖国而彼此联合在一起。但在我们的时代，依据我们的风俗，则应当借助每个人对失去自己所拥有之物的担忧来对社会人进行改组，应当对这些人阐述安宁、安全、财产权的重要性，革命曾摧毁这一切，但没有它们就无法建立起一部宪法。

因此，我们可以确信，君主立宪派所坚持的一些原则（除了一个他们如今不能再坚持的原则之外）都与真正的共和派所信奉的理念完全一致。无论就基本原则还是奋斗目标而言，他们都能够联合为一个派别，只须其中一个为了确保自由而放弃君主制，另一个为了维护秩序而放弃雅各宾式的民主制，正是基于所有理念的正面意义，这一合约得以达成。

第二章　共和国需要杰出人物贡献其才干与美德

然而，仅仅讨论原则是不够的，还需要讨论人的个性特质。

在所有时代，尤其是革命年代，许多以普遍真理为名的理念，其暗藏的动机却是个人的仇恨。共和派是崇尚美德的朋友，他们在议会中以双倍的反击力击溃了在大恐怖中诞生的祸患，这些尚武的战胜者们凭借其勇气赢得整个欧洲的尊重，却因为那些自称其盟友的卑劣行径而深受折磨。这是怎样的盟友，又是为了怎样的事业！

自共和国宣告成立之后，有如此多的法官、凶手、证人、刽子手都高呼“共和国万岁”，而共和国真正的捍卫者，却需要寻求新的支持者。

那些未曾被罪行玷污的人，绝不会为了其所信仰的最高的善，而采取血腥杀戮的方式。为了他们的信念，这些人只会牺牲自己，在胜利前景不明朗的情况下依旧在所不辞。他们为摧毁特权而战，尽管维护这些特权才是他们的利益所在。这些人做得还有更多，他们尽管对其亲友怀着最真挚的情谊，却仍与憎恶其亲友的人一起捍卫自己坚持的信念，并和民众一起投入无休无止的艰苦战斗。还有一些人，他们在重新获得自己的权利后，不允许自己有也不会有一丝怨恨。这些人在战胜贵族后，也不迫害、疑惧贵族，由于深受神圣的平等权利的熏陶，他们决不允许自己出于幼稚的仇恨给其带来一丝伤害，也不容许任何一种区别对待的方式存在，共和国应当吸纳这些善良的人。

他们在归顺共和国时，也让共和国承继了1789年的光辉岁月。这些自由的老朋友，在辨认出自己最初的足迹时，也忘却了三年以来的可怕经历。

你们是共和国不幸的奠基者们忠诚的朋友：他们的牺牲向我们展示了美德。你们倾覆了断头台，无论属于哪个派别，你们都是真诚而勇敢的共和派，请号召一切自由的捍卫者们共同投身公共事务，无论他们是默默无闻，还是曾被放逐，无论他们曾遭排挤，还是胆怯腼腆！请让这三年以来的罪人远离我们，不要被他们玷污，因为他们是如此罪孽深重，带着大恐怖的深刻烙印，他们一如麦克白的女人，无法洗去自己手上的血迹，唯有她们自己才能看到的血迹，他们深受自己记忆的折磨，远胜于承受我们谴责的痛苦。

在议会中，我们能听到勇敢的呼声；而在议会之外，雄辩的作家们也纷纷发出自己的声音，我们的祖国仍需要更多品德高尚、才能杰出的人！我们不幸的祖国所任用的杰出之士是多么稀少啊！人们没有足够的任职机会，而公共机器则缺乏支持它的臂膀，只能蹒跚前行。这一代人深受野蛮决策的残害，而这一决策是由凌驾于他们之上的大多数人作出的。由于启蒙不够充分，才让残暴的准则得以推行，也设想不出什么慷慨高贵的方法。自由之士们所担心的，是像在旧制度的宫廷中那样，一切文字、一切思想都以一种毫无意义的名头，一种宣战式的叫喊，反对一切合理的讨论。怜悯之情使之恐惧，理性讨论使之疑虑，公众意见的表达被视为特殊集团的阴谋，这一切荒唐的疑惧使人疑惑精神的卑劣是否比心灵的不道德更加可怕。

另一些人比当权者还应遭受谴责，他们不但不纠正曾经犯下的错误，还竭力为之辩护。在他们平庸的诡辩之词中，他们曾支持推行的法律已经不算什么了。这些愚蠢而卑劣的人将失去他们希望不惜一切代价赢取的最后一丝支持。

自从掌权者以自由之名进行通知，一群迎合政府的人也把自己视为罗马人。

我们应当认清恐怖、词义混淆、残暴的律法，以规避它们。这一切曾让整个法兰西变得扭曲，人们不禁为法律、为政府对全国所有个体的影响力感到战栗。他们的命运与人生都操控在它手中；不仅如此，甚至连他们的道德也受其操控。在一切用疑惧来压制各种意见的表达，用野心来压制正义的恶斗中，美德往往被置于与自然秩序相悖的境遇当中，而大多数人的个性都无法抵制这样的考验。当置身于孤独的不幸，或怀有隐秘的野心时，我们都需要听到关乎美德的完美言辞，我们都曾为了善而与恶妥协，最纯洁的心灵也曾出于形势所迫而承受枷锁，人们为自己所作出的让步感到惊讶。如今，没有什么是绝对的真理，所谓正义也是相对的，而一切不正义的程度最弱的人和事，就是值得尊敬的。在见证了如此深重的罪孽之后，人们在最不幸的境遇中也能自我感觉到善的存在。

那些远离罗伯斯庇尔暴政的人，帮助我们摆脱了这一可用作比较的可怕的时期。人们不是依凭永恒的真理，而是依凭法国 18 个月以来发生的事情来与当下经历的一切作比较。这样，人们不断地感觉到这一残暴罪行的终止为日常生活带来的恩惠，而理性的权衡，绝不允许再出现这样的残暴包括因此犯下的罪孽，由此产生的疑惧。

人们已厌倦了这样的说辞：迫于形势需求才牺牲了正义，还不是时候去弥补曾经不公平的掠夺。啊！如果灾难是相对的，人们是否也能终止痛苦的无法挽回的后果？只要智者的方式幸运地替代了罪恶的措施，就无须以个体的痛苦为代价来换取公共福利，而人们也将欣喜地发现，运用才智能助我们实现一切心愿。

让我们重拾钦慕他人的乐趣吧！已经太久没有在一项伟业中，一个人让另一个人感到惊讶；受伤的灵魂已经太久没有感受到天堂遗留给这悲惨的人间的唯一乐趣，这一智者方能具备的情感，完全摒弃了狂热，并通过另一个人的荣耀，让我们了解到自己的判断力和感受力。

然而，政治不信任却是导致民主政体毁灭的根源。政治不信任易于滋生妒贤嫉能之心，导致人们排斥自己所怀疑的阶层，无论是过去的，还是新生的，尤其是排斥所有的立宪派人才，质疑他们对自由的爱。

啊！还有谁比他们更珍视自由？谁是专制者眼中的革命先驱？是谁以最迷人的方式将自由呈现出来，因而也是最令其敌人恐惧的形式？倘若革命所留下的只是杀戮的痕迹，谁的一生会因此更加不幸，并受伤更深？

请好好了解真正与自由原则为敌的人们的想法吧。他们并不会忠诚地追随那些置舆论于不顾的人，他们纵容民众，任罪孽大行其道，然后蓄积所有力量，去攻击那些开启革命的人，因为只有他们是能够被广为追随的榜样。一个起而革命的民族，其命运由所有参与革命的人来决定，但迈向自由的第一步，一定是由那些最具美德、最富才能、信念最坚定的人开启的。

1791 年宪法所迈出的第一步具有深远的意义，它在不造成过多杀戮与死亡的前提下，跨越了所能逾越的一切，但恰恰是 1789 年这场伟大革命的开创者们，恰恰是他们遭致后人诟病，质疑他们不爱自由！如果法国的几则新闻能够渗透进国王的囚室中，被囚禁在异国的拉法耶特将看到，人们竟怀疑他曾背叛自己的祖国。看到那些希望在法国建立美国式自由的人，竟把其最初的支持者称作敌人；看到华盛顿的仰慕者们，竟放逐了可与之匹敌的人，即便这位著名但不幸的人在法国逃脱了敌人的魔爪，他恐怕也会丧生于其捍卫者的刀刃之下。然而，我衷心地希望，他即便了解这一情况之后，也不要因此气馁。那些在革命中统治遭受两个极端派的仇恨的人，将赢得后人双倍的尊重。

是否因为恐惧，才出现了这荒唐的政治不信任，这针对微小异见的怨恨，以及对异己政见的打压。让我们本着共同的感情，即对自由的爱团结起来吧。为什么要担心君主立宪派的复仇呢？要知道在真正顽固的贵族眼中，他们注定要为同一天犯下的同一罪过——即大革命付出代价；为什么要担心君主立宪派的复仇呢？要知道无论是他们的手段还是目的都如此纯洁，难道他们与外国军队一起来反对放逐自己的祖国？难道他们曾混迹于不共戴天的恐怖分子当中来攻击国民公会？恰恰相反，他们当中大多数人的朋友，都是1789年的爱国者，他们在牧月一日那一天捍卫国民公会。自共和派回归真正的自由原则之后，君主立宪派就皈依了共和国。他们当中没有任何一个人参与谋杀，以便向雅各宾复仇；也没有任何一个人，与那些嗜血成性的人一道发起致命的反击，这些杀戮将使法兰西再度遭受蹂躏。只有和残暴的人待在一起，才能懂得与其罪孽相似的罪行，而那些犯下这种罪行的人，就称不上革命烈士的朋友或者其亲人。失去挚爱的人的不幸，往往是一个看似十分合理的借口，但这并不意味着必须与残暴之徒为伍，必须去犯罪。

这一不幸的、深受派别纷争之苦的国度，它更需要的不是惩戒使之陷入四分五裂的罪孽，而是让杀戮远离这不幸的海岸。让人们戒除杀戮、远离罪孽，尤其是在几乎要伤及无辜的情况下，让我们远离并否弃革命中的谬误，尤其是倾覆那些让罪人们引以为傲的断头台，断头台给我们的经验教训已经足够了，它使太多人成为罪人，也吸引了太多的看客。

政治不信任是一种多么致命的情感呀，它所引起的疑惧，所造成的误判是如此不幸而悲惨，如此致命而有害！它让我们远离杰出之士，却与卑劣之徒为友！一个多疑的人往往是偏执狭隘的，他的灵魂中几乎没有什么伟大的情感，以至于他从不心系真正危及祖国的忧患。一个正直的人，无论他心怀什么信念，都不应当成为被怀疑的对象，因为他所采取的措施是正当的，他所运用的力量是合理的，他有不可违背的原则，以及必须保持的个性，这就是他声称必须要坚持的。如果他违背了诺言，他将比曾遭其蔑视的人更加卑劣，更加一无是处，他们从不立下什么诺言，唯一存有的希望，就是把持能够拥有的权力，以及可用于发起阴谋的资源。

为什么要怀疑那些崇尚理性的人呢？他指明自己的道路，坦诚自己的目的，一个基于原则建立的政府，为何要忧心思想的武器呢？

杰出的个性、高尚的灵魂正是让多疑的人忧虑至极的品质，却也是真正的共和派所应当具备的品质。

还有什么形式的政府要比共和政府更有助于有才能的人发挥其作用？是什么让个人的禀赋消磨于君主制下的繁琐程序当中？而建立共和国若不是以最崇高的美德为依托，又如何称其为共和国呢？

然而，我此刻所谈论的，并不是反对一切忧虑、一切怀疑。那些对如何建立更好的秩序的担忧，那些具备这一忧患意识的人，是令人尊敬的。要警惕恐怖主义，它随时可能死灰复燃，因为它在社会最底层那里，有着天然的、持续的触发点。用胜利的军队来抵御反革命王党的进宫，考虑那些不满者的感受，通过弥补一切形式的不正义来安抚他们。

如何在执行一部以捍卫公共利益为宗旨的法律的同时制订针对个体的保障措施？需要一项法令，来让一些人免除被流放的命运，让另一些人的财产不再被肆意征用；需要一项法令，在压低面包价格，保障所有人生存权的同时，也要尊重每一个人的财产权。与使人沉湎于其中而堕落的猜疑相比，这一切对共和国更具影响力。迫害一个人，就会与所有爱他的人为敌。

政府唯一需要作的研究，就是探寻应当以怎样的方式，才能让最为广泛的特殊利益彼此兼容、协调，一切背离这一措施的，只会导致暴力的压制，却不具备任何保障。

有人希望以逐个了解的方式治理国家，试图辨认每一个个体细微的感情差异，以便决定让他留在法国，重返法国抑或将其驱逐出法国。他们无法理解，一个拥有二千四百万人口的国家意味着什么；他们无法领会，只有共同的信念，才能让一个地跨二万五千平方古里的国度团结起来；他们也无法明白一丝一毫的不正义，都会有损政府的效力。因为这不是一个受偏见与迷信支配的政府，而是一个每个部分都力求合理的政府，这样一个政府，自然也只能通过践行理性来维持自身的运转。

在法国，确实有令人忧虑的事情，罪孽、卑劣、庸碌无能都让人为之战栗；但也正是在法国，人们能看到禀赋、才能与美德，这又是令人安心的。

政治不信任是一种如此愚蠢的感情，往往使人置身于不利的境遇，甚至包括怀疑者本人，多疑的人往往要承受许多连他自己都尚未察觉的新的折磨。

值得怀疑的，不是那些公开表述其观点的人，因为他们胸怀坦荡，而是那些对公共事务保持缄默的人；值得怀疑的，不是那些杰出人士，因为无论是谁，其社会关系都为人熟知，其利益所在也一目了然；反而是那些碌碌众生，由于从未就政治事务进行公开表态，从而可以委身任何派别，需要怀疑的不仅是那些反对共和派的人，还有其为数众多、看似真诚的友人，但许多人是有名无实的。从没有任何时候，像此时此刻这样迫切地要求我们摒弃分裂的观念，占据人们心灵的，唯有一个共同的情感，那就是对安宁的渴望。

共和政体是最有可能实现的政府形式，我们有诸多优势来确立它。我们无须费太大周折，就能建立它，也不会因此导致政局动荡。只要没人反对，它就能实现。目前事态的走势，也有利于共和政府的确立，只要政府把发动起义的心思，用于维护安宁的局面就可以做到。如果人们执意发起斗争，自由的命运又将变得不甚明朗了。如果人们不再造成新的创伤，诚恳地纠正过去的错误，稳步向前，不再倾覆，共和国自然会得到巩固。甚至在那些不愿接纳共和制的人尚未察觉的情况下，只要不激怒人们的情绪，就不会遇到什么障碍。除了旺代，法国没有别的地方存在王党的狂热主义了。热忱的人都是支持共和国的，而它的反对者，大都是些个性平和的人，只要不至使其绝望，就不会激怒他们。

因此，我们应当做的，就是安抚与宽慰。这一简单的理念，就是适用于此时此刻的诀窍。即便是最好走极端的派别，对灾祸的厌倦也驯化了他们的灵魂。共和政体应当接纳所有厌倦革命的人，团结他们并结束那些仍待弥补的灾难。即便一个政府组织得再好，倘若不幸的人没有得到很好的安抚，就好像封锁了火山口，但它仍未熄灭，建立了一座大厦，却缺乏根基，即便政治不信任合理地终止了，它仍有可能成为引致疑惧的原因。政治不信任会激怒那些被怀疑的对象，并致使他们起而反叛，它分裂、激怒了人们，并使之陷于狂热，出于对反对者的疑惧，他们创建了一个派别彼此因着共同的危难汇聚在一起，而他们最初接受的公共舆论的考验，则来自那些确信其存在的反对者，这些人促使其秘密联合浮出水面。倘若曾经的自由之友们依旧执意于支持王权，即便其所投身的事业不涉及路易十六的个人美德，也无关国内和平的实现；倘若他们执迷于一种与其最初投身的自由事业完全不相容的偏见，执意抵制共和国；倘若他们执意与这样一些敌人结盟，这些敌人比他们自己更加清楚其信念的本质与影响，这些敌人公开主张一个制度，而他们对此只能容忍，这些敌人引以为傲的决不妥协的原则，迫使自由之友们只能通过取得胜利来签订合约，通过容忍退让来寻求共识；倘若这些自由的最初捍卫者们堕落了，以种种方式为专制主义服务，就得将他们从其派别排除出去。首先应当确信，轻视这一派别，只会使之与我们疏离，为了共和国的荣耀，请不要轻易地将一些值得尊敬的人称作王党。他们可能错误地采取了一些措施，也错结了一些盟友，在不希望颠覆他们应当接纳的宪政的同时，却在另一种意义上酝酿了一场同样血腥的革命，并在宣扬一切全新理念的同时使法国陷于动荡，最后只留下一座座墓碑，作为每个时代的纪念。

我的任务就此结束了，我能够坦承，正是出于对法兰西的爱，出于对这个真正充盈着富有激情的灵魂的国度的爱，我写下这篇文字。我担心一场新的运动会引发新的怨恨。人们把维护共和国的理由称作蛊惑人心的说辞，把抵制不正义的原则称作贵族思想。我们应当容忍、应当理解人在惨遭不幸打击时往往犯下误入歧途的过错。如果一些人出于对罪恶和压迫的仇恨而深感受辱，并因此起而抗击，那么这样的抗击是值得尊重的。至少，如今几乎没有勇气去经受令人痛苦的情绪。人们还能遭受什么新的苦难？心灵还有什么地方未曾受伤？什么敌人能像挚友那样让我们为之如此伤痛？放逐、流亡、死亡，曾危及一切，夺走一切，如果必须放弃希望，还有什么能让我们为之担忧？

有关孟德斯鸠《论法的精神》的评论[1]

（法）德斯杜·德·特拉西　著

周威、高振华　译

目　录

孟德斯鸠《论法的精神》的三十一章及其概要

[1] 译文所据底本为 Destutt de Tracy, *Commentaire sur l'Esprit des Lois de Montesquieu*, Paris : Delaunay, Libraire, Palais-Royal, 1819（Edition entièrement conforme à celle publiée à Liége en 1817）。

赋税总是一件不好的事情。

赋税通过多种方式给自由和财富带来损害。

根据性质和条件，赋税还影响不同阶级的公民。

要恰当地判断赋税的影响，应当看到：劳动是我们所有财富的唯一源泉；土地所有权和其他不动产没有任何不同；和其他的东西一样，耕地仅仅是工具。

特定的气候对人类来说有不同的缺陷。

一些制度和惯例能够在一定程度上弥补这些缺陷。好的法律就是能够实现这个目标。

财富的增多和文明的进步也增加了人与人之间不平等的机会。不平等是奴役的原因，是所有坏事和邪恶之源。

最好的法律必须蕴藏法的精神。为此，应当由来自各地经自由选举产生并有一定任期的代表来行使立法权。

批发商是贸易的代理人，货币是其工具，但仅此并非贸易。贸易存在于交易之中。贸易就是整个社会，就是人的属性，是所有财富的源泉。贸易的基本好处就是促进工业发展。正是贸易使得人类文明削弱了劫掠的思想。所谓贸易平衡只是幻想，只是问题的细枝末节。

货币具有自然价值，为此，它可以是所有其他价值的标准，不是一张仅有象征意义的纸。当被印上标明一定数量和质量的标记时，就是货币。两种金属不能总是两种基本的货币。

像其他的财富一样，货币的拥有者可以将之消费、贮藏、赠与、借贷、出租和出让。

货币兑换商和银行家的作用在于将一种货币兑换成另一种货币，将货币从一个城市运输到另一个城市，贴现尚未到期的单据。事实上，所形成的大公司总是很危险的，它们的成就也是很大的。

公共债务抬高了货币的好处。

野蛮社会中物质的匮乏以及所谓文明社会中财富的不良分配，导致人口停滞。然而在所有轻松、自由、平等和有文化的地方，人口迅速增加。此外，这不是人的增加而是他们幸福的增加。

在一个国家内，宗教思想的影响力越少，大家就越是道德，越是幸福，越是自由，越是温和。

本章中无任何可圈点之处。

这两章纯粹是历史性的。我不在此停留。

在这里，仅孔多塞评论本章或者更准确地说修改本章的方式尚有教益。

这两章仍然纯粹是历史性的。

《论法的精神》尽管出现一些错误，但仍能抵挡智慧和人性所有敌人的攻击，值得智慧和人性的朋友的捍卫。

前　言

我着手写作本书的初衷是，反思孟德斯鸠所论述的每一个重大问题，进而形成自己的观点，然后付诸文字，以便能够使得这些观点明白易懂且固定下来。没过多久，我意识到，如果每个观点都算得上中肯，且能恰当地连缀起来，岂不就成了一部相当好的政治或社会科学通鉴？因此，在提炼这些想法后，我试图转述和重组，以另一种方式连缀这些想法并形成一部用于教学的著作。在这部著作里，这些材料依据事物间相互关系的天然顺序铺陈，一点都不同于孟德斯鸠。在我看来，孟德斯鸠的行文条理并非总是最为合理。何况我有能力这样做。我与孟德斯鸠相隔半个世纪，他启蒙了同时代的人，而我将我的研究成果置于我的著作中，再说这个“奇妙”的五十年间所积累的知识给予我很大的优势。但我还是很快意识到另一个问题：如果说他在行文条理上犯了错误，我也可能犯同样的错误，甚至更有可能。另外，我所偏爱的行文条理越是不同于孟德斯鸠，在描述自己观点的同时就越是难以评论他的观点。鉴于我们的两条路径不断地交叉，如果没有一系列难以忍受的重复，我将不能表达我对他的敬意，而我认为应当表达这种敬意。因此，如果大家不能充分地看到个中缘由的话，我不得不简化自己的想法，不得不遭受冷遇，因为常常和孟德斯鸠的观点相冲突。在此情况下，说大家已经接受这些观点，是可疑的。大家甚至不会检验这些观点。正是这个情况，促使我决定目前仅写一部有关孟德斯鸠的“评论”。如果讨论存在的话，其他幸运者日后利用这个讨论或许会写出一部真正的“法论”。我认为，这才是所有科学得以前进的正道：每部著作都应以当时最健全的见解为基础，并注入更加贴切新颖的内容。就是真正地遵循智者孔狄亚克[1]所言，“如履薄冰地从已知走向未知”。在所有增进人类幸福的科学中，社会科学是最重要的，可人们总是到最后才研究它，因为它是其他科学的产物和共同结晶！我能做的就是有效地促进社会科学的进步，不会更多地考虑自己在其中的地位。

[1] 孔狄亚克（Condillac，1715—1780），1715 年出生于法国南部格勒诺布尔的一个贵族家庭，他的哥哥是著名空想共产主义者马布利。孔狄亚克年轻时就读于里昂耶稣会专科学校，毕业于巴黎索邦神学院。在巴黎期间，结识了狄德罗等启蒙思想家，并为《百科全书》撰稿，积极参加了启蒙运动。1752 年获柏林王家科学院院士称号，1768 年被选为法兰西科学院院士。当过天主教神甫、巴马公爵的家庭教师、修道院院长。晚年置身于激烈的哲学论战之外，从 1772 年起离开巴黎隐居乡村。主要哲学著作有《人类知识起源论》、《体系论》和《感觉论》等。孔狄亚克深受洛克经验论的影响，他的哲学贡献主要在于对 17 世纪唯理论形而上学的批判和对洛克经验论的发展和完善，这些工作对法国唯物主义的形成和发展具有积极的作用。——译者注

第　一　章

关于原书第一章——“一般意义上的法”

法并不像孟德斯鸠所说的那样，是“源于事物性质的必然关系”。法不是关系，关系也不是法。这样解释没有呈现出法的明确含义。让我们从“法”的特有含义来着手理解这个词。词的特有含义是其原始含义，要很好地理解，就得追根溯源。在此意义上，我们把“法”理解为某个机构制定的规范我们行为的规则，且我们承认该机构拥有这项权力。后边这个条件是必要的。因为，如果缺少这个条件，该规则仅仅是专断的命令，是暴力和压迫行为。

法的这种概念包括惩罚的含义，惩罚和违法相连，由法庭负责实施，由强制力保证得以接受。如果没有惩罚，法就是不完整的，或者说是虚幻的。

这就是“法”的原始含义。只有在社会起源时，这个词才能出现，才能存在。随后，当我们注意到所有存在物之间的相互作用，当我们观察到种种自然现象和我们的智力现象，当我们发现这些现象在同样情况下总是以恒定方式发生，我们说它们遵循某些法则。我们通过引申将用以说明这些现象经常发生的方式称为“自然法则”。我们就是这样看待物体坠落的：“一个失去支撑的重物会以一种加速度的运动下落，就像一个奇数数列，而物体所经过的空间是所用时间的平方”。我们认为，这就是自然法则。就是说，冥冥之中似乎有种不可抗拒的权威规定了万物运动的规律，而一切运动物体也不可避免地要走向灭亡。“所谓乐与苦，是指一种生物在感知的过程中产生了一种作用于自身的评价，这种评价不过是种意识，而就是这种意识使它乐或使它苦。因此这种评价使它产生了一种要获得或者避免这种感知的愿望，而这个生物是否幸福就取决于这种愿望满足与否。”同样，我们认为，这也是自然法则。这个自然法则想说的是，生物就是这样遵守事物的永恒秩序的，否则，恐怕就不是我们所称的生物了。

这就是所谓的“自然法”。因此，我们不能改变自然法，也不能不受惩罚地违背自然法。因为我们没有造就我们自己，也没有造就我们周围的任何事物。因此，当我们丢下一个没有支撑的重物时，我们会被其坠落所砸扁。同样，当我们没有达成实现愿望的协议时，当我们挑起无法实现的愿望，我们会感到不幸，这是毋庸置疑的。这种权威至高无上，这种法庭公正无误，这种强制力不可抗拒，这种惩罚确定无疑，或者说至少都在发生，好像从来如此。

然而，在社会生活中，我们借助于当局、法庭和强制力搞一些制定法和习惯法，我们称之为人为法（les lois positives）。那么，这些人为法源于自然法，是自然法的产物，应当和自然法保持一致，不应和自然法冲突。否则，自然法肯定战胜人为法，我们的目标肯定无法实现，我们就会感到很不幸。这样可判断我们的人为法是好的，还是坏的，是正义的，还是不义的。“正义”产生“善”（le bien），“不义”则导致“恶”（le mal）。

因此，在人为法之前，“正义”和“不义”已经存在，只有人为法才能称得上是“正义”或者“不义”。要而言之，自然法具有必然性，是不可避免的，我们无法评价它，也无从抱怨它。在每一部人为法之前，已有“正义”和“不义”。否则，恐怕也就不会有“正义”和“不义”，因为我们根本创造不出来“正义”和“不义”。事物遵循或者违背自然法绝非我们力所能及。我们所能做的只是观察发生的事，然后说出发生了什么，是否有道理取决于我们是否搞错。当我们宣告一个“不义”的事物是“正义”的，我们并没有因此改变这个事物的性质，再说这也超越我们的能力范围。我们不过是犯了个错误，我们为恶的程度取决于所拥有力量的大小。可是，“自然法”这个永恒的真理还是它自己，还是与恶相冲突。

但这并不意味着抗拒不义之法总是正义的，也不意味着立即暴力对抗不正当的法律总是正当的，让我们尽量避免这些情况吧！首先应当权衡抵抗和遵守哪一个行为产生的恶更多。不过，目前这是一个次要的问题，这个问题的解决方案取决于具体情况，其要素随后予以讨论，现在讨论为时尚早。

总之，和人为法相比，自然法存在在先，且地位更高。根本的正义符合自然法，而极端的不义抵触自然法。因此，我们后来的法律要真正成为良法，就应当和这些在先且更强大的自然法保持一致。制定人为法就应本着这种“精神”，但理解并理清这种精神并非易事。从基本原则到最终结果，还有很远的路要走。这一系列推论应当是由一部“万法精神论”所指示的。行为准则应随着我们社会的各种情况和特定结构而变化。接下来，让我们一起考察各种社会间的主要差异。

第二章

关于原书第二章——“直接源于政体性质的法律”

我认为，通常将政体划分为共和政体（le Républicain）、君主政体（le Monarchique）和专制政体[1]（le Despotique）是非常糟糕的。

[1] 许明龙先生认为，此处应译为暴君政体。参见许明龙著、译者附言，载于孟德斯鸠著，《论法的精神》许明龙译，北京，商务印书馆，2009年，第91~92页。——译者注

“共和”是个特别宽泛的词，包括很多差异巨大的政体，如施维茨[1]（Schwitz）宁静的民主制和雅典[2]（Athènes）躁动的民主制，伯尔尼[3]（Berne）的集权贵族制（L'aristocratie concentré）和威尼斯[4]（Venise）隐晦寡头制（La sombre oligarchie）。此外，将共和与君主对立起来也是不妥当的。例如，荷兰联省共和国与美利坚合众国都有单一首脑，都被看作共和国。而且大家总是不敢肯定，到底称“波兰王国”好呢，还是称“波兰共和国”好呢？

“君主”一词确实指明：某种政体下，行政权由一人执掌。但这仅仅是政体的属性之一，且这个属性不能单独表明所属社会组织的本质，须与其他多种属性结合起来。我们刚才所谈有关波兰、荷兰和美国的情况就是例证，瑞典和英国的情况也一样，在很多方面，它们采用的都算是“有国王的贵族制”。我们还可以引证德国的情况，德国经常被称为“众多独立君主治下的共和国”，且这种看法颇有道理。古代法国也是这样，因为深知法国底细的人明白，确切地说，这就是宗教和封建贵族制，无论是穿袍贵族还是佩剑贵族[5]。

至于“专制”一词，所指的是滥用，是瑕疵，这在每种政体中都或多或少地存在。因为所有的人及其所创造的所有制度都不是完美无缺的。因此，它根本不能单独算作

[1] 施维茨位于瑞士中部，主讲德语。施维茨州为瑞士邦联创始三个州份之一，另外两个为乌里州（Uri）及翁特瓦尔登州（Unterwalden）。该三州于1291年8月1日在琉森湖畔的吕特利（Rütli）缔结盟约，以抵抗神圣罗马帝国哈布斯堡王朝的控制，是为瑞士建国之始。瑞士国旗的设计正是采用施维茨州红底白十字的徽章作蓝本，而瑞士的德语国名Schweiz也是从施维茨州（Schwyz）演变出来的。由此可见施维茨州对瑞士邦联的历史意义非常重要。——译者注

[2] 古希腊城邦中，雅典民主政体的建立在时间上先于其他城邦，因此可认为雅典是古希腊民主政体的发源地，而雅典民主政体的成因即可视为古希腊民主政体的成因。这些成因不外是：原始社会民主遗风，工商业发展及独立小生产经济的稳定，平民力量增强和贵族内部的分裂，以梭伦等为代表的个人作用等。——译者注

[3] 伯尔尼这一名称是从德文“熊”字演绎而来，德语中熊一词的发音是“拜尔”，后渐变为“伯尔尼”。传说12世纪末，统治瑞士中东部的扎灵根公爵要在伯尔尼这个地方建立要塞，为给城市取名扎灵根公爵决定外出打猎，以打到的第一只野兽作为城市名，结果打死一头熊，于是以“熊”字为该城命名。伯尔尼1191年建立军事要塞，1218年成为独立城邦，1353年参加瑞士联邦，1848年起为瑞士首都，又称“联邦之城”。——译者注

[4] 威尼斯共和国是意大利北部威尼斯人的城邦，以威尼斯为中心，存在于9–18世纪。威尼斯声称其政府是一个“古典的共和国”，因为在联合政府内，是由三个基本体制混合而成：公爵的王权、参议院的贵族政治和大议会的民主政治。在共和国成立早期，共和国的司法体系可以被归类为独裁统治，公爵差不多是专制的统治者。1335年“十人议会”设立并变得权力强大，而约于1600年因职权受到限制而变得隐匿，没有多大作为。——译者注

[5] 在当时的欧洲贵族中存在着两股势力，佩剑贵族与穿袍贵族。佩剑贵族顾名思义就是以宝剑为国王服务的贵族，这些人大多是家世显赫的传统大贵族，拥有深厚的家族背景与强大的地方势力，多在军中任职。而相对应的穿袍贵族一般多为文官，这些人用自己的大脑为王室服务，多在政府机关中任职，出身与背景也不是那么显赫，有些甚至是新封的贵族，他们充当高官，身穿长袍，故得名。公元16世纪末，已存在这一等级，到17世纪，他们取得了官职的世袭权。17世纪中叶，路易十四将各种贵族特权授予司法官员。最初，穿袍贵族因出身市民而受到佩剑贵族和名门贵族的鄙视。到18世纪，穿袍贵族与佩剑贵族之间的区别已经逐渐模糊，两者都反对国王进行改革，极力维持自己的特权。穿袍贵族比较富有且掌握大权，在反对国王的活动中起到领导作用。——译者注

一种特殊的社会形态，不能单独算作一种特殊的政体类别。哪里的人为法软弱无力，哪里屈从于一个或几个人的非法意志，哪里就会有专制，就会有压迫，就会有权威的滥用。这种情况时有发生，随处可见。由于不慎或无知，许多国家的人们没有采取任何阻止这种不幸的预防措施。在另一些国家，虽然采取了一些措施，但还不够。但没有任何地方以“专制”为国本，认为这是天经地义的，即使在东方亦非如此。因此，任何政体根据其性质被称为“专制政体”，都不会有正当理由。

如果世界上有过这样的政体的话，或许就在丹麦。丹麦人民在冲破教士和贵族的枷锁后，由于担心教士和贵族可能在未来议会里兴风作浪，请求国王乾纲独断，授权国王悉心制定他认为对国家利益必要的法律，自此以后，人民从不问责于他。然而，这个政府虽如此不受法律的限制，却向来温和（正因为如此，人们从不费神去限制国王的权力），以至于没人敢说丹麦是个专制国家。

如果我们以众多政论家的注解来体会如下著名格言：“国王只受命于上帝和自己，朕意即法律”，便能同样看待旧时的法国政体。正是上述格言常使得历代法国国王说“上帝与吾剑（Dieu et mon épée）”，没有要求其他权利。我很清楚，上述格言从来不是无任何限制的泛泛而谈。但当我们假设上述格言在理论上是公认的，我们就不能说法国是个专制国家，尽管在那里存在大量滥权和流弊。人们甚至常常引证将法国作为温和君主制的代表。因此，法国不是人们所理解的专制政体。将“专制”看作某类政体的名称，是糟糕的。因为该词最常指代的是风尚较为粗暴的君主政体。

我的结论是，共和政体、君主政体和专制政体这种划分方法，从任何角度看都是有缺陷的，任何一种政体都包含多种截然不同的具体形态，我们对任何一种政体都只能归纳出很宽泛的特性，或者说，这些所谓的特性并非适用于所包含的所有具体形态。

而且我也不会采纳爱尔维修的划分方法。爱尔维修在给孟德斯鸠的信[1]中直截了当地说：“我所知道的政体只有两种，好的和坏的。好的政体尚待构建，坏的政体则权术横行等。”我认为这种划分方法有点贸然，有点不容置辩。

首先，如果我们仅仅观察每种政体的实际情况，都有好的方面和坏的方面，没有任何一种政体可以非黑即白地归入好的或是坏的政体。

[1] 尽管如此，在我看来，这封信仍有许多精彩之处，他给索然（Saurin）的信及其有关《论法的精神》的笔记同样精彩，爱尔维修在许多重大问题上的见解都值得称道。我们需要感谢拉罗什修道院(l' abbé de la Roche)院长，为我们妥善保存了这位伟人的思想。在拉罗什修道院长的努力下，《孟德斯鸠全集》得以在共和三年（1795年）由皮埃尔·狄铎（Pierre Didot）出版社出版，而爱尔维修的这些有关《论法的精神》的笔记正是在这本书中发表的。在我看来，正是这些笔记使得这本书弥足珍贵。（参见爱尔维修著．关于研读《论法的精神》之手稿致函法兰西学院孟德斯鸠院长．王赞锋译．载于《法意》，第2期。——译者注）

其次，相反，如果我们仅考虑理论，仅关注各种政体所依据的原则，而不考虑它们的具体做法是否符合这些原则，就应当基于这些原则的优点和正义性，判断和确定哪些是正确的或者错误的原则，以便将某个政体划归好的或者坏的一类。然而，这根本不是我想做的事情。我以孟德斯鸠为榜样，只想阐明事实，展现不同社会组织所产生的各种结果，并放任读者得出什么结论，是赞成这些社会组织，还是喜欢那些社会组织。

因此，我仅关心特定政治社会的基本原则，不在乎它们的各种样式，也不抨击其中的任何一种样式。我准备把所有政体分成两类，一些称为“国民型（nationaux）”或者普遍权利型，其他的称为“特别型（sp é ciaux）”或个别权利型或者例外权利型[1]。

不管某种政体是以何种方式组织起来，如果所有权利和权力都属于国民全体，存在于国民全体，来源于国民全体，由国民执掌且为国民而存在，那我就将之归入第一类。1788 年 10 月巴黎高等法院[2]（Parlement de Paris）分庭联席会议上，一位成员高调地且绝对地宣告一个前卫的格言，就是“法官们作为法官，只有义务，唯独公民们才有权利”。所有担任某种公职者，请你们按照这位法官的思路体会体会吧！

我们看到，被称为“国民型”的政体可能采用任何组织形式。因为，国民在必要时可以亲自行使全部权力，这就是绝对民主制（démocratie absolue）。相反，国民可以将全部权力委托给经选举产生有一定任期且不断更新的公职人员，这就是纯粹代表制政府（gouvernement représentatif pur）。国民也可以将全部或部分权力交付给某些人群或是某些团体，或者是终身地，或者是世袭地，或者是在职位空缺时有权任命其同僚，这就形成各种贵族制。甚至，国民可以将全部权力或是单单将行政权委托给单个个人，或者是终身地，或者世袭地，这就形成了多少有些限制的君主制，甚至是没有任何限制的君主制。

只要这个基本原则仍是完整无损的，未被提出任何质疑，这些组织形式尽管多种多样，还是有共性的，一旦国民需要，它们总能被调整，甚至被彻底废止，而且任何人无权对抗按照约定方式所表达的普遍的国民意志。我认为，所有这些组织形式要被看作单独一类政体的话，这一个基本原则就足够了。

相反，普遍国民意志之外的东西，如神权、武力征服、以地域或种姓等级为标准的出身、投降条约、某个明示或者默示的社会公约等，所有将这些看作权利和权力的

[1] 我们也可以说“公共型”和“私人型”，不仅是因为一些依据“整体”利益，而其他的依据“私人”利益，还因为在其所有决议中，一些体现“公开性”，其他的则体现“秘密性”。

[2] 高等法院是以国王名义对全国司法案件进行终审判决的法院，到 1789 年全国有 13 所高等法院。其中巴黎高等法院设立最早，除终审判决外，还负责签发密札，最初称为巴黎上诉法院，后改称巴黎最高法院，从 1661 年起改称巴黎高等法院。——译者注

合法来源的政体，我都将之称为“特别型”或者“例外型”政体。因为在那里，社会被明确分割成相互不同的集团。

和普遍的国民意志一样，这些特别权利来源，显然也能形成各种形式的贵族制或者君主制，甚至形成联合式或者从属式的民主制。但这些“特殊型”的具体形式，名称虽和“国民型”一样，但实质很不相同。“特殊型”政体承认多种权利来源，这么说吧，就是承认同一个社会里存在多个集团。其社会组织仅仅被看作多种正式或默示的惯例和协议共同作用的结果，只有协议各方一致同意才能改变这种社会组织。据此，我足以将所有这些称为“特殊型”或者“例外型”政体。

我重申，我现在不会判断，也不会讨论下列问题：所有这些特别权利是否值得尊重？是否永远和普遍权利相冲突？人们是否能够以此合法地抵抗普遍的国民意志？因为，这些问题通常以暴力方式解决，再说这些问题从来不是我要关注的对象。所有这些政体是存在的，或者是可能存在的。这些政体一旦存在，所有政治团体就有权维护它们。这是我和孟德斯鸠共同的出发点。我想和他一起探讨到底什么样的法律有助于维护各种政体。在此探索过程中，我相信，人们会发现，与孟德斯鸠的分类相比，我所采用的这种分类更容易深入问题的实质。

第 三 章

关于原书第三章——“三种政体的原则”

和爱尔维修一样，我认为，孟德斯鸠应把本章命名为“政体性质的后果”。在这里，他打算做什么呢？他在研究，应该以什么样的情感激励社会成员，以便已经确立的某种政体得以延续。不过，这只是用于保存政体的原则（如果人们愿意这样的话），而不是用于驱动政体的原则。后者总是存在于促使权力运转的某种权威。一个贸易协会得以延续的原因是其成员的利益和热忱。正是贸易协会所委托的一个或者多个经纪人跟踪其生意，向其汇报有关情况，并促成其很多决策。整个社会都是如此，除非人们想说的是，各种用于驱动政体的总原则就是利益和需要。这是事实，但太宽泛，以至于对每个特定情况没有多大意义。

无论如何，可以肯定的是，孟德斯鸠称为“驱动某种政体的原则”的各种情感，应该近似于已建立的政体的性质。因为，若不如此，这些情感恐怕会扰乱相应的政体。如孟德斯鸠所说，“品德（vertu）”是共和政体的原则，“荣誉（honneur）”是君主政体的原则，“恐怖（crainte）”是专制政体的原则，果真如此吗？这是否呈现出一个相当简洁明确的含义？

“恐怖”无疑是专制的目的，因为最可靠的办法肯定是使得被压迫者在压迫者面前发抖。但是，我们已经指出，专制是滥用，存在于所有政体，而非仅存在于某种特殊政体。更何况，即使一个理性之人时常甚至常常劝告说要容忍恐惧的滥用，他也希望滥用恐惧的原因是出于理性而非出于恐怖；况且，他也决不会致力于恐惧的滥用常态化和扩大化。另外，孟德斯鸠自己也说，原话[1]是“在这两种政体（君主和专制）中，尽管服从方式不同，权力却是一样的，君主转向哪一边，天平就会迅速倾向那一边，君主永远受到服从。在君主政体下，君主比较明智，大臣操持政务更机敏、更练达，远胜过专制国家里的大臣。这便是两种政体的全部区别”。因此，这并非两种不同的政体，一种不过是另一种的滥用。正如我们所说，在这种意义上，专制不过是带有粗暴风尚的君主政体。因此，我们不再谈论专制，也不再谈论恐怖。

至于伴随“野心（ambition）”而来的“荣誉”，人们将之看作君主制的原则，至于“品德”，人们假定它是共和制的原则，当是贵族制时，人们将之换成“节制”。那么平心而论，这整个究竟意味着什么呢？难道就没有一心向善无可指责的真正荣誉吗？那些追名逐利、荒唐可笑的虚假荣誉，何时成为时尚了？难道就没有一心服务同胞只为获得同胞认可的雄心壮志吗？贪婪并不择手段追逐权势和虚荣的罪恶野心，何时成为时尚了？在不同的时机和动机面前，人们难道不晓得“节制”是智慧的，还是懦弱的，是高尚还是虚伪？至于“品德”，那么为共和政体所独有的品德到底是什么呢？在某个地方，真正品德果真会被排除吗？孟德斯鸠当真敢承认，在君主政体下，真正的罪恶或者伪装的品德与那些真正值得称道的品质是同样有用的吗？既然他在第五节中把宫廷描述得糟糕透了，那么是否可断定那样的宫廷是合乎愿望的或者是不可避免的？我无法如此想象。[2]

[1] 张雁深先生的译文是“这两种政府，虽然服从的方式不同，但是权力是一样的；君主举足轻重，并受到服从。总的区别是，君主政体的君主接受讨论的启示，它的臣宰的机敏和对政务的练达，是远远超过专制国家的臣宰的。”引自于孟德斯鸠著：《论法的精神》，张雁深译，北京，商务印书馆，1961 年，第 28 页。——译者注

[2] 下面是孟德斯鸠的原话，大家常常以此为证将他看作君主制的重要支持者。“好闲逸而有野心寓，骄傲而卑鄙，希望不劳而富，憎恶真理，谄媚、背信、弃义，不遵守一切诺言，鄙视公民职责，惧怕君主有品德，希望君主有弱点，而且比这一切更糟的是，永远向品德嘲笑——这些东西，我想，构成了各地区、各时代最大多数廷臣的显著性格。那么，在一个国家里，首脑人物多半是不诚实的人，却要求在下的人全都是善人；首脑人物是骗子，却要求在下的人同意只做受骗的呆子，这是极难能的事。但是如果恰巧在人民中间有个不幸的诚实人的话，应该怎样呢？红衣主教李索留（Richelieu，又译黎塞留，1585-1642）在他所著《政约》（即政治遗嘱）里婉转地说，应该小心，不要用这种诚实人。品德不是这类政体的动力！”我要补充一句：据此，我们很难想象，能成为君主政体原动力的这种荣誉到底是什么样的。

我认为，孟德斯鸠有关此问题的所有见解可归纳为下面两点：一是，在各种政体中，存在或者应当存在相异且对立的多种阶级，在此情况下，一些特殊利益虽然相当混杂且与普遍利益差别很大，仍能以某种方式用于实现整体目标；二是，如果我们假定，孟德斯鸠所称“君主政体”的权威比所称“共和政体”的权威更稳固、更强大，那么君主政体就可以使用奸佞小人而不会产生那么大的危险，可以利用他们的才能而不用担忧他们的动机。基于此，人们会补充说，在国民全体里比在其他事物秩序里，应当存在更多的瑕疵。在我看来，这就是我在孟德斯鸠的见解中所能找到的合理之处，更进一步的观点则显然属于谬误。

基于前述理由，我们不会采用孟德斯鸠所确立的政体分类，也不会在相关细节中追随某种政体。但我们准备采用我们所倾向的政体分类，以便尽可能地阐明孟德斯鸠的观点。我们所称的“国民型”政体，建基于如下准则：“一切权利和权力始终属于国民全体”。现在让我们从这类政体开始。

在这类政体所能包括的多种形式中，纯粹民主制几乎是不可能存在的。它仅能在蛮夷之族延续一段时间，或者可能存在于稍文明些的国家内，但仅限于某些封闭边远之地，在那里，社会联系的紧密程度比蛮夷之族强不了多少。社会联系更密切、更复杂的其他所有地方，纯粹民主制仅能持续特别短暂的时间，并迅速以无政府状态告终。这种无政府状态基于休养生息的需要，或者走向生贵族政治，或者走向僭主政治[1]（tyrannie）。所有时代的历史证明了这个事实[2]。此外，纯粹民主制[3]只能出现于弹丸之地的小国。目前，我们不致力于探讨这个问题。

在讨论处于政治发展童年时代的纯粹民主制后，来说说纯粹代表制。在这种政体下，所有成员被称为“公民”，按照经自由协商所达成的被称为“宪法”的协议所明确规定的方式，平等地选择其代表，并将之限制在各自的职责范围内。这是一种在广大地域内足以长期实施的民主制。民主制体现的是本性，代表制则是对本性的改善，不褊狭，也不矫揉造作，其运行不是系统性的，也不是临时性的。我们可以把代表制（代

[1] 僭主政治是希腊文 Tyrannia 的意译，指以非法手段取得政权者（僭主）建立的独裁统治。公元前 7 世纪—前 6 世纪在希腊的科林斯、阿哥斯、麦加拉、西基昂、雅典等城邦，都出现过僭主政治。“僭主”一词起初并无贬义。僭主政治的实质在于僭主独立于贵族和平民两个阶级之外，实行“压抑贵族、加惠平民”以努力使两个阶级的利益实现平衡和稳定的统治，其之所以为“僭”主，在于其权力无传统的正当性，而仅仅是基于对平民支持的诉求。——译者注

[2] 尤其是古希腊（la Grèce）历史，所有希腊民主城邦得以存在，依靠的从来不是各自自身，而是结合起来的联盟关系。它们仅存在于某段时期。考虑到居民的整体数量，它们仅仅是特别紧密的贵族政治。因为，奴隶虽然数量庞大，却没有任何部分参与政府管理。

[3] 在《联邦党人文集》第十篇，麦迪逊比较了纯粹民主制与共和制（代议制）的区别。在此语境中，纯粹民主制是指在一个很小的社会中，大部分人都直接地参与民主决策和管理。——译者注

表制政体）看作一项新发明，它在孟德斯鸠时代尚不为人所知。代表制在印刷术发明前几乎不可能实现。因为印刷术有利于社会成员更全面地交流，使得代表们更便于提交报告，尤其是有利于防止由慷慨激昂的演说所煽动起来的群情激动的状态。这也就难怪，人们在发现这个改变世界面貌的技艺大约三个世纪后，才想到代表制。这种技艺应当是在产生相当大的影响后，才产生相关的思想。

显然，用以保存这种政体的原则是，个人对自由平等的热爱，或者是对和平正义的热爱。他们应当自愿地将主要精力放在保存和利用好既有的东西，而不是放在获得尚未拥有的东西；至少应当通过发展个人能力的方式，而不是试图利用政府来支配其他个人的权利或者部分公共财富。由于他们对所有合法拥有的东西的挚爱，当警察向其邻居施加不公正行为时，就像某种危险直接威胁到他们自己一样，他们会感到不满，且这种不满不会因为给予他们个人任何好处而得到缓解。一旦他们偏爱这些好处，以至于超过对自己财产的安全感，他们很快就会任由统治者尽情攫取，以博得统治者的恩宠。

纯朴、惯于劳动、蔑视虚荣、热爱独立是一切有灵的存在物的内在品性，很自然地促使人类拥有上述情感。如果这就是孟德斯鸠用“共和品德”想指代的内容的话，我相信，这很容易获得。下一章我们将会看到，孟德斯鸠将这种品德定位于自我牺牲（le renoncement à soi-même）。然而没有任何生物从其本性上喜欢自我牺牲。任何生物只能在短时间内出于狂热才可能自我牺牲，或仅仅认为是自我牺牲。因此这是在苛求一种虚假的、瞬间的品德。至于我刚才描绘的品德，它实实在在地源于我们的本性，些许习惯、常识、审慎的法律，尤其是暴力与阴谋难以为继（要证明这一点区区几年就够了）的经历，就必然产生这种品德。让我们继续考察被称为“国民型”或普遍权利型政体的各种形式，相对应的是“特殊型”政体，或者称为个别权利型政体，或者称为例外型政体。

由于没有想到组织良好的代议制政体，或者不知道怎样维护代议制政体，当听任最初的民主制演变为某种贵族制时，社会中的高低贵贱就应运而生。无疑，荣辱之分，贤愚之别，应当被列为用于保存此类政体的原则，因为如此精神状态有利于维护这种已经确立的秩序。

同样，当这种民主制决定变成君主制并拥立一位终身的或者世袭的单一首脑时，会出现如下情况：一方面，君主高高在上，自认为神圣庄严，宠爱亲信，给予他们荣华富贵；另一方面，廷臣们盛气凌人，衷心效忠而又野心勃勃，对下层人民不屑一顾；最后，下层人民则又迷信地尊敬并希望取悦这些大人[1]。我认为，所有这些安排对政体

[1] 此处大人是对贵族、官员和士绅的称呼。——译者注

稳定是有利的，对这个事物秩序也是有利的，无论人们如何评价，无论对社会产生其他什么影响。

然而应当注意的是，我们在这里说的仅仅是“国民型”政体的各种形式，就是说，我们自认为，在这些政体下，“一切权利和权力属于国民全体”。此外，在这些政体下，有利于贵族制和君主制政体的各种特殊情感仅仅应当在某种程度上被提倡。对人权的普遍尊重应当始终处于主导地位。否则，该项基本原则迟早被遗忘或者被轻视，就像实践中经常出现的情况一样。

现在我们讨论“特殊型”政体，就是说，我们把和国民普遍权利相冲突的特殊权利看作是这种政体的正当性来源。显然，这类政体所包含的各种组织形式会接受我们所承认的有利于和“国民型”政体相类似的组织形式的那些情感和看法。但是，这些情感和看法不是从属于对人权的普遍尊重，它们能够且应该仅仅限于对被承认的合法特殊权利的尊重。在这里，人民的普遍权利什么都不是。

这就是我想对孟德斯鸠称为“各种政体原则”这一章要表达的全部意见。此外，在我看来，相对于探究维持政体所需要的看法和情感，更重要的应是探究每种政体依据其性质产生的并必然传播的各种看法和情感。我就此打住，仅仅是为了尊重孟德斯鸠这部不朽巨著所采取的行文顺序。其他问题对人类福祉也很重要，下文可能涉及。

第 四 章

关于原书第四章——“教育法应与政体原则相适应”

该章标题揭示了一个重要真理，而这个真理建基于另一个不容置疑的真理，孟德斯鸠这样表述“政府如同世间万物一样，我们要维持政府，就要热爱政府”。因此，我们的教育所带来的情感和观点，不应当与既定政体相冲突。否则，我们可能推翻那些既定政体。我们都接受三种教育，分别是父母的教育、师长的教育和社会的教育。若要达到良好效果，这三类教育都必须服务于同一目的。这是非常正确的，但也几乎是本章全部值得称道之处了。接下来，孟德斯鸠无非是说，在专制国家中，使得孩子们习惯于奴性；而在君主制下，至少在廷臣中间，形成苛求礼貌、崇尚品味和力求优雅的风气，这基本上是追求虚荣所致。但是，孟德斯鸠没有告诉我们教育该如何培养这些素质，也没有告诉我们什么样的教育适合于廷臣以外的国民。

至于所谓“共和政体”，他明确表示，其基础是“自我牺牲”。他说，“这总是一件非常痛苦的事情”。相应地，他对古代很多教育制度表现出仰慕之情。我不敢苟同，也非常吃惊，如此仰慕之情竟然出自如此审慎之人。所形成的第一印象应当有很强大的影响，这使人懂得初期教育的重要性。早年曾有人与我讲解科尔奈利乌斯·奈波斯[1]、普鲁塔克[2]甚至亚里士多德，然而我认为自己从未盲目轻信。坦率地说，我并不认为斯巴达[3]优于特拉普派[4]，也不认为克里特[5]的法律胜过圣本笃[6]的会规，如果我们有幸对克里特的法律有细致了解的话。我无法相信，为了过群体生活，就应被迫违背人性。我套用这种神秘语言，把可怜的狂热崇拜的所有影响看作是虚伪的美德和无边的罪孽。这种可怜的狂热崇拜虽然声称能使人忠诚和勇敢，而事实上却使人变得充满仇恨、凶狠残暴、嗜血成性，最终堕入不幸的深渊。在我看来，人类社会的目的绝非如此，也永远不会如此。人需要衣服，而不是僧侣身上刺痛肌肤的苦衣。人类穿衣是为蔽体，是为美观，而绝不是为了让衣服擦破皮肉，引起不适，如果

[1] 科尔奈利乌斯·奈波斯（Cornelius Nepos，前 99—24）所著《外族名将传》（刘君玲译，上海人民出版社 2005 年版）主要描述的是公元前 5-4 世纪希腊将领参与的主要战役或政治斗争，还描述了这些传主们闲暇时的消遣、个人兴趣和生活细节，而并未试图为这些传主们建立一个精确的年代背景。有人据此认为，奈波斯是真正撰写政治家传记（不是历史专题文章）的第一人。——译者注

[2] 普鲁塔克（Plutarque，46–125）生于希腊中部，家境富裕，曾到雅典学习修辞、数学、哲学；并在德尔斐的阿波罗神庙担任祭师。广游地中海地区，到过埃及的亚历山大港及小亚细亚并到罗马讲学，结识不少权贵。一生大部分时间在家乡度过，专注写作、教学，曾被哈德良皇帝任为资深长官。普鲁塔克以《希腊罗马名人传》一书留名后世。其作品在文艺复兴时期大受欢迎，蒙田对他推崇备至，莎士比亚不少剧作都取材于他的记载。19 世纪西方学术界开始重视历史的真实性，普鲁塔克的叙述被批评为不尽属实，因此受到冷遇，读者数量大减。到了现代，学术界才对普鲁塔克的作品重新估价。——译者注

[3] 斯巴达是古代希腊城邦之一，位于中拉哥尼亚平原南部，欧罗塔斯河西岸。斯巴达以其严酷纪律、独裁统治和军国主义而闻名。斯巴达的政体是寡头政治。在伯罗奔尼撒战争中，斯巴达及其同盟者战胜雅典军队，并称霸整个希腊。但不久之后，斯巴达被新兴的底比斯打败。在北方的马其顿崛起后，斯巴达失去了在希腊的影响力。——译者注

[4] 特拉普派（Trappe）属于罗马天主教修会，是严规熙笃会的俗称。特拉普派修士仅在必要时才讲话，戒肉食、鱼类和鸡蛋，从事体力劳动，凌晨两点即起床祷告，每天花数小时用于宗教仪式。特拉普派修会源自熙笃会。1664 年法国诺曼底的熙笃会修士特拉普修道院院长德·兰斯制订了一套极为严格的隐修规范。特拉普修道院以及其他两个修道院的修士采纳这套规范，后来就被称为特拉普派，并被认为是独立的修会。在法国大革命期间，特拉普派修士逃离法国，在其他很多国家建立修道院。1892 年熙笃会正式分裂为两大支派，即普规熙笃会和严规熙笃会。特拉普派并入严规熙笃会。但是“特拉普派”一词普遍用以指严规熙笃会。——译者注

[5] 克里特岛（Crète）是一个地中海岛屿，克里特文明约在公元前 3000 年—前 1450 年出现于古希腊。对他们的语言，人们所知甚少，可能是用仍未被破解的线性文字 A 书写。直到 19 世纪末，人们才不怀疑这一文明确实存在过。荷马在史诗《伊利亚特》和《奥德赛》中叙述的英雄和诸神的故事，早先曾被学者们当作民间神话而不予考虑。但是，德国浪漫主义作家亨利希·谢里曼深信这些故事，发誓要找到并发掘希腊人和特洛伊人为了海伦而进行战争的所在地特洛伊古城。他靠私运茶叶到俄国弄到了必需的资金，于 1870 年开始探索，并发现了小亚细亚的特洛伊和伯罗奔尼撒的美锡尼的遗址。——译者注

[6] 圣本笃（Saint-Bénoit，480–547）是本笃会创建者，于 1220 年被追封为圣徒。圣本笃出生于意大利贵族家庭，青年时期赴罗马读书但因社会风气不好离开罗马，在苏皮亚的山窟里过彻底的隐修生活。529 年圣本笃在卡西诺山感化当时信奉异教的民众，捣毁其神庙，并在神庙遗址上创建本笃修道院。将许多矢志隐修的志士分成小型灵修团体，陆续建立十二座隐修院。圣本笃于卡西诺山的会院中完成会规的撰写，会规十分严厉，重视体力劳动，反对过分形式上的苦修。这部本笃会规奠定了西方隐修生活的模式，圣本笃因此被尊为“西方隐修之祖”。——译者注

这件衣服必须引起不适才能完成它的使命，那就另当别论了。而教育和政体也应遵循同样的道理。

此外，即使上述情况不是真实的，或者根本不值一提；即使把幸福和情理（两者不可分）都看得一文不值；即使按照孟德斯鸠所见仅依据某个政体持续的时间长短来判断，我也会批判这些矫揉造作的狂热和这些违背自然的规则。狂热本来就是一种暴烈的状态。我们可借助一定的技巧和有利的环境，使这种状态持续上一段较长的时间，但这终究是暂时的，而任何建基于这种狂热的政体都无法实现真正的稳固。[1]

孟德斯鸠告诉我们，他将判断政治社会的各种形式的权利保留给了自己，然而他在法律中仅考虑对某种形式是有利还是有害的性质。然后，他将所有政体都归纳为三类：专制、君主、共和。其中共和政体进一步划分民主制和贵族制，他所称共和主要是指民主制。然后他把专制政体描绘成面目可憎、荒谬绝伦、法纪不存的形象，又将共和政体（请注意民主制）描绘得不可容忍且几乎同样荒谬，尽管他对这种政体不吝赞美之词。于是，只有多个首脑下的贵族制和单一首脑下的贵族制尚可容忍。然而，在多个首脑贵族制下，他又常常归罪于“节制”。他将单一首脑贵族制称为君主制，在这种体制下，他常常归罪于“荣誉”。在孟德斯鸠所承认的政体中，事实上，只有这两种不完全违背自然法（两种已经很多了）。应当承认，没有什么比这个结论更好地证明，孟德斯鸠采用了一种确实糟糕的政体分类法。因此，我们就用自己的分类方法，来解释有关教育的问题，而孟德斯鸠认为这些解释可避而不谈。

我将确立教育的第一条原则：不管在什么情况下，政府都不能也不应该强制性地将孩子从父母身边夺走，在没有父母参与的情况下抚养并指使他们。这是对天然情感的伤害，社会应该顺应而非扼杀天性。况且，“江山易改，天性难移（chassez le naturel, il revient au galop）”。无论是在物质范畴，还是在精神范畴，我们在与天性的斗争中从未能够长期占上风。因此，只有非常鲁莽的立法者才胆敢违逆父系天性，甚至违逆更为根深蒂固的母系天性。在历史上，尤其我们当代，没有任何先例能为这种鲁莽开脱。

既然如此，在教育问题上，我们能够向政府提供的唯一建议就是：鉴于人们要相继接受来自父母、师长和社会的三种教育，政府所能做的就是，用温和的手段使得这三种教育不相互抵触，并将之引入政府所希望的航道。

[1] 这里我们可以回顾一下第一章有关自然法和人为法的论述。后者永远不能与前者相抵触。如果孟德斯鸠像我们一样，从分析“法”这个词入手，而不是下了个含糊的定义，我相信，他本可以省些气力，而这些气力换来的不过是谬误。

对于第二种教育，就是师长的教育，政府可以通过由其建立或支持的各种公共教育机构，并通过批准或拒绝基本教科书，来对教育施加有力且直接的影响。因为，不论这些教育机构是什么样的，绝大部分公民由于必然的原因总是在公共教育机构中接受教育并成长起来。至于完全接受私人特殊教育的少数人，这些私人教育本身仍然要受到公共机构中处于主导地位的精神的强烈影响。

至于父母的教育和社会的教育，它们受到社会舆论的绝对控制。政府并不能专断地操纵这些教育，因为我们无法支配意志。不过，既然政府可以利用某些方法影响舆论，也就能用同样方法把这两种教育纳入自己的轨道。只要稍稍动动脑子、花点时间，就能知道这些方法是何等强大，因为人类的两大动力，即恐惧和希望，无论在哪种意义上和在哪种关系下，都或多或少地受统治者摆布。

专断和暴力行为在某些古代体制下特别受到推崇，但只能取得或多或少的暂时的成功，就像所有建基于狂热崇拜的政体一样。事实上，政府即使不使用这些专断和暴力行为，仍然有数不清的办法按照自己的意志来引导各种形式的教育。现在，重要的仅仅是应当探究每种政体以何种精神来影响教育。现在，让我们从“特殊型”或者“例外型”政体开始。在这个类别下，先从“君主制”开始。

世袭君主制下，我们承认君主及其家族拥有专属的权利（也因此拥有相应的利益），有别于全体国民的权利。君主及其家族获得这些权利的基础各有不同，或者基于征服的影响，或者基于对先前占有应有的尊重，或者基于一份明示或默示的契约，君主及其家族被看作这份契约的缔约方，或者基于超自然的特性和神圣使命，或者基于上述所有因素。无论属于哪种情况，毫无疑问的是，君主应该会力图灌输和传播如下思想：被动服从，发自内心地尊重既存体制，现存政治安排亘古不变，远离创新和探究，厌恶探讨有关政治原则。

为此目的，君主应首先求助于宗教思想，宗教从摇篮时就开始影响人的精神，并早在会思考的年龄前就使人养成雷打不动的习惯，形成根深蒂固的看法。然而，君主从一开始就应确保这些传授宗教思想的教士依赖于君主自己。否则，这些教士就会为自己而非为君主服务，本应是稳定因素却可能给国家带来麻烦。要采取避免措施的话，君主就要从他能够选择的各种宗教中，挑选最崇尚精神顺从，最不容易检验，最尊重成例、习俗、传统和上级决定，最提倡信仰和盲从，教授最多教条和奥义的那一种。君主应该尽其所能通过各种方式，使得该宗教具有排他性，具有主导地位，同时又不至于激起其他宗教的广泛反抗。如果君主不能这样做，那就应当从其他宗教中选择一个与主流宗教最相像的，并给予绝对优先权，就像在英格兰[1]（Angleterre）的情况一样。

这样，第一个目标就完成了，初步的思想被塞入了人们的大脑。那么，君主的第二个目标应当是使人们的精神变得柔弱、松弛、轻佻、浅薄。那些极尽想象纯粹消遣性的文学和美术，以及其中出众者获得的社会评价和君主恩典，都是产生这种效果的有力手段。渊博的知识与精确的科学也不会妨碍这种目标的实现，而是相反。无论我们怎样鼓励和尊重这些人才和这些有用的知识，都不过分。法国人想象力苏醒时在所有领域获得的辉煌成就，以及相伴随的光辉和虚荣，也正是使得法国人如此长时间地远离世事和哲学研究的主要原因。这后两项爱好，即对世事和哲学研究的兴趣，正是君主应当努力扼杀和阻挠的。如果君主做到了这一点，就仅仅需要在社会各个阶层煽动起对个人虚荣的追求和对出风头的渴望，便可确保自己拥有完全的权力，确保君主地位的稳固。为此，增设等级、头衔、优待和殊荣，使得在获得者看来最接近君主本人的荣誉成为最高的奖赏，对君主来说，这就足够了。

以上便是我所认为的世袭君主政体下教育的指导精神，我不想再探究细枝末节。不过，我还是要提醒，应当特别隐蔽地在社会下层人民中普及这种教育，而且应当大体限制在宗教教育范围内。因为这类人需要被束缚在无知和粗野之中，以便他们对上层的仰慕不至于演变成摆脱悲惨境地的欲望，不至于设想改变的可能性。因为改变的欲望会使得下层人民成为所有改革者的盲目而危险的工具，无论这些改革者是狂热且虚伪的，甚至是睿智和善良的。

我们现在可以说说选任君主制（monarchie élective）的情况，和世袭君主制的情况大体相似，但也有所不同，事实上选任君主制更接近我们曾经提到的世袭贵族制（aristocratie h é réditaire）。因为选任君主制总是不太稳定，如果没有一个强有力的贵

---

[1] 英格兰宗教改革是16、17世纪欧洲宗教改革的一部分，以1534年《至尊法案》颁布为开始的标志，英格兰的教会脱离了天主教。不同于马丁·路德与约翰·加尔文的改革，英格兰宗教改革是由王室发动的，其直接导火索是亨利八世的再婚问题。亨利八世原忠实于传统的信仰，被罗马教皇称为“信仰的拥护者”。在哥哥威尔士王子亚瑟死后，与亚瑟王子的妻子、西班牙阿拉贡王国的阿拉贡的凯瑟琳结婚。由于凯瑟琳长时间只养大一位女儿，他认定凯瑟琳不能为他生下继承人，并且与女侍官安·波林发生了婚外情。亨利八世向教皇提出离婚；由于凯瑟琳的外甥——查理五世兼任西班牙国王和神圣罗马帝国皇帝，教皇不敢得罪，权衡之下没有同意。寻求用别的方法解决结婚问题的亨利八世，在时任剑桥大学教授的托马斯·克兰麦的建议下，让克兰麦出任坎特伯雷大主教，并与安·波林秘密结婚。任坎特伯雷大主教的克兰麦宣布亨利八世与凯瑟琳的婚姻无效，这样使得亨利八世和安·波林的婚姻合法化。教皇废除了亨利八世的教籍，而英国国会则通过了《至尊法案》，宣布英国国王是“英国国教会唯一的最高的首长”，从此英格兰的教会与罗马教皇脱离关系，英国国教会成立。因《乌托邦》一书出名的托马斯·莫尔因反对《至尊法案》而在1535年被处死刑。亨利八世还迫害了大多数反对国王作为教会首长的修道院，夺取修道院财产，解散修道院，英国王室财政基础得到加强。英格兰的教会组织虽然和天主教会分离，但是其仪式和教义都留有很多天主教的传统。——译者注

族政府支撑，便无任何牢固性可言，将迅速变成特别纷乱特别短暂的平民暴政[1]（tyrannie populaire）。

在一些政体中，贵族集团被承认拥有主权，而其他国民被合法地认为处于从属地位。从很多方面来看，这类政体在教育问题上都和世袭君主制有同样的利益。但是其差异还是明显的。贵族从来没有君主那么威严，没有建立于接近于迷信的尊重，其权力也没有像君主那样集中，那样稳固。贵族们无法像君主那样放心地利用宗教。如果贵族给予宗教太多力量，太多影响力，教士们很快会变得令贵族胆寒。教士们在民众中的声望会制衡政府的权威，甚至略占上风。教士们也能成为贵族中的一部分，分化贵族群体，轻易地在贵族权力的废墟上建立起自己的权力。因此，这样的政府应当非常小心谨慎地利用这个危险的武器。

如果贵族们仿效伯尔尼的做法，和一批神职人员共事，这批神职人员在财力、势力、野心、狂热程度方面都有限，且传布一种不会激起太多异想天开的、纯朴的宗教思想，贵族们就能不费力地利用这批神职人员，以便和平地引导人民，并将人民束缚于无知之中，同时还可以掺入些许天真和理性，因为这符合贵族们的利益。一个被陆地包围的地理位置，可以减少和外国的联系，也会有利于这种有节制的半信任体制。

但是，如果贵族们采取威尼斯的做法，和一批神职人员共事，这批神职人员财力雄厚、野心勃勃、好惹是生非，传播危险的教义，依附于某外国君主，那么贵族们首先就得力求免遭这批神职人员的操纵。因此，贵族们不应当放任该宗教在国民中特别占优势，因为这种宗教很快会转向反对他们。他们也不敢通过宣扬理性和传播知识来与这种宗教作斗争，因为知识和理性很快就会摧毁国民的依赖性和奴性。因此，要削弱这种宗教，他们只能使得人民陷入混乱、放荡和罪孽之中。因为贵族们不敢把人民变成牧人手中愚昧的牲畜，也就只能让人民沦为堕落和悲惨的无耻之徒，不断地领受警察的镣铐，然而这种迷信与宗教却始终留在人民心底。这就是他们维持统治的唯一来源。在此情况下，临近大海以及大量工商业联系是有用的。

除这些差别外，在教育人民方面，贵族政体应与君主政体很相近。但是在社会最上层阶级的教育方面，两者截然不同。在贵族政体下，统治集团需要其成员接受尽可

[1] 多数人暴政将多数人的利益置于少数持异见者的利益之上，与“少数服从多数”制度有本质区别。通过“少数服从多数”制度确定的规则同时适用于多数人和少数持异见者，但多数人暴政对不同的人制定不同的规则。在议会制中，一般通过宪法和权利法案对议会进行限制，以便阻止出现“多数人暴政”。这一思想至少可以追溯到柏拉图的《理想国》，多数人暴政最初由托克维尔在《论美国的民主》中提出，后来经穆勒在《论自由》中对前者的引用得以广为人知。《联邦党人文集》第十篇频繁提到这一概念，但换了一个说法，“多数派的暴行”。卢梭的普遍意志信条在“多数人暴政”中达到顶峰，提出应当放弃个人权利，无条件地服从普遍意志。——译者注

能扎实和深厚的教育，有实用精神、处理事务的能力、深思熟虑的习惯、谨慎小心的习性（在任何事情上，哪怕是娱乐）和严肃朴实的生活作风（至少在表面上，且要达到社会风气所要求的标准）。这些贵族们应当能够洞悉人类的共性和个性，了解不同社会阶层的利益，甚至是人类整体的利益，哪怕只是为了当这些利益与贵族利益相左时对它们实施打压。这样的贵族才能成为统治者。整个疆域内的政治科学都是他们主要的研究对象和持续关注的对象。同时要避免他们沾染上爱慕虚荣、轻浮、不爱思考的恶习，而这些恶习正是试图在君主制国家的贵族中散布的。如若不然，就好比一个君主希望自己的臣民轻佻和草率，而他自己也成了这幅德性。这位君主当然很快就会对此处境不满。别忘了贵族制的权威远比君主制的要容易撼动，面对同样考验时，其抵抗力也比君主制弱。这后一个顾虑也使得贵族制下的贵族集团拥有最大的利益，以便力图集中社会中的所有智慧。相对于君主制，贵族集团更加害怕觉醒的第三等级。而一旦贵族制战胜封建无政府状态[1]（anarchie），其真正威胁最终也往往来自第三等级。

我认为，这差不多就是我要说的有关贵族制政府的教育问题的全部内容。为准确地理解我所采取的分类方法的所有部分，为结束讨论“特殊型”或“例外型”政体，我现在准备讨论一下纯粹民主制。纯粹民主制或者建立在明确召集的基础上，或者建立在承认特殊权利的基础上。可是对此我又无话可说，和对“国民型”纯粹民主制一样。我的理由是，这两种社会状态不过是理性的产物，几乎是子虚乌有；另一个理由是，它们只能存在于蛮夷之族，在那里是谈不上任何教育的。人们或许会说，这样的政体要是延绵不绝的话，就得让它们永远和任何真正意义上的教育绝缘。这样的原则也适用于政论家们通常称为专制的政体，只是动因不同而已，其实这种政体不过是愚昧状态下的君主制。这就是我不愿意为这种政体多费口舌的原因。因此我现在仅仅探讨“国民型”政体的君主制、贵族制和代表制。

对于前两种类型，即君主制和贵族制，它们应该和“特殊型”政体中的相应形式有相同的倾向和做法。但是，既然属于“国民型”，它们应该对被统治者怀有更多的尊重，因为它们承认其权利仅仅源于普遍的国民意志，它们也能获得被统治者更多的信任，

[1] 封建等级制度是指各地封建主之间依附土地占有和人身依附关系而形成的一种等级关系。封建等级制度中等级最高的是帝王。而帝王以下的，通过行臣服礼和封受采邑等手段，两个封建主之间结成君臣关系，在上的称封君，在下的称封臣。封臣对封君行臣服礼并宣誓效忠，从封君那里接受采邑。封臣的义务主要是奉召为封君服军役，出席封君法庭，提供意见并共同裁决某些案件，以及在特定情况下向封君提供一定的财政支援。封君对封臣的义务主要是授予采邑以维持其生活，并在封建无政府状态下对其提供保护。9世纪以后封建等级制度在西欧各地逐渐形成。封建制在中世纪西欧意味着政治秩序的分裂，所以作者称其为一种无政府状态，但这只是就无中央政府而言。——译者注

因为它们发誓只为大家的最高利益而存在。因此这两种政体也不可能采取愚民或是使人民堕落的政策，或者采取让整个上层阶级软弱或迷失的政策。因为如果它们这样做了，人们的权利将很快在民众中被忽视或者被误解。这两种政体会因此失去“国民型”政体的特质，而其力量主要来自于这种特质。结果是，它们要继续维持，就必须创设一些特殊权利，这些权利多多少少都会受到质疑，它们也就由此沦为“特殊型”政体。在这些原本存在真正的、普遍的、国民权利的国家里，特殊权利甚至无法被真正地承认和尊重。我们的结论是，考虑其利益，它们永远都不应当试图使人彻底遗忘理性和真理。它们只能在某些情况下在一定程度上把理性和真理遮盖起来，免得人们不停地从某些原则中得出过于刻板的结论。除此以外，在教育方面再没有什么特别的建议给这两种政体了。

现在仅剩下纯粹的代表制政体了。这种政体在任何情况下都不会害怕真理，捍卫真理是其始终不变的利益。由于仅仅建立于自然和理性，它仅有的敌人就是谬误和偏见。它应该始终致力于传播各种纯正的和严谨的知识。如果知识的大旗不能高高飘扬，这种政体就无法存在。它与一切的真和善为伍，与一切的假和恶都为敌。纯粹代表制应该竭尽全力促进知识的进步，尤其要促进知识的普及。因为比起增加知识来，它更需要传播知识。由于它在本质上与平等（égalite）、正义（justice）和良知（saine morale）相联系，应该不断地同最致命的不平等作斗争，这种不平等就是社会不同阶级间才能与知识的不平等，这种不平等是所有其他不平等的源头。它要不断努力帮助贫贱者抵御无知和苦难，帮助富贵者抵御骄横和错误认知。它应努力使得这两个阶级接近中产阶级。中产阶级天然地富有守秩序、勤劳作、崇义尚理的精神，中产阶级的地位和直接利益决定它远离各种极端思想和行为。由此便不难想象到政府在教育方面应有什么样的作为。细枝末节就不再探讨了。因此，我们就此结束本章，继续沿着孟德斯鸠的足迹，探讨适合于每种政体的法律。

第五章

关于原书第五章——“立法应与政体原则相适应”

在第四章开头已经说过，教育法应与政体原则相适应，就是说，要防止某既有政体垮台，或者要阻止其灭亡，教育就应接受最有利于维护这种政体的那种精神的指导，显然不会有人试图对此提出异议。这个确定无疑且被普遍承认的真理，隐藏着本章要讨论的问题。因为教育贯穿人的一生，而法律是有关成人的教育。没有哪种法律不唤起一些情感，同时使人远离其他一些情感；也没有哪种法律不让人采取一些行动，同时使人绕过与之相悖的行动。由此看来，法律时间长了会形成风尚和习惯。因此，本章仅探讨哪些法律对这类或者那类政体有利还是不利，不预测对社会福祉可能产生的其他影响，相应地，也不打算确定认为法律是必需的各种政体优越性的程度。这个问题我们以后再讨论，不是本章的任务。

孟德斯鸠在本章中自始至终地按照他所确立的体系进行论证，他的这个体系是基于不同政体的性质以及适合于每种政体的原则。他认为，自我牺牲和克制天然情感是民主制政治品德的真谛，并将修道会[1]（monastique）的会规作为范例，在这些会规中，他挑选了那些最严厉最适合于革除人类个人情感的会规。为达此目的，他绝对地赞同人们采取各种最粗暴的方式，如平均分配所有土地，决不允许单个个人同时拥有两份土地，父亲必须把他那份土地传给其中一个儿子，其余由无子女的公民收养，仅给女儿微薄的陪嫁。当女儿是继承人时，就强迫她们嫁给血缘最近的亲戚，或者强制性地要求富人在没有陪嫁的情况下迎娶贫穷公民的女儿，将所生女儿下嫁给一位贫穷的公民，并且要给她一份丰厚的嫁妆等。此外，他还对一切古代的东西，对最为严厉、最为专横的审查制度，对无限制的家长权威，都致以最深的敬意。他甚至承认家长权威包括惩罚他人孩子的权利，尽管没有说明用什么方法。

他同样非常推崇贵族制下的“节制”，以至于希望贵族们应避免冒犯和羞辱人民；希望贵族们不要给予自己任何个人特权，不管是荣誉性的还是金钱方面的；希望贵族们不要因担任公职而接受任何报酬；希望贵族们禁止自己采用增加其财富的所有方法，禁止自己从事所有营利性行业，如商业，征税等；希望贵族们没有长子身份权，没有长子世袭财产权，没有替代继承权，没有收养权，但财富要平等分配，做事要循规蹈矩，还债要一分不少，诉讼要迅速了结，以避免不平等、嫉妒和仇恨。但是，他允许并推崇如此节制的政府设立最为专横的国家法庭，并毫无限制地利用告密。他断定，这些激烈手段对于贵族政府来说是必要的。对此，我们应该相信他。

正如对所提出诸项原则的一贯地坚持，他在君主制中推崇所有有利于永久延续这些家族荣耀的东西，如不平等的财产分配、替代继承、遗嘱自由、遗产赎回、个人特

[1] 修道会是奉行与世俗隔离，奉行禁食和祈祷的信仰团体，在埃及最早出现。经过圣本笃的改革，在欧洲各地出现许多男女修道院。参加这种团体的修士和修女不是神甫，不施行圣事，都宣发神贫、服从、贞洁的三个圣愿。天主教中著名的修会有本笃会、方济各会、多明我会、奥斯定会、耶稣会和慈幼会。——译者注

权甚至是贵族的土地特权。他允许君主制下手续的迟缓、司法机关的权威、公职的捐纳以及所有有利于提高特权阶级个人地位的东西。

对于所谓“专制政体”，他宁愿描绘这种政体带来的所有罪恶，也不愿意谈及这种政体形成的原因（其实他不可能做到这一点）。他开头说“路易斯安纳（Louisiane）的野蛮人要果子的时候，便把树从根底砍倒，采摘果实。这就是专制政体”。而此后的话便都是狗尾续貂。[1]

以上就是孟德斯鸠整体上就法律给我们提出的观点。在此后几章中，他更细致地探讨了各种法律及其产生的不同影响。我们无法否认，这些观点不愧于出自我们这位富有敏锐洞察力的伟大作家之手，但我们也得承认，有些观点是值得商榷的。此外，在我看来，孟德斯鸠排他性地使用“品德”、“节制”、“荣誉”、“恐惧”这几个词来概括各种政体，在逻辑上是很有问题的。如果在孟德斯鸠这个既不牢固也不清晰的基础上讨论这些观点，将非常耗时费力。如果采用我们的政体分类，即分成“国民型”政体和“特殊型”政体，我们将更容易判断这些观点的价值。

君主制，或者说权力集于一人的政体，被认为孕育于无知与野蛮之中（这正是孟德斯鸠所说的专制政体），毋庸置疑，不会产生任何法律体系。在这种政体下，收入来源不外乎劫掠、馈赠和没收，统治靠的无非是军刀和绶带。被授予权力者应当自行在其家族中挑选继承人，继承人一旦即位就应绞死所有可能与之争位的人。最终，君主应当毫无疑问地被称为该国主流宗教的领袖或者忠实信徒。要使得这种危机四伏的政体长存，像孟德斯鸠一样，我们给予君主的唯一建议就是灵活地、勇敢地、恰当地利用这些可怜的统治资源。

但是，如果君主希望摆脱如此糟糕如此动荡的状态，他就应像彼得大帝[2]一样。或者如果君主的国民有所文明开化，且这种文明的趋势非常强劲，那么君主应当制定一套完整的理性的体制。他首先应当确保其家族中的继承顺序。在所有的继承模式中，父系长子继承制最有利于家族的绵延，最有利于避免内讧和外来统治的危险。由于所处年代的特殊性，彼得大帝未能在俄罗斯建立起这样的体制；而80年后，保罗一世（Paul Ⅰ，1754–1801）实现了这个目标，得益于有利的局势，也得到整个欧洲风气的支持。

---

[1] 整个原书第五章的第十三节就在于这区区几个字，此后的四节则为同一个主题提供了足够多的细节材料。

[2] 彼得大帝（1672–1725），1682年即位，1689年掌握实权，俄国最杰出沙皇。他制定的西方化政策是使俄国变成一个强国的主要因素。1689年，沙俄是一个落后的国家，到处盛行着农奴制，实际上农奴数目在增加，而其合法权力在减少。俄国错过文艺复兴和宗教改革的大好时机，神职人员愚昧无知，文学暗淡无光，数学和自然科学无人问津。——译者注

君主继承制度一旦建立，应当给予大部分家庭继承制度同样的稳定性，否则君主继承的稳定性也将难以保证。君主继承无法长期单独存在于一个国家。如果围绕君主的所有家庭继承总是处于变幻不定的状态，如果其他家族的利益不再依附于君主，那么这种君主继承很快就会被推翻。这就是亚洲诸帝国频繁革命的原因，也是君主制国家需要贵族的原因。这个道理，与从“荣誉”一词总结出的所有道理相比更为真实。荣誉不过是面幌子，真正重要的是维护多数人的“利益”，以便获得全体人民的支持。

因此，在“特殊型”君主政体下，君主的私人权利需要依托于很多其他的私人权利。这些权利尽管从属于君主的私人权利，但与之休戚相关。君主周围需要强大但又高傲、顺从而又灵活的贵族，君主使得他们处于从属地位，他们又使得国民处于从属地位。他需要利用令国民肃然起敬但又从属于他的机构；他需要采用普遍得到遵守但又顺从于其意志的仪式。他赋予习俗很重要的地位，然而这些习俗又要从属于他。总之，他要把一切都打上从属的烙印，要让一切都显得永恒不变，且要让这种从属和永恒显得合理。人们可以用说得过去的理由辩护，而不必无休止地求助于最初的原始的法律。

我认为，上述全部内容完美地印证了我们在本书第三章和第四章中对君主制的评论，同时也证明孟德斯鸠原书第五章给出的建议是完全合理的。公职捐纳制度大概最受质疑，不过，在我看来，基于上述考虑，其论证还是比较充分的。

首要原因是，与自由自在地等待批准或者拒绝前来购买者相比，君主在廷臣影响下直接地选择，通常不会产生更有才能、更高品德的人选。我们甚至可以接着说，捐纳制度对金钱的要求自然而然地在候选人中进行了初步筛选，这种初步筛选是有用的，且在其他任何任命方式中都是不大容易替代的。事实上，公众钟情于表面虚荣对君主政体至关重要。充任官职者获得尊敬，更多地来自于他们充任官职的表面，而不是来自于官职本身的重要性。捐纳制度肯定会排除那些没有相应支付能力的人，当然不仅仅是这些人。但是那些不通过消费来光耀门楣的人，试图带来蔑视奢华的风尚，通过其他不大浅薄的方式使得具有同等价值。此外，捐纳制度非常有助于削弱第三等级，通过用其财富充实国库，通过捐官者进入特权阶层。这又是这种制度的一大优势。因为在君主制下，下层阶级仅仅通过节俭、贸易和所有有用的技艺不断致富。如果不能竭尽全力骗取这个阶级，这个阶级通过努力会迅速变得最为富有，最聪明，最睿智，最为强大甚至成为唯一强大的力量，且肯定已经如此。然而这是君主制尤其应该避免的情况。柯尔贝尔[1]对路易十四（Louis XIV，1638–1715）说过这样的话，“陛下，当您创设一个官职时，上帝会马上创造一个傻瓜来购买它”。现在来理解这句话，便知其中意味深长。事实上，如果上帝不能始终使得中产阶级的眼睛着迷，那他们很快就会汇聚社会上所有的利益。让平民中的富家女与贵族中的破落户联姻同样是预防这种麻烦的绝好方法。应当鼓励这样的联姻。这是疯狂的虚荣心最大的用处之一。

在我看来，孟德斯鸠在该章中对贵族政体的看法也是明智的。我仅仅补充的是，如果贵族制下的贵族们应自行禁止所有增加财富的手段，那么他们应用嫉妒的眼睛盯着资产阶级，不让他们致富。贵族们应不断阻挠资产阶级工业的发展，如果无法遏制，那就让所有获得很大成功者陆续加入到贵族团体中。这是他们唯一不必害怕资产阶级的方法。如果过分经常地求助于这个方法，也不是没有危险。

像我们在探讨教育时所做的一样，“国民型”君主制和贵族制肯定拥有同样的倾向，也都应当采取同样的措施。但采取这些措施时都应当尽可能地谨慎和节制，在这里观察这些内容，几乎是多余的。因为毕竟得承认这两种政体仅为全体利益而存在。因此，以服务统治者特殊利益为目的的所有措施与普遍利益和大众财产是相冲突的，这是显而易见的，也是不应当采取的。有关这个问题，我说的已经够多了。

正如我已经说过的，我在此一点都不会讨论纯粹民主制，因为这种政体难以长期延续，在面积稍大些的国家里根本就是不可能的。我不会闲着没事来研究，维持这种政体所必需的令人反感的专断措施是否是可行的，甚至更多的措施是否是虚幻的和矛盾的。我很快转向纯粹代表制政体，我把纯粹代表制看作智慧的、理性的民主制。

这种政体没有必要扼杀情感、扭曲意志，也没有必要挑拨离间、激发狂热或者以幻境相诱惑。相反，它应当放任各种并非堕落的兴趣爱好任意驰骋；要任凭不与善良风俗冲突的工业自由地发展。这种政体遵循自然，所要做的只是放任自然引导万物。

因此，这种政体有助于平等，不试图使用各种激烈措施以建立平等，因为这些激烈措施只会有一时之功效，且往往迷失方向，还总是不公正的和糟糕的。这种政体只是尽力消除最为灾难性的不平等，即知识的不平等，努力培养各种人才，给予每个人锻炼的平等机会。在这种政体下，财富与荣誉之门平等地向每个公民敞开。

巨大社会财富不要始终聚集在同一群人手中，要迅速分散，最终回归大众，这对

[1] 柯尔贝尔（Colbert，1619–1683）是路易十四当政时期法国重要的大臣。他整顿财政机构，起诉腐败的官僚，拒绝向银行偿付公债；按照重商主义的经济理论，鼓励发展本国工商业，且提高关税来予以保护；通过政府直接控制经济部门，建立殖民贸易公司和开办新式工厂；建立运河和道路系统，加固海港防御工事，法国舰队的威力亦得到加强；编纂海军法典和殖民地法典；创办法国铭文和文艺学院，协助兴建巴黎天文台和王家建筑学院；建立新法兰西殖民地。——译者注

纯粹代表制政体是有好处的。这种政体不试图直接诉诸武力达到这种效果，也不试图通过刺激挥霍浪费来达到目的。这样做非但不能抑制财富集中，还会招致腐化。这种政体只是不允许长子世袭财产制，不允许替代继承制，不允许遗产赎回权，不允许特权，因为特权不过是虚荣的产物，也不允许缓期判决（因为那事实上不过是狡猾的托词）。这种政体要确立财产的平等分配，要限制遗嘱自由权，在有适当的预先通知情况下允许离婚，以阻止遗嘱和婚姻成为诡诈投机的工具。此外，这种政体还求助于“富者必定会不思进取而贫者必定会积极奋斗”的缓慢但确定的影响。

纯粹代表制崇尚国民的勤劳、秩序和节俭精神。和某些古代共和制政体不同，这种政体不会要求人民细致地汇报生产和收入情况，或者妨害人民自由选择职业。它不会用有关奢侈的法律来折磨人民，这些法律仅仅激起狂热，从来就是对自由和财产无益的损害。它只是不让人们脱离对智慧和真理的爱好，不提倡虚荣，使得奢侈和放荡不是成功的手段，使得国家财政混乱不是迅速聚敛财富的常见机会，使得破产的耻辱成为民事上的死亡判决。尽管骄奢淫逸的诱惑无处不在，但凭借这些预防措施，勤俭持家的美德便能够深入千家万户，我们随处都可见到这些美德的魅力。

因为同样的原因，纯粹代表制需要使所有公正的思想得以传播，使所有错误的思想得以消失，但不希望为达到此目的而买通作家，让教员、传教士、演员充当喉舌；不希望为达到此目的而指定基本教科书，编写年鉴、教理问答[1]课本、训令、小册子、报纸；不希望为达到此目的而增设监察机关、法律法规和审查制度，以便庇护所认为的真理。这种政体放任每个人尽情享受表达思想的权利，无论是说还是写，“直抒胸臆”。可以肯定的是，如果可以自由表达观点，真理不可能长期无法浮出水面，将会变得显而易见，不可动摇。纯粹代表制政体从不惧怕这样的结果，因为它不是建立在任何只能依靠远距离推理来辩护的可疑原则上，从一开始就仅仅建基于理性，发誓始终服从

[1] 教理问答是基督教各派教会对初信者传授基本教义的简易教材。词源出自希腊文 Katecheo，原意为使人听见，有口授的含义。早期基督教用以向孩童或受洗前（或受浸）的成人口授教理。6 世纪后普遍实行婴孩洗礼，遂用作对受洗后的儿童或青少年进行宗教教育的教材。中世纪已有这类著作。16 世纪宗教改革时期，新教各宗派也纷纷用问答体编写教义初阶，以便于传授本宗教义，并用作考核入教者信仰深度和教义知识程度的规范之一。宗教改革后的著名教理问答，最早有马丁·路德于 1529 年编写的《小教理问答》和《大教理问答》，加尔文编写过两种“日内瓦教理问答”，此外还有《海德尔堡问答》。在归正宗中流行最广的是《威斯敏斯特教理问答》，有大小两种，均作于 1647 年，次年经威斯敏斯特大会通过。其“小问答”至今仍在英语国家的加尔文宗教会中普遍使用。英国国教会的教理问答，主要为已领洗的青少年在准备领坚振礼前学道而编订，为此而特别列在 1549–1662 年《公祷书》的坚振礼文中。浸礼宗也曾编印过多种教理问答。天主教最著名的教理问答是耶稣会神学家迦尼修斯编的《基督教义大纲》，内容有 211 条。1558 年的第三版曾译成多种文字，重印百余次，在天主教内被广泛采用。东正教最重要的教理问答是《菲拉列特教理问答》，为莫斯科都主教菲拉列特所作，1839 年第三版被俄罗斯正教会作为法定问答，译成多种斯拉夫语。——译者注

理性，也一定会服从普遍的国民意志。在讨论过程中，尤其是在随后的决断过程中，只有为了保持必要的冷静和慎重，这种政体才应当介入。

例如，这种政体根本不应采用捐纳制度，也不需要上帝“创造傻瓜”，但需要文明开化的公民。这种政体不想搜刮任何社会阶层，因为它也不想扶植任何阶层，因此这种措施对它来说毫无用处。这种政体的性质决定了绝大部分公职人员应该由公民自由选举产生，其他的由统治者文明地遴选。且几乎所有公职的任职时间都很短，任何人都无法从中获得暴利，也无法获得永久的特权。因此就没有理由买卖公职。

这种政体以及我们前面所提到的政体，在立法方面应该做什么，不应该做什么，有关这个问题，恐怕还有很多要说。但我仅限于讨论孟德斯鸠在该章中所讨论过的问题。如果说我偶尔超越了他所讨论的范围，也只是为了更好地证明，这位伟大人物尽管享有崇高权威，所肯定的民主制中的直接而激烈的措施并不是最有效率的；违背自然的政体是坏的政体。我在本书的其余部分还将继续坚持同样的思路。

第 六 章

关于原书第六章——“各种政体原则所产生的结果与民法刑法的繁简、审判的形式、刑罚的确定等的关系”

尽管原书这一章中有值得赞赏令人称羡的观点，我们还是没找到原本期待的教诲，因为这位伟大作家并未足够仔细地区分民法和刑法。我们试图弥补这一不足。不过，在我们着手这些具体问题之前，应当对第二章中我们所讨论的各种政体的性质这个问题进行整体性反思，因为我们在第三章、第四章和第五章讨论的内容为该问题提供了新的视角。

政体分类呈现出很多困难，也引起很多评论，因为它要确定和证实这些政体的概念以及所认识到的基本特征。对孟德斯鸠所采用的共和、君主、专制分类方法，我已经说过我的看法。我基于多种理由相信这种分类有缺陷。然而，孟德斯鸠对此却情有独钟，将之作为其政治体系的基础，把一切都跟它扯上了关系，使其整套理论都迁就于它，我确信这一点常常有损于其观点的精准性、连贯性、深刻性。如若以此思路来评论他，我实在打不起精神来。

首先，民主制与贵族制是如此之不同，决不能混为一谈。孟德斯鸠本人也经常不得不加以区分。于是三种政体就变成了四种。当他讨论共和制政体时，我们就无法确

切地知道他说的是哪一个，这就是第一点缺陷。

接下来，何谓专制？我们已经说过它仅仅是滥用，不是一类政体。如果仅仅考虑权力的使用，把它看作一个类别也是对的。但如果仅仅考虑权力的范围，那专制就是一人独治的政体，所有大权集于一人之手。在这种政体下，单个个人拥有全部权力，所有其他人没有任何权力。一旦使得该词包含整个权力的含义，它本质上就是君主制。我们已经注意到，这是真正的纯粹君主制，即无限君主制，除此以外再无别的真正的君主制。因为，有人谈论温和君主制或者有限君主制，就是说君主并不拥有全部权力，其他人也掌握部分权力，换句话说，这是一种不是君主制的君主制。因此，应当摆脱这种引发悖论的表述。考虑到实际情况以及分析的精准性，我们还是回到政体的三种分类，不过取代共和、君主和专制的是民主制、贵族制和君主制。

在这种体系里，我们该如何看待通常所说的君主制，即有限的温和的君主制？我们注意到，当属于有限的温和的君主政体时，君主权力并非受到国民全体的限制；如果受到国民全体的限制的话，就不再是我们所理解的君主制，而是单一首脑下的代表制政体，就像美利坚合众国宪法[1]或者法国1791年宪法[2]所规定的那样。“温和君主制”（monarchie tempérée）的君主权力只能是受到部分国民和国内上层权势集团（即因共同的出身、职权或者名誉而凝聚起来的达官贵人和名门望族集团，他们有着共同利益，但这种共同利益不同于大众的普遍利益）。确切地说，这恰好构成了贵族制。我的结论是：孟德斯鸠所说的君主制就是单一首脑领导下的贵族制；经过认真地解释和理解，政体分类归纳为纯粹民主制、单一首脑或多个首脑领导下的贵族制（aristocratie avec un ou plusieurs chefs）和纯粹君主制。

这种思考社会组织形式的新方法，使得我们更好地看到每一种政体的基本特征，也启发我们很多思考。对于纯粹民主制，尽管老学究和天真汉大加推崇、不吝赞美，其实是一种难以忍受的政体。纯粹君主制也几乎是不可容忍的。前者出自野蛮之邦；后者出自化外之民。这两种政体长期不变质几乎是不可能的。它们只是人类孩提时代的产物，差不多是所有早期民族必经的阶段。

事实上，野蛮无知的原始人并不知道如何构建社会组织。他们能想到的只有两种

[1] 美利坚合众国宪法是世界上第一部成文宪法，1787年5月美国各州（当时为13个）代表在费城召开制宪会议，同年9月15日制宪会议通过，1789年3月4日正式生效。——译者注

[2] 1791年宪法是法国历史上第一部成文宪法，确认君主立宪制，由制宪议会于1789年7月着手制定，1791年9月生效。《人权和公民权宣言》为其序言。该宪法宣布废除损害自由和权利平等的制度，确立三权分立的原则。选举权和被选举权仅限于积极公民。宪法不适用于法国的殖民地及管辖区。——译者注

办法，要么所有人都一股脑儿地参与部落管理，要么盲目地把事情托付给他们信任的人。惯于忙碌、勤于劳作的民族会保有独立的本能，最喜欢前一种方式；而懒惰和爱好休息的民族会更喜欢后一种方式。在人类原始状态下，气候发挥重大影响，几乎总是决定这些制度的选择。我们也看到，从北美到非洲黑人国家，再到太平洋诸岛，这片广大土地上的早期社会都采用两种政体中的一种，或者甚至随着情况的变化迅速地从一种转向另一种。当一个游牧部落选举并追随一位军事首领时，绝对民主制就变成了纯粹君主制。

但这两种政体会产生一些不满，或者因为暴君的恶行，或者因为公民的劣迹。与此同时，社会成员之间的声望、权力、财富、能力等在不知不觉中拉开距离。拥有优势者开始利用优势召集会议，形成有利于他们的世俗的或宗教的思想。他们开始通过驾驭大众或者遏制暴君权力抵制原有体制。各种单一首脑或是没有首脑的贵族制便普遍出现了，这个过程是潜移默化的，我们只能通过领地才能清楚地追根溯源，才能精确地证实其权利。于是，人们所关注的各民族，经过曲折过程，都或深或浅地进入贵族制。特别文明的时代到来前，世上没有其他种类的政体。随着新时代的到来，各民族摒弃了先前所确立的一切不平等，通过自由平等地选举代表联合起来，以便根据明确表达并谨慎聚集的普遍意志合法地产生代表制政府。如果不考虑那些蛮族，事实上我们仅需要比较这两种政体，即“贵族制”和“代表制”，及其具体形式。这样，将简化我们的研究，也将更好地确定研究目标。话说到这儿，让我们看看本章的具体问题，先从民法开始吧！

孟德斯鸠注意到，他所称的君主政体下的民法要比专制政体下的民法复杂得多。他声称，这是因为君主政体下公民荣誉的价值更高，地位更重要。他差一点儿就发现这是他的君主制的一个优势。由于对这一对比的结果深感满意，孟德斯鸠就没有以同样的思路研究民主制，也没有研究贵族制。

我认为还能从其他角度思考该问题。首先，民法的简易性本身无疑是个优点；还可以确定的是，较文明的社会获得这种优点要比较原始的社会难，因为社会联系越来越多，社会分工越来越细致，那么规范这些联系的法律理应越来越复杂。

随后人们会看到，纯粹君主制的法律通常特别简单，因为纯粹君主制治下的人根本不值一提，但孟德斯鸠什么都没说。他也没有提及民主制下的情况，尽管民主制下的人和权利受到了尊重。在这两种政体下，事实理应如此。这种事实的原因不应该从两者所谓的“原则”（即“恐惧”或者“品德”）中寻找。原因在于这两种政体属于尚未成熟的社会形态。

由于相反的原因，规范文明民族的贵族制的各种形式下的同类法律就不可避免地更为复杂。我们和孟德斯鸠都应注意的是，单一首脑下的贵族制和其他的相比要更多地受到这个缺陷的约束。但这不是因为这种政体的原则是“荣誉”，是因为它必须将公民分成多个阶级，不同阶级遵守不同的规则，受不同法院的管辖。事实上，一位君主可以轻松地统治受到不同法律管辖的省份，甚至有兴趣保持这种对臣民分而治之的方式，以便臣民相互牵制。

为结束这个问题，让我们补充一点：在所有文明民族的政体中，以公民的平等和团结为生命的代表制政体，应该最为渴望民法的简单性和一致性，应该尽可能地接近这个目标。

至于审判的形式，我认为，在整个政体内，主权者或者是人民，或者是君主，或者是元老院（sénat），从来不应当由自身，或者由其大臣，或者由特别法庭来裁决个体的利益，而应当始终由为此目的事先设置的法官来裁决，且这些法官应当始终遵循明确的法律条文，这才是合乎愿望的。在我看来，后一个条件并不妨碍我们承认法律家所谓的“按诚信（ex bond fide）”的裁决方式，也不妨碍法官在法律不够正式、不够明确时以公平原则进行审判。

没有任何社会组织的刑法不应当尽可能地简单，不应当在审判中被严格遵守。越是尊重人权的政体，其刑事审判程序越是谨慎，越是有利于被告人公正地辩护。这两点毋庸置疑。

原书这一章中，应当提出有关陪审制度使用的诸多重要问题，且确实是探讨这些问题的时机，但孟德斯鸠没有涉及。因此，我仅仅说，在我看来，这种制度在政治上比在司法上更值得推崇。就是说，我不确定它是否始终是一种使得审判更公正的特别有效的制度；但我认为，这种制度无疑是抵制法官或者任命法官者专横的有力方法，也是使得人们习惯于更加关注、更加重视同胞受到的不公正待遇的特定方法。如此看来，这种制度适用于各种政体，越是兼容自由、正义和务实精神的政体，越是适合使用。

此外，还有一种适用于所有政体的好做法，那就是一切不法行为都应由公家而非由私家进行惩戒。惩前毖后是一种真正的公共职能。任何私人都不应为一己之快而越俎代庖，给惩戒犯罪抹上报私仇的色彩。

关于刑罚的轻重，第一个要解决的问题是，要知道一个社会是否有权剥夺其成员之一的生命。孟德斯鸠没有想到要讨论这个问题，或许是因为他在其提纲中只准备谈事实不讨论权利。本人尽管也很忠实地按照我的提纲写作，但还是觉得有必要为死刑（peine capitale）辩护，因为一些值得尊敬的人出于不同的动机利用他们的知识铺天盖地地指责死刑为不公正。这一严厉的刑罚并不是不可容忍的，因为它是客观局势的产物。在我看来，社会完全有权事先宣布，将处死任何犯了某种罪的人，这种刑罚在罪犯看来无异于晴天霹雳。但是，不愿意服从这种规定者，在犯下可能被施以这种处罚的罪行前，有权与采纳这种规定的社会断绝关系。在上述情况下，他们总是拥有完全的自由。否则，这个社会就没有完全正义的规则，因为没有哪种规则是被当事人心甘情愿地接受的。在我看来，加上这个条件，死刑的设立本身恐怕和其他刑罚一样也是正义的。

此外，这并不意味着罪犯凭良心应该放弃自己的生命，因为法律要他死；并不意味着他应该放弃为自己辩护，因为法律要处罚他。提出这些原则者和否认社会有权设立死刑者是同样的极端，两者都没有准确理解刑法的概念。当社会宣布要以某种刑罚惩戒某种行为时，是向实施破坏这个规则的行为者宣战。但罪犯并不因此失去为自己辩护的权利。任何生命都不能被剥夺维护自己的权利，但只能依靠自己的力量。社会的力量或许在其他情况下会保护他，但在这种情况下会转向反对他。

剩下的仅仅是该在多大程度上运用社会的力量惩治犯罪，以便有效预防犯罪。在这个问题上，我们得对孟德斯鸠的好观点表示赞赏，他说，“越是受到自由精神激活的政体，其刑罚就越是温和”。野蛮或特别严厉的惩罚是低效的，不会减少犯罪而会增加犯罪，因为社会会因此染上残暴的风气。最后，应该根据罪行的轻重和动机来量刑，同时不要让罪犯认为可以逃脱惩罚。以上是量刑的主要标准。绝不能忘记刑罚唯一合理的动机及其实施的唯一正当的原因，并不是弥补已经造成的危害，因为这已经不可能；也不是为了平息仇恨，因为这不过是屈从于一种盲目的情感。刑罚只能是为了阻止罪恶来临，这是唯一既有效又可能的动机。

唯一的反思就是同态复仇[1]法是何等荒唐，给司法一种残暴复仇的形象。令我们吃惊的是，在孟德斯鸠这里，我发现他专门为这种野蛮法律写了一节，而又根本看不出其重要性。“圣贤也有打盹儿的时候。”孟德斯鸠在此后一章里又给我们一个例证用来证明他的一时糊涂，在那里，他赞同无辜者因其父或其子的罪行而受到侮辱的做法。

[1] 同态复仇是原始社会中的一种复仇习俗。氏族和部落成员遭到外来伤害时，受害者给对方以同等的报复，以命偿命，以伤抵伤，加害者氏族或部落则交出惹祸人，以求得整个氏族或者部落的集体安全。执行同态复仇往往由受害者近亲进行。在阶级社会中，此习俗仍有留存，古巴比伦《汉穆拉比法典》和古罗马《十二铜表法》中均有反映。——译者注

我们在本章第十八节中也可以做同样的判断，他在这章中说，“我们的祖先日耳曼人[1]（Les Germains）仅仅接受罚金”。又补充说，“这些自由而好战的人认为，仅仅手执武器，他们的血才应该流”。可是，他并没有意识到，如果他所赞扬的海西森林（forêt Hercinie）的蛮族从不接受凶手的罚金（我们不知道为什么），他会更加理直气壮地说：“这些高贵和骄傲的人们是如此珍视同胞的鲜血，他们认为凶手只能以血还血，他们如果用这鲜血来做一笔肮脏的交易，就会感到羞耻。”这位深邃的思想家和塔西佗[2]一样，经常在一点上犯错，那就是过分敬重那些野蛮民族及其制度。

尽管有这些小错误，我们还是应当特别敬重孟德斯鸠。但我还是要批评他在这一章中没有足够有力地谴责酷刑和充公，虽然这些刑罚他并不赞成。至于赦免权，可以肯定是必需的，至少要持续和死刑一样久的时间。因为只要法官暴露出做了不可弥补的不公正判决（我们有理由对这样的情况感到担忧），就得有防范的办法。当所有人都觉得法律相当不完善时，这样的做法就更加必要。此外，我不知道孟德斯鸠为什么说下面的话，“仁慈是君主的特性所在。在共和国里，品德就是原则，仁慈并不是必需的”。对于他在这个问题上的其他思考，我也并不感到更满意。我只是注意到，在尊重自由的政体中，应该防止特赦权的运用所造成的危害，应该防止这种权力成为某些人或某些阶级逍遥法外的特权，而这正是君主制下常发生的事情，也正是因为这个原因，爱尔维修才据理力争反对孟德斯鸠的观点。

第　七　章

关于原书第七章——“三种政体原则的结果与奢侈法、奢侈以及妇女地位的关系”

我感到很遗憾，总是跟一个我崇敬有加的人唱反调，但也正是这种意见上的分歧促使我提起笔来。我相信，我的评论不会毫无用处。因此，我姑且大胆抒发已见，悉听读者赐教。

[1] 日耳曼人是一些语言、文化和习俗相近的民族的总称，这些民族从前2千年到约4世纪生活在波罗的海沿岸和斯堪的纳维亚地区。日耳曼人属于雅利安人种，语言属印欧语系的日耳曼语族，日耳曼人不称自己为日耳曼人。民族大迁徙后从日耳曼人中演化出斯堪的纳维亚民族、英格兰人、弗里斯兰人和德国人，后来又演化出荷兰人、加拿大、美国、澳大利亚和南非的白人。在奥地利也有许多日耳曼人后裔。——译者注

[2] 普布利乌斯·科尔奈利乌斯·塔西佗（Publius Cornelius Tacitus，55—117），罗马帝国执政官、雄辩家、元老院元老，也是著名的历史学家与文体家，最主要著作是《历史》和《编年史》。塔西佗同情对抗罗马法律的蛮族人，其政治立场倾向复古的共和主义，但也承认帝制是当时统治罗马帝国最有效的体制。——译者注

爱尔维修批评孟德斯鸠没有明确地指出什么是奢侈，仅模糊地且不大准确地描述奢侈，这是有道理的。因此，首先应当确定这个被如此滥用的词的准确含义。奢侈本质上就是指非生产性消费，此外无论属于那一种消费。我来举个例子，以便说明消费的种类是无关紧要的：一个珠宝商花销 10 万埃居 [1]（écu）用于让人琢磨钻石和生产珠宝。但是，从他的角度看，丝毫算不上奢侈，因为他打算用于出售以便获利。相反，如果一个人为了自己使用而购买一个价值 50 路易 [2]（louis）的锦盒或者戒指，对他来说，这就是一种奢侈性消费。农夫、马贩或者车夫拥有两百匹马，不会被认为奢侈，因为这是其职业所必备的工具。游手好闲者仅为了闲逛而拥有两匹马，那就是奢侈。矿主或是工场主因工作需要命人制造一台蒸汽排水泵，是一种划算的行为；但业余园丁为浇灌草坪也让人制造了一台，就是奢侈性消费。没有人比裁缝在加工衣物上支出更多，但穿衣服者才是奢侈的。

不用增加例证，我们也能看出，真正构成奢侈性消费的根据，是不具有生产性。然而，人们只有通过消费才能满足自我需要和享受人生乐趣。人们应当通过消费来维持生活，甚至在一定程度上享乐（因为这最终是我们劳动的目的所在，也是整个社会及其全部制度的目的所在），这些消费也会一去不复返。因此，我们仅把不必要的非生产性消费看作奢侈性消费，否则，“奢侈”和“消费”就成了同义词。

但绝对的生活必需品并没有特别确定的界限。这个界限可能扩大，也可能缩小，会随着气候、体力、年龄而发生变化，甚至会随着作为第二天性的习惯而发生变化。与一个身强力壮，衣不蔽体也无大碍，能在椰树下安睡并用椰子果腹的印度小伙子相比，天气恶劣土壤贫瘠环境中的人，病人和老人，会有更多的需要；在同一个国家内，一个富裕而又高雅的人，很少进行体力劳动而大量进行脑力劳动，与一个贫困中度过童年并在青年时从事艰苦职业的同胞相比，前者最低限度生活必需品的范围要远远大于后者。

此外，在文明民族中，有一种惯例性生活必需品。我们或许夸大了这种生活必需品，但其本身恐怕并非完全不着边际，事实上是基于理性的。这种生活必需品，与工人在其职业工具上的消费相比，本质上具有同样的性质。因为这取决于人们所从事的

[1] 埃居是法国古货币的一种，法语包含盾徽的意思。13 世纪三四十年代由法王菲利普六世铸造，最初为金币，称为大埃居（Gros Ecu）。路易十三于 1641 年将埃居改为用银铸币，称为小埃居（Petit Ecu）。1 埃居（银）＝ 3 利弗尔。埃居和欧盟货币单位（European Currency Unit）的英文缩写是相同的。——译者注

[2] 大革命前，法国货币流通有些复杂，本位币单位是利弗尔（Livre），按 1726 年时的规定，1 路易（Louis d'or）合 24 利弗尔。金路易流通于 1641–1795 年间，币上铸有路易十三和路易十四等人头像。法国的拿破仑时期 20 法郎金币亦称金路易。——译者注

职业。文人的长且保暖的衣服以及轻但不结实的鞋子，对牧人、猎人、车夫或者工匠来说是一种奢侈，甚至是一种并不舒适的奢侈；同样，战士必需的盔甲或者演员不可或缺的戏服，对律师来说也是一种奢侈。如果一个人与许多人有业务关系却又不能去找他们，就需要在家中予以接待，其住宿环境应当好于城里的劳动者。如果一个人因为职务的缘故需要结识很多人，且要观察他们的言行举止，就需要把他们聚在家中，相应地，他消费的额度就会大于没有这种职务的人。这正是大部分公职人员的情况。某人没有任何职务而只是拥有特别富裕的名声，即使特别乐善好施，也得在花钱时大方些，免得被认为过于吝啬过于在意私利。因为拥有应当得到的公正的评价，是每个人真正的需要，如果他不是通过不公正手段收买得来的，如果仅仅不大有效地使用其财产。“虚荣”希望显示出本来不是如此的情况，“贪婪”期望侵犯本不属于自己的东西。在我们中间，“虚荣”和“贪婪”会经常滥用前述观点，以便掩饰其过分的行为，至于达到何种程度，我是知道的。但应当承认的是，生活必需品确实没有特别确定的界限，确切地说，必要性到了尽头时，奢侈才显露端倪。

然而，奢侈的本质特征仍然存在于非生产性消费，单单这一点就能让我们看到，某些人所声称的观点是多么荒唐！他们硬说，奢侈增加可使得国民富起来！这就好像建议批发商要想生意更好就应当增加其家庭开支。这种花费或许是其财富的标志（尽管这个看法尚且值得商榷），但肯定不是致富的原因。当然！人们承认，制造商应降低成本以便从其产品中获取更多利益，而我们让一个民族更加富裕的方法却是要它花费更多！这是自相矛盾的。可是，有人会说，奢侈消费通过刺激货币流通激励贸易鼓励工业。事实绝非如此。它改变货币流通但带来的是有用性的减少，甚至连一个埃居都不会增加。不妨让我们计算一下。

我现在拥有一份地产，还有一笔钱20万法郎[1]（franc），这笔钱来自我的土地收入。当然，这是我的佃户生产的这笔财富，他们在地里种出了相同价值的粮食，扣除他们

[1] 1356年，正值英法百年战争之际，法兰西国王让二世被英军俘获，被囚禁4年交纳了巨额赎金后，才得以返回法国。1360年12月5日获释的让二世国王签署一道敕令，决定铸造金币来纪念这一历史事件。硬币正面是让二世在战马上身披铠甲、手执利剑的英武形象，意为国王获得自由，这种新钱币就以“自由”命名，“自由”一词的法文是FRANC，音译为中文便是“法郎”。法郎堪称世界上最古老的货币之一。在15世纪中叶，查理七世废除法郎恢复金路易。1789年法国大革命爆发，法郎在沉寂300余年后得以重新推行流通。1795年法郎正式代替利弗尔成为法国本位货币单位；1803年拿破仑颁布法令确立法郎的国家货币地位；1876年实行金本位制。第一次世界大战期间，法郎币值与黄金脱钩。1928年6月法国制订新货币法，正式实行金块本位制。1937年6月取消法郎含金量，法郎成为不能兑现的纸币。第二次世界大战后，法郎先后五次贬值，贬值幅度达到90%。1958年戴高乐总统决定推出新法郎，取代不断贬值的旧法郎。1972年法郎参加西欧“蛇形浮动”，1973年3月参加西欧联合浮动。2002年1月1日欧元发行后，法郎逐渐停止流通。——译者注

及其工人的生存所需，扣除各种正当利润，他们创造了这笔价值，显然不是通过他们的花费，而是通过他们的节省。因为，如果他们消费的和产出的一样多，他们便无法给我创造任何财富。如果这笔财富来自我在商业、制造业或是社会其他行业的劳动，道理也是一样的。如果我把所有粮食消耗殆尽，就不会有任何剩余。可我现在确实有这么一笔财富。

现在我把这笔钱仅仅用于自己的消费且消费得没有意义。我把钱财分散了，转移到为我工作的人手中（用于满足他们的各种需求，因为他们付出了劳动）；我仅仅是满足一时所好，什么都没留下。比如，他们为我安排了一场焰火或是别的表演。可如果我把这笔钱用在有用的事情上，财富当然还是会被挥霍，依然会有同样数量的人赖以维持生计，但他们的劳动会产生长远的益处：土质的改善确保未来更为可观的收成；建造的房屋将产生租金；修桥铺路一样可以造福一方，使先前不可能的贸易联系变得可行。公正的奖励也给我带来好处，社会则因我的善举而受益。如果某些商品被购买或者被制造的目的，不是为了消费，而是为出售或施予穷人，这些商品便能给我带来利润，或者用于救助原本可能被灾难吞噬的苦命人。这就是两种消费方式真实的比较。

如果假设我把钱借贷出去，没有采用上述两种方式中的任何一种，只需要扩展我的观点即可，不需要任何改变。需要知道的是，接受贷款者如何使用这笔钱，而我又如何使用他所支付的利息。依据贷款和利息使用性质的不同，也会产生我们刚刚阐述的两种效果。如果我用那20万法郎购置新的地产并从中获取收入，那么其效果会与相应的借贷一样。

最后，假设我把这些货币埋藏起来，不消费，也不借贷，这是人们能够支持的唯一情况，这种情况还不如把钱花出去，因为至少会有人从中受益。对此，我注意到：首先，这不属于一类行为，而是一种真正的怪癖。这种怪癖极为罕见，显然不利于它所传染的人，且这种怪癖非常罕见能够对整个社会财富的使用产生巨大影响。不仅如此，崇尚节俭的国家与喜好奢靡的国家相比，前者的贮藏癖要更为罕见，因为那里的国民更懂得资本的功用及其使用方式。

其次，这种癖好如此微不足道，以至于不值得我们讨论，且其本身也并没有我们想象中那么有害，因为我们能够贮藏的不会是粮食，人们埋藏的仅仅是贵金属。用贵金属换取的商品已进入消费领域，完成了使命。只是被贮藏的金属脱离通常的功用。如果贮藏量相当大的话，唯一的后果是，流通中的每一单位贵金属拥有更多价值，代表更多的商品、劳动和服务。如果这会导致某种缺陷的话，最多是在对外贸易中，外国人能以很低的价格获取该国产品。而正因为商品价格更低廉，相对于外国商品，本国产品更具优势。众所周知，这是所有优势中最重要的。那些拥有大量贵金属的国家要平衡这一优势只能靠更高超的制造才能和计算才能，这种才能事实上往往是因为其天赋，不是因为富有，这种天赋长期以来一直就存在，正是这种天赋使得其富有。不过，这已经扯远了。

因此我自信能够得出结论：从经济角度看，奢侈始终是种祸害，是贫弱的持续原因。奢侈的真正影响在于不断地摧毁劳动和工业的成果，原因是社会中部分成员的过度消费。这种影响尽管常常被轻视，事实上非常惊人。在一个国家里，这种影响一旦停止，只要还有一点生产活动，人们很快会看到，财富与国力会迅速大幅增加。

我们在理论方面证明的道理，在历史上也不乏实例。荷兰是何时拥有令人不可思议的国力的呢？当海军将领和水兵一样生活时，当全体国民为使国家富有或者为保卫国家而拼搏时，当没人忙于种植郁金香[1]（tulipe）和购买名画时。随后的所有政治和贸易事件结合起来，导致荷兰衰退。荷兰过去保留着节俭的精神，因此拥有大量财富。阿姆斯特丹（Amsterdam）的业绩使之变成一座豪华雅致的宫殿，用添置船只的钱购买锦绣服装，把店铺变成舞场。你们看看，短短几年后，荷兰就仅剩下对付海侵的钱了。英国经过很多灾难与错误后获得巨大发展，这又是何时发生的呢？是在克伦威尔（Cromwel，1599—1658）或查理二世（Charle second，1630—1685）的时代吗？我知道，道德因素与经济上的斤斤计较相比有大得多的力量。但我要说的是，这些道德因素所以能增加各种资源，仅仅是因为它们能把所有的努力都引向固定对象；因为国家或个

[1] 郁金香泡沫是源自17世纪荷兰的历史事件。郁金香原产于小亚细亚，1593年传入荷兰。17世纪前半期，由于郁金香被引种到欧洲的时间很短，数量非常有限，因此价格极其昂贵。1634年炒买郁金香的热潮蔓延为荷兰的全民运动。当时1000美元一朵的郁金香花根，不到一个月后就升值为2万美元了。1636年，一株稀有品种的郁金香竟然达到了与一辆马车、几匹马等值的地步。面对如此暴利，所有的人都冲昏了头脑。他们变卖家产，只是为了购买一株郁金香。就在这一年，为了方便郁金香交易，人们干脆在阿姆斯特丹的证券交易所内开设了固定的交易市场。正如当时一名历史学家所描述的："谁都相信，郁金香热将永远持续下去，世界各地的有钱人都会向荷兰发出订单，无论什么样的价格都会有人付账。在受到如此恩惠的荷兰，贫困将会一去不复返。无论是贵族、市民、农民，还是工匠、船夫、随从、伙计，甚至是扫烟囱的工人和旧衣服店里的老妇，都加入了郁金香的投机。无论处在哪个阶层，人们都将财产变换成现金，投资于这种花卉。"1637年郁金香的价格已经涨到了骇人听闻的水平，与上一年相比，郁金香总涨幅高达5900%。1637年2月一株名为"永远的奥古斯都"的郁金香售价高达6700荷兰盾，这笔钱足以买下阿姆斯特丹运河边的一幢豪宅，而当时荷兰人的平均年收入只有150荷兰盾。就当人们沉浸在郁金香狂热中时，一场大崩溃已经近在眼前。由于卖方突然大量抛售，公众开始陷入恐慌，导致郁金香市场在1637年2月4日突然崩溃。一夜之间，郁金香球茎的价格一泻千里。虽然荷兰政府发出紧急声明，认为郁金香球茎价格无理由下跌，劝告市民停止抛售，并试图以合同价格的10%来了结所的合同，但这些努力毫无用处。一个星期后，郁金香的价格已平均下跌90%。绝望之中，人们纷纷涌向法院，希望能够借助法律的力量挽回损失。但在1637年4月荷兰政府决定终止所有合同，禁止投机式的郁金香交易，从而彻底击破这次历史上空前的经济泡沫。"郁金香泡沫"是人类历史上第一次有记载的金融泡沫。——译者注

人没有把钱花在无意义的琐事上，在办大事时才不至于囊中羞涩。

为什么美利坚合众国的农业、工业、贸易、财富和人口在25年内实现翻一番？是因为生产比消费的多。其位置很优越，这我承认；其产出之多确实惊人。但说到底，尽管有这些有利条件，如果消费的更多，也会变得贫困、衰落、悲惨，像西班牙那样。

最后再举一个更加明显的实例。旧制度下的法国并不像法国人自己所津津乐道的那样悲惨，但也不繁荣。其人口并未减损，其农业也未衰退，但确实处于停滞状态。或者说，即使有所增长，但也少于几个邻国，相应地，这与同时代的知识进步相比是不相称的。当时法国债务很重，却没有任何债权，总是缺少资金投资于有益的事业，无力支撑政府的日常开支，在对外关系上更是无所作为。总之，尽管其臣民精神抖擞、数量庞大、兢兢业业，地大物博，且享有长期和平，法国仅仅勉强维持着自己的国际地位，外人很少赞赏法国，更不必说惧怕它了。

革命到来了，法国遭受了所有可以想象到的痛苦：被残酷的内外战争蹂躏和煎熬；许多省份惨遭荼毒，许多城市化为灰烬；所有的东西都被强盗和军队供应者劫掠殆尽；对外贸易荡然无存，舰队灰飞烟灭，尽管常常被重建；殖民地被摧毁，人们相信殖民地对法国的繁荣来说不可或缺；最糟糕的是，丧失了本可控制的所有人口和供其挥霍的全部财富。由于人民的外逃和纸币的采用，其铸币几乎全部外流。在饥荒的同时，法国却维持着14个军的兵力。在此背景下，众所周知，短短几年内人口和农业得到显著增长。现在（1806年），人们通常认为非常重要的海洋力量和对外贸易尚无起色，仅有短暂的和平以便休整，然而，它却能承担起巨额开支，能够进行大规模的公共工程，能够在不借债的情况下满足所有需要，拥有一支强大军队，在欧洲大陆无人能敌，甚至能够征服整个世界，只有英国海军能与之抗衡。是什么使得这个国家产生了如此不可思议的影响呢？单独一个条件就足够了。

在旧制度下，法国人每年绝大部分劳动所生产的财富，构成了整个宫廷和富有阶层的高额收入；而这些财富几乎全部被用于奢侈性消费，就是说，养活了一大人群，而这一大群人的全部劳动不产生任何效益，仅取悦几个人而已。通过革命，这些财富几乎全部一夜之间就转到新政府手中，转到劳动阶级的手中。这笔财富同样地改善了需要维持生计者的生活，当然这些人的劳动被用于必要的或者有益的事业，这对外足以保卫国家，对内足以提高生产[1]。

[1] 仅仅废除封建特权和什一税，就既有利于农民，也有利于国家，一方面足以增加工业，另一方面足以设置新税种。然而什一税仅仅占这个无益的消费阶层收入的很小一部分。

由于社会震荡和普遍贫困的共同影响，在相当长的时间里，人们恐怕就很难在法国找到一个游手好闲或者从事无益劳动的人。当人们考虑到这个情况时，应该感到很惊奇。原本制作四轮华丽马车的转而生产加农炮座架，做刺绣和花边的做起了呢绒和帆布，装修小客厅的则开始建造谷仓，开垦土地；甚至和平年代里享受奢侈生活从事无益劳动的人，也不得不为了生计从事社会所需要的有益事业。这正是国家在重大危机中所找到的获取巨大资源的秘密。人们很好地利用了原本放任流失的力量，这些力量在平时意识不到，危难时才发现是多么可观！学校课本中对节俭的赞颂和对奢靡危害的憎恶，以及贫穷朴素人们的民主美德，其真谛就在于此！人们如此可笑地吹嘘这些道理，却并不明白其中真谛。一些民族强大起来，并不是因为这些民族贫穷无知，而是因为他们一点都没有浪费所拥有的力量。一个有 100 法郎且很好地利用它的人要比一个有 1000 法郎却把它输在赌场上的人更富有。一个富裕开化的国家也是如此，我们同样看到，法国国力增长，法国的努力远远超过当年的罗马共和国[1]（republique Romaine），因为法国克服了更强大的障碍。例如，德国如果在四年时间里把所有用于那些小朝廷和修道院奢侈消费的财富转移到节俭的劳动阶层手里，看它是否会变成一个令人生畏的强国。相反，假设在法国完全复辟旧宫廷，尽管其领土扩大了，会不断出现下述情况：资源丰富，却萎靡不振；金银堆积成山，却苦难丛生；国力雄厚，国家却贫弱不堪。

人们也许反复地提醒我把许多起重大作用的道德因素的结果仅仅归于劳动和财富的分配。我再次声明，我绝不否认这些因素的存在；像所有人一样，我承认它们的存在；此外，我还要解释其影响。我承认，对内自由和对外独立的热情，对不公正的压迫和更为不公的暴力的愤慨，两者足以令法国经历如此巨变。我确信，如此巨变给予这些情感很多得以成功的方式，因为他们很好地利用了所有力量，尽管他们的暴力也铸成了大错，制造了恐怖。“人类社会所有的善一旦存在于劳动的合理利用中，所有的恶就会消失。”尽管如此，这句话想说的只是：当人们致力于满足自己的需求时，便会得到满足；当人们浪费光阴时，就要受苦。如此显而易见的道理都得证明，实在令人羞愧。但需要注意的是，这个道理的结果非常巨大，令人吃惊。

恐怕可以就奢侈问题写一整本书，且会是很有用的一本书，因为这个话题从未很

[1] 公元前 510 年罗马人驱逐高傲者塔尔昆，结束罗马王政时代，建立罗马共和国，国家由元老院、执政官和部族会议三权分立。掌握国家实权的元老院由贵族组成；执政官由百人队会议从贵族中选举产生，行使最高行政权力；部族大会由平民和贵族构成。罗马共和国存在于公元前 509 年到公元前 27 年，其正式名称是元老院与罗马人民。——译者注

好地得到阐明。人们会指出，奢侈就是对多余消费的喜好。在一定程度上是两种因素的结果：一方面，人类有一种只要有了一定条件就要不断追求新奇乐趣的天然倾向；另一方面，习惯的力量使得已经享有的福利成为一种必要，即便继续享受这种福利对他来说代价不菲。相应地，奢侈是工业发展不可避免的结果，但会反过来阻碍工业发展；是财富积累不可避免的结果，但又趋向于吞噬财富。这个道理也适用于下面的情况：当一个民族由于奢侈或是其他原因而失去往昔的强盛时，奢侈却能在繁华过后继续存在，虽然正是繁华滋生了奢侈，奢侈却使繁华无法再现，除非一场剧烈的旨在重建繁华的社会震荡令社会彻底脱胎换骨。这个道理也同样适用于个人。

应当使人看到，根据上述论据，在相反情况下，当一个民族首次跻身文明国家行列时，要取得全面成功，工业和知识的进步应当远远快于奢侈蔓延的速度。第二和第三任国王治下的普鲁士[1]王国（monarchie prussienne）所取得的巨大飞跃，应当主要归因于这个条件。那些声称奢侈对于王朝繁荣十分必要的人看到这个例证应当感到窘迫。我认为，正是这个条件确保美国的持续繁荣；俄罗斯未能全部满足这个条件，其真正的繁荣和文明也因此变得困难，不够完善。

还应该指出什么是最有害的奢侈。人们可能把制造过程中的笨手笨脚看作严重的奢侈，因为这会导致大量时间和劳动的浪费。应当指出，豪门大户是真正意义上的奢侈的主要来源，甚至几乎是唯一来源。因为如果奢侈仅仅存在于中等富裕的人家，那么奢侈不过刚好有可能出现而已，游手好闲本身根本不会发生。不过，游手好闲也是一种奢侈，因为，即便它不是一种毫无产出的劳力使用方式，至少抑制了劳力的使用[2]。因此，有些工业行业具有优势，虽然能够迅速产生巨额财富，但同时会带来缺陷，这种缺陷能强有力地抵消这种优势。这并不是指那些新兴国家里第一批发展起来的行业，如海上贸易。相反，农业生产缓慢，受到诸多限制，应该得到优待。真正意义上的工业，就是制造业，没有危险，特别有好处。制造业的利润不会过度；在这一行业，很难取得成功，成功了也难于持久，因为这需要丰富的知识和上乘的质量，且需要带

[1] 1701年勃兰登堡大选帝侯腓特烈三世在柯尼斯堡加冕成为普鲁士国王腓特烈一世，从此展开普鲁士王国200多年的显赫历史。腓特烈·威廉一世实行极端的军国主义政策，大大加重赋税，把普鲁士军队从3.8万增加至8.3万，普鲁士成为欧洲第三军事强国。腓特烈·威廉一世性格严厉穷兵黩武，以极其粗暴的军人作风对待臣民，把军事训练的严酷推向极致，为普鲁士日后的扩张准备了坚实的军队和经济基础。腓特烈二世史称腓特烈大帝，1740—1786年在位，统治时期普鲁士军力大规模发展，领土大举扩张，文化艺术得到赞助和支持，"德意志启蒙运动"得以开展，使普鲁士在欧洲大陆取得大国地位，并在德意志内部取得霸权。到1786年腓特烈大帝去世时，普鲁士已经成为欧洲强国之一，其行政机构的高效率和廉洁为欧洲之首。——译者注

[2] 游手好闲的人中只有一类不该受到指责，那就是致力于学术研究者，尤其是致力于人类研究者：他们是唯一受迫害的。我们有很好的理由来解释这种现象。他们使人看到其他人是多么有害，而他们自己并非最有权有势。

来特别有利的结果。生产基本必需品的制造业尤其值得提倡。这并不是说制造奢侈品的行业不能有益于国家，人们常说罗马教廷的宗教是出口的商品而非供自己消费，奢侈品只有像罗马教廷的宗教时才对国家有利。令人担心的是，人们或许会自我陶醉于原本给别人酿造的美酒中。所有这些内容应该在有关著作中予以展开讨论，但这不是我的主题。我的本意不在于撰写有关奢侈的历史。我只是想说明，奢侈是什么，奢侈对各国财富的影响又是什么。我相信我已经做到了。

因此，从经济角度看，奢侈是严重的祸害。对于人类利益，道德始终是最重要的，从道德角度看，奢侈的祸害性更严重。对多余消费的喜好，主要由虚荣心引发，又滋生并加剧奢侈。奢侈使得精神轻浮，且有损于其准确性。奢侈使得人行为放荡，行为放荡孕育很多罪恶，给家庭带来无序和混乱。奢侈轻易地让妇女走向堕落，让男人陷入贪婪，让所有人丧失温情和正直，忘却慷慨和慈爱。总之，奢侈使精神堕落，令灵魂狂躁。这些可怕后果不仅作用于享受奢侈者，而且影响到渴望奢侈者或者赖以维持生计者。

尽管奢侈有这些危害，人们应当同意孟德斯鸠的一个观点："奢侈极为适合于君主政体"。就是说，适合于单一首脑下的贵族政体，"在这类政体里，它是必要的"。但是，这并非如孟德斯鸠所说是为了促进流通，以便贫苦阶层可以分享富有阶层的财富。我们已经看到，富有阶层无论以何种方式利用其财富，他们提供的薪水总额是一样的。真正的区别在于他们购买了无用的劳作而没有投资于有益的事业。即便他们在奢侈品上花钱花到了抵押乃至出让地产的地步，流通也没有任何增加，因为奢侈者原本可以把钱用于别处。这直接与孟德斯鸠本人在前几章所提出的原则相悖。在那里，他很有道理地把贵族家庭的永久繁荣看作君主制长治久安的必要条件。

因此，如果君主有兴趣鼓励和促进奢侈，是因为他需要有力地刺激虚荣心，激起对珠光宝气的强烈爱慕，使得社会风气轻浮浅薄，以便人们远离世事，挑唆社会各种阶级间的对立情绪，不断地让那些富可敌国者支付金钱并最终使之破产。君主或许需要时常破费些钱财来帮助那些他需要支持的家庭走出混乱，只要有这些家庭替他维护权力，他就能最大程度地攫取资源。正如我们已经提到的，这就是适合于君主制的运作之道。仅补充一点，我们已经解释过代表制政体的性质和原则，这种政体基于相反的原因，丝毫无意促使人民沉醉于多余消费的天然弱点；相应地，这种政体有完全相反的兴趣，要和平地进行统治，也从来不必牺牲社会的任何力量。在这个问题上，不必再深入探讨。

那些有意阻止奢侈蔓延的政体，应该求助于奢侈法律吗？在这里，我不想重复，奢侈法律总是对权威的滥用，是对财产的侵犯，且从未达到所假设的目的。我只是想说，当虚荣心尚未不断地被激起时，当底层阶级的苦难和无知还不至于使之极端渴望奢侈时，当快速与过度致富的方法还不多见时，当财富通过平等继承而迅速分散时，最后，当每个人都以不同于奢侈的方式赋予人类精神真正的乐趣时，总之，当社会被很好地治理时，奢侈法律是无用的。

这便是与奢侈作斗争的良方，其他的不过是糟糕的权宜之计。像孟德斯鸠这样的人似乎偏爱此类权宜之计。他把“节制”看作贵族制的原则，为调和“节制”和人民利益，甚至赞成威尼斯贵族任由高级妓女偷盗其财宝，甚至赞成希腊诸共和国中最富有的公民将财富用于节庆和演出，最后，他发现奢侈法律对中国有益，因为那里的妇女生育力很强。我无意重复我对这种看法的惊诧。幸好孟德斯鸠得出结论说应该消灭僧侣。但这个结论并不太符合所依托的原则。

至于妇女，她们在原始人那里是役畜，在野蛮人那里是供观赏的动物，在沉醉于虚荣和轻佻的民族那里，则时而是暴君，时而是受害者。只有在自由与理性主导的国度里，她们才是自己选择的爱人的幸福伴侣，才是自己照料的温情家庭中受尊敬的母亲。

不论是撒姆尼特人[1]（Samnite）（或逊尼人 Sunnite[2]）的婚俗，还是斯巴达的舞蹈都不会产生相同的效果。实在难以想象，我们竟然花了这么长时间才发现这些愚蠢的看法有多么可笑，才发现罗马人的家庭法庭有多么可怖。女人被创造出来，不是为统治男人，也不是为伺候男人，而是和男人一样。统治与伺候根本不是幸福和美德的源泉。人们能够断定，这两者在任何地方都不会带来幸福和美德。

第 八 章

关于原书第八章——“三种政体原则的腐化”

在《论法的精神》第八章中，孟德斯鸠把一种排他性的情感归属于某种政体，并将之作为该政体的唯一原则。为做出有力地说明，他不得不把这些原则作为这些政体的行为和命运的原因。事实上，这些情感在每种政体中都或多或少地存在。因此，该书中没有哪一章比该章更好地证实孟德斯鸠所采用的政体分类法多么有缺陷！多么有

[1] 意大利的古民族。——译者注

[2] 伏尔泰在对《论法的精神》的评论中指出，这些特殊婚俗的故事引自斯多拔俄斯（Stob é e），而斯多拔俄斯说的是斯基泰人的一支逊尼人，而不是撒姆尼特人。当然，这无关紧要。

损于其思想的深度和广度！

在第八章，首先令人惊讶的是，孟德斯鸠宣布仅有三种政体，却一开始就把政体分为四类，它们之间的差别其实很大，最后把其中两类合称为共和政体，从疆域角度看，这两类政体毫无相像之处。

其次，鉴于任何人类制度都不能避免缺陷，我们料想他会告诉我们每种社会组织自身的内在缺陷是什么，并传授我们克服缺陷的方法。可是，他完全没有这么做，他依照其刻板的分类依旧局限于抽象之中。他的问题不在于政体本身，仅仅在于各种政体的原则。那么关于这些原则，他又告诉了我们什么呢？以下便是。

他说，"当人们丧失平等精神，甚至希望与所选择的领导人平起平坐时，民主制原则就变得腐化了"。[1] 他引证很多实例并进行大量论证来阐述第二个观点。与其他任何政体原则相比，无论该观点多么正确，它是否与民主制的美德有某种更为独特的关系呢？需要注意的是，孟德斯鸠在别处把"自我牺牲（l'abnégtion de soi-meême）"看作民主制美德的特征。试想当所有人都想发号施令而没有人愿意服从时，还有哪种社会形态能够继续存在？

关于贵族制，他告诉我们，"当贵族政权变得专横且贵族不遵守法律时"，贵族制就变得腐化了。这些极端行为或许有害于该政体所谓的原则，即"节制"。但是，又有哪种政体的原则不腐化呢？或者更准确地说，在事实上，当某种政体变得专横，当法律得不到遵守时，而在原则上该政体并没有腐化，有这样的吗？

君主政体也是这样，换句话说，和贵族制的情况差不多。当君主摧毁一些团体的或者城市的特权时，当君主剥夺某些人的天然职能以便任意地给予其他人时，当君主热衷于幻想甚于毅力时，当君主变得暴虐时，当君主把无耻与高尚集于一身时，人们会发现君主制的原则也腐败了。上述无序状态肯定是有害的，但除最后一点外，没有任何一点与"荣誉"有直接的关系。这种无序状态无论在何处，都和在君主制那里一样，令人遗憾和反感。

对于专制政体，他告诉我们，"其他的政体之所以灭亡，是因为某些特殊事件破坏它们的原则。专制政体灭亡的原因在于其自身内在的缺陷。某些偶然因素根本不能阻止其'原则'的腐化"。就是说，专制政体只有"当某个条件迫使它遵守秩序承认规则时"才能得以维持。我相信这是对的。在我看来，特别肯定的是，专制政体若不能建立某种秩序，就无法继续存在，其他任何政体也是这样。但应当承认的是，把建

[1] 参见孟德斯鸠著：《论法的精神》，许明龙译，北京，商务印书馆，2009 年，第 118 页。——译者注

立某种秩序称作“恐惧的腐化”，这有点怪诞。此外，我还要问：“这整个又能告诉我们什么呢？”

基于上述引文，我相信可得出结论：从孟德斯鸠所谓的三种或者四种政体原则的衰弱和毁灭的方式所启发的思考中，我们能获取的知识很少。因此，我也不就此多费笔墨，但我还是要冒昧地反对或者至少要讨论紧随其后的一个观点。孟德斯鸠声称[1]，“如果从自然特质来说，小国宜于共和政体，中等国宜于由君主治理，大帝国宜于由专制君主治理的话，那么，要维持原有政体的原则，就应该维持原有的疆域，疆域的缩小或扩张都会变更国家的精神”。我认为，这个论断要成立的话，还受到很多难题的约束。

首先，我重申已多次阐述的观点。在这里，“共和”一词特别模糊，它同时适用于两种政体，这两种政体所相同的是都没有单一首脑，但在疆域问题上区别很大。民主制肯定只能出现在一个狭小空间里，或者说只能出现在单一城市的围墙内；甚至严格地说，它不能在任何地方持续存在一小段时间。正如我们所说，它只是人类社会孩提时代的产物。但对于被称为“共和制”的多个首脑下的贵族制，似乎没有任何因素妨碍它统治一块辽阔的国土，被称作“君主制”的单一首脑下的贵族制同样如此。罗马共和国便是很好的例证。

至于专制政体（纯粹君主制），我实在想象不出孟德斯鸠如何能在第十九节提出这样的观点：这种政体对很好地统治一个庞大帝国很有必要。然而他之前曾经说过，这种政体总是一种很糟糕的政体。我也想象不出他如何能主张应当维持庞大帝国的疆域，以便维持这种政体的原则。他之前曾经说过，这种政体唯一的生存之道便是放弃它的原则。这整个是矛盾的。[2]

这后一个“供认”准许我更新我的观点：专制政体和民主政体一样，都是人类初期的社会形态，这两种有缺陷的制度都不大可能长久，不值得我们多费口舌。因此，现在仅剩下多个首脑下的贵族制和单一首脑下的贵族制（或者说君主制），这两种政体都能出现于任何国家，从弹丸之地直到泱泱大国。但两者的区别是，在单一首脑贵族制下，全体国民所承担的牺牲不仅用于上层阶级和特权集团，还要用于宫廷。要满足这些要求，国家必须拥有一定范围的疆域，或者至少要达到一定的富裕程度。这与荣誉无关，也与节制无关，和其他任何臆想出来的置之四海而皆准的怪诞想法都无关，

[1] 参见孟德斯鸠著：《论法的精神》，张雁深译，北京，商务印书馆，1961年，第126页。——译者注

[2] 我想我们只能说，任何过于广阔的国家，如果不至于分裂，就难以逃脱专制的枷锁。

仅仅是个计算问题，是个可行性问题。如果居民数量不大且不够心灵手巧，因此也不富有的话，国王也将难以为继？正如睿智与深刻的拉封丹[1]所说，“财帛寡则民无以存”。这几个字所蕴含的哲理与善政多于许多鸿篇巨制。

我要补充一点，我经常把单一首脑和多个首脑下的代表制政体与贵族制及其各种形式相提并论，把它们看作适合于人类文明第三阶段的社会组织形式。和贵族制一样，代表制政体也适用于任何国家，无论是最小的还是最大的。代表制政体甚至因其自身优势能达到更高的程度。一方面，代表制政体的性质决定必需的管理费用较少，被统治者的负担较轻，不用增加某些特权导致的繁重义务，因此，这种政体能轻易地存在于小国；另一方面，来自帝国各个地方的接受特别委托的立法权的每个成员的道德力量，加上行政权的有形力量，会形成一个很强大的力量，对于确保法律在广阔疆域内得以实施绰绰有余。因此，这种政体在一个大帝国内也能很好地维持秩序。为达此目的，应避免的仅仅是立法权和行政权不要处于对立状态，像单一首脑下的贵族制中经常出现的那样。在单一首脑的贵族制下，常常出现特权阶层与首脑不和的情况。不过，要避免此种情况，还是有很多方法的，但这不是我们现在要讨论的问题。

我认为，如果像孟德斯鸠那样仅仅考虑政体形式的话，这就是关于政治社会的疆域问题能够得出的所有看法。但我觉得，这个问题还可以从孟德斯鸠所忽略的其他角度进行探讨，并能产生一些重要的结论。

首先，一个国家无论以何种方式进行统治，都应当拥有一定的疆域。如果国家太小，只要人民愿意，他们就可以两日一聚会，一周一革命。因此，由于人心的浮动和人民对糟糕现状的过度敏感，这个国家就无法逃脱变天的厄运。也就无自由可言，无太平可言，无持久的幸福可言。

此外，一个国家还需要有足够的力量。如果过于弱小，便无法享有真正的独立，其存在基础不会牢固，只能在其强邻相互觊觎的缝隙中苟延残喘。它会饱受邻国间争斗的纷扰，或者成为它们相互和解的牺牲品。尽管很不情愿，它会被卷入邻国的圈子，

[1] 拉封丹（la Fontaine，1621-1695）是法国古典文学作家，著名寓言诗人，生于一个小官员家庭，从小生长在农村，熟悉大自然和农民的生活。19 岁到巴黎学神学，一年半后改学法律，毕业后获得巴黎最高法院律师头衔。他了解到法院黑暗腐败的内幕后，对这种职业十分厌弃。不久就回乡下去过安闲的乡绅生活。他不善于管理家业，被迫出卖土地，到巴黎去投靠当时的财政总监富凯。1661 年富凯被捕，拉封丹写诗向国王请愿，得罪朝廷，不得不逃亡到里摩日，从此对封建朝廷甚为不满。1663 年返回巴黎，常出入沙龙，对上流社会和权贵有更多的接触和观察的机会，同时结识如莫里哀、拉辛等诗人和戏剧家。1668 年出版《寓言诗》第一集，引起很大反响，建立文学声誉，到 1694 年共出版 12 卷。此外还出版 5 卷《故事诗》。他常用民间语言通过动物形象讽刺当时法国上层社会的丑行和罪恶，嘲笑教会的黑暗和经院哲学的腐朽，对后来欧洲寓言作家有很大影响。其经典名言：要工作，要勤劳，劳作是最可靠的财富。——译者注

最终被其中一个吞并；当然也有另一种命运，邻国会放过它的小命，但不会再让它自主地统治自己的国家，这种命运或许更糟。这个小国会始终被一堆原则所束缚，看着周围国家的脸色行事，以至于被推翻，或者被发生在国内的革命推翻，或者被出现在别处的革命推翻。

热那亚[1]（Gènes）、威尼斯、所有意大利和德意志的小国，还有日内瓦[2]（Genève），都是上述看法很好的例证，尽管前者组成了联邦，后者和瑞士形成同盟关系。瑞士和荷兰本身拥有更强大的国力，却也是更明显的例证。长期以来，我们不假思索地认为，这两个国家都得到了很好地保卫，因为前者有高山阻隔，后者有船闸可凭，且两国人民都很爱国。但当强敌压境时，这些虚弱的险阻和无力的热情又何足以恃？经验证明，真正保护它们的是其邻国的相互牵制。我想象不出还有什么比一个弱国公民的命运更为悲惨。

另一方面，一个政治体的疆域不应该超过一定的规模。疆域的过分辽阔本身在我看来并无大碍。在我们的文明社会里，社会联系如此发达，通讯如此便利，尤其是印刷术，使得政令、教育、舆论的传播变得更容易，使得我们很容易了解有关各种事物、各种思想以及人们的能力和利益的详细而准确的信息，以至于统治一个庞大的省份并不比管辖一个小省困难多多少。在我看来，距离对于有效行使权威和在必要时使用武力来说也不是难以逾越的障碍。我甚至认为辽阔的疆域是一种难以估量的优势，因为一旦国土辽阔，内部骚乱和外敌入侵都很难颠覆这个政治大厦。因为灾祸不会在所有地方同时爆发，我们总能从毫发未损的地方调集资源，救济灾区。但重要的是，国家不要大到把在风俗、性格、尤其是语言上过于不同且利益千差万别的民族囊括到一起。在我看来，这大概是限制政治社会疆域的主要原因。

还有一个值得注意的因素：边境必须易于防守，不要同时面临邻国的争议，但又不能因此阻碍粮食的出口或是贸易的通路（这对一国人民的幸福很重要）。因此国家须划定以自然为依托的边境，而决不能仅仅在地图上画几条子虚乌有的线条。

由此看来，在所有自然边界中，海洋是最佳的。海洋有一种特有的奇妙的优势，

[1] 热那亚共和国是一个大约在1100年开始建立，位于意大利西北海岸利古里亚地区，12—16世纪，热那亚借十字军东征而逐渐繁荣起来，形成一个独立而强壮的海洋共和国，并与威尼斯、比萨和阿马尔菲齐名。1805年被拿破仑治下的法国吞并。虽然在拿破仑被打败后的1814年，热那亚曾经复国，但只存在一段很短的时间，最终被撒丁尼亚王国吞并。——译者注

[2] 日内瓦一直由主教统治，直到宗教改革才成为共和国。16世纪日内瓦是加尔文新教派的中心。瑞士的日内瓦城是个城市共和国，城墙就是边境。从1584年起日内瓦共和国和瑞士联邦保持同盟关系。对于日内瓦人民来说，登城事件是他们独立的象征。1712年卢梭在这里诞生。1798年被拿破仑吞并。在1815年维也纳会议上，日内瓦共和国正式加入瑞士联邦。——译者注

那就是用以防守海洋的海上力量只需要很少的兵力，这些人有益于公共财产，从不会成群结伙地引发内乱，也不会威胁国内自由。从实现幸福和自由角度看，居住在一个岛上是一种不可估量的优势。如果地球的表面全部分成大小适中且相互距离足够远的岛，那么这个地球到处都将是勤劳富庶的民族，它们不会有陆军，因此会由温和的政府进行统治。而它们的相互联系将十分便利，它们之间的纷争不过会使相互联系中断，由于它们相互需要，纷争会很快结束。相反，如果世界没有海洋，那么各国间将没有贸易，总是有战争，惧怕邻国但又无视他国的存在，生活在军政府之下。海洋阻隔一切的恶，又促进所有的善。

除海洋外，最好的天然边界是高山山脊线，这条界限将源自山中的水系分开，由于山脉陡峻，那里也是人迹最难至之处。这种界限之所以理想，是因为山脊线足够清楚明确，界线两边之间的交通又十分困难，社会与贸易联系通常延河流展开的。尤为重要的是，尽管这条界线也需要陆军来防御，但比起平原国家来说，防守这样的边境所需的军队要少，因为防御崇山峻岭只需把守好主要的峡谷即可，这些峡谷由源于大山脉的峭壁构成。

如果没有海洋和高山，那么大河也可勉强作为边界，但要在河流已经足够宽的地方开始，一直延续至入海口，且仅限于大河。因为如果以支流为界，而其他的支流我们又不控制，这会使得众多航路中断，交通无法进行，这往往会让国家大片区域瘫痪。此外，要成为抵御敌对势力的真正天堑的话，这些河流通常不够宽阔，至少部分是这样。我很清楚，大河本身不是很明确的界线，因为它们总是不断改道，引起无数争议，作为天堑而言也不是那么可靠，大胆的敌人总能逾越它们。总之，上天创造河流与其说是为了将两岸分隔开，不如说是为了把两岸联系起来。可在某些地方，也只好以河流为边界。不管怎么说，一个政治社会为了自身幸福应当努力寻求天然边界，不应擅自逾越天然边界。

至于一个国家为自保需要多大的力量，这只能是相对的，取决于其邻国的力量。这自然地把我们引向下一章的主题。

第　九　章

关于原书第九章——“法律与防御力量的关系”

该章标题似乎预示着，我们会在这里找到有关武装力量组织的法律理论，以及公

民应负的保卫祖国的责任。但这不是孟德斯鸠所关注的问题。他仅讨论国家能采取哪些政治措施以免为邻国所图。我们也遵循这个思路。

孟德斯鸠先前已提出一个观点：共和国只能是小国，无论是民主制共和国，还是贵族制共和国。他为共和国提供的防御手段仅仅是和其他国家结成联邦关系。他还盛赞联邦制[1]的各种优势。在他看来，联邦制可能是维护内外自由最好的发明。他或许认为，对于一个过于弱小的国家而言，与其处于孤立状态，还不如与其他国家结合成联盟或者联邦（最紧密的联盟关系）。可是，如果这些联合起来的小国组成单一制国家，肯定更加强大，且有助于建立代表制政体。在美国，我们之所以找到联邦制，是因为美国没有强邻虎视。如果法兰西共和国采取这种模式，正如有人曾经提议的那样，那还能抵御整个欧洲吗？还能像坚持“统一不可分割”时所做的那样吗？这是值得怀疑的。因此，普遍的原则是：一个国家与其他国家联合起来，实力便会增长；如果组成单一制国家，就会更加强大；如果自我分割成若干部分，无论联系多么紧密，实力势必大打折扣。

另一个观点似乎更中肯，与单一制相比，联邦制使得篡夺主权更为困难。然而，联邦制并未能使得荷兰免受奥兰治家族（maison d'Orange）的奴役。真实的情况是，主要是由于外国势力的影响，尼德兰总督（stathoudérat）才变成世袭的全权职位；这算是弱国的弱点。

联邦制还有一个优点，这个优点在我看来无可置疑，然而孟德斯鸠没有提到。联邦制有利于知识更为平均地分配，促进行政管理的完善。因为它能产生一种热爱本乡本土的精神，这种精神独立于普遍的爱国主义精神；因为各州立法机关更清楚地知晓各州自己的利益。

联邦制尽管有这些优势，我认为，还是应当把联邦，尤其是古代联邦，仅仅看作某些人的尝试和试验，这些人尚未想象出真正的代表制，他们力图寻求能够同时实现自由、安宁和强国目标的道路，而当时唯独联邦这种体制能够满足这些目标。如果孟德斯鸠认识到这一点，我敢说他也会赞同我的看法。

[1] 联邦制国家由各个联邦成员组成，各成员单位先于联邦国家存在。联邦成员国在联邦国家成立之前，是单独的享有主权的政治实体；加入联邦之后，虽然不再有完全独立的主权，但在联邦宪法规定的范围内，联邦成员的主权仍受到法律的保护，联邦成员有自己的宪法和法律。在组成联邦制国家时，联邦成员单位把各自的部分权力让渡给联邦政府，同时又保留了部分管理内部事务的权力，国民享有联邦和各成员单位的双重国籍。联邦宪法明确界定联邦政府统一行使的权力和各成员国的中央政府所保留的权力，即联邦的权力是来源于各成员国的参与。联邦成员有自己的独立的立法、行政和司法机构，和联邦国家的最高司法、行政、立法机构不存在隶属关系。联邦国家的主权由联邦和各成员单位分享，联邦政府对外代表国家主权。但各联邦成员也在联邦宪法允许的范围内享有一定的外交独立性，可以与其他外交主体签订一些协议，有些联邦国家成员单位也可参加国际组织。联邦宪法未指明属联邦政府的权力，即属地方所有，称为“剩余权力”。——译者注

此外，孟德斯鸠注意到，联邦应该由实力大致相当并遵循大致相同原则的州组成，这是有道理的。缺少这两个条件是德意志邦联[1]（corps germanique 1648—1806）衰弱的原因。伯尔尼和弗里堡[2]（Friboug）的贵族制原则和各小州的民主制原则之间的对立常常有损于瑞士联邦[3]（confédération helvétique），尤其是近些年。

孟德斯鸠还注意到，与小型共和国相比，小型君主国不大适合建立联邦，这不是没有道理的，其缘由很明显。联邦的结果是在各联邦主体政权之上再建立一个共同权威。因此，打算建立联邦的国王们，要么不再是真正的君主，要么就不是真心归顺联邦。这正是在德意志看到的情况，在那里，小国国王仅仅在表面上是君主，大国国王仅仅在表面上属于联邦。在我看来，我们的这位作者如果想到这一层，会更好地证明其论题，而不是举出迦南[4]国王（roi cananéen）的例子，事实上这是个说服力不强结论性不足的例子。

正因为如此，恕我直言，孟德斯鸠引用了那么多琐碎的、成问题的或是不够详细的事实，引用了那么多令人生疑的作者的话，引用了那么多闻所未闻的国家的例子，以便论证他的原则和推理，对此我们不会感到太惊讶。在我看来，他的原则和说理在多数时候是远离了问题，而不是说明了问题。我承认这往往使我不堪其苦。具体到当下的问题，孟德斯鸠是如此坚定地认为，共和政体如果不求助于联邦无法统治一个辽阔的国家，为此，他引证罗马共和国，把罗马共和国看作联邦共和国。当然，我不打算和如此博学之人讨论博学的问题，何况他在此处并未卖弄其权威。我知道，罗马人

---

[1] 欧洲三十年战争（1618-1648）后，神圣罗马帝国被分成300多小国，沦为二流国家。神圣罗马帝国在12-13世纪期间中央政府的势力逐渐衰弱；由于资本主义发展而富庶的意大利地区北部城市，如威尼斯、佛罗伦萨等，持续地吸引着皇帝的注意力，帝国权力落入王公贵族手中。此外，帝国又欠缺公认的王室继承法，因此一旦国王去世，往往造成各选帝侯继任皇帝的纷争，因而导致帝国的内战和陷入无政府状态。继位皇帝必须以武力战胜其他不支持的诸侯，或者必须想办法赢得多数诸侯的拥戴，才能维系皇帝的权威。在这种情况之下，使得神圣罗马帝国虽然拥有大一统的"国家"之名，实际上却逐渐演变成为一个松散的"邦联组织"。弗朗茨二世于1806年8月6日放弃神圣罗马帝号，仅保留奥地利帝号。神圣罗马帝国正式灭亡。神圣罗马帝国的统治完全是中世纪式的，皇帝没有实权，实权掌握在300多个大小领主手中。对此，伏尔泰曾说"神圣罗马帝国既非神圣，也非罗马，更非帝国"。——译者注

[2] 瑞士西部城市，弗里堡州首府，在伯尔尼西南方向28千米，面积9.32平方公里，33418人（2006年）。1157年建城，中世纪贸易发达。弗里堡位于瑞士德语区和法语区的交界处，63.6%的人说法语，21.2%的人说德语，3.8%的人说意大利语。——译者注

[3] 1291年8月瑞士的三个谷地共同体（乌里、施维茨和下瓦尔登）签订三州同盟协定，规定三者须相互帮助对抗一切内外敌人；通过共同的法律来保证地方安定；同盟之间的分歧须以协商方式和平解决；并规定缔约方均不得接受非本地的或者为了贪图钱财而被任命的执法官员。这份同盟协议是瑞士历史上有案可查的最早协议，因而瑞士人把1291年8月视为瑞士联邦的诞生日，每年8月1日被定为瑞士国庆日。1648年瑞士联邦宣布独立。因拿破仑攻击，名称定为共和国。于1815年在维也纳会议上，瑞士被定为永久中立国。——译者注

[4] 迦南一词主要出现在《圣经》中，其实就是希腊人所称的"腓尼基"，原意为"临海低地"，大致相当于今日以色列、西岸和加沙，加上临近的黎巴嫩和叙利亚的临海部分。居住在这里的居民，主要是西闪米特人，也被称为"迦南人"。迦南人曾受埃及法老的委托第一次环绕非洲大陆航海。他们也是希伯来人的近亲，但在《圣经》中却被指称为含米特人，犹太人往往将其视为自己的敌人。——译者注

在各个时期以各种形式把战败民族纳入其帝国，但在那里我看不到一个真正的联邦；在我看来，如果说一个国家历来有单一性特征的话，共和国整个存在于单一城市，我们称之为宇宙的首脑或者首都（caput orbis）[1]。

孟德斯鸠在提出联邦是防御共和国的不二选择后，又提出专制国家需要把边疆地区夷为平地，并让边界与沙漠为伍；君主国最好用堡垒把自己围起来。

我认为，把这三种防御手段分别排他性地和其中一种政体挂钩，与本章主旨已相去甚远。但我不会在此话题上再费笔墨，也不再对所有剩余问题说什么，因为我觉得没有什么教诲可以汲取。

我仅仅摘录一句格言："君主制的精神是战争与扩张；共和国的精神是和平与节制"。孟德斯鸠多次重复这一思想，这是对单一首脑统治的颂扬吗？

第　十　章

关于原书第十章——"法律与进攻力量的关系"

本章依标题探讨开战权、征服权、征服的结果及其使用、保持其结果的方法。

每个人作为生物为防卫自身及其利益而有开战权，人群的开战权即来源于每个人的开战权。为防卫自身及其利益，人们可联合起来组成社会，将个人防卫权转化为联合防卫权，能够以较少代价取得较多成功。

民族属于这种人群。野蛮人不属于任何民族，没有任何社会联系，没有法庭可以申诉，没有任何可寻求保护的公共力量，只能求助于其个人力量以自保。

然而，人类本身为避免像野兽那样无休止地自相残杀，不得不使用所拥有的能力，尽管很不完善。当出现纠纷时，彼此商量相互表达看法，否则分歧永远存在；订立契约约束各方，以便都能得到休整；一定程度上信任宣誓誓言，尽管缺少可靠的保证。

国家也是这样。最野蛮的国家也会互相派遣并尊重军事谈判代表、传话官和使节，订立条约，相互抵押人质。最文明的国家会尽量控制其激情，甚至在战争正在进行时；相互允许对方掩埋死者，救治伤员，交换战俘，而不是吃了他们或者施以最残忍的报复；已经形成这样的习惯，在没有挑衅或者没有理由的情况下不会打破和平，在没有宣布理由或者没有赔偿不够的情况不会打破和平。这整个被接受，形成惯例。这些规则并

[1] 戴克里先皇帝（284-305 年在位）时期谚语：罗马，世界之都，统驭全球（Roma caput mundi regit orbis frena rotundi）。——译者注

没有任何强制力可以阻止违反规则的行为 [1]，但这并不妨碍我们称之为万国公法（droit des nations）或是国际法（droit des gens），即拉丁文的 jus gentium。

这种事物秩序使得各民族从前面所描述的绝对孤立状态中摆脱出来，进入一种未定型的初期社会状态，这种状态与野蛮人的状态差不多。野蛮人基于相互的信任联合成一个部落，但尚未建立起一种能保证各自权益的公共力量。在这种状态下，最明智的做法通常是诚实加狡猾，因为这种状态是在照顾个人防卫方法的同时确保带来普遍的信任和善意的支持。因此我们才能认为国际法会得到遵守，这也是现在能够被接受的唯一缘由。

说这些民族与未定型的初期社会形态相近，似乎有辱骂他们的嫌疑。但事实上摆脱绝对的孤立状态，本身就是一大进步。要达到组织良好的社会形态，在他们中间，仅仅缺少法庭和有强制力的市镇，就像在联邦内各民族所做的一样，就像社会成员在社会内部所做的一样。

这第二步总是显得虚幻和不切实际，但迈出这一步其实要比迈出之前的一步或两步要容易。我们只消想一想，原始人创造一种哪怕不太完善的语言，算得上和睦相处，相互启发足够的信任并建立小型社会，进而建立更大的社会，这得需要多长时间；要使得社会不再像兽群那样相互隔绝，建立起交流和精神联系，需要付出更多的努力；这些精神联系自行组织起来并形成真正的社会联系，就显得更是难上加难。可以肯定的是，在某个历史时期建立一个联邦共和国，要比现在多个大的民族间建立真正的社会公约显得更难。人类原始状态和伯罗奔尼撒联盟 [2]（ligue des Achéens）之间的距离，要比欧洲的现状

---

[1] 正因为如此，国际法并非真正意义上的人为法，尽管它们是建立在永恒的自然法基础上。参见第一章“法”这个词的定义。

[2] 伯罗奔尼撒联盟为公元前 6– 前 5 世纪位于伯罗奔尼撒半岛上诸城邦所组成的一个联盟。前 6 世纪末，斯巴达成为伯罗奔尼撒半岛上最强大的城邦，并在政治和军事上支配着第二强大的城邦阿尔戈斯。此外，斯巴达通由帮助科林斯摆脱暴政及帮助厄利斯安全管制着奥林匹克运动会，而使得此两城邦与之结盟。斯巴达采用这种策略来壮大其联盟。然而，其后在边境战争中其击败了忒格亚并向他们提供永久的防御盟约，使其外交政策出现重大改变。伯罗奔尼撒中部和北部的许多其他国家陆续地加入这个联盟，最后联盟包括了除阿尔戈斯和亚该亚以外的所有伯罗奔尼撒城邦。当斯巴达在公元前 546 年的战役中击败了阿尔戈斯后，斯巴达的优越地位更加得以保证。伯罗奔尼撒联盟是以斯巴达为霸主组织起来的，并由联盟的委员会所控制，委员会由两部分组成。一部分是斯巴达的公民大会，另一部分是联盟大会，每一个结盟的城邦，不论城邦的大小和强大与否，在联盟大会中都有一个投票权。除非战争时期，联盟不向成员索取贡税，但可能会要求成员城邦提供其三分之一的军事力量。只有斯巴达可以召集联盟大会。所有加盟城邦仅是与斯巴达订盟，所以诸城邦需要各自另签盟约，以维持与他邦的友好关系。虽然每一个城邦皆有一投票权，但是斯巴达没有被强迫遵守任何联盟达成的决议。这样，伯罗奔尼撒联盟从严格的词义上来说并不是一个联盟，伯罗奔尼撒半岛也并不是在伯罗奔尼撒联盟的范围内。伯罗奔尼撒联盟为其成员，特别是为斯巴达提供保护和安全。这个联盟是一个稳固的联盟，支持寡头政治而反对僭主政治。希波战争后，联盟扩张成希腊联盟，包括了雅典和其他城邦。希腊联盟陆军由帕萨尼亚斯统帅，但当雅典的客蒙罢免帕萨尼亚斯后，斯巴达撤出了联盟并和原来的盟友重新成立了伯罗奔尼撒联盟，而希腊联盟则转变为以雅典为首的提洛同盟。这也许是因为斯巴达与他的盟友猜疑雅典人，而雅典人想扩大自己的势力范围。两个联盟之间最终爆发了一场冲突，即伯罗奔尼撒战争。公元前 360 年，联盟与底比斯作战，但最终战败。底比斯强制科林斯和其他城邦解除与斯巴达的盟约，结果伯罗奔尼撒联盟就此解散。——译者注

和欧洲各部分要组成的正式联邦之间的距离更大。建立这个欧洲联邦的最大障碍肯定来自于欧洲的各君主国，其原因在第八章已经阐述过了，即君主政体远远不如共和政体那么适合建立联邦。努力呈现出这个图景似乎现在可行，其意义何在？顽固地认为这种图景永远不可能，其意义又何在？可能的事情远比我们想象到的要多，经验总在证明这一点。让时间来说话吧，不要急于实现这些梦想，不要急于攻击甚至粉碎人们的美好愿望。

关于各民族开战权的问题，孟德斯鸠没有花一点功夫弄清楚“国际法”的基本概念，我对此感到遗憾。讨论这个问题本可以引出精彩的思想。不过，我们至少应该感谢孟德斯鸠摈弃了先前政论家在这个问题上的谬论，更应该感谢他正式提出行使开战权的理由只能是必要的防卫，而为了自尊或者礼节而拿起武器是不可接受的；为了荣誉，或者更确切地说为了君主的虚荣而战，就更是荒唐。

征服权派生于开战权。把战败民族国土的全部或至少一部分并入本国领土，通过这样方式确认战胜国明显的优越性，从胜利中获益，削弱敌对方实力，增加己方实力，确保未来和平。原始民族没有采用这种达到战争目的构建和平的方式，这是他们那个时代的厄运之一。其战争是残酷的，永无休止。一旦相互不信任的恶例一开，除非交战一方彻底毁灭，战争便无停止之日。

尽管征服比上述极端悲惨的情况要好，但是，正如战胜国居民自己在认为适当时有移居国外的自由，被征服国居民也有选择脱离征服国的自由，而如果征服国剥夺了这种自由，那征服就侵犯了人的一项天然权利，即每个个人若非自愿可不加入一个社会。只不过，对于战败者的这种自由来说，应当根据情况在一定时期采取一些预防措施，并设置一些条件。但是，这种自由毕竟应当存在。加上这个限制性条件，征服就能很好地避免正义的指责，如果战争本身是正义的话。

现在出现两个问题。征服应当在何时以及何种程度上进行？实现和平后，应当如何对待被征服的民族？在这两个方面，孟德斯鸠详细地阐述了所划分的各类政体的利益是什么，他甚至仔细地解释一个征服其他民族的民族应当如何做，以便在所占领土上确立全面的统治，就像鞑靼人（Tartares）在中国和法兰克人在高卢[1]（Gaule）那样。

[1] 高卢是指现今西欧的法国、比利时、意大利北部、荷兰南部、瑞士西部和德国莱茵河西岸的一带。公元前2世纪，罗马人侵入高卢，征服高卢南部，建立了纳尔博南西斯行省。公元前58－前51年，高卢的其余部分又为恺撒征服。屋大维统治时期把高卢分为4个行省。罗马皇帝克劳狄一世统治时期（41–54年），高卢地方贵族开始进入元老院，逐渐和罗马统治阶级合流，促进高卢罗马化。3世纪罗马奴隶制度危机波及高卢，引起高卢商业和手工业衰落，城市凋敝，并不断遭到日耳曼部落的袭击，曾经一度脱离罗马帝国独立。5世纪初勃艮第人侵入莱茵河西岸。418年西哥特人以帝国同盟者身份获得高卢西南部阿基坦。486年法兰克人征服高卢北部。6世纪中叶法兰克人统治整个高卢后改称法兰克，并建立法兰克王国，高卢之名遂废。——译者注

首先我不敢苟同前面的假设，因为我仅仅看到无休止的战争，直到一方被赶出去，或者两个民族彻底融合，这种融合或者出于自愿或者由于使用武力。因此这还不能算是建立了和平。此外，这种情况只能发生在一个野蛮民族和一个处于不大完善状态的民族之间。然而，我仅仅希望关心真正文明的民族。

基于这个原因，我不再讨论民主制国家，也不再讨论专制国家，而仅仅探讨单一首脑或者多个首脑下的贵族制国家以及代表制国家。正如我们所看到的，这些政体同样适用于治理或大或小的国家。因此根本不会使得他们渴望或者畏惧领土的扩张。在我看来，合适的天然边界是特别重要的。我重申，一个国家绝对不可忽视获取最佳边界的重要性，一旦达到了最佳边界就绝对不应当再超越。因此，该国只要还没有达到这个目标，就应当将所有能够以和平方式获得的领土纳入其版图；如果它实现了这个目标，且未来的安全考虑会要求它全部或者至少部分地夺取其敌人的领土。我认为，这个国家应当出让这块土地给对它有利的国家，以增强其实力，或者建立一个或多个独立国家，其政体应与它的相近似。不过，需要注意的是，它给予这些新国家的力量，不能大到威胁它的安全，不能小到不能保护自己的安全，免得不断地保护它们，对它来说，这是无休止的战争源。

至于如何对待所保护的被征服民族，我同意孟德斯鸠的看法。就是说，那些非基于真正正义和确定原则的政体，如各种贵族制，要融合这些新臣民，就得对他们比对原先臣民还要好；基于绝对的公正和平等的代表制政体，对于这些新获得的公民，仅仅和原来做的一样即可。此外，当然为了他们的利益要尽量多做些事情，以便他们尽快满意新境况。

在这个问题上，我发现孟德斯鸠的看法是如此正确。“一个民族在被征服的过程中往往受益匪浅。”我补充一点，被一个生活在代表制政体下的民族所征服的民族的情况尤其如此，这些民族或者被并入其征服者，或者被允许建立依据相同原则治理的新国家，都能同时在自由和经济两个方面受益。因此，被征服与其说是被入侵，不如说是被解放。正因为如此，这种政体才让其他政体感到畏惧。因为在与代表制国家发生冲突时，其他政体国家的臣民的利益是与其国家利益对立的。正因为如此，尽管有众多反对这种政体的世俗的和宗教的偏见，法兰西共和国所取得的大量领土与其融合得如此顺利；路易斯安那融入美利坚合众国也是如此，尽管有外部的阻挠。如果法国在获得其所希望的自然边界后，能够不抛弃其立国原则，并从中获得巨大利益，在其周围很会出现和它结构相近、原则相同的共和国成为其屏障，保障永久的和平。

在结束这一话题之前，让我们向孟德斯鸠下面的深刻见解致以敬意。“一个希望始终保持自由的共和国不应拥有臣民”。这一点完全适用于代表制政体。由此，我的结论是：代表制国家不应该拥有从属于本土的海外领地。为了摆脱人口的过剩，或者为了与有商机的国家形成便利的友好的关系，建立殖民地会是特别有益的。但一旦殖民地实现自立，就应解除对它们的监护；在联邦体系下，当新领地拥有一定规模的人口时，也应这么做。对战争及其后果说的够多了，让我们换其他话题吧！

第 十 一 章

关于原书第十一章——“确立政治自由的法律与宪法[1]的关系”

我认为应该把对原书本章的评论分为两部分：第一部分与我们这位作者的著作有直接关系；第二部分是前者的续篇，孟德斯鸠没有把其研究推进到这么远。

第 一 部 分

以最有利于自由的方式分配社会权力的问题，得到解决了吗？

在我看来，本章标题没有足够清楚地表达其含义。在本章中要研究的是，在每种宪法下人们享受何种程度的自由，就是说，确立一国宪法的法律对于公民自由必然产生什么样的影响。这些法律仅仅是规范政治权力分配的法律。因为一国宪法仅仅是确定管理这个国家的各种权力机关的性质、范围及其界限的规范的总和。当我们希望把一些作为政治大厦基础的法律规范汇编成单一文本时，首先要注意的是，不要将与该主题无关的条文纳入进来，否则，这个文本就不再是我们所编撰的严格意义上的“宪法”，而仅仅是管理这个国家的总法典的一部分，只是多多少少重要一点而已。

要观察社会组织方式对其成员的自由有何影响，应该确切地知道何谓自由。像所

[1] 此处原文用的是 constitution，在张雁深先生和许明龙先生有关《论法的精神》的译文中，都将该词翻译为政制，而本书作者是严格按照《论法的精神》的行文顺序进行评论的，因此，也应该翻译成政制。但如果将 constitution 翻译成政制的话，本章中多次出现共和三年宪法、美国宪法等，也应相应地翻译成共和三年政制、美国政制，这显然和我们习惯的称呼不一致，大家习惯共和三年宪法和美国宪法的用法。然而在一章中将一个 constitution 翻译成两个汉语词汇，恐怕也不妥。鉴于原文本章的重中之重讲的是英国的情况，众所周知，英国是不成文宪法，而孟德斯鸠出版《论法的精神》一书时（1748 年），世界上还没有出现成文宪法，40 年后才出现第一部成文宪法，即美国 1787 年联邦宪法，之后法国陆续出现 1789 年人权宣言，1791 年宪法，1793 年宪法，1795 年宪法，1799 年宪法等，而本书的写作时间大概在1806年，1811 年杰斐逊将之翻译成英文在美国出版。可以说，本书写作时宪法概念已经很普遍，而且中国学界对那个时候的 constitution 都理解为宪法，所以在本章中，将 constitution 一律译为宪法，这样至少保持本章内部的一致。——译者注

有其他表达特别宽泛抽象意义的词汇一样，“自由”这个词也经常被理解为不同的含义，这些含义是最广义中的特定部分。当一个人结束了占据他全部身心的差事时，当他做完了耗尽心力的事情时，当他摆脱了繁重的职务时，当他脱离了强加给他很多义务的职位时，当他解除控制他的感情枷锁和约束他的社会关系时，当他逃出牢笼时，当他逃避了专制政府的控制时，人们会说，他变得自由了，他获得或者重新获得他的自由。人们同样可以说，他有思想自由、言论自由、人身自由、学术自由以及从事所有活动的自由，只要在所有这些方面没有人支配他。接下来，我们把所有各部分的自由分门别类，分别称为身体的自由、精神的自由、天赋的自由、公民的自由和政治的自由。当我们希望提炼出自由的最普遍的概念时，每个人通常会把认为最有价值的自由纳入进来，同时把最担心的类别排除出去。有些人认为自由蕴含在美德中，或者在冷漠中，或者在某种镇定中，比如斯多葛派[1]（stoïciens）就声称其哲人在枷锁中享受自由。有些人将自由置于贫困中，相反，有些将之置于适当的富裕中，或者将之置于与社会绝对的隔绝状态中。还有一些人则认为自由就是生活在某种政体下，通常是生活在温和政体下，或者仅仅生活在文明政体下。从所考虑的自由的概念角度，这些看法都是正确的。但我们无法从任何一个中看到自由的全部侧面，无法从整体上把握自由。那么，让我们来探求这些不同类别的自由所拥有的共通之处，来探求它们到底哪一点上是一模一样的！因为只有这个共通点，才能进入普遍的概念，普遍的概念来自于对所有具体概念的抽象，通过这个共通点的延伸可涵盖所有内容。

若对此再深入思考，我们就会发现，所有种类自由的共通点：与被剥夺自由者相比，各种自由使得那些享有自由者在意志的实施方面获得更大的发展。因此，最抽象、最广义的自由只能是实施意志的能力，自由通常就是能做想做的事情。

由此可见，自由这一概念仅仅适用于具有意志的生物。所以，当我们排除了水在流淌途中的障碍而说水更自由地流淌，当我们减少了迟滞轮子行进的摩擦而说轮子更自由地转动时，我们这样说只是通过引申的方法假设水想要流淌，轮子想要转动。

基于同一理由，“我们的意志是否是自由的？”这个常常被讨论的问题就不应该出现。只有当意志形成时，自由和意志才产生关系，而在意志产生前，这种关系就无

[1] 斯多葛学派由古希腊哲学家芝诺创立，基本主张即宇宙是绝对的理性，理性能提供“共同概念”。人生目标就是符合这个世界的理性，即达到有德性的生活，将克制、知足、平静视为美德。除强调道德价值、责任义务与正义外，亦强调砥砺心志；认为自然法就是理性，是至高无上、普遍存在的，是宇宙一切事物，包括国家和个人所必须遵循的法则；认为国家制定的法律必须符合自然法；认为人们共同生活在社会统一体中是自然法的要求；认为自然法赋予每个人的理性是相同的，所有的人均具有同样的理性，都是平等的，本无高低贵贱之分，人为地划分不同的等级和国家，是违反自然法的。——译者注

从谈起。这个问题得以出现的原因是：在某些情况下，有些动机是如此强烈以至于驱使我们很快做出决定，必须选择某件事物而不是另一件，这样我们会说很想如何如何；在其他情况下，某些动机并不那么强烈，给我们留出思考、掂量、盘算的余地，这样我们遵从或者抗拒这些动机，可以选择任何一种，理由仅仅是我们喜欢。但这只是一种错觉，因为不管一种动机多么微弱，都会引发我们的愿望，如果这种动机没有被更强的动机抵消掉的话；如果一种动机是单独存在的话，它产生的决定性作用会与其他可能的动机一样强大。我们或者想要什么或者不想要什么，但我们不能希望自己想要什么。如果我们可以这么做的话，那么这个之前的意志一定还有一个原因，而这个原因应该超越我们意志的范围，就像所有引发了我们意志的原因一样。总之，自由仅存在于意志形成之后和意志密切相关，仅仅是实施意志的能力。[1] 我请求读者原谅我以形而上学的方式讨论自由的性质。但读者很快会发现，这种讨论不是不合时宜，也不是毫无用处。如果不先搞清楚人类机能的性质，就不可能很好地讨论人类利益。如果所评论的这位伟人的知识上缺少什么的话，缺的尤其是这种预备性研究。尽管他用了三节的篇幅来界定“自由”一词的含义，我们仍然能够看到他所给出的概念是多么模糊！我们在第一章中已经对“法”这个词提出几乎同样的批评。

因此，最广义的自由仅仅是实施意志和实现愿望的能力。现在，一切有意志的生物都是这样的，仅仅因为意志能力与之密切相关，或者是幸福的，或者是不幸的。愿望得到满足时，便喜悦；愿望没能实现时，便痛苦。只有在愿望或实现或落空时，对他来说，才有幸福和不幸之别。于是，自由和幸福就成了一回事。如果在实现意志方面非常有能力，就会非常幸福；幸福的程度和这种能力的大小始终成比例。

这个观点给我们解释了为什么人们都如此热爱自由，而从来不热爱其他的东西，即使没有察觉到这一点。所希望得到的东西总是这种实现愿望的可能性，或许以这种或者那种名义。拥有一定的能力加上消除一定的恐惧，就构成一定的幸福。“要是我能……！”这样的感叹包含我们所有的愿望：如果这个感叹存在，那就总有愿望还没有实现。全能或者与之相同的完全自由，和完美幸福分不开。

这个观点还可带领我们走得更远。它告诉我们为什么人们对自由的看法有如此之不同，是因为对幸福的看法相同。人们总是把自己最想做的、最能满足自己的事情的能力赋予“自由”的含义。孟德斯鸠在原书本章第二节中感到惊诧的是许多民族对自由存在误解，把自由理解成与其基本利益无关的东西。其实他首先惊讶的应是人们经

[1] 这也是洛克（Locke，1632–1704）的看法。

常把幸福和满足置于无关紧要甚至有害的享受上。犯了第一个错误，其余的便接踵而至。彼得大帝时代的俄国人会热衷于留长胡子而其实这也许不过是种可笑的累赘，波兰人也会热衷于拥有“自由否决权”（liberum veto）[1]，事实上“自由否决权”是其祖国的一场灾难。一旦这种或者那种所谓的利益被剥夺，他们很容易感到遭受非常严重的暴政。他们被剥夺这些特权时确实遭到了奴役，因为他们最强烈的愿望受到压制。我把孟德斯鸠这句著名的话摘抄下来，这样他就能自己回答自己。“最终每个人把符合自己爱好的政体叫做自由”。自由的定义本应如此，不应当是别的。在这一点上，人们都有道理，因为当一个人的喜好得到满足时，他便真正自由了，不会是别的方式。

很多推论源于该观点。第一个是与令人痛苦的政体相比，如果一个政体使得一个民族愉快，即使该政体不大符合自由的原则，也可以认为该民族是真正自由的。人们常声称梭伦[2]说过“我没有给予雅典人最好的法律，但给了他们‘能够’得到的最好的法律”。这就是说，能“配得上”他们的最好的法律。我不相信梭伦说过这样的话。如此目中无人的大话恐怕是附会在梭伦身上的。事实上，他的法律很不符合雅典人的性格，以至于在他有生之年就遭到了废除。但我相信他是这样说的：“我给了他们最‘愿意’得到的法律”。这也许能解释他为什么不大成功。原因如下：梭伦没有通过权力将其法律强加给雅典人，他给予雅典人的法律正是他们希望得到的且很好地做到这一点。真是好啊！雅典人遵守着如此不完善的法律，恐怕还浑然不知呢，但又是非常自由的。法国人不情愿地接受了无论多么自由的共和三年（1795年）宪法。[3]他们事实上被奴役了，因为他们并不想要这部宪法。据此，我们应该得出结论：改良政治制度

[1] 自由否决权是波兰议会在1652–1791年期间实行的一项制度，是指一项议案只要有一个议员投否决票，就无法通过，这往往导致国会议事程序瘫痪。第一次发生在1652年，此后，波兰议会经常发生此类事件。自由否决权是操纵朝政的大贵族不顾民族利益为谋求私利而实行的一种政策，使国家机构陷于瘫痪状态，加速波兰贵族共和国的衰落。1791年《五·三宪法》取消自由否决权而采用多数通过原则。17世纪中叶是波兰贵族共和国由极盛走向衰亡的转折点。17世纪上半叶，波兰同土耳其、乌克兰的哥萨克、克里木鞑靼汗国及瑞典爆发的一系列战争，严重削弱波兰在波罗的海的地位。同时，波兰共和国名义上是贵族共和国，实际上是大贵族专权，大贵族的寡头政治使中央政权濒于瘫痪，尤其是在1652年的议会上，立陶宛大贵族的代理人西青斯基反对多数议员通过的关于延长议会会期的决定，他的否决虽然受到众多议员的谴责，但仍被认为是合法有效的，从而开创波兰历史上只要有一个议员反对议案就无法成立的先例，这就是自由否决权。自由否决权的确立实际上意味着波兰贵族民主制度的全面崩溃，波兰进入大贵族专权的混乱时期。波兰最后一位国王斯坦尼斯瓦夫·波尼亚托夫斯基上任后力图通过改革取消自由否决权和自由选王制，实行王位世袭，加强国王权力。可是这些改革政策破坏了大贵族的“黄金自由”，为此大贵族于1767年结成同盟投靠俄国。于是俄国伙同普鲁士以宗教问题为借口，对波兰进行无理而粗野的干涉，最终迫使波兰议会于1768年通过所谓的“基本法”，包括坚持自由否决权和自由选王制。——译者注

[2] 梭伦（Solon，公元前638–559），古代雅典政治家，立法者，诗人，古希腊七贤之一，公元前594年出任雅典城邦第一任执政官，制定法律，进行改革，史称“梭伦改革”。——译者注

[3] 对于法国共和三年宪法，法国史学家米涅（1796–1884）说“这个宪法是历来制定或草拟的缺点最少，最有自由色彩、最有远见的宪法。它是六年革命和立法经验的结晶”。参见米涅著：《法国革命史》，北京编译社译，北京，商务印书馆，1983年，第282页。——译者注

不能一蹴而就，只能与大众知识的增加相辅相成，“绝对意义上”的最好并非总是“相对意义上”的最好。因为，法律越是完善，就越与谬论相悖；如果对太多人产生冲击，要维持这些法律就得过度使用暴力。从此，越是自由，越是幸福，越是稳定。这可为许多本身很糟糕却适合它们那个时代的制度辩护，这不应迫使我们长期保留这样的制度。还可告诉我们为什么某些本身很好的制度却不大成功，同样不会阻止我们将来重新采用这样的制度。

前述观点的第二个推论是只要某个政体治下的人民是最自由的，这个政体无论采用何种形式，都是治理得最好的政体。因为在这种政体下，最大多数的人民是最幸福的，当人民得到最大幸福时，其愿望得到最大满足。如果一个君主行使最为专制的权力，完美地进行管理，其治下的人民就“幸福”到顶点，我们要知道“幸福”和“自由”是一回事。因此，政府的形式本身并不重要。有人认为某种政体在真正的原则上比另一种更符合理性，并以此为该政体辩护，其理由恐怕很不充分。因为，要处理世界上的问题，归根结底靠的不是思辨和理论，而是实践和结果。影响个人的是感觉和讲究实际，而非理想和抽象。在政治激荡的现代生活的人们会说“我不会担心是否自由，我唯一担心是否幸福”。其实这句话既十分合理，又非常无意义。十分合理，是因为幸福其实是人们唯一应该追求的东西；非常无意义，是因为幸福和真正的自由确实是一回事。基于同一理由，一些狂热者会说，当事关自由时，幸福就一文不值，这种说法是绝对荒谬的。因为，如果幸福能够从自由中分离出来，或许也该更看重幸福；而当不幸福时肯定不自由；为自由牺牲幸福不是实现愿望，只能是受罪。因此，唯一能使一种社会组织优于另一种的理由，就是它更适合给社会成员带来幸福。如果人们通常希望这种社会组织能够留给人民诸多表达愿望的权利，是因为人民更可能依照自己的意愿被统治。现在就让我们跟孟德斯鸠一起来探究，要达到这个目标，该政体应当满足的基本条件到底是什么，像孟德斯鸠一样，我们仅以普遍的方式探究这个问题，不考虑任何具体地点，也不考虑任何具体情况。

这位著名哲人首先指出，所有公共职能可以被简化为三种基本职能：立法的职能；依照法律精神管理内外事务的职能；裁决私人间的纠纷和涉嫌犯有公罪或私罪的指控的职能。就是说，整个社会的运行简化为三个词：立法（vouloir）、行政（exécuter）和司法（juger）。

随后，他很容易就意识到，这三种基本职能，甚至其中任意两种，都不能掌握在同一些人手中。如果这样就不可避免地对其他公民的自由构成最大的威胁，因为如果单个个人或者单个团体同时拥有立法权和行政权，肯定特别强大，以至于任何人不能对之进行审判，相应地也不能对之进行遏制。要是立法者也做出裁判，或许很快成为执行这些法律者的主宰。毕竟，执行法律者往往是三者之中最令人畏惧的，因为它支配武装力量，甚至会兼并审判职能，甚至轻易地使得立法者制定所想要的法律。

这些危险确实实实在在且显而易见，以至于我们根本不用探讨。真正的难题是寻找避免这些危险的方法。可是孟德斯鸠并没有为探索这种方法而费神。他更愿意相信方法已被找到。他甚至批评哈林顿[1]为这个问题劳神。他这样批评哈林顿，“可以说他在不承认自由存在后才又去寻找自由。尽管拜占庭的海岸就在眼前，他还是建起了卡尔西敦”。他是如此坚信问题已经完全解决，他还说："要在宪法中发现政治自由是不需要费多少气力的。如果我们看到了政治自由所在的地方，如果我们已经找到了它，为什么还要寻找它呢？"[2]随后他阐释了英格兰政府的体制，但这是他在钦佩之情中虚构的。在他写作本书时，英国确实兴旺发达，从各个方面看，在当时已知的政府中，英国政府确实产生或者似乎要产生最好的成就。然而，这些成功部分是真实的，部分是表面的，部分是基于外在因素的影响，但无论如何不应使得如此聪明的头脑产生幻觉，以至于掩盖该体制的理论缺陷，使得他相信这一理论已毫无可指责之处。

这种对英格兰理念和体制的偏好首先使得孟德斯鸠忘记了立法、行政和司法三项职能仅仅是受委托的职能，通过这种委托给予受托人权力或者信任，但这些职能本身不是受托人固有的。在法律上，仅国家意志才拥有主权；事实上，只有负责行政职能者，掌管整个武装力量，支配金钱和军队。孟德斯鸠并没有否认这一点，但也没有考虑到这一点。他仅仅看到所谓的“三权”，即立法权、行政权和司法权。他总是将之看作相互独立的且对抗的权力，重要的仅仅是相互协调，相互限制，以便都能良好地运行，而没有重视国家权力。

事实上和其他所有权力相比，行政权是唯一真正的权力，占据优势地位，然而孟

---

[1] 詹姆士·哈林顿（Harrington，1611–1677），17世纪英国政治思想家，出生于土地贵族家庭。青年时代，除悉心研究古希腊和古罗马历史外，曾漫游荷兰、法国、意大利等，考察这些国家的政治制度，对贵族商人执政的荷兰和威尼斯的政治制度最感兴趣。因此，他早年的政治主张是希望把英国的专制君主改变为立宪君主制。英王查理一世被国会军俘获后，哈林顿才成为一个共和主义者。哈林顿游历回来后，曾做过查理一世的宫廷大臣。两人有很深的私人友谊，但是哈林顿反对君主制。当国会军打败查理一世并把他俘虏后，哈林顿被安排陪伴查理一世，直到把查理一世送上断头台为止。哈林顿在1658年克伦威尔死后积极参加政治活动，坚决反对复辟运动，曾领导共和国主义集团，组织罗塔俱乐部，发表演说，撰写文章，进行反君主专制的宣传，1660年俱乐部被禁止活动。1661年被捕入狱，后因病被释，死于1677年。《大洋国》是哈林顿的主要著作。——译者注

[2] 张雁深先生的译文是“在政制中发现政治自由，并非十分困难的事。如果我们能够看见自由之所在，我们就已经发现了它，何必再寻找呢？”引自于孟德斯鸠著：《论法的精神》，张雁深译，北京，商务印书馆，1961年，第155页。——译者注

德斯鸠根本没有注意到这一点。因此，他未经论证就赞成，行政权被委托给单一个人，甚至赞成在一个家族内世袭。这样做的唯一理由是，单个个人比多人更适合于行动。倘若如此，应当检验不再允许周围的人任何自由的行动是否真地如此不合适，还应当检验这个偶然被选中者是否充分地拥有行动前应当进行的讨论所必需的才能。

他还赞成立法权被授予有一定任期的代表，这些代表是在帝国各个地方由国民自由选举产生。不过，离奇的是他赞成在一个国家内部应当存在一个世袭的特权团体，这些享有特权者单独地且当然地构成立法机关的一部分，该部分与立法机关中代表国民的那部分显然不同，且相互分离，该部分有权通过“否决权”阻止立法机关中代表国民的那部分所通过的决议的生效。他给出的理由有点奇怪，他说“他们的特权本身是令人讨厌的，他们应当能够捍卫这些特权”。相信人们很快会得出应当废除这些特权的结论。

此外，他认为立法机关的第二部分还是特别有用的，以至于被委托给一项审判权，一项针对国家犯罪的审判权，这项权力被认为是司法权中特别重要的权力。正如他所言，立法机关的第二部分由此变成行政权和立法权所需要的调节性权力，以便行政权和立法权相互节制。然而，整个英国历史已经证明，贵族院不是独立的调节性权力，事实上是行政权的延伸和前卫部分，常常追随行政权，这一点他没有意识到。人们仅仅应当将司法权给予法庭，因为一旦将否决权和司法权给予立法机关的第二部分，将不大可能对立法机关的第二部分所支持的针对国家的犯罪进行惩罚。

他认为尽管拥有这些优势，尽管拥有所支配的真正的力量，行政权还必须有权否决立法机关的决议，甚至有权否决立法机关两个部分一致通过的决议；必须有权召集、延期、解散立法机关。他认为在防止赋税不是每年进行表决的情况下，在注意到没有遭受军队、营房、堡垒威胁的情况下，立法机关代表国民的那部分会充分地感受到自我保护，否则如果不每年更新赋税，就有可能出现社会解体。这样不会使得行政权时刻认识到军队、营房、堡垒的必要性。

孟德斯鸠结束这个长篇大论时用了一句既令人困惑又令人尴尬的话。“这就是英格兰的基本体制：立法机关由两部分组成，它们通过相互的反对权彼此钳制，二者全都受行政权的约束，行政权又受立法权的约束”。对此，他又奇怪地补充说：“这三种权力本应形成静止或无为状态。不过，事物的必然运动迫使它们前进，因此它们就不能不协调地前进了。”我承认我没有完全感受到这个结论的必要性。相反，我认为如果如人们所言整个都事实上混在一起，如果国王事实上并非议会的主宰，如果国王并非不可避免地像过去那样领导议会，或者通过恐怖，或者通过腐败，就不会有任何前进，这是显而易见的。事实上，在这个不够稳固的体制中，我什么都没有发现，正是它妨碍了权力运行。根据我不大成熟的看法，我仅仅发现一个唯一支持这种体制的事物，但这个事物人们都没有谈论到。正是这个坚定的国家意志想要这个体制继续存在。同时，这个国家意志有一种致力于保持个人自由和新闻自由的智慧，总是保持着使人高度重视公众意见的能力。这样，当国王滥用“其所实际享有的”权力时，他很快就被革命所推翻，这种革命总是支持抵制国王的一方，就像在 17 世纪出现的两次一样，因为在岛屿上从来没有理由要维持一支特别强大的陆军部队，这种革命很容易出现。这是唯一真正的否决权，与之相比，其他所有权力什么都不是。英格兰宪法得以形成的重要背景是国民曾经六七次废除其国王。应当承认这不是宪法上的临时措施，准确地说，这是必然性所决定的起义。有人根据克里特法律认为，这种起义曾经是立法性的安排。令我非常惊奇的是对这种立法性安排，孟德斯鸠在本章另外一个地方大加赞扬。尽管有这种赞扬，可以肯定的是这个办法是如此粗暴，以至于有点见识者在求助于起义前都遭受很多罪恶，甚至会推迟做出起义的决定，如果夺取权力是巧妙地进行的，而且暗中采用征服性惯例，使得人们不再希望也不再有能力通过同样的方式获得解放。

根据塔西佗发表的大量评论所指出的三条线索，孟德斯鸠相信在古代日耳曼人野蛮时期已找到政府的雏型及其整个精神，并将之看作人类理性的杰作。这显示出孟德斯鸠活跃的想象力。在敬仰之余，他写道“这种好的体制已经在森林中发现了！”停了一会儿，他又补充道“我认为，根本不用检验英国人现在是否享有这种自由，我足以说这种自由已经由其法律建立了，我也不再探寻它了。”

然而，我认为他应当检验第一点，这样才能确保很好地看到第二点。如果对英国法律再深入地进行研究，他就会发现，在英国事实上仅仅存在两种权力，而非三种。这两种权力表面上相互依存，仅仅是因为其中一个享有全部的真正权力，却几乎没有任何公众的喜爱，然而另一个没有任何力量，却享有全部公众的喜爱，以至于希望推翻其竞争对手。此外，这两种权力若相互结合起来，也会成为改变所有既定法律的主导者，甚至决定这些法律的存废及其关系，因为没有任何法令能够自保并抵御这两种权力，事实上这两种权力已经多次这样做了。相应地，自由不会真正地被政治法律确立。如果英国人在某种程度上享受这种自由，也是来自我所解释的一些原因，这些原因更多地存在于民法和刑法，甚至完全在法律之外。

因此，我认为如何分配国家权力，以便使得每种权力都不能超越为了普遍利益而设定的界限，以便总是容易地、和平地将权力固定下来或者重新回到其界限内，这个大问题在这个国家尚未解决。我更愿意将这个荣誉给予美利坚合众国。当行政机关或者立法机关，或者两个机关，都超越其权限，或者处于对立状态时，当人们意识到有必要改变各州的或者联邦的宪法性文件时，美国宪法规定了相应情况。但人们会质疑我，依据同样的规则，难题在于它们的执行：当涉及特定州的各个机关时，美国人在各个联邦机关的力量中找到了执行的保证；当涉及联邦的各个机关时，这个执行的保证存在于多数州的联合中。因此，我们规避了这个难题，而不是解决了这个难题，或者至少是在联邦体制的帮助下，我才能解决这个难题。接下来的是，需要知道一个统一不可分割的国家如何解决这个难题。另外，相同的问题需要在历史上、更需要在理论上予以解决。因此，我试图先验地确立一部真正自由、平等、和平的宪法的若干原则。为此，站在更高角度复述这些原则是合适的。

第二部分

怎样才能解决所提出的这个问题呢？

我们已经说过，“整个权力”或者“整个自由”就是“完美幸福”。人类尚未达到这个状态，这个状态和人类现状的缺陷是不相容的。

如果有人能够在隔绝状态和绝对孤立状态下生存，他肯定不受他人意志的约束；但每个人是整个自然力量的奴隶，以至于不足以抵抗自然力量以自保。

正如人们所说，当人们结合起来形成社会时，一点都没有牺牲自己的自由；相反，每个成员都增加了自己的力量。正是这样使得他们如此迫切地联合起来，使得他们在最不完善的社会中生存下来，和孤立的状态相比，至少不大坏。因为，如果有时受到社会压迫，他们总能获得救助。在利比亚沙漠里，当进入摩洛哥王国时，你们会相信到了热情好客的土地上。不过，人类为了生存而联合起来，每个成员应当尽可能和他人相互妥协。我们所谓的宪法正是存在于这种相互妥协中。

在开始时，所进行的这种妥协总是体现出盲目性，且缺少原则；随后，随着情况的变化，在多个方面进行修正和完善，这种妥协甚至可能遭到破坏，因为人与人之间形成社会组织，这些社会组织中任何两个都不会完全相同，因此，社会组织的复杂性也相应产生，人们只能说某一个是最不坏的。这些妥协只要不变得绝对地令社会大部分利益方难以忍受，或许应当继续存在；因为要改变这些妥协，成本通常相当高。最后，让我们假设一个人数众多且文明开化的国家明确地厌倦其宪法，或者更准确地说，厌倦没有从其宪法中获得任何确定的利益，这个情况很常见。那么让我们一起来探究，这个国家要制定一部宪法应当做些什么。

在我看来，显而易见的是这个国家要制定一部宪法只能采取下面三个方案中的一个：一，使得统治这个国家的各个机关相互妥协，相互认识到其范围和界限，明白其权力和义务，就是说，人们应当服从或者抵抗这些机关的情况；二，请教于一位贤人，请求他为新政府起草一份完整的纲领；三，把这个事情委托给一个为此目的自由选举产生的且没有其他任何职能的代表会议。

第一个方案差不多就是英国人在1688年所做的，英国人对其议会驱逐查理二世[1]的做法满意，至少是默认，还迎接威廉一世[2]，并与之达成一项称为“宪法”的协议。第二个方案多为古代国家所采用；第三个方案是美国人和法国人在近些年所喜欢的，当他们抖落旧君主制的枷锁时。一些国家如实地采用了第三个方案，而另一些国家再次背离这个方案，放任统治权和制宪权置于同一人之手或者同一些人之手。这三个方案各有优缺点。

第一个方案在实践中最简单、最快捷、最便利。但人们应该想到，在不同机关之间，这个方案将仅仅产生一种和解协议；不同机关的权力及其界限并不清晰；改革和变动各个机关的方式没有被预先考虑到；国民权利没有被很好地确立，也没有被清楚地认识。

第二个方案允许更彻底的革新和更全面的立法。这个方案甚至使得人们希望，新的政府体制一气呵成，并摆脱单一首脑，将被更均衡地更好地组织。但是，要找到值得如此尊重的贤人是比较困难的，如果将这个事情委托给了一个野心家（这个野心家将会根据自己的看法使得权力服务于自己），风险也很大。此外，令人担心的是一份纲领仅是单一个人的构思，而没有付诸任何讨论，不足以为国民所接收，不能有力地赢得公众支持。这个纲领几乎不可能获得普遍赞同，几乎不可能使得上帝考虑到这个情况，也几乎不可能解释某些超自然的力量。因此，在我们当代，这个方案是不可接受的。此外，当立法基于欺骗时，总是被很坏地确立；在同样情况下，当这个纲领不能将修改和变更宪法局限于合法和和平的方式时，当这个纲领就其本质而言无法跟上时代的进步时，当这个纲领希望拥有永恒的、确定的特点而这个特点又不适合任何人

[1] 原文有误，应当是詹姆斯二世。詹姆斯二世在1685年到1688年间是英格兰国王。查理二世于1685年去世。——译者注

[2] 原文有误，应当是威廉三世。1688年11月英国发生光荣革命，自由议会邀请威廉三世登陆英国。1689年1月英国议会宣布国王詹姆斯二世逊位，4月威廉三世与玛丽二世共同加冕为英国国王。1702年威廉三世驾崩。——译者注

类体制时，宪法也会被很坏地确立。

至于制定宪法的第三种方案，当人们考虑到联合起来的人们比游离的单个个人通常缺少多少理性，议会的智慧与其成员之中最有文化者相比通常低了多少，其决议在多大程度上暴露出摇摆不定和缺乏逻辑。人们应当很好地想到代表会议并非是最完美的。人们可能还担心，这个议会攫取了全部权力，为不放弃权力，会出奇地推迟完成其任务目标，如此延长其暂时性政府的任期，以至于堕落到专制或者无政府状态。

要确立第一个异议，还应当考虑到：首先，这个会议由来自全国各个地区所委托的代表组成，这些代表知晓所代表地区的主流精神，这个会议将要做出的决议完全适合于付诸实践，不仅不勉强，且会被心悦诚服地接受；其次，经过挑选产生的代表所组成议会的智慧总是高于人民大众的智慧，所做决议的理由都是被掂量过的，是众所周知的，都在其内部反复地且公开地讨论过，因此这个会议将形成公共意见，而不仅仅是内部意见。这会有力地促进广为传播的思想的修正，有力地促进社会科学的发展。在将被采用的社会组织理论中，这些优势在完善程度上是相当高的。

第二个异议与其说是真实的，不如说是表面的。因为国家只有在制定一部宪法后，才能将所有权力重新分配给有利于实现宪法目标的各个机关。制定宪法是必须事先做的事情，“革命”和“破坏”的界限恰恰存在于此。接下来无非是组织和重建。一个过渡性机构是召集负责制定宪法的议会，并仅仅授予它此项单一职能；这个过渡性机构还应一直保留一项权力，这项权力使得国家机器运转起来，直到全面更新；因为在新旧之间，总应存在一定的过渡状态。

法国特别著名的国民公会[1]（convention nationale），采用卑鄙无耻的理由，对人性产生很坏的影响。国民公会的不少成员尽管能力超群、道德高尚，但国民公会放任狂热、虚伪、邪恶和骗子来主导，使得本来很好的理念提前变得无用；国民公会之所以遭受这些不幸，仅仅是因为先前的立法机关同时将所有权力都委托给它。在推翻国

[1] 国民公会是法国大革命时期建立的最高立法机构。1792 年 8 月 10 日巴黎人民起义推翻王权后，决定在普选基础上产生另一制宪议会，以美国 1787 年费城制宪会议的名称 Convention 命名。国民公会拥有最高权力（立法权和行政权）。重大立法都由国民公会通过，行政权由国民公会产生的 21 个委员会掌握，其中救国委员会和公安委员会权力最大，称“政府委员会”。1792 年 9 月 21 日国民公会开幕，当选议员共 749 名，其中右翼为吉伦特派，约 160 人，左翼为山岳派，约 140 人，占绝大多数的中间派被称为平原派。国民公会经历了 3 个时期：1792 年 9 月 21 日至 1793 年 6 月 2 日是吉伦特派在平原派支持下掌权时期，由佩蒂翁·德·维尔纳夫任议长，曾宣布废除王权，成立共和国，判处国王死刑；1793 年 6 月 2 日至 1794 年 7 月 27 日是山岳派在平原派支持下掌权时期，颁布《1793 年宪法》、《土地法令》、《革命政府法令》等。平息了国内叛乱和抗击了外国武装干涉；1794 年 7 月 28 日至 1795 年 10 月 26 日是以平原派为主的热月党人掌权时期。热月政变后，由平原派掌权的国民公会逐一废除“恐怖”时期的革命专政机构和措施。1795 年 8 月 22 日通过《共和三年宪法》，产生新的立法机构，以元老院和五百人院代替国民公会。10 月 26 日国民公会解散。——译者注

王宝座后，在宣布支持共和国的国家意志后（正如人们按照孟德斯鸠风格所说），国民公会应当继续监督当时的利益，并保持对事务的领导地位，在很短时间内有效地且无瑕疵地完成其使命。

基于同样的理由，北美的第一届大陆会议和法国的第一个国民会议，从旧政权手中夺得权力，根本不应当自称“宪法机构”。它们应当召集以此为明确目的的会议，并在其庇护下让该会议制定宪法。[1]

尽管存在这种不规则性，然而经验证明，这些会议并没有试图无限期延长它们的存在；一旦公共利益要求或者情况刚刚允许时，它们就让出其位置；甚至法国制宪会议如此缺少耐心，以至于犯了一个大错误，即宣布其成员没有资格参加随后出现的根据宪法产生的议会，并以此剥夺他们对后来事件的所有影响。

因此，我相信，上述三个方案中，最后一个集中了最多的优势和最少的缺陷。一个国家无论更倾向于哪一个方案，要进行选择，就应当进行集会；要进行集会，就应当由当时存在的机构来召集。那么该机构应当以何种形式召集呢？如果我们要想有条理地进行，这是我们要反省的第一点。在一些事件出现时，从来没有显示出某种所描绘的规律性。但如果进行仔细观察，人们总能在因果关系中发现构成正确或者错误理论的一系列概念。因此，要不迷失方向，就应当始终沿着这条线索前进。

清楚的是，我们所谈论的国家应当就有关主题接受咨询，即有关为重建社会大厦所希望采用的方式；要进行讨论的话，国家所集中的代表显然不能全部来自一个地方。因此，该过渡性机关应在不同的地点通过地区会议来召集，应该委托这些地区会议收集和整理选票。对此，恐怕没有人会提出质疑。但这里出现一个问题，而且这个问题又决定其他问题。在这些会议中，所有公民应被平等地召集吗？在那里都以相同的方式进行投票吗？我毫不犹豫地宣布支持，这些正是使我做出决定的理由。

人们通常说，孟德斯鸠自己也说“在一个国家里，总有一些人以出身、财富或者荣誉著称；不过，如果他们和平民混杂在一起，并且和其他人一样只有一个投票权，一般的自由将成为对他们的奴役，而且他们不会有保卫这种自由的兴趣，因为大多数的决议将对他们不利。所以，他们参与立法的程度应该和他们在国家中所享有利益成正比例。如果他们组成一个团体，这个团体有权制止平民的侵犯，正如平民有权制止他们的侵犯一样”。我承认，这些理由并没有给我任何印象，我在那里还发现一个严

[1] 因此，1787 年美国制宪会议所忠实执行的内容，就是将最后一手留给了美利坚合众国联邦宪法，并在《独立宣言》发表的十一年零七十五天后，在第一个邦联条例签字的九年零七十天后，最终确定这种形式。

重的混淆，且我认为这个混淆应当消失。

首先从出身说起。一个人如果拥有一个显赫的贵族身份，或者因为巨大才能，或者因为巨大权力，或者因为仅仅被授予荣誉，或者是因为超乎寻常的成绩，或者因为社会中卓越的影响力，他会有一种更早出名的优势，有更多更有用的社会关系，他有（而且人们通常也假设他有）更高级的教育、更广阔的视野、更丰富的经验，他集中了更多的注意力，人们承认他更仁慈，他的幸福较少地引起嫉妒，他的不幸激起更多的关注。这些或许是巨大的优势，人们不会遗忘这些。这些优势存在于人和事物的本性之中。任何法律无法给出这些优势，也无法剥夺这些优势。因此，这些优势要继续存在，不需要任何特别的保护。但是，人们是否想到这些巨大优势还会给拥有者一项有关地位、荣誉、利益和特权的人为法，而其他公民被剥夺这些内容？在这里，这个论题是相当不同的。相同的权利，如果应当存在的话，只能通过社会且为了社会才能被给予。这是判断这些权利是有利于社会还是有害于社会的唯一方式。这些享受权利者不应当拥有特别的力量，以至于为捍卫其权利而对抗社会的普遍利益。

再谈谈财富。财富或许是一个巨大力量。相对于出身，财富提供了差不多一样的优势，还拥有特殊的优势。相对于被剥夺财富者，巨大财富给予拥有者（如果他知道使用的话）巨大优势。正是因为这样，所以没有必要在上面增加特别的保护。因为，如果这笔巨大财富是遗产，就通过财产法受到保护，像穷人的财产一样；如果包括国家给予的利益，或者以奖赏的名义，或者薪金的名义，对于其财产的分配，国家要考虑的仅仅是便利和公正。

更应该谈谈荣誉。如果人们用“天体的光辉”（l’éclat）这个词来理解伴随出身、财富、荣誉而来的敬意，任何法律都不能支配它。相反，如果人们通过“高官显爵”（des honneurs）来理解政府能够给予的勋章和恩典，它们从来不应当伴随实际的力量，这种力量会使得和勋章、恩典的本意相冲突。

社会中拥有巨大优势者还要再增加权力的优越性，这种优越性名义上是自我保护，事实上仅仅用于压迫。因此，这永远是无用的或者是有害的。他们拥有这些优越性，势必会带来这些优势，两者是不可分割的。人们会徒劳地说，如果他们不享受权力的增加，他们会认为自己受到了压迫，“把公共自由看作是对他们自己的奴役”。这正如被赋予强大体力者自认为受到压迫一样，尽管人们放任他们自由地利用其优势，以便于满足其特殊的有用性。因为人们阻碍他用力殴打其同胞，或者让他们为自己的利益劳动。

总体上，我把这种平衡体制看作是有瑕疵的，不完善的。在这种平衡体制下，人们希望某些人拥有固有的力量，这种力量用来保护他们以对抗公共力量；人们希望某些机构能够自我维持，以对抗其他的机构，而不用求助于普遍意志。这不是确保和平，这是宣布战争。由此人们看到，在此情况下，尽管孟德斯鸠慷慨地赞誉英国政体，如果没有任何实际的力量带动整个社会，对于表面的平衡，什么都做不了。如果所有个人的特权不被单一的普遍意志真正地容忍或者摧毁，社会将被束缚或者被撕裂。

我补充一点，要求获得一种力量，这种力量独立于普通大众且能够与之相对抗，这种要求是人们所看到穷人和富人之间无休止斗争的唯一原因。如果没有这种要求，和平地享有一千两黄金不比一两更困难。因为法律如果不能平等保护大的财产，也不能保卫小的财产。当这些财产没有变成压迫和蛮横的方法时，人们对于这些财产就不会产生嫉妒以至于仇恨。如果这些财产最终也不能彻底地避开嫉妒，它们自然地且必然地产生的影响要比暴露出来的危险更大。

人们甚至可能说，个人财富能够造就持续的发展，从最贫穷到最富有，个人财富趋向于不断变化，因此人们不知道穷人和富人之间的界限到底在何处，也不至于形成两个对立的部分，如果社会中没有以荣誉、特权和权力为标准的人类群体的划分。因为这种阶级的划分会使得仇恨堆积如山，且使得内部斗争成为可能，如果没有这个阶级划分，这种内部斗争就不会产生，因此这是一种错误的阶级划分，也不大适合于阻止内部斗争。

之所以认可那些在社会中本已具有很多优势者增加权力，或许有另一个原因：他们在所有优势基础上通常增加知识优势，相应地，由他们领导所有的被统治者，通常会比其他人更合适，这是真实的。但人们会回应道，如果这种知识的优势地位正是真正希望获得的具有决定性作用的优势，当没有什么能够妨碍这种优势地位时，它就仅存在于更好地保护他们自己，保持他们在社会中的地位；因此，不应当给予任何特别保护。这种优势地位将自然而然地使得预见到所有与普遍利益相冲突的情况。人们弱化和遗忘这个理由，是希望给予这种优势地位，以获得社会中的部分人的支持，而这部分人拥有或者常常认为拥有和社会整体利益相冲突的利益。

因此，我的结论是，所有公民应当被平等地召集，在这些会议中，以同样的方式投票，人们进行讨论并借助于投票产生新的社会组织。因为，在那里既然对于所拥有的，对于所有的利益，对于所有的衣食，都是平等地受到关注，那么他们也都平等地受到关注。一些人的生命是否比另一些人的更重要，或者更高贵，或者更可爱，这是无关紧要的。一个人的生命对他自己来说就是全部，全部的概念不包括或多或少的概念。人们只能从会议中排除个别的人，这些人由于他的年龄原因，不被认为具有清晰的意志；排除通过法院判决被宣布没有资格从事这些职业的人，或者严重滥用这种职业的人；可能还要排除一些人，这些人已经自愿地接受了某些职能，而这些职能好像要求他们的意志服从其他人的意志。

人们可能会问在这些会议中妇女是否应当被接纳。男人的权威特别值得尊重，确实存在这种观点。但我不是这样的。妇女有感情也有理性，当然有同样的权利，甚至有和男人差不多的能力；但她们没有被召集起来行使她们的权利，没有以同样方式利用她们的能力。社会似乎都习惯于此。相应地，正如我们已经看到的，一旦我们深入研究，就会发现，妇女的利益并没有成为所形成利益的直接部分。相反，仅被用于适合的方面。妇女注定在家务方面，就像男人注定在公共职能方面一样。她们特别适合于作为配偶和母亲来管理我们，但不适合于在公共事务方面和我们竞争。男人是其爱人的天然代表者和保护者；妇女应当影响男人，而不是取代他们，也不是与他们斗争。在相互如此不同又如此需要的男人和妇女之间，存在差异，但不是不平等。此外，这个问题与其说是有用的，不如说是好奇的。在我看来，这个问题总是要解决，在某些情况下除外。在这些情况下，习惯的长期延续会使得看不到自然的精神。

因此，在我们所谈论的会议中，所有的人应当是平等的；在那里，妇女不应当是男人。我还认为，这样的公民会议应当希望以其他方式产生一部宪法，即委托一个没有任何其他职能的会议起草宪法，这个会议应由在公民中自由选举产生的平等代表组成。我们将这个会议简称为“公会”。接下来就是如何产生其成员。

这些初级会议，或者自己选举代表，或者任命选举人来选举代表。在此情况下，要记得我们在谈论妇女地位问题时提出的原则。社会成员对所有发生的事情有利益，但这种利益不应当使得都直接参与所有的事情；相反，仅仅应当接受一些适合的功能。对此，我的结论是，这些涵盖全体公民的会议是整个社会大厦的基础，应将之命名为“初级会议”，其职能应当限于任命选举人。人们会告诉我，这样的话，每个公民仅仅间接地影响法律的制定，这一点我承认。但我希望人们注意，我所谈论的是一个人数众多且幅员辽阔的国家，这个国家采用的不是联邦制，而是不可分割的单一制。要选举产生的代表的数量势必很小，而每个初级会议都要能够任命一个代表。因此，或者将所有初级会议的投票联合起来（这容易产生很多缺陷），或者容忍中间层次。另外，公众不会熟悉和区别真正适合这项任务的少数精英，反而非常适合在值得信任且有能力做同样事情的人中间进行选择。势必出现的情况是，被选中者会来自更高的阶层，接受更好的教育，拥有更宽阔的视野和更多的人际关系，他们会较少地受制于本地利益的约束。因此他们会更好地完成这项任务。这就是良好的贵族政治。因此，我们不依赖任何先例，不依靠任何机构，不采用任何体制，仅仅追随自然理性的简单智慧，就能组成一个负责制定宪法的机关。让我们以同样方式研究这部宪法应当是什么样的，研究这部宪法得以确立的原则又应当是什么样的。

重要的是不是深入细节，这些细节势必随着地点的变化而变化；重要的是检验来自同样普遍利益的某些原则。我们已经确信，行政权和立法权不应当被集合于同一个人或者同一些人之手。因此，让我们看看，行政权和立法权应当分别委托给谁。然后我们看看，应当怎样任免受托人。让我们从立法权开始。

我认为，在任何国家，没有人胆敢将制定法律[1]的事务全部委托给单一个人，就是说，希望这个人没有其他任何职能，仅为整个社会着想。其理由大概是，当国家足以信任某个人，把其个人意志看作普遍意志的表达，还总是希望这个人拥有足够的力量以便于实施这种意志，那么这个人就同时被授予了全部权力。然而，正如我们所看到的，这个主意是非常危险的，很多人后悔这样做；相反，其他人显得非常奇怪，认为这对于自由没有任何不利的地方。职能限于决定法律而不支配任何力量的单个个人肯定不可怕，因为人们总能剥夺其职位，如果人们想这样做的话。只有他的决定带来普遍幸福时，他才能期望保留其职位。因此他特别重视谨慎地做出决定，并监督决定的执行情况，以便证实失败不是来自法律，相反，是来自没有执行法律。人们只要感觉适当，会像遵照一个贤明的朋友的建议一样听从他，不会像被迫执行主人的最令人讨厌的命令一样。可以说，自由达到了理想状态。

对上述观点，人们会提出两点异议：一是，单一立法者不会有足够的权力，以便使人执行法律；二是，他不足以完成那么多的职能。对此，我的回答是：首先，立法机关由三四百人组成，如果愿意可达千人，与单个个人相比，它不会拥有更多的有形的真正的权力；立法机关仅有一种表达意见的权力，单个个人也同样可以拥有这项权力。如果满足下述条件，他被赋予公共信任。依据约定，其职位可根据一定的情况和形式被撤销，但只要他在职，就有权使人遵循其各种决定并使人执行这些决定。至于其义务的范围和大小，我将注意到，一个被很好地治理的国家并非每天都需要新的法律，法律繁多甚至是坏事。另外，这个立法者可以拥有熟悉各地情况的合作者和助手，

[1] 请注意是普通法律，不是宪法。我们说过有很多有关后一个事实的例证。

这些合作者和助手会使得各种材料更清晰，使得工作更便利；毕竟很多君主足以完成双重职能，不仅负责立法，还负责执行。

还要补充一点，与找两百个代表甚至一千个代表相比，找到一个高水平的人要更容易。因此，单一立法者的立法或许比立法会议的立法更博学更巧妙；可以肯定的是，这样的立法有更多的一致性和统一性，这是一个重要的优势。一言以蔽之，我相信，人们想要支持相反的观点却无话可说，若非下述情况：①立法机关由很多成员组成，每个成员所获得的信任来自不同地点，那么立法机关更容易获得普遍信任，其各种决议也容易得到遵守；②立法机关的成员不是同时来自各个地方，那么立法机关即使部分地更新，也不会引起整个体制的中断和变更，相反，当整个体制的运行基于单一个人时，如果换人了，那么全都随之改变。

我承认这两个理由的威力，尤其是后一个。另外，我不会断言我会固执地坚持一个非同寻常的可能显得不合常理的观点。因此，我同意将立法权委托给一个会议，但条件是这些成员有一定任期且有相同的权力。如果人们愿意，可把这个会议分成两三个部分，对各自的职能和任务存续期间作出轻微的区别，以便更有秩序地、更成熟地进行讨论。但说到底，这些部分属于同一性质，尤其是它们没有相互的绝对否决权。立法机关本质上应当是统一的，在其内部可以进行讨论，但不应向其自身开战。

我重申，所有这些对立和平衡的制度，仅仅是一系列徒劳的滑稽样式，或者仅仅是一场真正的内部对抗。

现在我们来看看行政权。我敢肯定，对于行政权，无论人们过去说了什么，它绝对不能全部集中于一人之手。要支持相反的观点，人们能够给出的唯一理由是，单一个人比联合起来的多人更适合于行动。然而，这是错误的。在意志表达过程中，统一性是必需的；在执行中，不是必需的。其证据是，我们仅有一个首脑，却有多个要服从他的成员。另一个更直接的证据是，根本没有哪个国王不设置多个部长。事实上正是这些部长负责执行，国王仅表达愿望，通常什么都不做。在英国这样的国家里，国王仅有一点立法权。如果要剥夺国王所剩无几的权力，是非常无意义的。事实上，立法机关加上各部部长就是政府。国王仅仅是个寄生物，是机器运转过程中一个多余的齿轮，仅仅增加摩擦和费用。国王什么都不做，只是填补一个对公共安宁有用的位置。如果这个位置空着的话，所有的野心家都想攫取它，因为人们习惯于看到它的存在。但如果根本没有这个惯例，或者如果能够使之消失，人们显然不会想到创设一个这样的职位。一旦涉及国家事务，尽管国王存在，人们也绝对弃之不用，而是在内阁和议会之间进行辩论或者建立联系，宣布战争或者进行媾和；当其中一个发生变化时，整个都改变，无论国王是多么游手好闲。换句话说，什么都没有做，结果都是一样的。

这整个是如此坚定不移地且深深地根植于人性之中，以至于没有任何国家设置一个君主的目的在于希望行政权是单一的，最终是由被认为特别贤明的单一意志来统治这个国家，不希望看到这个国家由于不同意见而被撕裂的状态。在社会科学尚未牢固确立时，自然运动采用了这个主意，赋予人们希望服从的这个意志征服其他所有人的权力，绝对君主即源于此。首先，在顽固地且轻率地设置君主的地方普遍都是这样的。接下来，人们强烈地感受到，这些君主的压迫或者至少是很坏的领导。人们联合起来，并不打算用武力停止他们，因为人们不知道怎样做；也不大想逮捕他们，因为人们不知道怎样取代他们，另外，人们习惯于对他们的高度尊重；但想让他们明白，向他们提出抗议，向他们表达人民的真实利益，向他们阐明他们的个人利益和国家利益是一样的。根据不同的时间、国家和条件，人们多多少少获得了成功。但是，如果没有意识到或者没有回忆起，国民拥有一项给出秩序和表达意志的毋庸置疑的且不会因时效而消失的权利，就不能长时间地联合起来，也不能经常进行诤谏和呈递陈情书。因此国民或者为了自己或者至少为其代表，有权要求收回立法权；当国民坚决地想要这项权力时，君主应当放任国民收回这项权力，同样可以收回行政权。这样，和最初将国家权力委托给单一个人不同，国民感受到重新夺回这些权力，并重新进行分配，准确地说，仅仅是立法权。人们容易相信，另一种权力（即行政权）应当被托付于单一个人，甚至在一个家庭内世袭，以便有用地且和平地执行。当然，人们总是打算利用并重新夺取这项权力。因此，在所有国家里，事物的进程差不多都是这样的：最初，各族人民屈从于君主政府，随着时间和事件的发展，君主政府逐渐成为合法的国民代表，相应地，各族人民生活在温和政体之下。这样，他们所做的仅仅达到自由的一半，他们时刻处于一点都不再自由的危险之中。

然而，我重申，行政权的性质决定单个个人执行行政权比联合起来的多人更好，这个判断不是真实的；行政权比立法权更需要被委托于单个个人，这个判断也不是真实的。因为成员数量不大的内阁的多数产生行动的一致性，就像单一首脑一样；至于敏捷性，内阁也能达到，甚至经常更高；此外，应当特别值得期待的是，行动是如此突然、如此迅速，还有更多。相反，人们会说，大国事务通常由立法机关领导，在执行过程中，需要依据同样的制度采用统一的方式来处理。这样人们不能期待单一个人。因为，除了单个个人比内阁更容易改变观点和原则外，当单个个人万一缺位或者被取代时，结果是全部缺位，同时全部改变；不同的是，内阁仅仅部分更换，其精神是真正永恒不变的，像政治团体一样。这种考虑和人们通常相反的思路相比，肯定是一个更大的进步。然而，我并不把它看作是绝对的，不容置疑的。在如此复杂的材料中，在那里有很多的事物需要权衡，有如此多的后果需要预测，一个单一的概述，一个孤立的理由，从来不能是真正决定性的。因此，让我们更早地深入到问题的根本，更细致地看看行政权单一首脑的存在必然引起的结果到底是什么。这样，我们就能够知道原因并作出判断。

单一首脑，或者只能世袭产生，或者只能选举产生。如果是选举产生的，其任期，或者是终身的，或者有一个确定的年限。让我们从后一种假设开始。如果这种预防措施和有远见的精神使得行政权受托人的任期和任务限于既定的年限，也迫使人们在权力行使过程中遵守法律；如果人们强制受托人遵循特定形式，强制受托人为自己添加合作者，但不至于反对他们的观点；如果采取真正有效的措施，以便受托人不能突破这些束缚，这样，这个主要国家机构或许就没有什么缺陷。单一首脑选举的顺利进行就不是很重要。事实上，单一首脑在最有能力且最值得尊重的人员中选举产生。他要上任就职就需要达到各方面能力得到最大发展的年龄。他不会脱离其他公民太远，避免产生和国家利益显著不同的利益。他将能平稳地下台或者被取代，所有的并未随之而发生变化。这不是严格意义上的单一首脑。他不能完全支配整个国家权力。他没有完全拥有源于“君主”的理念。事实上，他仅仅是自由人民的第一执政官，能够终身执政而已。我们越是不考虑这个假设，越是看到优势的减少和缺陷的增加。

现在让我们想象一下，同一个单一首脑，同样由选举产生，有确定的任期，尽管总是在立法机关领导下，但没有采取预防措施，他能够自由地支配军队和金钱。从此时起，这个位置变得特别重要，以便给出这个位置且不产生真正的宗派，这将激起并产生巨大野心。在选举时，这种野心会加剧，甚至出现暴力，可能使用军队。某些人会提前变得令人生畏，那么，所有的都将丢失。当他们局限于阴谋诡计时，在看到靠自身不能成功联合起来的情况下，他们会指望老人、儿童、愚蠢人，以便指使他们参加选举，因为这个资源非常值得开发。这样会有多人领导事务。如果从中出现一个比其他人更狡猾的野心家，他把所有的真正权力都集中自己手中，所有的权力将仅仅为他所用。他远远超越其同胞，将仅有一种利益，就是永远延续他的权力。他需要商业活动、纠纷、争端、战争，以便使得自己是必需的，使得自己不可或缺。他或许为其国家带来军事成功和外交优势，但在国家内部从来没有带来安宁和幸福。他将变得不可推翻和不可取代。这种影响是如此容易地产生，以至于任何被授予无限权力者都必然终生保护其权力，或者因造成巨大的公共灾难才失去其权力。

我们现在转向第二个假设，单一首脑终身执政。我不需要在此停留太长时间。人们会充分感受到，我在第一个假设所说的全部内容在这里也是真实的，一个事物一旦达到一定程度，就会变得无序和混乱，甚至可能出现社会解体，或者应当下决心生存，像在波兰出现的情况一样；或者放任选举产生终身执政的首脑变成世袭的，像在荷兰和其他很多国家出现的情况一样。如果由于相反利益的偶然影响，这个世袭体制以一种简洁的、确定的、果断的方式结束，这种方式不是特别不合常理，没有导致政治团体被撕裂，或者没有成为外国势力的猎物（这种情况经常出现），这已经特别幸运了。如果说把一项巨大权力在限定的时间内委托给单个个人，而他迟早都不会终身保护它，这是不可能的；那么更不可能的是，前后相继的多人终身执行这项权力，而不会出现其中一人将这项权力永久保留在家族内部。因此，我回来考察一下世袭君主制的影响。

对于很多不进行反思的人来说，几乎没人感到震撼。任何经常留心者不会使得那些人感到震惊，无论是在物理秩序中，还是在道德秩序中，这是最令人赞叹的最普通的现象。因此，自认为精神错乱者，如果他宣布马车夫或者炊事员的职能是世袭的，或者如果他胆敢永远取代在其律师和医生处获得的信任，并保证永远不利用长子身份秩序，无论他们是儿童或者老人，疯子或者傻瓜，狂人或者无耻之徒，这种人很容易服从以这种方式所选中的君主。但是，对于会思考的人来说，一个能够治理国家且长期都不会变得不称职的人是非常罕见的；而被授予巨大权力者的儿子们没有受到良好教育并变成最糟糕的人，是非常有可能的；这些儿子的一个且是最年长的避开了这种不良影响，也是不大可能的；当他的童年、缺少经验、偏见、疾病和晚年占据生命中如此大的部分时，在此期间，服从他是危险的。这整个形成一个如此巨大的不利机会的集合，以至于人们很难设想要冒这么大风险的想法会产生；很难设想这种想法会被普遍接受；很难设想这个想法并非总是糟糕的。像我们刚刚所做的一样，应当追踪单一权力的所有推论，以便发现我们怎样被领导甚至被迫参加如此危险、如此不利的游戏。应当深信权力统一的必要性，以便像一个智商很高的、伟大的几何学家一样，继续说，“我已经知道，经过整个计算，我更喜欢世袭权力，因为这是解决问题的最简单方式。”然而，这句显得幼稚的话却特别深刻。因为它包含这个体制的原因，包含了人们要支持它所能讲出的全部理由。

尽管存在上述情况，如果世袭权力没有其他缺陷，仅仅有我刚才所谈论的缺陷，我仍然准备接受这个结论。但在我看来，它有一个绝对难以接受的缺陷，这个缺陷来自这种权力的无限制且不可限制的性质，就是说，这种权力不能被永恒地且和平地限制公正的界限内。这个缺陷，不像世袭权力，却像“统一的不可分割的”权力。因为单一权力本质上是发展变化的。短短几年内，我们就看到，它必然变成终身的，从终身的又变成世袭的。后一状态仅仅是其特别活跃性质的全面发展，当它获得更大的力量时，将更不容易阻止其前进。因此，它力量越强，就越想超越反对它的所有障碍。事实上，如果人们认识到普遍意志的绝对优势，就确保没有世袭权力。因为这源于永恒世袭制的本质，源于暂时性的、可撤销的、普遍意志的本质。因此，世袭君主制要变得稳固，绝对应当压制国民主权原则。这不仅仅存在人民的感情中，还存在于感受到这项义务的事物性质中。人们一眼就能看到，这正是无休止的战争所致，或者是迅速的，或者是迟缓的，或者是暗中的，或者是公开的。它能够被君主制的节制所缓和，被其预防措施所拖延，被其技巧所掩饰，但它只能因人民的支配或者王位的颠覆而结束。期望得到自由和君主制，就是期望两个相互排斥的事物。很多君主甚至公民可能忽视这一点。但现在这是一个众所周知的事物，尤其是君主们知晓，这是千真万确的。

因此，人们不应再吃惊于我们所说的内容，不应再吃惊于孟德斯鸠他自己所观察到的内容。君主政府的不道德和腐败，以及奢侈、放荡、虚荣、战争、征服、财政的混乱、朝臣的堕落和下层阶级卑贱的嗜好，对压制知识的倾向性，至少对道德哲学压制的倾向性，传播轻浮、轻率、无忧无虑和自私自利精神的倾向性。因为世袭权力拥有和整体利益不同的利益，这整个势必表现为国家里的捣乱集团分化和弱化国民权力，以便对其进行斗争，把国民划分为不同的阶级以便相互操纵，用幻想迷惑他们，还相应地在理论上和实践中引起混乱和错误。

我们还看到君主制的支持者致力于研究社会组织时为什么仅仅想到一种平衡体制。这种体制事实上使得军队相互对峙，总是引起自我损害和自我毁灭，而不是把它们作为整体的各个部分来调解，促进同一目标的实现，因为各种权力不停地相互反对。从一开始，他们就承认社会中存在两个不可调和的事物，在这两个事物之间，他们只能做出折中安排，从未能引导它们实现内在的统一。

或许他们自己也没有认识到这一点。当人们以良好的精神忙于解决难题时，却只能找到一个不能充分满足理性的不完全方案，人们会确信存在一个阻碍到达真理的先前错误。当这些观点还不清晰时，大家过于相信这就是人们形成观点的惯例。在研究过程中，最常见的是缺少更多的反思，缺少更加不屈不挠的反思。他们通常才挖了一点，就发现了所谓的真正的源泉。

无论怎样，如此多的错误和如此多的罪恶，势必证明一个独一无二的错误，即“国家权力放任于单一个人支配”。像我已经公开宣布的那样，我的结论是：行政权应当被委托给一个委员会，这个委员会由一个数量不大的、经自由选举产生并有一定任期的人员组成，这个委员会依次进行更换；像立法权应当被托付给一个会议一样，这个会议由更多的成员组成，这些成员有一定的任期，每年进行部分改选。

因此就有了两个被设立的机关，一个是表达意志，另一个是负责执行，都以全体人民的名义。根本不应试图平行设置它们，或者说他们并列的。毋庸置疑，一个是第一位的，另一个是第二位的。唯一的原因是表达意志应先于执行。不应当把他们看作竞争对手，不应把他们置于相互对立的状态。在行为应当遵循意志的意义上，第二位的势必要取决于第一位的。因此，不应当致力于规定它们各自的利益，甚至是虚荣心利益。因为它们没有任何专属于它们自己的利益；它们仅仅有执行的职能，就是它被委托的内容。因此它们应仅仅想到做事，以便很好地履行其职能，以便使得委托给他们相应职能的主体感到满意。这种说法虽和朝臣精神不相容，也仅仅是简单的、善意的。这些数量不大但具体可见的真理可迅速解决我们经常碰到的很多难题，将使得我们很快看到这些机关的成员应当怎样被任命，应当怎样被免职，应当怎样终结他们之间的分歧。

对于立法机关的成员来说，他们的选举没有任何困难。他们人数很多，应当从国家各个不同地方挑选，以便选举人团很好地进行选举。选举人团即是设在各市镇的会议，特别适合于选择该地域内两三位最有能力且名声最好最有威信的人士。惩罚这些成员的错误不会呈现出更多的困难。他们的职能限于通过所能找到的理由来说、写、发表、论证和拥护其观点。除遵守行为准则外，他们应当有完成这些事情的完全充分的自由，他们只能引起内部简单秩序的某些轻微调整。因此，他们不会因为他们的职能而获罪。因此，像所有其他的公民一样，他们只能因为其职能以外的错误或者犯罪才能受到处罚；像其他的所有公民一样，对于他们的轻罪行为，应当按照普通程序起诉，不过应当采取一些预防措施，以便这些个人的、私人的起诉不会变成逃避有益行政官员并使得行政机关瘫痪的方法；尤其他们不应当有权相互驱逐，不应当有权相互禁止行使职能。

行政机关成员不应完全如此。他们数量较少，不能由每个选举人团任命一个。这些分散的选举人虽然有利于委派有能力协助立法的人，有利于很好地利用他们的知识，但他们不能胜任对国家中有能力处理大国事务的 8 个人或者 10 个人作出判断；另一方面，这些行政机关的成员有权在相关情况下发布命令，使用武力，调动军队，支配货币，创设和废除职位。他们做所有这些事情应当依据法律并遵循其精神。在每种情况下，他们可被谴责，被追诉。然而，立法机关不能任命他们，也不能免除他们，也不能审判他们。因为，正如我们所说，在行为应当遵循意志的意义上，他们应当取决于立法机关。然而他们不应当消极地依赖于立法机关，因为他们仅仅应当执行立法机关的合法的意志。立法机关可以指责行政机关的错误执行，即不遵循法律；反过来，后者可以指责前者错误的立法，即制定了违背宪法的法律。所有的宪法机关都应当尊重宪法，随后这些机关能够而且应当一起共同讨论其中任何一个无权宣布的事项，且这些讨论应当和平地且合法地结束。否则，像在其他很多宪法中一样，在我们的宪法中，没有人准确地知道他的义务，所有人都实际上处于武力和暴力的控制下。

后一个意见加上之前的意见，告诉我们它应当是整个政治机器的一部分，以便政治机器能够合法地运转。事实上，这个政治机器有一个表达意志的机关，还有一个负责执行的机关，还应当有一个司法机关，就是说，负责规范前两个机关的行为。在这个司法机关中，我们将发现所缺少的使得社会组织完整的所有内容。

司法机关的职能如下。

①立法机关成员上任前，监督他们的选举，并对其有效性作出裁判。

②介入行政机关成员的选举，或者接受选举人团提供的候选人名单并从中选择，或者相反，通过给出一个名单让选举人团从中挑选[1]。

③差不多以同样方式介入高级法官的任命，或者像美国的大法官，或者像法国最高法院的成员。

④根据立法机关的请求，宣布免除行政机关成员的职务，如果发生的话。

⑤根据同样的请求，决定起诉行政机关成员，如果发生的话；在此情况下，依据既定方式挑选行政机关的成员，组成一个大陪审团，协助最高法院法官。

⑥宣布立法机关或者行政机关的文件违背宪法并因此无效，或者基于这两个机关之一的请求，或者基于其他依据宪法具有公认的法律效力的请求。

⑦根据同样的请求，或者根据一定数量公民的请求，按照既定的方式和期限，宣布宪法修改，相应地，专门召集以此目的的会议，该会议暂时存在[2]。

借助于司法机关的这些职能，我再也看不到能够阻止社会进步的任何障碍，看不

[1] 如果大家更喜欢第二种模式，宪法可规定，当选举人团在候选人名单中没有找到他们想看到的名字，它们可要求在名单中增加这个名字；如果司法机关的成员的大部分希望这样做，司法机关应当表示同意。

[2] 司法机关的后两种行为在被执行前，能够甚至应当被置于国家的批准之下，国家应在初级会议中，或者在选举人团中，或者在为此目的专门任命的团体中通过同意或者反对。

到不能被和平解决的任何困难，看不到任何公民不知道遵守什么的情况，看不到任何公民没有合法的方式使其意志占据上风而阻止其他人的意志的条件。无论如何应当为了整体利益；同时，在我看来，这些职能是如此必需的，以至于所有统一且不可分割的国家，如果在宪法中没有设置同样的机关，这个国家显然要委身于偶然性和暴力之中。

这个机关将由终身任职的人员组成，他们不再担任国家中的其他任何职位，只能和平地、安静地享受体面的生活。这个机关就变成了曾担任要职者的退休所和补偿地。这是一个不可小视的优点。否则，政治职业将如此不讨人喜欢，以至于被遗忘，或者人们进入这个职业仅仅带着改变法律或规避法律的思想。

司法机关成员的第一次任命应由制宪会议进行，制宪会议委托司法机关保管宪法；之后，其成员的替换将依据空缺由选举人团进行，基于立法机关和行政机关确定的候选人名单。

我想对有关司法机关的看法做一点延伸，因为这个机关被想到时间还不长，还因为它的极端重要性。我认为，它是拱门之首，倘若缺少它，社会大厦就不会牢固，就不能延续。然而，我预料人们会向我提出两点反对意见。有人会说，这个机关，裁决纠纷，审判国家最重要的人物，由此将获得巨大权力，从而变得对自由特别危险。对此，我的回应是，这个机关由对命运感到满意的人组成，在这些纠纷中他们将失去全部却什么都得不到，这些人已经经过了激情和伟大目标的年龄，同时又不支配任何真正的力量，仅仅以国家的名义依据表达国家意志的时间和方式作出决议。

相反，还有人会认为，这个机关仅仅是个所有野心家都会轻视的无用的有名无实的东西。其证据是，在法国这个机关根本不能捍卫委托给它的保管权。对此，我的回应是，这个例子什么都证明不了，因为在如此疲惫如此不幸的国家中自由是不可能捍卫的。自由甚至喜欢奴役最轻微抵制所引起的最轻微的骚乱，这是法国人在设立元老院时所做的安排。法国人还自动取消新闻自由和个人自由，却没有任何抱怨的声音，甚至伴随着愉快的心情。另外，正如我们常说的一样，当全部军队被置于一人之手时，没有任何措施能够阻止篡位，正如通过 1799 年（共和八年）法国宪法[1]所做的那样（因为后两个执政什么都不是）。我补充一点，如果法国人胆敢在 1795 年（共和三年果月）宪法（在这部宪法中行政权实际上被平分）中设置这样的司法机关，这个司法机关如果能够在督政府和立法机关之间成功维持下来，将可能阻止在 1797 年（共和五年果

[1] 1799 年宪法又称“共和八年宪法”，1799 年 12 月（共和八年霜月）制订，1800 年初正式通过，给予第一执政绝对的权力，而没有明确列举第二执政和第三执政的权力。——译者注

月十八日）督政府和立法机关之间发生的暴力冲突[1]，那么这个国家恐怕现在还在享受自由，然而自由总是在等待的时候，与法国擦肩而过[2]。

我想，要解决所提出的问题，这就是我们要遵循的路径。我根本不想提出一个完整的宪法纲领，只是提出一些基本原则。我限于这些要点，不再深入细节，这些细节可能根据地点和条件而变化。我并不是说，我刚刚阐述的观点可适用于所有地方和任何时间。可能在一些国家，单一首脑的政体，甚至拥有无限权力的单一首脑是必需的，就像修道士一样，本身是错误的，很荒唐，但在特定条件下可能也是有用的。但我相信，当人们希望遵循理性和公正这样的最美好理念时，差不多就应当像这样组织社会，在其他地方根本无法找到真正的和平。如果这是一个体系的话，我将之交给思想家们来深入思考。借助于先前所谈论的有关各种政体的原则和精神以及它们对财富、能力、风俗、人民的情感和智慧的影响，他们很容易知道这些幸福结果应当是什么样的，应当得到多少支持。我仅仅再补充一句，温和的、有限的政府的最大优点就是放任普遍意志的形成和认知。普遍意志的表达是反抗压迫的最好方式，个人自由和新闻自由对于社会的幸福和良好秩序是最不可或缺的两个事物，如果没有个人自由和新闻自由，我们为建立最好的权力分配所做的所有组合都仅仅是空中楼阁。这涉及我们下一章要解决的主题。

第 十 二 章

关于原书第十二章——“确立政治自由的法律和公民的关系”

孟德斯鸠将第十一章命名为“确立政治自由的法律与宪法的关系”。我们已经看到，他以此为题探讨了确立一国宪法的各种法律对于人类自由所产生的影响，宪法就是规定各种政治权力分配的法律。事实上，这些法律是规范社会总体利益的法律（加上规范行政管理和公营经济的法律，就是引导财富的形成和分配的法律）的各种原则。大家将有一个完整的法典，这个法典控制政治机关的利益；这个法典通过对所有人的幸福和自由产生的影响来影响每个人的幸福和自由。

[1] 1797 年 9 月 4 日（共和五年果月 18 日），根据督政府授意，波拿巴派奥热罗将军率领巴黎周围驻军进入议会两院，宣布新当选的王党分子的当选资格无效，逮捕并流放大批王党分子。史称果月政变。参见吕一民著《法国通史》，上海社会科学院出版社 2002 年版，第 131 页。——译者注

[2] 对此我补充一点，法国元老院成员的任命和替换方式，和我提出的是很不相同的。在共和八年（1799 年）宪法中，这种方式原则上是有缺陷的，继而缺陷变得更大，由于所谓“帝国宪法”（Constitution de l’Empire）的不合法、不正当的安排，元老院成员的分配也有很大缺陷。

在这里讨论直接涉及每个公民私人利益的法律。这些法律直接攻击或者保护的不再是公共政治自由，而是私人的个人自由。大家会感受到，第二类自由对于第一类自由是非常必要的，且和第一类自由联系紧密。因为每个公民应当是安全的，以反抗对个人人身及其财产的压迫，以便能够捍卫公共自由。相当清楚的是，如果某个政府有权或者习惯于专横地命令、监禁、流放或者罚金，它将不可能满足于宪法所明确设定的界限以及国家根据宪法所规定的特别明确、特别正式的界限。孟德斯鸠也说，在有关关系下，自由存在于安全之中，宪法能够是自由的（就是说包含有利于自由的条款），而公民不是自由的。他很有道理地补充说，在大部分国家（可以说在所有国家），与宪法所要求的相比，个人自由更容易受拘束，被冒犯，遭弱化。其理由是，这些政府总是希望获得更多权力，就需要使得这种自由有负重之感，以便压制其他的自由。

正如影响普遍自由的主要是宪法性法律，其次是行政法，规定个人自由的正是刑法，辅之以民法。我们要探讨的问题几乎全部属于第六章所讨论的范畴，在第六章，孟德斯鸠试图研究“各种政体原则所产生的结果与民法、刑法的繁简、审判的形式和刑罚的确定等的关系”。在孟德斯鸠系列概念的分配和联系方面，一个更好的顺序本可将本章和第六章，甚至和第二十九章结合起来了，第二十九章探讨“制定法律的方式”，同时探讨评估法律影响的方式。但是，我们屈从于我们的作者所采用的顺序。每个人基于自己的考虑会调整这个顺序，并将之融入自己的作品中，以便构成一个系统的、全面的原则体系。

我们承认，第六章开头虽然包含很重要、很好的观点，但在那里，我们并未发现所期望的教义。对于第六章的主题，我们不得不提出同样的意见。它自然而然地应当涵盖有关每个公民的安全，以及自然权利、公民权利和政治权利的自由行使所支持或者反对的基本体制的阐述和评价，这是大家在那里没有发现的内容。孟德斯鸠按照其常规，在很多不连贯的小章节中，跨越所有的时间和国家，尤其是古代和不大出名的地点。可以肯定的是，从所有这些事实中，他通常归纳出不大正确的结论。他没有进行足够多的研究和花费足够多的才智，便告诉我们：从事巫术是荒唐的；纯粹宗教性的错误应当由纯粹宗教性的惩罚来制止；在君主制下经常滥用危及君主的刑罚以至于达到残酷和可笑的程度；惩罚讽刺性作品、泄密的言论甚至思想，是专制的；特派员的审判、秘密监视、匿名告密是难以忍受的、卑鄙无耻的事物等。如果他不得不灵活运用以便敢于说出真相，如果对他来说不可能走得更远，我们应当同情他，但我们不应停止于此。

在整个内容中，我仅发现一个唯一深刻的反思，这就是“对于共和国，最大的危险是加倍惩罚大逆罪或者危害国家的犯罪”。孟德斯鸠说：“为共和国复仇的借口将建立复仇者的暴政。问题不是要摧毁掌握政权者，而是要摧毁权势本身。政府应尽速重新步入常轨，这时法律应保护所有人，而不是武装自己反对任何人。”这些说法是值得赞赏的，这些事实所引用的证据也是无可反驳的。在希腊，“放逐或者被流放者归来的时期常常标志着宪法的变更”。如果需要的话，用来证明的现代事件会很多！

与这些如此鲜明的观点相比，我从中发现一个相当危险的观点，这和西塞罗的观点相反。即，在某些情况下，大家能够制定清晰的法律，以反对单一个人；“在某些情形下，人们需要拉下帐幕把自由暂时遮盖起来，像习惯上遮盖神像一样”。这可能使得这个伟人变成英国狂！

无论怎样，既然我们的作者没有顺便深入研究这个问题，我们在这里就限于重申，没有个人自由和新闻自由，政治自由不能继续存在。要维持这些自由，应当绝对禁止武断的监禁，应当绝对禁止陪审方式的使用，至少在刑事案件中。因此，我们要读者参考前面几章里有关主题我们所说的内容，尤其是第四章、第六章和第十一章。在这些章节里，我们已经看到这些原则是怎样以及为什么被各种政体的性质和精神所支持或者所反对。

第 十 三 章

关于《论法的精神》前十二章的概述

我们还有很长的路要走，不得不在现在所到达的这个地方稍微停留一会儿。尽管孟德斯鸠的《论法的精神》一书包括三十一章，而我们刚刚谈论的其中前十二章包含了直接涉及社会组织和权力分配的所有内容。在其他部分，我们更多发现的仅仅是，孟德斯鸠就特定时期和特定国家的不同社会形态的原因、结果、环境、联系，以及所有这些事物和社会组织的性质之间的关系，在经济、哲学、历史方面的思考。社会组织先前所接受的概念或多或少是合理的，所阐述的观点和所表达的看法，或多或少是正确的、清晰的、深刻的。毕竟，这种组织仅仅是为了带来好的成果。这种组织之所以倾向于无政府状态（注意是自然的独立），仅仅是因为要避免恶，要追求善。人们应当仅仅通过这种组织所产生的结果来判断其完善程度。因此，在走得更远之前，我们顺便简明扼要地重复一下从前面的讨论中所提炼的这些原则，随后我们更好地研究它们是怎样与不同条件结合的，研究总是产生人类的善和恶是否就是因为忽视或者遵循了这些原则。

所谓法的精神，就是在什么意义上才是法，法应当在什么意义上被制定出来，我们正是从准确地解释“法”这个词的含义开始。我们已经认识到，它原本意味着“一种规则，这种规则是由我们承认有权制定这种规则的机关所制定的，用于规范我们的行为”。因此，这个词必然和社会组织有关联，仅仅在最初的社会状态中才能被发明。然而，我们通过引申将看到的所有现象总是遵循的规则称为“自然法”，考虑到它们总是在发生，就像一个所向无敌且永恒不变的权威命令，所有生物在它们相互的行为中遵循某些模式。这些自然法或者自然规则仅仅是这些事物不变地运动的表现方式。对于这些事物的普遍秩序，我们什么都做不了。因此，我们应当遵从这种普遍秩序，并使得我们的行为和制度与这种普遍秩序保持一致。因此我们从一开始就会发现，“我们的人为法应当和自然法保持一致”。

我们的各种社会组织并非总是和这个原则相一致。它们并非都有同样的倾向，倾向于遵循并靠近这个原则。它们好像有多种形式。因此，重要的是应该分别进行研究。在细致地研究各种社会组织后，我们从第二章起发现，“各种政体全都属于这两个类别，即有的建基于人的普遍权利，有的建基于特殊权利”。

孟德斯鸠没有采用这个分类方法。他划分政体类别的根据是人数，这个偶然性条件，这里的人数就是机关受托人的数量。他在第三章中研究了各种政体用于驱动或者更准确地说用于保存的原则是什么。他的观点是，对于专制政府，是恐惧；对于君主制政府，是荣誉；对于共和制政府，是道德。这些主张或多或少地受到争论和争议的约束。我们不打算绝对否认这些主张，但相信能够证实“建基于人权的政府的原则是理性”，这会引起一个讨论，正是上述主张促使我们进行这个讨论。我们局限于这个随后会得到证实的结论。

第四章涉及教育问题。孟德斯鸠的观点是，教育应当和政体原则相适应，以便政府能够继续存在。我认为他是有道理的，从中提炼出的推论是：建基于错误观念和邪恶争论的政府，不应当冒险给予其臣民相当强有力的教育；需要某些阶级处于堕落和受压制状态的政府，不应当放任其臣民得到启发；因此“仅仅建基于理性的政府，能够希望其教育是健全的、强大的，且通常是广为流传的”。

如果教育的准则是，应当和政府的原则相适应，法律无疑更应该如此；因为法律正是有关成人的教育。孟德斯鸠在第五章中也是这样说的。据此，他没有向所谈论的政府提供与分配正义以及人类的自然情感明显相冲突的任何措施。我一点都不否认，政府要继续维持的话，这些可怜的权宜之计是必需的；但我认为，与之相反，“建基于理性的政府应当放任服从自然，追随自然，而非阻碍自然”。

在第六章中，孟德斯鸠打算仅仅研究“各种政体原则所产生的结果与民法刑法的繁简、审判的形式、刑罚的确定等的关系”。我和孟德斯鸠一起探讨这个问题，并利用先前所谈到的内容，得出一些更全面、更广泛的结果。我发现，在社会科学中，像所有其他科学一样，人类精神的发展是渐进式的。“民主制”或者“专制”是人类所想象到的第一类政体，标志着“人类文明的第一阶段”；“单一首脑或者多个首脑下的贵族制”，或者用其他名称，普遍地取代了这些未定型的政体，形成了“人类文明的第二阶段”；“单一首脑或者多个首脑下的代表制”，则是个新发明，它形成并确认“人类文明的第三阶段”。我补充一点，“在第一个状态中，是由无知来统治，由武力来主导；在第二个状态中，确立了一些观念，即宗教观念，宗教拥有最强的权威；在第三个状态中，理性开始占据上风，哲学拥有更多的影响”。我还观察到，“在文明的第一阶段，惩罚的主要动机是人类复仇；在第二阶段，是神灵复仇；在第三阶段，是希望阻止罪恶的出现”。在这里，我不打算再扩展这些反思，这些反思很快会让位于其他问题。

第七章涉及的是孟德斯鸠所谓的“三种政体原则的结果与奢侈法、奢侈以及妇女地位的关系”。我们在第五章讨论一般民法时已经讨论过奢侈法的优点。当涉及风俗和气候时，关心妇女者将更适宜，将更好地发展。因此，仅仅剩下值得深入研究的奢侈了。讨论的结果是，“承认奢侈的必要性，某些政府鼓励奢侈，以便维持下去，然而奢侈的结果总是以一种无用的和有害的方式利用劳动”。劳动，即我们能力的使用，对我们所有人都是一样的，是我们活动的唯一方式。如果这个真理不是整个社会科学的基础，不决定社会科学的所有问题，我就大错特错了。因为这会遏制我们力量的发展，或者使之无用和有害，这对我们来说是不利的。

第八章使得我们转向其他问题，涉及孟德斯鸠所划分的“三种政体原则的腐化”。在解释了所谓原则的腐化取决于什么后，他的观点是，每一种原则和特定地域的大小相适应，如果地域大小发生变化，这个原则就消失。这个结论引导我在完全不同的关系下思考问题，使得看到这些不可思议的结果。对于一个国家来说，应当尽早拥有确定的边界，并原则上断定“一个国家适宜的范围是拥有足够大的力量且尽可能好的边界，所有种类的边界中，大海是最好的，有很多不同的理由证明这一点”。

孟德斯鸠曾经提出，“这样的政府只能存在于小国，其他的政府只能存在于大国”，不得不给每一类政府指定一个特有的、排他性的捍卫自己抵御外敌的方法。在第九章中，他声称，共和国只有一种安全的方式，就是形成联盟。我利用这个机会讨论了联邦政府的原则和影响，我的结论是，“事实上，联邦总是比绝对分离的各州产生更多的力量，但要少于内在的联合和彻底的融合所产生的力量”。

最后，在第十章中，我们的作者研究了这些政府和进攻力量的关系，这就使得进攻力量介入到人权的基础以及开战权和征服权的原则和结果的讨论中。在我看来，他的理论不是很清晰，我最终发现“人权的完善就在于国家的联合，开战权源自于自然的防御权，征服权源自于开战权”。

在前六章中，孟德斯鸠从各个方面思考了不同种类的政体，之后，他致力于研究第十一章，将之命名为“确立政治自由的法律与宪法的关系”，以便证明英国宪法是社会科学的最新词汇和完美形式，以便证明还要寻找一种确保政治自由的方法是一件蠢事，因为这种方式已经被彻底找到。

我的观点不是这样的。我把该章分成两个部分。在第一部分，我要让人们看到“问题并未解决，就像人们给予单一个人太多权力一样”；在第二部分，我努力阐述“人们怎样能够解决这个问题，不应给予单个个人太大权力，以至于不用暴力就不能剥夺其权力，以至于当换人时，所有的必然随之改变”。

最后，在第十二章中，孟德斯鸠探讨了“确立政治自由的法律和公民的关系”。由于这一章没有提供多少可供提炼的新事物，我就局限于这个结果，“如果没有个人自由和新闻自由，政治自由难以继续存在；如果没有陪审制度，个人自由和新闻自由也难以为继”。

我们对前十二章的概述势必有点太快了。对于尚未阅读的人来说，没有给出足够的印象；对于阅读过的人来说，仅仅不完全地再现了他们能够从中注意到的内容。然而，至少给人一定的印象，这些印象会形成一个重要的整体。

人类是巨大宇宙中的原子。人类被赋予感觉，随后又被赋予意志。其幸福就在于这种意志的实现。人类借以实现这种意志的力量实际上是很少的。这种力量被称为自由。因此，人类所拥有的自由也是很少的。人类尤其是无法成为其他的样子，也无法依照其他样子来行事。人类屈服于所有的自然法，尤其是屈从于人类的本性法则。人类不能改变自然法，人类只能在适应自然法的同时将其提炼出来。

幸运地或者不幸地，人类将感觉的感知置于人性之中并进行充分地分析，以便赋予自己非常细致的特征。人类利用这些特征，以便增加并表达这些感知。人类利用这种能力，以便和同类进行交流；人类联合起来，以便增加其“力量”或者说“自由”，正如人们想说的那样。

在社会状态下，人类需要法律，以便规范相互之间的行为。这些法律需要和人类本性的永恒法相一致，且只能是其结果。否则，这些法律将是虚弱无力的、短暂的，只能造成无序。但是，人类开始时并不知道这个情况。他们还没有充分地观察其内在性质，以便知晓这些必需的法律。他们没有进行任何反思，仅仅想到毫无保留地屈从于所有人的幻想，或者屈从于所盲目信任的单一个人的偏好。这是无知的时代或说是武力主导的时代，这是民主制的时代或说是专制的时代。在这个时代，人类进行惩罚，以便报复他们认为给他们造成损害的行为。这是其刑法的基础，仅仅是自然防御的结果。万民法或者国际法，是绝对不存在的。

然后，知识、交往和事件不断增加并变得复杂。但人们没有进行理论思考，也没有研究其连贯性；但人们试图想象并提出一些假设，搞出一些偶然性体制，甚至宗教体制。一些观点开始传播以至于形成观念的力量。人们利用这整个内容，根据有关情况进行处理，但从未上升到各种原则。社会通过各种临时措施往前发展，从中产生不同的事物秩序，不同的社会模式。这些社会模式始终是某种贵族制，或者是单一首脑下的贵族制，或者是多个首脑下的贵族制。在这些社会模式中，宗教观念总是起到很大的作用。这是一知半解的时代或者是观念力量的时代。在这个时代，神灵复仇的概念被加入到人类复仇之中，这是刑法的基础。在这个时代，形成了某些国际惯例，人们将之尊称为万民法，但是还很不确切。

这个时代持续很长时间，几乎存在于所有国家。然而，自然就是说事物的永恒秩序，不断地被观察。法律的某些方面得以被认识，有害的谬论被提出质疑。如果说人们还不知道这是什么，却已经经常知道这不是什么。相对于其他民族、某些民族，或者更文明，或者更胆大，或者受到某些条件的驱使，根据上述发现，尝试着给出更加符合自然、真理、理性的方式，并获得或多或少的成功，这是理性主导的曙光。人们要制止的是邪恶（le mal），而不是恶人（le méchant）。若要进行惩罚，仅仅是为了阻止邪恶再现。这是刚刚起步的第三个时期的刑法的唯一原则。

可以认为，在此影响下诞生和出现的政府，把理性作为用于驱动和用于维护的原则。

这类政体的第一法律是，它们得以形成是为了被统治者，而不是为了它们自己；相应地，它们得以延续，只能依据大部分被统治者的意志。一旦这种意志发生变化，它们也应当变化，然而在任何情况下，它们不应当将希望脱离其领土者扣留在其领土上。

据此，不能形成任何形式的权力世袭，不能存在人类的任何等级，无论一个阶级是有利于或者有害于另一阶级的支出或者收益。

这类政体的第二法律是，在一个社会中，从来不应当存在这样的力量，这种力量不用暴力不能改变；当它改变时，整个社会的走向都随之改变。

该法律禁止放任单一个人支配所有国家力量，也阻止委托同一机关制定宪法并依此执行宪法，还引导仔细地维持行政权、立法权、司法权或者政治分歧审判权的分立。

有理性的政体的第三法律是，总要有一个目标，就是维护国家独立及其成员的自由，维护内外和平。

为实现这个目标，国家应当努力得到足够大的领土，但不要由差异太大的部分组成，国家应有能够产生较少争议且其防御需要较少陆军的界限。在达到这个目标后，基于同样的理由，可以和相邻的国家结成联盟；应当尽可能地和相互独立的国家加强联系，以至于形成经常性的联盟。因为这是万民法完善的关键，在那里，暴力完全让位于正义，通常所谓的“万民法”刚开始配得上称为“法律”。

依据该法律，对于公民安全，对于各种问题表达情感，对于通过宗教方式遵循宗教观点的权利，政府不应当给予任何限制。

我认为，这差不多就是所有真正有理性政体的基本法律。只有这些法律是永恒的且应当总是存在的，在这个意义上，它们是仅有的真正的基本法律。因为所有其他的法律能够且应当被改变，当社会成员希望改变它们时，要遵守必要的形式。因此，我们所谈论的这些法律准确地说不是人为法，是我们的自然法，是各种原则的宣示，是永恒真理的陈述。这些法律应当取代权利宣言位于所有宪法的开头部分。某个时间以来，人们习惯于将权利宣言置于宪法的开头部分，我并非要指责这个惯例。我知道，这个惯例在社会艺术中是一个巨大的进步。我知道，这个惯例将在人类社会历史中永远创造一个时代[1]。我知道，这个惯例是特别有用的，当人们给予一个国家一部很坏的宪法——所谓的坏，或者通过宪法所包含的条款，或者通过确立宪法的方式——的时候，他们是不敢冒该惯例之名的。但更加真实的是，这种事先制定一个国家的政治法典并公布公民权利的预防措施，是人们放任权利长期被遗忘的结果。这是长期战争的结果，尤其是发生在被统治者和统治者之间的长期战争。在压迫再次出现的情况下，

[1] 在欧洲，所提出的第一个人权宣言是由拉法耶特将军于 1789 年 7 月 6 日呈递给法国制宪会议的。我相信，这个人权宣言是做得最好的；因为它简化为几个特别合理的原则。值得注意的是，正是人类有力地促进了对我们这个半球人权的认识，随后第一次宣布这些权利。在这个时代，这是对压迫者的战争宣言。

这是一种表达和抗议的方式。倘若没有这个原因，那些自由联合起来以便规范其联合会的合伙人就没有必要从一开始就列举所声称拥有[1]的权利，因为他们本来就有所有这些权利。他们可以做所有他们想做的事情。他们要做出决定的话，除了他们自己，不需要考虑任何人。因此，应当居于宪法开头部分的不应是权利宣言，准确地说应是宪法得以确立的原则的宣言，应当是宪法所遵循的真理的宣言。因此，我认为，人们只能将刚刚谈论的两三条自然法置于宪法的开头部分，这些自然法也是来自于对于人、对于其成就与错误的观察。

无论如何，这是我们从对孟德斯鸠前十二章的研究中所提炼道理的简单扼要的概述。它很全面地包含了有关社会组织和权力分配的内容，相应地，包含了《论法的精神》中最重要的内容，也包含了制定法律的精神。正是因为这样，我才希望暂停一会儿。现在我们的作者准备带领我们浏览很多不同的主题，如赋税、气候、土壤性质、精神状态、习惯、贸易、货币、人口、宗教以及一些国家的特定民事法律和政治法律的连续的演变。这整个都有待和孟德斯鸠一起研究，但我们只能通过回忆的方式从各种政府的利益和安排以及应有的目标方面对我们所认识到的内容做出判断。正是在前面的内容努力服务于后面的内容，并引导我们来衡量各种关系。人们将会看到，看待社会组织和发展的方式是文明的中心，处于所有问题的中央，将使得所有模糊之处拨云见日，对此我敢于相信。让我们赶快实现这个愿望吧！至少部分地实现！

第十四章

关于原书第十三章——“赋税的征收、国库收入额与自由的关系”

孟德斯鸠在这里着手从事一项宏大壮丽的课题，这个课题涵盖了社会科学的所有部分，而我敢说他根本没有论述这个课题。然而，他确实看到存在一个异乎寻常的谬论。这个谬论认为，赋税额本身是个好事物，赋税额刺激和促进工业发展。奇怪的是，他似乎有所顾虑，试图不公开如此粗浅的错误。但如此多的人犯了这个错误，何况这些人还见多识广。如此多地属于“政治经济学家”派别的作者认为，消费是财富的源泉；“公共财富”的原因在于和“个人财富”的性质完全不同的性质。大家应该感谢我们的作者，感谢我们的作者没有听任自己受到他们的诡辩所迷惑，没有听任自己受到他

[1] 随后，同样的畏畏缩缩的预防精神使得想到在权利宣言上又增加了义务宣言，好像说我有这项权利，或者请尊重我的这项权利，不是一回事一样。这种重复是一件真正无意义的事。

们的错误的、形而上学的隐蔽性所阻碍。

尽管孟德斯鸠没有花工夫反驳他们，不过有益的是，他明确地说，每个公民交出自己的一部分财产，以便确保其他部分的财产，每个公民交出的这部分就构成了国库收入。交出的这个部分应当尽可能的小，重要的不是公民们能够放弃多少，或者人们能够从他们那里夺取多少，重要的仅仅是满足国家需要所必需的是多少。最后，如果耗尽公民们做出牺牲的所有可能性，至少不应当苛求他们损害再生产，以至于他们不再能够每年重复生产。事实上，社会只有为了保持稳定才应当过度使用军队。因为，在人性中有一种奇妙的能力，即迅速增加其享受和财产的能力，尤其当社会已经达到一定程度的文明时。

孟德斯鸠还指出，在一个国家里，自由越多，税基越广，国民的财政负担却会越重，这或者是因为自由使得活力增加，工业发展，进而使得花销增多；或者是因为政府越是被爱戴，越是可以无风险地索求国民。但他也指出，欧洲的各个政府严重地滥用这个优势，并危及信任的资源。几乎所有政府都沉湎于权宜之计，连精神最不正常家庭的后代都会对这些权宜之计感到羞愧。所有现代政府都在走向即将到来的破产，因为它们总是狂热地追求掌管大量陆军，且这种狂热的程度在迅速提高。

这都是真实的，第十三章差不多归结于此。然而，这几个没有展开讨论的道理，由于和可疑的或者错误的观点混淆在一起，与反对包税人的模糊的陈述混淆在一起，不足以使得认识到和赋税相适应的法律精神应是什么样的，甚至不能满足该章题目的的要求。因为，要真实地看到，政治自由对国家的需要和财富的影响是什么样的，或者单单税赋的性质和国库收入额基于这种自由会有什么样的反作用，除上述内容外，还需要其他信息。因此，我准备大胆提出几个观点，我认为这些观点对于充分地理解这个课题是有益的，甚至是必需的。

（1）我将指出赋税为什么以及怎样总是坏事。孟德斯鸠似乎忽略了论证这个观点的大部分理由，这是不适宜的，因为他在其著作的其他地方是把过度消费作为有益的事物和财富的源泉来谈论的（参见第七章）。

（2）我将解释每种赋税的特有缺陷是什么。

（3）我将力图弄清楚每种赋税所引起的损失最终真正地落到谁身上。

（4）我将研究一些观点对于第三点的分歧为什么如此之大，这些掩盖了真相的成见到底是什么，尽管真相能够通过某些特征来觉察。

每当社会要求某些成员做出某种牺牲，这些人就会被剥夺一大笔财产，而政府将这笔财产置于自己的支配下。要判断是谁引起上述情况，唯一的关键是，要知道政府攫取这些财富的用途是什么。因为，如果政府以一种人们能够称得上有利的方式使用这些财富，赋税显然是国家财富总量增加的原因；如果是相反的情况，则应得出相反的结论。

在有关奢侈的第七章中，我们已经对生产和消费做了一些说明，这些说明将给予我们解决这个问题的方案。我们已经看到，人类独一无二的宝藏就是其力量的使用，即“劳动”。“整个人类社会的善就在于劳动的良好使用过程中，整个的恶就在于劳动的消耗过程中”。唯有劳动使得社会财富增加，使得社会财富增加的劳动就是生产出比所消耗的还要多的财富。相反，没有任何产出的劳动则是致使贫困的原因，因为消费者所消费的全部，是先前生产性劳动的成果，这些成果被消耗，但却没有任何置换的东西。根据这些论据，让我们看看关于政府支出应当形成什么样的看法。

首先，整个公共支出，几乎全部用于支付陆军、海军、法官、行政部门主管官员、神甫[1]和牧师[2]，尤其是给权力占有者及其宠臣提供奢侈品，这些都是绝对地被消耗的。因为，上述各类人进行消费却没有任何置换的东西。

然后，事实上，在所有国家，有些财富被用于促进和奖励在艺术、科学和各种工业方面取得的成就，大家可把这些财富看作间接地服务于增加公共财富。但是，在总体上，这部分财富是少量的。可疑的是，是否够产生更好的预期效果。消费者和业余者对于成功有更直接的利益，通常是最好的法官。

最后，任何政府都或多或少把资金用于建设桥梁、马路、运河以及其他工程，这些工程增加土地的产出，方便食品的流通，促进工业的发展。可以肯定的是，这类支出直接增加了国家财富，具有真正的生产性。然而，如果像常常出现的一样，为这些工程埋单的政府只是为了设置过桥税或者其他赋税，除维护费用外，与某些特定个人在同样条件下以同样资金所做的相比（如果人们放任他们去做的话，他们几乎总能以较少的费用达到同样的目标），这些赋税什么作用都没有起到。

由此可知，几乎全部公共支出应被列入一个类别，这个类别被恰当地命名为“不产出的”“非生产性”消费；相应地，人们所支付给国家的，或者以赋税的名义，或

[1] 神甫亦译为神父，是罗马天主教和东正教的宗教职位。千百年来只有男修士才可担当此职位。天主教的神父终身不可结婚，而东正教的神父可以在晋铎前结婚，但主教只能在独身者中挑选。不信奉天主教的人往往将神父写作神甫。——译者注

[2] 牧师是在一般基督新教的教会中，专职负责带领及照顾其他基督徒的神职人员。《圣经》原文的用字就是牧羊人之意。新教教会由牧师和独立的长老管理，牧师可以结婚。每一间新教教会通常最少有一个牧师。东正教的神职人员也有时被翻译成牧师，而犹太教的拉比也有时被称作牧师，但不普遍。——译者注

者以借贷的名义，是先前所进行的生产性劳动的成果，这些成果自从在进入国库那一天起应被看作全部被耗尽、被毁灭。不过，这并不是说这些牺牲不是必需的，也不是不可或缺的。人们应当这么做，或许因为应当被很好地保护、统治、审判、管理，或许因为每个公民被征收对于国家所必需的部分，就像每个公民应当维修其房屋一样，目的是为了在那里安全居住，不过所征收的部分应当基于当时的劳动成果，或者基于资本的收益（其实资本是更早的劳动的成果）。但应当知道，这是每个公民所给出的牺牲，作为公共财富，被不间断地消耗掉，就像作为自己的财富一样。一言以蔽之，这是消耗，不是投资。最后，任何人不应当失去理智，以至于相信某些消耗是财富增加的直接原因。每个公民应清楚地知晓，对于政治社会，像其他事物一样，如果管理花费巨大的话，是毁灭性的；还要知晓，最节约的就是最好的。

我相信，人们不会否认这个结论：用于国家支出的那部分财富，是一个导致贫困的持续原因，这依然是相当明确的。因此，从经济角度看，这些支出所必需的赋税额是坏事。如果赋税额有害于国家财富，也显然会给政治自由造成重大损害，因为它把可能带来腐败和压迫的大量财富置于当权者之手。人们还会反复说，英国人之所以是自由的和富裕的，不是因为他们支付了大量的御用金；而是因为他们在一定程度上是自由的，因为他们是富裕的，所以才能支付大量的御用金。他们支付巨大，是因为不够自由；因为支付巨大，所以他们迟早将更不自由，更不富裕。

在认识到赋税的总体影响后，如果我们要解释每种赋税的特殊影响，还应当深入到作者所忽略的某些细节。我认为，不再有欧洲特别“优雅”的君主没有想到的赋税，所有可想象到的赋税可分为六个基本类别[1]：①基于土地的赋税，比如法国的属物税、廿一税、土地分摊税，如英国的土地税；②基于房屋租金的赋税；③基于国家所欠公债的赋税；④基于人身的赋税，如人头税、奢侈税、动产税、专利税、行会税等；⑤基于民事行为的和某些社会交易的赋税，如印花税、登记税、买卖税、百分之一献金税、分期偿还税，以及其他的赋税，在这些赋税基础上，还应增加每年的赋税，大家希望将每年的赋税设置于个人之间相互设立的年金上，因为人们只能通过公共仓库才能认识这些年金，正是公共仓库保存了设置这些年金的文件；⑥最后，基于商品的赋税，或者通过垄断和排他性销售，甚至强制方式，如法国以前的盐和烟草；或者在生产时，如基于盐田和矿山的赋税，如一部分基于法国葡萄酒和英国啤酒的赋税；或者在消费时，或者在从生产者到消费者的整个过程，如关税；对内和对外是一样的，

[1] 在我看来，要很好地解释它们的影响，这是最好的划分方式。

如基于道路、桥梁、运河和城门等的赋税。每一种赋税都有一种或者多种特有的方式，这些方式有害于分配正义，进而有害于自由，或者有害于公共繁荣。

人们一眼就能看到，基于土地的赋税有缺陷，缺陷就是特别难以公正地分摊，并使得那些租金不能超过税款或是仅仅超过税款一点点的土地被人轻视，为了开发这种土地需要下决心冒不可避免的风险，并进行必不可少的垫资。

基于房屋出租所得的赋税的缺陷是使得建筑物的投机收益减少，进而使得为出租而建设房屋的兴趣减少，使得每个公民不得不将就于不够安全、不够舒适的房屋，如果以其与为了出租而建设[1]的房屋相比。

基于国家所发公债的赋税，如果人们把这种赋税建立在已经创设的公债上，这将会是一个真正的失败，因为这减少了所获得资金的预期利息；如果这种赋税设置于公债创设之时，则结果会是虚假的，因为这种税收会导致公债收益率降低。那么还不如直接提供一个降得不那么低的收益率，而不是承诺很高的收益率却又从里面取回一部分，来得更简单些，其结果也是一样的。

基于人身的赋税引起特别令人讨厌的检查，检查的目的在于能够根据每个人的财富逐渐增加人头税。这种赋税只能建立在特别武断和特别不完善的认识基础上，无论是基于已获得的财富，还是基于获得财富的方法。在后一情况下，当取缔某种行业被证明是正确时，这种赋税会阻止该行业，逼迫其涨价或者促使人们抛弃它。

基于行为的赋税和基于社会交易的赋税，约束了基本财产的循环；由于导致交易成本很高，减少了销售价值；由于增加司法费用，以至于穷人不再敢于捍卫其权利，使得所有事务变得棘手和困难；导致税务部门的专横搜查和挖苦作弄，迫使在行为过程中进行隐瞒，甚至迫使将之置于虚假的掩饰了很多不公正行为的条款和估价中；变成了很多争议和不幸的源泉。

至于基于商品的赋税，其缺陷更多更复杂，其令人讨厌的确定程度却毫不逊色。

由国家进行的垄断或者排他性销售，和每个个人所拥有的有关买卖的自然权利相悖，是可恶的、专制的，使得很多暴力措施成为必需。当销售是被迫的时，就是说，像有时出现的情况那样，在某人不能不用某些东西，且若不通过正常渠道购买就必须

[1] 我没有利用法国几个经济学家所提出的观点来反对赋税。这种观点认为，房屋所得不应当被征税，或者至少应依据纯收入征收，这种纯收入是通过耕作土地所提供的，而不是相应的房屋所提供的，剩下的仅仅是用于建设的资金的利息，在他们看来，这种利息是不能征税的。这种观点是另一种观点的结果。另一种观点认为，耕作是唯一的生产性劳动，土地收入是唯一可征税的。因为在整个土地收入中，有一部分是纯粹免费的，全部归功于自然。这些作者认为，这一部分是征收赋税独一无二的、合法合理的基础。我想使得大家很快看到，这整个都是错误的。因此，我不会利用这一点反对赋税，也不会利用这一点反对该体制的所有追随者和所有谴责者。

通过走私获得的情况下，或者当他被迫购买所不需要的东西时，这是相当糟糕的。

在生产时征收的赋税，显然使得生产者的一部分垫款成为必需，而这部分垫款长时间不能收回，这势必减少了相当多的生产性资金。

比较清楚的是，或者在消费时征收的赋税，或者是在运输过程中征收的赋税，总是妨碍或者摧毁工业或者贸易的某个分支，使得必需的或者有益的事物变得稀少，变得昂贵，扰乱各种收益，打乱事物的正常过程。在各种需要和满足需要的方式之间形成某些变化无常的比例和关系，这使得公民的投资和收入常常是不确定的，而若无上述干扰因素，这些比例和关系就不会存在。

最后，各种基于商品的赋税，无论是什么样的，使得无穷无尽的预防措施和令人不安的繁文缛节成为必要，引起很多花费过度的难题，也必然倾向于武断，迫使人们把冷漠行为本身看作犯罪，并通常以严酷方式进行惩罚。这些赋税的征收过程的花费是特别大的，势必导致雇员队伍和偷漏税者群体的存在，社会中所有的人不断卷入一场名副其实的内部战争，伴随着产生有害的经济后果和道德后果。

当人们细心地研究有关各种赋税的每一个批评时，会认识到它们都是有充分理由的。因此，我们发现，赋税整个都是一种牺牲，且赋税收入的使用总是非生产性的，且经常花费巨大。随后，我们还发现，每一种赋税都以其自己的方式，有害于公民自由，有害于社会繁荣。我已经说的很多了，然而这仅仅是概述。这些概述很好地证明，赋税是有害的，甚至以很多不同的方式施加危害。但人们还没有清楚地看到，赋税所引起的损失确切地落到谁的身上，是谁最终地真正承担这项损失。正是后一个问题使得深入到这个课题的本质。这个问题非常重要，特别需要弄清楚，因为人们能够从其解决方案中提炼很多结论。让我们来研究这个问题吧，不采用任何体制，仅仅通过对事实的观察，审慎地提炼出有关结论！

基于土地的赋税的真正支付者显然是设置土地税时的土地拥有者，且不能将之转嫁给其他任何人。因为这种赋税没有给予土地拥有者增加收入的方法，没有增加所要求的任何食物，也没有增加土壤的肥力，甚至没有用于减少费用。因为所支付的赋税类别没有改变，大家都会承认这个事实。但大家没有足够注意到的是，与其把地产业主每年的收入看作被征收了一部分，不如将其资本看作被消耗了一部分，其资本按照当时利率产生了这一部分收入。其证据是，如果一块纯收入为 5000 法郎的土地值 10 万法郎，在这块土地承担了五分之一永久税的第二天，如果出售的话，大家仅仅从中发现 8 万法郎。此外，在所有情况下都是一样的，在遗产中，如果其他价值没有任何改变的话，它同样仅仅被看作 8 万法郎。事实上，当国家宣布永久地征收土地收入的五分之一时，就像国家宣布地产业主资本的五分之一归国家一样，因为所有地产只有通过使用才能从中获得价值。真实的情况是：由于新的赋税，当国家按照规定利息借款时，这项交易就被消耗了。事实上，国家侵吞了一部分资本，且很快将之挥霍掉，而不是逐年消耗其收入。这就像皮特先生（M. Pitt）让地产业主负责征收土地税，这些地产业主感觉被解放了一样。

由此可知，自从该项赋税设立，当该块土地易手时，任何人事实上不用再支付该项赋税。买主仅获得剩余部分，什么都没有损失；后继者仅仅获得他们得到的东西，对他们来说，其余部分事实上已经失去了。

由此还可知，当国家全部地或者部分地放弃先前设置的永久土地税时，就等于把停止征收的资本完全地、简单地赠送给当时的地产业主。这对于地产业主是一个绝对免费的赠与。因为，在得以变成地产业主的交易过程中，他们中的任何人都不能指望这部分资本。

如果这项赋税最初仅在确定的若干年内设立，情况并非绝对如此。那么，事实上仅剥夺了地产业主相当于年金数量的那部分资本。因此，国家只能向放款人借入这部分价值，国家通过缴税方式向出借人给出该项赋税，而在这个交易过程中，被认为仅仅损害土地的这个部分。在这个情况下，当赋税停止时，就像相应借款的零头被用光一样，债务消失了。此外，其原则与永久性公债和赋税的原则是一样的。

因此，始终真实的是，当大家设置基于土地的赋税时，即刻剥夺了当时的土地拥有者的相当于这部分资本的价值。在基于土地的赋税设置之后，当变更地产业主时，该项赋税事实上不再由任何人支付。这个看法是独特的和重要的。

基于房屋所得的赋税，绝对是这样的情况。在设置该赋税时的房屋所有人承担全部损失，因为他没有任何获得赔偿的方法。相应地，随后的房屋购买者仅承担加重的那部分费用；房屋继承者同样仅考虑剩余的价值；至于后来建设房屋的人，他们根据房屋的建设情况进行核算。如果没有足够的余地使得投资是有益的，他们将不再进行建设，直到由于稀有的影响而租金增加。相反，如果仍然很有利可图，大家会很快把足够多的资金投入其中，因为这种利用方法比其他的更合适。因此，让我们再总结一下，承担赋税的地产业主全部地失去这部分资本。

人们可能说，政府有时是将税收加于先前购买了公债的人身上的。可以肯定的是，这个倒霉的债权人遭到整个损失，又不能将之转嫁给其他任何人。证据是，如果他出

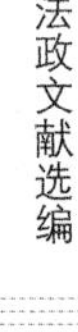

售其公债，且货币总体利率没有变化，就会发现由于公债本身还要承担一定负担而贬值了。由此可知，该公债后续占有者不用再支付什么。因为在此状态下，他们接受的是剩余的价值，或者根据自由购买，或者根据自愿继承。

基于人身的赋税的影响不再是这样的。区分为两种，一种被认为是基于所获得的财富，另一种被认为是基于获得财富的方法（就是某种行业）。第一种情况下，承担所引起损失的总是被征税者，因为他不能把这种损失转嫁给其他任何人，且该种赋税和每个人的生活无关。所有人按照推定财富的比例接连地缴纳赋税，第一个被征税者失去的仅仅是所支付的税费，而不是资本，不会解放其后来者。因此，在该种赋税停止的任何时候，缴纳赋税者不是获得了纯粹的收益，而是事实上感到沉重的负担不再继续了。

至于基于获得财富的方法的人头税，真实的情况也是一样。第一个缴纳赋税者并没有失去其资本，也没有解放后来者。在刚刚被新的人头税加重负担时从事某种行业者，比如设置或者增加营业税、师傅税、行会管事或者其他同类的赋税，我认为，此时的从业者仅有两个方案可用，或者与其行业断绝关系，或者如果他看到留在该行业中仍然有利可图，便缴纳上述赋税并承担所引起的损失。在第一种情况下，他肯定要遭受损失，但不用缴纳赋税，因此，我眼下不关心这个问题。在第二个情况下，他肯定要缴纳赋税，同时不增加需要，也不减少费用，因为赋税不会给予他任何增加收入或者减少支出的直接方法。大家从未突然设置很沉重的赋税，以至于同一行业的所有从业者都不可避免地被迫脱离这个行业。由于各行各业对社会都是必需的，任何单一行业的绝对灭绝都会带来整体上的混乱。因此，在我们所谈论的某个行业的某种赋税确立期间，仅有一些人同其行业断绝关系，或者这些人已经很富裕不再担心被减少的利润，或者这些人从事该行业获取很少的成功，以至于缴纳赋税后不再有什么剩余。正如我们所说，其他的人留在该行业，真正地缴纳赋税；至少直到某个时间，他们摆脱同行的竞争，并能够利用这个条件，使得其消费者缴纳比他们先前缴纳的还要多的赋税。

这就是在确立某个行业赋税时那些从业者的情况。至于那些在赋税确立后从事这个行业的人，情况是不同的。他们碰到已经完成的法律。他们受这个条件约束。对他们来说，赋税就是该行业所强制要求的一定数量的费用，就像必须租用某个场地或者购买某个工具一样。他们所以从事这个行业，是因为他们核算过，尽管存在这些费用，就其所拥有的资金和行业来说，这仍然是他们能够找到的最好的利用方式。因此，他们很好地预付了该赋税，但事实上该赋税什么都没有剥夺他们。该赋税所实际损害的是消费者，如果没有这些赋税的话，消费者本可以用较少的花费达到现下可以令其最为满意的结果。由此可知，如果取消该赋税，这些人基于意外的事物而获利。他们感到被意外地免费提升到相较于现在而言更为有利的财富状况。然而，对于在赋税设立前的从业者来说，这仅仅是他们最初状态的回归。大家看到，基于行业的人头税有相当多的影响，但其总体影响是减少了消费者的享受，因为他们的供货商由于部分货币流入国库没有给他们提供相应的货物。我不再深入分析，大家不太习惯于判断赋税的不同效果，并在所有修改过程中通过思考来理解它们。让我们转向基于票据、文件、登记以及其他社会交易的赋税。

还需要区分一下。使得司法费用和当事人费用增加的这部分赋税，肯定由判决所确定的诉讼当事人缴纳，很难说它对社会中的哪个阶级最有害。然而，容易看到的是，它尤其加重了最倾向于引起争议的这一类财产的负担。不过，设立基于不动产的赋税肯定会减少不动产的售价。由此可知，在赋税设置后，不动产购买者因为可以以较便宜的价格购买而事先获得一点补偿；先前的不动产占有者如果进行诉讼的话，便遭受了全部损失。如果不诉讼也不缴纳赋税，他们同样要遭受损失，因为其财产的价值减少了。相应地，如果赋税停止征收，对于后者仅仅是复原；对于其他人，会有一个免费的收获，因为与原本期望的相比，他们处于更为有利的位置，他们可利用这个位置进行投资。

所有这些都是真实的；交易即买卖，交易税就像百分之一献金税一样，是绝对真实的。该项赋税相对应部分的资本全部由被加重负担时的财产占有者支付。因为后来的购买者相应地仅仅购买这个财产，实际上并未支付任何赋税。大家所能说的是，如果基于某些财产销售的文件的赋税伴随着基于加重其他种类的财产和其他资本利用方式的负担的文件的赋税，如果某些财产的销售税伴随着加重其他种类财产和资金使用的负担的其他行为税，那么这些财产不会是唯一受到损失的，其中一部分损失会被其他的损失预先抵消了。因此，如果各种损失能够准确地保持平衡，由赋税引起的全部损失将被准确地且成比例地分配。这是大家所能够要求的，因为赋税应当存在，政府始终会攫取一笔财产，将之作为赋税置于政府的支配之下。

基于商品的赋税还有更为复杂、更为多样的影响。要很好地梳理这些赋税，首先让我们观察，任何商品在交付给消费者时都有一个自然的必要的价格。这个价格是由对生产、加工和运输这个商品的人从事这些活动期间的生计所必需的价值构成。我之所以说这个价格是自然的，因为它是基于事物的性质，不考虑任何协议；这个价格之所以是必要的，是因为如果实施某种劳动的人不能维持其生计，他们将放弃这种劳动，或者从事其他职业，那么这项劳动不再被实施。但是，这个自然的、必要的价格同商品的出售价格或者协议价格几乎没有任何共同之处，就是说，和根据双方自由出售的结果所确定的价格没有任何共同之处。因为某个事物需要花费很少的劳力，或者如果某个事物确实需要很多的劳力和心力，而得到者或者盗窃者将之用于销售，可以给出很便宜的价格而不失去什么，同时这个事物也可能如此有用以至于只有以高价才愿意卖掉它。如果很多人渴望得到它，他将找到这个价格并获得巨大收益。相反，一个事物可能花费出售者无穷无尽的劳力，这个事物对他来说又不是必需的，尽管他需要卖掉它，但没有任何人想购买。在此情况下，出售者将不得不以极低的价格出售，也将遭受特别大的损失。因此，自然的价格由出售者先前所做的牺牲构成；协议价格由购买者的报价所确定。这两个事物本身是互不相干的。不过，当某项劳动的协议价格显著地低于自然的必要的价格时，大家会终止从事这项劳动。这种，劳动的成果就会变得更加稀少，如果大家总是渴望得到这种成果的话，就必须做出更大的牺牲。因此，只要该项劳动是真正有用的，其协议价格或者出售价格会提高到自然所赋予该项劳动的水平，该水平对于该项劳动继续被实施是必需的。社会中各行各业的价格都是通过这种方式形成的。

因此，如果某项劳动的协议价格老是低于自然价格，该项劳动的实施者或者破产，或者与其行业断绝关系。如果某项劳动的协议价格刚刚等于自然价格，就是说，其产出和最基本需要刚刚维持平衡，那么该项劳动的实施者或者行业的从业者将勉强维持生计，将贫困地维持生活。最后，拥有某种能力者，如果其协议价格高于绝对必要的价格，将享受生活，变得富裕，并随之增加。因为，任何有生命的物种的繁殖力都是这样的，幼苗缺少营养会阻碍个体数量的增加，动物也是这样的。这也是人口数量倒退、静止或者发展的原因。暂时性的灾难，如饥荒和瘟疫，使得人口减少。非生产性劳动或者程度不足的生产性劳动，亦即奢侈（应包括战争）和愚笨，它们是毒药，深深毒害了生活的源泉，明显地损害了再生产。这进一步证实了我们在第七章所确认的事实，或者更确切地说，和那些事实是一致的。野蛮国家的人口下降，文明国家的人口弱小，是这个事实的持续的、不容置疑的证据。在这些国家中，财富的巨大差距导致一部分人大肆挥霍，结果是另一部分人极度贫困。

现在，容易看到的是，基于商品的赋税以多种方式影响价格。根据征收方式以及相关产品的性质，基于商品的赋税有不同的界限。例如，在国家所进行的垄断或者排他性销售情况下，清楚的是，赋税由消费者直接地即刻支付，且没有任何救济手段，赋税拥有可接受的最大程度的扩展。即使是强制性的，该项出售既不能在价格上也不能在数量上超出能够支付的数量。当征收这项赋税是无益的，或者消耗的比赚的还多的情况下，出售就终止了。这就是法国盐税的关键问题，是敲诈勒索的最高值。

如果排他性销售不是被强制的，它会依据商品的性质而变化。如果相关产品不是必需的，随着价格上涨，消费量就减少。因为在整个社会中，仅有一定数量的财富被用于获得一定的享受。甚至可能出现，价格上升一点点，利润就会降低很多。因为很多人很快地放弃这种享受，甚至最终用其他的取代这种享受。然而，赋税事实上总是由那些坚持消费的人支付。

相反，如果由国家所做但又双方自愿的排他性销售是基于第一需要的商品，那么它等同于强制性销售。因为随着价格的上升，消费量不会减少；毕竟是第一需要的商品，作为支付消费的资金总是上升，总是由这些商品的消费者支付。

如果政府采取强制措施处理过剩财富的各种问题，我们则转向紧缩，且会发现产生类似的影响，同时伴随较低的激烈程度。其中最有效的是在商品生产时设置赋税。因为没有任何部分被遗漏，甚至是生产者自己消费的部分，以及在付诸使用前可能在商店里变质或者浪费的部分，都没有被遗漏。在盐田中征收的盐税，在收获时或者第一次出售前征收的葡萄酒税，在啤酒厂中征收的啤酒税，都是这种情况。大家还可列举在来到其生产国时被强制征收的基于蔗糖的赋税，或者基于咖啡的赋税，或者基于其他产品的赋税，并将之划归这一类别。因为，仅仅对于不生产但消费这些产品的国家，这些产品才显得重要。

在生产时征收的赋税，如果是基于不大必需的商品，和大家对这种商品的兴趣一样，受到限制。因此，如果大家想以法国国王名义抽取烟草的大部分利益，大家应致力于将对烟草的需要给予人民。因为建立社会的目的就在于更容易地满足自然给予的我们无法摆脱的这些需要。但基于统治者利益根据宪法设置的政府似乎打算为了我们才创设这些需要，以便使得我们拒绝给予其中的一部分，但支付其余的部分。这是在制造贫困，而非享受。我不知道还有什么行业比政府这个行业更需要监督，但正是这个行业力图监督其他各行各业。

同种类的生产时征收的赋税，如果是基于更必需的产品，该赋税可接受更大的扩展。然而，如果生产这种产品需要消耗很多劳力和费用，赋税的扩展也会很快被停止，不再是由于缺少获得这种食品的欲望，而是由于不可能支付这种生产。因为总得将价格足够大的部分给予生产者，以便他们不至于破产。因此，应将较少的部分留给国家。

在产品是相当必需的且生产这种产品（比如食盐）消耗相当少的情况下，这正是赋税展示其全部威力的时候。在这种情况下，全部都是利润，直到消费者的最后一个埃居。因此，食盐总是吸引众多大臣和国王的特别注意。在某种程度上，富矿也产生同样的影响。政府通常攫取这些富矿[1]，这样就简化了操作程序，相当于进行排他性销售。空气和水，如果大家使得自己成为它们的所有人的话，将成为特别有收益的投资对象，至少成为大量预先扣除的对象；但自然使得它们过于分散[2]。我不怀疑，在阿拉伯半岛，政府“管理”相当一部分水，如任何人未经政府允许不得在那里取水。至于空气，正如大家所说，基于窗户的赋税是使用空气的足够巧妙的方式。

葡萄酒根本不是自然免费馈赠的礼品。它需要花费很多的劳力、心力和费用；尽管人们有获得葡萄酒的需要和强烈愿望，但还是会吃惊于法国葡萄酒承担了在生产时所被附加的巨大负担，如果人们没有注意到一部分负担直接落到葡萄种植的土地上，并使得人们所能负担的租金价格降低。因此，这仅仅影响土地税。正如我们所看到的，土地税剥夺土地财产的一部分资本，而并不影响产品价格，也不损及生产者的工资。因此，资本家变得贫困，但在社会经济方面，什么都未被打乱。

像葡萄酒一样，小麦可能成为在生产时征收沉重赋税的对象，甚至不考虑生产者几乎普遍承担的什一税。这种生产时征收的沉重赋税的一部分使得土地销售价值减少，但没有触及生产者的报酬，相应地，也没有增加产品价格。如果政府放弃了征收这种赋税，我相信，这较少的是因为对于穷人基本营养迷信般的尊重，因为它还有其他别的手段来做这些事情；而更多的是因为监督所有谷仓的困难，这种困难事实上比对监督所有酒窖的困难还要大。除此以外，两者具有完全的相似性。

最后让我们观察，一种基于所有人不可或缺的产品在生产时征收的赋税，这种赋税相当于名副其实的人头税。在各种人头税中，对于穷人来说，这种赋税是最粗暴的。因为正是穷人消费了大量第一需要的产品，没有什么可以替代的；这些产品几乎是他们支出的全部；他们只能满足自己最迫切的要求。因此，同样的人头税按照贫困而非财富进行分摊，直接根据人的需要，而不是根据人的财富。大家可据此对这一类赋税进行评价。这一类赋税非常具有生产性，基本不影响优势群体，反而对他们有利。

[1] 正是针对富矿，博学的政论家确立一个精巧的格言：当特定个人通过先占或者合法获得的方式占有某块土地时，他仅仅在一定深度上获得土地所有权。这产生一个清晰的原则，土壤之下属于国王，而且其价值比地表更大。

[2] 孟德斯鸠引证这个事例是向阿卡狄奥斯皇帝（empereur Anastase，东罗马帝国）表达敬意，因为有一个巧合的概念，pro haustu aeris，即对大家所呼吸的空气设置赋税。但不应太过奉承这个狡猾的政治人物。他好像并没有比其他人更成功有效地成为这种商品的所有人。在这里，与其将空气比喻为方式不如比喻为动机；应当在隐喻意义上使用 pro haustu aeris，“以便表达在这大帝国内幸福地呼吸和生活”。事实上，代价太大，也成为人头税征收的对象。

至于基于各种商品所征收的赋税，或者在消费时，或者在不同的地点，如在道路上，在桥梁上，在市场里，在城门口，在商店里等，这些赋税的影响我们已经阐明，应当是生产时排他性销售和赋税的结果。这些赋税属于同一类别，不过它们不大普遍，不大绝对，因为它们更加多样化；它们极少地涵盖国家这样大的范围。事实上，这些赋税中的大部分是地方性措施。通行税仅仅影响经过设置赋税的道路或者运河的产品。城市入口税仅仅影响城市内部所进行的消费。在市场里或者商场内所征收的赋税并不涉及在农村或者临时性庙会上出售的商品。因此，这些赋税如果弄乱了价格和一些行业，也仅仅限于相应的程度；一旦一种商品被征以重税，生产者或者消费者就必然受到损害。

相对于赋税的收益和影响，有两个重要的推论：一是，这种商品，或者是第一需要的，或者仅是消遣性和奢侈性的；二是，其协议的销售价格高于自然的必要价格，或者它们刚好相等。我们应当知道，协议的销售价格不可能低于自然的必要价格。

如果被征税的商品是第一需要的，大家是省略不掉的。只要有钱，总是要购买；如果协议价格仅仅等于其自然价格，生产者什么都没有出让。因此，整个损失都落在消费者身上。大家由此应得出结论，如果销售和赋税的收益减少，遭受损失和破产的正是消费者。应当指出，在建基于长期有明确边界的古代社会里，这几乎是所有第一需要的商品要面临的情况。因为，由于生产者和消费者相互冲突利益的影响，每个人根据能力大小都置于社会经济秩序中。某些人具有非常独特的能力，能够支付必要的赋税，这些人从事较为有利的职业。那些在这个方面不大成功的人，投身于不得不做的生产；得到的仅够满足最基本的需要，因为与其他人相比，这些人能力更低，只能做这些事情。事情也应当如此。因为第一需要的食品，是所有人所迫切需要的，尤其是社会中最穷的阶级，这些人从事其他劳动，不生产这些产品，但需要消费这些产品，只能根据他们获得这些产品的能力勉强维持生存。因此，有关农业或者其他必不可少的行业的益处，大家仅仅说些模糊且空洞的话，显然是徒劳的。某个行业越是不可或缺，该行业的从业者，如果没有其他的能力，越是不可避免地受到严格的限制。这些人由于缺少能力而处于社会最末端，要改变他们的命运，只能放任他们自由地发挥其脆弱的能力，或许收益更多些。为此，移居国外应始终适用于每个人，不得不使用这种办法已经是相当不幸了。其他很多政治措施能够间接地有利于保护极端弱势者，以免落入必需品的铁轭之中。不过，这不是我们关注的要点，我们仅讨论赋税。此外，我们所同情的这些人，在即使不完善的社会状态下所遭受的损失，仍然要少于在野蛮状态下所遭受的损失。不必深入细节，其证据是，在同样的土地上，我们这个物种的生养——

包括农奴和平民甚至奴隶——要多于野蛮状态下。应当仔细把握这些平衡，而不要有任何夸大，甚至是在受害者和施害者之间也应当如此。请大家注意，偏僻但丰饶的国家相互邻近，是弥补这些缺陷的奇妙方法。美洲的美国和欧洲的俄罗斯就是这种情况。两国利用这种有利条件的方法带来了其政府的差异，或者更准确地说，带来了两个民族的不同，以至于任何一个不可能像另一个一样进行自我管理，且这种情况将长期存在。

如果被征收赋税的商品不是第一需要的，且其协议价格刚刚等于必需价格，这是消费者不是十分在意对该种商品的享用的状况。这样，赋税倘若突如其来，生产者无事可做，只能放弃其行业，试图进入其他行业以便获得报酬，而在这个行业中的竞争将加重其困境；还有一个不利条件，就是这个行业不适合于他。因此，他至少是在很大程度上失去了维持生存的资源。而对于消费者来说，什么都没有失去，除不大热衷的享受外，大概是因为很容易用其他的东西来替代。但赋税却没有任何产出。

相反，如果被征收赋税的是不大必需的商品或者行业，其协议价格远远高于必需价格，这是所有奢侈品的情况。对此，税务部门有一定的空间，不用让任何人变得贫困。要享受，就要支付相应数量的财富，除非使得追求享受的胃口减小。正是生产者必须出让赋税所包含的同样总量的价值。因为他赚的比需要维持生活的要多，因此不会处于社会的底层。然而，大家应当说，这仅仅在总体上是真实的。因为，在通常被认为是有利可图的行业中，仍然有些人缺少灵活性或者信用，或者成为某些不可预料情况的牺牲品，他们仅仅得到少量的生活必需品。一旦赋税突如其来，这些人将不得不放弃其行业，这始终是一个巨大的苦难。因为这些人没有任何毋庸置疑的地位，一旦出现矛盾，矛盾产生分裂，他们将被取而代之。尽管如此，不过大家还可以非常明显地感受到国家和地方对商品从生产者到消费者整个过程所征收的各种赋税的直接影响。

除这些直接影响外，这些赋税还有间接的外部影响，与直接影响大不同，或者与其混在一起使其复杂化。因此，一项在城市入口处对于重要食物产品征收的沉重赋税，一方面会减少该城市房屋出租的数量，进而减少居住的愿望；另一方面会减少生产这种被征收赋税的产品的土地的租金，进而使得供给量显著减少，或者使得零售处于更为不利的地位。因此，当这些资本家缺席，什么都不做，什么都不消费时，土地税所损害的正是这些资本家，尽管大家相信仅损害了消费者或者生产者。更加真实的情况是，土地拥有者缴纳赋税，多多少少做些牺牲，或者每年直接提供部分产品。这种情况大家已经看到千次了。

另外，在各种经济考虑中，大家从来不应当把那些事实上为个人满足而消费产品并按照固有用途加以利用产品的人看作真正的产品消费者。这些从来就不是我们在消费者名义下讨论的对象。然而，他们应当是这种产品的独一无二的购买者。获得这类产品的大部分人通常仅将之看作其他生产的必需原料，看作其他行业的媒介。因此，损害该种产品的赋税的影响会追溯到所有的生产和行业。这种情况尤其发生在具有普遍用途或者必不可少特点的各种产品上。这类产品构成各种生产者要支出的费用。

最后，还应注意的是，我们所谈论的赋税并非仅由单一商品承担，而是同时被设置于多种产品上，就是说，设置于多种生产和消费上。根据性质，这些赋税对每种产品产生我们所阐述的影响，以便各种影响相互碰撞，相互平衡，相互对抗。因为一个行业被加重的各种新负担，使得大家不会乐于从事这个行业，而倾向于其他行业。这种在消费上所施加的负担，是人们无法以它来取代那些想要放弃的东西的原因。由此可知，为了各种负担处于平衡的状态，如果能够充分预见到所有的这些影响，以便同时配置各种负担，使它们普遍承担同等的压力，不会有任何部分有不当负担。它们共同对赋税产生普遍的内在的影响，并知晓生产者将为其劳动拥有更少的金钱，消费者将为其金钱获得更少的享受。在赋税没有把令人不快的个别的错误和普遍的不可避免的瑕疵结合起来的情况下，大家应当把赋税看作好东西。

这差不多就是在《论法的精神》有关“赋税的征收、国库收入额与自由的关系”这一章里，我希望做出的主要评论。因为，人们不大会重述：自由就是幸福；经济学是社会科学中相当重要的部分；经济学甚至是社会科学的目标，因为大家希望社会被很好地组织管理，以便在社会里拥有更多更全面更愉快的享受[1]；只要这个目标还不大明确，人们就会堕入我们伟大的作者并非总能确保的一系列错误中。要知道赋税事实上由谁支付这个问题，是特别引人注目的，因为这个问题涉及整个社会的机理，以及它们真正的动力被忽视或者被激发，相应地，解决这个问题的难易程度也会发生变化。大家发现我在此停留，那么这个问题的重要性就是我的理由。我还应该给出事态的所有进展情况，并付诸实施，且得出各种推论，这些推论对于很好地解释这个问题应该是必需的。这是为什么我听任读者去观察。我相信，付出的辛苦越多，所提出的那些原则越牢固，越具有活力。正如我所想到的，如果它们是真实的，甚至如此不容置疑，以至于我相信，仅以明显的事实作为支撑，限于这些陈述，能够给予属于它们自己的力量，那么，相反的观点怎么会被如此广泛地接受呢？这是我仍然要求允许讨论的关键。大家应当发现，我过度使用了评论者的权利，引起相互之间的各种讨论，并伴随

[1] 也请注意道德享受。在很大程度上，道德引起事物的良好秩序。道德是其原因，也是其结果。

着令人难以忍受的坚持。

法国旧时的政治经济学家知识渊博，值得尊重，做出了很大的贡献，但他们却是很差的形而上学者，像所有形而上学者所做的一样，以至于生理学家也被混合进来。在这个意义上，“好的精神仅仅在当代”，好的精神仍然是罕见的。因此，被排他性地称为政治经济学家的哲学家没有充分地观察人类的属性，尤其是人类的精神属性。他们没有看到，我们所有的宝库存在于我们的能力中，存在于我们的意志所起的作用中；他们没有看到，这种作用就是劳动，是唯一的财富，这种财富本身拥有第一位的、自然的必需价值；他们没有看到，劳动传递给所作用的所有事物。因此，他们想象到的是，可能存在一些劳动，甚至是有用的劳动，然而这些劳动不产生任何价值，事实上仅称得上是非生产性的。随后，他们认为，自然似乎产生有利于农业发挥作用的创造性，与其物理力量（这些物理力量得益于人类劳动的实施）相比，农业更多地受到自然的生长力量的作用。他们深信，存在一种来自于土地的名副其实的免费的赠与，仅仅诱发这种赠与的劳动称得上具有生产性。他们没有注意到，从一捆麻到一块布，从一包大麻籽到一捆麻，差异是同样地大；而其差异完全属于同一类别，就是被用于嬗变的劳动。

这种归功于土地奇异功效的错误观点，将这些哲学家引向多个更加错误的推论。他们坚信，在一个国家中，最名副其实的公民仅仅是地主。事实上，仅凭地主构成了整个社会，构成了对于封建制度的推崇，封建制度建基于拥有大片土地的地主的广泛权利上。这些地主把其土地分封和再分封成多个部分，这样就建立了等级制度，从最末端的佃农，甚至农奴，到最顶端的宗主老爷；宗主老爷仅仅允许生活在其土地上的人行使特许给他们的权利。最后，一个错误的观点，所有的东西来自于土地，唯独土地应当被征收赋税；甚至当设置土地税之外的其他赋税时，必然会出现，这些赋税由于事物力量的影响总是再次落到地主身上，甚至伴随超负荷的负担。由于这些推论并非全都正确，这个派别中的多名成员不同意某些结论。但所有的人都会接受我们所关注的对象，即有关赋税的学说。

唯有土地能够产出纯产品这样一种偏见，如此全面和深刻地根植于这些人的精神之中，以至于他们变得很难全部摆脱这个偏见。苏格兰学者和智者亚当·斯密已经看到，劳动是我们的唯一财富来源，所有构成个人或者社会的财富不是其他，而就是不断累积的劳动，因为劳动并非一生产出来就被消耗。他认识到，当实施劳动使得财富的产生多于消耗的情况下，这种劳动应当被称为具有生产性的，仅仅在相反的情况下，才属于非生产性的。他无懈可击地反驳了那些认为仅有耕作劳动才具有生产性的人。因此，他也抛弃了那些人的观点，即所有赋税必然再次落到地主身上。然而，他在“土地公债”中还看到其他的东西，将之称为资本收益。他把资本收益看作自然的产物。他在第二章第五节中明确地说，“在把所有可被看作出于人的产品扣除或者抵消后，剩下的就是出于自然的产品”。这样,他把土地改良也包括进所累积财富当中的一部分，称其为国家的“固定资本”，但他没有把土地自身包括进来，尽管在交易中土地拥有价值。他清楚地说，“依据同一观点，改良的土地可被看作有用的机器，使得劳动更为便利”。但他不敢清楚地说，土地是工具，像其他的工具一样；土地租金，事实上和机器租金或者借款利息一样。然而，这才是真实的情况。

萨伊先生是法国前法案评议委员会[1]（tribunat français）成员，在亚当·斯密之后，花了很长时间出版了一本很好的政治经济学著作。像亚当·斯密一样，他看到，我们能力的使用是所有财富的源泉；唯独能力的使用是“必要价值”的原因，因为这种价值仅仅是用以满足某种事物的创造者在使用其“能力”期间所必需的全部东西的代表。他走得更远，他清楚地看到，我们不可能创造物质的原子，只能对其进行转换和加工。在所有可想到的情况中，我们所要求生产的是，就我们而言，借助于自然的力量比使用我们自己的力量，使得我们组织和操作的要素产生更大的有用性。正如我们所要求消费的是，通过给我们提供服务，总是减少或者摧毁这种有用性。这个清晰的原则还适用于农业、制造业和商业。种植，就是通过被称为“耕地”的工具的使用，使得种子、空气、土地、水和其他要素转化成大量的粮食。[2] 加工，就是借助于机器把麻变成布料和衣服。做贸易，就是利用机器（如船舶和货车）使得距离遥远但有用的事物接近消费者，并将购买这些事物所支出的全部费用添加到这些事物的价值中，当把这些事物运送到一些人面前时，这些人如果希望得到这些事物，而自己又没有办法亲自去运输，就不得不出让其他的事物，以换取这些事物。相反，消费食物，就是将之转化成粪肥；消费服装，就是将之变成碎布片；消费水，就是喝水，把水弄脏，或者是单单把水送回河里。

[1] 根据法国1799年宪法，立法机关被一分为四，分别是参政院、法案评议委员会、立法院和元老院。参政院负责制定法律草案；法案评议委员会讨论法律草案，并以表决说明同意或者拒绝；立法院不进行讨论，而秘密投票，同意或者否决；元老院对有关法案拥有审查权，表示同意或者否决违宪的法律。法案评议委员会的成员由元老院选出，共100人，每年改选五分之一。参见郭华榕著：《法国政治制度史》，北京，人民出版社，2005年，第212~213页。——译者注

[2] 农业尤其是一个化学方法。农夫获得他所需要的小麦，就像药剂师制造所需要的易燃气体一样。前者耕地、耙地、施肥、播种、灌溉（如果发生的话），以便使得这些要素以某种适当的方式结合起来，并产生作用，就像后者处理其器皿、锉下的铁屑、水和硫酸一样。如果他们产生了更多的销售价值（有不可否认的证据证明有更多的有用性），与他们在操作过程中所使用和消耗的价值相比，那么两者都实现了他们的目标。

这些事物本来如此，一看便知，当然要公正地认真地看。萨伊先生在第一章第五节也毫不犹豫地宣布，“土地仅仅是个机器”。然而萨伊先生本人后来返回令人眼花缭乱的虚幻状态，他本来已经全面彻底地摧毁了这种虚幻状态，或者受到其前辈威信的驱动，事实上他经常修正和超越这些前辈，或者单单受到我还不清楚的某种习惯性权威的主导。萨伊先生坚持把土地看作具有完全不同性质的财产，把其生产性看作工具的有用性，把耕作看作出借资金的不同使用方式。最后，在第四章第十六节，对亚当·斯密提出异议，萨伊先生更正式地宣布，“给予地产业主的收益正是来自于土地的活动”。这个唯一的错误，是他所说的有关资本、收入和赋税的全部内容中还存在暧昧之处的原因。

事实上，这种成见使得不可能认识到社会的进步和财富的形成。像萨伊先生一样，大家不得不承认如下内容是所有事物的价值不可分割的部分：①劳动收益或者工资；②资本收益（资本和前者似乎不同）；③土地收益（土地好像也是不同类别的要素）。大家不知道怎样确定事物自然的必需的价值，总有一部分我们不知道原因的价值。大家或许还更少地看到赋税产生的影响，更少地看到对人类生活、人口数量和国家力量产生的影响。从一开始，整个都被打乱和被弄得复杂化。大家不再习惯于所有这些问题，而仅仅习惯于武断的、缺乏条理的观点。

相反，请破除这个偏见。请你们相信，你们所称呼的土地（就是说，泥土和石头，其中的一部分属于我们地球的表面），是大量的相同的物质，其不同点仅在于这些物质无法整体性地变换位置。这个不同是如此真实，以至于作为财产的土地是最难保存、最难保护的，因为人们不能把它抱在怀里，不能把它隐藏起来，也不能像其他可移动的东西一样随身携带。但最终，当社会足够文明能够理解它，足够强大能够保护它时，土地就是一项财产，和其他的财产一样。对这种财产的占有可能会没有任何好处；这样的话，它在世界上的任何国家都没有任何价值。大家不会出售它，也不会租用它。相反，它也可能在很多不同的方面是有用的。它可用于房屋、住宅、商店或者车间的地基。可以从中提炼出有用的燃料、必要的建筑材料、用于改良土地的好肥料。可以从中找到适宜于灌溉的水源、贵重金属、钻石、其他宝石或很值钱的矿藏。土地尤其可以播种种子，从而获得很高的产量。在所有这些情况下，你们会告诉我，土地的这种价值没有任何部分和第一次发现、研究并占有这块土地的人的劳动有关联。这是真实的。对于突然发现特别大的钻石矿并获得巨大收入者，情况也是同样的。然而某个人经过长期探索，仅仅发现一个特别小的，他得到的补偿可能是很差的。然而这并不妨碍，钻石的自然价格等于寻找并找到它的人的劳动，其销售价格等于使得有人希望得到它的人的劳动。这恰好证明，在所有种类的劳动中，有些是徒劳的，有些回报却相当丰厚。土地也是如此。当不用走多远就能发现一块土地，这块土地不属于任何人，而且特别适宜于耕作，那么其自然价格不会大；当土地的耕作需要昂贵的工艺或者需要代价很大的整理，那么其自然价格会更高。至于销售价格，像所有事物的一样，它会基于同样的原因而发生变化。当很多人希望得到它时，即使一块很差的土地也可能卖出好价钱。相反，在我们的西部诸省[1]，美国以很低的价格购得很好的土地；在俄罗斯的部分地区，政府免费提供土地，甚至给予那些愿意接受者一些预备金和家畜，条件是定居在那里，并通过他们的劳动使得土地产生效益。无论如何，土地是工具，和其他工具一样，可用于不同的方面，正如我们刚刚看到的一样。当土地毫无用处时，它一钱不值。当它有用时，才有价值。当它不属于任何人时，它的价值仅仅等于占有它的劳动。当它属于某人时，要获得它，应当支付其他有用的东西。在所有这些情况下，它和“资本”相比没有任何区别（为了表达得和那些作者一样），因此人们可通过出让土地获得资本；像资金一样，占有者可出让、出借、出卖、出租[2]、直接利用土地。除这五项用途外，人们无法以其他方式利用或好或坏的土地。

当人们深入探察这些观念时就会发现，相对于财富的形成，这是世界上最清楚的事物。这些多余的使得整体混乱的差异就不再是问题。在这个世界里，仅仅存在劳动。当一个人力量的使用仅仅能够维持生存时，他就没有剩余。我们所支配的各种有用事物，包括最高的精神事物，如我们的知识，都只是劳动。实施劳动的劳动者生活后，劳动的成果继续存在。正是劳动者的劳动和必要的消费，构成了所有事物的自然价格。至于销售价格，它存在于用于购买的一定数量的有用的其他事物中，这些事物仍然是累积的劳动。因此，某人占有了累积的劳动，通过出让所拥有的某个事物，就可以要求其同胞现实的劳动，或者从他们那里获得他们已经做过的劳动，这种出让若是永远的，人们称之为“出售”；若是暂时的，人们称之为“出租”。如果某人在一定时间内接受租金并在此期间用于维持生活，那么大家说他依靠这种收入生活。在相反情况下，他应当消耗掉其资金，或者应当从事有利可图的劳动。但这些从事有益劳动者，要实施劳动，通常不得不购买或者租用其他的事物。因此，这些支出就构成所要生产的东西的必要价

[1] 指曾为法国所占据的路易斯安那地区，它涵盖了密西西比河西岸的巨大疆土。——译者注

[2] 大家特别滑稽地说，当我暂时出让我的货币，从中获得被称为利息的租金，我出借了它。在此情况下，我出租了它。当我出让其用途而没有任何回报时，我事实上仅仅出借了它。前述两个行为之间，与出让和出售之间相比，存在同样的差异。这种语言的不准确性使得大家说些蠢话，使得大家相信这些蠢话，或者这些蠢话成为语言不准确的原因。因为整个都是作用与反作用。进行科学研究，就是进行语言研究；进行科学的语言研究，就是进行科学自身的研究。

格的一部分。如果他们出售时这些支出未得回报，将无法维持；证据是，他们所消耗的和所生产的相比一样有用，或者更有用。相反，某人通过其劳动生产和得到的价值高于为此目标而消耗、购买、租用的价值，显然增加了大量的价值，相应地也获得收益。因为我们所拥有的有用事物的数量，或者更准确地说，它们的有用性的数量，和满足需要增加享受、减少痛苦的财富的数量是同样的事物。对此，人们可能还会补充说，大量人口的存在使得仅有维持的可能性，人口数量的增加和这种可能性的增加成正比。由此，人们可得出结论，社会的幸福和社会的能力同时且以同样方式增加，这种方式就是尽可能有效率地采用并增加某种有用性的生产性劳动，尽可能地减少不必要的消耗，以及尽可能地减少光消费不生产的人的数量。这些光消费不生产的人是蜂窝里的大胡蜂。

我局限于我认为是最重要的几个基本观点，这样容易运用这些观点并能很好地从中提炼出各种推论。对于我想反驳的错误观点，相对于我采取的附带方式，以教训的简单易懂的方式来展示这些观点或许更有价值。但我没有选择这种方式。另外，我自认为，这样比政治经济学作家辛辛苦苦用以替换的东西更清楚。大家会发现，我们有关奢侈、劳动、价值、财富、人口、生产、消费以及赋税的影响的所有内容，都是明白易懂的，差不多能说得过去。为什么孟德斯鸠不致力于这些问题的研究？要理解这个问题，不应当看看到底是什么理由使得立法者做出决议的吗？孟德斯鸠做了很多，但单一个人不能做全部的事情。

第 十 五 章

关于原书第十四章、第十五章、第十六章和第十七章——“法律与气候性质的关系、民事奴隶法与气候性质的关系、家庭奴隶法与气候性质的关系、政治奴役法与气候性质的关系”

我把这四章联系起来，是因为它们有共同的主题。我不会在此停留太长时间，是因为我没有看到很多教义可提炼，它们也没有给我提供任何值得讨论的重要问题。因此，我局限于这几点反思。

我首先注意到，要形成一个有关气候影响的正确观点，应通过这个词，把形成一个国家物理结构的所有条件理解为一个整体。然而，这正是孟德斯鸠所根本未做的。他好像仅仅关注纬度和热度，气候的差异并不单单存在于这两个方面。

我接下来要说的是，如果说气候无疑地影响了所有生物，甚至植物，相应地也影响人类，然而气候对人的影响要小于对其他任何动物的影响，这也是真实的。其证据是，只有人类能在所有的处境，所有的地带，所有的体制里将就凑合。其理由存在于人类的智力和能力，这些能力能够给出其他的需要，能够使得人类较少依靠纯粹的物理需要。对此应当补充一点，这些能力越是发展，人类的各种技艺越是增加，越是完善，就是说，人类越是文明，气候对人类的影响就越是减弱。因此，我相信，孟德斯鸠并未看到这种影响的所有原因，却夸大了气候的这些影响。我甚至敢说，他试图通过很多可疑的轶事和错误浅薄的趣闻来证明这些影响，其中有些内容达到可笑的程度。

在开场白后，他把气候的影响看作是使用奴隶、奴役妇女、压迫公民的原因。孟德斯鸠分别命名为“民事奴隶制”、“家庭奴隶制”、“政治奴役制”。事实上，这是社会经济中三个相当重要的事物。

首先，孟德斯鸠使劲儿地把“使用奴隶”描绘成一个令人讨厌的、极不公正的、非常残暴的事物。“使用奴隶”腐蚀了比被压迫者还要多的压迫者，在奴隶制下，不可能制定任何符合理性的法律。之后，他自己也承认，任何气候不会也不能使得“极端异常”绝对地成为必要。事实上，它存在于日耳曼结冰沼泽地带，而在酷热地带，大家是能够抵御的。因此，不应归因于气候，但应归因于人的残暴和愚蠢。

其次，至于政治奴役制，在希腊、意大利、非洲一些地区，我们看到极其驯服的人。在这些地方，以前存在着特别自由的人，或者至少特别爱好自由的人，尽管他们不知道自由存在，也不知怎样维护自由。因此，社会构成要比气候构成起到更多的决定性作用。

至于妇女，特别真实的情况是，从儿童到可生育，以及从青年到老年的不幸，使得她们不能由于魅力和功劳同时受到爱护。她们通常拥有较少的胆量和精神，相应地，容易成为男人们的玩物和牺牲品，成为其伴侣和爱人是很罕见的。对于真正的道德和真正的文明，这或许是一个巨大的障碍。因为，如果说，当人类压迫同胞时会变得堕落，当以最强烈欲望奴役其对象时，会堕落得更深。早熟会阻碍生物走向完善，对感情愉悦的狂热会提前扑灭感情。因此，在感情存在期间，失去理智者会变得非常痛苦。人们不能否认，这些痛苦确实存在于一些国家，要注意避免相信孟德斯鸠有关后面一点所说的内容。最后，所有事物被简化为合理的价值，这会带来什么呢？存在一些和某些气候密切相关的缺陷。对此，还应当补充的是，大家经常看到所引起的结果，这些结果并非不可避免；这些体制和习惯可予以补救；理性毕竟是理性，尤其应当成为我们的向导。由此，我不再提炼其他结论，仅仅重述孟德斯鸠所言，“坏的立法者就是支持气候的缺陷者，好的立法者就是抵制气候的缺陷者”。

第 十 六 章

关于原书第十八章——“法律和土壤性质的关系”

克洛迪翁[1]（Clodion）的长发和查尔第立克王[2]（Childéric）的荒淫，与土壤性质关系甚远。很难看到能够引导我们的作者从这些问题到其他问题的一系列概念，甚至更难准确地说出本章的问题是什么。

在本章，我首先发现一个重要证据，用于证明我敢于指责孟德斯鸠的正确性。在第十一章中，孟德斯鸠并未准确解释自由一词的含义。他在该章第二节中说，“自由就是大家所拥有的政府等”。应当承认如果政府是个压迫者——就像经常见到的情形——的话，这种自由是很奇怪的。

他在第四节中接着说，土地的贫瘠使得人们“勇敢并适宜于战争”，然而土地的肥沃使得“大家热爱生活”。为了证明同样的肥沃带来依赖的精神，他在第一节中说，“雅典土地的贫瘠使得在那里建立了民主制政府；斯巴达土地的肥沃使得建立了贵族制政府。因为，在当时的希腊，大家根本不想要单一首脑下的政府”。依据大家所支持的各种原则和论证，他的推论是，斯巴达人既无勇气，也不热爱自由。这很难令人相信。

因此，如果像孟德斯鸠所说，真实的是：“单一首脑下的政府常常存在于土地肥沃的国家，这些国家里的好几个政府并非如此；有时是一种补偿”（这是他的原话）。应当寻找一个更好的理由，我想这不难找到。

土壤的肥沃并没有夺走人类的力量，也没有拿走人类的勇气，也没有拿走人类对自由的热爱，却给予人类更多的条件，以便满足这些需要。人类不断繁衍，并由于人口增加，更容易变得更文明、更富裕。在这方面，仅有优点。不过，下面是一个缺点。由于存在更多获得知识和财富的方法，不可避免的是，在这方面，有人不大成功，有人却比较成功。在他们之间，形成才能和财富上的更大的不平等。这种不平等会以某种方式呈现出来，是人类巨大的不幸。不平等的常态化会带来奴役的思想，带来很多其他的邪恶，带来大量财富的错误使用，就像我们看到的一样，比如第七章所谈论的奢侈。

[1] 克洛迪翁（Clodion），法兰克国王，卒于449年。《论法的精神》第十八章第二十三节的名称为“法兰克王的长发”，讲的是“日耳曼民族可贵的简朴风气，他们不借助技艺制作装饰”。参见孟德斯鸠著：《论法的精神》，许明龙译，北京，商务印书馆，2009年，第308页。——译者注

[2] 查尔第立克王（Childéric），法兰克国王。《论法的精神》第十八章第二十三节的名称为“查尔第立克王”。塔西佗说“日耳曼人的婚姻是严肃的，……，违背夫妻信义的事例是很少见的”。查尔第立克王被驱逐的原因是，他破坏了他们严谨的风俗。参见孟德斯鸠著：《论法的精神》，张雁深译，北京，商务印书馆，1997年，第298页。——译者注

这里，我认为，通常意义上的奴役的名副其实的解释理由不是富人，而是人，“其中一些人很富裕”。这个区分特别重要。因为可以指出，有人几乎总是在所谓的穷国比在所谓的富国更富裕。当我们的一些教书先生告诉我们，一个国家会因奢侈和富裕而变得衰弱，应当注意的是，这个国家百分之九十九的人萎靡不振，是为贫困所累。因此当他们给你们谈论骄奢淫逸和腐化堕落时，请注意“不平等”，这样就抓住了所有导致这些情况的关键。

这些观点还解释了这些贫穷、无知、粗野者为什么是不自由的。因为事实上他们并不是这样的（我们在第十一章中已经看到，要确立真正的政治自由，并确保政治自由，还需要财富和智慧，而这些人没有，甚至在使得人们更方便交流的印刷术发明前，或许就不可能牢固建立政治自由），这说明为什么这些人喜欢自由，追求自由，为什么有独立的精神。其理由是，这些人有不大多的财产，这些财产还要在他们之间进行非常平等地分配。他们一点都不习惯于“不平等”。他们还有待于独立和自由，只要外部的强大力量不镇压他们，然而这种力量一旦有利益就会出现；或者只要迷信没有迷惑住他们，因为迷信有利于骗子，是造成不平等的一个重要原因，然而迷信也经常出现。

山里人的情况通常是这样的，山里人不比其他人更勇敢，尽管大家将之描绘成凶猛的对手。是他们的高山防御了巨大的邪恶，无论不通晓军事的作者们怎么说，通常他们还都是很贫穷的。

在此，你们也会发现对这些影响所进行的解释说明，孟德斯鸠将之归因于货币的使用，还是有道理的。事实上，货币的使用会促使不平等，因为这更方便同一人手中的财富的增加。但是，没有哪个国家不使用货币而有所发展的。因此，不使用货币的国家，都处于特别贫困、特别野蛮的阶段。

对于岛民，我们已经在第八章中充分地说明了有利于其自由的主要原因，以及丧失对自由的兴趣的障碍。这个原因属于另一个类别，发生在所有文明阶段，是他们所拥有的优势，即避免需要维持一支常备陆军步兵部队。

至于法律的繁简，从事不大先进行业者的其他优势，我们在第六章中已经作了阐述，我不准备停留于此。同样，我也不关心与鞑靼人的人权、里普利安法兰克人和萨利克法兰克人[1]的法律、法国国王等相关的所有问题。在我看来，能从中获得的知识不多。

[1] 在428—480年间，萨利克法兰克人占领了罗亚尔河以北高卢的大部分地区。里普利安人和卡蒂人仍然留在德意志和高卢东北部。从509年开始，法兰克人分为三个部族，分别是：萨利克人、里普利安人和卡蒂人（或黑森人）。——译者注

这差不多就是孟德斯鸠在这一章要阐述的所有问题。事实上，这并非完全来自他所希望谈论的土地性质，因为土地肥沃不是人类财富的唯一原因，至少工业和商业有同样多的贡献。这正是我们的作者所解释的财富和文明的影响，但好像看得不是特别清楚。因此，有必要很好地概括这个问题。在我看来，有关法的精神的这些观点，我的结论是，社会越完善，人们的享受和能力增加的方式就越多，但人们之间不平等的机会增加得也越多。在所有文明阶段，法律应当尽可能地减少“不平等”，因为“不平等”是自由的暗礁，是所有邪恶之源。所有的事实都证实这项重要原则，都归结于此。

第十七章

有关原书第十九章——“法律与民族的普遍精神、习俗和风尚赖以形成的各种原则的关系”

本章主要讨论民族精神。法国人的形象是漂亮且令人愉悦的；英国人的形象是特别善于对何为“应当”进行证明。但这整个与其说是不牢固的，不如说是令人眼花缭乱的，难道其中没有掺和进站不住脚的观点吗?

或许不应全部修正。为什么？因为担心会做得更糟糕。“虚荣是政府的好的推动力，大家由于向无聊的精神让步，所以不断地增加商业分支”，这些就是随之产生的事情吗？最善于经商的民族不是最轻浮的。根据一般理论，是否应当普遍确立，“道德上的邪恶不都是政治上的邪恶”？我敢说，如果政治是关于人类幸福的科学，那么这是错误的。如果政治是使人类堕落以便于压迫的诡计的话，我也没什么可反对的。但我不会关注这类政治。

正如孟德斯鸠所言，某个民族“特别具有欺骗性”，如中国人，受制于各种规矩，总是忙于各种礼节，这是不是“特别令人奇怪”？为了说明一个如此简单的事实，大家胆敢冒昧断言“在中国允许欺骗”？我敢保证，大家都弄错了，在那里，法律从未允许任何欺骗，甚至没有允许斯巴达进行任何欺骗，尽管存在所谓的被准许的暴利。

我还敢断言，在著作中提出，中国人能够在他们中间建立“竞争意识，避免游手好闲，重视知识”，这并非令人难以忍受的矫揉造作。这或许促使他们尊重礼仪，同时使得他们不能理解任何其他事物，就是说，通过这种使他们愚蠢的方式，有助于奴役他们。正如我们的作者所言，中国政府是成功的，他并非要歌颂这个成功。哲学家在接受赞美时应当带有更多的辨别力。

对于拉达曼堤斯[1]（Rhadamanthe）毫无保留地赞美，赞美“他迅速处理所有案件，仅仅遵从每个首脑的誓言”，这并无轻率之意。我相信，对于拉达曼堤斯所做的事情，我们知道的很少，尽管有柏拉图的帮助。如果社会不大先进，利益不大复杂，法律应当更容易简单化，对此我们知道得很清楚，在第六章中我们已经看到这个情况。我们同样确信，我们中间会写字的越少，就不得不越多地使用能够证明的证据和誓言确认。因此不应当总是把无知当成天真，把质朴当成道德。

另一个令人奇怪的观点是，“一个自由的民族可拥有解放者；一个被征服的民族只能拥有外来的压迫者”。于是，一个民族一旦被压迫，就再无法摆脱这一状态；另外，难以理解的是一个已经自由的民族的解放者是什么样的。

当我们的作者说“用法律改变本应通过习俗改变的对象，是一个特别错误的策略”时，前述那种心不在焉不会妨碍他理由的强劲。对此，我不同意他的不赞成奢侈法的观点，请参见第七章。

各种公认的错误制度的辩护人都会援引梭伦的权威，关于梭伦的名言，我在第十一章已经说过，大家应当予以归纳和思考。借此机会，我还想解释，为什么体制“本身错误”却能够拥有“相对的仁慈”，相反，一些好法律却可能不适应既定的情况。因此，当他说“要拥有最好的法律，必须为其调配各种精神”，我完全认同我们的作者所言。我真诚地公开主张这个原则，这个原则在我看来特别好，是在第十九章中能够发现的唯一的善。我从中提炼出这个特别重要的推论，立法权应由自由选举产生的代表行使，这些代表应有一定的任期，应来自一个国家的各个地方。因为，这个方式可给出最大的确定性，而法律需要将这种确定性和主导这个民族的普遍精神很好地协调起来。

第十八章

有关原书第二十章和第二十一章——“就贸易性质和特征论法律与贸易的关系、就世界贸易的变革论法律与贸易的关系”

正如我将有关讨论气候性质的四章结合起来一样，现在我也将关于贸易的两章联系起来。但是我承认，我不知道如何着手这些问题，这些问题在这两章里没有被探讨却被干净利落地结束了。我看不到这些问题之间的联系，也找不到解决方案之间的要

[1] 拉达曼堤斯是希腊神话中主神宙斯和欧罗巴的儿子，米诺斯的兄弟。在米诺斯统治克里特以前，拉达曼迪斯是克里特之王，后来被米诺斯赶出克里特岛，流亡到皮奥缇娅岛，在那里和阿尔克墨涅结婚。相传拉达曼迪斯死后做了冥界的判官，专门惩罚罪人。——译者注

素，如果将这些问题相当清楚地联系起来，应当存在这些关联和要素。这使得我想起一个特别有智慧的人的几句话。他说，“我的父亲，我的长兄和我，我们有三个完全不同的做事方式。我的父亲打断所有儿子的腿并轻松地接上；我的长兄也打断其儿子的腿但并非总能接上；我嘛，争取不打断儿子的腿，因为我不确定能否很好地接上”。我愿意相信，孟德斯鸠就像这个人的父亲，他从不轻易将其想法透露给儿子，然而大家并非总能看到这种连贯性。我呢，不希望像长兄那样，我只能努力迫使我做得像老二一样，别无他法。因此我想尽可能早地识破问题的根本，以便从中找到一个固定的连接点，并以此为起点将所有的都联系起来。

人们通常会对贸易形成一种错误的观念，那多半是因为这个观念未得足够衍申。这有些类似于修辞学当中的修辞格的情况，通常我们仅在演说家那里和在华丽的演讲中注意到修辞的存在，以至于在我们看来它们是一个特别讲究的和非同寻常的发明。我们没有意识到，它们是如此自然，以至于在我们简短的演讲里不用思考就进行了大量的修辞。同样，我们通常仅在批发商那里认识到贸易，批发商使之成为一种神秘学问和一个特殊的职业。我们仅仅看到贸易所产生的货币流动，而货币的流动并非目的。我们没有注意到，我们一直持续不断地进行贸易；即使没有货币，没有批发商，也能进行整个贸易。因为职业批发商仅仅是某些贸易的代理人，货币是商业的载体和工具。但严格地说，这并非贸易。贸易在本质上存在于“交换”中。我们的整个生活就是相互交换和相互服务的永恒延续。因此，一旦没有贸易，我们就太不幸了。因为我们每个人将被缩减至自身的力量，而得不到其他人的帮助。在此意义上，人们把贸易看作一个真实的存在，从中看到从未注意的事物。人们会发现，贸易不仅是社会的根本和基础，甚至可以说是社会的本质，是社会本身。因为社会就是彼此帮助的持续的交换，这种交换形成所有人的力量的合作，以便最大限度地满足每个人的需要。

因此，质疑贸易是财富是很可笑的；相信贸易是绝对的恶，或者相信贸易仅对合同当事人有利，是更加可笑的。人们借助于所进行的贸易，使自己更便于获得所需要的东西。这种能力自身从来都不是恶；当两个人自由地相互地给出他们认为价值较低的事物，以便获得他们认为价值较高的事物，因为他们都希望这样，就不可能没有他们双方各自的利益。这就是贸易。有可能出现这种情况，即一方在贸易中得利，而另一方在贸易中未得利。就是说，和能够得到的相比，做出牺牲的一方没有得到他所想要的同等数量的事物；另一方得到了比预期更多的事物。也可能，双方之一或者双方都怀抱了错误的期望。这种情况很罕见，没有体现贸易的本质，是由某些特定情况所引起的偶然事件，这些特定情况我们随后进行研究并观察其影响。真实的情况是，在各种贸易中，在各种自由交换中，合同双方相互满足，否则他们不会订立契约；相应地，对于合同双方，这种交换本身是一件好事。

如果我没弄错的话，是亚当·斯密第一次指出“唯独人类进行严格意义上的交换”[1]。大家看到某些动物实施劳动，促进共同的目标，好像还在某种程度上进行协商，为了得到想要的东西，或者相互斗争，或者进行恳求；但没有人宣布，它们实际上在进行交换。我认为，其理由是，它们没有足够清晰的财产意识，以至于相信有权拥有当时并不掌握的东西；也没有足够发达的语言，以便达成清楚的协议。我认为，这两个缺陷源于它们不能足够地抽象其概念，以便推广这些概念，并分别地细致地表达这些概念。由此可能出现的是，他们能接受的概念是非常特别的，是和其属性混合在一起的，通过多种感叹词大量地呈现，而这些感叹词不能清楚地表达任何内容。相反，人类拥有为它们所缺少的本领，很自然地使用这些本领和其同类进行协商。无论怎样，可以肯定的是，人类进行交换，而动物不会交换，因此它们也没有真正的社会。“因为贸易就是整个社会，就像劳动就是全部财富一样。”

第二个真理还是亚当·斯密注意到的，即“由于我们的能力是我们先天的独一无二的特性，我们的能力的使用是我们最初的独一无二的财富”。这个真理引导我们看到第三个相当重要的真理，即由于“劳动分工”，财富将以难以计算的方式增加，就是说，随着我们每个人更加专注于唯一种类的劳动，这项劳动会无与伦比地更快、更完善、更加具有生产性，总之，会无限地增加我们的享受。

既已走上正确的方向，亚当·斯密走得更远。他注意到，这种劳动分工是如此重要，如此值得期待，以致“只有通过交换且按照数量和能力的比例，社会分工才变得有可能”。因为，当每个人一点都不能利用其他人的劳动时，他自己应当供给各种需要，相应地应当从事所有行业。接下来，当交换开始时，单一行业不足以使得一个人生活，还应当从事多个行业。这是相当多农村工人的情况。最后，当贸易活跃起来并变得完善时，不要说一个行业，一个行业的较少部分就常常足以占用一个人的全部时间，因为他总是试图把产品置于其劳动中，尽管数量很大但属于同一种类。我认为，大家从未充分重视亚当·斯密的最后一个观点。然而，这个观点是特别好的，在那里他发现了贸易的基本用途，即在所有时间内和所有情况下，都应清楚看到，应当将之看作其

[1] 请参见他所著《财富论》第一章第二节。他指出了这个事实，但却没有更好奇地探究其原因，我对此深表遗憾，这不像是《道德情操论》的作者，把探索精神活动看作是无用的。他的成功和错误还应促使他思考相反的事物。

最重要的财产和最重要的优点。让我们在此稍微停留一会儿。既然我们现在关注的是贸易，请注意，一旦交换开始，社会也就开始了，相伴随的可能是，每个人专注于一项他能做得最好的事务，或者通过自然的安排，或者通过所处的境况。

最初贸易直接进行，没有中间人。所有出售者不得不去寻找购买者，所有购买者不得不去寻找出售者。总之，某人要想进行交换，应当亲自花工夫寻找另一方。很快，贸易有力地促进了“劳动分工”，“劳动分工”影响并促成人的划分，单一职业就是为了避免交换者的这种麻烦，使得交换更为便利。这些人在共同的名称“商人”下而为公众所熟悉。然后，他们进一步细分，并区分为批发商、商贩、零售商、经纪人、代理商及其他贸易代理人，他们履行不同的功能，都是有用的。让我们整体上考虑这些情况，对于我们的主题，这足够了。

当某人想出售时，商人总是准备购买；当某人想购买时，商人总是准备出售。他们将产品从一个地方带到另一个地方，然后将这个地方的产品带到其他地方。因此，通过商人的悉心照料，每个人很快都能找到想要的东西；所有他想要的，所有费时费力才能得到的，都在商人的能力范围内。因此他们的劳动是有用的。既然是有用的，他们就应当得到报酬。他们也很容易得到报酬。大家更愿意以较低的价格在家里出售其产品，而不愿意将产品携带到远处。大家更愿意以较高的价格在家门口购买，而不愿意去别处购买想要的东西。因此，批发商能够低价收购高价出售，这就是他们的报酬。他们能够通过缩减报酬使得交往更有保证，更容易，同时其费用和风险不会太大。当批发商稀少时，他们获得巨大利润。当他们多时，他们满足于较少的利润，以便获得竞争优势。在这个方面，他们像其他的劳动者一样。无论他们的报酬是多少，肯定是从与其交换者那里获得的，但对那些交换者而言，其所付出的一定小于其所节省的精力。因此相对于所做的付出，这些交换者还是有收益的。其证据是，他们几乎总喜欢商人作为中间人的服务。因此，这些中间人的存在是有用的。

有关商人有用性的阐述引导我证明货币的有用性问题。货币作为工具服务于贸易，就像商人作为代理人服务于贸易一样。即使没有这种工具，没有这个代理人，大家仍然能够进行贸易。但是，货币和商人使得贸易更容易。像其他的商品一样，货币是一种商品，适宜于不同的用途，有其自然价值和销售价值，其自然价值就是从土壤中提炼和铸造货币所必需的劳动的价值，其销售价值就是大家为了获得货币而给出的事物的价值。对此，我们已经在第十三章的评论中解释过了。不过，这种商品具有不会变质的特殊性，因此大家可以放心保存，而不用担心变成废物，也不用担心受损；只要纯度够标准，便都属于同样的品质。因此，人们总能够以其为媒介进行比较，不会出现价值的不确定性。它可以进行特别复杂、公正而又稳定的分割，以适合于所有其他事物的分割，从最昂贵的到最普通的，从最小的到最大的。要成为所有价值相比较的共同尺度，这是相当重要的优点，这也做到了。一旦如此，货币不能再像其他商品一样经常地过分地变动其价值，有时很贵重，有时不大贵。货币只能根据其稀有程度在长时间内进行稍微地变动。货币还有一个特别重要的优点，即货币易于保存。因此，某人占有了他不需要的东西，想摆脱它，不必再等待将这个东西正好换成他所需要的事物。只要存在货币，他就把这些东西换成货币，因为他确信，当他认为合适时，有了这些货币就能够得到所有想要的东西，尤其在商人时刻准备出售各种商品的情况下。尽管如此，货币不是我们财富的全部，就像商人不是交换者的全部一样。一方是工具，另一方是服务于贸易但不构成贸易的很多工人。这个工具和这些工人的数量应当适合于进行贸易所必需的，而不是多于必需的。在一个国家有超过流通所需要的货币情况下，应当将之转移出去，或者使之成为不同类别的动产。在存在太多批发商以至于超过做生意的需要的情况下，他们应当移居国外，或者从事其他行业。

因此，贸易的属性是真实的，商人的功能是相当广泛的。容易看到的是，如果商人不是不可或缺的——因为即使没有商人，贸易在某种程度上也能够发生——那么商人也是特别有用的，因为他们使得贸易特别便利。但首先，似乎不大容易确定，他们的劳动是否真的具有生产性，他们应否位于生产者行列。一些作家仅希望在给我们带来原始材料的劳动中看到真正的生产性，相应地，他们拒绝把“生产者”这个名称给予利用原始材料者（手工业者），也拒绝将之给予运输原始材料者（批发商）。然而这是一个错误，人们所以弄错，是因为人们根本不知道用“生产”这个词到底想表达什么含义。

我们之前提到过的萨伊先生，正是他通过独一无二的相当公正的观察消除了整个词义上的争执。我们从未创造物质的独一无二的原子，仅仅进行了转化，所谓的生产，仅仅是在一定程度上给出相对于既存的东西更多的有用性。人们同样说，我们的精神生产仅仅是我们所接收有关事物的印象的转化；我们从所生产的印象中形成各种观点，提炼所观察到的各种事实以及所想象到的各种组合。

为了不致与物理秩序相脱离，人们通过耕作、捕鱼、狩猎、采矿、采石这样的劳动，亲自从土地和水中获取各种原始材料，通过劳动来处置这些对我们有用的植物、动物和矿石。对于我们，金属比矿石更值钱，丰收的粮食要比种子和肥料值钱。一个被逮住或者宰杀的动物比逃跑的对我们更有用，一个被驯服的动物比野生的动物对我们更有用。因此，这些最初劳动者是有用的，他们是有用性的生产者，这是成为生产者的唯一方式。

接下来看看其他的劳动者，手工业者加工原始材料。如果说金属比矿石值钱，那么鹤嘴镐、铁锹和其他用具比一块生铁值钱。如果大麻比生产大麻的大麻籽值钱，那么麻布比大麻更值钱，呢绒比羊毛值钱，面粉比小麦值钱，面包比面粉值钱等。因此，这些新型劳动者也是生产者，像其他生产者一样，并且以同样的方式。这是如此真实的，以至于我们常常不能相互区分他们。我问大家，用盐水制造食盐的人，是农业生产者，还是手工业者；为什么宰杀黄鹿的人比活剥黄鹿的皮用以做手套的人，更属于农业；什么是耕作者、播种者、收割者甚至挖沟者，这些沟渠对进行土地生产是必需的。

但原始材料经过加工，还不足以为我所用，还应当更接近于我。不管是印度的蔗糖，中国的瓷器，还是阿拉伯的咖啡，应当给我运过来。这正是批发商所做的事情。因此，他们也是具有用性的生产者。这种有用性如此重要，以至于如果没有这种有用性，其他有用性都要消失；这种有用性如此明显，以至于某个事物在过剩的地方没有任何价值，被运到缺少的地方后，会有很高的价值。因此，或者应当拒不承认知晓大家想说的，或者应当承认“批发商是生产者，像其他生产者一样，并相信所有劳动具有生产性，只要所生产财富的价值多于生产者所消耗的价值”。这是理解“生产”这个词唯一合理的方式。请参见第十三章。

人们相当错误地将最常见的改变性质的材料命名为“有关农业的”；“制造业”通常仅改变外形（这还不是真正的化学方法，几乎都或多或少地使用化学方法）；“商业”仅仅改变地点。如果最后一个改变是有用的，像其他的改变一样；如果最后一个改变对于使得其他所有事物具有价值是必需的；如果最后一个改变如此有效，以至于产生了比所消耗的价值大得多的价值后，那么它到底做了什么？

人们会说，这种价值的增加通常不会发生，商品经常被丢失，或者受到损坏，或者发生意外事故，商人的劳动是无效益的。但是，当他们不大熟练或者碰到意外时，耕作者和制造业者的劳动也会出现这种情况。人们还会说，商人经常给我们带来无用的消费品，只是我们没有发现而已。我们对这些东西很有兴趣，要得到就不得不花费很多，因此商人们使得我们贫穷而非富裕。但是，农业和手工业也会出现同样的情况。如果我在一大块土地上种植玫瑰，雇佣很多人耕作和收割，甚至雇佣很多人进行蒸馏，这仅仅使得某些贵妇获得特别短暂的满足，她们洒香水，消费相当可观。为此，人们进行特别持久特别有用的劳动。肯定存在财富的流失；但这种流失不是在生产过程中，而是在消费过程中。如果出口这些玫瑰精华，就可以进口很多第一需要的事物。在所有情况下，商人的劳动和耕作者或者制造业者的劳动都具有完全的相似性，都具有同样重要的生产性。如果不结合起来，整个都是纯粹的损失；如果结合起来，则会产生享受的增加。如果人们消费，是财富的增加;如果人们不消费，这是彻底的损失。所以，无论人们给贸易如何命名，都要不导致错误的结果，都要使人更容易理解贸易是什么，都要使人更容易理解商人仅是贸易的代理人。我认为，我们已经足够清楚地解释了这个问题，以至于能够提出某些确定的原则，我们能够根据普遍的、明显的观点解决未来的各种问题。因此，让我们返回到我们的作者那里，让我们试着检验他的某些观点。

孟德斯鸠省略了我们刚刚所花费的精力，他似乎仅在贸易中看到国家关系及其相互影响的方式。他并没有描述贸易这个词，没有描述贸易在一个国家内部如何进行。他好像假定贸易是虚无的，如果贸易不能给出赚外国人的钱的方法，就没有任何影响，不值得任何考虑。他据此进行思考，像特别值得尊重的很多作家和国家要人一样。然而，同样在这个假定中，内部贸易需要我们全面地关注；在所有情况下，内部贸易总是最重要的，尤其对于大国。如果一个地区内部的人彼此之间不做产品交换的话，他们彼此之间就会变得很陌生，并且也都会陷于贫穷，如果做了这种相互交换，他们就会惊人地提高其力量与享受。同样在一个大国，如果每个部分都处于孤立状态，没有任何产品交换，所有部分都会处于贫困状态，被迫无所事事。如若在各个部分之间形成联系，每个部分便都会从所有的行业中获益，寻找、利用和发展自己的资源。让我们以法国这个特别广阔特别知名的地方为例。让我们假定法国是世界上唯一的国家，或者被不可逾越的沙漠所包围。在法国，有些地方土地很肥沃，适宜于谷物生长，有些地方比较潮湿，仅仅适宜于放牧，还有些地方是干燥的山丘，仅仅适宜于种植葡萄，最后还有些高山，只能种植树木。如果每个国家都浓缩成法国这样，会出现什么样的情况？清楚的是，在小麦区域，还能够维持很多人的生存，因为至少有办法满足各种需要的第一需要，即食物。然而，这种需要不是唯一的，还应当有衣服和餐具等。因此，这里的人将不得不牺牲很多好的土地，用于树木、牧场、不大好的葡萄树。然而，如果通过交换的方式获得他们所缺少的东西，较少的土地就够了，那么剩余的部分还可以养活很多其他的人。因此，如果没有进行贸易，这里的人将缺少很多东西，此处的人口也不会如此之多。对于居住在适宜于种植葡萄的地方的人，这甚至是更加真实的。这里的人即使有工业，也只能酿酒为自己所用，因为不能出售。这里的人为了在干燥的山坡上生产一些品质不大好的谷物，而疲惫于这些无效益的劳动之中，不知道购买这些谷物的地方。这里的人不会有剩余产品。其人口将是可怜的和稀少的。沼泽和草原地带，对于小麦来说太贫瘠，对于大米来说太寒冷，情况相当糟糕。必须放弃耕作，转化成牧羊人，甚至只能喂养大家能吃的动物，能吃多少就喂养多少。对于适宜于树木的地方，除了狩猎没有其他的生存之法，大家可找到一些野生的动物，还没想到保存它们的毛皮。因为大家不知道将之做成什么。如果取消各部分之间的全部联系，法国的情况就是这样，一半是野蛮的，另一半是很贫穷的。

相反，请你们假定存在积极的且便利的联系，即使不包括外部联系。这样，每个城镇的生产不再因为缺少销售市场和必须从事特别无效益的劳动而停滞。而如果缺少交换，这些劳动虽然无效益但又是必需的，只能通过自身勉强获得全部需要或者至少是比较迫切的需要。拥有良田的地方尽可能多地生产小麦，并将之运到适宜于种植葡萄的区域，这些区域将生产尽可多地葡萄酒，以用于出售。这两个地方都给沼泽地带提供食物，在沼泽地带，动物按照售卖的比例增加，人口按照所获得给养的比例增加；联系起来的这三个地方给条件最为恶劣的山区里的工业居民提供食物，这里的工业居民将向它们提供树木和金属。在北方，大家将增加亚麻和大麻，以便把布料运至中部；在中部地区将增加动物油，以便购买这些布料。较小的地块也被利用开发。全是碎石的市镇给所有没有石头又需要石头的其他市镇提供磨刀石。这里所有的居民依靠交换得到的产品生活。全是悬崖峭壁的市镇将把大量的石磨运至多个省里。仅有沙子的小地方将生产所有燃料所需要的茜草。某些地块有特定的黏土，将提供这些黏土用于陶瓷制造。海边的居民可将咸鱼运至内地，因此要不停地忙于捕鱼。这同样适用于盐田、碱田、腌制品、橡胶、树脂树。不仅通过商品的交换，还有知识的交流，将普遍地产生新的工业；因为，如果没有一个地区生产全部的东西，就没有人发明全部的东西。交流一旦建立起来，某个地方名人就会变得全国知名；一旦有发明，大家很快就能理解，甚至进行改善。另外，正是贸易本身激发了发明的欲望；甚至正是贸易的广度使得相当多的工业成为可能。然而，这些新技术使得大批人很繁忙，这些人能够依靠其劳动生存，仅仅是因为和他们邻人变得更有成效，能够支付购买这些新技术的费用。因此还是同一个法国，刚才是如此贫困，现在人口众多且供给充足，相应地变得幸福和富裕，即使不算他们和外国人做生意获得的利润。整个应归功于各个地方的优势和每个个人的能力的最有效的利用。请注意，黄金和白银丰富或者特别多的地区，对此是无足轻重的；因为如果贵重金属在那里是罕见的，将用特别小量的贵重金属来支付大量的商品；如果在那里有大量的贵重金属，情况相反。这就是整个差异。在这两种情况下，流通同样进行。这就是内部贸易的奇迹。

我相信，已经通过例证说明了一个地域辽阔自然条件特别有利的地区的情况。在所有地方，因地域面积和优势产业不同，同样的原因会成比例地产生同样的影响。不过，一些绝对不能提供足够数量的第一需要产品的地区除外，这些地区，外部贸易肯定不可或缺，以便能够定居，因为只有外部贸易才能给他们提供这些生活必需品。这就是我们刚刚谈论的法国的山区和沼泽地带的情况，这些地区应当同土壤肥沃地区进行交流。对于所有其他的地区，外部贸易是其分外事，或者说仅仅是个次要的事情。

然而，我不会否认外部贸易的有用性。我们刚才所言提醒我们，其更大好处是什么。事实上，内部贸易单单通过激活工业就创造很多财富。如此效果的产生，仅仅是因为增加了零售的可能性，或者如我所言，对于每个地区的生产来说，是因为增加了"市场的广度"。显而易见的是，外部贸易也大幅度地扩大市场，同样增加工业和生产。法国尽管相较于其他国家而言本土即有大量物产，但如果不从世界各地获取食物，也会被剥夺掉很多种享受，现在法国的很多作坊对来自国外的材料有着甚至更大的、不可或缺的需要。人们甚至会补充说，某些省份之间的交流还没有这些省份和某些外国之间的交流便利，尽管这些省份属于同一个政治体。因此，与法国的很多地区相比，波尔多的葡萄酒更容易到达英格兰，朗格多克的呢绒更容易到达土耳其，色当的这些产品更容易到达德国。反之亦然，很多货物从外国运过来经常比从生产这些产品的法国某地区运过来更方便。所以，放弃外部贸易是一个大的愚蠢行为。外国贸易也服务于工业；我们刚刚看到的内部贸易的影响已向我们证明，这个促进工业发展的属性是多么可贵。从未考虑这个优点的人，从未关注内部贸易的人，在外部贸易中仅仅想着抓住外国几个埃居的人，对此会作何感想？大家可以毫不犹豫地说，在国家财富形成和分配的方式上，他们没有基本的概念。应当相信，这正是我们的作者所处的情况，虽然他很有学问。

在有关贸易的道德影响的几句模糊的讨论后（我们谈论得更远），他立即确定存在两种贸易，即奢侈性贸易和节俭性贸易。他忠于其体系将所有政府分成三类或者四类，且总会补充说，其中一类贸易更适合于君主制，另一类适合于共和制；为证明确实如此，他找到很多理由。真实的情况是，从来就没有奢侈性贸易，将来也不会有奢侈性贸易。说"奢侈"者实际是在说消费和过度消费。贸易或者说商业，属于生产。这两个事物没有任何共同之处。如果人们通过奢侈性贸易来理解这句话，其含义便是，一些人消耗的正是另一些人所赚的，赚是一个事物，消耗是另一个完全不同的事物。[1]如果奢侈性贸易想说的是服务于奢侈事物的贸易，那么没有任何人会阻碍荷兰共和主义者带来中国的瓷器，克什米尔的羊毛围巾，戈尔孔达[2]（Golconde）的钻石，尽管正是法国或者德国的廷臣才有购买这些东西的愚蠢行为。在所有情况下，萨伊先生都有理由说，"所有这些绝不意味着什么"。应当说有同样多的异议，孟德斯鸠想通过这些异议证明，"即便总是不利的贸易可能也是有用的"或者"批发商做想做之事所需的能力，是对贸易的束缚"或者"来自贵族那里的获得物，有货币价格，鼓舞了很多的批发商"或者"德国和匈牙利的矿藏使得土地值得耕作，然而墨西哥和秘鲁的这些劳动摧毁土地"。和萨伊先生一起，大家由此应当得出的结论是，"当一个作者谈论一些事物，进而形成了一个观点，但对这些事物的性质不大清楚，如果他碰巧指出一个有用的真理，且碰巧给出一个好的建议，这是很幸运的"。因此，如果可能的话，让我们试着清晰地阐述外部贸易的影响。直到现在，这个事情做得还不充分。如果我们在这方面取得成功，这将并非偶然，而是通过最严格的推理得出的，这个认识将引导我们理解很多的有用却被埋没的道理。

我们已经看到，正如人与人之间的贸易是所构成社会的所有工业和富裕生活的首要原因，正如同一政治体内部的地区之间的贸易和省之间的贸易，带来新的飞跃，使得福利、人口和财富产生新的增加，外部贸易也增加内部贸易所产生的各种财富，通过人的更有效果更有生产性[3]的劳动，促进各种自然馈赠产生价值。这个属性是外部贸易的最大好处，尽管事实上难以估量，不过还是能够用一些数字来表示，并给出一个大致的概念。让我们想象，二十个人孤立地劳动，没有相互帮助，那么他们的工作量相当于二十人。如果假定所有人的能力都一样，每个人获得的享受也相当于一个人。如果他们联合起来且相互帮助，他们的工作量可能相当于四十人甚至相当于八十人；相应地，每个人获得的享受相当于两人或者相当于四人。如果他们利用这个好处，利用给出的闲暇和精神，以便发现新的资源，发明新的方法，获得新的原始材料，他们的工作量将相当于一百六十人，甚至相当于三百二十人，那么每个人获得的享受相当于八人或者相当于十六人，最后，他们的工业将无限制地完善，因为不能确定一个终点。

[1] 我们在第七章已经说过这个问题。珠宝商一点都不奢侈，尽管他在宝石上支付很多。使用首饰打扮者才奢侈。

[2] 戈尔孔达是印度著名的钻石矿区。——译者注

[3] 请大家不要忘记，生产性劳动是指从事某项活动所产生的价值高于所消耗的价值。军人、政府、律师、医生，他们的劳动或许是有用的，但不具有生产性，因为没有任何剩余。耕作者或者制造业者为生产价值五千法郎的东西却消耗了一万法郎，这样的劳动根本不具有生产性，也不具有有用性，除非是作为实验。

如果他们特别聪明且自然条件特别有利，他们的工作量可能相当于一千人，甚至相当于两千人，相应地，每个人获得的享受相当于五十人或者一百人，如果他们之间是平等的，或者在同一块土地上能够养活一百人或者两百人，而在这里仅有二十人，那么每个人获得的享受相当于十个人的而不是一个人的，所有这些还不包括从外国人那里所赚的部分。

这些估价没有被夸大，甚至相对于真实情况有所缩小。离群索居的野蛮人与由交换的发明所创设和完善的社会之间的差异，比这个估价与真实情况的差异还要更大得多。如果这个社会治理得很好，平等得以维持，至少尽可能不产生不平等，相应地，很多财富不会变得无用或者有害（请参见第七章奢侈部分）。外部贸易的最大优点，不需再过多重复，便是确定无疑地会促进这种令人高兴的现象出现。人们几乎从未考虑过这个优点，而是总是准备着迎合肮脏收益的驱动，迎合从外国获得哪怕是最微不足道利益的表象。我公开地说，不隐瞒观点，这种利益总是让人产生错觉。这是我们所看到的，我坚持认为，把这种利益看作大部分政治的唯一目标，是错误的。在我看来，贸易的好处在于创设社会和发展工业，相形之下，这种利益什么都不是。这种好处完全属于内部贸易，外部贸易起到辅助性作用，在我看来这构成外部贸易的更大价值。此外，人们把一项特别夸大的重要性归于直接利益，这种直接利益是一个国家同外国进行贸易过程所获得的。鉴于此，还应当更仔细地研究这种利益，以便清楚地看到这种利益存在于何处，直到能够理解这种它。

外部贸易可能是有利可图的，或者更准确地说，做外部贸易的批发商，通过和外国人做生意所获得的利益，能大量地直接地增加国家财富。为产生这种结果，他们有多种方式。

首先，他们可能仅仅是外国人的运输者和代理商。在此假定下，他们与其说是商人，不如说是手工业者。他们以这种身份获得报酬。当他们的国家什么都不生产时，他们依靠这些报酬生活。这是他们带来的一笔财富。如果消耗全部报酬用以维持每年的生活，在这个国家里，这笔财富局限于维持一部分人生存，这部分人没有这笔财富不能生存。如果他们不是全部利用这笔财富，能留一些积蓄，就会持续不断地增加国家财富。

其次，他们可能在一外国低价购买产品然后到另一外国高价出售。这种价格上的差别足以提供维持所雇用的人以及他们自己的生活所需，一句话，提供他们所有的费用，并且能获得利润。这种收益，或者是货币，或者是产品，加上这些国家所赚的整个部分，是一大笔财富。他们把这笔财富增加到他们自己国家的财富上，因为整个都是外国人支付的。如果这笔财富不是每年都被全部消耗掉，那么剩余的被积蓄的部分将增加到国家财富里。第二种情况也是运输贸易的情况。

第三，商人在欧洲和所有文明国家的大市场里廉价购买产品，并将之运输至很远的地方；他们把在各国价格都很高的其他产品运回到他们的国家。这种情况下，价格的差异补偿了所花的费用。除了应当支付给外国人的费用，还有利润。这正是人们在做的，他们在野蛮人那里以货易货，用一些玻璃杯或小玩意儿，换回黄金、白银、裘皮以及其他贵重的东西。这肯定大量增加本国的财富。这些输入进来的财富，或者被消耗在社会内部，或者被再次输出，或者被挥霍掉，或者被存起来以获利，这个情况不必知道，甚至肯定是这样。不过，这是另一个问题，是消费的问题，是不同于生产的问题。这些财富可能再次被丢失，但现在确实获得了。这就是目前我们所应当做的。

第四，批发商可能去外国购买原始材料，让人在本国加工，然后输入这些国家或者其他国家，同时获得利润。这正是法国商人所做的，法国商人从西班牙拉回粗糙的动物厚皮，鞣制后再运回西班牙，从那里拉回羊毛，把呢绒再运回那里。他们的利润甚至加上所有代理人的报酬，都是所属国家的收益。因为这种贸易的唯一目标就是给外国人提供货物，用以生产的整个工业完全都是由外国人支付。被雇佣的手工业者是为外国人服务的，如车夫和水手为他们运送商品。这种贸易使得很多财富流入这个国家。但要注意的是，通过数量不是很大的批发商所带来的利润而产生的收益，要小于贸易所推动的大量工业发展所带来的收益。因为在各种考量下及在各种关系中，工业的发展总是为人类社会带来更大有用性的。

第五，外部贸易的第五类，就是将人们不需要的所有产品和商品出口，如果没有这种贸易，人们便没有任何生产的兴趣，也就肯定不会进行生产，反过来就需要进口所有必需的食物或者那些在本国需要更高代价才能得到的东西。这种贸易在国家间普遍存在。我们前面提到的仅仅是特殊情况，仅仅是例外。这种贸易几乎构成了大部分人的外部贸易的全部。这种贸易有力地帮助内部贸易扩大市场，帮助达到如此重要的目标，增加人们发展工业的能力，给他们提供所有用于享受的财富。这个目标是如此重要，这种利益是如此之大，以至于合并了其他所有贸易。在这种贸易的所有好处中，应当把批发商从中获得的利润看得无关紧要。

然而，这种利润应当发生，以便批发商有动力提供服务；如果没有发生，这将是一个证据，证明其服务既无用，又不受欢迎，其交易是无目标的。这些交易会中断。因此这种利润一定会发生。首先，利润一定是来自于批发商的本国，但他作为交易代理人从参与交易者那里能够赚取多少，事先无法确定。其次，利润必须由外国的批发商和相关国家的批发商一起分配，相当确定的是，总体上他们相互赚取的，差不多就是他们国家的出售者和购买者所让渡的部分。因此，这绝不是对外国人的征服。最后，还应当重复，和这些交易的其他好处以及使得大量财富运行起来并产生大量财富相比，这些利润是小事；而且，与常见的观点不同，我敢声称，这种利润不值得政治哲学的任何关注。因此，人们根本不用因为这种贸易是所有贸易中最有用的、最值得关注的，而感谢那些直接地大量地增加国家财富的人，确切地说，是因为这种贸易最间接地增加财富。

我想，这是对外贸易的基本类别。这个分类不是特别严格，不用赋予其太多的重要性。像其他所有的分类一样，它有其缺陷，因为真正的事物很难屈服于概括的抽象的思考方式。可能没有一种真实存在的、有效运转的贸易方式能够清晰无疑义地被列入这五个类别的某一种当中，而丝毫不属于另外一种。然而，对外部贸易最显著影响所做的这些分析，会显示出对于理解这个问题的价值，也使得我们要来检验对通常所谓的“贸易平衡”所思考的内容。

应当承认这两个词并不总是能够给出一个足够清晰的概念，很可能的是，如果那些最多使用这两个词的人，对其进行足够深的探究的话，会发现这两个词没有任何意义。然而，由于没有注意到贸易平衡出现的原因、方式和可能性，当大家认为一个国家输出到外国的价值多于所接收的，大家通常说这种平衡对这个国家是不利的；在相反的情况下，大家说这种平衡对这个国家是有利的。这差不多就是大家对贸易平衡的理解，大家非常希望这种平衡倾向于自己一边。

首先，显而易见的是，要使得这种平衡的概念不完全是空想的，就不应将“价值”这个词局限于仅仅代表各种货币，甚至仅仅代表贵重金属。因为黄金和白银还远非我们独一无二的财富或者财富的主要部分。特别清楚的是，当我给出五百法郎的货币，收到六百法郎的商品时，我赚了一百法郎，相应地，通过输出的货币多于接收的商品，一个国家可能从另一个国家赚取很多的利润。如果没有其他的原因，这单一原因就足以证明这种交换过程是这种平衡状态的毫无意义的象征。我们从这个交换过程中提取出很多大胆的推论。因为这最多只能表示，一方支付的货币比另一方多；最多只能以一种很不确定的方式做这个事情。基于这单一的原因就做决定，就像通过一个部分，一个人们对其的了解极少的部分来对整体做出判断。

其次，显而易见的是，即使承认这个假设，假设一个文明国家从另一个文明国家接收和给出的相比，可以是一样多，可以更多，也可以更少；假设大家能够看到这个情况，以便判断贸易平衡是有利于还是不利于这个国家，至少也应当将所有的外部贸易部分结合起来，不应根据对一个分离的和独立的部分的检验就做出决定。因为有可能一个国家和另一个国家进行贸易损失了，是为了和第三个国家进行贸易赚得更多，或者可能在一个地方以很高的价格购买一种产品，仅仅是为了以更高的价格销售到另一个地方，或者仅仅为了得到其他的更高价值的东西。因此，如果能够做到的话，人们只有从整体出发才能做出判断。

要对其作出判断，还应该认识它。人们肯定能够认识它吗？或者说比较接近认识它或很接近认识它？首先让我们看看商品的数量，数量是最容易观察到的要素。一个国家的关税体制无论多么严格，也没有任何政府自以为能够通过其雇员而准确地知道通过其国境的所有商品的数量，无论是输入还是输出。走私商品的数量总是很庞大，且不可能准确地知道。没有舞弊而通过的商品申报单总是不大确切。在输入或输出时，什么关税都没有支付的商品（通常这种情况很多）被粗心大意地申报，或者甚至根本就不申报。因此，即使就数量而言，人们也总是很难有个确切的估计，而数量还是相较于其他较为容易确定的东西呢。

再看看质量。质量对价值的影响尤其大。我们的财富如此日增，如此多样化，在自然的和技术的产品的准备和制造中，我们进行如此多的研究，带来如此多的品种。在两个事物的价值之间，或者甚至在同一类别的两个事物之间，常常存在从一到一百到一千的变化。请注意，被隐藏的甚至全部被掩盖的往往是最贵重的，因为这些东西通常体积不大。因此，事实上，不可能对通过贸易输出或者输入商品的价值有一个认识，甚至有个大概的认识也不大可能。在这一点上，接受粗略的申报单和势必不完整也不完善的登记簿，绝对是自欺欺人。

这还不是全部。当大家准确地认识到数量和质量，并接下来准确地认识到在一年内所有输出和输入的商品的价值时，还应当知道这个国家的所有批发商为操作这些交易在同一年内支出了多少，就是说，直到每个商品被运抵目的地，在职员、代理人、船只、索具、食物方面的所有支出以及船员和船舶方面的支出。总之，应当知道所有的费用。因为这些费用是一笔笔钱，他们用这些钱支付劳动报酬，以便生产有用的事物，这些有用的事物增加国家财富的总量。因此，这些支出应当从输入的财富中扣除。这最后一个支出项目和其他的相比更是不可能认识到。大家没有手段也没有办法形成这个观念，甚至大致的观念。当事人自己都不知道这个观念，或者至少不知道应当将这些支出的哪些部分归于外部贸易，哪些部分归于内部贸易；不知道将这些支出的哪些部分视作是被外国人赚了，哪些部分被本国人赚了。这些支出消失了，融入总体循环中。因此这仍然是一个重要的未知事物。

最后，人们还有正当理由批评在海关所进行的商品价值的确定工作。这不是在购买的地方，也不是在出售的地方进行。商品的真正价值在购买和出售的地方才能被验证被实现。在你们到海关办公室确定价值之前或者之后，很多产品变质或者将要变质。另外，还是应当关注这些商品的最终用途。这是一种多么新颖的不确定性啊！

有如此之多的“空白点”，某人却能自信知道某个平衡，这真是一个不屈不挠的数字制造者！但还有更多。当人们知道这个平衡时，当人们假设知道一笔价值被输入一个国家经过一年或者多年，比被输出时有更大的价值时，这又会带来什么呢？首先，这个差异不会很大，因为这种差异仅仅能够存在于该国所依赖的所有经营外部贸易批发商的最终收益中。和总体数量相比，这个差异是相当小的。这个差异仅在某些小国才能起到重要作用，这些小国中的大部分人依靠海上运输贸易生活。其次，人们不能断定是增加了还是减少了国家财富。因为，如果我们假设这个国家一段时间内进口的比出口的多，在同样时间内所进口的东西全部被消费了，那么事实上所有出口所得价值也会变得枯竭，什么都不剩余，无论在这些交易中赚了多少；相反，如果它积累了很多，或者如果在本国进行了有用的且持续的巨大工程，可以增加这笔财富，即增加货币量并变得富裕，无论损失给外国人多少，结果是相同的。

因此，和亚当·斯密一起，我们的结论是，真正的平衡仅仅存在于各种产品的生产和消费之间。这种平衡正是变得贫困或者得以改善的真正标准。正是这种平衡，通过缓慢的进步，且经常受到阻碍，逐渐带领人类部落从最初的贫困到幸福。如果统治者不会不断地阻碍或扰乱这种平衡，那么通过人的活动、智力、财产活动，它会始终普遍地有利于人类。这种平衡的状态不会很容易通过直接计算立即得到验证。应当对两个给定的时期做一个国家资产平衡表，不仅将物质财富和债务列入顺差和逆差，还要把国家所浸透的真理和谬误，国家所被激发的好的和坏的情感，国家赖以存在的有用的和有害的习惯，国家采用的令人沮丧的和有益健康的体制，都列入顺差和逆差。人们感到，不可能编制这样的账目清单。但这种平衡是唯一真实的，是能够为哲学观察的眼睛所感知的。准确地说，这种贸易平衡，是一个纯粹的想象，或者是个微不足道的小事，仅有利于某些低级骗子使得更愚昧者的眼睛发光。

然而，如果收集一些国家的甚至是不完善国家的有关出口和进口方面的信息，还是会获得一个珍贵的且肯定的结果。首先，应该采取一种国家之间总是平等的，或者差不多平等的精神，国家之间的些小差异可能偶然存在，甚至假定人们能够观察到，但这种差异不大重要。然后，当看到相对于构成一个国家的人口数量，其各种产品都相当可观，人们会认为这个国家很有能力，很有财富，相应地，如果这些财富在国民间分配得较好，那么每个成员可以有很多受益；因为他们就出口品能够受益，就进口品同样能够受益，他们可以使用这些财富而不至于变得贫穷，只要他们不变更其实质。因此，当人们看到，某些年间一个国家的出口和进口值在持续地增加，便可确定地得出结论，或者是居民数量增加了，或者如果没有建立特别令人反感的不平等的话，则每个人有了更多的闲暇，或者甚至是这两种进步的趋势都存在，因为它们几乎总是同时发生。反之，人们会得出几个相反的结果。人们会感到不应当把我们所谈论的流动资产包括到整体之中，这些流动资产仅仅通过简单运输的贸易方式起作用，仅仅表示贸易的数量，并不表示生产的数量。做了这个排除后，我们的结论就是很肯定的了。这差不多就是关税登记簿能够告诉我们的所有内容，这个情况是重要的，这些关税登记簿确实告诉了我们这一点，不过要理解这一点，还需要特别仔细地查阅这些登记簿。

这些主要的反思是《论法的精神》这两章使得我想到的，这两章正是我目前所关注的。有关贸易的道德影响，我还想顺便再说几句。如果人们想深入研究的话，这是一个相当广阔的问题。如果人们仅关注顶端的话，容易看到贸易（我希望将之说成交换）就是社会自身，就是人与人之间的唯一联系，是所有道德情感的源泉，是相互的感情和仁慈得以发展的首要原因和最强大原因。我们将所有的善和爱归因于贸易。贸易从联合同一部落的人开始，然后在部落之间连结为社会，最后将世界的不同部分连接起来。贸易扩展、促进、推广知识和联系。贸易是所有财富的创造者。贸易或许也导致战争，就像引起诉讼一样，但这主要是由于被广泛接受的、对于贸易极为有害的错误观点。真实的情况是，贸易的精神增加越多，破坏力越减少。最不喜欢吵架的人总是那些用和平办法获得合法财产的人，是那些拥有易受损财富的人。至于贸易激励一些人产生贪欲，这是一项模糊指责，在这些最无意义、最无滋味的夸张文笔中，我们应当摒弃这种指责。贪欲在于抢夺别人财产，或者通过暴力方式，或者通过狡猾方式，就像征服和奉承这两种贵族职业一样。但批发商，像从事其他行业的人一样，仅通过其才能，根据自由的协议，祈求道义和法律来获得利润。要获得成功，专心、正直、节制是必需的，相应地，他们养成所有道德习惯中最好的习惯。如果持续不断地专注于获得收益，有时会使得他们有点唯利是图，人们却可以说，可以在与他们的友谊中期待一些更为自由与温和的事物。不能苛求由很多人组成的人群是完美的，但根据我们刚刚的描述所塑造的人，将是所有人中最有道德之人。无序才是人类最大的敌人，普遍有序的地方，就有幸福。我喜欢也敬重做善事的人，不过只有在没有人做恶事时，你们才会看到这一切的出现。补充一句，勤劳的人，比最热心慈善事业却游手好闲什么都不做的人，给人类做了更多的善事，即使并非有意这样做。我认为就有关这个主题的这几个词我不应说得更多了。

请再允许我仅补充一句，如果内部贸易总是善事，外部贸易本身也从来不会是坏事，它也不会致力于坏事。无疑，如果一个政府出于向外国批发商所要求的某种贸易项目提供更多产品的目的，而限制或者禁止另一种对于本国居民的福利有用的或者必需的产品的生产，像有时在俄罗斯和其他地方出现的情况一样，我要说，这种情况下莫不如不与外界发生联系。这不是贸易的错，是政府的错。同样，在波兰，在那里很少的人是产业主，这不仅仅指地产业主，还指所有耕作土地者。当这些产业主收获小麦（小麦是由其农奴耕作而生产的），以便卖到外国去，然后购买回一些他们要消费的奢侈品时，所有的人只能更加贫穷。这种情况下，大贵族们莫不如说不是想法出售其谷物，而是以这些谷物供给一些人，让他们努力学习如何生产大贵族们想要的东西，或至少是一部分他们想要的东西。又一次，这并不是贸易的错。人们会补充说，在同样情况下，借助于缓慢的不可避免的影响，通过给挥霍者提供享受使之穷困，通过教养稍好者引领不幸者，贸易势必会带来一个不太令人讨厌的事物秩序。人们还会说，为维持某个远方殖民地的统治和排他性垄断而经常进行的战争，是荒谬的和具有破坏性的。这根本不是贸易，而是统治者的嗜好和贪婪者的精神错乱，或者正如米拉波[1]所言，是强制的纸币，或者如人们所说的，“这是处于狂热状态下的政府的狂欢”。在我看来，这是我们的作者用其雄辩与深刻发展出来的一部分观点，而不是从他笔下的诸多重要事物中被放任溜掉的无意义的或者错误的事物。

[1] 米拉波（Mirabeau，1754—1792），法国政治家。1776年与女友私奔，落脚阿姆斯特丹后靠写攻击法国旧制度的小册子谋生，声名鹊起；1777年被荷兰移交给法国，监禁到1780年，其间大量阅读和写作；于1784—1785年居留伦敦；后于1786—1787年出使普鲁士；1789年以第三等级代表的身份入选三级会议，尽管个人反对三个等级联合开会，但他支持新建的国民议会的合法性，并于法国大革命初期在其中成为核心人物；1789年10月建议路易十六逃往外省首府，并着手君主立宪制；1790年3月接受了国王的大笔秘密酬金，此后与宫廷频繁通信直到去世；1791年2月当选国民议会主席，4月2日病死，葬入先贤祠；1792年与宫廷的通信被发现后，其遗体被迁出先贤祠。——译者注

第 十 九 章

关于原书第二十二章——“法律与货币使用的关系”

货币在一些人眼中是个相当深奥的问题，这些人自认为相当精明，自认为关于货币、货币的使用、货币的流通、使得货币更便利的方法甚至代替货币的方法等有很精细的东西要说。我承认我一点都没有看到如此神秘的东西，我甚至确信，在这类问题上，像所有其他问题一样，所有近于难以捉摸的东西只是远离了正直的道理。因此，我限于几点评论，何况我坚信在前一章中已经阐述了有关货币影响的大部分内容。

社会本质上存在于贸易中，贸易本质上存在于交换中。我们看到，所有商品都有自然的必需的价值，就是要生产这些商品所不可或缺的劳动的价值；所有商品都有销售价值，就是在以货易货的交换中所找到的其他商品的价值。所有这些价值依次相互作为衡量标准；但它们是可变的、不稳定的，相应地也难以估价、难以确定、难以维持。在这些都有价值的产品中，存在一种同质的、不会变质的、可分割的、便于携带的东西。它自然而然地变成了所有其他产品的标准，这就是货币。确认货币数量和质量的最大困难是它的成色和重量。政府在上面印上标志，它就变成货币。这就是整个秘密。

这种对货币性质的简短说明首先告诉我们，只能有一种真正是货币的金属，就是说，我们能把这种金属的价值和所有其他价值联系起来，因为在整个计算中，只能有一个标准单位。这种金属就是白银，因为正是这种金属最适合于交换过程中所需要的大量的分割。黄金可协助支付大宗商品，但仅仅是辅助性的，这仅仅把黄金的价值和白银的价值联系起来。在欧洲，它们之间的比例差不多是十五比一到十六比一。像所有其他比例一样，这种价值上的比例随着需求量的大小而变化。在中国，这个比例通常仅仅是十二比一到十三比一，这使得将白银运到那里有利可图，因为用十二两白银，可换得一两黄金如果将这一两黄金带回欧洲，可换得十五两白银，因此你就赚了三两白银。然而，政府可铸造金币，并确定和白银之间的兑换比例，就是说，规定大家在所有情况下将无例外无差别地接受一两黄金或者十五两或十六两白银。一些交易应当带来利息，这种利息不是由当事人确定，而是由政府按照百分比来确定。但政府不能或至少不应当阻止特定当事人在他们中间约定，他们针对一定数量的白银所希望给出或者接受的黄金的数量；不能或至少不应当阻止双方自愿决定他们借出或者贷入货币的利率。因此，这两个事物总是发生在贸易中，尽管有完全不同的法律，因为没有法律的话，生意无法做。至于铜币，根本不是真正的货币，而是变相的货币。如果铜币包含相当于所指示的白银价值的足够数量的铜的话，其重量应当是现有重量的五六倍，特别不方便的是，这个比例像黄金的比例一样每天都在变化。因此，铜币仅值得在以物易物的交换中标示出白银的数量。在对铜币价值的夸大无关紧要的情况下，它也可用作零钱。但像有时出现的那样，当人们同意使用铜币支付大宗商品时，这是一个真正的飞跃，因为接受铜币者从来无法找到双方自愿的场合，用白银来真正对应这些大宗商品的名义价值，因为这些铜币的真正价值仅仅相当于名义价值的是五六分之一。

其次，人们看到，当白银第一次被铸造成货币时，发明票面上的货币名称是特别无用的，如里弗尔、苏、德尼等。简单地说一盎司、八分之一盎司，要比说三里弗尔、三十里弗尔、八十里弗尔、十二里弗尔或十五苏更清楚。人们始终知道每个事物值多少白银。这个随意启用的名称一旦被接受，并将之用于所有的约定债务，就应当避免任何改变。因为，当我已经接受三万里弗尔，在那时我同意采用这些货币，如果间隔一段时间后政府说大家所称三里弗尔的白银的数量，现在要称作六里弗尔；或者同一个事物，如果号称值银六里弗尔的埃居，但实际上仅仅包含三里弗尔，用新的埃居支付给我，那么我在事实上便仅仅得到曾经得到白银的一半。一言以蔽之，这就是抢劫。应当承认这几乎是所有厚颜无耻的政府经常做的事情。无疑，当政府将货币的真正价值减少一半时，第二天如果政府想购买商品，人们应当向政府要求票面价值的一半拥有其所标示的真实价值；另外，人们依照票面价值支付被征收的款项，就是说，支付真实价值的一半，政府也变得贫穷了一半。但政府增加赋税，通过银行准备金得以解放，这被称为财政操作。人们对这种不公正的行为不屑一顾，但人们也在做同样的事情，比如，人们强制要求用纸币代替白银，像目前几乎所有欧洲政府所做的一样。

根据我们所说的，现在很清楚了，货币之所以是其他事物价值的标准，是因为它自身有价值。说货币是象征符号肯定弄错了。货币根本不是象征符号，是等价物。这个错误引起另一个错误，即相信，基于政府的命令，纸币和白银价值相等。纸币仅仅拥有生产纸币的价值，仅仅拥有像在商店里作为纸张的销售价值。当我把一个有清偿能力的人支付给我的一张一百盎司白银的即期债券看作一个许诺时，这张纸仅仅具有一张纸的真实价值，根本没有所许诺的一百盎司白银的价值。对我来说，它仅仅是一个象征，象征着当我愿意时我将能够收到这一百盎司白银。如果这个象征是确信无疑的，我对兑换白银一事便不会心存疑虑。我甚至可以毫不担心地将其流转到下一个自愿接受它的人手中，那个人相较于兑换白银，甚至更喜欢这种象征，因为它不太重，更方便。我们不拥有这种价值，也不拥有任何其他的价值。尽管如此，我们确信，当我们需要白银时我们可以拥有白银，当我们饥饿时，带着货币就能有饭吃。但政府却对我们说，这是纸币，“价值一百盎司白银”，我命令你们按照这个价值接收和出让它，我命令其他人接收它，我向你们保证所有的人不会寻求兑现它。清楚的是，我仅仅得到一片纸，对我来说，它根本不是象征符号，我接收的是它所显示的价值。人们根据一定的条件相信它有朝一日会带来价值。因此人们不敢告诉我，表示一百盎司白银的纸币仅仅值一盎司。但大家将用表示一万盎司白银的纸币购买一个东西，而这个东西曾经一百盎司白银出售给我。这就是所有强制纸币不可避免的命运。因为，如果它们是足值的，不用强迫，大家都会接受；如果不足值，所使用的强制措施只是增加更多的不信任。

像所有其他有用的东西一样，货币有其自身的价值，是财富，占有货币者可以支配它，有权根据自己的意愿消费货币，保存货币，给出货币，出借货币，出租货币，出售货币，正如我们在第十三章中所说。出售货币就是用于购买其他的东西；出租货币就是暂时让渡它的使用权，从中获得我们称之为利息的回报。没有理由迫使货币占有者出租货币，从中获得低于所能得到的回报；也没有理由迫使他出让货币以购买要价更高的其他商品；也没有理由迫使其他商品占有者出让该商品却得到较少的货币。每当政府损害物主的权利时，就会打乱整个社会关系。政府应当使用特别严格的措施，但人们还是会通过诡诈和食言等方式使得有利于骗子的所有事物得逞，使得正直的人处于危险状态。应当像某些神学家一样不关注或者抛弃其理由，以便看不到这些。[1]

至于“兑换”，主要存在于不同国家的货币之间的换算中。对于个人，重要的仅仅是知道他所要求的货币是否准确地包括和给出的一样多的纯白银，以及向给他提供服务的人支付佣金；对于货币兑换商或者银行家，重要的仅仅是扰乱或者遮掩这个公式，以便建立有利于他这一方利益的某种不平等，以便增加他众所周知的报酬。还有一个情况，在某时，一个城市里很多居民有债务要支付给另一个城市里的居民，这些居民带着大批白银去给银行，以便要求银行给予他们在另一个城市可以支付的汇票或者纸币。如果银行家们手上没有足够的资金，这会使得他们很为难。可能他们要被迫用车运送一些，这又会增加风险和费用。由此会出现的是，对于你们给他们的一百盎司白银，你们会满足于他们给予你们的负有百分之九十八或百分之九十七的兑换义务的汇票。因此你们会

[1] 我想说，所有圣师，无论来自那个宗教团体，迫使我把我的钱以他给我出价的一半出借给他的佃户，他也不得不把土地以出价的一半出租给同一佃户，因为这样才有平价。他的土地像我的货币一样是资金。他可以用这块地购买我的货币，就像我可以用我的货币购买这块地一样。而对佃户来说，以一半的价格租用的是土地还是货币，并不重要。

损失百分之二或百分之三。反过来，在那另一个城市也会有类似的情况。如果人们把九十七盎司白银或者九十八盎司白银运了过来，他们在这个城市的银行家那里可以得到一百盎司白银的支付，不会有任何损失。协议总是能够达成的，以便使得特定个人觉得损失能够接受，或者不使他们获得全部利润。同样的货币兑换商或者银行家还做了其他的交易，就是给尚未到期的所有良性的远期票据或者汇票支付货币，同时扣除一笔利息，这笔利息是大家在剩余的直到期满的期限内将获得的，这称为“贴现”。

这些货币兑换商或者银行家有时联合起来，形成大的团体，拥有大量资金，以便做这些生易中的一个或者另一个，或者两个同时都做。这可能是有用的，这样可以做很多的生意，他们可以满足于每一笔生意获得较少的利润。通过这种方式迫使他们的竞争对手降低他们的利润，以便维持竞争，因此也减少了交易和计算费用的总量，进而也减少了货币的利息。这是一件好事。这些大的团体，由于拥有很高的信用，也可能为大宗贸易发放见票即付的可支付票据。因为人们知道这些票据信用很好，愿意将之用于结算。在此期间，这些大的团体可以利用这些资金。这就仿佛是在这个国家内有更大数量的货币，这在某些方面可能是有好处的，尽管我认为它很脆弱。因为，在一个国家内的货币量无论是多还是少，流通都是同样会进行的。唯一的区别是，在一种情况下比在另一种情况下，同样数量的货币代表更多或者更少的商品。无论如何，这是所有银行的操作手段之所在。但为了产生我们刚刚看到的那种好效果，这些银行不应当被特别保护，也不应当被授予特权。这些银行总是能确立自己的地位，尤其是它们必须要处在总是能够立刻兑现其见票即付的票据的压力之下。因为，如果没有这些条件，它们便不会减少其服务的价格，而是很快会根据垄断的优势提高服务价格，接着它们会迅速地将见票即付票据即期减价出售，这是真正的破产，然后更坏的是，在这个社会中会立即确立起真正的强制纸币。但是，如果这些银行发展得好的话——这不是常能见到的——它们还是配得上人们赋予它的较高评价。生产、加工、运输，就是说利用知识开采原材料，利用机巧进行加工，再适当地进行交换，或者以其他方式，使得大家做最多的劳动，取得尽可能好的效益，这是国家财富的最大源泉。人们通过兑换、贴现、虚拟交易以及其他一些空手套白狼的手法获得小收益，但这些都是很小的财富，它们或许能让特定个人富裕，这也是为什么人们在夸赞它们的原因。但与大量生意相比，与国家的繁荣相比，这些都是相当小的事情。赋予它们很大的重要性是个重大错误。在我看来，这是有关货币的主要的、真实的全部内容。

孟德斯鸠在这一章还评论了公共债务。他注意到，公共债务不仅仅是有缺陷，因为它使得赋税成为必要，以便支付公共债务的利息，这些利息养活了大量游手好闲的人，而没有这些利息的话，他们原本将被迫去劳动，使得他们的资金能够变得更为有用；公共债务并且也没有任何优点，它减少了货币利息的流通总量，像我们的作者先前在第六章中提出的一样。

公共债务还会产生的负面影响是，因为借款的政府不能强制大家借款给它，它必须给出可以接受的利息，以使得出借者决定是否出借，相应地，这个利息至少要和有偿付能力的个人通常的出价相等。人们将钱借给政府，但原本这些钱是可以借给别人的。结果，对于借款方来说，竞争增加，接下来利息变高。很多的农业、制造业或者有效益的商业的投资者，本可借入不大贵的资金，但此时变得不可能。对于总体生产来说，这是一个大的障碍。

借入货币的利息，产生了土地税对农业所产生的影响。随着利息的不断增加，会有更多的土地不再值得费劲来开垦。

第 二 十 章

关于原书第二十三章——“法律和人口数量的关系”

如果人们吃惊地发现，有关政治的一章却从翻译开始，甚至从卢克莱修[1]的一段非常错误的翻译开始，那么更为令人吃惊的是，本章所述内容，对于有关增加或者减少国家公民数量的方法，父亲对于孩子和妻子的生活方面的权力，各种情况下政府的干预等，都没有异议，甚至伴随着赞美。我们不可能在同样的观念下跟随着这位作者亦步亦趋。因此，我们从某些总体性反思开始，然后努力地更加接近地观察人类在技艺方面的天性，尤其是在始终规范和塑造其概念和体制的社会技艺方面的天性。

所有生物都受到最难抗拒的习性的驱使而进行繁殖。达到一定年龄的男人和女人，如果身体很好且能够基本维持生活，在他们适宜于繁殖的共同生活期间，总是能够生两个、四个甚至六个以上的孩子。因此，当人们假设，根据自然过程，一半甚至三分之二的孩子在达到繁殖同类的状态之前夭折（这个假设肯定有所夸大），那么相应的男人和女人在结束繁殖生涯前，还应该会繁殖更多的孩子，以弥补这些夭折人口，那

[1] 卢克莱修（Lucrèce，前 99—55），罗马共和国末期的诗人和哲学家，以哲理长诗《物性论》著称于世。关于卢克莱修的生平，历史学家所知甚少。《物性论》分为 6 卷，用抑扬六步格写成，其内容主要是阐明伊壁鸠鲁的哲学，尤其是原子论学说。卢克莱修反对当时盛行的毕达哥拉斯学派关于灵魂不灭和轮回转世的学说。卢克莱修亦反对神创论，认为物质的存在是永恒的，整个世界包括神都是由原子组成的。——译者注

么人口应当总是增加。因此，如果我们看到野蛮人的人口是静止的和稀少的，文明国家的人口也几乎是静止的，尽管会更多一些，应当探究其原因。对于野蛮人，其原因或许是严重的饥荒、不可预料的意外事件、恶劣的天气、传染病，经常夺走一部分成年人的生命，改变活着的人类再生产的资源；贫困、缺少营养、不可能获得必要的治疗、缺少智慧和爱护，使得大部分出生的孩子夭折。对于文明国家，尽管有工业的发展，财富和资源的增加，这个情况允许增加相当多的人口，然而，当这些优势被特别不适当地分配时，这种人口的增加就停了下来。一小部分悠闲和特权阶层的人挥霍了大众的衣食。然而，他们因为过度行为、无精打采、智力劳动、情感而变得软弱无力，或者是计算方法的影响，或者是其属性在身体和精神上改变的影响，他们人数没有增加。在此期间，贫穷阶层的男人和女人每天的劳动成果都被剥夺大部分，由于过度疲劳而被削弱，由于贫困而无精打采，进而提前衰老。他们也没有足够多的孩子，且这些孩子身体虚弱。他们不知如何照顾这些孩子使之健康，也不能救治生病中的孩子，使得夭折数量巨大。就像这些不幸难以比拟地造就了社会中的绝大部分人，其困境对人的大量死亡也产生严重影响。我深信，这是在欧洲长期内几乎一半的孩子在几岁时就死亡的唯一令人信服的原因。无论如何，可以肯定的是，在野蛮地方，存在一些人，其智力的发展能够使他们抵御所有死亡的可能，但这不常出现。相反，文明社会有更强有力的方法，在相似的土地范围内能养活更多的人，但是本可养活得还要更多。在这里，统治者、要人、富人、贵妇人，总之，那些属于悠闲阶层的人，会消耗大量的维持生活的产品，剩下的才是留给那些生产远大于其消费的劳动阶层和穷苦阶层的，人口的数量正是与这剩下的部分相等或是成比例的。因此，当政府变得比较温和和不大贪婪时，当政府改革某些滥权现象时，当政府阻止某些压迫，并最终使得土地或者收入从悠闲者转移到劳动者的手中时，人们很快就会发现人口几乎一下子增加了。这是如此真实，以至于在拥有文明诸多优点而没有缺陷的美国，那里的人经验丰富，相应地，所进行的劳动也特别具有生产性。人们充分地享受其劳动成果，不用支付什一税，也不用支付领主税，甚至不用支付地租，因为通常谁耕作的土地归谁，不用缴纳特别沉重的赋税，不用履行来自懒惰和无知的更沉重的义务，以及不受贫困和气馁的影响，在这二十年内其人口增加了一倍。无论人们怎样说，在这个增长中，“移民”只占很小的份额。相反，人们甚至可以观察到，无论是什么原因，这里的老人数量不大，引人注目的年长者数目不大；这使得这里人口的平均寿命比欧洲的短，如果在老欧洲这边大量夭折的孩子没有显著减少这个平均寿命的话。无疑，当我们不再有新的土地可占据时，人们会感到相互挨得有点紧，人口的发展将会放慢；但只要每个人自由地、富有智慧地劳动，且劳动的成果唯独归自己所有，那么几乎不会有哪对夫妇不会生更多的孩子，以便弥补夭折的孩子。依照一般的理论，人们可以说，人类的自然繁殖力是特别大的，甚至伴随着个人的良好状态而增加。在一个国家中，总是依照一定比例存在这样的人，他们知道如何并且能够获得生活所需的财富。然而，为了这个公理名副其实，应该意识到，财富不仅仅是生活的手段，还是知识的手段，还是各种资源的手段，是各种能够帮助我们远离灾祸以自我保护的自救能力的手段。此处所论系人口的可能性。我认为，这种思考方式已经使人足够清晰地看到，增加人口的方式是什么。富裕、自由、平等和知识是其基本方式。奥古斯都和路易十四所有关于婚姻的命令是可耻的且可笑的权宜之计。

现在我们从另一角度思考这个问题。在一个国家里，增加人口是如此合乎愿望，就像养兔场里的兔子一样吗？没有一个政界人物想到过这会成为一个问题，没有一个君主回应这个问题时会犹豫。对于我们这些已见识过人性之善的人来说，清楚的是，关键的不是人数多少，而是使得人们获得幸福。在谈论贸易时，我们已经看到，当二十个没有技术、没有工具的人进行劳动时，他们获得的享受相当于二十人，每个人获得一个人的享受；当在劳动中加入更多的智慧时，他们生产更多，能够获得直到一百倍的可享受的财富，如果人口没有变化的话，那么每个人享受的相当于一百人。但是，如果在此期间，人口数量是原来的十倍，那么每个享受的相当于十个人。这个容易计算。然而，真实的是，因为人数是原来的十倍，他们进行的劳动也是原来的十倍，因此人数的增加并没有减少他们的富裕，或者牺牲的仅仅是他们要在孩子的教育上的投入，因为孩子数量增加了，这也未必是坏事。除非当人口数量过多，以至于感到相互拥挤，并相互阻碍应用他们原本可以应用的能力。无论怎样，可以肯定的是，人口增加是他们富裕的结果，但富裕才正是社会的真正目标，人口增加通常仅仅是不大合乎愿望的附属品。当人们追求那主要目标时，我们前面提到的那些方法是唯一能够有效地推动被期待的人口增加的。违背自然者，剥夺自然自由者，伤害所有人心中的感情者，全部或部分地剥夺人性当中的自然属性者，所有依赖政府的暴力来行人所不愿之事者，都无法达到前述目标。因为人根本不是毫无感情的机器，而是富有情感的；情感尤其是那些出自最心底的情感，是他们生命的最大推动力量。从另一个方面看，我刚才说过人口不应增加超过一个界限，绝不能就此得出结论认为可以赋予某人权力以削减多余的人口，因为所有生命一旦出生就有资格享受和生活，他不是任何人的财产，不是他父亲的财产，不是国家的财产，他就是他自己。由于自身的存在，他有权自我维持。剥夺他的存在就是犯罪，很多立法者都规定了这种罪行，而他们国家的神学家们也从未反对过这种规定。

但不允许一个只能痛苦地生活且使得其亲友不幸的生命出生，这样一种需要认真考虑的法案，就受到很多立法条款和宗教准则的谴责和反对。这是大家经常看到的情况。它自然而然地把我们引到了接下来两章的主题。

第二十一章

关于原书第二十四章和第二十五章——“法律和各国宗教及其仪规的关系、法律和各国宗教及其对外政策的关系”

宗教在其与社会技艺的关系方面，不是一个特别难以讨论的问题。在这个方面，法的精神不应当伤害也应当不限制任何公民的宗教信仰，不应采用任何宗教，也不应阻碍对民事事务有较少影响的任何宗教。无疑会存在一些有害的宗教，它通过其所采用的惯例，所认可的有害箴言，通过教士的独身，通过迷惑引诱和腐化堕落的方式，或者仅仅通过这些宗教施加影响的方式，通过对外国君主的依附，尤其是通过激起对各种知识或多或少的强烈反感，而表现出其有害性。但任何宗教，无论是哪一种，都根本不是属于某个社会团体的总称。宗教是每个个人和造物主的直接的、非同寻常的关系。宗教根本不属于那种应当且能够与合伙人或同胞共同进行的一些事物。人们因为不是主宰，所以不能像或不像另一个人一样思考。人们甚至不确定能不能改变想法。宗教本质上存在于称为“教义”的纯思辨性的观念之中。除了“真理”外，所有的宗教内容都是或多或少地来自轻率的哲学体系，或多或少地与审慎的逻辑相冲突。所有宗教都将某些行为准则和这些教理融合起来。如果其中某些行为准则和健康的社会道德相冲突（这出现在所有的宗教中，除“真理”外，因为所有宗教是在无知时代形成的，而道德仅在文明时代才会被提炼，甚至连道德也还不能完全做到这样），那么这些行为准则是恶的。如果一个谬误宗教所接受的行为准则都是无可指责的，仍然有过错，因为这个宗教立足于偶然性观点，而不是基于健康的理性和不可动摇的理由。这种讨论并不是无源而发，正如奥马尔[1]引用《古兰经》所说的“如果所有的书籍仅仅讲授和《古兰经》

[1] 奥马尔（Omar，591—644，又译欧麦尔）是伊斯兰教历史上的第二任哈里发。622年迁居麦地那，成为穆罕默德两大主要顾问之一；634年被指定为哈里发继承人；637年阿拉伯军队得以和平进入耶路撒冷并签订条约；占领耶路撒冷后，奥马尔为其他信仰的成员居住于城中树立起极度的尊敬；作为一个征服者，奥马尔主导多项改革并全面检视国家政策；638年主持扩展和修复麦加的大清真寺和麦地那的先知清真寺；639年制定伊斯兰历法；644年被一名信仰基督教的波斯奴隶刺杀。——译者注

一样的事物，这些书籍是无用的；如果它们讲授相反的内容，它们是有害的”。因此政府从来不应该使人讲授任何宗教体系，但应当讲授为所处时代最开明的精神所认可的最好的道德理论。何况，在这里，这些宗教观点具有个人性，给予宣布这些观点者无限的权力，会使得人们相信这些人就是神的意志的受托人和代言人。他们对来世的许诺是很多的。任何世俗的力量不能与之抗衡。由此可知，这些神甫对于世俗政府来说是危险的；或者说，这些神甫为了能维持下去，有着各种滥用，使得人们牺牲所有权利成为一种义务；或者说，只要这些宗教有很大的影响力，自由是不可能的，甚至温和专制也是不可能的。希望进行压迫的政府会依附于神甫，然后给予其更多权力以便为其服务。希望幸福和自由的政府，致力于通过知识的进步来破除宗教的影响力。法的精神就恰恰归结于此。我认为，研究宗教的创立者应当如何做，以便使人接受并能够传播宗教，是无用的。我敢于相信，同样的事情至少在文明国家不会再次发生。

第二十二章

关于原书第二十六章——“法律和事物秩序的关系”

在一个高深莫测的题目下，这整个一章归结为一点，不应当依照一些受到完全不同的理由、完全不同的性质所决定的动机，来决定一个问题。很明显，没有人会试图否认这一点。因此，我也不会停留于此，有关我们用作例证的很多问题该如何决定，都已提前讨论，至少在我看来，通过我事先确立的原则，相关问题都已用不同方式处理过。如果我重新讨论这些，我只能重复我自己的观点。当人们给出一些基础时，不必要逐个检验每种特定的情况。因此在这里没有任何新的知识要总结，我毫不迟疑地走出这里。

第二十三章

关于原书第二十七章和第二十八章——“罗马继承法的起源和变革、法国民法的起源和变革”

在这本评论中，我的目的根本不是为孟德斯鸠的渊博学识辩护，也不是加入指责孟德斯鸠的行列，这些人指责孟德斯鸠错误地理解了古代法的精神，试图以此来突破含混。我只是建议确立社会技艺的某些原则。由于这两章是纯历史性的，不管是对权力的形成和分配的理论，还是对财富的形成和分配的理论，大家都不能提炼出任何教义，因此，我不发表任何看法。

第二十四章
关于原书第二十九章——“制定法律的方式”

这个题目有点模糊，要理解这个题目以及其他我们已经研究的题目，还需要一点说明。作者在这一章中试图证明，法律应当是清楚的、精确的，应当严肃地和简洁地进行表述，法律根本不应当采取论文的风格和表达方式，尤其不应当立足于一些狂热的理由。法律经常有一些不同于立法者的目的的间接影响，法律之间应该是和谐的，法律应当经常进行修改，相互支撑。要很好地评价法律的影响，应当在法律整体内比较并判断法律，而不应当个别地单独地进行。立法者根本不应失去对其所规定对象的性质的观察，而依据一些奇怪的理由做决定。在这个方面，这一章属于已经讨论过的第二十六章中的主题，像在其他方面一样，这与第十二章和第六章的几点观点比较接近。作者还指出，要很好地理解法律，应当考虑法律所能够得以出台的条件，这在其他地方已经被谈论并证实过。他还希望，法律始终以概括的方式作出规定。最后，他希望立法者排除成见。没有人试图反驳其中的任何一点。大家可能不满足于不同的例证，以及为证明如此清楚的事物所使用的某些理由。其中不少完全是可以批评的。由于通过这些论述并未产生新的重要知识，我对此自我克制不发表看法。

上一个时期最伟大的哲学家孔多塞曾经做过一份对于《论法的精神》的评论，我现在也插手其中。孔多塞的评论从未发表，可能其原本也不是为了发表的目的。如果我敢于在此给出孔多塞的评论，人们会看到，孔多塞以什么样的一种辩证力量反驳孟德斯鸠，又是以何种观点上的优势补足了孟德斯鸠的作品。人们尤其会从中看到，也许我离如此高深的能力的距离还很远，但我的严肃性并不差。

第二十五章
关于原书第三十章和第三十一章——“法兰克人的封建法律理论和建立君主政体的关系、法兰克人的封建法律理论和君主政体革命的关系”

使我如此迅速地掠过第二十七章和第二十八章的理由，同样适用于这两章。我很敬佩这些研究。它们或许是有用的，但与我的主题距离太远。因此，我不会过多研究它们。我不去深究争论的深层原因，仅仅观察就能发现，所有明智的人看到孟德斯鸠（原书第二十五章第三十节）的如下主张都会感到痛苦。他认为，杜波神父[1]的主张对法兰西第一流家族和统治过法国的三大王室“是一种侮辱”，因为依照杜波神父的假设，那么在历史上有过一段时间那些名门望族“不过是普通家庭”。他令人吃惊地、如此夸张地、持续不断地谈论这个著名的贵族世系，他总是好像不断地被尘土、血水和汗水所覆盖，最后只能是滑稽可笑的，或者更准确地说是对这些故作庄重的无稽之谈太自命不凡罢了。还有一些其他甚至是相互矛盾的傻话，例如，他说道，“在贡特拉姆[2]时代，法国军队对于其国家不再是有害的”，“多么奇特的事物！自从克洛维的孙子起，它（君主制）就处于没落之中”。这是一个好的时刻。在我看来，他天真地认为君主制是一个死胎，至少是体质很差。但我把所有这些交给读者们来反思。因此，我的工作就结束了。

这或许是我尝试着对刚刚谈论的这部著作进行整体判断的恰当场合。然而，我进行自我克制。我满足于指出《论法的精神》出版时受到一些人的攻击，这些人中大部分都是特别卑劣的，没什么大的影响力。这部著作，尽管有很多错误被指出、被承认，但显然被真正富有智慧的且有人性的朋友们捍卫着，甚至被那些有公正的个人的理由抱怨作者的人捍卫着，排在前面的应是伏尔泰。在此情况下，伏尔泰像所有其他人一样，很好地展现了他的高贵慷慨的气质，超越了虚荣和小气。大家通过这段著名的话，最全面地甚至最夸张地赞美《论法的精神》，“人类已经丢失了它的称号。孟德斯鸠重新找到它并将之还给人类”。

评论结束

[1] 参见《论法的精神》第三十章第二十三节到第二十五节。杜波神父写作了一本书题为《法兰西君主国在高卢的建立》，里面否认法兰克人是作为征服者进入高卢的，主张法兰克人的公民在君主国初期曾经只有一个等级。孟德斯鸠极力反对这些观点。——译者注

[2] 原文是 Gontan，经查阅《法兰克人史》（［法兰克］杜尔教会主教格雷戈里著，［英］O.M. 道尔顿英译，寿纪瑜、戚国淦译，商务印书馆 1983 年版），原文可能有误，可能应为 Guntram。贡特拉姆（Guntram），法国勃艮第王，561—592 年在位。——译者注

· 加强实业的政治力量和增加法国财富的制宪措施

· 论当今法兰西政府与反对派之手段

· 论宪政和其他人类制度的生成原则

下编 复辟时期

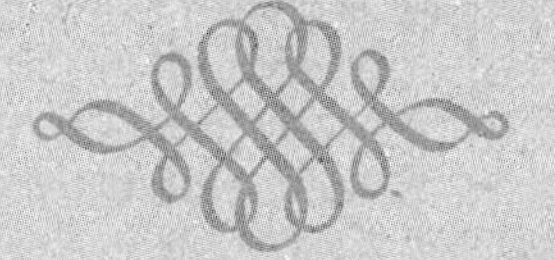

加强实业的政治力量和增加法国财富的制宪措施 *[1]

圣西门　著

徐基恩　译

第一章　综述文明的现状

第一节　文明的现状

气质、教育和环境支配着人们一生的行为，以致我们很少能按照获得的知识来行动。急躁的性格、童年养成的习惯势力和周围的事物，是最经常影响我们的东西，它们不顾理智和经验的警告也不管我们愿意与否，总是在统治我们。每个人的历史和各民族的历史，简单说来就是这样。

法国和受它感染的欧洲其余部分，在既有的一切思想可以说应该使战争成为不可能的时代，在全体的利益与共同的理智互相协调似乎是应该使博爱成为欧洲的普遍学说和国家生活的准则的时代，竟表现出最疯狂的好战性格。然而这是我们人类在蒙昧时代养成的古代野蛮风气。希腊人和罗马人，本是我们文学方面的老师，不知道为什么也成了我们政治方面的老师；而知识和习俗之间、思想和行为之间的这种奇怪的矛盾，在很大的程度上也是由此而来的。

今天，我们恢复了比较健全的思想，又回到比较合理的道路，但是还应当小心谨慎，

---

*　本译文摘录自［法］圣西门：《圣西门选集》，第一卷，北京，商务印书馆，1962 年。

[1]　圣西门的这篇著作写于 1818 年 5 月或 6 月，载于他的文集《实业》第二卷。奥·罗德里格在 1832 年以《论财产和法制》为标题刊印过此文。我们翻译所依据的原文，载 1966 年法文版《圣西门全集》第二卷。——译者注

避免再犯以前那样的错误；如果再犯，可能产生比以前还悲惨的后果。[1] 一个民族自误，或者更正确点说，它在制宪工作中自欺，那是决不会不受惩罚的。

只要我们还陷在革命的迷宫里，或仍然受着专制的束缚，以致人人困惑和百家沉默的局面，仍然使我们什么也看不见和一点也不能稳健而大胆地行动；一句话，只要我们自己的文明还不能开花结果，那就当然地要把英国宪法作为我们羡慕和钦佩的对象。但是在目前，当革命已经销声和专制已经匿迹的时候，我们应该怎么办呢？如果我们仍然轻信地醉心于英国宪法，对它不假思索地一味崇拜，不敢越雷池一步，那我们就会给自己设置障碍。

一百多年以来，英国人为自己的自由奠定了基础，而我们的文明也在悄悄地发展，所以不能不认为：现在照抄他们，只会使我们倒退到一个世纪以前，不能很好地利用我们自己的条件，而使我们变为奴隶，因为人类的理性不会停滞不前。时间越长，积累的知识必然越多，而知识越多，则需要也就越多，从而权利也就越多。因此，我们急于把权利建立在过分狭隘的基础上时，恐怕要由此丧失一部分权利。我们所以要学习英国，是因为它走在了我们的前面。但是我们能做得比它更好，因为我们的历史比它悠久，而且我们有它的经验可资借鉴。

革命的动荡，我们长时期以来所处的困境，以及人们想要最后摆脱动荡和困境的愿望，使我们有理由庆贺宪章是幸福日子的曙光。但是，当我们像旅客到达埠头，再也不害怕海上的惊涛骇浪而拍手庆贺胜利的时候；当我们兴高采烈地欢呼革命已经永远结束的时候，我们表现出来的与其说是我们的合理信念，还不如说是我们的愿望；与其说是我们的认识，还不如说是我们的意图。难道在这种自信当中果真没有任何轻率的地方吗？难道我们已经充分考虑过这个问题吗？难道我们已经确信宪章所解决的问题是唯一需要解决的和至关重要的问题吗？看来，这些就是向一切有智慧的人提出的而他们也满有信心加以解决的问题，但关于这一点还没有人想过。

我们过于重视政府的形式，好像整个政治都集中于此，只要实行三权分立，就会万事大吉。

在欧洲，有两个国家的人民生活在个人的专制权力之下，这就是丹麦人和土耳其人。如果两者之间有什么差别需要指出的话，那就是丹麦的专制比土耳其的更强大，因为在丹麦专制是由法律规定的，即以宪法为依据的。然而，在同样的政府形式下，

[1] 这种错误的后患，当然不会太激烈，但必然要为期较长。

被统治者的处境却有很大差异！再没有比土耳其人民更不幸、更受侮辱、更受虐待的了。简而言之，再没有比他们所受的统治更不公正和所付的代价更高昂的了。同时，没有一个国家能像丹麦那样实际上允许有更广泛的自由；没有一个国家，连英国也不例外，能像丹麦那样使人民更少受到专制的痛苦和更少负担行政管理费用。这种差异由何而来呢？当然，不是来自政府的形式，因为土耳其和丹麦的政府形式是一样的。因此，暴政一定另有原因。这个原因就是：抛开其他一切差异不谈，丹麦国王是欧洲最穷的君主，而土耳其大君则是最富的君主，因为他在土耳其主宰一切，他是财富的唯一所有者。

这个例子证明，规定权利和政府形式的法律，并不像规定所有制及其实施的法律那样重要，也不起后者对人民福利所起的那样的影响。[1] 但是，不要以为我们可以由此得出结论，认为规定三权分立的法律不是本质性的。我们决不宣传这种异端邪说。当然，议会政府的形式比其他一切政府形式都好得多，但这仅仅是一种形式，而所有制的制宪工作才是基本。因此，这项制宪工作才是社会大厦的基石。

因此我们认为，应当解决的最重要的问题，是应当如何规定所有制，使它既兼顾自由和财富，又造福于整个社会。

然而，我们下面研究的问题，也与这个总问题有联系。

当消费者在讨论他们的消费份额的会议上占居多数时，他们就可以愿意把份额定得多高就定得多高。这就是说，他们可以不管你们的议会形式，而随意支配你们。反之，实业家们，即关心自由和国家经济的人，一旦全面控制税收表决权的时候，就将只纳他们同意纳的税款，从而在广泛行使他们的权利方面获得真正的自由。为了达到这一点还需要做些什么呢？需要很好地了解所有权的性质，并把这项权利建立在最有利于财富和实业自由的增长的基础之上。这就是我们要以本文所阐述的立法手续来实现的主张。现在，我们把这种手续提交舆论审查，亦即提交实业界的舆论审查。

被人们认为可以解决社会自由问题的《人权宣言》，实际上只是公布了宣言而已。这个问题已经解决了吗？它将来能够解决吗？不管怎样，人们可以确信，这项问题的解决，不能通过组织、建立或结合三权的方法来实现。

[1] 我们不想说，在革命时期完全没有注意所有权的问题。当然，在宣布僧侣阶级的财产收归国有的时候，曾经讨论过这项权利，因为收归国有的决议，是讨论僧侣阶级的所有权的结果。但是，在研究如何建立最有利于国家的所有制的时候，并没有对所有权进行全面的讨论。我们恳切地请求读者不要忽略：我们一贯认为混乱是最大的灾祸；不管采取什么对策，不管对策收到什么良好效果，维持秩序都要求采取的对策不得使法律具有回溯效力，因为在这种情况下，总是弊多利少。

第二节　从对投资人的关系来看农业家和工商业家在权利上的差异

向一个商号或工厂投资的人，被称为股东，这一称呼指出了他们对经营者[1]所起的作用。

在任何一家工商企业里，经营者均以自己的名字为企业命名。换句话说，如果经营者愿意的话，他就可以用自己的名字作为企业的名称。一句话，经营者在法律面前是重要的人物，或者更确切地说，是法律使经营者成了重要的人物。

在农业方面，经营者只是从属性人员，一名佃农而已，他们称土地所有者为自己的东家。

在工商业方面，经营者有权以他认为最有利于其所主持的企业的方式，运用他负责为之增殖的资本。

在农业方面，经营者不过是一个丝毫也不能支配其使用资本的承租人；他必须使自己关于改进经营的任何想法以及任何农业规划，都服从于土地所有者的想法和规划。

在农业方面，投资人的损失最多是一年的利息。而在另两个实业部门，资本家投入的全部资金随时都在周转获利。[2]

土地所有者自己种地吗？虽然都是实业家，但土地所有者作为地主要比他们作为耕种者受到更大的尊重。

商人是他为之增殖的资本的所有者吗？在商业方面，他作为商人要比作为资本家获得更大的尊重。

第三节　从对投资人的关系来看两类实业家在权利上的差异的原因

经营工业和商业的实业家的权利，是由双方自由议定的合同确定下来的，这项合同被人们称为“合伙契约”。

不动产所有者是农业的主要投资人，他们的权利来自征服，也就是说，这是一种强权。

法兰克人征服了高卢人，他们宣布高卢人的土地及其一切劳动产品都归他们所有。可见，所有权的建立、范围和行使方式，在法国一开始就是由征服者规定的。现存的各种财产名称的最古老起源，至少是这样规定下来的。

那时确立的所有权，以后发生了很大的变化，然而法律的精神没有变化。尽管法

[1] 经营者的原文为 travailleur，这个法文词是工人或劳动者的意思。圣西门把直接和间接参加生产的人均称为 travailleur。——译者注

[2] 正是由于这个原因，工商业比农业的发展要快得无可比拟。

律有过很多的变化，但都变得更有利于战胜者的代表，即更有利于战胜者的后裔或取得后裔资格的人，而更不利于战败者的后裔。战败者的后裔必然是战败者的唯一代表，因为他们没有任何权力把这个资格转让出去。这样一来，与战胜者有关系的人便成了土地所有者，而战败者的继承人则成了耕种者。

第四节　消除这种不公正的和有害的差异的措施

什么措施能使实业界大大增加政治权利呢？

这种措施就是：要使农业家获得其投资人所获得的那种好处，如同从事工商业的实业家获得其为之增殖的资本的持有人所获得的好处那样。

法律要准许农业家有权抵押他们租来的土地，同时应当使土地所有权的转让费用尽量低廉和手续尽量简便。

现行的法律力图使目前的土地占有者及其后裔所掌握的土地固定不变，这是阻止法国实业繁荣的最大障碍，它使富有才能的人失去了竞争的动力，而竞争可以刺激他们努力工作。

关于这个问题，我们还要在以后的一章中加以论述。

毫无疑问，确立所有权和使它受到尊重的法令，是可以向政治社会提供的唯一基础。如果没有法律，连习惯都不承认所有权。在这种情况下，就连最不完善的政治社会也将无法存在。

可见，非常明显，在任何一个国家里，规定财产的法律和使财产受到尊重的法令都是根本法，但不能因为它们是根本法就认为它们是不能改变的。要有规定所有权的法律，而不必有用这种或那种方式规定这项法律的法律。这是因为社会的存在取决于所有权的保存，而不取决于最初制定这项权利的法律的保存。这种法律本身依附于一个更高的和更普遍的法律，即自然法则。凭借这一法则，人类理性取得了不断的进步，一切政治社会得到了改变和改进其制度的权利。这个最高法则将防止我们的子孙后代受到任何性质的法令的束缚。

这样就产生了下列问题。

什么东西可以作为财产？

个人通过什么方法可以取得这种财产？

人们取得财产以后，用什么方式来行使利用财产的权利？

这是古今各国的立法者在他们认为适宜的时候有权讨论的一些问题，因为个人的所有权只能以公益为基础，而公益要普遍有利于这一权利的行使，并可以随着时代不同而变化。

因此，如果认为把农业经营者和他们的投资人置于像工商业者和他们的投资人那样地位的法律是有益的，即如果认为准许前者可以像后者那样处理交给他们使用的资本的法律是有益的，那就可以而且应当制定这种法律。

选举法是知识进步的结果。我们上面谈到的和拟议提出的法律，也和选举法一样，是必不可缺少的。正如我们下面将证明的那样，社会只有依靠比“宪章”[1]本身重要得多的法令，才能摆脱它目前所处的困境。

第五节　促使立法者颁布这项法律的措施

人们把舆论称为“世界的女王”，这是完全正确的。它是当代最巨大的道德力量，只要它明确表态，人间的其他一切力量都得让步。因此，如果能够促使舆论命令立法者颁布我们刚才所说的法律，那就可以完全肯定这种法律必将被颁布出来。

可见，问题只在于把舆论引导到这一方向去。

但毫无疑问，实业界在这一方面是有很多办法的。在社会的各阶级当中，实业家之间的联系最为活跃和经常，他们通过书信或面谈进行接触。此外，这个阶级还有一个有利条件，即它能按各个企业对实业界的贡献大小和由此相互发生的不同影响，以一定的方式组织起来。最后，这个阶级正处于这样一种容易被人理解的地位：如果有一打巴黎的大企业感到我们所提出的措施对它们有用，它们的这种见解就会在很短期间内成为整个商人阶级的共同见解。事实上，首都的一家最大银行，正通过若干中间环节同行商和农村小贩发生着联系。可见，只要这个见解成了整个商人阶级的共同见解，则肯定不会遭到耕种者的反对，因为这种见解对他们的好处最为直接和明显。

对这种得到组成实业阶级的两千万人支持的措施，法国有什么精神力量或物质力量能够阻碍人们去采纳它呢？

第二章　这项法律对于实业的政治意义

毫无疑问，规定国家预算的法律，是一切法律中最重要的法律，因为金钱在政治

[1] 我们这里所说的“宪章”，跟以前所说的一样，均指法国从大革命以来颁布的一切宪法和英国颁布的宪法。一般说来，这些宪法只规定了政府的形式，而没有规定所有制。

机体中的作用，就像血液在人体中的作用一样。身体的任何部分，一旦血液停止循环，就会衰弱和很快死亡；同样地，任何一个行政管理机关，一旦无人交纳税款，很快就不复存在。由此可见，财政法是最普遍的法律，其他一切法律都由此产生或应当由此产生。如果不曾如此，那是因为账目不够精确，或者是因为各种开支的条款规定得不够周密。

在法国或英国是由谁来制定财政法呢？是议会吗？

不是的！这项主要职能只由三权之一的机关在排除其他两权的条件下行使，即由下议院行使。

由此可见，只有下议院真正拥有全部政治权力。如果说法国和英国的下议院至今从未行使过这项重大的权力，这仅仅是因为在法国和英国的下议院中，迄今至少仍是效忠于政府的人士占极大多数，他们遵从来自政府的指示，按照政府的意图表决预算。因此，舆论认为下议院的这项权力大大低于政府的权力，但又大大高于议会的其他两项权力。

如果我们刚才所谈的没有人表示反对，则显然可知我们提出的办法，能使实业界得到一个完全由他们中间选出的代表组成下议院的手段，极大地提高实业界在下议院的政治作用，使它们得到最高政治权力，然后再用最适当的方式行使这项权力。应该确信无疑，实业界不会把这项权力交给宫廷行使，而目前的议员们是要这样做的，因为他们大多数是伯爵、侯爵或官员。

问题只在于审查一下这一办法是否合适和能否达到我们指定的目的。十分清楚，如果这个办法能使实业界在选举中得到大多数选票，它就会达到这个目的。

什么是有权选举议员的必要条件呢？

这个条件就是交纳一定金额的直接税。可见，如果全部的直接税或者至少它的绝大部分都由实业家缴纳的话，那么，他们在选举中必将获得绝大多数的选票。

而在工商业方面，正是经营者从这部分国民收入预缴税款。我们提出的办法，就是使农业家与商业家享有同等地位，就是由此使他们经营的企业以他们自己的名义经营，并且由此使所有的农业直接税由他们缴纳，而不像现在这样由土地所有者缴纳。

这项办法的结果将是由实业界缴付绝大部分的直接税，因为既非土地税又非工商税的税收，只占直接税的很小一部分。

实业界由于这项办法在选举中获得多数以后，很快就会在下议院占居多数；而下议院正如我们以上所说的，拥有很大的政治力量，所以实业界不久就可以左右一切，使国家建立起实业界所希望的社会组织。这种组织将必然对实业界最为有利，换句话说，就是对实业体系最为有利。因此，随着实施我们提出的措施，实业体系就会自然而然建立起来，而寄生分子最终必将被置于经营者之下。

那时，我们就可以实现我们的一切愿望，达到我们孜孜以求的目的；而我们的“一切通过实业，一切为了实业”这个题词，将是给人们带来幸福的革命的预言，同时也是它的信号。

第三章　实 际 措 施

第一节　总论

在我们发现的观点向法国人提出以前，宪章就已经草拟、制定和通过并且付诸实施了，所以我们认为应当采取我们将要分别研究的三项完全不同的立法措施，以便及时而且尽快地建立起最有利于生产的事物秩序。而后，议会则应当拟出一套办法，以便修改宪章，并以有利于生产者的所有制的法律作为宪章的基础。

我们用以下三点考察，来证明上述的建议是可取的。

（一）国王已经宣布宪法是可以修改的，在他驾返法国的时候，就曾建议对宪章做一些修改；可见，他对这一问题的表态，显然是出自他的建议。

（二）在英国，很早就建立了议会制度，所以它比在法国更为人们所遵守；英国人承认，议会的权力当它的三个组成部分协调一致时是完全无限的，议会既有制宪权又有立法权。

（三）尽管已经发现改进法国宪法的措施，但宪章在规定各种制度时却未能利用这种发现，头脑清楚的人一想到这里就感到气愤。

再说，我们提出的办法只是立法性的，即我们的积极建议只限于这一方面。一想到我们即将提出的三项法案要成为伟大宪法的三个独立条款的时刻即将来临，我们便感到十分满意。这个宪法在规定所有制的时候，将使整个社会普遍受益，而不像目前的政治制度那样，仍只有利于社会成员中的一个阶级。

第二节　第一项法案

制定一项责成土地耕种者缴纳他应负担的那一部分土地税的法律。这项法律所根据的原则是：凡以自己的劳动使财产生益的人，都应当履行财产占有者对公益应尽的义务，并享有因占有财产和对其产品直接纳税而来的政治权利。

不难向所有公正不偏的人证明，只是这一项法律就可以恢复财政秩序，三言两语就足以把这项证明说得一清二楚。

人人都会看到：我们可以大大削减国家开支而不致有损于公共服务，而如果厉行切实可行的节约，财政秩序的恢复将是指日可待的。

我们不禁要问："为什么还没有实行本来可以做到的节约呢？"

这是因为下议院的绝大多数议员的收入来自他们的薪俸和奖赏，而且这种收入比他们的财产收入多得可观，所以他们希望保持赋税，甚至提高赋税，而不是减轻赋税。

我们曾尽可能精确地扼要对比本届议员的财产收入和他们每年所任职务的薪俸收入，发现后者约比前者多一倍；如果再把这些议员子女的收入也计算进去，则这些议员及其家属由国库得到的进款几乎比他们的财产收入总额多两倍。因此，他们对于防止国库收入减少的关心要比对减少税收的关心大得无法比拟，因为减少税收以后，他们的主要收入来源就枯竭了。

其次，我们要问，怎样组成下议院才能一方面使它关心维持秩序；另一方面使议员的个人利益促使他们去尽量减轻赋税呢？

我们对于这第二个问题的回答是：我们认为我们提出的法案能够非常迅速地达到这一目的，而且可以完成得尽善尽美。

因为实业家是社会中最关心维持秩序的阶级。无论是外族入侵，还是爆发战争，沦为战场的国家的佃户都要完全破产：他们的粮仓将被抢掠一空，他们的牲畜将被杀光；而土地所有者只不过在数年内得不到收入而已。在城市里，商店将遭洗劫，商人的财产将被抢光；而房产的所有者，虽会损失一些房租，但比遭到火灾的损失要少得多，即使遭到失火这种最大的不幸，屋基至少还能保留下来。人民起义和内部动乱，也会带来同样的后果。

再者，实业家是社会中唯一从各方面关心减轻赋税的阶级，它不能从增加赋税当中得到任何好处，因为实业家的业务使他们无暇去就任收入优厚的官职，国库的支出从来不会直接给他们带来好处。

因此，我们认为有足够的根据，确信采纳我们在本节开端提出的法案，必将迅速地恢复我国的财政秩序。

第三节　第二项法案

第二项法案的目的，在于创设使土地所有者能够把土地交给别人耕种的条件。

目前在英国，土地所有者同耕种经营者之间广泛签订自愿契约。现在我们来说明这种契约的几项特殊条款。

作为这种契约的客体的土地，在交付耕种者使用时，由缔约双方各自估价；而在租约期满时也要估价：如果资本增值，耕种者和土地所有者共同分享收益；如果资本亏损，耕种者则担负一半损失。

显而易见，这种契约一方面有利于土地所有者，因为它可使他们的财产增殖；另一方面也对国家有利，因为它可使全国的收入增加，从而增多国家的财富。

我们提出的法案的第一款，其目的在于规定：土地所有者和佃户之间，今后缔结任何租约，只有列入上述的条款，才对缔约双方有约束力。

这项法案的第二款，应使耕种者有权要求土地所有者以土地作抵押来借款，以便对土壤进行可能的改良，并委托耕种者使用借到的资金。

法案的第三款规定：在土地所有者拒绝向与他缔约的农业家提供所要求的贷款时，应由仲裁法院调解双方的纠纷和裁定贷款是否必要；这时，土地所有者必须服从法院的判决。

我们认为有理由作出如下的结论：这项法案能使土地所有者的财产迅速增加，从而扩大全国的土地资产。

第四节　第三项法案

第三项法案以动员地产为目的。

如果不募集公债，法国就无法为使领土不被外国军队完全占领而筹措到目前所需的巨款。

动员地产是国家能使实业界得到所需的资本，以补偿其所遭到的无法计算的亏损和应付新加的负担的唯一手段。

经验证明，动员地产是一项切实可行的措施，因为这项措施已在普鲁士王国的若干邦里毫无障碍地顺利实行了。

这种措施之所以没有为曾经实行这种措施的国家带来本来可以产生的一切好处，是因为它根本没有考虑农业和农民的利益，而如果把规定这项措施的法律同我们在这一法案之前提出的前两项法案结合起来（按我们的设想），则毫无疑问会产生非常有利的结果。凡惯于思考这类事情的人都不难理解，这样结合起来的措施，必将使土地收入急剧地大量增加（在一切收入中，土地收入是最重要的），使全国人数最多的阶级即耕种者的命运得到迅速而重大的改善。

第五节　本章的结论

如果议会在本届会议期间颁布我们提出的三项法案；如果国王在颁布这三项法案后解散现在的议会；如果国王在三个月后召开新的议会；法国就将免遭不断威胁着它的许多灾祸。

有识之士就将迅速消除那种由于面临恶劣的前景但又找不到克服办法而产生的漠不关心的情绪；法国人将热烈欢迎实业界，而法国的实业界即法兰西民族将以震惊全世界和它本身的速度繁荣起来，因为我们提出的三项法案，将向它提供达到它可能期望的繁荣的一切手段。

其中的第一项法案，将使法国得到必要的政治权力，以便在管理公共事务方面实行其所希望的节约，取消为维持秩序和繁荣民族而花的一切无益开支。

第二项法案和第三项法案，将为法国提供调动公民的人力和物力所需的一切资本，并把这些资本交给唯一能使这些资本生益的实业家。

第四章　我们提出的措施所带来农业收入的增加

第一节　农业比其他一切实业部门重要

农业一个部门，比其他一切实业部门加在一起还具有大得无可比拟的重要性。如果全面对比一下（即综合地观察人类的一切劳动）农业收入和全体工商业收入，则一定发现前者至少要比后者大一百倍。

在英国，工商业的活动比其他任何国家都发达得多，而它的农业仍比实业的其余一切部门加在一起还富裕两三倍。

在法国，工商业加在一起的全部收入，还不到农业收入的七分之一，甚至不到八分之一。

由此可见，法国农业部门的每一成就，都将比其他实业部门的同样成就，多使全国的收入即财富增加七八倍。

因此，社会的注意力，亦即公众的打算和指望，应当首先集中于农业。[1]

第二节　法国的农业状况

虽然法国的农业在革命以后取得了很大的进展，但是比起英国和比利时来，它仍处于幼稚阶段。阿瑟·杨格的著作证明了这一点。[2] 这位著名的农业专家，曾极其正确和非常详尽地证明：

（一）如果法国的土地能像英国那样精耕细作，它的农业收入就可以增加一倍；

（二）如果法国的耕种者能够得到他们所需的资本，法国的农业就可以取得更快的进展。

第三节　我们提出的办法对农业可能产生的后果

我们刚才已经证明：第一，光是农业就占全国收入的八分之七；第二，如果农业家能够得到他们所需的资本，农业收入在不多几年之内就能增加一倍。

我们提出的办法，将使法国农业家得到三百亿资金供自己使用；它还会使法国的土地完全变成生产资本，而土地现在则几乎是呆滞资本。由此可见，依靠这个办法，法国的土地财富用不了几年就能增加一倍。

请不要担心耕种者得不到贷款。在这方面，他们会享有同工商业家一样的好处，因为法律已使他们在对待投资人方面与工商业家处于同等的地位，而且也使土地所有权的转让容易办理和用费低廉了。

第四节　土地银行

在欧洲，土地银行的作用已被普遍承认，特别是在某些国家，而首先是在已经试办这种银行的法国，尤其如此。

这种银行为什么没有办成功呢？这只是因为在自愿转让土地所有权时，以及在依法处理欠债的土地所有者的土地时，手续烦琐，时间冗长，费用太高。但是，一旦有关土地所有制的这些立法弊端得到改革（这正是我们提出的办法的宗旨），土地银行

[1] 如果法国把以往建立和维持殖民地的经费用来发展农业，那么法国现在至少要富三倍。以前的政府在这方面犯了严重的错误；现在的政府只比以前的政府少有改进，它在去年还拨出巨款去重新占领本地治里（1674 年法国在印度半岛东岸建立的殖民地。——译者注），而不考虑如果英国人打算夺取这块土地，它是毫无办法保护它的。只要时机有利，英国人必然会动手。

[2] 杨格·阿瑟（Young, Arthur 1741—1820），英国的经济学家、农业经济专家和农业技师。1787—1789 年在法国旅行，曾著书叙述法国革命前的社会经济生活。1793 年，杨格号召人民反对法国革命。——译者注

的创办将变得轻而易举，而且一定办得成功。

因此，我们要再次指出，这个办法将使耕种者得到它们可能需要的一切资本。

第五节　私人银行

可以创办土地银行的那些理由，也会刺激私人银行以它们同工商业家来往的那样高的热情，与耕种者进行业务上的来往。

想一想这项办法会使银行的业务增加多么大吧？三百亿巨款一下子就投入了流通领域！流通领域中的业务，几乎都经过银行家之手，而它们像一块一块肥肉一样，手一碰上它们，就会留下油印。

对耕种者极为有利的这项办法，对于银行家也同样有利。因此，我们强烈地希望银行家既能注意到这项办法将给他们带来的利益，又能注意到它对社会必定产生的巨大益处，因为他们掌握着能使人们采纳这项办法的一切力量和一切必要手段。

事实上，目前的政府如果不举债，或者银行家不设法使政府得到所需的经费，政府就无法生存下去。因此，银行家可以迫使政府采纳我们提出的办法，或者采纳他们认为必要而政府不愿意实行的其他一切措施。

银行的科学或财政的科学（两者是一回事），还处在童年时期。银行家甚至还不了解他们同人民站在一起，会比他们同国王站在一起得到更大的好处；他们也还不了解自己支持人民迫使国王遵守民族利益，会比维护国王的利益得到更大的好处。令人遗憾的是，国王利益违背民族利益的情况，要比我们所看到的要多得多。

配第[1]是这门科学的真正奠基人，他关于所得税的演说成了这门科学的起点。然而，配第所论述的问题，即至今仍在讨论的唯一重大财政问题，事实上不过是政治经济学中的一个特殊问题，因为它的目的只是以经过改进的提前收税的办法来延长现有政府的寿命，使它们继续存在下去。

总的问题（如果从民族利益的观点来看它的话）在于寻找一套建立一个开支最少而最有利于生产的政府的办法，而它（如果从银行家私人利益的观点来看它的话）的目的在于使业务活动尽量具有最大的重要性、积极性和可靠性，因为银行家的利润同成交和经办的业务的多少成正比。

[1] 配第·威廉（Petty William 1623—1687 年）杰出的英国经济学家和统计学家，英国资产阶级古典政治经济学的创始人。——译者注

第五章　我们提出的办法对司法管理和司法费用的效果

第一节　目前的司法管理费

法国现有八千多名法官[1]，他们的薪俸只占公民为审理他们之间的利益争端而支付的诉讼费用的很小一部分。

如果把律师、检察官、书记官、执达吏、律师秘书和文书的每年收入，以及那些以承办诉讼案件为职业的人的收入，连同法官的薪俸和司法部的费用加在一起，就可知道法国人为法庭审理他们的案件每年所付的费用高达数亿之多。

但是，这还不是事情的全部。司法部门的管理不善，还会造成另一种并非不小的损失。

法国现有的三四十万名法学家和他们的见习人员与勤杂人员是一批什么也不生产的人，从而成为实业界的负担，由实业界白白供应衣食住。国家不仅失去了这四十万人本来可在身心方面发挥出来的效益，而且更值得国家惋惜的是，它没有很好利用它拥有的一切资本，而是把这项资本用于非生产方面。然而，这项资本为数甚巨，在法国高达数十亿之巨。

第二节　民事法庭与商事法庭的比较

无论在法庭的组成和案件的审理方式方面，还是在组成法庭的法官的精神面貌方面，民事法庭和商事法庭之间均有本质的不同。

商事法庭对几乎所有案件的审理都以实质为主，而以形式为副。它的目的，始终在于用最迅速和最省钱的方式，使两方和解而结束纠纷。这种法庭的开支，无论是由国库负担，还是由两造负担，钱数都很少。法官不另拿报酬，他们除执行审判职务外，都有其他职业。他们有的现在从事商业活动，有的已经退出商业活动。

民事法庭法官都领取高薪，有的低一些，有的高一些。大法官是法官之长，他的薪俸高得异乎寻常。民事法庭法官审理他承办的案件时，几乎都以形式为主，而以实质为副。他们听任律师随意胡说，让他们对一切次要的问题甚至是对一些鸡毛蒜皮的事情争吵不休，愿意争吵多久就争吵多久。可以说，法官、律师和检察官他们是串通一气的，要把诉讼变成无休无止和使人倾家荡产的勾当。实际上，他们这些人，从最

[1] 凡是愿意费神在《王家年鉴》中查一下各种法院的全部法官人数的人，都会承认我们说法国有八千多名法官，绝没有夸大其词。

低的律师事务所书记到最高的大法官，难道不是一个鼻孔出气吗？

民事法庭的法官，除了进行审理和诉讼活动外，一生没有干过其他工作。他们最喜欢案件多得不能再多，因为只有这样，才可以提高和维持他们的社会地位。这种精神和意向，同商事法庭法官的精神和意向截然不同，因为后者现在都有其他职业或者过去都有其他职业，现在拥有或者曾经拥有获得人们尊敬和致富的其他手段。

应当指出一个重要情况，这就是两类法庭之间进行着一种斗争，而且十分遗憾，在这种斗争中往往是民事法庭占据上风。

商事法庭有很多诉讼案件要交给两方指定的仲裁法庭判决，这会产生什么结果呢？在每一仲裁判决宣判后，败诉的一方不管判决作得怎样正确，总要设法撤销这项判决。他可找到一大批随时准备按他的意愿进行争讼的律师，到一向喜欢取消仲裁判决并把这种判决看作是侵犯自己权利的民事法庭去上诉。简而言之，几乎所有的仲裁判决，向民事法庭上诉后都被撤销了，而已经合情合理对案件的实质作出的判决又要重新审理，并且几乎总是肯定作出与原判相反的判决。[1]

一旦地产变成实业财产，一切民事案件当然要由商事法庭管辖。由此不难得出结论：一切案件不再需费很多，不再审理过于不公，而会审理十分公正和费用极少。

第六章　上述论断的根据

第一节　法学家对法国的政治影响

法国政府分 7 个部管理政务。在这 7 个部中，现在有 5 个部里法学家泛滥。

在国务会议里，法学家占大多数。

在下议院里，法学家的意见显然稳居优势。

在选举当中，法学家的权势大得使他们不必征求政府的同意，就以政府的工作人员和代表自居，候选人全由他们来提名。但是我们应当指出，在颁布选举法以后，应

[1] 这些见解也完全适用于刑事法庭。

刑事法庭既可以仿效民事法庭组成，也可以按商事法庭的同一精神组成。在第一种情况下，它审理案件的时间特别长，选择确定判决的理由十分烦琐，审判态度非常严格；在第二种情况下，它审理案件灵活而迅速，只以常识为指导原则。在第一种情况下，费用浩大；而在第二种情况下，则不花分文。

在革命以前，法国的刑事法庭是仿效民事法庭组成的；而在目前，它的组织已和商事法庭一样了。陪审员是仲裁人，它介于公诉人和被告之间而负责作出判决。

附注：有一问题值得注意，那就是一切从事法律工作的人都对陪审制度表示反感，他们过去竭力企图推翻这一制度，而现在又在所有的刑事案件中竭力引导陪审员以他们所习惯的观察事物的错误方式来审理案件。

当把我们下面就要谈到的商业城市看作例外，然而这个例外并无多大影响，因为仅有八分之一人口从事工商业。

农村居民常因自身的私事向法学家讨教，而法学家便利用对他们的信任来操纵居民的政治观点。居住在农村的工商业者为数很少（几乎所有的商业都在城市经营，大多数的工厂也设在城市），只有他们在思想上仍保持独立，不受法学家的影响。

如果观察一下构成所谓“上流社会”的各社会阶层，对相继引起公众注意的任何一个政治问题的见解，如果追溯到这些见解的起源或形成，就将看到这些见解几乎都出自某个律师或公证人的事务所。

可以准确地测定出法学家和其他社会集团的政治作用对比：两者是七比一。这就是说，在整个政治影响中，法学家就独占了八分之七。这有下列事实为证。

据我们估计，法国的全部财产共有四百亿，以整数表示，其中不动产约有三百五十亿，动产只有五十亿。[1] 只有法学家能够提供关于稳获不动产的方法的良策；当财产受到侵犯时，只有他们能够指出保护财产的方法，因为确定所有权的法规复杂得惊人，要求人们受过专门的教育。

既然知道法学家独自掌握着八分之七的社会活动，那么毫无疑问，掌握着利害关系的强大杠杆的他们，自然是法国政治问题的舆论的操纵者。

他们在这方面所起的影响是一种真正的公害，因为除了我们已经证实的由此产生的种种弊端之外，还由此产生一种更为严重和流毒更广的祸害，这就是法学家总是想方设法阻止农业家发展他们的事业，同时竭尽全力使投资人享有比经营者更为有利的条件。

第二节　法学家的功绩

不管会从我们方才关于法学家及其影响所造成的危害的论述中得出什么结论，我们还是应该从另一个角度来研究他们，即应该对问题进行多方面观察。因此，我们要全面地发表自己的看法，直率地指出问题的另一方面。

我们所以能够指出民事法庭制度的缺陷，所以能够看到法学家的思想缺乏自由主义精神，是由于我们拿民事法庭同商事法庭作了比较，拿法学家的政治思想同实业家

[1] 动产和不动产这两个用语，可能使没有研究过这个问题的人发生误解。人们自然而然认为：凡是不能移动的财物都是不动产，而能够移动的财物是动产。但是这个说法不一定正确。使用这种用语的目的，往往不是说明财物的性质，而只是说明财物所有权的转让方式。

附注：在德国和英国，法学家所起的作用未必像在法国这样大，但这两国讲授的法律科学确有重大作用，因此法律已成为一切受教育的人学习的科目。

的政治思想作了比较。但是，如果我们拿民事法庭和法学家的目前思想状况同法兰克征服者在高卢全面定居以后实行的审判制度比较，同这些最初法官的道德比较，然后再同这里相继建立的封建法庭、国王法庭和领主法庭比较，那么我们可以发现，现在的民事法庭是非常自由的，现在的法学家是遵循着十分高尚的道德原则的。我们还发现，军事专制的消灭，主要应当归功于法学家集团。使公民间的纠纷不再受专横武断的法庭的审理正是他们，确立了辩护的完全自由也正是他们。当然，他们因其活动应在人类思想进步史中占有光荣的一席。

因此，我们认为审级制度起过非常有益的作用，但在目前它却是有害的：它阻碍着文明的进步，它在各个方面都可以而且应当由实业法庭来取代。实业法庭不外乎是仲裁法庭，在将来除了实业财产外不存在其他财产的时代，这种法庭将是唯一的必要的审判机关。这将是我们提议的办法的自然结果。

最后，我们认为法学家还可以为社会大大效劳，这就是他们发现我们的办法可能产生某些缺陷时，就应当明确指出。这样的指责，可以推动政论家改进我们只是初步勾出轮廓的设想。

如果现在所说的办法确实很好，并且可以提供能够取消几乎一切司法费用的手段；如果这种办法由此消灭了法学家的生活来源和他们的受到很大尊敬的职业，以致使法学家受到了很大的害处（在他们作为法学家时），那么，在他们和我们之间，即在法学家和实业家之间，自然要就这一办法对民族利益的利弊的问题进行争论。

这一争论从下述两个方面来看是有益的。第一，它会显示出政治经济学的原则比民法的原则优越，因为对于一种真理，只加以证明是不够的，还必须进行讨论，而且只有在双方的最高利益互相对立时（就像这两项原则那样），这种讨论才会是有益的；第二，它会引导出应当采取的各种防范措施，以便尽可能避免在法律和习惯发生最有益的变动时几乎经常发生的各种弊端。

英国人民一百五十多年以来，一直致力于争取自由并以稳妥的办法来巩固自由。居住在大陆上的其余各族老欧洲人，三十年以来也在进行同样的追求，但是任何一个民族都没有找到天赋的手段，即没有重建所有制。

实业家的利益，显然同军人及其代理人法学家的利益相矛盾，但实业家没有委托自由主义的政论家来保护他们的权利和反对法学家，而迄今一直是委托这些法学家来争取他们的权利。无论是一个民族，还是一个个人，确实都有如下的情况：一种观点本来很简单易行，但总是迟迟想不出来，一直令人遗憾地等到最后才被想出来。

第七章　法院历史简介

人有个特性，就是对于引起自己注意的事物，总想了解其产生的原因。因此我们相信，向没有探讨过我们的论题的读者，指出我们已经证明的民事法庭与商事法庭之间的主要差别的原因，是会受到欢迎的。

人的禀性可能变化，但它不可能完全改变，即不可能失去它的本质。各种制度也是如此，它们可以改变形式，但不能赋予它们以同其建立者规定的宗旨相反的宗旨。它们只要存在一天，就要根据它们最初得到的动力和方向，以或大或小的能力进行活动。

由此可见，追溯一个制度的起源，观察它在建立时被赋予的宗旨，就可以确定无疑地查明它的活动、发展过程和实际结果的原因。

因此，我们要追溯民事法庭和商事法庭的起源，并回顾一下这两种法庭自创始以来所发生的一些主要变化。

第一节　这些法院的起源

法兰克人征服高卢以后，高卢人所规定的一切法律都被法兰克人废除。战胜者并不仅仅占有了战败者的一切财产，而且改变了有关财产的基本法或保护法。由于他们至今仍然掌握着侵夺的财产，所以现在的司法权自然是他们建立的或传下来的，总之是曾经适合于他们而且现在仍然适合于他们的东西。

他们规定了可以赎买的一切刑事罪行的价目表。因此，一个法兰克人杀死一个法兰克人，一个法兰克人杀死一个平民，一个平民杀死一个法兰克人，一个平民杀死一个平民，都有不同的赎买价格；伤害则按其轻重程度计价。因为大部分罚金都被分占了高卢人土地的领袖们以军人受禄的名义享受，所以他们都极想由他们自己来行使审判权。

再说，在这个时期，完全不可能有民事罪行，因为当时可以说只存在一种财产，也就是土地，在土地上固定着居民和他们所能有的一切。既然这些财产都掌握在经常武装着的军人手里，所以这自然要引起战争，而不会发生诉讼。既然法兰克人取得了一切诉讼的审判权，后来又指定他们认为适当的人去代替他们执行法官的职务，所以当然可以确认民事法庭现在行使权利的萌芽是由法兰克人培育起来的。

第二节　这种制度的第一次变革

法兰西的土地被征服后，以军人受禄的形式分配出去；而分得土地的受益人，只是在世期间才行使审判权。

封建制度确立以后，这些禄田变成世袭的田地，而且可以转归妇女占有。当时，审判权始终与土地联系在一起。

这个时期和后来的时期，有许多原因使司法管理制度大大复杂起来。

建立了教会法庭，因而产生了管辖权的问题。

各种赦免法令，增加了财产占有者的人数，同时也增加了可以作为私有财产的项目。

《查士丁尼法典》[1] 的发现，使人们学到了一些法律原则；而列入大学学习科目的罗马法的采用，则奠定了当时还不大为人了解的法律科学的基础。

这些不同的原因使司法管理制度复杂化了，从而促使享有司法权的领主们去聘请法学家作顾问。他们还从这一阶级选拔法官，在他们不在的时候由这些人代理他们进行审判。

最后，这个时期还开始出现了兼理民事和刑事的法庭。

第三节 第二次变革

征服高卢以后，国王和大领主之间就不断争权夺利，双方互有胜负。路易十一以残酷的手段保持了王权的优势。但是，这里不是研究这种手段的地方，我们只想考察一下这种手段的结果。

从路易十一到路易十四，国王的民事法庭以夺取领主的审判权和扩充国王的权力为司法机关的主要目的。它把审理私人诉讼案件看作是一桩小事，认为判决这类案件是最不光彩的差事。

正是在这一时期的后期，成立了律师团体。他们最初被人称为顾问，拥有王家律师的头衔。这就是说，他们既有责任维护国王的利益，又有负责维护私人的利益。

我们并不断言最高法院或议会法院总是判决国王胜诉。我们也愿意承认，它们作出了许多有利于民族的决定，甚至作出了某些英雄主义的行动。但是，我们坚持认为，法学家从他们一开始出现，就以维护国王掌握法兰克人从高卢人那里夺来的权利为主要职责。

[1] 查士丁尼（Justinien 483—565 年），拜占庭的皇帝。根据他的倡议，汇总当时的各种法令编成罗马法全书，即一般所说的《查士丁尼法典》。这部法典是罗马法发展的顶峰，曾对欧洲封建时期和资本主义时期的法律的发展起过重大作用。《拿破仑法典》就是按照革命后法国的特点，对它加以修改而制定的。——译者注

第四节　第三次变革

从三级会议停止召开，而王权已经强大得无人置疑时，法庭的宗旨才略有改进。它获得了某种程度的独立，因为它开始把自己看成是有责任代表三级会议的一个常设委员会。但这种改进又因它对待个别人的专横而被大大抵消。这种专横，是由于法庭是常设机关而自然形成的。

第五节　目前状况

我们对于目前的民事法庭已经谈了我们的看法。现在，只需补充说明一下，组成这个法庭的法官由他们的先行者承受的宗旨产生了什么后果。显而易见，这种宗旨是统治的精神，因为这种制度是法兰克人建立的，即征服者强加给高卢人的。

然而，只有文明的精神才应该指导法院。一种想要发挥政治作用的野心，即想要统治的野心支配着法院。这种统治的精神，在法学家阶层当中，当然要表现得非常强烈，因为从三级会议停止召开到革命爆发时为止，我们可以看到他们不惜采取一切手段设法取得政治优势，把自己装扮成三级会议的代表，并以这个名义竭力阻碍政府开展工作。

目前，政治机构已经不允许法学家指望得到任何重要的政治地位，他们也不再能够代表人民大放厥词了，或者更正确地说，他们不能再冒用人民的名义胡说八道了，所以他们一心一意想恢复旧制度。凡是稍微留心他们对于政治观点问题的态度的人，都会相当清楚地了解这一点。不仅民事法庭的法官，就是整个法学家阶层，一般都怀有反对民族利益的情绪。

第六节　商事法庭的起源

居住在城市里的商人和手工业者买到了他们的自由，并促使公社在他们的推动之下得到全面的解放。而在这一个时期，大部分时间住在设防的城堡中的领主，则委派司法官吏保护他们在城市里的利益和承审居民的诉讼案件，即代表领主掌管他们的这一部分收入。这项收入是为领主提供某些现金收入的唯一来源，领主的其余收入都是实物。

在城市所买到的权利当中，最宝贵的权利，就是由它自己行使司法的权利。一些自治机构相继出现，它们自己治理自己。自治机构的管理人员由公民任命，并有一定的任期。他们实际上执行着仲裁人的职务，从不受其他精神支配。他们的全部职责，就是调解双方的利害冲突和寻求公正的解决。

最初不外乎是自治机构的商事法庭的起源和性质，就是如此。

应当着重指出，就司法权而言，自治机构的职权要比现在的商事法庭大得多。

第七节　司法机关的改革

实业在城市获得自由以后，以惊人的规模发展起来，而且不久就改变了社会的面貌。新出现的享乐，引起了大量新的需求。只有居住在城市，才能更便于取得实业财富；而由于虚荣或习惯，实业财富已成为必不可少的东西。领主们离开了他们的城堡，让他们的农奴获得了自由。他们搬到城市居住，他们的城堡不久变成了别墅，在一年中气候宜人的季节才来这里住上一段时间。

王公和领主定居在城市，削弱了自治机构的作用，侵占了自治机构的部分权利。于是，最初拥有现在民事法庭的大部分职权的自治机构的大部分司法职权，被缩小到只能审理纯属违警案件和有关实业纠纷的地步。警务工作仍归原自治机构管理，而有关实业的一切纠纷则归后来设立的商事法庭审理。

第八节　现代商事法庭的宗旨

现代商事法庭的宗旨同组织商事法庭的自治机构的宗旨一致，这就是调停的精神。商事法庭的法官认为自己是仲裁人，负责判决与他处于平等地位的当事人之间的争讼。他们的观点的政治倾向，必然厌恶专横而主张平等，因为它要符合尊重财产的精神，而这种精神与法学家的精神是截然相反的。

第九节　本章所述的全部观点的总结

一切案件都可以而且应当以仲裁方式审理，甚至于连那些看来不宜这样处理的刑事案件都可以这样审理。

凡是执行审判员职务的人，都可以从事其他职业，因为使审判员具有仲裁人性质时，他们的职务不会占用很多时间。

但是，这种普遍受益的好处，将依存于我们提出的办法，因为那时将只有实业财产，而一切民事纠纷都将由实业法庭以仲裁方式加以审理。

第八章　实业的政治史简介

第一节　引言

每一个政治方案，每一种制度，要想完美无缺，必须满足下列两个条件：①要有利于社会，即要给社会带来实际效益；②要同社会现状协调，要适应现有的观点和事物，要经常做好准备，一句话，要正合时宜。虽然第二个条件远不如第一个条件那样为人所了解，但它同样是不可缺少的。只有具备这一条件，一种制度才能被人接受，因为只有既不高于又不低于当时社会状况而且不是不合时宜的制度才能存在下去，或者至少能长期存在下去。历史地考察问题的好处，主要就在这里，因为只有对过去进行哲学的观察，才能对现在的动因得出正确的认识。

我们刚才提出的条件，责成提出新的政治措施的人必须证明这一措施是和社会现状协调的，或者更正确点说，证明这种措施是过去的发展和现代的要求。这样，才可以避免半途而废。因此，在做完这种一般观察之后，我们认为有必要提出几点补充理由。

我们在以上几章提出的观点，以及人们在本书的以下叙述中将要看到的同类观点，其目的都在于证明我们提出的措施一定会使国民收入大增而使支出大减。由此可以断言这种措施是有益的。

我们即将提出的观点，具有另一种性质。

提出这些观点的目的，是向实业阶级即民族指出：它逐步取得的地位，自然要促使它采取我们提出的措施；它过去取得的进步和目前的需要，都决定它要这样做。换句话说，采取这一措施，是事物的自然进程要求19世纪的实业界必须迈出的一步，是实业界为了治理社会还需迈出的最后一步，而治理社会是实业阶级自形成以来取得的一切进步所追求的坚定不移的目的。

第二节　实业的政治成就

为了阐明实业家的政治观念，指出企业界今天应当做些什么来改进社会，就必须研究实业界的政治地位目前处于什么状况。而只有回顾一下过去，即简单地考察一下实业界至今连续走过来的道路，才能做到这一点。

如果把实业界的历史上溯到希腊人和罗马人的时代，那么我们可以看到在这两个民族中，实业阶级完全是军人阶级的奴隶。

北方的战士摧毁了罗马帝国，在西欧定居下来，取代了原来的统治者和征服者。

在他们的统治下，实业界继续处于受奴役的地位。

乍一来，这次革命对于实业界来说好像只是改朝换代而已，但它对实业界仍有十分重大的意义，因为这种改换带来了有利的后果。

实业阶级的奴隶地位发生了本质的变化，他们变成了封建领地的奴隶——这是一个很大的改善。此外，由于征服者都分散居住在乡村，所以居住在城市的实业家没有处于统治者的直接不断的监视之下——这对他们来说也是非常有利的。

结果，由于以上两个原因，北欧民族征服罗马帝国，使实业界的命运首次得到了显著的改进。

实业阶级的第二个进步，是它自身的解放。

如同我们刚才所说的那样，罗马帝国的崩溃，给实业界带来了使它能够获得某些发展的好处，逐步达到能够赎买自由的地步。这种赎买，是实业界至今走过来的和以后仍将走的最重要道路。对实业界来说，这是一个最重要的转折点，是它的政治生命的开始。我们现在来看一下它的政治生命的发展。

这个重要的一步，通常被人称为公社的解放。这一用词极为确切，因为公社和实业界是同一个东西。公社从它一开始出现，就完全是由居住在城市里的手工业者和商人构成的。为了使我们对今天人们所理解的公社有一个正确概念，这是一个应当注意的非常重要的情况，而决不能忽视。

实业家赎买了自己的自由以后，他们的命运，从他们每一个人不再像赎买以前受领主的直接欺凌这一点来说，是获得了改善。这对他们来说，当然如释重负。但是，这种赎买并没有使他们对僧侣、贵族和军人的依附关系发生重大的减弱。他们仍需把大部分劳动所得送给这些人，并且还要忍受他们无尽无休的勒索。下面，我们来说一下实业界是怎样摆脱这第二种专横的压迫的。

独占议会席位和决不想把自己的权利分给他人的特权阶层，想出了一个主意：召集公社的代表即实业界的代表开会，在会上要求实业家呈报他们的财产清册，以便整顿税制，使税收比用勒索方法所取得的还多。这就是公社议会的真正起源。这跟法兰克人征服高卢后不久在法国建立的五月集会[1]形式的士兵大会，毫无共同之处。[2]

建立这种惯例，应当对实业阶级极为有利，因为这是实业阶级从此以后获得的政

[1] 五月集会，后被查理大帝改为三月集会，每年召开一次，集合全副武装的人民进行检阅，会上公布国家准备实行的措施。这是随着王权的加强而日趋没落的人民议会制度的残余。——译者注

[2] 当然，有人会责备我们，说我们在这个论述中，把在法国发生的事情同在英国发生的事情混淆起来。我们对此回答说，这不是一个民族的问题，而是我们正在讨论的全欧性问题。

治成就中的一项主要成就。但从一开始，公社，我们再重复一遍，即实业界，就把向议会选派议员看作是一种最不愉快的负担，因为这些议员在议会里没有任何权利，他们的任务只限于向议会报告他们的委托人的财产的增长情况。但是，事情并不是一成不变的，而且也不可能一成不变。尽管军人阶级和封建阶级把种种勒索和压迫强加于实业界，但实业界仍然依靠劳动、忍耐和节约而终于富裕起来。实业界的地位提高了，它获得了人们的尊重，因为它的人数增多了，因为实业家和军人之间的通婚，把军人阶级的很多人的利益和公社的许多成员的利益联系起来。由于这些原因和其他许多原因，特别是由于实业界使军人感到有可能从实业界取得更多的金钱而减轻自己的负担，简而言之，由于实业界具有理财能力和这种能力对军人发生了有益的作用，所以实业界才从军人那里取得了公社在议会中的发言权。

实业界跨出的这一大步值得重视，因为可以说这是人类的一个新纪元的开始。从此以后，强权者的法律不再是唯一的法律了，更确切地说，暴力和诡计不再是参与制定法律的唯一要素了。从此，公众的利益也开始被考虑了。

实业界在它取得我们方才所说的成就之后迈出的这一步，即从纯政治角度来看它至今迈出的最后一步，是在英国革命以后完成的。这是指英国在国家预算法案方面，实行了只由下议院表决，或者说实行了完全由它表决而任何其他机关均无权过问的制度。如果在那个时候，一方面，英国的公社只由实业界的成员所代表；另一方面，英国的实业界了解到，根据事物的本质，它与其他国家的实业家的利害关系，比它同英国的军人阶级和封建阶级的利害关系还要密切。那么，欧洲人的伟大革命，从这个时期起就已经完成了，而实业与和平的制度也在这个时候就已经建立起来了。

但是，就在这个时期，封建制度还有很大的力量，而实业界还不太了解自己的利益和前途，所以它听任封建精神的支配。而封建精神，实质上就是侵略精神。

事物的自然秩序，即文明的发展进程，使完成伟大的欧洲革命的光荣归于法国实业界了。法国的实业界迈出我们所说的这一步时，虽然大大晚于英国的实业界，但它走得更彻底和更坚决，因为它是在封建制度已经没有力量，而实业界能够容易看清自己的利益和遵循一条经过周密考虑得出的道路前进的时候，获得这一成就的。

我们对实业界的政治史就回顾到此为止。现在，我们来概述一下实业界从下议院取得表决税收的特权以后所获得的文治成就。

从这个时期起，实业界发生的作用是无法估计的。它囊括了一切，它掌握了一切。它改进自己的产品，以此满足人们的享受，而享受终于变成人们的需要。但最主要的成就，是政府成了实业界的纳贡者，政府完全从属于实业界了。如果政府想要进行战争，那它首先关心的不再是兵源，而是求诸实业界。首先要钱，然后要它所需的一切物资，即用得自实业界的金钱向实业界购买物资。实业界向政府供应大炮、枪支、弹药和服装等。实业界掌握了一切，甚至操纵着战争。

军事艺术的改进带来的可喜的必然后果，是战争越来越依赖于实业界，以致今天的真正军事力量已经落到实业界手里。构成一个国家的军事力量的东西，已经不再是军队，而是实业了。现代的军队（指的是从普通列兵到最高指挥官的全体军人），依我们看来，只起着次要的作用，他们的功能只在于使用实业的产品。除非将领昏庸无能，由实业装备起来的精锐部队，总是攻无不克，战无不胜的。法国的革命充分证明，将材并不是那么难得的，也不是那么难培养的。甚至可以认为，军事才能至少对目前构成军队主力并对战役的胜负起主要作用的部队来说，是实业理论发展的产物。

实业界也掌握了财政。在法国和英国，现在是实业界为公益的需要垫款，而税收也掌握在他们手里。从对实业界的发展和成就所作的这一简述中，可以得出以下的结论。

第一，在政治方面，最初处于奴隶地位的实业阶级逐渐上升，不断提高它的社会地位，而现在终于能够掌握一切大权了。这是因为下议院掌握了表决税收的特权，从而拥有了能够左右其他一切权力的巨大社会权力。因此，如果说政治大权暂时还没有掌握在实业界手里，那只是因为下议院还没有像本来应当的那样，由公社成员即实业界占多数。

第二，在文治方面，实际力量现在属于实业界，而封建阶级在他们的一切需要方面都依赖于实业界。

第三节　什么东西至今推迟了实业界的发展

如果说实业界的发展至今仍然很慢，如果说尽管实业界取得了许多重要的成就，但它实际上仍处于受支配的地位；如果说社会在很大程度上仍受封建阶级的统治，或者说至少仍受封建精神的统治（两者几乎是一样），那么它的原因就在于：公社至今还没有自己的原则，它是依靠一种实践本能和传统习惯而取得一些进步和成就的。

在这里，我们把实业的原则理解为实业界对其权力的行使方式的知识。这种知识不外是实业界根据自己的观点并结合自己的利益而拟定的政治计划，而实业界至今还缺乏这种知识。然而十分显然，实业界要使一切大权能够转到自己手里，这种知识却是必不可少的，而在缺乏这种原则的时候，实业界只能处于受支配的地位。

军人阶级或封建阶级有其自己的原则，因此它也能够维护其全部大权。但是，没有自己的原则的实业界，过去和现在只不过是对封建统治办法作些批判而已。这未能把主动权掌握在自己手里，也未能对此起促进作用。

实业界的一切原则，不外是一种模糊的愿望，希望有一个好的政府，即希望统治方式符合它的利益。但是十分清楚，如果对符合于实业界利益的统治方式一无所知，这种愿望除了能使实业界作些批判活动以外，其他是什么也得不到的。

公社如此长期缺乏的原则，终于被不朽的斯密确立起来，因为这些原则不外是由政治经济学这门科学得出的一般真理。

四十多年以来，一些最有才能的人一直在专心研究这些原则。他们一方面做准备工作，另一方面制造舆论，以使人们愿意接受这一重大革新。他们在制造舆论使人们愿意讨论国家大事的时候，要完全像讨论私人的事情一样，把整个国家机构看成是一个大实业企业，而这个企业的目的，是使每个社会成员按其贡献的大小，各自得到最大的富裕和福利。学识渊博的经济学家在这项工作当中所显示的远见，以及他们为我们开辟走向幸福和自由的崭新道路方面所表现的坚定精神，使人们不能不感到钦佩。

斯密研究了各种实业企业采用的方法以后，总结他的观察结果，使观察形成一个整体，并归纳了由此得出的观点，再创立一些原则，最后创立了以致富艺术为基础的科学。这正如亚里士多德研究了他以前的诗人们的作品以后，写成了他的《诗学》一样。

一个值得注意的非常有趣的事情是，斯密的著作受到了所有政府的热烈欢迎。一贯依仗刺刀的力量的统治者们，能够这样盲从不也很好吗。竭力排除暴力行为和制止政府滥用权力的人士，具有多么惊人的远见！

斯密的著作是对封建制度空前的最有力、最直接和最全面的批判。其中的每一页都在证明：公社或实业界被一个在任何方面都对他们无益的制度所折磨，至今建立的一切政府都一贯想使人民破产，因为所有的政府从来都只是消费，而增加财富的唯一手段只能是生产。

可以把他的著作看成是全面驳斥政府的所作所为的集其大成的作品。因此，总的说来，也可以认为它在证明：如果人民不想再过贫困的生活，而想享受和平和自己的劳动果实，人民就必须改变他们政府的原则和本质。

这部著作同时还在证明：一个国家要想富强，就应当像工厂主、商人和一切经营某种实业的人那样行事。因此，这部著作也在证明：一个希望成为自由和富强的国家的预算，应当仿效一个实业公司的独立预算，按照后者采用的同样原则来编制；国家可能为自己规定的唯一的合理目的，就是用尽可能少的管理费用生产尽可能多的产品。

萨伊先生修改了斯密的观点，他用更有条理性的方法把观点加以分类；他更超过这门科学的创始人，赋予自己的作品以学说的性质。他在斯密提出的见解之外，又补充了新的见解，把自己的著作命名为《政治经济学教程》。

萨伊先生对现代政府的批判更为明确，他对军事管理原则和实业管理原则的比较更加直截了当。

斯密十分谦逊地向社会介绍了他所创立的科学，他把这门科学作为增加财富的手段来向各国政府推荐，他宣称这门科学只是一门从属于政治的、次要的辅助性科学。

萨伊先生在哲学方面比斯密前进了一步。他在自己著作的卷首指出：政治经济学与政治学截然不同，而且也不从属于政治。他说，这门科学有其自己独特的基础，这个基础完全不同于以组织国家为目的的科学所依据的基础。

一些最专横的政府又来盲从了！它们急忙下令翻译萨伊先生的著作，规定设置政治经济学的有关课程，也就是设立可以证明下述问题的课程。封建政府和军人政府（欧洲各国人民的政府，在不同程度上都是如此）是落后于文明的现状、使人民破产、在任何方面都无益于人民的政府；根据这种政府的观点和利益编制的国家预算，是极不合理的；国家预算应当仿效经营工业企业的预算来编制；国家的组成不是以掠夺为目的就是以生产为目的，也就是说，国家不是具有军事性质就是具有实业性质，如果它不公然宣称其中之一为其目的，那它就是一个不伦不类的社会。[1]

在应使实业界得到作为行动规范的原则的工作方面，只需再做一件事情即可达到目的，这就是要在实业界之间广为传播政治经济学知识。人们难以想象，但又完全是事实，像政治经济学这门对实业界如此有益和必要的科学，即实业界自己的这门科学，竟是当今所有的科学中最未被广泛传播的一门科学。

---

[1] 本段的这个卓越而有意义的观点，都是孔德先生的。他第一个指出：一个国家如不公然宣称自己具有军事性质（即掠夺性质）或实业性质（即和平性质），它就要处于虚伪的政治状态。它的力量大部分要相互抵消 。孔德先生在他的名著中指出：罗马人是完全为了战争而组织起来的，他们的全部制度都以使他们拥有尽量大的军事力量为目的。孔德使我们看到，罗马人是怎样按照他们所处时代的精神和开化程度而行动的。它还证明了现代各族人民落后于本世纪的开化水平，而彼此的行动又互相抵触，在把主要职位和最高管理权都交给军人的同时，却又有希望通过商业致富的强烈要求和希望促进实业繁荣的明显意图。

我们所以十分愿意利用这个机会公正地评价孔德先生的才能，是因为这位值得尊敬的政论家不久以前曾遭到了严重的不幸。*

* 孔德，奥古斯特（Comte,Auguste 1798—1857 年），法国资产阶级哲学家和社会学家，时政主义的创始人。在同圣西门接触以前，有过一段苦难的经历。1816 年，由于积极参加学生运动，被工业大学开除，送回故乡交警察监督。重返巴黎后，生活十分困难，依靠充当家庭教师勉强过活。后来，到一个银行当职员，但不久因不合理想而辞职。——译者注

第四节　实业界现在应当采取的步骤

根据上述可知，实业界现在握有真正的力量，而且还有了以前所没有过的原则，或者说至少可以十分容易掌握原则了，因为原则已经存在。

既然实业界现已在政治生活中占有我们所说的那种重要地位，那么，领导社会的大权为什么还没有落到他们的手里呢？实业体系为什么还没有建立起来呢？封建体系和军人体系为什么还照旧保留呢？这首先是因为实业原则还没有相当普遍地被人们所了解，因而未能获得可以使他们产生信心和力量的威信。其次是因为一看就可以知道，实力和原则还不足以使实业界成为社会的首脑，它还必须有一种手段而且是合法的手段来使权力转到自己手里。由于不知道这种手段，所以实业界以前企图掌权的时候，只使用而且只能使用起义的办法。而在一切手段中，起义是最不能令人满意的手段。此外，这种手段与实业界的利益是水火不相容的，因为凡是使用武力，对实业界来说都是一种灾难。这就是说，人民骚动时，首当其冲的正是实业界，因为在一切财产之中实业财产最容易遭到破坏。

因此，在斯密解决了指导实业进程固有原则的制定问题以后，为了实业发展的利益，势必要加以解决的问题，就是要找到一种合法的手段，把政治大权过渡到实业界手中。

寻找起义这种手段，既不需要大量的脑力，又用不着很多的力量。可是要想找到一种合法的手段，问题就困难得多了。我们决心解决的正是这个问题，并且深信这是实业界至今未能找到的唯一解决办法，是在决定建立实业体系的道路上还没有迈出的唯一步骤。建立实业体系是文明民族六百多年来全力以求的目的，是经过这样长期准备的伟大的欧洲革命的完成。

我们坚信已经找到了这种解决办法，并且认为我们提出的措施正好可以达到预期的目的，因为这种措施的必然结果，将是经过一段时间后，下议院会完全由公社的成员即实业界的代表组成，或者至少绝大多数由这些人组成；另一方面，由于下议院拥有表决国家预算的特权，所以它握有政治大权。由此可见，我们提出的措施，一定能使政治大权转移到实业界手中，而这种转移将完全合法地进行，完全符合现在的宪法，并且不会引起任何突然的变动。因为这种措施，按其本性来说，只有逐步实施才会有效。

根据这些论点，我们完全相信采取这种措施是实业界现在应当迈出的一步。因此，按照已为一切历史观察所证实的一般规律，迟早要采取这种措施，任何东西也不能长期阻止文明的进步。

第九章　比较法学家和实业家在法国革命期间的行为

第一节　法学家的行为

在前两章里，我们已使读者略知法院的历史和实业的历史。现在我们认为，如果最后不比较一下法学家和实业家在法国革命期间的行为，就没有完成两者之间的全面对比。

那么，法学家的行为是怎样的呢？首先，吉伦特派[1]推翻了旧政府，他们建立了共和国，可是他们也阻碍了君主政体的改制。这个被人称为吉伦特派的政党，以古阿迪、维尔尼奥和杨松奈[2]为首脑，他们三个人都是法学家，又都是律师。

旧政府被推翻以后，罗伯斯庇尔掌握了大权。而罗伯斯庇尔是怎样一个人物呢？他也是一个法学家，他的主要助手们也都是法学家。我们可以看到，在公安委员会和社会治安委员会里都挤满了法学家。在革命的最狂暴和最令人痛苦的时代统治着法国的，自始至终都是这些法学家。

控制着各省、县、市（所说的自治机构）的议会的也是他们，这些议会全部由他们领导。

当时，他们不仅夺取了立法权、行政权和执行权，而且还左右着人民的动向。他们为雅各宾派提供领导人，他们建立了哥德利埃俱乐部。[3]最后，他们而且几乎全是他们，组成了这一不幸时期的各种人民团体的领导机构。

因此，在完全了解恐怖制度是由掌握了一切的法学家所发明，并且是在被他们摧毁的旧秩序的废墟上建立起来的之后，我们还必须把他们都看成是教唆者和操纵者，甚至在一定程度上，把他们都看成是代表他们的这个阴险发明的特点的无数暴行的执行者。

他们一直守着法学家的法阀精神，即统治精神不放，并在我们这个时代的一切重大政治危机中毫不改变这种态度。他们要不惜一切代价地取得权力，并且为了千方百计掌握政权，这些现代的普洛透斯[4]还善于随机应变，采取不同的方式。现在，我们来观察一下他们所走过的道路。

---

[1] 吉伦特派是十八世纪法国资产阶级革命时期的右派，因其成员大多数出身于吉伦特省而得名；曾一度掌握政权，后来成为革命的障碍，被雅各宾派所驱逐。——译者注

[2] 古阿迪，玛尔格丽特·艾利（Guadet, .Marguerité Elie 1758—1798年），雅各宾党人专政时期逃往国外。
维尔尼奥，比埃尔·维克图尼安（Vergniaud, Pierre Victurnien 1753—1793年），雅各宾党人专政时被处死刑。
杨松奈，阿尔芒（Gensonné Armand 1758—1793年），波尔多省的律师，1793年6月2日被处死刑。——译者注

[3] 哥德利埃俱乐部，因设在各德利埃修道院而得名，后正式名称为人权之友社。——译者注

[4] 普洛透斯，希腊神话中居住在深海的妖怪，能随意改变自己的形体，甚至可以突然消失、无影无踪。——译者注

冒出了一个波拿巴，他还掌握了最高权力。法学家又结成了法阀。可以说法阀们昨天还在宣传狂热的共和主义，不久以前还想用大字在所有的墙壁和公共建筑上特书下述这句令人难忘的话“团结，共和国不可分，自由，平等，博爱；否则毋宁死！”而现在却成了第一批屈膝于偶像的人物。在这第一批人物当中，为侍奉和巩固新强权表现出最大热心和迫不及待情绪的，正是这些法学家。康巴塞烈斯[1]规定了军人在民事方面担当副职的专横制度。在这个时期，审判中和法庭上的一切发言，都得证明专制制度最符合我们的立法精神。在这方面，再也没有比一个文人团体在拿破仑垮台时出版的一本名为《一个伟人的悼词》的小册子更可笑的了。这本书充斥着一批朝秦暮楚之徒的口诵笔写的谄媚言词和似是而非的错误赞语。这些人为了谋求个人利益，从来都是毫不犹豫地采取一切手段的。但他们的每一句话都附有作者的名字，所以不难认定这本书的大部分文章，还是出自法学家的手笔。

但是，经过军事对抗之后，波拿巴被推翻了，旧政府又恢复了，法阀们也改变了腔调，而且在效忠新政权和限制人民自由方面并不因此而降低热情。他们对于宪章的解释方式仍然是反自由的。

革命使人们得到了解法阀所遵循的精神的机会。这种精神就是贪得无厌的权力欲，而且这种欲望达到了这样的地步：即使他们不能成为权力无边的主宰者，那也心甘情愿和全力以赴地在受人支配的状态下掌权。如果我们想到罗马皇帝，即古往今来的最大独裁者是法学家所研究的科学和他们负责推行的法律原则的创始人，那么，就不会对法学家这样贪求权力感到惊讶了。

第二节　实业家的行为

实业家在革命期间没有起过任何积极作用。他们什么也不管理，他们没有执掌过任何国家事务，他们没有作过任何掌权的尝试，他们没有犯下这个令人一想起来就不寒而栗的时代的专横暴行。恰恰相反，他们受到这种暴行的痛苦最深。实业家在这段期间，先后两次失去了他们的资本。第一次，“粮食最高限价法案”[2]夺走了他们的资本；第二次，在波拿巴统治时期，烧毁英国商品的法案，再次使实业界丧失老本。

[1] 康巴塞列斯·让·雅克（Cambacérès Jean-Jacques 1753—1824），法国的法学家和政治活动家，为人毫无节操，曾任国民公会和公安委员会的委员。热月9日以后，任国民公会主席和五百人会议委员；在督政府时期任司法部长；雾月十八日以后，任第二执政；帝制恢复后，任皇帝的总理大臣；1814年，又变成拥护波旁王朝的正统派；在“百日”期间再任司法部长；在波旁王朝第二次复辟时期曾一度下野，但不久又重新上台。康巴塞列斯对制定《拿破仑法典》起过重大作用。——译者注

[2] 1793年由山岳派提出并经国民公会批准的“粮食最高限价法案”，对粮食规定了固定价格。后来，这项措施也被用于其他食品。这项法案严重地打击了商人和投机分子。热月9日后被废除。——译者注

在旧政府崩溃的时候，实业家没有试图去掌握政权，而且也曾避免成为相继而来的政权的工具。

实业界的政治精神在于联合。自它形成为团体以来，即自公社解放以后，它就显示出了这种精神；后来在整个革命时期，以至最后到今天，它还表现着这种精神。这种精神的目的在于：①避免发生任何政治动荡，从而使已经建立起来的任何政府形式保持不变；②限制政权的活动范围，并尽可能缩小这个范围；③减少政府开支和税收的一切不当使用。由于实施选举法，现在已有一些重要实业家进入下议院。仔细研究一下他们发表的意见，就可以看出他们的一贯目的就是尽可能达到安宁、自由和节约，并且尽可能使三者协调和结合起来。

第三节　这种比较的结果

这种比较显然可以得出如下结论。

第一，提高实业家的政治作用，对于统治者和被统治者都是有利的，因为实业家一方面总是支持现有的政府；另一方面又始终不渝地致力于限制权力和减少赋税。

第二，削弱法学家的政治影响，对于统治者和被统治者也是有利的，因为这个团体一方面野心勃勃，好闹革命，经常准备推翻政府或夺取政权；另一方面，在不能夺取政权或不得不放弃这一企图时，他们又经常准备为那些觊觎政权的人服务，以反对人民的利益；最后，无论在前一种情况下或在后一种情况下，他们都竭力减少民族的自由，并使压在民族身上的负担加重。

第十章　本文的结论

在社会的一切阶级中，我们只希望看到实业阶级不断增加其权力欲望和政治勇气，我们只认为实业界拥有这种欲望是有益的，而且也不可缺少这种勇气，因为实业家的私人利益，按照事物的常理，完全同公共利益一致。由于认识到这一真理，我们坚决拥护实业家的事业，并且把他们的事业看成是文明的实际中心和发源地。

我们以上对实业家应当坚持的行为所说的一切，可以按一般常识归纳为几句话。

不要跟那些在利益上同你们根本敌对的人混在一起和往来。

要同与你们有共同利益的人联合起来，要用你们现有的一切手段来增加你们的人数。那么，让我们向你们推荐一个最简单而又最有力的办法。这项办法的成败只取决于你们自己，只要你们理解了它并且愿意去做，就可以成功。

耕种者的利益同你们的利益是一致的，他们也是实业家。你们要同他们联合起来，你们要取得他们的强大的支持。如果做到了这一点，你们的事业就会无往而不胜。

为此需要什么呢？要有一项准许耕种者以地产作抵押借款的法律，如同银行家现在以动产作抵押向外放款一样。同时，银行家应当相信，耕种者是善于经营、遵守信用和能够及时付息的。

不种地的地主的利益同你们的利益相反，他们的利益同贵族的利益一致。不要同他们联盟，至少要同必然成为敌人的人分道扬镳。

贵族和不种地的地主掌握的权力本应完全属于你们，因为只有你们在谋取自己利益的时候必然能为公共利益服务。由于他们掌握着本应属于你们的权力，他们就千方百计回避这个问题。我们建议的办法，对他们来说将是一个致命的打击，所以他们及其忠实喉舌—— 一大群法学家，必然要拼命加以反对。这就要求你们设法用理智的语言来回击这些讼棍的花言巧语，用真正而勇敢的道德，即合乎常情的、道德的、战无不胜的反驳来回击伪善的道德。

至于我们，越是看到敌人队伍的人数增多，越应欢庆成功；他们对我们著作的疯狂诽谤，只能向你们证明我们的建议是完美的。

但是，你们不能等着挨打，而要尽快发动攻势，追击他们。他们将有他们的律师，你们可请你们的律师。他们的律师是搞法律的人，而你们的律师则是经济学家。[1] 我们将会看到良知和胜利属于哪一方面。

我们不准备一再重复这一有利于开展实业界和非实业界之间的斗争的一般手段，因为我们在以前的文章中已经反复谈到这一点。我们在这里只想补充如下一点：几家重要厂商的少量捐献，就足以带头推动和开展本质上是主张自由的伟大实业。如果对参加这一光荣竞赛的某些作家颁发奖金，那么一笔微不足道 [2] 的五万法郎奖金，就可以构成最伟大事业的资本，即最幸福的革命的资本。为了法国和全世界的康乐，这一革命总有一天可以完成。

[1] 我们所以用经济学家一词来表示研究政治经济学的人，是因为政治经济学这个词偏离了原意。同时我们认为，政治经济学这门科学应当以经济学家的名字命名，因为经济学家是这门科学的真正奠基人。我们怀念他们作出的重大贡献；他们所犯的错误现在不会造成什么妨碍，因为这些错误已经完全消失了。

[2] 我们认为应当肯定，把一笔五万法郎的奖金称为“微不足道”的奖金是正确的。这个也许会使一些人感到惊奇的说法，在一些眼光远大的人看来却是正确的，因为他们看到讨论的结果一方面将使各项事业的投资达到三百亿；另一方面又将使实业免除目前缴纳的大部分赋税。“微不足道”一词，在那些看得更远的人看来更是正确的，因为他们预见到实业和和平制度的全面实现，是这一讨论的理所当然的结果。

论当今法兰西政府与反对派之手段 *

弗郎索瓦·基佐　著

王新连　译

目　录

* 译文所据底本为 François Guizot, *Des Moyens de Gouvernement et d'Opposition dans l'Etat Actuel de la France*, Paris : A la Librairie Française de Ladvocat, 1821。

前　言

1820 年，政权的体系和处境发生了变化。从那时起，它试图自欺欺人地逃避它的处境与体系；但是，它并不想改变它们。这是一种刻画着我们当下政治形态之特点的普遍现象，我在此尽力寻求它的表征、原因及后果。

法兰西现在很安宁，权力的行使毫无障碍。但是，法兰西对自己并没有信心，当局也没有力量。这种二元现象值得研究。

政府的目标和法律，都是要通过现时的安全来准备出未来的安全，并为其提供保障，这符合政府的利益，也符合人民的利益。如果说没有这些目标，政府无疑不过是在自欺欺人；这种自欺欺人会带来虚假的安宁，也会使政府产生错觉。

我认为，这就是今天发生的事情。我认为，错就出在内阁的体制上。当初它建立这一体制时，它认为是形势所迫，不得已而为之。如今它隐约感觉到了体制所带来的危险，却坚持认为迫人的形势仍在继续。我想做的就是证明，内阁所想象的那种紧迫形势并不存在，而内阁体系带来的危险则比他们所想象的要大得多。

当我在 1820 年试图以明确无误的语言提出这一问题时，我曾如此简要表述：当下问题事关维系正统王权，以及建立一种宪政秩序。这一目的，是通过一些公理、实践和对旧制度的拯救来实现呢？还是通过新的准则以及新法兰西的联盟来实现呢？问题丝毫没有改变，我的观点也没有改变。可是，形势有了发展，事件的进程使得事实更为明显。正是为了充分阐述这一问题，为了全面提出和支持我早已提出的观点，我出版了这本新作。我敢肯定，这是一些完全相同的准则、相同的观点。然而，这并不是新瓶装旧酒。下面人们将会看清楚这一点。

我只增加了一个词。我在此讲述了我对现行政权体系的差不多的一切想法，即如何更好地管理我们亲爱而美丽的祖国。只要形势依然如故，我可能就没有理由重新论证同样一个题目。我可能将要谈及的，是立宪政府的本质和原则，一些更具普遍性的问题，以及一些紧迫的问题，尽管这些问题不是现行政策所能解决的，也不是现在当政的人们所能解决的。法兰西已进入一个自由的历程。人们可以延缓它的步伐,但无法禁锢它的思想。人们的精神会向着政府所拒绝的未来前进，因为无论如何，这样的未来是属于我们的。

1821 年 10 月 22 日于巴黎

第一章 双重需求

今天，有两种事物是既虚弱不堪，又对自己的前途担惊受怕，这就是政权与自由。

病根在哪里呢？原因难道不是人类社会的通病，即如何协调自由与政权吗？

感谢上帝，这正是我们所要解决的唯一的问题！可是，我们要做的事却远不止此。两重相互矛盾的需求压在我们的心头。它们的同时出现，在我们亲爱的祖国造成了混乱，使我们优秀的公民逃之夭夭。

当以色列人在犹大·马加比率领下进入耶路撒冷时，他们看到的是坍塌的城墙，余烬中的房屋，一切都被损坏，一片杂乱无章。真是百废待兴，而敌人却就在城下。他们面临着双重任务，就是应该重建和保卫这座城市；人民遭受着双重灾难，战争与和平的劳累，他们一会儿放下锄头拿起刀枪，一会儿又要离开战斗从事劳作，这样的反复，无穷无尽。

我们当前面临着同样的任务。我们大家既要建立立宪秩序，又要挫败旧制度的反扑。这就是我们目前形势的症结所在。

革命摧毁了旧制度的政府，但它却未建立起自己的政府。真正的革命政府，是一种制度体系，也是一种影响力的构建，它在社会的各个层面上，保障宪政上的平等以及平等的自由，随时随地将公共利益置于政权的护佑之中，并能在一切攻击面前保护自己。然而，遗憾的是，这样一个政府，新法兰西的这样一个正规的、强大的组织，时下并不存在。可以说，革命仍然处在风餐露宿、无家可归的境地；它仍然风雨飘摇，支离破碎。它所提倡的原则，并没有形成行之有效的制度，没有形成行之有效的法律；它所倡导的利益非常分散，它们之间没有建立起有机的联系。如果扫视一下争斗中的朋党之队伍，人们在他们之中看到了大量的资产者，难道这不是一群国家利益的吞噬者？难道他们不是一些追逐其他利益和愿望的人吗？为什么会有这样的混乱不堪呢？这样的形势杂乱无序的原因何在？革命的法兰西还远没有站稳脚跟，也没有建制化；

它的内部，占统治地位的仍然是不确定和不明朗；善与恶，真与假，秩序的元素与无政府主义的种子，交替孕育着，一切都取决于偶然的因素。总之，它并没有给予它所属的法定利益以完整而法治的秩序；存在一些离心离德之徒，他们到别处去寻求革命没有提供给他们的利益，有时甚至甘冒巨大的风险。

如果说这一例证还不充分，这里还有另一个例证。法兰西举行了选举，建立了议会和革命所要求的政治机器的部件；它拥有了革命所促成的行政和司法体制；它的法典、它的具体机构一点也没有改变：我还要说，今天参与公共事务的人中，大部分或多或少地都曾在革命中扮演过一定的角色。然而，目前政府的准则，势力的结盟，语言和体制与革命后形成的法兰西的需求和愿望是格格不入的。革命给我们留下的任何一届政府，都被它的对手所侵占，又反过来以令人难以置信的便利来反对革命。

当然，我不相信革命就永远这样没有内部的组织，没有宽广的林荫大道可走，永远被既得利益者占据。可是，当前的情况就是如此。我再说一遍，经过 25 年的努力，它给我们留下的确是对于旧制度的胜利，但却没有留下一个正常运转的政府，一个完成革命，保证革命正常进行的政府，这是千真万确的。这样一个政府还有待建立，这是我们目前首要的和最迫切的需求。

1814 年，宪章[1]给予法兰西一般性的结构和最高权力机构。但是，与此同时，反革命也在政治舞台上再现，进入立宪机构，从而将法兰西推到巨大的变数之中。因此，另一种极其紧迫，有时与我刚刚谈到的需求完全背道而驰的需求出现了。我下面就解释一下。

---

[1] Charte 1814，文中通译为宪章。宪章是法国复辟君主路易十八在 1814 年 6 月 4 日所颁布的宪法，作为他的温和态度的证明。宪章共分 7 部分，74 项条款。宪章保证一定的基本自由：在法律面前人人平等；平等竞逐政府和军事的职位；不受无理拘捕和审讯；宗教、言论、新闻的自由；私有财产不受侵犯。当制定两院制（贵族议会和下议院）议会的条文时，没有考虑在革命时期已变成政治醒觉及扮演重要角色的群众。上议院的成员是被国王提名作为候选人，而下议院是在狭窄的选举权中被选举出来，大约三千万的人口中仅大约 9.5 万人可以投票。投票权只限于在直接税中能支付 300 法郎的 30 岁或以上的男性。成为下议院成员的资格是在直接税中能支付 1,000 法郎的 40 岁或以上的男性，合资格者大约为 1.6 万人。它主要是偏袒地主的选举法。这个立法机构不可以推动立法，只是可以通过或不通过由国王所起草的法例，而国王则拥有行政权。内阁是责任制，但宪章不清楚地说明内阁是否对立法机构负责。宪章试图治愈法国的创伤并且建立一个合理的、平衡的政府。 但是不可避免地依赖开明君主统治和上议院的态度。虽然宪章是民主思想的倒退，但是在理论上，它确实建立君主立宪政体和代议政府，对大多数的法国人而言，它是可接受的。它承认平等和自由的原则，但是它却没有满足两个极端党派。自由主义者认为宪章是保皇主义的胜利；极端保皇党不仅想压制自由主义的潮流，更希望逆转法国历史的发展，使之变为守旧。他们相信宪章给予太多政治自由，而他们期待恢复他们的特权和他们的财产。但是国王不准备这样做。他了解如果他放任极端保皇党，这将付出他的王位宝座；因此，他打击他们的活动和影响。他的主要部长黎塞留公爵（Richelieu）通过宪章也旨在保证自由，以防止革命。在拥护旧政权的极端保皇党和拥护新秩序的温和派之间，是不可能有和解的。协调他们的目标或者他们的原则是不可能的。最终，这将导致发生冲突。可幸的是波旁的路易十八并没有依赖任何一方。国王倾向温和，因此推迟了危机。所以路易十八的让步是不应该被低估的。——译者注

建立一个政府，巩固政权机构及其影响力，以便更好地管理更新的社会，是一件艰难而复杂的任务，只有政府与公民密切合作才能完成这一任务。事实上，政府是完成这一任务更具活力和更便利的工具。它的力量源泉来自它与公共利益的协调一致。正是借助于它的力量，公共利益才建立起相应的机构。这不是一种凭空的设想，一切都是在我们的眼皮底下发生的。执政府，这第一个给予革命的法兰西一种真正意义上的社会状态的政府就是这样形成的。这样一个政府，毫无疑问是很不完善的，它对新法兰西持久的真正需要应对得很差，只不过是应形势所迫而建立起来的。但这个政府是通过围绕着政权的公共利益之联合而形成的，公共利益的意愿催动着政府，以自己的影响力来协助政府，并承受政府施政的后果。在任何一个国家，在任何时候，新秩序的建立都逃脱不了这样的规律。

可是，要达到这样的结果，追求这一目标的社会就绝对要自身和谐，即占统治地位的利益从外部看起来是风平浪静的，其在内部更需要进行调节，形成自我秩序。只有生命无忧，才能安居乐业。只有安全有了保障，人们才会遵纪守法。因此，在经历了长期混乱之后，要建立政府的首要条件就是社会上政治的和平，也就是说，弱者对过去认命，强者在当前有安全保障，并对未来充满信心。

假如没有任何反革命党派存在，这就是 1814 年公布大宪章时法兰西的形势。经过新政权初创时期的不可避免的偏差和错误之后，法兰西人马上承认要建立自由，即应该建立起一个宪政政府。他们应该感觉到，暴力的要求、无节制的诉求、仇恨的思想，这些相互捣毁和攻击的工具再也没有存在的理由了。他们明白，已经控制局势的革命面临的最紧迫的任务就是建立起自己的大厦，给予它的机构和首长以权力，而这些权力是符合建立政府的原则的。

但是，反革命的复起，阻滞了法兰西公共利益的平稳结合，将公共的良知扼杀在襁褓之中。革命的法兰西急需的是恢复秩序，保持忍耐。武装起来的旧制度，将它推入暴力、混乱和黑暗之中。

在另外一个地方我也说过这样的话，我国 1789—1800 年的历史是一部战争史。不管这种战争就其原则而言是不是合法的，但事实是不容否认的。无论在法律上如何界定，在这一时期中，新法兰西与旧制度是敌对的。在波拿巴 [1] 统治时期，旧制度认

[1] 即拿破仑。拿破仑是名，波拿巴是姓。按照法国人的习惯，在其称帝（1804）之前，其应被称为波拿巴；称帝后，则应被称为拿破仑。从后文可知，基佐虽则承认拿破仑的伟大，但对他的施政手段多有不满；同时基佐写作此书的年代正是接替了被推翻的拿破仑政权的复辟政权时代，不能够承认拿破仑帝位的正当性。所以，基佐通篇都仅是称其为波拿巴，无论是在他称帝前还是称帝后。故而在翻译过程当中，也就尊重原文，通篇将其译为波拿巴。——译者注

为获得了幸运的和平。1814 年，它重新发动了战争，自认为会取得胜利。

我仍然认为这是真正的战争，而且它仍在继续。我不想人们错误地理解这些话，赋予它们以我不想赋予的意义，也不想人们否认我想赋予它的含义。因此，下面我还要进一步阐述。

如果说革命尚未建立起一个适应革命造成的社会的政府，那么，它至少催生了这样一种社会，旧制度无法再适应它。仅仅是这样一个事实，仅仅是新法兰西的存在，就给旧制度造成巨大的障碍。革命所做的，对革命来说是远远不够的；但是，对旧制度来说，除非它要摧毁已经出现的一切，否则便绝不会有什么机会。革命所做的这样一种不完备的建设，虽然没有得到巩固，没有受到应有的保护，但却遍布法兰西大地。旧制度若想在法律上，在政府的实践中，在社会关系中，在人们的思想中，重归旧制度的原则，回归制宪会议和国民公会彻底摧毁了的旧秩序，便需对革命带来的结果进行攻击，来推翻它们。在这一基本需求之外，还需要满足曾遭侵犯的、贪得无厌的个人利益。仅仅恢复旧制度的一些碎片，而不进一步令那些因旧制度倒台而蒙受痛苦的人获得收益是不够的。我认识一些人，他们就梦想一场无私的反革命，恢复特权，而又不让以前的特权分子获得实惠，只是在心理上得到安慰。旧的党派是不会这样容易得到满足的，只让他们享受到胜利的精神喜悦，是在玩弄他们。对于被革命剥夺了权力的旧制度的人，应该将这些权力归还给他们；他们的财富被损坏了，应该重建他们的财富。由于权力、影响力和社会利益从来都是属于其拥有者，就应该从现有的拥有者手中夺过来，还给其原有的拥有者。

为此，我就自忖：这如果不是一次真正的战争，一次动摇社会根基的内战，又是什么呢？即使表面上战争已经结束，事情亦然。难道在英国天主教与改革派之间的战争停止后很长时间，他们之间的争斗不是仍然存在吗？假如有人告诉波舒哀这不是战争，他会同情地微笑。

这就产生了重压在新法兰西身上的第二重需求。它需要内部的自我协调，自我组织，建立政府，同时还需要击退敌人的进攻，这个敌人试图侵占新法兰西的大地和它的机构，以便根据另外的原则，为了另一些人的利益建立他们自己的机构。

同以色列人当年一样，我们需要同时进行建设和自卫。我们共同经受着战争与和平的双重需求。

只看到两种需求之间不协调，将一种需求与另一种需求对立起来的又是谁呢？我们先看看事实吧，事实会清楚地说明这一点。

先看第一种情况。我们先来讨论关于给予法兰西一些种最大的公共自由——例如新闻自由——的事情。在这里，我假设这种自由已完全建立并获得有效的保障。宪定自由的本性就在于它要平等地赋予所有人，新闻自由在给予一般党派的同时，也给予了旧制度的党派。一旦获得这种自由后，它就会发动进攻，因为它需要征服；而且它并不缺乏手段和勇气。用不了多久，人们就会惊奇地发现，自由成为了旧对手的工具，他们会运用自如，甚至加以炫耀。但是，我认为在其运用过程中，立宪的法兰西却感到了敌对和异己，这样的情绪只会产生混乱和恐惧。受到攻击的不仅仅是行政机关，新闻一旦落于党派之手，它就不再是批评政权的工具，而成了别的什么东西。被攻击的是我们的社会自身，它的原则、机构和倾向。法兰西在其生存的 25 年当中成为了被辱骂的对象、被威胁的对象，它经受着不断的攻击，甚至遭受被彻底摧毁的威胁。战争必定引发战争，灾难在一些人身上产生暴力，而在另一部分人中则产生恐慌。新法兰西就会动荡不安，四分五裂；野心勃勃者就会躁动不定，胆小怕事者则会惊恐不安；前者会利用新闻自由将怒火引向他们的敌人；后者就勇气顿失，将他们周围的混乱归咎于新闻自由。用不了多久，社会上就只剩下了疯狂的斗士和惊恐不安的观望者。自由，它被人们援用亦被政府给予，以便抗衡政权，此时却堕落为不过是意在颠覆整个社会的战争当中的可怕武器。许多温和的公民和无党派隶属的人士开始怀疑新闻自由的效力，或者其实用性。我不得不说，对于温和的公民和无党派隶属的人士来说，任何大的制度都变成了一种令人怀疑和恐惧的对象，因此是变质的和腐败的，因为它的真正目标已不再是所有人的安全。

我这里说的是新闻自由，但也可以引申为任何其他自由。我们最紧迫的任务是建立这些自由，这是革命的保障。但是，这些自由建立伊始，同时就成为它们的敌人的武器。它们的目的是保护公民不受权力滥用的危害，它们自己也应该受到保护，使之不被旧制度所侵害。在执行宪章的同时，也应阻止那些意图利用宪章以达到其危害宪章的目的的人。

这是极其困难的，因为问题在于建立合法的秩序，以及甚至是处于战争当中的一种和平体制，与此同时又要无区别地向所有人提供自由的武器。

现在，让我们从另外一个角度观察问题，将目光从建立自由转向建立政权。这一任务是巨大的，为此需要必不可少的力量；应该从制度中、法律中、社会的存在中寻求这些力量。无论人们对此如何争论和讨价还价，都无关紧要；政权或多或少要进行武装，要得到支持。可是，政权是什么？当人们称之为政权时，人们什么也没有说，它并不存在于某个字眼中。今天谁拥有政权？明天又是谁拥有政权呢？这就是全部的问题所在，因为政权就是谁拥有它，以及保持它。出于理论上的需求，我们是否将赋予政权一些力量？为了它的生存，它需要这些力量。如果说仅凭人的理智就足以操控政权满足现实的需要，这是一种疯狂的想法，这种情况从来没有成为过现实。任何一个有良好智识的人，在建立权威之前，都会问一句：这种权威将服务于他还是威胁他，是保护他的利益还是损害他的利益。假如他对政权不放心，担心政权，或者仅仅是认为它会被敌人渗透，被敌人掌握，在赋予它权力时就会困难重重，就会十分吝啬；在它要求帮助时，他的给予就会精打细算，斤斤计较。不久之后，或者是出于算计，或者是出于不自觉，或者是形势所迫，他就会否认它最合法的需要，拒绝给予它必要的力量，最终可能亲手参与摧毁这个政权。

假如这种情况发生在自由刚刚诞生，政权本身还是一个孩童，并不拥有行动手段和影响，不足以管理一个自由的人民，不具有宪法给予它的手段时，又会怎么样呢？

我敢说，这就法兰西当前政权的状况。如果问题便是要如何建立政权，而这又关涉到自由的实现时，此种状况便会令相当一部分公民沉浸于恐惧当中，同时因此而激发另一部分人同样的畏惧。无论这部分人，还是那部分人，注意力都被我们当前所处的战争状态所吸引；他们面对的总是一些进攻的党派，随时准备抓住并运用诸如自由这样的权力武器，以维护一些特殊的利益。内阁一再叫喊反对无政府主义思潮，反对自负者的暴力，反对这种意图铲除权威进而社会肢解的混乱思想。在后面，我还要阐明我对这种抱怨的认识。但是实际上，如果政权今天只是以一种错误的理论处理事务，令人惊觉的不是它本身。我们刚刚从波拿巴帝国政府之下走出来，满怀着对自由的热切憧憬。对无政府状态和屈辱的回忆尚未远去，当政府处理事务时，不应该固执地、心怀恐惧地将我们当成瞎子和叛逆者。困难可能不在此，它存在于内心的无意识，它使公民不是惧怕政权，而是惧怕掌握政权的朋党，他们深怕自己落于这个朋党之手。无论何时何地，这样一种下意识充斥着人们的头脑，使人们看不见法律问题，看不见政治组织的利益，只关心当时的问题和利益。那么，一切都处在混乱不堪之中，出现了一种奇怪的现象。所有的人都宣示建立宪法秩序的意愿，即根据“宪章”的原则创立政府和自由；与此同时，人们又发现一些公众人物都处在神经质之中，有的人迫不及待地取消自由，有的人迫不及待地取消尚未建立起来的政权。对于某些人来说，自由已经太多了，因为他们以为，如果自由占压倒地位，某些党派就会利用这些自由大打出手。而对另一些人来说，政权则是太强大了，因为他们以为，只要政权建立起来，它就会被敌人控制。由此产生了两种对立的惧怕心理。尽管其结果正好相反，但它们不是出于相同的原因吗？从这一无处不在的事实当中，我们同时地既要建立一个政府，又要支持一场战争。

我们当前形势的基本特点就是这种两难，所有的尴尬都来自这样两种需求，政治要满足的正是这种支配性的、不可避免的事实。如果它不能认清这种形势，不能一方面组织起宪政政府；一方面又将旧制度完全排除在外，那么它就是错误的，甚至是致命的。因而，在致命的病患到来之前，我们所患的疾病就会继续存在下去，我们就会在虚幻的和平与荒诞的战争之间摇摆不定。我们既未享受到良好的治理，又不自由，因为旧制度仍满怀期望地、现实地在我们之中行动，就像是一种腐败的酵母，扭曲着我们的本性，破坏着我们的判断，搅乱着我们的行动，使我们注定只拥有一种支离破碎的自由，在一个摇摇欲坠的政权之下挣扎。

这就是当前的内阁给予法兰西的命运。它使我们忍受这种命运，因为它没有满足我在前面所阐述的两种需求之中的任何一种。我说的意思是什么呢？就是说它远不是在满足这些需求，而是在摒弃这些需求，压制这些需求。击退旧制度，建立宪政制度，这就是我们当前的任务。在此，我不吝从两个方面分析政府所使用的谋略，指出它既与当前形势直接矛盾，又同时寻求最合法、最有效的手段。为此，我须要首先确定内阁的体制，明确它的性质。

第二章　现行内阁体系

当一个政权还十分弱小的时候，就很难谈论它，因为人们将应用于其上的字眼可能会含义过强。我就来谈谈这种尴尬的局面。

波拿巴曾试图在承认革命的基础上，为了革命的利益而建立专制制度。现任内阁试图在旧制度的帮助下，并为了旧制度的利益，保持帝国政府的残余。它的整个体制都原封不动地延续了下来。

人们可能会叫起来，没有专制者怎么会有专制制度呢？在立宪制度下，国王从来就不是一个专制者。可以肯定的是，我们内阁中任何一位大臣都不会自称是专制者。可是，我仍然这样认为。

如果说我们的语言没有那么多足够含糊的、短命的、不完整的词汇来准确地、不需任何解释地描述当今（问题百出的）内阁政治，这不是我的错。我断定，旧制度、反革命、专制等词汇并不完全符合实际，它们包含一些过于肯定、过于结论性的意思。但是，假如没有足够的词来表述事实，受到伤害的正是事实本身。我下面就试着描述一下。

1820年，政府心怀疑惧，旧制度的党派也心怀恐惧，它们结成了联盟。可是，它们结成联盟伊始，就又相互惧怕起来。政府害怕旧制度的党派腐蚀它；旧制度的党派害怕政府实际上在利用它。对于双方来说，它们的结合不是出于自主选择，而是不得已而为之。从那时起，这种不得已就像一块大石头一样压在它们的心头，成了它们的负担。它们之间的关系充满了动荡与多变。反革命在内阁里插了一脚，可几个月后就退出来了。德·黎塞留（de Richelieu）与德·维莱勒（de Villèle）[1]，即右派与中间派，时而分离，时而接近。但是，形势丝毫没有改变。微小的曲折只涉及一些个人利益。说到底，内阁害怕反革命，认为它失去理智；而反革命不信任内阁，认为它捉摸不定。可是，它们又不得不走在一起，因为，任何一方失去另一方就感到自己完了，于是，随着分裂，它们便会跌入那种促使它们联合起来的惊恐之中。

事情如何办呢？什么样的政府体制适合那些既分不开，又不能步调一致地朝着同一目标前进的同盟者呢？大的灾难已经过去，带来它们共同的恐惧的选举法也被战胜了。现在，应该进行治理了，也就是说，制定法律，建立制度，满足各方的利益，调动一切力量，开始向未来进军。所有的事物都预示着运动，而运动则指向着一个方向，这成为一种必需。

对于现任内阁来说，这是难以解决的。以它目前的状况，进步是不可能的，牵一发而动全身，任何一个行动都是致命的。它命中注定是要停滞不前的。可以如此来形容，它已身陷绝境。

它并不想从这一绝境中脱身，我相信如此，它只相信国王和法兰西交给反革命阵营的权力。只有这一个阵营在前进，它有原则要执行，有利益要满足，有力量要显示，有前途要追求，为此要不惜一切代价。但是，你不要怀疑，内阁自己心里也明白将事务交给反革命阵营是存在危险的。大臣们与这个阵营共同经历了一段时期，他们亲眼目睹了很多，他们能够体会该阵营要求的强烈程度，它的希望的疯狂性以及它的力量的虚浮。尽管他们之间存在分歧，却不要认为他们中任何人目光短浅，不追求利益，

[1] 黎塞留（Armand-Emmanuel-Sophie-Septimanie de Vignerot du Plessis, duc de Richelieu，1766—1822），曾力助法国国王路易十八的复辟，1815年后曾担任议会主席、外交部长、首相等重要职务，是保守派的重要力量，其核心主张在于“将民族王朝化，将王朝民族化”。维莱勒（Joseph de Villèle，1773—1854），曾在黎塞留政府中任职，在1826—1828年曾组阁执政。——译者注

不对执政怀有极大的兴趣，我相信，也没有一个人在看到政权落入这一不祥联盟之手而不吓得发抖。

你看，这就是现存的内阁，转换真是极艰难的。在组阁的方式上，没有与旧制度的结盟，它就活不下去。有了与旧制度的结盟，它又无法向前进。它必须要存在，并保持死水一潭；或者它退出历史舞台，让位于一场革命。

很明显，它应该试验一下无为而治，它所运转的就是一种停滞不前的政治。实际上，它就是这种政治。下面看看它是如何满足于这种需要，既保住了位子，又无所事事。

人们说得够多的了。波拿巴在离开法兰西时，并没有带走他的政府；他留下了众多的法律武器，权威的工具和手段。这对于那些认为一切进步制度都是被禁止的，被忽略了的，不想向前迈进一步的人们是多么大的诱惑呵！帝制机器确实适应这样的形势，它的目标也在于此。专制政治，其本质上是停滞不前，而波拿巴的所作所为，实际上就是中止法兰西走向自由的步伐。在共和 8 年时，这种中止是必要的，我同意这种说法：被革命所破坏的社会需要停下来进行重建。但是，我不讨论过去，我所关心的是现在。于是，我发现了这样一个事实：政治发展的停滞不前，无所作为，既是内阁大臣们所处地位的必要，也是帝国体制最基本的特征。当我无法讲得更多的时候，我只有理智地肯定，他们正试图执行一种最适合他们处境的体制。下面，你们还可以看到许许多多证据。当前，我只限于指出事实。

我已经听到一些人否认这样的事实，他们需要否认这些事实。他们提出的反证就是，现在有了宪章，有议会两院，它们正在辩论。既然代议制政府继续存在，如何说帝制在大行其道呢?

你看，事实是，在代议制政府中有些人的头脑里，存在着一种挥之不去的想法。可能在他们眼里，宪章就像夏日的太阳，只要一出地平线，就会驱散夜幕，将光芒洒满大地。我比任何人都更加推崇宪章，但是，却不相信它有着那么大的效力。

首先，当我们抱怨宪章没有多少成果时，说宪章并没有死亡难道不是一种讽刺吗?杀死宪章，将它从我们中间抽出去，将我们从它那里引开！当然不，大臣们没有这样做，他们甚至没有这样想过。这样一种工作需要更大胆的想法和更加强有力的手段。即使是毫不掩饰地用尽其粗暴本性的专制主义，也无法笼罩一切。即使是波拿巴，凭借专制主义也不足以支持很长时间。波拿巴是一个强有力的人物，为了以绝对主人的身份统治法兰西，他善于抓住人民的想象力，吸收他们的参与，激励他们的力量，以其个人的光荣令他们头晕目眩，并将全欧洲变成法国的奴仆。这就是专制主义的代价，而且就是付出如此大的代价，也只维持了几年时间。因此，如果你们付得起这样的代价，就去接受专制主义吧；否则，你们就不要试图让我们经受这种恶势力的蹂躏。是的，宪章继续存在，代议制政府也没有消失；可是，大臣们的政策与宪章却毫不相干。他们的政府也只是一种遮遮掩掩、羞羞答答的马基雅维利主义，也只是披着代议制外衣来服务于旧制度。

因为，这种制度手中没有魔法，使之不受罪恶的侵蚀，使其自身永远忠于理智与自由。没有任何一种人为的机构可以如此自诩。从这种意义上说，宪制的诸形式是如此完美，它们迟早是会让真理取得胜利。可是，它也没有特权消磨时间，消极怠工。在达到真理的王国之前，这些形式还会被错误政策所左右，被一些坏的习惯引入歧路。

受这种形势所迫，内阁试图腐蚀它们；内阁正致力于在它的内部安置一些同它一样热衷于停滞不前、毫无生气、无目标也无政策的人，并使他们占到大多数，这是形势所迫。下面就看看它从何处寻求这样的分子。

经过我国的大革命这样一场革命之后，不可能不产生巨大的、广泛的惧怕情绪，即使在那些热切希望革命和从革命中得到了好处的人中亦然。自由派们却完全忘却了这一点。如果他们之中最固执者每天早上只阅读几页1792—1800年间的出版物，那些历史的纪念碑，他们就会懂得，往往是盲目的恐惧驱动了如此多的善良公民，只要一点象征，一句话就会将他们的思想引向那种境遇。没有什么比自由更美好，更优秀；但是，又怎么能要求那些只忠于字眼，而不了解其实质的人们预见到，某些原则的结果会超越充斥他们记忆中的事实呢？世界受到经验的限制，而在人们的头脑中经验又是十分含混的。人们将过去看成一个整体，而没有闲暇和精力去弄明白每一个字眼的实际含义，弄明白每一件事物的因果关系。如果承认了这样的一种判断方式是完全不正当的，那么任何一种好的政策便都应辨识出该一事实，并充分考虑到这一事实，因为人们不可能一下子就消除它。内阁抓住了这一事实，在革命的法兰西，它利用了革命仍在人们心中激起的恐惧情绪。恐惧的实质就是袖手旁观，无所事事；恐惧会将什么都控制住，一切都停滞不前，包括时间和世界甚至生活本身。对于其自身就害怕变动的政权，这样的景况真是一份丰厚的财产！1820年，它是现任内阁体系的首要支柱，这是它在同旧制度党派结合时带给后者的一份嫁妆。

当前述结合的危险能被人们隐约看见时，当旧制度党派要求它的代表在议会中获得比人们能够给予它的更多时，当内阁承认无所事事是它唯一的资源时，它就寻求新的支持，以克服它的弱点，寻求新的无所事事的工具。这一次，甚至在德·维莱勒和科比埃尔（Corbières）退出政府之后，旧制度又向它提供了新的人物，而它也就照单接收。

尽管这个党派表现得狂妄自大，它却不轻信。它经受了太多的风暴，结果不会再为风暴所累；它有太多次被征服，结果保证了强烈的信念。它在内心中是自感虚弱，怀疑自己的前途的。尽管存在着盲目性，尽管它固执己见，又胆大妄为但政治上的怯懦和奇怪的气馁也不少见。有不少反革命阵营的朋友已对它厌倦了，相当倾向于满足从仁慈的政权羽翼下获得的缓慢的、微小的成就。这些人找到了他们的位置，或者说几乎找到了他们应得的位置。在德·维莱勒和科比埃尔任职时，这些人与其协调得很好；但是，他们希望这两个人重新回来，或者某种更好的组合。在这种情况到来之前，现任内阁仍引他们为盟友；它可以以满足他们的自尊心，满足他们久违的胜利感；它给予他们日常关怀，在地方上的影响力，一些小恩小惠，这是政府付给他们的报酬，以答谢他们的支持。它展示着他们崇尚的原则，述说任何事时都使用他们所适应的语言。然而，他们实际上没有原则，也没有固定的、强烈的政治情感。旧制度并没有向他们提供任何确定的形式和强大而明确的制度，以使在它们垮台后，可以存留在人们的记忆中，以至于激起人们的热情，在胜利之时重建它们。这是一些含混不清的、无色彩的、不明确的东西，它们是不值得人们投靠的。这个阵营中的许多人很适应帝制。当这种制度以他们记忆中相同的形式出现时，甚至更加温和，更加不具压迫性，不与公共繁荣对立，用不了费多大的力气就可以得逞，开辟了通向他们成功之路时，他们又为什么会反对呢？贵族阵营的风尚，对它失败的记忆，它最近的失误，这一切都促成它内部不少朋友服从现任大臣们静止不动的政策。而大臣们无疑不会忘了给予他们关怀的；他们欢迎许下诺言，又心中不安；他们鼓励一些细小的希望，同时确保其仍有巨大的恐惧心理；最后，在私人关系中，他们对有虚荣心的、自命不凡的、虽有怀疑却不是不可相处的人们展开诱惑。因此，大臣们就轮番利用人们的恐惧和个人野心，利用人们的无原则，即我们本性中所有的温和、弱小和目光短浅，以尽量延长他们的无穷无尽的静止政策。

你们可以看到，我不是在羞辱任何人，对于无可争议的卑劣行径，对于固执的卑躬屈膝，对于屈辱的人性，对于不请自来的奴性，我未置一词。面对这样的好事，大臣们就却之不恭，欣然接受，他们没有错。但是，我以为，这样的事并不多见，而且其影响也是有限的。这并不是政治体制的一个组成部分。即使将弱者和胆小怕事者联合起来，人们也可以暂时组成一股势力。对于卑鄙无耻之徒来说，没有什么力量是可以不加利用的。没有其他力量支持的政权一天也待不下去。

你看，这就是大臣们及其党派的政策的真实意图。以静止不动为策略，以恐惧为旗帜，在革命的法兰西和旧制度的阵营中，他们集合了所有无助者，丧失勇气者，没有固定想法者，或者只关心个人利益者，共同分享帝国政府的遗产。以此为代价，他们沾沾自喜，以为可以一方面逃避宪章执行的后果，因为他们既不想执行，也不想废除这个宪章；另一方面又可以避免与反革命结盟，因为他们既不想完成这种结盟，也不想完全断绝这种结盟。

我下面还要来讨论这种可悲的体制。我将研究支撑他们的借口，他们使用的手段，以及他们所怀抱的希望。我将展示出，阻止一切前进的步伐，中断一切事物，总而言之，阻碍解决对法兰西生死攸关的问题的企图，是多么徒劳。这些问题在全法兰西范围内躁动，时至今日，这些问题尤其应该在内阁内部进行酝酿并得到解决。可是，既然我曾试图将内阁政策向我所呈现出来的样子明确表述出来，我首先就应该说明它。我必须在事实当中来追索，早已没有力量的波拿巴主义与毫无诚意的反革命之间的联盟，它们联合起来共同剥削法兰西，而在它们彼此之间却极尽相互欺骗之能事。我将从一些人物和事件中，从现任内阁组成的曲曲折折中，以及从这个内阁一年来的所作所为中，汲取证据。

第三章　内阁的波折与组成

在谈到人物时，我曾犹豫不决。我并不热衷于揭示公共人物的弱点、缺陷、前后不一和错误的政策。还有，我对当政者们的看法，一旦考虑到它不过出于我个人，我就觉得它是微不足道的。代议制体系是与这些判断的公正性相反的；它深刻地分裂各党派，激起人们的热情，引起语言的暴力，注定在个体的人与人之间培植起充满不公正的偏袒。眼下的问题抓住了他们，他们相互评判对方，不是根据其总的行为和特征，而是根据他们当年的形势，当周的行为和当下的言论。参与斗争的公众也运用这样的方法。没有一个人在参与私下的谈话后不证实这种慈悲为怀的激情，或立宪政体之运动中固有的情绪。在追溯其回忆之时，也没有一个人不会发现，根据不同的形势，不同的结盟，各党派参与的风风雨雨中，在不同的时段，对同样的人也会做出一些不同的判断。我摒弃这种判断方法，不仅是因为它是产生错误和不公正的源泉，而且是因为在处理实际事务中，它会带来严重的不便。为了让大家更好地理解我的想法，我没有别的办法，只有开门见山，直言不讳了。

我们生长在这样一个时代，没有多少事情是一成不变的。30年来，各种事件既动荡不定，又强度极大；各种需要层出不穷，又十分紧迫；一切仍然是模糊一片，混沌不清。在这样一种所有事物都流动的形势下，要求人，这种虚弱与轻浮的造物，保持坚定不移和始终如一，简直是一种妄想。这就是客观事实，政治应该基于这种事实，并具有预见性。谁又能够说清事物的所有表象，未来的所有组合呢？难道不应该忘却吗？谁又知道某个人过去曾对某件事、某种意见表示厌恶或恐惧，时过境迁后不会服务于它，保卫它呢？谁又知道这种意见不会接受他，而在过去对他不屑一顾呢？我不止一次听到人们颁布一些法令，称它们是无可更改的；我也看到一些人交恶，声称是无可挽回的：一旦形势发生变化，一旦有需要，一切樊篱都将倒塌，一切清规戒律都将弱化。让我们免受这种突然变化的尴尬吧！多一点正义，多一点远见吧！在我们心目中，人并不完全处在他当前的地位中；我们应该小心谨慎，不要单凭我们的主观臆断，以他们并未做出的承诺来要求他们承担相应义务。最后，我们还应该有能力利用变化了的形势和事件提供给事业的资源和机遇。

我看重的是，一旦时机来临，事情变得稳定了，各种立场表达得清楚了，各种要求不再那么紧迫，不再那么变幻莫测，各色公众人物的分野就会更加确定，人们对他们的判断也会更加肯定。我期盼着这样的时代早点到来，那时人们有权对政治行为提出更为强烈和严格的要求。可是，谁都没有权力超越时代；在这个时代到来之前，人们应该关注的还是公正。

我希望，人们会看到，我前面所说的既不是出于虚弱也不是出于谨慎胆小，而是仅仅是出于对真理的敬意，为了未来的利益着想。我接下来要谈论具体的事实。

人们认识到一年来内阁经历的曲曲折折。在上上次内阁会议上，德·黎塞留及其朋友们沾沾自喜的是，他们并没有被迫从其危险的盟友阵营中选出人士补充到内阁中来。这些盟友们自己表现出兴趣不高；人们从他们的言论中得出的结论是，无论是德·维莱勒，还是科比埃尔，或者是其他什么人都没有提出当大臣的要求。1820年举行了选举，从此之后，一切都发生了变化。提升德·维莱勒和科比埃尔已不能满足该阵营的野心；德·黎塞留的期望则是仅仅吸收这两位入阁。人们以各种方式试图拉他们入阁，可他们还在犹豫不决，还在等待他们阵营的首肯。起初，这个阵营拒绝了；它认为胜利是微不足道的；该阵营两位前领袖尽力向它表明加入内阁是有利可图的，这反而引起这个阵营的怀疑。为了让那些心怀猜忌又贪得无厌的朋友进入政府，这两位候选人与前大臣们进行了那么多的交涉和谈判！有许多次协议即将达成，又中断了，接着再进行了接触！最终，德·黎塞留坚持只接受两名大臣，而德·维莱勒和科比埃尔也一再声称这是不错的一件事,协议终于达成了,但未被该阵营正式接受。内阁中弹冠相庆，突然中断谈判的德·夏多布里昂先生被看成是君主制的救星。

将其命运寄托在组成一个注定是无所作为和摇摇欲坠的内阁上，对君主制是多么大的讽刺啊！这个内阁成立伊始，它的态度就预示了它的前途。很明显，它近于衰弱，而不是团结了各种力量。过渡期显示了双重无能。人们看到,无论是德·黎塞留的阵营，还是德·维莱勒的阵营，都不能战胜对手，他们不能分开，也不能取得胜利，或者无法亲密无间地联合起来。总而言之，在新的内阁中，新旧大臣们在试图相互融合和侵蚀时，力量相互抵消了。

这恰恰就是德·黎塞留与其亲密伙伴的政策。他们吸收德·维莱勒和科比埃尔进入阁，只是为了省些力气，希望新入阁者帮助政府管理旧制度的阵营，阻止它达到它的目的。在这里，我接触到了这个阵营当时最根本的弱点。对于任何一个不是一开始就参加这个阵营和不是始终处在其麾下，并尽全力实现其目标的人来说，与其结盟只是一种不得已而为之的权宜之计，他们在签字之时就是为了逃避。人们接近反革命，不是为了服务于它，而是为了利用它。为宪政的胜利而努力是一种理智的事业，这是一个有良知的人所应该从事的事业，无论实现它是多么的艰难。协助反革命实现其企图则是无耻之举，任何一个稳重的人都是不齿于此的，无论其所在阵营纪律如何严明，如何要求他们完全服从。对于我们来说，最大的困难是缺乏手段，而对于我们的对手来说，其目的则是不可能实现的。这样一种事实事先就注定右派处在一种错误的立场上;他们接受了这样一些领导人,这些领导人意图收买他们,而不是引导他们走向胜利。对于德·黎塞留及其朋友们来说，他们只是一件工具。对于右派来说，德·黎塞留及其朋友则是一种障碍。

说实话，德·维莱勒和科比埃尔有一种使命。他们进入内阁是为了攫取实权，并将这种实权交给他们的阵营。然而，对于那些早已妥协，6个月以来，为了他们日后的提升机会而精心算计着该付出何种代价的人来说，这二人又是何种保卫者呢？他们并没有占据进攻地形，也没有率领他们的战士。经过艰难的等待之后，人们只给他们开了一扇小门，告诉他们单独入阁；他们不仅自己接受了这样的条件，而且还要负责让等在外面的部队接受这样的条件。他们还会有何脸面，有何权威呢？还有比党派及其领袖们经过艰难的谈判才得以羞答答地进入内阁更加惨烈的事吗？这些进入内阁的人，无论在其党派内部，还是在内阁中，都被贬低了，受到了羞辱，他们的能力也大打折扣。他们一开始就披上了“左”的外衣，说明他们没有一贯的立场，阻碍了他们为其党派利益而渗透政权，因为他们是费了九牛二虎之力才得到进入政府的机会，但是却也只是半进入政府。

这就是当前的总形势。可以看出，无论从哪方面说，它只允许人们奉行一种柔性的、试探性的、几乎是静态的政策。我们也会看到，在过去，这些人由于个人处境不同，先前的作为不同，他们的个性就会带来完全不一样的结果。

我在别的地方说到过德·黎塞留，我不得不再说一说他，丝毫不是因为我改变了看法，而是因为他的个性、他的立场、他所特有的影响力，在上届政府中得到了明显而充分的展示。内阁的整个政策都是围绕着他展开的。我说围绕着他展开是因为他是政府的核心，是政府的首脑。德·黎塞留并不是为达到特定目标而站在别人前头并领导他们的一个人；人们围绕在他周围，而不是跟随他，因为他并不向前行。我不知道为什么在他身上一些静止不前的东西，不但不对他形成障碍，反而成了他的手段。我并不是说他的政策是阻碍事物前进，而是说是他的个性如此。他将静止当成目的。危机就在眼前，病痛是巨大的……德·黎塞留先生登场了，他丝毫没有消除危机，而只是减小了危机的强度；他没有治好病痛，反而制造病痛，或者说让病痛继续存在下去，只是避免了病痛的加剧。一个好的体系或一个坏的体系，一个好的党派或一个坏的党派，开始时都可以利用他，但仅此而已。无论正确与否，一旦人们让他加快步伐，让他走得更远时，他就会止步不前，并进行抗拒。这是出于他正直的信念、目光的短浅和懦弱的个性。他待人诚恳正直，开始时会很快投入；一旦形势令人不知所措，进程加快，他就会感到迷惑不解，拒绝承担自己行动的后果，退缩到静止中去。这不是因为他怕受到牵累，而是因为他不知如何决定和如何行动。他不想作恶，也不会行善。任何暴力的东西都冲击着他的理性，任何困难的东西都超越他的能力。他止步不前的政策只是表明他犹豫不决，或者是他承认自己无能为力。当他处在这样的境遇下，唯一攫住他的情感，就是一种对于那些难以操纵的事和人的怨恨，这些人顽劣不堪，不愿接受一个诚实的人的管理，而事实上，这个人并不太关心他的权力，他执掌权力不过是用来服务于他们。

招募德·维莱勒和科比埃尔入阁，他可能是要休息一下，缓一口气。他以为赢得了旧制度的势力的支持，并控制住了它，以为中间派与右派的联合完成了。不久之后，他就发现自己错了。很快，两种相互竞争的势力竞相占据他的思想和意志。帕基耶[1]先生与西梅翁先生要求他控制反革命派，而德·塞尔先生、德·维莱勒先生和科比埃尔先生则要求他让反革命我行我素。

法兰西很严厉地批判帕基耶先生。它发现他或者在政府中，或者在政府的大门口，进入政府，从政府出来，再进入政府，成为一个不管在什么形式的政府中，在这样那样的联合体中，都是一个不可或缺的大臣。公众很容易对他长期存在于政府中表示厌倦，特别是他的进进出出，消失踪影及重新出现看起来是那么的易如反掌，不用有多大的野心就可以做到。政府要得到公众的谅解，就要让他长时间地待在政府中，而不是不断地进进出出。在风云变幻的大形势下，频繁的、细小的曲折也让旁观的群众感到某种不快和厌烦。这样的曲曲折折，即使人们不诋毁它，至少会减弱人们的接受程度。

这样的曲曲折折也让帕基耶先生受到伤害。直到不久之前，他一直处在前台，但不是首要位置。他一直被要求参加政府，人们却不说出到底是什么舆论、什么党派、什么外部影响在支持他、需要他。大臣们让他当大臣，他的升迁是大臣们的杰作，而公众完全是局外人。那么，人们在他身上看不到多少原则，只看到献殷勤；看到他只是对权力感兴趣，而没有伟大的雄心。总而言之，这样的性格和心态，使他成为一个有用的人，而不是一个不可或缺的人。或者说，他时刻准备着，但却孤立在各种舆论之外，他只是一个同路人，而不是任何势力中的一员。

这就是事实，这是无可置疑的。但是，其产生的后果却不真实、不正确。

在法兰西，有一个人数众多的阶级，但它在政治界却不显山露水，因为它没有坚定的信念，所有的舆论对它都持否定的态度。这些人经历了大革命，大革命的疯狂冲击了他们的良知，大革命的狂热违背了他们个人的诚信。经过大革命后，他们心惊胆战，特别是失去了信任感，认为政治自由既不可能，也不是一件好事，他们对任何泛泛的思想和强烈的感情都极不信任。他们长期以来适应波拿巴，波拿巴的不理智一点也没有打乱外部秩序，他的非正义也没有被人们所感知；波拿巴体制的缺陷只对一些上流社会的思想产生强烈影响，深深地影响着未来。我所提到的这些人，只是在局势出现反复时才会惊醒。所发生的事件牵涉到他们，看到波拿巴倒台了，就以为他错了。但是，这种新的体验使他们更加不自信，更加不轻信。这种新的体验动摇了波拿巴给予他们的信念，这就是一切。他们承认即使最巧妙的专制独裁制度也会不谨慎，也会做些过

[1] 帕基耶（Étienne-Denis, duc de Pasquier，1767—1862），是一个穿袍贵族出身的法国政治家。其在复辟王朝时期和七月王朝时期都很活跃，1837 年被路易－菲利普任命为法兰西掌玺大臣。1842 年进入了法兰西科学院。——译者注

头的事，并同自由一样失败。但是他们也不相信自由会更好，更加实用；他们只是变得更加敌视一切公开发表的舆论，敌视一切大胆的尝试，敌视一切决断的体制。他们怀疑真理的存在，屈服于一时的需求，规避困难，逃避责任，推迟做出决定，保持秩序，等待未来，这就是他们的信条。他们坚信，任何其他要求都充满鲁莽与危机。

帕基耶先生就是这群人中的一个，而且肯定是最显眼的一个。人们说他没有自己的理念；人们错了，他有自己的理念；他的理念，就是应该不信任任何理念，在各种理念中游弋，从每一种理念中汲取一点东西，从这里拿一点来回答别处的问题，再从别的地方拿一点来回答这里问题；每天都拼凑一种智慧，这就足以对付当前的需要。人们指责他朝三暮四；以我看，他只是给人以假象，实际上事情远不是人们指责他的那样。是的，由于他既无固定的原则，也没有确定的野心，帕基耶先生在两个极端之间的巨大空间浮动。在这样的空间中，他可以根据总形势的要求，或他自己个人需要，时而趋向这一端，时而趋向另一端。但是在两个方面都有一定的界限，他是不会超过这个界限的。在这样的界限之内，他理念的特性就是使他在改变立场时，不用否定原来的立场，因为他从来都不会坚定地站在某一个立场上。自 1815 年以来，他的立场经常变化，以我看，其变化往往是出于他本人的利益。然而，还是重新读一读他的演讲，仔细研究研究他吧！事实上，并没有多少讲演者得到的反驳比他少，也没有多少演讲者收回的成命比他少；而他却没有如此做的必要，因为他从来都不会以肯定的方式全身心地投入，任何肯定的想法对他都是免疫的。他口才很好，巧妙地逃避，很少使用肯定的口吻。还有，他在讲到一个意思时，会将另一个意思隐含在其中，总有一天人们会从他讲的话中体会出另外一个意思。1815 年，他与新法兰西的保卫者结盟，但却没宣称他是旧制度的敌人；1820 年，他在旧制度的旗帜下服务，但新法兰西却没有把他当成敌人。他既没有受到他的言辞的牵累，也没有受到他的行为的牵累；他没有参与任何暴力，也没有与任何极端派结盟；他站在战胜者一边时，也没有追究战败者。总而言之，他是这样一个人，他的良知从来也没有超越谨小慎微，也没有将良知置于谨小慎微之下。这是一个有头脑的人，他的思想足以让他在局势可以控制时处在某种地位上，而在局势紧迫时能够逃脱出来；这是一个社交界的人物，他缺乏普遍性的原则，但又不缺乏实用的品德；他使自己的政治良知不损害个人的性格。

不久之后，他就承认，作为辅助成分的反革命党派想成为主宰，一个充满希望的党派要夺取政权，他急于利用这种公共危机。帕基耶先生不喜欢党派，甚至是他自己的党派，他很重视自己保持对于政权的独立性。他渐渐地从运动中退出，并试图抵制反革命党派和德·维莱勒先生，至少是在疏远他们。尽管人们对此不能寄予很大希望，但是，人们还是要感激他的，特别是当他的抵制产生了某种效果的时候。人们对此并没有过多的期待。在这场斗争中，德·维莱勒似乎处在有利的地位。乍看起来，没有什么地位是比他所处的地位更加明确和简单的了。从 1815 年到 1820 年，他在为他的党派服务；在服务他的党派时，他表现出了智慧和一以贯之的作风。他忠于自己的伙伴，与对手相处中极有分寸，他表现得谨慎，被认为是有能力的。时代的潮流将他推到权力的核心，他在那个位子上得心应手，巧妙地支持他的党派的事业，而这个党派在将他推到权力上的同时，以为自己也处在了权力中心。

这是一种错觉，前一届议会让人们预感到了这一点；一当上大臣，德·维莱勒先生的立场就是虚假的，这个人的弱点也同时显现出来。作为旧制度的首领，他注定是不能有所作为的。他感觉到这一点，并针对这种形势小心翼翼地挣扎，因为他既不能忍受，也无法动摇它。他孤孤单单，脱离了他的队伍，单枪匹马，只有心甘情愿地扮演大臣的角色。他置身于德·黎塞留先生的羽翼之下，与帕基耶先生相处得十分融洽，很好地适应了一种不甚活泛的、软弱无力的政策，其目的就是忍耐与得过且过。但是，德·维莱勒想要的，他无法得到，人们也不能从他那里得到所想要的东西。内阁要求他控制他的党派，他的党派要求他控制内阁。在这两项任务中，第一项对于德·维莱勒是不可能的，不但对他是这样，对任何人来说都是不可能的；而第二项任务于他则是太沉重了。要想控制反革命，就必须引导它达到它的目标，就这一点来说，德·维莱勒自己也不相信，并没有胆量进行尝试。要想全面渗透政权，就要有一定的胆识，超凡的才能，还要某种思维和人格的魅力，必须有明确的目标，而且为了取得胜利而不惜代价。德·维莱勒先生什么也没有；他不受任何强烈的激情的推动，不受任何伟大的思想的指引。在他所采取的反对派小策略中，他运用了他所拥有的所有胆识与智慧；伟大的战争到来了，可是，这个人却早已筋疲力尽。很明显，他的新目标对他已是沉重的负担，他一点也不被他的同党的胜利渴望所左右，只满足于廉价的交易。那么，又如何办呢？内阁与党派都在，一方声称得到了德·维莱勒先生，而另一方则以为没有失去他；双方面都在逼他，同样也让他碍手碍脚。他无法满足这两种需要，也无力在两者之间做出决断，他只有时而逃避这一方，时而逃避另一方。在他的党派面前，他是内阁成员；而在内阁当中，他又有一点党派色彩。在德·黎塞留先生面前，他允诺其党派会驯服，而在其党派那里，他又声称德·黎塞留是善意的。他试图将他的同事出卖给他的朋友，将他的朋友出卖给他的同事。谁又会对这样的形势满意呢？形势日渐困难，每过一天，处在这样形势下的那个人的威信就丧失一点。他不再能够像他处在反对派时那样，时而展现其反革命的理论，时而运用自由的原则。他置身于一个这样的内阁，它几乎同时惧怕自由和反革命。他不再敢于表现任何形式的原则，因为任何辩论，任何稍微重大的机会，都表现出并加重了他的尴尬处境。你看，这就是那个党派的党魁，这就是那个人们费了九牛二虎之力才让他当上大臣的人；这就是那位大臣，他态度极不明朗，又羞羞答答，既逃避行动，又害怕陈述，只求不出头露面，又缄默不言，在他的朋友面前既胆小怕事，又不愿行动，因为他既不想失去原来的朋友，又不想惊了新的盟友！

这样的形势总有尽头。德·维莱勒先生走下来了，他从中摆脱出来了。某一天，公众获悉，科比埃尔先生与他不再是大臣了。公众问这是为什么。公众得知，在议会开会时，不知开了多少次会，经过多少次的辩判，讨论了拯救当前内阁的办法及其代价。人们还听说，一方面提出了强烈的要求；另一方面也做出了承诺，有几次就要达成协议，德·维莱勒先生替他的党派提出了不少要求，而他个人的要求则少之又少。还听说德·黎塞留先生时而让步，时而拒绝，答应了又反悔。最终，在双方都情绪激动之下，德·黎塞留先生让这两位大臣离开了政府，而他们的党派也答应离开政府。尽管有这些小的周折，公众还是认为这两位大臣的离开是相当重要的一件事，他们从中发现体系变化的先兆。可是，人们很快发现他们错了。内阁宣布继续它的进程，继续它的联盟；在它看来，右翼首脑的离去无关紧要，不足以导致与该党派的决裂。

它是否有道理呢？下一届议会是否会导向更加决定性的联合呢？德·维莱勒先生与科比埃尔先生是否会以胜利者的身份重新进入政府呢，还是仍然是陪衬，尽管心中不满，但却相当驯服呢？对于这一点，我不知道。但是，说实话，我不太关心。我不相信内阁或者右翼有哪一方会离开对方自行其是，也不认为最终结果会是它们真正分开。说到底，形势不会发生什么变化。纯粹静止的体系暂时保留下来了，但是，反革命却一直就在门口。应该重新与它进行谈判。帕基耶先生代替了德·维莱勒，德·黎塞留先生并不比以前更加坚定，德·塞尔先生留任了。

现在，德·黎塞留先生要在德·塞尔先生与帕基耶先生之间做出决断了。前者让他同右翼保持密切关系；而后者建议他除向右翼做出一些让步外，要与中间派共同进退。对于他来说，一方是政权的支撑力量，而另一方则是令其停滞不前的力量。在法国，这后一种力量是强大的，对甚至是最活跃的党派也有着巨大影响。我不知道德·塞尔先生是否真的还有政治野心，是否还梦想重建社会秩序，通过与旧贵族及特权的联合建立某些自由。我希望他是这样,因为如果一个人误入歧途,最好是让他处在梦想之中。可是我对这点表示怀疑，因为从他在上届政府中的所作所为和言行中，丝毫看不出任何真正的或虚假的原则的影响，看不出任何善意的幻觉。他同许多其他人一样，得过且过，屈从现实，缺乏思想，缺乏计划，没有目标，人们仅仅能够看到他的激烈的言辞，而这实际上与他的思想本性是格格不入的。他并不适合进入这样一个没有体系、没有前途，只知道用各种伎俩想法逃避君王与国家需求的内阁当中。在此中，他甚至都算不上一个党徒，因为所有的党派都要求它的成员为其目标而奋斗，富有激情，如果不能与它共胜利，至少能够与它同甘苦。无论如何，在内阁中，德·塞尔先生只是一个比任何人更加亲右翼的大臣而已。无论在内阁中,还是他的党派中,他都没有德·维莱勒先生那样的影响，尽管后者的影响也不是那么大。如果他还能提出社会改革方案的话，这个方案也会同之前一样毫无结果的。他变成了一个反革命的盲目仆从，或者在停滞不前的政策之中日渐沉沦。而这种政策既不想做点什么，也不能做些什么，一心只想阻碍目前形势的发展，防止未来的到来。正如人们所看到的那样，这种政策决定了内阁组成当中的周折。它在各种各样的形式下表现出来，当反革命服务于它的时候，却谋划着摆脱反革命；而当它感觉自己击退了反革命派别的时候，却又服务于它。这种政策让帕基耶先生获得了小小的成功，成为反革命党派的党魁；这种政策也使德·维莱勒先生微微地失意，因为他所处的地位使他不得不置身于运动之中，尽管他本人不大倾向这个运动。在这些人身上，在客观事物中，我看到了这样的体系。无论在议会内，还是在议会外,它都制约着政府的行为。它将政府的行动打上停滞不前和无能为力的深深烙印，这是那种既不能造就反革命，也不能满足新法兰西需要的政策所固有的特点。因为反革命是无法造就的，而新法兰西的需要也不能通过与反革命结盟来得到满足。

第四章　1820 年那届议会

当 1820 年那届议会开幕时，新的法兰西惧怕一切。内阁心怀恐惧，旧制度对它却寄予很大希望。

当会议结束时，旧制度退出了舞台，满心的不情愿；内阁得救了，但是却对未来缺乏信心。令新法兰西惊奇的是，人们并没有做出令她恐惧的事，但她还是感觉处在危机之中。

也许是我错了，也许这正是内阁所得以自夸的。但是，即使在这点上，它也有点

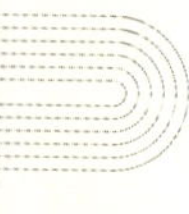

夸大其词了。即使说1820年的这届议会并没有让旧制度的党派得到它所想得到的东西，但它并不因此就不对法兰西是灾难性的。

依我看，这就是它的最大特点，是大臣们政策的直接结果。它使政府的政策脱离了社会的一般利益，只屈从于某些人的个人私利。内阁的任何建议，任何措施都是毫无原则的，都不以法兰西的利益为目标。在活动中，大臣们都不以公民的权利，公众的需要为念。做出一切让步，以分裂或者安抚日益不安分的盟友，避开那些牵累他们的人和事，一切都服从于不可告人的目的，为了他们自己的立场而牺牲掉一切，这就是他们的所作所为。代议制政府成了人们结党营私的借口，在它的掩盖之下，所有罪恶和个人野心，都以法兰西的名义登堂入室了。

我并不想深究这样的实践每日里是如何进行的，不追究这些行为的主角，也不想追究其内幕。这一切，我没有必要知道。这届议会的进程及其结果足以说明，公共利益不是它的目标，与公共利益背道而驰的利益，甚至与各党派之间关系无关的利益左右了政府的行动。

首先，这样一届耗费时日的议会，并没有做出像样的工作，没有通过一项重要的法律，这难道不令人们感到惊奇吗？选区划分的问题当然应该解决，因为这是十分必要的，它涉及各个党派的利益。内阁还提出了另一项建议，是涉及市镇体制的。下面我马上就要说到这一点。可是，显而易见的，这项建议甚至都未经讨论，这一点我不感到遗憾。我只想指出一点，就是内阁向我们展示的那种颟顸无能，且不说它无法提供能够令我们满意的制度，就是随便什么制度，它也都无法有效提供。它所服务的党派，也提出了同我们一样的要求。该派别每天都在喋喋不休地说，只有通过一定的制度，通过对权利和影响进行一定的组织，革命才会被战胜。内阁也满足不了它所属党派的这个要求，就像它无法满足我们的要求一样；在它所处的状态当中，任何制度都是无法建立的。这些制度无论好坏，其必须的作用都是要保证人们的独立，动员各种力量参与到运动中来；而内阁所思所想的，就是让所有的力量都静止不动，让所有人的独立都得不到保证。这就是它的欲求。任何一种制度都是建立在一定的原则之上的，必定产生一定的后果。然而，现任内阁执政的目的，就是无原则和无结果。它无法构成新的法兰西，因为它的盟友们突然起来反抗了。它也不敢重组一个旧制度，因为它怕得发抖，害怕在这个过程中令自己消亡。革命的思想和利益是如此强大，以至于攻击它的人也无法摆脱，革命让这些人在攻击它的过程中心怀疑惧，并使他们的行动陷入瘫痪。没有多少个头脑有足够的胆量，或者说有足够疯狂的计划将特权引入市民社会秩序当中。分配的不公，优先特权，行会的重建，总之，一切制度，都是旧制度的党派恢复其帝国梦所需要的，这一点也不错。一想到这种企图，大臣们就会心惊胆战；他们隐约地明白，当前社会形势，正通过隐秘的力量，推开将给他们造成伤害的那只亵渎圣灵之手，并使这只手变得软弱无力。你看，从这方面来说，他们显然不可能建立任何制度。从另外一个方面来看，这种不可能性就更明显了。1816 年到 1820 年间建立的体系中，每年都会取得一些进步；权利与自由都不断地得到确认和合法的保障，这样的发展是我们亲眼目睹的。在当前的内阁体系中，这样的进步无可救药地停止了，因为没有任何一项真正确立起来，并得到保证的权利与自由对现行体制不是致命的。大臣们重新要求设立对报刊的新闻检查，以其作为一项非常法律。这里存在一种谎言，这不再是也不可能是一项非常法律，对于当下的内阁体系来说，这是一种持续的日常性需求，并且变得日益紧迫。法兰西的稳定与繁荣，行政机关的温和化都不会改变这一点。在前进的道路上，政府永远都不会有这么一天，同真正的、积极的新闻自由妥协。我们所有的自由与权利也不会同它妥协。无论它愿意与否，内阁永远都不能够给予我们一些有活力的制度，否则它的政策就寿终正寝了。我们不可能逃避一切，曲解一切。能够建立一部选举机器就已经很了不起了，它改变了法兰西的面貌，又没有彻底压制她。并不是所有的事都可以这样做的。人们就没有成功地为陪审团、新闻界、个人自由与地方行政建立起这样的机器。制度运转得越经常，涉及范围越广，深入社会的内部越深，欺骗就越困难。我猜想，如果市政委员会成为现实，人们就会建立某种程度的组合，形成一种虚假的、骗人的多数。然而，此种事实既成，则不久之后，它就会要求一些于己相适的原则。并不希望依从任何原则的内阁，不可能向事实敞开大门。为了下议院的选举，形势迫使它试图解决这一棘手的问题；但它将小心地避免在别的地方谈论这一问题。我们看到，司法掌玺大臣今年建议设立陪审团，表面是一种改革；马上就出现了一大堆内阁难以解决的问题，而恰恰在这些问题上，德·塞尔先生正在小心翼翼地避免触及。他以为给予了议会一项简单易行的、有利可图的草案，但是它却涉及了一项制度。在辩论中，内阁的尴尬与无能为力立即显现出来，它没有宣扬任何原则，没有许下任何诺言，没有让人们看到任何前途。在下议院中，司法掌玺大臣甚至都不敢试着答复鲁瓦耶－科拉尔先生[1]的强烈置疑！

[1] 鲁瓦耶－科拉尔（Pierre Paul Royer-Collard, 1763—1845），是复辟时期法国的政治家和思想家，系“空论派”（Doctrinaires）的首领。基佐本人也是空论派的一个重要成员，该派意图将君主制与大革命调和起来，将权力与自由调和起来，从而建立起一套可行的立宪君主制，实现革新和终结大革命的任务。从基佐的本篇著作中能够清晰看到这种主张。该派奉行一种中间路线，并提出“理性主权”、“能力合格原则”及代议制政府等政治主张。——译者注

这就是关乎制度问题时内阁的常态。制度问题差不多总是政权的烦心事，对政权来说，它们是一些难以处理的问题。如果政权不想完全投靠旧制度，不想成为某一个党派野心的纯粹执行者，它就应该置身于不作为之中，置身于虚无之中，拒绝任何一般性问题，排除任何想法，不接受法律所承认与保护的权利，使社会处于一盘散沙与停滞不前的状态，这就是我们目前看到的情景。18 世纪曾出现过同样的情景，当然形式有所不同。政府曾是温和的，法兰西一片繁荣昌盛，行政机关的徇私舞弊，法院的贪赃枉法，当局的消极抵制，丝毫没有阻止思想的进步与公共事业的繁荣昌盛。政权在人们陈旧的服从习惯中存续着，在各种力量的分裂中存续着，在普遍福利的感觉中存续着，人们在起而要求这些福利得到保障之前，即已享受着该诸福利。但是，人们是否可以要求，政权应当与社会相联合，与社会共同前进，聚集与调节社会的新需要及日益增长的能量，以最终适应必然要到来的未来的种种需求呢？而我们的政权马上就表现出怨恨与无能为力，它不知道，不愿意，也不能够这样做。最终，它只能成为社会的异己力量，甚至与社会对立，而在一个半世纪中，这个社会一直都平静地生活在它的治理之下，且繁荣昌盛。

这就是我们的大臣们的所作所为。他们继承了波拿巴的统治机器，就像路易十五继承了路易十四的政权机器一样，继承了古老的君主政体。他们也利用了人们休养生息的愿望，利用了繁荣昌盛的状态，在经过革命与战争之后，这种状态必将导向和平。我认为，他们注定要与一些更加严肃、更加深刻的政治派别一起生活。但是，他们就像对待宫廷党派一样对待它们，吸收个别一些人，与野心勃勃的一些个体进行谈判，对某些个人开出大的价码，而拒绝让普遍利益成为决定性的力量，或者只在表面上应付一下它们。

这就是本届议会没有产生任何效果的原因，也是它种下恶果的原因。人们丝毫没有考虑到未来；而在现时，人们也处心积虑地脱离我国政府的本性，或者让政府的本性腐败变质。在地方各省，依从帝制传统施政；在中央，实施旧制度与法院的体制，这就是他们运用的方法。他们需要一个派别的帮助，但是，不是与这个派别整体进行交易，而是与它的个别分子进行交易，即他们手头掌握的那些成员，或者是可以对他们俯首帖耳的成员。在这里，我不谈那些秘密的和非法的交易，只描述一下在公共活动中的政治印记，描述人们公开承认的政策，这种政策不是出自某个人的坚持，而是源于政府所处的客观形势。我将简要谈一谈这次议会的主要决议，人们随时随地都可以找到这些决议。

没有什么比政府向议会出的《关于省与市镇组织的法律草案》更明显地能说明问题，也没有什么比帝制政府与旧制度之间的交易更加显眼。在长达 5 年的时间里，旧制度的人物，无论是作家还是演说家，都以捍卫地方自由的使徒。他们这样做易如反掌，既不与他们的政治理论相抵触，也不会连累他们的党派，甚至在服务于其党派的同时还可利用它来损害代议制的团结。这是反对革命，反对内阁的一个十分好的策略。这些人上台执政了。一项法律提出来了，以他们的方式，至少是得到他们承认的。这项法律要做什么？它保留了波拿巴的体系，只是试图将这个体系送给反革命。旧贵族在帝制的专制中安身立命。你瞧，这就是德·维莱勒及其朋友们给予法兰西的所有地方自由。

这项法律的条款暴露了它的意图。它包括必不可分的两个部分，涉及事与人，即地方委员会的职权与组成方式。首先应该是委员会的职权，在决定让什么人执行权力之前，应该先确定这个权力要干点什么。可是，这种很自然的顺序却被颠倒过来，委员会的职权被安排在了法律草案的最后几章中。这什么？因为这无关紧要，因为它早已存在，且毫无变化；因为在处理它们的事务时，地方政权几乎没有任何保障，没有独立性；因为涉及这个题目的任何重大问题都没有得到解决，甚至没有引起人们的注意。在这里，故步自封的政策再次取得胜利，一切都是原封不动，或者是避而不谈。

很明显，人们所考虑的只是人事安排。由谁来利用帝制呢？这才是唯一的问题。当然应该是旧制度，这是一成不变的先决条件。这件事是十分不易的。在这里，我们不再处于社会秩序的顶层。为了让旧制度有机会获得虚假的多数，就要更加疯狂地歪曲事实，更加粗暴地践踏权利。任何东西都不是没有代价的。为此，人们大幅度地减少了选民人数，召集起来选举法兰西全国议员的人们，不再有权利选举地方政府的组成人员。人们用一种最为强加性的贵族制原则取代了良心自由的原则。当无法避免要在诸如城市等地进行地方选举时，就尽力避开不被信任的阶层，如商人与律师，不明文规定这些人的参与人数，也不规定这些人的竞选方式。人们保留了在不同的地方，根据党派与政府的方便来进行调节的权力。与此同时，人们还处心积虑地添加了些新名词，但不是用其来重建行会，而是按不同的行业区分社会阶层。在涉及省级委员会时，出现了另一类难题。这种机体因其本性而具有了一定的普遍性，拥有一种人们惧怕的力量。这就需要将门收得更紧，只让旧制度与现政权参与其中。通过一系列怪诞的组合，提防与障碍就成倍地增加了。排除了直接选举，因为它太过诚实；排除了决定性的选举，因为它太独立。但因为现实的力量仍有许多机会取胜，于是他们就求助于省级委员会自己连选连任，不管是现任的委员，还是将来的委员，这样，至少可以确保他们在选举中有一半的影响力。

我现在不讨论这个法律草案，只研究它内含的政治特点，下面就是我的解读：政权给予旧贵族以乡村中的地方自由，条件是旧贵族给予政权以应有的行事独立。

这就是人们所称的制度！所谓制度，应当是要集中社会的真正和自然的影响力，对它们加以利用并对其进行调节，帮其巩固以便让它们参与部分公共事务。然而，现时的人们却在致力于避开这些影响力，削减这些影响力，代之以一些虚假的、骗来的影响力，而后者是毫无真实性可言，在实践中也是没有独立性和现实性的。

这真是人们精心策划的吗？他们头脑中是否清楚地认识到自己的所作所为呢？我不知道，我也认为这无关紧要。当一个政权误入歧途，当一个不应执政的党派自称拥有了帝国，那么它就会受到其所处地位的左右，甚至决定了它的结局。他们总是不知道自己在干什么；但是，他们总是在做一些他们认为适当的事，而且是一些只适合他们的事。我说过，目前的内阁不能够给我们建立起一些制度，旧的贵族也没有能力为我们建立起这些制度。因为它缺乏高尚的思想和宽宏大量，旧贵族有时只梦想获得自由、权利，并根据自己的尊严塑造这些自由与权利，而不是根据公众的利益来塑造自由与权利，目的只是为了对付政权。因此，它无法采取一些高尚的立场，也不能独立地采取行动。请让我使用这个字眼，它与法兰西极不和谐；它对人民毫无用处，对它自己也一样，失去了对抗当局的立足点。它向制度所要求的自由，已是无原则的自由，其结果也是法兰西所不需要的；它想要将这样的结果同时强加给人民和政权。这样的事情并没有发生。只要旧制度的党派继续存在，它与政权的联盟就是不可或缺的。它们两者之间，会就相互服务进行讨价还价，而最终付出代价的是法兰西。但是，在它们之间的关系中，任何一方都不能宣称拥有独立性与尊严。它们可以联合，但是条件是同时降低了身价，或是轮番降低自己的身价。右翼大部分成员在进入议会时，心中怀着的不是爱国主义情怀，而是有点自命不凡，对民族的自由不那么友善，但对其个人的权利却十分关注，进而提出一些法案，以便于他们享用权利，并得到保障。这一点又有谁看不出来呢？他们参与进其党的一般运动，被迫陷入完全的消沉之中；他们或者被迫接近政权，与其他人一样放弃对自由的追求，或者置身局外，无所事事，心怀无为的怨恨。这正是该党派所求之不得的，当那个政权不对它大肆张扬时，它对利用它的那个政权也噤若寒蝉。当这个党派要求内阁建立一些符合所有人权利与利益的地方制度时，它又在做什么呢？它发觉自己破产了。因此，它只得与大臣们密谋，要求后者帮助它建立一些骗人的、只对它有利的制度，一些躲避危险的避难所。大臣们同意了，但条件是这些避难所也向大臣们开放，这些没有大臣们的参与就无法建立的制度，本性上绝不能变成对抗他们的制度。事情就是这样，因为不可能是别的什么样子，屈辱的旧贵族牺牲了它们地方独立的梦想，以努力避开我们真正的自由给他们带来的危险。

在这件事上，下届议会又会做些什么呢？重新捡起这项旧的法案，还是提出一项新的法案？这无关紧要。客观形势将会对所有的法案产生同样的影响，它们都会具有同样的特色。旧制度发明不出另一种联合方式，既让它脱离政权，而又不面临垮台的危险；政权也丝毫找不到另一种联合方式，使它既摆脱旧制度的羁绊，而又不受全民族的制约。但是要它们共同延续一种动荡的、不牢靠的存在，或许也是不可能的。而建立一些让它们都变得强大，或者压倒对方的、保证它们能够达到目的的制度，这也是犯禁的。相互分离，它们将弱不禁风；合在一起，它们又一事无成。

这样一来，它们的结合没有产生任何一项重大的法律，没有建立起任何一个真正的机构，就不令人惊奇了。无效的立法是它们政策的需要，而它们的政策则是它们所处环境的需要。

因而，内阁就不急于展开这样的讨论，因为一旦展开讨论，这一切就会展现在人们眼前，它就必须支持一种对它来说毫无原则的讨论，或者说是一种不涉及公共利益，或者是合法利益的讨论，其结果就会使它与右翼的联合大白于天下。右翼也感到它的处境不妙，不知如何摆脱，它也对延迟曝光乐观其成。关于地方政府的法案搁浅了，这届议会就只充斥着泛泛而论。

我无法用另外的名字来命名《关于创建新的教职和消除教会补贴等级》的法令。设立教区，它的权利以及它与政府与公民的关系等，什么都没有解决。人们达成了协议，就像它符合宪法秩序一样。在这里，一项基本法是必需的，是人们期待已久的。假如1802年的《教务专约》（*concordat*）[1] 没有受到动摇，假如共和10年芽月18日的组织法仍然完全有效，这样的需求就不会是那么紧迫，那么显著。废除手头已有的规章制度，刺激各种力量，而没有什么东西替代这些规章制度，这是政府的拙劣。一切都陷入不确定之中，陷入混沌之中，权威与自由都不知该如何再共处了。可以肯定的一点是，

[1] 大革命中的法国与罗马教廷尖锐对立。在波拿巴上台后，为争取罗马教廷的支持，他派代表与罗马教廷谈判，1801年7月15日，波拿巴与罗马教皇签订了一份政教协议（即《教务专约》）。不久得到罗马教廷批准。翌年，经法国立法院同意，元老院批准，最后由波拿巴作为国家法律正式颁布实施。该专约明确了教会与国家的关系，以法律的形式既维护了法国广大民众信教的自由，又使天主教从属波拿巴政权。该专约对于波拿巴政权的巩固极其有益。——译者注

没有人认为上一届议会改变了这种令人难堪的态势。对于大臣们的宗教信仰，人们谈得够多的了。内阁建立了一种政治财政基金，用来再建 30 座以上的教堂。可是，对于保证神职人员的命运，人们却什么也没有做，绝对是什么也没做，也没有对群众和神职人员进行教育。旧制度与政权处在这样的境地，它们无能力做任何创建，不能解决任何问题，它们无法摆脱这样的处境。从这个党派操控当下的时局的诸种手腕上看，人们只能说，它对自己是篡权者这一点心知肚明，感到没有前途。他们处理一切事情，都好像是在享受丰厚的篡夺物，他们以不安的心情，吞噬着每一天的快乐，不去考虑让他们手中的财富增值或对其进行有效管理。人们想优待神职人员，你们相信建立教堂的任务终将完成，相信将会研究它的一般需要，相信会给予神职人员在社会中一定地位，相信将会确立他们与政权以及各种权利之间的关系，相信他们会得到应有的待遇，让他们可以体面地生活。但是，事实全然不是这样。人们只是匆忙地关注着这里的教区、那里的教士年金之类的东西。人们请求省、市地方政府建立一些基金，这是他们不敢向议会提出的要求，议会则总觉得好像它所给予的比人们向它要求的更多。除此之外，什么也没有决定，什么也没有解决，什么也没有建立；一切一般性讨论都避免了，好像它们是无法讨论的，是危险的一样。事实上，当人们的欲望超过其能力时，这也是实情。然而，人们会相信他们的所作所为是有用的和有效的吗？人们以为宗教与神职人员从暂时混乱的局势中获得到好处了吗？不应向他们提供靠不住的赃物，而应提供一种符合我们国家总体制度和我们的习俗的完整的、合法的存在物。你们说现在主教人数不够，但你们没有说到底缺多少以及什么地方缺。你们的党派可以向你们无限制地提供，但你们害怕了，退缩了。你瞧，这就是你们的党派与你们之间的一种艰涩的谈判，这样的谈判不以任何原则为基础，在这样的谈判中，事实也左右不了原则，谈判仅仅是要确定一方要提供多少主教，另一方要炒掉多少主教。这是公共法律吗？在这里，人们考虑到公众权利与公共利益了吗？公共利益甚至消失得无影无踪，只剩下了武断与任性，它们之间的交易只是为了相互征服，相互利用，不是将政治当成一件理性的事务和涉及全民利益的事务，而是只关乎党派的私利与情绪，难道事情不是十分明显的吗？

这样的机会出现了，在现存的体系内，内阁感到十分惬意，它不想被牵涉进任何原则与制度观念当中去，因而也就脱离不开私利的范畴，而且它想永远将自己囚禁在这些私利之中，这就是关于受赠人的法律。很明显，大臣们急不可待地抓住这个机会，以增加其在新法兰西人之间的声望，而又不损害与右翼朋友之间的关系（它对这种关系甚至沾沾自喜）。这真是人类预见能力的弱点！由大臣们保护的私人利益，在旧制度中遇到了另外一些同样的利益，这后一些利益因为忌妒和愤怒也都不安分了。人们看到了这样一场辩论，其与法兰西毫无关联，只是一部分人同另一部分人在争夺钱财，人们提到的只是一些个人的名字，只是涉及取消一些人原来的年金，以便给予另一些希望得到一部分年金的人。内阁原希望得到右翼的政策支持；可是，它得到的不是右翼的政策，而是右翼的激情，这使它遇到了意想不到的风险。为了减轻这种风险，它不得不放弃了残存的一点原则，而这些原则恰恰是它所提议的法案的基础；不得不牺牲受赠人的利益，而又让他们模糊看到，内阁在保卫这些利益。如此一来，大臣们就不能与旧制度在任何确定的体系内团结一致，就无法根据某种普遍的原则而共进退了！如此一来，他们只有比邻而居，得过且过，始终做不成任何一件能够延续下去的事，也不能向稳定的和正常的秩序前进一步。

现在，再看看本届议会上那些最琐碎的争论，就像那些最重要的争论一样，它们因政府的建议而被激起，因偶发的局势而被激起。它们都被打上了同样的印记，都表明人们忘却和放弃了任何公共原则，忘却了和放弃了法制观念。会上决定了选区的划分，不要期望什么总体考虑，不要期望任何形式的原则指导这一工作，不再考虑选民与公众的方便与利益。在这项工作中，公众的利益与选民已不复存在。存在的只是一系列相互矛盾的权宜之计，它们相互否定，相互抵消。在这些权宜之计中，人们关心的只是让真理服从于阴谋；社会被看成是反叛的基础，应该千方百计地加以整治，让它接受一些它极度厌恶，但迫于压力不得不接受的形式。自由退缩到讲台之上，在那里，还保留着权威和权力所允诺的一项权利。然而这项权利也受到了攻击，它受到了最广泛、最含混的威胁，人们没有胆量实践它，而只是在一些无须因实践自由权利而恐惧的情况下才敢略微尝试。在这里，恶意又藏身于无能之中了；可是，人们还不忘努力去无视与驯化这项权利，因为它的存在总是难以忍受的。一位高官反对一项决定。据他说，这项决定伤害了他作为一个有原则的人及守法之人的人格。很明显，他的这个要求包含一个普遍性的问题，这个问题被逃避了，内阁既不想承认原则，也不想绝对否认原则，害怕激起比一个人的不满更加普遍的不满。它所服务的党派总是对它的武断给予一贯的支持。德·科尔杜先生想公正地对待对手，作为一个有良知的人，他会痛苦而惊奇地发现，每当涉及践行正义与尊重权利的问题时，他都要与他的朋友们产生分歧。我不得不反复地说，蔑视权利，忘却公众，缺乏总体观念，对真伪无动于衷，抛弃前程，屈从于与小集团、个别需求、私人利益的联盟，这就是内阁在这届议会上的所作所为。说我们政府的本质与基本目标都被歪曲了也不过分。因为政府的目标恰恰是强行执行政策原则与法规，让总体利益超越个体利益，公众超越个人和党派。总有一天它是要达到这一目标的。但是，前进的步伐却中止了，人们试图将该诸目标抛弃在小党派政府或宫廷政府的路上。根据真正的自然秩序，每一届议会都应该向既定目标前进一步，都应该使权利得到巩固。人们想终止了一切进步，人们动摇了一切权利。人们要求一个本应渴望前进、规则与真理的体系服务于静止、武断与谎言。

人们刚刚对我们说，反革命什么也没有得到！不对，无论如何，它得到了最重要的东西：在立宪的外衣下，它成功地将其政策渗透进政府中，这是它所处环境下唯一的政策。在政府之外，它的作家们可以宣传他们的理论，策划一些重大的计划，重组社会。当它接近政府时，这个党派并没有期望这么多，它明白这些理论是难以实践的，这些计划是虚幻的，社会不可能接受那样的形态，以便让德·蒙洛西耶先生或德·博纳尔德先生置身于他们的行列之中。但是，假如它不能够重组社会，它就会腐蚀社会；它不公开声称以它的原则替代新的原则，而是致力于消除一切原则；它不将特权与人权对立起来，而是尽力刺激权利，避开权利，置权利于不顾；它不宣称某个阶级的利益超越了整体利益，而是使整体利益无能为力，失去保障；它试图掩盖危险，让利益在闲暇之中沉睡过去。这就是反革命的真正策略，其他一切都是妄想，仅仅是为了取悦于党派之外的情绪。我认为，它即使凭借这些手段也不能达到它的目标，使自己立足稳当；但是，这却是它取得并维续目前的成功的唯一行之有效的办法。内阁也通过类似的手段建立起自己的政府体系，服务于反革命。它服务于反革命，因为在其政策中，奉行了一些对它和对反革命都有利的准则、实践与习惯。拒绝权利的应有地位，推迟一切制度的建立，逃避将公共利益置于最高地位，不为未来做任何事，这实际上是向旧制度的党派开辟了一条路，因为后者首先就不想做更多的事。在上一届议会中，该党派在议会的下院取得的最积极、直接的结果，并不是其选举体系得到了巩固，它在几个绝非无关紧要的问题上取得成功，而是一种更大的的利益。该届议会将旧制度党派的精神引入了政府之中。

议会的贵族院则是另一番情景。作为立法院，它没有做任何值得一提的事情。作为司法院，它拒绝了反革命的束缚，极大地服务了宪政的利益。旧制度的党派与内阁也目睹了该院内部的巨大失败。它们有理由这样说。

长期以来，各种阴谋困扰着法兰西。长期以来，这些阴谋都是各个小集团策划的，也由它们做出裁断。我在别的地方指出过，政治干预司法是形形色色暴政的工具与特征。我不谴责这样的意图。但一个不争的事实是，我们因此而未能看到以法庭治理国家这一努力的复兴，这是政权认为自己处在巨大危险之中的征兆，它只懂得用不公正与压制来自保。议会贵族院打破了这一致命的治理模式。我们看到，大量的政治诉讼最后由法院来审理了。这是一种进步，其价值是难以估量的。我的任务不是收集一些细节，重新描述这一重大事件的内部进程。如果我们相信公众中的传闻，那么，政府曾做了努力，试图进入这一进程。它先是试图在诉状中加重罪行的性质，继而又混合着羞涩与顽强，试图扩大罪行的范围。在不知所措之中，政府要求所有的人宽恕他们的敌人，然后又痛苦地设想着人们会拒绝接受一桩无处不在的罪行，这又会给政府带来危机。政府发现自己被严格排除在一场它认为与自己利害攸关的辩论之外，似乎感到吃惊，指控那些反对将法律施于法律管辖的事实之外的安分守己的人们为虚假的反对派与懦弱的罪犯。一次政治性的大辩论，提供了真正的、有正当性的司法审判样板。它要求控方将自己的控诉限制在一定的范围之内，只叙述一些法律条文中可以找到的、准确的事实。它排除了一些泛泛而谈，含混不清的推定，以及一切使事实混淆、夸大、模糊与变性的云山雾罩，从与本案无关的情境中做出的归纳；事实更加集中，更加限定，更加明晰。一切的人和事，都恢复了本来面目，展现了它们的本质，限制在合理的范围之内。法律问题作为法律本身进行了讨论，是为了发现法律的本意，而不是屈从于某些情绪，或者取悦于某个党派。作为法院院长，丹布雷先生公平而温和地主持了这次法庭辩论，无论是原告，还是被告，都对此表示敬意。最终，无论是法院的全体法官，还是它做出的判决，都使法兰西感到公正、公平，任何其他的利益集团，其他的势力集团都没有得到额外的东西。

这还不是全部。这次长时间的辩论留下的不仅仅是一个公正、公平的判决和一个伟大的案例。它还以崇高的权威和庄严的判例解决了一些极其重大的宪法问题和司法解释问题。它确定了密谋（complot）的合法本性，因此也谴责了未来扩大对其的限制，或者阉割其某些特性的企图。这次审判的一些原则，已为利翁地方法院做出关于东部地区选区划分判决提供了基础，也为里昂地方法院做出关于某个名叫马亚尔的案子的判决提供了基础，在这个案子中，库瓦西耶先生的优秀起诉书全面发展了这些原则。顺便说一下，人们已经可以承认立法者们不是依据事物的本性而是依据自己的恐惧来制定法律时，是在滥用职权。刑法中关于密谋的定义，肯定是出于这样的考虑：即在它的萌芽状态中就予以打击，在阴谋策划时就予以惩罚，就像它已成为现实一样。然而，就出现了这样的后果：如果这样一个定义是由一些英明的、公正的和决心遵循法律的法官来执行，真正的密谋，或者是合法的密谋就几乎永远不存在，就是不可能进行起诉的；这样一来，在人们前进的道路上，就会有一系列的应该定罪的行为在法律中找不到定义与处罚办法。在密谋的起初阶段，即它纯粹处在精神领域，即决定协调行动阶段，就进行起诉，法律至少就必需要求收集到明确而完整的证据，证明足以判处死刑，而这样的证据收集特别不易。法律放过了一些行为，如腐蚀的企图和雇佣犯罪等，这些行为本身就是应该受到惩罚的，虽然其性质没有那么严重，但却是一些实实在在的违法行为。可是，当它们没有达到构成密谋所需要的元素就不受到惩罚。这是法律无能的明显证据，因为只有构成重罪才去惩罚。

由于缺乏组织法（也可能无法通过这样一部组织法），议会贵族院也像法院一样，以它自己的司法程序和行事方式，决定一些问题，而到目前为止，人们一直心惊胆战地看到这些问题是悬而不决的。它做出决定：自己确定自己的职权，行使这些职权，只有一纸法令是不够的。这样一来，它就去除了那样一种外表：当政权要求进行裁决时，它只是一个被迫进行裁决的委员会，从而保住了它的独立性与尊严。它也保留了依照公道和惩处的要求进行裁决的法权；对于一个要对事实与法权进行裁决，而又缺少大量正常保障的法庭来说，这是必不可少的法权。因为它的裁决是最终裁决，而且它还会经常被诉求来对一些人或事件做出判断，在对这些人与事的决断时，要求极大的公正与公平。最后，它将它的习惯做法神圣化，即在做出判决时要以八分之五的多数通过，这在一个组成人员庞大而且会受到政治激情左右的法庭来说，是绝对必要的保障。

这是一些真正的进步，是宪政的进步，是现实的保障，是趋向未来的、将会发芽结果的种子。因此，统治人民的重大制度建立起来了。一旦在一个重要的场合，这些制度体面地完成自己的任务，满足公众的利益与愿望，奠定了一些原则，表明它们遵纪守法，出以公心，既不受政权操纵，也不受党派挟持，它们就会在人们的心目中树立起自己的形象，深深地扎下根来。尽管心怀疑惧和痛苦，法兰西可以暂时地屈服于旧制度的肆虐，可以暂时听天由命，可以眼看立宪制停滞不前与毫无保障。只有看到旧制度被击退，立宪制度取得进步，法兰西才会充满希望，满怀信心，全力以赴。在她看来，任何一届不在这一双重关系下为法兰西做事的议会，都是一届失败的议会，值得怀疑的议会，充满危险预兆的议会。如果愿意的话，内阁可以庆幸它为使局势停滞不前而做的努力，这种静止不动只对内阁有利。法兰西什么也没有得到，什么希望也没有。我不知道右派是否会满足于这些反对左派的出击，满足于君主理论的展示，满足于这种对公共利益的放弃与对个人利益的取悦，这些让步对未来是没有任何保障的。我不知道它是否会允许非其类者事倍功半的为其做事，它是否会要求事情做得更加彻底，更加肯定；我不知道当它能够要求时是否会明确地提出要求。有一点是肯定的，这就是在这些懦弱的行为中，在激烈言辞的掩盖下，在谋略掩盖微不足道的结果的学说中，法兰西没有看到任何一点它希望得到的东西，没有看到任何一点它需要得到的东西，甚至是置疑的权力，它仍在忍受它的恐惧。

第五章　1820—1821 年的内部治理与对外政策

“在这个时期，这个王国享受着深刻的安宁，最完美的幸福，这样的安宁与幸福任何时候都没有落在别国人民的头上……这样的幸福足以让别的王国与国家感到妒忌，因为别的国家都在忍受着国内动乱与战争之苦……然而，我们并没有感受到我们的好，而是在自找苦吃，自己制造灾难……朝廷贪得无厌而又目光短浅；整个国家都充满傲慢无理，动乱与不满。公民们对于法律遭受违反感到不安与忧虑，急于希望宪章其他部分得到遵守；他们从来都不认为繁荣与富有源自于政府的明智与劳苦功高，而是不停地抱怨政府”[1]。

这是克拉伦登[2]的话吗？说的是 17 世纪初期的英国吗？

至少，克拉伦登看到了全部的事实。公共繁荣并没有蒙蔽他的眼睛，他也看到了公众的不满。这个国家的做法与命运的强烈对比，精神状态与物质状态的强烈对比，令他感到惊奇与痛苦。他没有找到造成这种状况的全部原因，但是他怀着忐忑不安的心情在寻找这些原因，绝对不忽略这些原因，不相信人们对消除这些原因是无能为力的。

我们的大臣们更加信心百倍。法兰西是繁荣昌盛的，法兰西没有起来抗争，对他们来说，这就足够了。没有什么值得害怕的，没有什么要做的，假如某种罪恶发生了，忤逆了他们的期许与权利，那也是罪恶的错。他们没有必要有先见之明，也没有必要防止灾难的发生。

这就是他们的论调。说到底，我不相信他们那么有信心。经济繁荣是巨大的，社会安定是真实的，这一切构成了人们的幸福，我也是这样设想的。但是，我质疑他们的一些信念，他们认为社会安定自己的地位就很稳固，认为他们自己的根基就扎在这种繁荣之中。我还质疑，他们相信这些财富源自他们，他们感觉到自己同群众的幸福

[1] 参阅 Clarendon 著：《叛乱史》. 第 I 卷，第 126 ~ 131 页，巴塞尔出版社

[2] 克拉伦登伯爵（Clarendon, Earl of 1609—1674 年），原名爱德华·海德（Edward Hyde），英格兰政治家和历史学家，查理一世和查理二世的大臣，《英国叛乱史》的作者。

有着强大的联系，认为这是一种因果关系，原则自会产生结果。他们以我们的财富、安宁、秩序与和平带来的果实而沾沾自喜。但是，尽管他们王婆卖瓜，自卖自夸，但是对一种不满情绪的恐惧深深缠绕着他们，一种不祥的预兆困扰着他们。如果说他们在尽力对我们掩盖这些恐惧，如果说他们自己也在自欺欺人，这是因为在他们的体系中看不到克服这种情绪的办法，也不知从何处去寻求办法。

实际上，假如他们自己也发现这种状况，如果我们所有的繁荣并不能总是遮住他们视野中的苦难，也是有道理的。没有什么东西比群众的物质幸福更加具有欺骗性了。首先，政权需要一种温和的休整，但这不足以让它恢复力量，不能保证它前途光明。只有社会的精神状态与物质状态协调一致时，只有在政府的体系中同时看到社会幸福的原因时，只有各种思想都得到满足，在现实中生活得舒适时，才会出现上述情况。只有这时，政权才会感到强有力与安全。人民并不像通常想象的那样难以管理，也没有人们想象的那样易于管理。在某种条件下，政权发现人民准备向它提供其所需要的物资，甚至准备毫无怨言地承受痛苦的努力与沉重的负担。当这样的条件缺乏时，幸福并不会带来感恩戴德，也不会带来什么确定无疑的事情。在这样的状态下，政府会惊奇地发现它是虚弱的，它遇到的都是忘恩负义。要建立起控制，就应该有更多的东西，而不仅仅是避免革命的发生。法兰西一点也不祈求动乱，不会给予策动动乱的人以信任，但是它也不会给予内阁信任；它感到会受内阁的拖累，而不是受到它的保护。对它来说，现时并不是痛苦的，它在现时生活得很平静；但是，它不考虑未来，而当它畅想未来时，它寄希望于自己力量的觉醒，而不是内阁体系。这种状况同时地孕育着安宁与对公众的不信任，孕育着表面上的安全与政权实际上的虚弱。

政权的一切行动都带着当下状况的印记。无论是在政府，还是在议会，无论是在对外政策中，还是在内部管理上，都表现出无能。由于它的无能，反革命尽管也十分虚弱，但却十分活跃，大行其道，从而导致法兰西的失败。

在国内，反革命表现得羞羞答答。这是再简单不过的，因为它惧怕任何行动。足足等到 3 月 12 日，它才敢于行动，将一切都搅得天翻地覆，质疑一切，攻击既存的一切，攻击实际的利益。在此阶段，它做得不错，于是它开始转而倾向于行动，它能够去除暴力的外观，放弃系统的清洗，耐心地稳步推进。它逐步地渗透到自己原本意图推翻的政府中去。它依靠自己在中间派中取得的进展，等待时机，在内阁的影子下慢慢壮大。在内阁给予它的领域中，它在巩固自己的地位；明天，它将得到内阁在今天拒绝给予它的一切；它需要一切都波澜不惊，循规蹈矩，以便日益扩大地盘。它训斥那些易怒的朋友，用他们的一个首领的话说就是，“在命令发出之前就开火”，但又不完全否定他们。它既对政府有所保留，又与政府团结一致，并试图将许多看重秩序、相信他们改恶从善的诚实的人们拉到自己身边，让他们相信它的计划。只要能够利用他们，就毫无犹豫地利用他们。总而言之，它到处敲门，如果门是半开的，它就推门而入；如果门仍是关闭的，它就站在门口等待。它深知如果总的形势保持不变，只要抓住寻找到的每一个机会就足够了。

一旦这样的机会出现，当行政部门向旧制度提供某种机遇，你就会看到它迫不及待地冲上去，好像不久之后它就可以什么都得到似的。这就是科比埃尔领导下的公共教育的命运。我不知道科比埃尔自己是否亲自管理过大学，在这届议会中，他没什么影响力，随着他的提升，他在议会中几乎销声匿迹了，至少对于公众来说是这样。他夹在老朋友与新盟友之间，处境甚至比德·维莱勒先生还要尴尬，以至于我很难相信他在管理公共教育的过程中有过什么确定无疑的强力推动。而一个人能够自己启动的推动力越小，他就越能接受别人的推动。因为他不再是发动机，他成为了一件工具。旧制度党派的思想，其对事情的无知，对法令与权利的蔑视，其恐惧、疑虑、喜好、野心以及紧随其后的混乱不堪，这些都构成了以科比埃尔的名义管理的公共教育在实际上所承受的一切。去年（1820年）的2月29日公布了一项基本法。这项基本法本该由枢密院起草，据说它却只在法律要公布之前才得到消息。在这项法律中，大学的存在乃至其原则都受到了打击，它不再是依据国家法律并以法律之名来从事并领导公共教育的唯一实体，它的法定特权扩展给了一些毫不相干的人。出现了一些无论在尊严方面还是权利方面都等同于国立公学[1]的公学，它们不属于国家，国家对它们除了一些泛泛的、无强制性的指令，再也无能为力了；因为它们的权利所由自的原则如今已欠缺实在性。人们是要以一种教育制度代替另一种教育制度吗？人们是在认为教育领域的自由竞争，要比那些教育职员投注了大量心血的公共教育实体更可欲吗？实际上什么也不是，特权仍然存在，只是国家失去了特权，一个党派分享了这种特权而已。这个党派促成了前述过程的发生，它要利用这一点，而且已经加以利用。另外一个人数众多的可敬实体，它正在为克服重重障碍——尤其是伪装得不甚高明的天主教会的侵蚀——而英勇奋斗，却被它的领导人出卖给了它的敌人，这个敌人要削弱它，因为使它驯服是没有希望的。

这还不是事情的全部。被无视的不仅仅是大学的权力。2月27日的法令也毫无声

[1] 法国的公学相当于中国的高中。——译者注

息地损害了非天主教的基督徒的利益，因为他们的孩子一直是在王国的公学中受教育的。该法令的第十四款赋予天主教主教们监督其教区内公学中宗教活动的权利，而无视了基督教新教牧师们对他们辖区内学校宗教活动的相应权利。枢机主教会议已经向科比埃尔先生、西梅翁先生与德·黎塞留先生公开提出了官方性的要求。大家还记得，直到目前为止，每当天主教主教或神父被请求干预学校宗教事务时，或者是在公立学校里，或者是分发慈善捐助，或者是其他类似情况，基督教新教各教区内的教士们也进行类似的活动，以满足人们的宗教信仰。人们提到 1816 年 2 月 29 日关于小学教育的法令，以及许多类似法令。人们要求解释为何这次保持沉默，虽则它在事实上是一个创新，但在法理上是违犯宪法原则的。人们只是要求保持过去的习惯做法，特别是保留基督教新教教士们对基督教新教学生们的宗教监督权。科比埃尔先生做出回答，承认这种监督权是合法的，答应向他们敞开大门，提供一切便利，但他却拒绝公开认错，拒绝公开将这种权利神圣化。人们又重新提出要求，而且多次提出要求，但都是无果而终。因而，人们开始谈论宗教教育，开始谈论宗教监督，似乎在法兰西只有一种宗教信仰，或者是在王国的国立公学中不存在非天主教的孩子。我什么都不想假设，什么都不想预示。但是，人们惧于表达一种曾被允诺要尊重的权利，这种恐惧又来自何方？尽管没有人敢于批评事实，但人们应该因在沉默中窒息了权利而自夸吗？人们会主张基督新教徒们应该因为“同等保护”的确认，而为这样默示的宽容感到高兴吗？人们由于力量太弱，在向傲慢的要求让步后，会试图通过一些计谋以逃避提出正义的要求吗？非天主教的教区绝不会停止提出这些要求；法权不仅要被人们执行，而且要得到承认；它们需要永久的认同，公开性就是最可靠的保障。对它们保持沉默，就是对它们的违犯，我不知道有那项法权在沉沦到黑暗中后不是半途而废的。[1]

我还有必要说说这个政府的一些其他试验吗？因为它们的目的总是一成不变的。进入医学院和法学院必不可少的高中毕业生的分班，也是在设置障碍，可能是为了排除自由职业者的子弟，将急于进入这些著名高校的人群分流出去。哲学领域重新讲起了拉丁语，好像拉丁语是学术界唯一的语言似的，可能是人们知道不能使用这种语言来表达和教授比逻辑学和旧学派的本体论更加广泛的、更加新颖的哲学理论。在修辞学的班级中取消了历史课的教学，一位政府高官在漫长旅途中发表了荒诞不经的言论，其丑闻的程度如此之大，以至于人们不得不迫使他含糊其辞地撤回这些讲话。我荣幸地置身于大学的行列之中，我认为大学对法兰西做出了巨大贡献，并还将做出更大贡

[1] 参阅本书后面的注释。——原注

献。可是，大学需要体面与尊重，人们应该将大学看成是光明的源泉，心里清楚地知道其目的是要将民族的原则与情感传承给受教育的下一代。如果要将它变成一个党派的工具，要求它不是领导思想的发展，而是窒息思想，或者将它误导向背离它的宗旨之路，如果它对自身的命运都痛苦不堪，那么它就将在内部缺乏动力，在外部缺乏稳固的基础。教师与学生，教师与公众之间真正的、强有力的联系就中断了；同在其他地方一样，权威就会失去哪怕是被它称作是扭曲了的政府手段。

人们要小心了，旧制度在诋毁它接触的事物，利用它所拥有的手段。如果人们放任它渗透我们全部的行政机构，如果组成政府的所有机器都对它唯命是从，这些政府机器就失去了在人们心目中的信用。它们就变得令人怀疑，就成为了人民的对立面，人民就会找它算账，清算它罪恶的柔弱顺从。要想恢复信任，终须有一天，它要将它的战剑举得比理智对其所建议的还要高。

这是一种切肤之痛，是内阁对我们造成的无尽痛苦。在议会中，它无力给予我们宪章所规定的制度，却在国内的管理中损害与蚕食了帝国的制度，让这些制度服务于我们的敌人。我并不情愿这些帝国制度长期存在下去，它们要进行深刻变化才能适应真正的民族需要。但是，也要保留一些东西，保留一些优秀的东西，即使在过渡期内，它们也还要作为一种方式存在下去，它们最终是要继续存在下去的。它们不从公共精神中消失，这是极其重要的。它们不应该委身于旧制度，将自己的尊严丧失殆尽。当有一天那些怒不可遏的人们说，这一切都毫无用处；这一切使国家失去了安全与保护；应该改变一切，从别处寻找一些不会屈从于任何体系、任何企图的工具时，那些有良知的人们又做何回答呢？他们会说，要慬慎从事，要慢慢地来，要避免充满危险的动乱。当这些话是用来为一些既不值得信任、又无生命力的东西辩护时，它们也是含混不清、不值得信赖的。如果以民族利益为重，现在的行政体系需要满足人们的期待，需要进行必要的改革，以最终避免 1789 年那样的反对旧制度的爆炸，因为任何这种爆炸都看不出来是好的，无论是作为手段，还是作为一种保障，它都不适合国家的需要。

我刚刚说的这些关于公共教育的话，6 个月前我已说过，当时是针对法庭。人们要求它们不惜一切代价地支持一个惊恐不安的政府，实际是让它们去送命。我以为，或者是人们承认了危险的存在，或者是议会贵族院的榜样产生了巨大的影响，司法机构似乎不准备追随政治机关。然而，还是欠缺保障。现在的痛苦可能减轻；但是，只要政治腐败不堪，司法就总是处在危险之中，它一直在压迫与骄奢淫逸之间游弋。司法掌玺大臣不止一次几乎要相信法官和陪审团成员们缺乏意志，不敢做出独立于诸党派的判决。当他自己投身于一个党派时，威逼政权的一个机会来到了。如果风暴肆虐，如果所有的力量都集中向一个点，那么它就会寻觅并找到一些俯首帖耳的人，或者一些充满激情的人，他们将乖乖地投身风暴之中，或者根据自己的预测，制造自己的暴力。只要出现片刻的安宁，只要政治稍微松弛一下，就会出现唯唯诺诺和猥琐之徒，他们害怕未来，不愿投身其中。然而，人们在经过急风暴雨之后，似乎需要休整一下。过去表现得多么可怕，现在就会表现得多么宽容。人们似乎要说，行政官员与法官们都表示了歉意，正在享受着人们提供的便利；公众人物普遍的谦谦君子之风与消沉之气接踵而至，替代了全面的紧张气氛。

我现在就走马观花地叙述一下政府的所作所为，我以为没有什么值得停留下来详细地说。它正是想通过静止来延缓旧制度的步伐。只要有可能，它就会止步不前，不愿去蹚浑水。人们曾试图将帝国的法院嫁接到旧有的贵族法院上去，人们似乎对这一做法寄以很大的期望。在另外一个地方我将说说我的感受。一般来说，人们是从旧制度的实践中，或者从波拿巴借鉴的旧制度的实践中寻求管理办法，而却忘记了在波拿巴时期具有价值的东西目前已不再有价值。单单一个行动就暴露了代议制政府的真正性质，这就是鲁瓦先生所采的借鉴。竞争是真实的，公开性是主导的。其结果则是呼应了当时行之有效的那些原则。

对外政策是政府的重大事务。正是在这点上，暴露了政府体系的本性，暴露了它所处环境产生的一般结果。

6 个月前，当革命风起云涌的时候，当恐怖在新秩序最顽固的敌人的头脑中日益扩展时，我们说了什么？当时，人们尽管没有勇气白纸黑字地写下来，但却公开地宣称，应该承认人民愿望中合理的和必要的成分。人们反对军事叛乱，反对西班牙的宪法；[1]却对自由地接受，理智地柔化了的宪法沾沾自喜。人们颂扬宪章，在宪章中，人们看到了完整的法权与拯救。

暴力得到了未曾希望的便利，它完成了自己的使命。正义和理智，与恐惧一起消失了。只有暴力得到胜利。法兰西又怎样了呢？它对被征服者表现了敌意，而对征服

[1] 基佐在这个地方所说的是指法国复辟王朝在 19 世纪 20 年代镇压西班牙革命的事情。波拿巴战争结束后，波旁王朝在西班牙复辟，立即开始了反动的统治，加强了对人民的压迫。这就激起了 1820 年的革命。西班牙革命使欧洲各国君主惊慌失措。1822 年“神圣同盟”召开会议，不顾英国的反对，会议决定授权法国出兵镇压。1823 年西班牙革命终于被扑灭了。与西班牙革命同时的还有那不勒斯、皮埃蒙特等国爆发的革命，都在奉行正统主义的“神圣同盟”镇压下失败了，法国、奥地利和俄罗斯是出手镇压的主要力量，法国又是其中的主力。文中后面几段就是对这段历史的评价。——译者注

者俯首称臣。

侮辱弱者是一件轻而易举的事，而当自己置身于危险之外时，将危险看成荒诞不经也是一件易如反掌的事。因此，人们甚至嘲讽自己的惊恐不安，可是这无关紧要，信心越受到动摇，胜利就越会傲慢无理。可是，人们是否相信一切都成为定局，没有什么再需要预见与预防的呢？真的，人们对自己国家的状态理解错了。盲目的激情裹挟了一些人，疯狂的幻想吸引了另一部分人，良知缺失，也没有勇气替代良知。可是，你能告诉我，这些如此容易、快速地重建的政府不会同样容易、快速地倒台吗？它们能够为了保护或防卫自己，而比那些渴望自由或者面对欧洲联盟奋起而自卫的人民拥有更多的预见性，更加坚定，更加有力量吗？假如一切都是虚弱的、无能的，假如最轻微的民众骚动都会让政权屈服，假如某个外国的政体就足以驯服该国，也必须由外国政体来驯服该国，那还有什么秩序可言呢？

睁开眼睛看看吧！这里存在着一种荒唐的状态，有必要加以细细地研究。当人们说宪法是糟糕的，人民无能力享受自由时，人们实际上什么都没有解释。人们没有抓住当前的症结，也没有抓住未来的秘诀。你肯定不敢说绝对权力会是一部好的宪法，也不敢说皮埃蒙特或那不勒斯政权的拥护者们比他们的对手们拥有更多的勇气和能力。很明显，一种占绝对优势的外部力量解决了问题，停止了事件的发展。比起革命来，反革命是更加虚幻，更加武断地强加给了这些国家。如果说革命是一些笨拙的、四分五裂的、缺乏信用的党派的杰作，那么反革命则是由外国军队来完成的。

瞧见了吧，这就你们锁定的问题范围，这就是你们选择的阵地。如果你们把自己限定在某一个国家，孤立地看待该国人民，情况就清楚了。那里的旧制度是虚弱的，没有什么影响。对立宪政体的要求是更占上风的，无论它的拥护者犯下了多大的错误，无论群众对辩论是多么的无动于衷，立宪政体的信誉都是更好的。

如果要将视野扩及全欧洲，将问题扩展到更加广阔的范围，你就要注意了，它的性质就发生了变化。这里有两大帝国，两个幅员辽阔的帝国，它们从来也没有一个宪章要拒绝或接受。数个世纪以来，直到目前，人们都一点也没有要求它们通过一部宪法。这就是奥地利与俄罗斯，它们对旧制度与新制度之间纷争是陌生的。问题不在于了解如何普遍的、以整个欧洲为单位来看待立宪的需求。你们呼吁那些在其国内于此毫无挂怀的君主们，要顺从立宪的需求，让人民自己掌握主权，就好像君主们不存在似的。你们想让俄罗斯的沙皇和奥地利的皇帝起来对抗那不勒斯、皮埃蒙特或西班牙，就像

150 年前路易十四试图对抗英国一样。

这就是在提到人们尽力掩盖的一系列声明与借口时，从事实中可以看到的一切。说它是秩序与无政府主义之间的普遍斗争问题，是合法性与篡权之间的斗争，这种说法是不真实的；说各处受到攻击的政府要联合起来以求自保，也是不真实的。下面才是事实的真相。在17世纪的英国，在其宗教受到威胁时，人民向政治自由前进了一大步。而那时，欧洲大陆对它是绝对陌生的。当时的欧洲领袖路易十四试图将一个忤逆了他但并不威胁他的运动扼杀在摇篮中。[1] 路易十四失败了，一场立宪热情从英国蔓延到法兰西。[2] 它乱糟糟的，十分可怕，像它初期一样，也像它发生在政权既缺乏理智又缺乏力量时一样。全欧洲再一次地联合起来压制它，但又失败了。同样的思想与需要从法兰西渗透进西班牙与意大利。东欧的君主们也结成同盟来遏制它。运动改变了地点，但没有改变性质。这永远是绝对权力与民族解放之间的斗争。绝对权力从西方退缩到东方。东方从来都是绝对权力不容置疑地施行统治的地方，它在这些的统治前景没有任何的阴云笼罩着，绝对权力在这些地方获得支持，试图返回先前曾统治的国家，然而它在这些失败了的地方不知变通，无法再维持其统治。总是那些强有力的独裁政权进行干涉，以援助那些摇摇欲坠的独裁政权。人们总是以那些对自由无动于衷的人民，来压制那些要求自由的人民。事情不是在辩论发生的地方得到解决，问题也不是在因问题的存在而躁动起来的人们之间来决定。人们总是在呼召外国人，他们迅速前来做出判断，这些外国人对于普遍性地维系专制统治之外的事情没有兴趣，对于自由有着无限的恐惧。

恢复事情的本来面目，对于准确评价它的好坏与后果是十分重要的。但愿投身于同样的运动、迫于同样的需要的欧洲所有政府团结起来，防止革命的发生，以便使各国以及“欧洲协调”，能够在政治制度中，在社会状况中进行到处都被激发出来的变革。在许多人的思想中是怀疑这样一种联盟的。但是，这样的联盟至少是获得承认的，各国的动机是一致的，它们也是互相服务的。我所提到的联盟却不是这样。这个联盟是在那些被要求满足立宪需求的君主们，和那些与立宪需求毫不相干的君主们之间建立起来的，而后者显然是领导者。很明显，斗争并不是在革命与改革之间进行的，而是人们为了排除改革，而求助于一些并不惧怕革命的政权。

那不勒斯与皮埃蒙特可以说，人们只是想要击败西班牙的宪法以及武装暴动。

[1] 指法国的宗教改革运动，一些大贵族信奉了加尔文宗，在法国被称为胡格诺派。路易十四与胡格诺派之间曾有惨烈的宗教战争。——译者注

[2] 指法国大革命。19 世纪 20 年代南欧诸国的革命浪潮深受法国大革命精神的鼓舞。——译者注

现在，我就要提问了。问题既然这样提出，法兰西内阁又该如何行动呢？它不得不以另外一种方式提出问题，以便不对其他国家的政府与其人民之间的争执感到难以抉择，它使自己站在改革的前列，既反对革命的策动者，又反对那些拒绝改革从而引发革命的人。它以王国宪章的名义统治自由的人民，对于人民来说，自由的利益不是革命性的，而是法律性的。它能够并且应该自诩领导了西欧的立宪运动，解决了立宪问题，将宪章赋予不止一个君主。它让宪章与法兰西追随绝对权力；它将自己降低到不能以宪章对抗西班牙的宪法的地步；它使一个自由的人民从属于一点也不自由的人民，并与希望自由的人民对立。它的所有技巧与努力，不过是让自己不要与那些纯粹的、充满自信的独裁政权讲相同的语言。这样的行为不甚符合宪章和法兰西的利益，与现在的迹象背道而驰，也不符合未来的利益，它甚至也不是自发的与自主的。它必定是源自于内阁的对内政策，内阁与某些势力的结盟关系成为它行动的所必须依从的法律。别人向它要求的还要多得多，他们甚至希望它匆匆地投身到为独裁政权殿后的行列中去，反对一切可能的宪法与未来的自由。它自以为已经十分小心谨慎，运用了自己的足够智慧，从外部避免了这种强烈的推动。别人不让它以人民的保护者的身份出现，结果它成了人民敌人的阴险同谋者。

导致一事无成和威信扫地的政策，将法兰西与立宪事业分离开来的政策，注定成为极权政治仆人的政策，在某些人眼中呈现出腐败表象，而在另一些人眼中又是虚无的政策，这又是一种什么样的政策呢？

我不会费力地去寻找这种可悲交易的细节。我也不考虑那些令人难以信服的谣言以及不完整的消息。总有一天，我们会了解他们的言行，明白他们错过了多少机遇，看清他们通过什么举动伤害了那些本该由他们保护的人们，而在他们所服务的人们面前又没有得到权威，让这些人认可他们的力量与投入。有足够多的普遍和公开的事实，来刻画这种可耻体系的特色。在它执政期间，内部宪法失去了生命，对外政治失去了活力。只是靠牺牲所有的一切才得以苟延残喘，只是通过到处都让法兰西放弃力量的办法来避免其同盟者的疯狂，无论何时何地，它唯一的智慧就是屈从，唯一的藏身处就是无所事事。

在做出经验总结之前，我不想离开这些可悲的事件，它对所有的党派都是一种教训。旧制度与绝对权力的弱点，只是在立宪的必要显露出来后才大白天日。人们也看到，轻率之举、糟糕的理论、纯粹进攻性的制度、无序与冒险的精神对于自由来说都是危险。让法兰西革命付出沉重代价，时至今日仍向革命的敌人提供弹药的同样一些

原因，也让那不勒斯与皮埃蒙特政权的努力遭受失败。如果人们相信 1791 年曾经强烈震动法兰西的理论、希望和言论总是有同样的效力，那就是自欺欺人。这些事当中的许多都有了定论，今天已不再具有真正的权威。政治上的诸多经验让群众的头脑冷静下来，让许多优秀的公民远离了昔日急于投身其中的冒险试验。人们向往自由，但是，人们不再对所有的思想、允诺自由的所有政府形式深信不疑；甚至在它们的旗帜之下寻求自由时，人们也是心怀疑虑与不安。人们要求订立宪法，就这样做了；但是，在颁布宪法时，人们又常常认为它是坏的。人们尝试起义，但人们又害怕并厌恶无政府主义。在中产阶级中，已不再有那种疯狂与陶醉，对群众狂热的后果不再盲目。他们的愿望是相同的，他们的决心仍是那么坚定；但是，他们的理由却更加冷静，更有预见性。他们得知，秩序大乱危及他们的自由与存在。他们不再轻信花言巧语的承诺；他们要求完全的保障，要求这样的保障扩大到所有的利益，要求不那么危险的制度，要求一些与事实更为匹配的权利。当一切都成了问题，他们就远离而去，心中充满不信任；或者以温和的姿态参与一些仍抱怀疑态度的运动。大众受到温和的对待，更加幸福，他们也不再对其自然的热情表现出同样的疯狂。当然，总是可以将他们推进混乱之中，但是，他们却不甘愿做出牺牲，不准备做出同样的努力。高一点的阶层终于更多地懂得了自由的条件，不再期待以暴动来获得自由；在低一些的阶层中，放肆一下也不再是强烈的需要。这是明显的事实，我本人并没有什么可抱怨的。革命不应该是冒险，不是人们可以试图仿效的，也不是头脑一发热，便不考虑权利与政权的需要，不顾国情与准备情况，不权衡自己的力量与机会便去做的。所有的党派都应该明白，它们当中的任何一个都不能武断地支配人民，不允许为了听从小集团的鼓动，为了满足它自己的激情而败坏一切。

有鉴于此，但愿我没有投身到当前以羞辱可怜的人民为乐趣，将他们的失败归咎于懦弱的那些人的行列！关于懦弱的指责是危险的，因为它会毫无区别地适用于所有的党派。肯定的是，在意大利，有不少高贵的精神与仁慈的心灵，为它们目前的境况而痛苦。尽管我对他们的企图不寄予多大希望，但我却同情他们的痛苦。我强烈地希望，更加强大的西班牙会更加理智，更加幸福。有一些派别正为此而努力，它们互为援手，可能都是被外来势力所鼓动。但愿真正自由的朋友们对它们有所忧惧，并抑制它们。无论你是在什么旗帜之下，都应该控诉恶事，迁就恶事是什么也得不到的。如果雅各宾派在西班牙取得胜利，他们的命运会同其在法兰西的命运同样悲惨。我们至今仍在承受他们的苦难。

同样性质的新事业，伟大的事业正在东方展开。[1]然而，在不否定正常关系的法则和政治警告的情况下，欧洲列强如何进行干涉呢？我不会试图加以确定。应该希望什么呢？我不知道。很难动摇几个世纪以来的奴性，很难逃脱长期遭受的、无处不在的外国控制。但是，当人们争辩该事业的权利时，当人们将正当性的理念与字眼出卖给了最野蛮的镇压时，人们无论看到什么都不会希望看到这一对正义与神圣的亵渎行为获得胜利。15 世纪狂热的征服者充分运用他们的武力，对抵抗运动进行了最残酷的惩罚。可是，没有一个听命于他们的人会将他们的武力提升到具有正当性的高度，而将抵抗运动视作罪大恶极。我也怀疑，今天的土耳其人自己，会在割断希腊人的喉咙时，愤怒地将后者的反叛视为对神圣权利的亵渎。百倍地滥用武力也比一次亵渎真理要好得多。欧洲的政治力量是否会将这种可耻的信条当成自己的准则呢？它们心中的恐惧是否强大到如此程度，以至于同时窒息了关于正义的最简洁的观念和最自然的野心本能？这是可能的，可能是神圣同盟的利益高于其他利益，那么希腊人的命运就绝对是叛乱者。如果他们自己的力量拯救了他们，如果他们以自己的力量获得解放，欧洲就会进行干涉，防止一种极端民主的宪法成为传染的源泉。我们的内阁那时如果仍然存在，就会庆幸避免了明确表态的需要，即使只是作为和平的保护者，而时至今日，它只满足于在暗中反对新的自由。

它的政策竟沦为如此下场。既没有什么公共权利，也没有任何重大的与明智的考虑可以成为它行动的准则与目标。它一点也不考虑保持欧洲的平衡，阻止某个帝国的过分扩张，签订某个同盟条约，将法兰西置于某个适应目前时局或预见未来的组合的领袖地位之上。它不属于西方，既没有立宪制，也没有极端保王党；也不属于东方，它不像土耳其，不像希腊，不像俄罗斯，更不像英国。它的无所作为不是深思熟虑的和自觉自愿的中立，而是一种被逼无奈的无能为力。假如不改变内部体制，它就无法在对外关系中摆脱这样的困境，无论它选择哪个阵营，采取什么决定，它既不能，也不愿这样做。我再说一遍，止步不前，无论是法兰西式的止步不前在欧洲，还是欧洲式的止步不前在法兰西，都是它们自吹自擂的统治技巧和其命运的法则。

---

[1] 指希腊独立战争。1821 年 3 月，希腊人民掀起了反对土耳其统治的民族解放战争。战果迅速扩大，解放了希腊的大部分地区，并于 1822 年召开了国民会议，制定了宪法，宣布希腊独立。但希腊独立运动又迅速遭到土耳其残酷镇压。希腊独立战争在当时欧洲各国引起了不同的反应。奥地利帝国担心希腊革命会引起奥地利境内的民族解放运动，主张镇压。沙俄却出于削弱土耳其的考虑反对镇压，意图借此机会把势力扩展到巴尔干。英、法两国为了扩大自己在巴尔干的势力，也同情希腊革命。这使原本要担纲起“欧洲协调”的神圣同盟和四国同盟内部的矛盾扩大了。在英法俄三国的干涉与打击下，土耳其于 1829 年正式承认希腊独立。——译者注

第六章 内阁体系的真正成因

为什么会出现这种体制呢？为什么一个新的政权，刚刚向人民和它自己展现了崭新职业生涯的一个政权，从一开始就止步不前和无能为力呢？在它的周围，一切都在动，一切都在前进。无论今天是如何平静，社会运动从来都没有停止过它的脚步；它行进的方向也没有改变过，投身其中的各个阶级在继续提升；拒绝投身其中的那些阶级则日益没落。封建庄园的解体，工业的发展，财富的迅速流动，思想的传播，构成社会新秩序的各种元素日益扩展与发展。精神不会停滞不前，或者说它不会倒退回去；它们一开始无论是如何无动于衷，它们总是在同一条道路上前进。令人疑窦丛生的考验远离而去，让人们勇气顿失的记忆减弱了，劳累的一代的人数逐渐减少，让位于更具活力的一代人，未来大步地向人们走来。在昔日只是模糊不清的想法，今天成为人们明确的要求，而在明天将成为人们强烈的需要。一个停滞不前的、不思进取的、毫无前途的和不为其未来做任何准备的政府又将如何呢？

在事物的发展总过程中，这种毫无前瞻性的静止不前与法兰西的特殊需要也是不相容的。你去问问各界的舆论和不同的利益阶层，你会听到相同的说法。立宪制政体的支持者会告诉你说，这欠缺现实性，是没有保障的，需要建立相应制度，需要进步。旧制度的拥护者们宣称，如果不赶快建立一种强力体系和法律体系，以其镇压世纪洪流，防止它在全世界的蔓延，就不能希望恢复秩序和长治久安。政权的诊治者们自己也抱怨形势的不稳定，抱怨政府没有足够的武器，似乎每一天早晨一觉醒来，比头天晚上还要担心一种更大的危险威胁着它。

如果我更加近距离地观察，如果我更进一步深入人们的思想，无论他们是官员还是普通公民，无论他们是政治权威的朋友还是它的对手，我都会发现百般的怀疑，千般的恐惧，害怕国家沦为主宰一切的专制王朝。人们似乎在担心它的能力不够，担心它的前途。即使在噤若寒蝉时，人们还是承认，政治权威需要扎根于社会，需要与法兰西更加密切地结合在一起，需要团结那些对它不信任的利益群体，需要消除那些有害于它的成见。最终，需要在人民的道德状况、天性及预感当中，改变那赋予权威如此样态的东西，这些东西即使不是异质性的，至少也是外在于公共存在的，它不能深深地植根于生活的需要之中，植根于有生的力量之中，而这些力量是要决定所有人未来命运的。

有一点是肯定的，这种变化如果是必不可少的，那也不是静止不前与消极怠工政策的结果。对于一些古老的国家中老朽的政权，这种变化始终都不是没有危险的。很明显，就一个需要以国家的五脏六腑为基础，需深入其中并在此中建立起来的政权，其所面临的处境而言，前述变化显然是与其背道而驰的。总是可以向人民证明其不相信政府与政府离心离德是错误的，证明人民能够安安全全地全面接受政府，并将自己完全交给政府。但是，如果这样的联合不是随着时间的推移而自然形成的，那么，为了建立起该种联合，就需要密切关注社会，随时随地研究社会需要什么，害怕什么，坚持不懈地做工作，在各个方面表现出成竹在胸，在每次行动中坚韧不拔。我怀疑在上个（指18世纪）世纪弗勒里红衣主教的政策是否很好地服务了法兰西王朝政权，我肯定它没有使王朝得到巩固。

一切都是显而易见，一切都可以作结论了，一切都足以说明问题，具有指导性。各党派与公众，波旁宫的利益与法兰西的利益，一切的一切都与我们内阁的体系格格不入，所有人都谴责在静止不前掩盖之下的无能为力。最后，所有人都要求建立一种既不是止步不前，又不是软弱无能的政权。

因此，我又重提我的问题，为何会是这样一种体系？我想只有一个答案。人们只知道这样做，不知道还有什么别的更好的办法。

部长们头脑中有着双重确信，他们相信革命是无法治理的，而反革命是不可能的。这就是他们行动的秘密所在。对于他们来说，自由思想、新的利益、新的法兰西，这是一些无法与之交易，不能共同生活的盟友，因为它们只知道或者说一心只想着动乱，拒绝一切稳定的、正常的秩序。他们说人们已经试过了，人们曾想过在它们的支持之下朝着这个方向前进，可是人们失败了。无政府主义的理论、革命的热情被唤醒了，削弱了政权，最终可能摧毁它。在此，没有什么力量可以进行治理。另一方面，从事反革命可能是一种精神错乱的行为。一个党派要这样做，而且继续这样做。可是，人们也可以从这个党派中剥离出来不少人，他们只满足于看到革命被战胜，只满足于旁观者的利益。从而，人们可以以旧制度的方式，在旧制度的协助之下进行统治，而又不恢复旧制度。这是唯一的社会资源了，因为人们既不能与立宪政体结盟，并依据其精神进行治理，也不能废除立宪政体。

上面就是形成目前内阁体系的真正原因。人们不想与任何一种运动结成联盟，因为他们感觉不到能够领导任何一个运动。他们拒绝向前进，也拒绝向后退；希望既没有未来，也没有过去。一切希望，任何记忆都消失，人的思想与活动都同政治一样局限于一天的时空之内，局限在一时一刻之内。他们希望这样，因为他们知道如何满足另一种需要，知道如何节制某种冲动，因为他们既不拥有镇压的力量，也不拥有引导的艺术，因为他们处在这样的境地，既到处惧怕生活，又不能分享生活，无论生活的原则与目标如何。

以前曾经有过这种放任自流吗？人们曾见到过一个政权自身停止行动，如此绝对地放弃精神，完全退缩到物质力量中去，孤立于社会之外，承认它既不能领导社会，也不能跟随社会的步伐，如果它动一步就会脱离社会吗？

此时此刻，我不想多费笔墨来描述内阁体系的极端虚荣，也不谈它所处的境况，即终有一天，一旦社会要求政权行动起来，它就放弃权力。甚至在今天，我就要研究一下它是否有正当的借口。应该弄清楚，新法兰西是否难以治理；研究一下是否像人们声称的那样，立宪政体与立宪党派不能成为政权的战友与同盟军，人们是否有过这方面经验；人们是否有权说，不可能性的根源，错是在我们身上。我再重复一遍，这就是内阁的所作所为被掩盖了的原因，这就是内阁大臣们在面临人们指责他们的工作时所做的辩解，他们试图使自己的行为正当化，不认为他们所处的日益尴尬的处境，实则来源于他们自己的拙劣表现。

第七章 政府的一般手段

下面是我要触及的问题。我设想现政权决定击退旧制度，完成宪章赋予它的使命，为了取得成功，需要从新法兰西那里寻求基本的支撑点。我思量在当前形势下，它有一些什么手段获得力量、影响与稳定，最终将自己置于新利益的领袖地位之上；如何同新的利益协调一致，创立适合它们的政府，确立自己的地位。

我再说一遍，这是一切问题的关键所在。没有一个人不承认新的利益是十分强大的。如果他相信政权的话，没有一个人不喜欢由新的利益来统治国家，与它们一同治理国家。德·拉·布尔多奈先生本人也一样丝毫不会犹豫，如果他有选择的话。

可是，革命是难以治理的，它所带来的一切就是无政府状态，只有独裁政权才能够控制住它。人们没有办法与它结盟，因为它攻击一切保护它的人，诋毁为它服务的人，总而言之，不能成为一种建立自由政府的工具，因为它不了解、不想承受政治权力所必须的条件，也不想承受自由所必须的条件。

我认为这种看法是不真实的，并毛遂自荐来揭露它的虚假性。这并不是因为我存心居功自傲，要求政权自己解决它面临的一切难题。我不会像人们往常说的那样对政权说，你们只要保持正义、理智、坚定，就什么也不用担心。政权单凭其自身是无法做到如此出色的。社会不是它造就的，它遇见了这个社会。如果事实上社会无力协助它，如果无政府主义的原则控制了社会，在社会内部孕育了分裂的因素，那么政府再做什么也是徒劳无益的，人类的智慧无法拯救一个不能自救的人民。

新法兰西处在这种境地吗？我否认这一点，我是从事实中看出这一点的。我将排除一切幻想，排除一切阿谀奉承。我不想隐瞒什么，不想假设什么，不想无视任何障碍，也不想幻想任何好处。应该深入革命给我们造成的社会内部，应该对它进行深度的探索，从各个方向加以观察，对它的政治观念、激情、利益和倾向进行总结，看看在这一切之中有没有秩序的准则和政府统治的手段。

我首先要解释一下在我心目中什么是这种研究的真正目标。

政府往往会犯一个奇怪的错误。它以为它可以包打天下，拥有自己的力量、自己的生命，这些力量与生命清楚明白，而且独立于社会之外。可是，它与社会的关系却像耕耘者与土地的关系一样，是土地养活了耕耘者。耕耘者应该拥有些什么呢？他要拥有雇工、牲畜和犁耙，他将这一切施之于土地，而土地默默地承受着这一切。政府以为它也拥有同样的条件。大臣、省长、市长、税务官、士兵，这就是它称之为治理手段的东西。当它拥有了这一切，当它在全国表面上拥有了这样的网络，它就说它是在治理，当它仍然遇到一些障碍，不能将人民当成它的仆从之后，就感到惊诧不已。

我不得不赶紧说出来，这一点也不是我理解的治理手段。如果这些就足够了，那么今天政府还要抱怨什么呢？它充分地拥有了这样的治理机器，从来就没有过像现在这样多和这样好的治理机器。然而，它仍然反复地说法兰西是难以治理的，一切都在反抗，都处在无政府状态之中。它由自己的力量环绕着，却因虚弱而亡，就像米达斯饿死在他的金子堆里一样。

实际上，真正的治理手段并不是政府行动中这些看得见的、直接的工具。它们存在于社会本身之中，不能脱离开社会。应该到社会中去寻找，并得到这些手段，应该将这些手段留在社会之中，方使得治理手段能对其加以运用。感谢上苍，人类的社会并不是一块由一个主人经营的土地，它在物质的运动之外还拥有另一种生活。它拥有并不断产生着更加稳当的治理手段，它将这些手段借给那些善于运用它们的人。但是，治理者要想获得这些手段，应该求助于社会。自称通过社会之外的一些力量来管理社会，通过一些建立在它的表面，而不是深入到它的内部，从社会内部汲取力量的机器来治理社会是徒劳的。

我所关心的，是由国家提供并维持的政府内部手段，我想知道新法兰西是否缺乏这些东西。

当人们不是孤立地、就事论事地评价政府，而是通过它与社会的亲密无间而必不可少的关系来评价政府时，它的行动就是呈现出两个方面。一方面，它必须面对由公民组成的普通大众，即使它一点也看不见、遇不到他们，但却要承受他们，感受到他们，并接受他们的评价；另一方面，它又必须面对一些某种事业迫使它接近的个人，他们同它保持着直接的私人关系，或者是通过担任的公职服务于政府，或者是政府表现出要利用他们的影响。施加于群众的行动，以及由一些个体人物来完成具体完成这些行动，这就是人们所说的治理。

在政府的这两个方面中，当局倾向于忽视前者。由于它本身软弱无力，加之形势紧迫，它就全身心地投入到与权势个体的交易中去。如此一来，则我们看到它忘记了还有一个人民，而且它所做的一切最终都要触及人民，就是再普通不过的事了。这是政府的错误，而且是致命的错误，因为正是大众，正是人民，才是它汲取主要力量的源泉，是它最初的治理手段的来源。

事实是活生生的真理。下面就是最新的事实。

从 1795 年到 1799 年，督政府曾试图治理法兰西，但它的行为无果而终。在它倒台的原因中，我发现了这样一条。这是一个投靠个体人物利益的政府，它无法摆脱这些个人利益，无法去关心国家利益。政府的首脑深深牵连其中，他们只关心谋取私利，它的其他官员也处在同样的境况之下。人们看到他们不断地与个体人物进行交易，向一些人献媚，对一些人进行威胁，从过去中寻找同谋，在现实中寻找盟友，到未来中寻求保护者。对他们来说，一切都只不过是一个机会，或是谈判的对象，或是照顾的对象，别有企图的对象。只有法兰西被遗忘了。这个政府倒台了，被法兰西抛弃了，受到了蔑视，原因是它从来都没有考虑过法兰西的利益。

波拿巴上台时又做了些什么呢？他一点也没有忽视个人，照顾他们也是应该的，但他特别关怀大众。他为他身边的人都做了点事，但他对远离他的人民却做得更多。他承认他们的需要，感受到他们的愿望，照顾他们的利益，从而使自己成为一个属于公众的人物。他再运用从人民那里得到的力量，一个一个地驯服了那些令他恐惧的个人，或者是那些他想征服的个人。孤立无援的、只关心他们自己的雅各宾派无法自保，保皇党人也无法取得胜利。依靠大众的支持，波拿巴很快击败了保皇党人与雅各宾派。

波拿巴本人最后也下台了。是因为没有人追随他，是因为他没有照顾好他的仆从们，是因为他不能得到众多的朋友吗？当然不是，从来没有一个人像他那样被私人利益的队伍所包围，也从来没有一个人有他那样多的手段和技巧来吸引人和招募人。但是，他也忘记了法兰西，他再也看不到大众，使自己的事业脱离了大众的事业。他不再从群众的感情与利益中汲取统治的首要手段。他周围的所有个人情感与利益都无力拯救他。

公众、民族、国家，这就是力量之所在，这就是人们汲取力量的源泉。政权的主要精力应该用于与大众打交道，然后才是对待个体人物的艺术，这种艺术是必要的，但是它单枪匹马是毫无价值的，也是不能产生效果的。

我正是从这两个方面来思考新法兰西的。我想知道政权在与大众的交往中，和与个体人物的交往中，运用了何种手段，遇到了什么样障碍。我想知道事实上障碍是否大于手段，知道是否像人们所说的那样，利用那些手段不可能战胜那些障碍。

我先来谈谈大众，上面我刚刚讲了原因。

总的来看，每一个人民，每一个党派都会有一定的观点，或者有一些占优势的偏见，占统治地位的利益，以及内部包含的激情，如果我们希望这样说的话。这就是为什么它会接受被领导，这就是一些可以进攻的缺口，那里也存在一些供政府获取的治理手段。人们在谈论这些问题时可以进行一些区分，但在实际行动上却无法如此区分。自称抓住了某些东西，却丢掉了另一些东西，因服务于利益，而伤害了信仰，甚至不考虑人们的激情，这是一种疯狂而愚蠢的行为。社会是不允许这样分割的，一切都是一个整体，应该知道从整体上进行操作，同时利用一切条件。

今天，在革命的法兰西，什么是占统治地位的政治观念，什么是一般的利益，什么是公众的激情呢？对于政权来说，在这些政治观念、激情与利益中，难道只有无政府主义、危险与障碍吗？其中隐藏着何种治理手段呢？又该如何拥有这些手段呢？这正是问题的关键所在。既然提出了问题，那就要解决它。

第八章　法兰西国民的政治观念

政治观念是一钱不值的，只有利益是真实的、强有力的。谁又没有听见过这样的论调呢？

这是屈辱政权的一个常见的、可悲的避难所！神气活现地躲避进去，恰恰暴露了它的无知与浅薄。这表明它对何为大众政府一窍不通，从来都只与个体人物交易。

用不着多少生活阅历就会知道，在人与人的关系中，当人们一对一的时候，就很少能够遇见为一种思想献身或保卫某种思想的人。人的信念是少之又少的，只有生活的利益才是紧迫的。诱惑具有千般的秘诀，良心也有千般的逃避借口。是的，赢得一个人的支持是不费吹灰之力的，然后就是 10 个人，20 个人，在日复一日的操作中，政治观念实际上是没有多少价值的。

可是，要得到人民的拥护，你会怎么做呢？你瞧，集中你的一切手段，运用你的全部智慧，不失去任何一天，不失去任何一个小时或一分钟。你能够向没有对你提出任何要求的千百万人提供一些什么呢？你能为远离你的视线，你几乎无法胜数的，而对你的了解也只是你的名字的人做些什么呢？可是，又必须得到他们的信任，应该让他们接受你，为你而献身。因为，如果没有一条强有力纽带将你与他们结合起来，你就不能拥有他们，而要统治一个国家就必需拥有这个国家的人民。

人民也有他们的利益，你可以说，这是一些需要满足的普遍利益。因此，虽然不与一些具体人打交道，实际上也一直在与普遍利益打交道。

我希望这些对自己的统治技巧信心百倍的政治家们能够告诉我，如何才能在大众当中区分不同政治观念的利益，请他们在我面前清楚明白地做一次区分，告诉我一些利益在何处结束，另一些利益从何处开始。最后要向我证明，在他们对人民所做的一切中，所诉诸的只有利益，而他们的权力也只是建立在利益的基础上。我认为，这种要求会令他们感到十分尴尬的。

通过区分来分解社会，将一些力量从另一些运动着的力量中剥离出来，赋予每一种力量一个名字，然后只将那些最容易操纵的力量拉到身边，没有什么比这更加徒劳无益，更加错误的了。那些在治理国家当中以为做了这项工作的人是大错特错了，因为这是不可能的。认为利益可与政治观念分开，或者政治观念可与利益分离，都是不正确的。认为这两者一方是一切，另一方无足轻重，也是不正确的。它们两者是紧密地、有力地交织在一起的。它们的共同点就是其敏感性，这一共同点将它们联结在一起。当政府对社会采取行动时，我往往无法说清楚它是通过政治观念，还是通过利益来触及社会。它实际是同时触及到两者的，因为社会肌体同人的肌体一样，没有什么地方是没有感觉的，整个肌体都在整装待命。

我想把话说明白。请允许我提供一个例证。

革命所创造的利益里面，没有什么是比国有地产获得者的利益更为积极、更为特别的了。人们很容易就想到，当革命的教条和理论被推翻和被禁止时，这些利益会得到精心地尊重，甚至保护它们不受辱骂与攻击。然而，这种想法只是一种幻想。并没有哪一种新的观念宣称，这些买卖的安全性，只与其持有者的想法有关。将婚姻登记的权力从市长们的手中剥夺掉，给予教堂的神父，这件事就足以令得国有地产获得者们惊恐不安了。你可以在任何革命身上进行这样的试验，你在利益的核心总会看到一些观念，而在这些观念之下总也掩盖着某些利益。原则孕育了事实，事实藏身于原则背后。正是如此，在其紧密的结合中，精神世界与物质世界相互促进、相互保障。正是如此，公共的政治观念即使冷却下来，不再激起热情，它也保持其重要性，并强迫政权接受它，或者是作为条件，或者是作为治理的手段。

在这个方面，那些通行的表述，其语句变得非常通俗，这就是最好的证明。它们显露了公众的天性。今天该如何认识那些满怀激情保卫新利益的人呢？用什么样的词汇表达赞赏与信任呢？人们说这是一些"坚持原则、为原则而献身"的人。我们可以随时随地听到这样的说法，而且是出自那些极少知道是何种原则的人，那些自己不大重视理论的人之口。但是，原则是利益的旗帜，而大众是聚集在旗帜之下的。

到目前为止，我只是在廉价推销观念；我只是在让人们看到，观念是在为利益服务；它们从利益中汲取的力量是很明显的，应该会让最普通的政治家心动。还有另外的一些观念，它们被置于更高的层次上，它们的真实性并不差，却被无法利用它们的人忽略了。

撼动过世界的革命不只一场，但是，没有任何一场革命像我们的革命这样，其中政治观念以及人的激情爆发占据着这么重要的地位。多么奇怪的矛盾！人们热衷于反对原则、教条与理论，将它们当作一种新型的灾星加以责难，将我们承受的一切灾难都归咎于它们。与此同时，人们又将它们当成徒劳无益的遐思！人们在观念面前发抖，却又只是因为害怕才愿意考虑到它！我不知道在那里面掺杂着何种傲慢无礼与虚弱不堪，人们对此试图同时欢笑不已与怒不可遏。路易十四陶醉在他的辉煌光环之中，从他的高耸御座上向下看，他在《特雷马克》（*Télémaque*）中只看到冷嘲热讽，将费奈隆[1]当成心怀不满的空想者，这是可以理解的。萨朗特[2]政府事实上只是寄托了一名诗人的梦想的乌托邦。但是，你要小心啦！时代发生了变化，你所谓的那些无足轻重的政治观念，现在已经倒转过来，牢牢地控制了人们。人民相信了它们的诺言，奋力投向风起云涌而又动荡不定的未来；国王们联合起来，共同对抗新思想。在这样的经历

---

[1] 费奈隆（Francois de Fenelon），路易十四时期的高级神职人员和作家，他在其作品寓言集《特雷马克》中，对路易十四的政策多有讥讽，因而失宠于路易十四。——译者注

[2] 费奈隆作品中的一届政府。——译者注

之后，在这样一种姿态之下，政治权力对于各种观念表现出蔑视，就像暹罗国王会向各种观念表现出来的那样。事实上，我找不到适当的字眼形容在这样的盲目状态下的大吹大擂。当然，政府从来都没有选择比这更糟的时刻来辱骂理论。但愿它能在听到理论这个字眼时不再心惊胆战，或者它承认这其中包含某种力量，应该依靠这种力量。我一点也不要求人们屈从于政治观念，我知道，在当今时代，人们信赖的政治观念也有一些虚假和危险的成分，我也丝毫不感觉有必要在它们面前卑躬屈膝。但是，严重而又紧迫的事实是，人类的精神运动，在当今将思想变成一种暂时性的力量。这是一种敏感而又大胆的力量，它即使不是要让人们俯首帖耳，至少也是要让人们理解它、尊重它；用理论与胜利浇灌大的法兰西，现在似乎在观念领域中也静止不前了，就像在武器领域那样。可是，这是因疲倦而停歇，并不是因厌憎而停歇；它没有放弃说教，也没有放弃取胜；它所受到的，以及它给予人们的震荡，并不是那种会因筋疲力尽而终止的震荡。精神将会重新起飞，继续它前进的道路。因此，绝不允许政府以轻率的、傲慢的态度对待政治观念，它注定要十分重视政治观念。政府的强大手段被当成政治观念严重的障碍，在今天，可能导致政府倒台的最严重的错误，就是在不能不惧怕政治观念时忽视了运用它。

在研究什么是人们认为在新法兰西事实上传播最广的观念时，研究什么是政府最惧怕的，将其斥为无政府主义教条，却又在把它们称作理论之后对其充满了蔑视的观念时，我相信应该将它们归纳为下列三条公理。我认为，它们在许多阶级的人当中，都构成了一种关于政府是否得民心的信条。

——人民主权；

——没有贵族，没有特权，没有法定的、一成不变的社会阶级划分；

——政府不过是公仆，且只有在两种条件下才能接受它。它无为而治，态度谦恭；以及它所费无多。

我的意图不是从哲学的角度探讨这些公理。在这些公理的宽广内里，包含了一切的问题，这些问题激荡着人们与世界，一刻也没有停歇。这些问题是不能漫不经心地加以讨论的。我只是想知道，公众实际上在给予这些普遍公理什么样的含义，他们在宣扬这些公理，或者在不加宣扬的情况下，对它们也都是深信不疑的。我想弄明白，实际上它们是否只包藏着无政府状态，不对权威提供任何保障，是否归根结底它们没有包含宣扬某种信念的、包含着某种政治象征的、人们尚不明了的思想萌芽，该萌芽适合成为一个希望正常化的社会的旗帜，一个一心想着强大有力的政权公开宣示的理论。

首先，那些自称是人民主权维护者的人，如何理解人民的主权呢？是由全体公民永远地、直接地行使权力吗？这一原则最热衷的分子也没有这样想过，他们宣称人民自己是不能行使权力的，他们只给人民保留了授权委托的权利，也就是说人民放弃了权力，除非是要夺回权力再将它委托给另外一些人。我现在深入探讨一下这种设想。何为对权力的委托？是不是所有权力机构都通过普选产生，而且每次选举都举行全民投票呢？事实上，肯定是没有一个人这样想过。在法权上，人民主权进行这样的转换只会使它变得更为荒诞。人民主权是建立在这样的原则之上的，即人们无须服从一个不是经他选择出来的政府，无须服从他未曾表示同意的法律。那么，（作为反对派的）少数派又当如何呢？他们不仅没有选择那已当选的政府，也没有赞成已通过的那些法律，他们选择的是另外一个政府，希望通过的是另外一些法律。多数派依据什么法律可以强迫他们服从呢？是强力的法律吗？可是，力量从来都不是一条法律。能够说少数派可能退出去吗？但是，这样一来，就不再存在人民了；因为多数派与少数派是在不断变化的，如果每一次少数派都退出，不用多久，社会就不成其为社会了。因此，少数派就应该留下并服从。你瞧，人民主权再一次转换，它只是多数派的主权了。在这一新形式下，人民主权变成什么了呢？实际上，少数派注定是多数派的奴隶吗？或者说，多数派总是有道理，完全知道如何做，而且永远追求真善美吗？人们面临着选择，必需确定，或者是多数派对少数派拥有绝对的法律权利，或者是多数派永不犯错。一方面是不公不正，另一方面是荒唐透顶。很明显，这并不是人们所思所想和所要求的，即使是那些将人民主权的教条当成原则，当成自由的救命稻草的人也如此。

那么，他们想些什么，希望要些什么呢？对于他们来说，这个变来变去的，越变越虚假的，越变越难以实践的教条又意味着什么呢？然而，他们仍然在宣传它，或者即使不敢公开地宣传，至少在内心深处乞求着它，并以此引申出他们整个的政策。

上面就是事实。数个世纪以来，现代国家的政府只以私人利益为原则和准则。大多数人不仅被少数人所统治，而且被少数人所拥有，后者是唯一拥有强力的人，也赋予自己一切权利。强力在通过不同的梯级从狭小的中心堡垒向外散播。财富、思想，一切具有真正优势性的圈子都在扩大。少数人的权力受到质疑，由于一部法律只能由另一部法律来击退，人们就从多数人那里寻求一部法律，以便击垮少数人的法律。这样，就诞生了人民主权的理论，它是出于实际需要的一个合理借口，提供给物质力量与精神力量的一个结合点，最终，以一种观念的名义，结束事实上已经解决了的权力问题。这是一个简捷的、积极的、富有挑战性的表达，是一种战争的呐喊，是社会重大变革的标志，是一个适应时势与变迁的理论。

当时势不再，当变迁完成，理论就该垮台了，也就是说，表达它的字眼不再唤醒同样的一些观念，不再包含相同的意义。在我们的革命当中，它又意味着什么呢？意味着战胜少数派。从那时起，人民主权就意味着从今往后多数派对少数派拥有绝对权力。革命结束并取得胜利后，人们仍然谈论人民主权。但这时，它所指的、所要求的仅仅是，政府要代表普遍利益，反对政府代表这样或那样一部分人的个人利益。事实上，这就是人们赋予这些字眼的意义，即使是那些坚信这一理论的人们也是如此。如果要求他们将这一理论用精确的术语来表达，要求他们严格地执行这种理论，他们就会节节倒退，败在他们的解释中，败在权宜之计中，败在迂回当中。由于这个所谓的人民主权与以其名义发动的战争有着密切的联系，以致令人感到恐惧，该理论在他们手中也就实际上被还原为——在新的社会秩序下，占统治地位的利益所施行的更可靠、更正规的统治。

你瞧，上面就是其本身荒诞不经而又野蛮的原则今天所剩下的一点正当性与力量。正是通过这一点，政府才得以操纵该原则，并植根于一种看起来只会导致无政府状态的理论中。也是通过这一点，权威才放弃宣称它孤立地存在，只为自己存在；也是通过这一点，权威才同意让它的行为符合理性、正义和公共利益，并从中汲取自己的权力；也是通过这一点，政府才心甘情愿地不断通过对其高贵天性的主张来表明它出身的正当性。人们不会向它提出过多要求；人们也不会以人民主权为武器反对另一种主权，后者认为，只应在能够说服公众的前提下，依据事实来运作主权。我知道，政府在宣传这些准则时，还有很长的路要走才能到达目的地；人民主权的理论作为战争机器的历史还不到10年，就留下了剧痛的痕迹；在民众的偏见中，甚至在自以为远离这一观念的人们的说法中，我们都还可以看到人民主权论留下的印记。人民主权论留给我们的，是对于数量的一种可耻的崇拜，是面对大众时的虚伪的谦卑，这些行径使得许多拥护自由的朋友们的语言乃至思想变得软弱无力，甚至变了质。我们关于法律与政治制度的思想往往受其感染，甚至在放弃了原则之后，我们也无法去除其所有的后果。它们在我们的判断习惯当中反复出现，一有机会，我们就会勉力将它们引入到法律之中。这种疾病是严重的，应该加以治疗。但是，政府又向谁求助了呢？耶稣说，“我是为患病之人而来，不是为健康之人而来”。政权的使命也是这样，它要对待的，首先是社会的病症。它的技巧就是从社会本身寻求它所需要的支撑点。然而，在这里支撑点已经明确地指出来了。它既不存在于过去的神权理论中，也不存在于消极服从的理论中，更不存在于对政权服从的幻觉中。借用别人的一句话说，它们就是一些朽木，政府无法通过抓住它们而使自己幸免于海难。用以对抗人民主权的原则，应该是正义的主权、理性的主权、权利的主权。早晚有一天，面对完全满足社会的真正意图与正当需求的理论时，人民主权论会退出历史舞台。

但愿政府不要误入歧途，在这样重大的问题上，不允许犹豫不决和沉默不语。一个政权如果它没有任何关于自身的观念，既不知道自己是什么，又不知道它从哪里来，也不知道它该以何种名义施行统治，那么它还能算是什么？模棱两可的状态是最糟糕的。你想当救世主所拣选者吗？那就大胆地说出来，你首先要自己相信自己，才能让别人相信你。你要充当人民的命定代言人吗？那就将它写在你的额头上，首先应该为其感到自豪，才能从中获益。但是，在这一切之前，先要知道你是谁，要大声地宣示你的权利。要弄明白，你是否在今天能从中汲取权力的唯一源泉当中，明智地解决了你的权利问题，是否想将你的权力建立在尊重权利和公共利益的基础之上，要毫不犹豫地以此为荣；不要对过去的几个世纪的偏见客客气气，也不要惧怕革命的偏见。社会热切地盼望着一种关于政府之本性的更加高尚、更加真实的学说。请公开宣称，它的原则是要摧毁绝对权力，使其成为不正当的，无论这种权力是掩盖在什么样的外衣下，隐藏在什么地方。这就是真理；假如你自己相信这一点，你始终对神权的某些残余的复兴抱有警惕，假如你设想你自己的命运与它悠悠相关，那么，在承认它、公开宣传它时，你会获得千百倍的力量，比你一直表现出的对人民主权的担惊受怕要强得多。

现在，我来说一说人民信仰的第二个侧面，它似乎与无政府状态密不可分，人们在论述它时会感到颇为尴尬。

——没有贵族，没有特权，没有法定的、一成不变的社会阶级划分。

正是在这点上，思想家们向新秩序开战，认为它是建立强大社会与正规权力的最大障碍。他们说，没有什么是比平等更加反社会；这种平等既不是天生就有的，也是不可能实现的；任何自由都是一种特权，任何优越地位都是贵族制的开端；自由要想成为权利，优越地位要想变为建立秩序和政府的手段，就要由法律来建立，并获得法律的保障。因此，各个阶层、各种条件、各种职业直至整个社会都应该按照等级来排列和构成。除此之外，只会是社会的解体，而其原因则是个人的独立，或者说是社会所有成员都忍受独裁者的同等屈辱。

我首先要指出，这样考虑问题所涉及的不是政治观念，而是另外一种东西，它所涉及的是事实。不仅是法兰西的公共政治观念拒绝社会当中法定的、一成不变的划分，社会自身也拒绝这样的形态。我所提到的那些人也很清楚地看到了这一点。他们也说要向我们的习俗宣战，要改变我们法律，要将特权从政治层面降为民事层面，要恢复代理制，重建行会，一句话，重新塑造整个社会。他们声称，没有这些，社会就从来也不会是自由的，它甚至还会走向灭亡。

我不是要在这里讨论这种理论。我一点也不想研究人们能否或者是否应该重塑法兰西。现在法兰西就在那里，它是什么样，我就将它怎样看待。我所关心的，只是要知道当局怎么样才能与不同的信仰及不同的大众政治观念相处，以消除前进道路上的障碍，并从中找出治理的手段与办法。我仅仅做一个观察。假如在 7 世纪，在人口急剧下降之时，在无政府状态下，在灾荒之中，在盗贼蜂起之时，在这些灾难席卷法兰西大地之时，假如启蒙时代的某位观察家看到这种情景，他肯定会说，没有一个社会能够从这种混乱中走出来；暴力、压迫、人人自危，互不关心，令社会破产的所有原因都压在人民的身上；人民无望了，终将灭亡。人们将会让我们相信 19 世纪的法兰西是比 7 世纪的法兰西人口更多，更富有，更自由，受到更好治理，更加幸福，更加强大的。二三百年后，从 19 世纪的法兰西社会还会演变出来一个令这些政论家们更赞叹不已的社会。因而，我们还是安下心来吧！时间有着无限的力量，能够发展好的东西，更正坏的东西，弥补那些缺陷，满足各种需求，使每件事物都处在它应有的位置，而且总能为每一件事物寻找到一个位置。我们可以期望时间不会辜负我们，可以肯定地说，我们要做的要比法兰克人要少得多。下面，我再回到正题。

今天拒绝以贵族方式组织社会的政治观念有两个不同的源头；对旧制度的记忆，以及革命的理论。在事实上，新法兰西害怕法兰西旧有的贵族政治甚于其他任何事。在法律上，平等的学说变成了一种模糊但却强大无比的教条，它自己虽然没有觉得，但却引起人们对任何想通过法律手段认可与支持，以便让社会强势群体一成不变的措施感到厌恶与不信任。

从第一个角度看问题，我只知道政府用以对待公众精神的一种方法，这就是使其彻底地消除疑虑。在这里，任何妥协、任何犹豫不决都是不可能的。波拿巴曾经给予旧贵族正义，甚至宠幸。波旁王朝却未能给予波拿巴正义，就像它未能给予所有人以正义一样。他们对于正义无能为力。我知道这话是沉重的，就像现实的必须，也是沉重的一样。无视正义的人将会失败，他们更会因此丧失他们本想为之服务的东西。我并不比别人更铁石心肠，我知道什么是同舟共济，我理解与推崇那些知恩图报的人。我也远不会设想，国王应当是一种冷漠、寡情的职业。人们并不是通过这些使得人民感到安全与信任。但是，公众的事务既不屈从于时势，也不屈从于某些个人的感情，既然政权的存在并不是为了它自己的考量，它不应该以当政者个人的喜好为行动准则。你们抱怨法兰西对任何贵族政治存有偏见，我相信这一点，法兰西从你们身上看到了贵族政治的幽灵，并尽一切力量加以摆脱。远离这支队伍吧！你们并不知道它将给你们造成何种苦痛，它不但会伤害自由派党派，使它们对你们敬而远之，甚至还会在旧制度的党派中散布混乱与分裂。恭敬虔诚、对动乱的恐慌、对雅各宾派的惧怕将众多的市民甚至新人推向这个派别，即使他们没有受到召唤。好吧，你们要知道，这些人即使站在了旧贵族的一边，也仍然保留了对它作为一个党派的不信任。不要相信如果他不是自由派就必然会变成贵族的拥护者，他们不过是在逃避他们认为最紧迫的危险。但是，他们不会放弃他们的原初地位所带来的感情，不会停止对其同盟军的那些要求和希望感到深刻的反感。他们急于不失时机地说出来，他们抱怨被边缘化了，由于憎恶特权，他们总是对新法兰西怀有好感。只要以国家为重的派别知道如何行动，只要它明白如何在秩序、宗教和道德方面让人们放心，你就会看到他们满心喜悦地离开现有的队伍，重新在平等的旗帜下找到他们应有的位置，因为他们十分在意秩序、宗教与道德。

我们现在看看事实上什么是这面旗帜的原则，看看在许多的错误与反社会的偏见掩藏之下，是否包含某些伟大的、政府可以接受的真理，政府可以此来作为赢得一种如此强大的政治观念的手段，平等是这一强大观念的象征。

我不知道那种强大的、足以鼓动和统治人们的观念，说到底是否一种真实的与正当的东西。这正是它的真正力量所在，是支持它的可信度的东西。平等的观念正属于这一情况。当政治上大乱的一天到来时，它先是是模糊地、无序地爆发出来，然后就激起了人们的全部热情，成为所有权威、所有约束的敌人，在前进的道路上横扫一切，作为对压制了它那么久的社会秩序的报复。我们亲眼目睹过这种场景，它是丑恶的，如果说有一种能够使人的尊严扫地的东西，那就是用来反对最美好、最正当的优越地位的欲望与仇恨。

可是，时过境迁之后，愤怒就会熄灭，当人们相信它无能为力后，愤怒也会熄灭。经验很快就会向平等的狂热拥护者们证明，通过犯罪，他们追求的只是一种幻觉。现在他们提升了自己的地位，轮到他们的优越地位需要获得一种保护了。一旦人民获得了他们要求平等而希望获得的利益，处于社会低层的人们也会安静下来。他们处在了他们最好的地位上。新的贵族形成了，他们有了一些共同的利益，他们在自我保护时也就是在保护这些利益。新贵族通过与人民保持的联系来控制人民。这时，平等的理念以一种更加平静、更加纯粹的形式出现，虽然名称始终没变，但它已不再对任何优越地位构成同样威胁，不再引起同样的愤怒。

依我看，这就是现在存在于人们内心深处的理念，尽管它仍与一些坏的理论和坏的情感联系在一起。这种理念可以用下面的一些话加以总结。

在社会秩序中，任何人为的因素都不应该约束个人的升迁或沉降。自然的优越地位，社会的显赫身份，不应该得到任何人为的法律支持。公民们应该依靠自己的价值与能力；每个人都应该可以通过他自己的努力成为他能够成为的人。如果他有能力，在升迁过程中，不应受到制度的阻碍；如果他不能保持自己的地位，也不应从制度中获得任何援助以保持其优越的地位。

在此，我毫不犹豫地肯定这点。这就是事实上的平等，就是公众的想法。它只能到此为止，不能越雷池一步。

我知道，这正是被某些人视为煽动和反社会的东西。对他们来说，这样加以总结的平等理论就成了政府更加危险的敌人。然而，他们不敢承认这一点，他们不敢正面攻击正义的情感和理性的原则，因为平等的理论以这种面目出现时，正是它们的武器。他们试图将这种理论控制在一定的范围，让它以仇恨、平均主义和无政府状态的模样表现为一种罪恶的、荒诞不经的理论。他们说，这正是他们所惧怕的和所要追究的地方。真是一片谎言，他们的惧怕在别处，他们攻击的目标也在别处。让他们产生恐惧的是个人能力的自由竞争，是社会财富的飞速流通；同那些爬上高位的人一样，他们想抽掉上升的梯子，永远单独在空中高枕无忧。在这方面，政治秩序与其他职业没有什么区别；无论何时何地，都是行会师傅和管事会的问题，也就是说，是排他性的和拥有特权的贵族的问题。由于个人利益总是要一种理论为其服务，只有在这种理论之下才能掩人耳目，并自欺欺人，所以就出现了难以胜数的关于社会难以管理的理论，社会无法控制的理论，似乎各种特权只有用外来势力促成的法律来武装，似乎只有战斗才能取胜，只有自我标榜才能保持原有地位。是的，这就是使我们四分五裂的问题所在，我们一点也不摒弃优越地位和影响力。相反，我们认为，处理社会事务是他们的事，我们希望他们得到承认，得到尊重。但愿法律给他们留下和赋予了各种可以自由行使的手段，使他们可以团结一致，并团结在政府周围。但是，我们要求他们不要变得自私自利和谎话连篇，要求法律强加给他们一种不断表明自己的正当性的要求，最后要求他们在享受自己的权利时，不要篡夺别人的权利，也一点都不要在保卫现在的借口下损害未来的利益。

这就是我们的理论，这也是宪章的思想，特别是当它将平等纳入法兰西公共法律之列的时候。但愿政府在这一思想的指导下与法兰西融为一体。政府要宣传这种思想，要将它付诸实践，它对政府远不是什么危险，只要掌握在政府的手中，它就会成为政府强有力的治理手段。对平等之热爱的唯一原则就是自我提升的需要，这是我们本能的、最强烈的自然需求，它甚至是我们行动力量的源泉。但愿所有的职业都是开放的，到处都存在着自由竞争；但愿政府当局随时随地都是同真正的优越地位融为一体；这样，政府就会发现它是否缺乏力量与影响，明白这些力量与影响是否比那些人为的、骗人的优越地位更加有用和更加确定。它就会清楚废除所有贵族制的真正意义，而这种贵族制是令人感到恐惧的。无疑，革命的法兰西可能尚未适当分化，尚未适当地组织起来；影响力尚未明确地、牢固地建立起来。在许多地方，新的利益正在寻找领袖，它们尚未找到，或者仅仅找到一些不甚强大的领袖。但是，这仅仅是不可避免的一种阵痛。革命的法兰西已成为昨天，它刚刚摆脱动乱，它所依靠的许多人，经常变更原则、党派和地位！因而，新秩序下真正的、自然的贵族不可能已经形成，并配置在了国家的合适地方。这种不完美，应该归咎于人民的不信任，因为它抗拒优越地位，不愿接受这些人的引导。人民不知道这些人向它索取些什么，不知道他们是友是敌，是真诚的还是骗人的。由此，又产生了荒谬的革命偏见对人们思想的控制，这些偏见将任何优越地位都看成罪恶，将任何影响都看成陷阱，想让社会的反叛成为常态，不仅反对合法的权力，而且反对社会之中任何天然的权力，即使它没有权威的名义和表征。这是坏事，很坏的事。我们同你们一样明白这一点，并且同你们一样想要遏制这些无政府主义的萌芽。但是，请相信我，你们并不能用特权理论来对抗平等理论，并不是通过试着带回旧制度下大大小小的贵族，你们就能刹住革命的车轮，让革命循规蹈矩。制约革命的办法存在于革命本身之中，存在于它自己的原则之中。正是通过梳理、接受革命的合理成分与真实部分，才能让公众观念认识到，并摒弃其虚假的和有害的成分。观念献身于热爱它的人，正像利益会倾向服务于它的人那样。热衷于平等的观念是有很多东西需要校正与引导的。这种观念曾将法兰西交于波拿巴之手；应该让这些观念知道，它可以做得更好，而又不受牵累；这样，它就会乐于从命。

这时，也只有这时，你们才能够面对政治信仰的第三种形态，就是我所称的政府的障碍，或亦可视之为是政府的手段。权力是十分盲目的。人民的主权与对贵族的反感，都是它持续的心病，但它对另外一种更加危险、更加难以驾驭的观念却不那么担心，我在前面曾以这样的语言来归纳这种观念：政府不过是公仆，且只有在两种条件下才能接受它；它无为而治，态度谦恭；以及它所费无多。政权在拒绝这种理论时，表现得烦扰多于惊恐。它只是在许多细节上自卫，往往在原则上接受它在行动上拒绝的东西，而没有看到，这种理论才是最有威胁性的，是革命留存在我们心中的诸多偏见的最大继受者。

我希望我对此已经说得十分明白了，以便人们不会对我下面要说的话产生误解。正是新法兰西的拥护者们应该更好地理解政权的性质与条件。他们要建立一个政府，一个革命的政府。要想成功，除了战争机器和反对派的理论外，还需要一些别的东西。

以自由人为例，他们相互独立，对过去历史上人们相互隶属的绝对必要性很陌生，仅仅是一种利益，一种共同的意图将他们联系起来。就像游戏中的孩子，游戏就是他们所关心的事。在这种自愿的、简单的联合中，权力是如何形成的？依照其自然的倾向，在获得了大家的认可后，这种权力将落在谁的手里呢？当然是落入最勇敢、最机灵之人的手中，落入被认为最有能力行使这种权力的人之手，即可以满足所有人的利益，完成所有人的思想意图的人。只要没有任何外部的、激烈的因素打乱事务的这种自发行程，就是最勇敢的人进行指挥，最机灵的人进行管理。在只服从自己意志的人们中间，在只服从自然法则的情况下，权力总是伴随着优势，并将优势显露出来。这种优势只要得到承认，人们就会服从它。

这就是权力的源泉所在，而不是其他任何东西。在平等人之间，权力永远都不会诞生。感觉到优势，并承认优势的存在，这就是人类社会最原始的、最合情合理的联系。这是事实，也同时是自然法则，这是唯一的、真实的社会契约。

在发展了的社会中，随着发展社会将复杂化，又会发生什么呢？一种无法克服的力量，不停地将这些社会带向它们的构成原则，趋向它们本性的法则。当事实上拥有权力的人们不能够理解和满足公众的普遍利益，或者当他们不考虑公共利益，并且以权谋私时，作为他们统治的结果就是，会引发一场斗争，这场斗争不会停止，除非社会被毁或者掌权者异位。只要这个社会不是注定要灭亡，那种力量就早晚要取得胜利，也就是说，权力要脱离已成为虚假的或反社会的优势群体之手，转到新的优势群体的手中，这些新的优势群体要证明自己配得上权力，要为人民的利益而行使权力，从而使自己被接受。

这就是革命的秘密所在，是所有自由政府的奋斗目标，尤其是代议制政府的终极目标和根本原则。准确地说，这种原则将在社会与权力之间建立起天然的、正当的联系，也就是说，防止在事实上已不存在权力的地方，仍在法律上执掌权力，要让权力始终掌握在真正的优势群体手中，这个群体有能力行使权力，以达成权力的使命。议会两院、公开的辩论、选举、新闻自由、陪审团，这种体系的所有形式，以及由此而产生的所有必要的制度，其目的和结果都是为了不停地在社会中寻找各种各样的优势群体，使它们显露出来，将它们推上权力宝座，并在将其置于掌权者地位之后，要令它们有义务配得上权力，否则它们就将失去权力，要迫使它们公开透明地行使权力，要通过所有人都得以参与的途径来行使权力。多么值得赞赏的体系，因为它符合事物的真实性，因为它解决了权力与自由的结合问题。一方面，只将权力授予优势群体；另一方面，又迫使优势群体遵守法律，让它们自己不断地证明自己，使自己被人民大众所接受。

如此一来，你们这些声称政府只是受雇于人的仆从的人又该怎么办呢？你们认为应该尽可能地使政府所费无多，无论是在其行为上，还是在其花费上，都应该降到最低。你们没有发现你们绝对低估了它应有的尊严，以及它与人民之间的关系吗？说一个民族屈从于它的仆从，服从它的小伙计所定的法律，这是对这个民族的褒奖，还是贬低？或者说，诸民族是由一些优等个体组成，但他们为了自由自在地从事一些崇高的事业，就让一些卑劣的低能儿以政府的名义负责他们日常生活中的琐事？这是一种荒诞不经的可悲理论，它既无视事实与法理，也无视哲学与历史，同时侮辱与贬低了权威与服从，使它们都处于弱势地位，在这样的危机之中，同时损害了自由与权力。无疑，世界上可能存在不健康的状态，真正的优势群体并不总是拥有统治权，即使它拥有统治权，也不是总能正当地应用它。还存在一些被搅乱了的社会，一些摇摇欲坠的统治者，一些被推翻的政府。也还应该在制度中和法律中获得一些保证，一方面是为了对付虚假的、脆弱的优势群体的统治，另一方面是为了对付真正优势群体的腐败行为。但是，社会的这些必要条件，并不能改变事物的本质。它们丝毫不能阻碍人们一般地说权力属于优势群体，从而，优势群体是权力的天然、正当的条件。权力的存在不是为了自身，而是它通过自身才能存在；因为它自身有力量，所以它才成其为权力，在它施行于其被统治者以便获得自由认可时，它发出命令，就像它应该做的那样。让我们承认理论的空洞与虚假吧，人民的本能已经揭穿了它们。你们能够想象法兰西在服从波拿巴时是在服从一个受雇的仆人吗？法兰西感觉是被掌握一只强大的手中，即使是作恶，也会全力以赴的。“君主即是我，它在我强大的精神当中，它将无数的人和事吸引到我没有尽头的意志里。”波拿巴这样说是很确实的，法兰西在追随他的时候，像他一样对此深信不疑。相比于压迫者的政权，立宪政权的状况并不更恶劣，其来源也不是更微不足道。从专制过渡到自由，各民族不再附属于一个主人，但并不是由此而雇佣了一些仆人。这些民族都拥有一些首领人物，他们的权威丝毫没有减损，他们在接受必须按公共利益行事这一条件的同时，也仍然是国人当中的优越者，是国家的头脑。

我强调这一点，并不是为了无益地批驳一种理论，而是因为这种理论一旦占了上风，就会产生最致命的后果。你们知道为什么在这种理论出现时，克伦威尔们和波拿巴们就会相继登台吗？这是因为那些优越的精神从来都不甘寂寞，不甘被剥夺，被侮辱。它们感觉自己拥有权力，对人们意图将权力贬低到的那种程度感到愤怒不已。对于人们一而再、再而三无礼地将他们由官员降为臣民，勒令权威在指挥民众之前先要卑躬屈膝而感到怒不可遏。他们是那么的高傲，不会接受这样的屈辱。由于他们掌握有人类的经验，知道通过什么途径征服人们，他们就运用他们所有的智慧，所有的力量，和所有优势来征服人们，来完全彻底统治人们。有人可能要说他们是在对社会进行报复，他们一报还一报，以高傲对高傲，以侮辱对侮辱。由于他们的自尊受到伤害，最终他们就会说："既然要成为奴隶的不是人民，就是政权，那么，就让人民而不是政权成为奴隶好啦，因为政权即我本人。"

大家深入地研究一下吧，在我批驳过的这种观念占据统治地位之后，专制总是带有这样的色彩。这种观念，通过反抗优势群体，犯下了腐蚀优势群体的罪行；通过拒绝优势群体的权利，而将优势群体推向对权力的篡夺。

相反，在这场争斗中，假如政权不能战胜，假如它受到贬低它的理论的侵蚀，它就会在失去尊严的同时失去力量。政权当中所有的良心都将泯灭，它会感到命途多舛；它会沉沦在其地位与人们对其所拥有的观念的矛盾之中，沉沦在其使命的伟大与本性的虚弱的矛盾之中。事情决不会相反；人们不能既指导又惟命是从，既进行管理又俯首帖耳，行动上是领袖而又在思想上是仆从。一旦政权不再能感受到自己的权利，它与社会即已分离，政权也就终止存在了。在充满动荡与焦虑的形势下，拥有政府的社会就惊奇地发现，它并没有得到治理，而政权也会动荡不定，摇摇欲坠，虽在其位，无法谋其政。

只要政府处于屈从地位的理论没有破产，人们就不可能摆脱这样的不尴不尬的状态。一切都应该回归真理，权威与服从，官员与平民之间要建立起合情合理的关系。你们尽可以筑起预防专制的一切篱笆，给予自由一切你们想象得到的保障，这是你们的利益所在，是你们的义务和权利。对你们的保护永远都不会过分，通向武断与不公正的大门始终开启着。但是，永远也不要要求政权自甘受辱，放弃权力，不要反对它顺应本性提高地位。要想使它能够领导你们，它就要有一定的尊严，而你们也要听命于它。优势群体能够也应该做出奉献，但它不能也不该被奴役。只有政权受到尊重，真正的政权才会存在，而尊重只能指向优越地位。

当社会承认管理它的政府对它拥有权力时，当社会与政府在相互尊重的共同情感下联合起来时，那种认为政府只是仆从的伪理论才会很快失去市场。这种伪理论对不能摆脱政府感到懊恼，声称要将政府对社会的作用降到最小限度，只有当官员和领袖降为微不足道，或几乎是微不足道时才能接受他们！社会的领袖微不足道！无论何处的官员们都只是一部部的机器，他们只在少之又少、严格受到限定的某些特定的日子和时辰进行干预！一个几乎是虚无缥缈，然而却站得住脚的政府！真是一种幻觉！这是对人类事物和这个世界进程多么大的蔑视呵！这种理论的全部目的，就是要人们反对政府，并尽力去推翻政府，我只能这样认为。这是一件好用的工具，其效果也是确定的。但是，在建立新的秩序时，在建立持续的政府时将其奉为圭臬，则是大错误特错了。我与别人一样知道，在管理一切的狂热中存在着恼人与幼稚的东西。我不否认要给予贸易、实业、个人和社会力量的施展以充分的自由，我也不否认政府在无谓地进行干预时坏了不少事。专制政权为了显示其正当性，什么都要了如指掌，什么都要自己干，让我们为此吃够了苦头。我也十分同意政府只应该在有益的情况下进行干预，但在许多时候，它却是在一种其出现不过构成灾难、障碍的情况下进行干预的。但是，即便同意了这些，问题还是一点也没有解决；因为“自由放任”（laissez faire, laissez passer）只是一种模糊不清的信条，根据其适用情况的不同，时而是正确的，时而是错误的，它只是提出警告，并没有提出指导性的意见。杜尔阁[1]先生比任何一个人都更加起劲地鼓吹这种论调。在他短暂的执政过程中，正是这位大臣本人发布了许多政令和内阁决定，也正是这位大臣同许多利益建立了关系，最频繁地运用权威。人们会说，他是不得不如此。杜尔阁准确地运用了权威，以便消除各种障碍，也消除了权威本身的大量恼人干预。因此，你们相信在开明的政府行政过程中，缺乏这样的必要吗？相信只要它愿意，它不会寻求机会从事有益的活动吗？人类事物的弱点是如此深刻，不能放任其自行耗竭；而一个社会越是臻于完美，它就越会期望寻求新的完美。你们是否认为公共权力的职责只是镇压、惩恶，从不认为它也该主动推动善事？一方面武装政府，另一方面又使它瘫痪，这是在斩断它的臂膀，真是一种虚幻的妄想！你们错了，

[1] 安·罗伯特·雅克·杜尔阁（Anne-Robert-Jacques Turgot，1727—1781），法国重农学派的重要代表人物之一。1774年路易十六即位后，任海军大臣，一个月后任财政大臣。1776年被免职。杜尔阁有一部关于经济学问题的名著《关于财富的形成和分配的考察》。他在这本简明著作中把经济学名词进行了清楚定义，并把经济理论进行条理化、归纳化。他把纯产品看作是自然界对劳动者的劳动的赐予，进而认为税收只应针对土地占有阶层。对于其他种类经济活动应该尽可能地自由放任。

它丝毫不会同意这样做。而且一旦它同意，社会本身也会痛苦万分。当一个政府适合这个社会，当社会从政府中感觉到活力，当政府成为它的真正代言人，成为它的领袖，当它们团结在同一事业中，共同前进，社会在除恶扬善时，祈求的就是政府。社会要求的是政府的行动，而不是政府的逃避。社会不会因考虑理论对于政府干预的恐惧而改变行为方式。大不列颠的议会使英格兰脱离了天主教会，于是对英格兰来说，一切便都依托于议会了。从此之后，议会的权力就成为了英格兰信任的力量，一有风吹草动，就求助于它，一点也不害怕它的存在或扩张。这一权力进行统治和管理，节制理论观点，立法调节私人利益，公众不仅服从，而且赞同。因为，尽管政论家们高谈阔论，但公众并不惧怕那拯救了自己的力量。我不是在评判事实，而只是陈述事实。我不相信议会的不谬性，因此，也不相信议会主权的永久正当性和放之四海而皆准的普遍性。从法律上来说，这种主权不比其他主权有更多的理由行使绝对权力，而它事实上经常在过分地行使绝对权力。我也并不认为权威总是好的，总是有益的。但是，我再重复一遍，将政府降为从属地位，让它毫无行为能力，在实践中是徒劳的，在原则上是荒谬的。政府是社会的领头人，当社会相信其合法首领，社会就团结在它周围，社会的生命也从而显明出来。凡是关乎公共利益的事，关于普遍性活动的场合，倡议权就自然地属于政府。

当这样一个政府事实上存在了，你们就来蛮横无理地与它谈论它的薪酬问题，就来指责它所费过多，让它为了得到应有的薪酬就对你们卑躬屈膝。它就会对你们说，它从事的是社会事业，社会明白这一点，并且希望事情被办好。人们不应该向公民索取超过公共事业所需的任何一分钱，在这一点上你们是对的，绝对没有错。你们有权完全了解公共收入的构成与使用。但是，你们没有理由，也没有权利要求一切都以金钱衡量，认为一个最廉价的政府，仅凭这一点就是一个最好的政府。请为一个优秀、稳定的政府所能带来的自由、繁荣与荣誉定一个价吧！俄罗斯沙皇课的税比法兰西国王要少，使用的官吏也要少。是不是就能说俄罗斯人比我们受到更好的治理呢？想一想吧！这些问题并不是那么简单，真正的节省也不总能被还原为统计数字。选举议员、讨论法律、保证人身财产的安全、保障公民自由与新闻自由，都十分重要，尽管产生这些利益的机器运转起来是十分昂贵的。作为大革命及我们社会当下的立宪状态的结果，在今天的欧洲，只有法兰西了解它政府的开支。这笔钱的数目是很大的，这一点我同意；假如这些花费超过需要，就要缩减这些开支。但是，特权、行会管事会、宗教的褊狭、社会的混乱与专制主义花费的更多，尽管在表面上有时它们不用花多少钱。然而，与其伴生的其他各种需求难以估量，很难具体计算清楚。只要各种需求被不间断地、精心细致地讨论，人们就会得到一种保障。政府永远也没有必要证明它是有用的，但是，无论它在这种讨论中胜出还是落败，总不应让政府因此而被削弱、被羞辱。

关心公共事物的责任在政府，只有它才能成功。因此，也必须期待政府拥有尊严，就像它拥有力量一样。如果它自己不知道获取尊严，别人也就不会给予它。我刚刚讨论了公众政治观念中流传最广又是最似是而非的部分，也是政府抱怨最多的部分。我于此毫无保留，但是，只有一种政府有资格否认它，战胜它。这就是代表普遍利益的政府，由真正的、正当的优势群体支持和领导的政府。在这里，关键的关键，是行为与处境。政府所能用的诸种手段，对那些本身并不服膺真理的政府，并不合用。因此，内阁也不要搞错了；我在为权力辩护的时候，并不是在为内阁辩护。相反，我谴责它，让它身处险境，让它赤手空拳地面对虚假的理论。你们抱怨这些虚假的理论得到的信赖，抱怨它们展示出来的蛮横无理。为了避免这种状况你们又做了些什么？你们处在国家的领导地位？那么你们将国家天然的领袖，人民大众相信与信赖的人团结在自己周围了吗？你们被召唤来同新法兰西打交道，你们是否走在它前进的道路上呢？是否朝着它30年来追寻的目标前进呢？远不是这样，你们与法兰西分离了，你们在同她的敌人结盟，你们要将一些不理解她的代言人强加于她，将一些她不想要的领袖强加于她。你们试图运用暴力对付一切，对待选举，对待新闻，既扭曲了社会，也扭曲了政府。如此一来，你们到底要求些什么呢？什么！你们在试图将法兰西重新交回到被她唾弃的旧的优势群体手中，你们想让她将这些不费力地取得权力的群体当成自然的、真正的优势群体！你们指令你们的官吏们要窒息现存的力量，要让不存在的力量浮现出来。你们要求人民大众站在它们身边，接受它们为真诚的、正当的机构！最终，你们是在将权力变成巨大的谎言；你们希望权力获得尊重，获得崇高的条件，获得人民自由赋予的、原本只应属于真理的优越地位！这也是在侮辱良知。你们的权力是虚假的，人为的；不要期待法兰西以对待真正的、天然的权力那样的目光看待它。它并没有植根于法兰西的国土里，不要指望人民集中在它的麾下。承受你们选择的处境的后果吧，它使你们注定要在人民的成见中碰得头破血流，永远也得不到人民大众交到别人手里的那种政府手段。我的意思是什么？痛苦将延续下去。公众观念中关于人民主权、贵族政治和权力性质的虚假与反社会的成分，正是你们煽动起来的，是你们给予了谬误以力量与人们的信任。法兰西将心甘情愿地以人民主权置换法律主权；以对贵族的憎恶置换真正的平等原则；以政权的俯首帖耳置换天然的、真正社会性的优势群体之治理。而你们提供给她的却只是德·博纳尔[1]先生的绝对权力论、德·迈斯特先生的永无谬误论以及德·拉马奈[2]先生的被动服从论。当然，这是场公平的交易，法兰西一方也有欺骗的成分。以错还错，她宁愿要自己的错，也不要你们的错，而对她来说，旧制度的旗帜比大革命的旗帜更加可疑。

因此，我再重复一遍，有一些同政治理论打交道的办法，这是上个世纪（18世纪）留给我们的财富。其中的真理成分足以向权力提供支撑点，以便更有力地战胜其中错误的成分。因此，当权力遇到障碍与危险时，受到指责的不应当是这些理论；受到指责的应当是权力本身，是它所处的错误地位，使它日益远离了新法兰西，远离了那个日益不好理解的、难以驾驭的法兰西。我们看看大革命的利益是否另有一种性质，是否宜于用不同于它的信仰的办法进行治理。

第九章　新的利益

作为上加罗纳地区选民团主席，德·维莱勒先生在1820年的一次讲演中，反对区分旧的利益与新的利益，认为这样区分纯属蛊惑人心。“如果这种区分是真实的”他声称，“我们面临的将会是混乱不堪与毁灭，自身四分五裂的王国是不能够生存的。”

也是在他的统治末期，波拿巴极力否认这种事实，因为这样的区分让他不悦。我请德·维莱勒先生原谅，波拿巴比他更有权利这样不理智。只有经常操纵事实、贬低事实，这样高傲地对待事实才会被人们接受，也才不那么荒唐；只有世界级的领袖如此陶醉权力才会被原谅。

一个充满痛苦和危机的事实，从何时起不再存在呢？那些繁荣昌盛的社会，从何时开始摆脱自身的分裂，不再在其内部转移权力、财富和等级，不再从繁荣昌盛中产生裂痕了呢？或者说，当这些裂痕产生之后，它们会突然消失，不留任何痕迹，其后果不延续下去吗？

但愿能够如此。但是，神意难测，它并未如此单纯地对待人类。当它要改变社会的面貌时，它推入暴风雨中的不只是一代人。一旦人类的事物打上了造物主的印记，

[1] 博纳尔（Louis Gabriel Ambroise de Bonald，1754—1840），法国的反革命哲学家和政治家。在那革命的时代中，他和好友迈斯特同为传统主义者，为传统的政治宗教及背后的思维作中流砥柱，但他在后世的名声似不及他的好友。博纳尔主张政治上的绝对权力论，其许多哲学和政治思想虽在政治上保守，却是很有远见的。他可以被视为社会学的先驱之一。

[2] 拉马奈（Jean-Marie de Lamennais, 1780—1860），是法国一位天主教神学家。早年极力强调天主教会在欧洲政治当中的重要作用，后来思想转变很大，转向天主教社会主义。是嗣后欧洲天主教社会主义的重要理论来源之一。

它就不会根据某些党派的意愿停止这个进程。我们的大革命曾是敌对利益的残酷斗争；否则，为什么要经历一场大革命呢？这场斗争仍在继续；否则，为什么还有那么多的恐惧呢？利益的区分将会延续很久，甚至斗争结束后也还是要延续下去。

我将它当成一个不幸的事实，但这却是一个确定无误的事实。否认事实并不能摧毁事实。如果你们要填平一条鸿沟，就要测一测这条鸿沟的深度。在这点上，我不想浪费更多的笔墨。我不比德·维莱勒先生更加倾向于挑起我们的分歧。我只是认为应该认识分歧，承认分歧，才能动手治理分歧。

新的利益是无政府主义的原则，在我们之中正在酝酿这种观点，这是真的吗？这些新利益的本质或者它们的处境，使得它们敌视政权，使它们不能够成为政权的有效辅助力量，向政权提供最为确定的行动办法，这是真的吗？为了得到它们的承认与帮助，应该如何同它们打交道呢？这就是问题之所在。

这是决定性的问题，我早已说过。如果政府能够操纵控制新的利益，如果它从新利益那里得到力量和安全保障，它就永远不会去同另外的力量结盟。它只有在害怕时，自认为处在危险之中时，才会远离新的利益。事情就是这样，有必要花点气力证明政权在寻求它与新利益如何相处，以在团结中站稳脚跟时，误入了歧途。

在这样的研究中，呈现在我面前的第一个事实，就是新的利益是更加强大的。我没有必要深入下去了。仅就这一点，它们就是政府的天然同盟军，政府应该同它们团结在一起。让那些道学家们保持他们的诅咒吧。我不是力量的崇拜者，明白也有这种情况，即一个诚实的人有时要拒绝使用强制力量。但是，一个诚实的人，当他不想与胜利者结盟时就会引退出去。如果政府认为它无法战胜，要用全力抗拒时，那么它就引退好啦。他们可能认为条件是十分苛刻的，在这一点是我同他们的想法一致。我同意他们所说的，力量是会有波折的，今天的力量可能不是明天的那些力量，最占优势的力量也会迷失方向，在这种时候不应该盲目地追随它们。可是，当它是伴随着神意出现，当它代表了当时的迫切需要，那么，与它分离，非要在它之外建立自己的基础，就是一件愚蠢疯狂的事。

我之所以说这是愚蠢疯狂的，不仅是基于为了生存下去的政府的利益，而且也是基于那些希望能够规范化的社会利益。正是同强有力者结盟，政府才能够存续；也只有通过这种方式，政府才能是公正的、规矩的。

总而言之，奋起反对旧社会秩序利益的终极目的是什么呢？就是让它自己处在统治地位，控制局势，给予社会一个属于这种新利益的政府。为了摧毁敌对势力的统治，这种力量就会诉诸于无政府主义，并造成无政府状态。但是，它自己要求的回报，就是获得政权。它一旦得到了政权，求之不得的就是要规范政权，因为它需要保持这个政权。

在英格兰，以詹姆斯二世[1]为代表的天主教统治被推翻了。这并不是因为他是天主教徒，而是因为他是虚弱的，他不能给予英格兰以秩序和自由，也就是说，他不能有效地治理国家。在法兰西，随着亨利四世[2]的改宗，基督新教遭到（天主教在英国）同样的命运，其原因也是相同的。

革命一点也没有改变这个世界的法则，反而证明这些法则是强大无比的。它的利益将法兰西从旧制度下解救出来。秩序、自由、稳定、持久只会产生于强势群体的统治，在弱势群体统治下，只会产生混乱、焦虑不安并造成新的动乱。

当政权置身于胜利者阵营之外时，它就会犯各种奇怪的错误。它会背叛自身，对自己的天性撒谎。它会离开那些希望并应该控制局势的人，而趋向那些一味要求自由的人们。新的利益集团授予了波拿巴以专制主义。他们对从旧制度那里寻求支撑的任何政府都表示怀疑，这是他们最自然的权利，也是他们最必要的特权。对于他们的领袖，他们给予的很多，要求的很少。如果你看起来是敌对势力的领袖，他们就会向你提出没完没了的要求，并对什么都不满意。这是适合于一个政权的处境吗?

当力量尚未得到证明时，政府就不了解力量在何处；而若力量以动乱和毁灭的形式表现出来时，政府就会犹豫不决，不知道是否应与其站在一起。路易十四可能认为革命是难以驾驭的，无法治理的，所以就特别钟情于君主制。今天，一切都变了，尽管人们说得够多的了，我还要重复一遍。以前，那些利益集团为了征服，表现得咄咄逼人，富有攻击性，而现在，它们却处在防卫态势，因为它们已经取得了想要的东西。他们不仅在事实上取得了，而且在法律上取得了。宪章认为他们是十分强大的，承认他们是正当的。这是他们天然地同权力结盟的第二个特征，这也表明他们是权力的最好的同盟军。

我想知道人们以什么名义自我标榜正当性来反对新的利益。人们经常试图这样做，据我所知，无论对国王来说，还是对法兰西来说，没有什么是比这更加令人感受到屈辱的僭夺了。或者是宪章只是一个谎言，或者是它赋予了神圣性的利益是唯一正当的

[1] 詹姆斯二世（1633—1701），英国国王（1685—1688）。他是最后一位天主教的英国国王。他的臣民不信任他的宗教政策，反对他的专权，在光荣革命中他被剥夺王位。王位落到了他新教的女儿玛丽二世和女婿威廉三世手中。詹姆斯二世退位后受到法国国王路易十四的保护。路易、他的儿子詹姆斯·弗朗西斯·爱德华和孙子查尔斯·爱德华·斯图亚特还继续策划恢复詹姆斯派的王位，但最后也没有成功。

[2] 亨利四世（1553—1610），法国国王（1589—1610 年在位），纳瓦拉国王（称恩里克三世，1572 年起）。法国波旁王朝的创建者。原为纳瓦拉（今西班牙北部的一个自治区，与法国接壤，濒临大西洋）王国国王，是法国瓦卢瓦王室的远亲。在 1562 年由顽固天主教分子挑起的胡格诺宗教战争中以新教领袖的身份参战，凭借出色的军事才能和善于利用敌方矛盾，成为这场内战中笑到最后的人，在 1589 年加冕为法国国王，开始了波旁王朝。1593 年改宗为天主教徒，5 年后颁布南特敕令，宣布天主教为国教，同时给予新教徒信仰自由。称王后的表现更加证明了亨利四世的远见卓识。他在长期混乱之后，重新建立了一个统一且蒸蒸日上的法国。在亨利四世之后的百余年里，是法国历史上最强大的时期，几乎称霸欧洲大陆。——译者注

利益。然而，在宪章保障所有人的权利之后，它又特别神圣化的利益只是一些新的利益。但愿旧制度告诉我们哪个条款承认他们的利益，如果说不出来，那就应该闭上自己的嘴巴，不再吹嘘自己拥有权利和正当性。

假如宪章不是一种谎言，至少是一种幻想，它想要它所宣称的一切，但它没有能力得到这一切，事实是不是这样呢？旧制度的最高傲的捍卫者们是这样宣称的。他们甚至拒绝承认宪章本身的权利，坚持认为，宪章承认革命的利益，批准革命的利益，只是白费事，宪章并没有给予革命以正当性，因为它一开始就不具有正当性，其本质上也不具有正当性。在这些人眼中，旧制度仍然拥有权利；大革命和宪章，所有这一切都能要求服从，但无法激起人们的尊敬。

你瞧，这样一来，我们就不得不回来重新研究大革命是否只是一场叛乱，它是否同它的过程中表现的那样，在源头上和目的上就不那么纯洁，它的原则与后果是否就永远不正当呢？这是一个属于未来的问题，新秩序的朋友们一点也不害怕停止讨论。我只说一个字。作为法律的最审慎的拥护者，请向我们指出，有哪个帝国，哪个社会是只由它的拥护者组成的，告诉我们有哪个胜利不是充满掠夺与血腥。在我们自己的历史中，你们肯定是找不出来的；你们不会提供原来的身份，以证明今天的身份是纯洁的。如果你们被迫承认在人类事务中，永远都是势力与法律的混合物，那么，你们就不要没完没了地要求这、要求那。在各种各样的革命中，从来就没有哪场革命中力量所占的比重比我们的大革命大。任何一次的社会颠覆，其所依凭的原则都没有我们革命所依凭原则中包含的那么多真理。完全、纯粹的正当性不属于任何一个党派；但是，新法兰西的正当性，较之于你们的正当性，丝毫无须自惭形秽。这样一个新的法兰西，昨天战胜过你们，她已经向你们提供了平等分享胜利成果的机会；而她所要求的不过是你们不要再挑起争斗。100 多年以前，天主教徒们在英国失败了，他们仍然在承受失败的压力。而不久以前，你们还在害怕他们终于获得自己的权利，因为这种权利让你们感到厌恶。[1] 它让你们不好受，因为你们拒绝权利，你们只是以其之名来

[1] 英国自伊丽莎白一世女王统治以来，陆陆续续地颁布了若干歧视天主教徒的法律。在光荣革命后，又进一步规定了天主教徒不得担任公职，王室不得与天主教徒联姻等。1801 年，英国正式吞并了爱尔兰，但是，爱尔兰天主教徒并未得到平等的公民权。1823 年，爱尔兰人组成“天主教同盟”，其领袖奥康奈尔于 1828 年在爱尔兰当选为议员，挑战了天主教徒不可出任公职的法律。于是，爱尔兰局势顿时紧张起来，爱尔兰人准备在爱尔兰各地区如法炮制，夺取更多的议员席位。而爱尔兰的新教人士，则准备以武力反对选举结果。爱尔兰面临内战的危险。时任英国首相威灵顿为避免爱尔兰爆发内战，于 1829 年主持通过了《天主教解放法》，取消了对天主教徒的一切政治歧视。基佐本书写作于 1821 年，当时英国的天主教徒仍处于受歧视，但时刻准备反抗的阶段。其反抗的目的在于获得平等公民权，这是一种具有普遍性的要求，在基佐看来，因其普遍性，使得法国的旧制度拥护者会厌恶它，故有此处的这些评论。——译者注

要求特权而已。你们关于正当性的理论只是掩盖最不正当利益的幌子，但这幌子是透明的，你们还是放弃为好。

因此，我再谈谈诸如新利益群体拥有正当性这个问题。我要说理性同宪章一样承认它们的正当性。它们拥有正当性，就像它们拥有力量一样，它们因此资格成为权力的支撑。

事实上，谁又没有看到，出于其本性，它注定要同富有进攻性的利益分道扬镳，聚集起一些保守的利益在它周围呢？它现实存在着，就存在于客观现实当中；它需要秩序，它的力量存在于既定秩序的保护者之中。一个国王一点也不用去追逐好运，他的好运是现成的，他只要享用就行了，让那些只能依靠不定机会的人去追逐机会吧。旧利益也是如此，或者是顺从，或者是充满危险的机遇，这就是他们的宿命。政权是否一定得去分享旧利益的这种宿命呢？

政权是行动受限的吗？是否有某种偶然因素会使得事物的普遍规律中止呢？这些新的利益，事实上和法律上都是既成的利益，出于它们的处境与本性，是会团结在政权周围的，而对政权来说它们是否就那么难以接近呢？政权是否难以处理这种事情呢？

可能是这样。没有任何一种地位是固若金汤，不会失去的；没有一种力量是可以自发地行动，不需要被人们接受，也不需巧妙地加以操控的。应该更近距离地观察一下，脱开泛泛而论，给予每一种情况一个特定的名称，以便弄清楚，法兰西国王事实上是否能够吸引革命的那些积极利益，使得需要以它们为依托的治理手段可为国王所用。

我从那些国有地产[1]的获得者入手。在所有的新利益中，这是最显眼的一群人，也是最值得怀疑的一群人。没有什么比不动产更强大，也没有什么比不动产更值得人们警惕。

国王为这些利益既得者做了许多，比波拿巴做的多得多。他不仅庄严地、反复地宣称这是不可侵犯的，而且，他的政府也在实际操作中严格地遵守了。我不知道今天发生了什么；但是，只要我还有幸置身行政法院之中，我就一直可以看到，当这样的问题提到行政法院时，法院的审判解释会迎合既得者的利益，而对财产过去的主人则是十分严厉。波拿巴 1808 年 10 月 22 日关于分类记账的所谓法令从来都没有严格执行过。据我所知，1814 年 12 月 5 日关于未出卖的产业应该退回原主的法律适用范围也没有非法地扩展。事实上，这一利益从来都没有受到损害。

[1] 所谓国有地产，主要是指法国大革命发生后，革命政府所没收来的教会地产以及流亡者地产。这些地产在革命中被大量拍卖，以便换取支持革命政权的必要财源。在复辟时期，究竟如何对待这些被拍卖的而其原主人或其继承人尚在的地产，曾是一个重要的问题。——译者注

更有甚者。最近两年来，权力满怀激情地站在了不动产所有权的一边，站在一般财产权的一边。它乞灵于财产权，公开维护财产权；它只信任财产权，寻求它的救助。国有地产的获得者是同其他地产主一样的业主，他们从政府给予其他业主的优惠中得到了属于他们的那一部分。大革命的重大利益群体从政权那里得到了力量与支持，它们为什么要拒绝反过来予政权以力量和支持呢？

可是，它却拒绝了，至少我是这样认为的。在我看来，理由如下。

当政府允诺保护公共利益的安全时，当它遵守了自己的诺言时，它就以为自己尽职尽责了，就足以让人们安心，就得到了人们的拥戴。它错了，一切都不在此。我宁愿说，最重要的东西不在此。丝毫不在于权力同利益的直接关系，也不在于它如何称呼这些利益，以及同这些利益进行接近时，如何与它们妥协。因为这些利益并不是通过这种方式来寻求它们对自己情感依托的秘密。在这类关系中，遥远的、间接的、偶然的东西更加现实，更加富有成果。利益所要求的是，当问题不涉及它们时，人们会想起它们；当它们不在场时，人们关心它们；即使政府不谈论它们，它们也想让政权想着它们。它们很清楚地知道，当政府谈到它们时，不是为了威胁它们；它们丝毫也不担心政府会正面攻击它们，当它们同政府进行接触时，期待的既不是苦难，也不是羞辱。它们意识到自己的力量，完全知道只要它们现身，人们就会向它们提供应得的一切。但是，它们应该得到的还要更多。就是在它们缺席的时候，在任何情况下，无论与它们的关系是多么间接，对它们的伤害是多么遥不可及，政府也应该预感到可能对它们造成的伤害。在它们需要关心的时候，即使它们没有直接提出来，政府也要关心它们。上面就是它们对政府的期待，它们会依此对政府做出判断，也正是在这一点上，政府才能表明自己，并得到他们的信赖。波拿巴经常通过严格的税收得罪国有地产的获得者；他甚至不只一次地废除了国有地产的出售，这些废除是有争议的，今天不应再做出这种事了。可是，他并没有遭受伤害，他的政府在其他任何事情上所做出的决定，所讲出的每一句话，都没有引起哪怕一丁点儿的不安。他明白，利益特别害怕的是恐惧，恐惧可能来自四面八方，来自它们原本不担心会有危险的地方。正是通过对于利益的敏感性的这种理解，通过在它们还没有意识到自己可能受到的攻击时便对它们提供的保护，通过对于以各种方式到来的威胁所怀有的自动的、具有普遍性的警惕性，政府能够让利益依赖自己，将它们拥有的力量交到政府的手中。这里只给出了到处可以看到的关于间接关怀的一个例证，这种间接的关怀比情势所迫时直接提供的有效保护更加能够抓住人心。

上面就是政府大臣们忽略了的，不知如何实践的东西。当与新的利益面对面时，他们丝毫不会冒犯它们；而当他们见不到它们时却忘了它们。当他们自以为没有忘记它们时，却不懂得将它们与一切事物联系起来的强大力量，即使这些事物表面看起来与它们是多么的风马牛不相及。看起来，他们心中是这样想的，即只有直接的接触才有可能会伤害这些利益，如果不是直接面对它们，就无须为它们操心了。这是巨大的错误，这种错误甚至是致命的，因为其后果一旦爆发，无能力预见到这些后果的人将无法理解事情为何会变成这样。

对此，我可以举出成千上百个例证。我可以通过一系列的行为和演讲，证明在政治与新利益的间接关系中，特别是在与国有地产获得者的间接关系中，政府是多么缺乏记性与警觉。但是，我有必要在过去的岁月中寻觅吗？现实给出了更多的例证。人们预感到会对流亡者做出补偿，这种预感在今天如同大气层一样笼罩在法兰西的上空，这种预感说明了什么呢？尽管我的观点是很明确的，但我丝毫不想在这里挑动起这个问题。无论在伦理道德上，还是在政治层面上，这个问题都值得严肃认真地加以研究。我仅仅是要求，假如问题提出来了，当政府看到问题悬而未决时，却既不讲出自己的想法，也不说出自己的愿望，假如在 1814 年导致达尔先生被判刑的那些原则，在 1821 年得到谅解，甚至公诉机关都转而支持贝尔加斯先生[1]。我就要问，国有地产的利益不再构成政府治理国家的障碍，却也从来不会成为政府治理国家的手段，人们是否应该为此感到惊奇呢。

我再谈一谈大革命第二方面的利益，它不但一样强大，而且可能更加云山雾罩，难以看清楚。这就是信仰的自由。在这方面，政府过去没有足够的认识，而且现在仍然没有足够的认识，将原本很可能可以用来作为政府统治手段的一些力量变成执政的障碍。

看起来人们常常以为这样的利益蕴藏在某一个特定阶级的公民之中，即不信仰天主教的群体中。真是大错特错，事情带有一定的普遍性。法兰西到处都有这样的人，他们虽然没有领受过基督教新教的圣体，但他们却要在宗教方面保持自己思想和行动的自由。这不再是天主教与宗教改革派之间的斗争的问题了，也不是一派掌权对另一派宽容的问题。这里涉及的是一个普遍性原则的命运，事实上在 30 年中，这个问题占有支配地位，并在立法过程中反复出现，问题就是，人们的日常生活与宗教生活已然绝对分开了，彼此之间不应该有任何法定的和强制性的影响。这就是今天信仰自由

[1] 贝尔加斯（Nicolas Bergasse, 1750—1832），是一位法国的法学家和政治人物，其活跃时期主要在大革命开始后到复辟政权时期。1821 年，贝尔加斯出版了一本题为《论财产权》的小册子，在其中主张取消对于流亡者财产的拍卖，并要对他们进行补偿。——译者注

的利害关系，这就是它的意义与权利。即使法兰西不再存在一个基督教新教徒，法律还是那样的；其利害关系是十分广阔的，十分强烈的。

如何进行操控呢？如何对待它才能得到它的拥护呢？我可以给出一个具有十足正当性的回答，保持并执行那种作为信仰自由之保障的原则。但是，还应该深入一下。

并不是政府令信仰自由的利益感到不安。这种利益是在别的地方看到了它的对手与危险。

大革命以暴力的手段剥夺了天主教教会的自由。这只是一个半拉子工程而已。我说是半拉子，因为鉴于其信徒的数量巨大，内部组织严密，上下等级森严，它的教义与记忆的力量，我以为今天说天主教在法兰西被削弱到只剩下了纯粹的、简单的信仰自由，不再同国家政府利益攸关，不再同政府结成更加紧密的联盟，以牺牲一点权力以便换取一点权力，这种论调是徒劳的。宪章宣布天主教的国教地位是有道理的。我以为，这里存在一种现实，拒不承认这种现实是幼稚的和危险的，因为拒不承认它不等于摧毁它。现实本身就存在危险，这一点谁又能怀疑呢？对待事实是困难的，甚至是十分困难的。但是，正是因为危险，因为困难，这才表现出现实的力量所在。假如它不存在，假如天主教不是它现在的这个样子，那么将它置于国家之内还是之外就都无关紧要了。只要它如现时这样存在，无论你们如何做，它都要得到一部分，因此应该给予它那一部分。在这里，像其他领域一样，这是一个界限的问题，是衡量分寸和谨慎对待的问题，各届政府遇见的不是别的什么问题。

可是，明白了这点之后，还应该明白，信仰自由这样一种利益，其一切担心，无论它是以何种名义表现出来，存在于公民的哪个阶级中，都起因于天主教会，其担心的对象也是天主教会。这个教会的精神，它与一位外国主权者的联系，它的教义、它过去拥有的强大势力、明显的怀旧情绪、征服的热情、它无穷尽的传播方式及工作方式，这一切都是值得民众警惕的，我毫不犹豫地说，这种警惕是很正当的。

在这样的状况下，政府的地位如何呢？人们害怕的不是它；相反，人们正在要求政府击退教会的进攻，将教会限制在宪法规定的范围内，完成宪法规定给它的使命。主权、政府的独立，这就是自由所能看到的保障；自由并不想对政府碍手碍脚，或者限制它的行动，而是呼吁它强大起来，自我保卫，自由相信自己以此为代价将会获得良好的保护。

毫无疑问，这种地位是很好的，政府尚不习惯在这样的问题上与自由进行对话。一般来说，自由是不信任政府的，不信任政府的力量。而在这里，自由只能并愿意相信政府和它的力量。

那么，谁又在妨碍政府，政府为什么还在犹豫不决呢？它缺乏足够的武器来自卫吗？缺乏足够的手段完成人们期待它的使命吗？教会的力量是否如此强大，它的存在是否是那样的根深蒂固，与全社会力量紧密地联系在一起，以至于政府在抗拒它的要求时是那么的艰难呢？国王是否需要教会的协助来征收赋税，审判案件，合法地处理公民的生老病死和婚丧嫁娶，总而言之，使得政治遵循自己的轨道，使得平民生活的利益得到规范和满足呢？最后，为了反对不正当的侵犯，是否应该诉诸于迫害、专断、粗暴措施和政变呢？

不是这样的。教会的物质支撑从来都没有这么少过；一个世俗的政权从来都没有这么牢固，有这么强有力的武装来保持自己的优越地位。在这方面，我刚刚提到的原则，公民生活与宗教生活的绝对分离，比国王的所有国事诏书和议会所有的决议的作用大得多。困扰着国王们和现代人民的最大问题，即世俗政权的独立问题，即使没有得到解决，至少也是因此而大大推进了。政府可能还有事要同教会商讨，但是，无论何种情况下，它不再是被迫遵从教会的教义，或者用高价收买教会的赞同。

然而，假如政府应自由的要求应该坚强有力和信心坚定，拥有保证安全和力量的所有资质，它却在人们对它没有什么更多要求时，不明白为了自己的利益该如何保持独立，为了推脱责任而让步，在需要它进行统治时却屈服了，它又该期待人们如何评价它呢？当它在自己的事业中对自己一点信心也没有，又有什么理由抱怨人们不信任它呢？

我在这里说的就是咱们的内阁，我将上面描写的行为归于它。我寻求的是真实，而不是丑闻。我将不会收集那些证明我的说法的众多细枝末节，带普遍性意义的事实与公认的政策足矣。在它们的日常交往中及日益增长的关系中，教会都对政权施加了影响，这不是很明显吗？在任何时刻，在那些或大或小的辩论中，政府说到底都无法抗拒，正在偷偷地或以人们能够允许它做的那样体面地败下阵来，这一点不是很明显吗？它一看到需要让步，它就让步；当它试图拒绝时，它就表示歉意。它的举动、态度和言词，完全像一个被征服者、一个无能为力者，它的失败充满了耻辱，好像教会旧时的残酷无情没有被消融，好像事情本身的力量就是如此，以至于它对事情的进展表示不安，不敢做些力所能及的事。

以议会最近一次会议的历史为例，以普通行政机关的历史为例，特别是公共教育的历史，充满着那么多没有答案的虚假理论，那么多的不受抵制的僭越，那么多没有受到压制的滥用职权，对大学来说生死攸关的原则被牺牲给一些小讨论班，法律和政令不但没有被执行，甚至不被承认。看看所有这些事实吧，判断一下在这场斗争中，政府是否——我不说恪尽职守——至少做到了泰然处之，立住脚跟。

在这里，根据我在论述国有地产时说过的话，假如我研究政府在与自由利益的遥远而间接的关系中的所作所为，情况是怎样的呢？假如我让它看到其面对自由利益时始终焦虑不安，比任何人都更加疑心重重，有时避而不谈，有时言不由衷，混淆了自由与容忍的界限，它还能奇怪人们为什么会反对这种混淆吗？最后，它是否过分的目光短浅，过分的轻率，不能自己发现任何值得警惕的东西；过分虚弱，无法消除来自别处的威胁呢？

这就是事实，人们将对这些事实产生的后果大吃一惊！在信仰自由的利益中，人们可能寻求到强大的支持，以对抗教会对政权利益的僭夺行为。人们袖手旁观，让政权被征服与蚕食。人们不想让本来可以成为支持力量的自由之利益变成一种障碍！人们指责政权在面对人们无力自我防御的危险时，却不相信自己能提供保护！这错在谁呢？谁是苦难的源头呢？是因为新的利益难以驾驭吗？难道不是在需要进行治理时，内阁既不知道如何治理这些新的利益，也不知道如何通过这些新的利益进行治理吗？

这样，我可以从大到小快速地罗列一下新的利益，我发现它们都不乏管理国家的手段，并准备向知道如何使用这些手段的政府提供这些手段。但是，也该打住了。我说得够多的了，令人信服地证明了无政府主义的原则丝毫不在这个利益阶层之中。这些利益是强大的，而且为了运用其力量，它们有必要同政府结为同盟。它们是正当的，承认它们的政府，通过将自己的利益与它们的利益结合在一起，使得它们的正当性神圣不可侵犯。它们拥有财富，只求保持这些财富，政府亦然。它们所处的境遇，它们的本性，这一切都促使它们接近政府，以政府为自己的领袖，给政府以支持。正是因为这一点，它们就很容易地投靠了波拿巴，尽管后者以各种各样的方式冒犯过它们；但是建立一个服务于自己的政府的需求将它们推到波拿巴的怀抱。你们想知道它们今天的焦虑来自哪里吗？恰恰来自他们的本性没有被充分认识，来自人们将它们推到一种不适合它们的境地。我下面就说说你们干了些什么。你们迫使地主们担忧其地产会受到影响，迫使宁静的平民不信任秩序，迫使自由的朋友们怀疑自由与革命的安全是否可以兼容，迫使富有的、极具活力的商人们难以安宁地享受自由与和平，迫使明智的思想家们从陈词滥调中寻找过去没有给予他们、现在也不能给予他们的那些无法从现实中得到的保障。你们相信这一切令它们心旷神怡吗？相信这就是推动它们的利益与感情的自然动力吗？当然不是的，它们梦想，它们期望其他一些东西。它们知道法兰西需要建立一个政府，而且感觉到它们负有协助这个政府的责任。它们行动的不确定性，愿望的波澜起伏，从希望到恐惧，以及从恐惧到希望转变的快速性，这一切都表明你们将它们置于一种错误位置，也表明它们生来就要团结在一个规范的政权周围并支持它，还表明，如果它们不同你们站在一起，那是违背它们的自发倾向，违背事物本性的。你们为什么要这样无视它们，让它们偏离自己的根基与本能，你们却又去寻找一些更加难以驾驭的、更加欲壑难填、更加危机四伏的盟友呢？看看那些旧利益吧，它们的面貌是完全不同的！它们才是真正虚弱不堪的，因为它们曾经被战胜过，它们缠着政府不放，就是为了僭夺政府的力量，并将它们的虚弱传递给政府。它们是没有正当性的，因为它们处在宪章之外，它们期望政府瞒哄宪章，损害宪章的正当性，从而得到它们自己的正当性。它们咄咄逼人，因为它们的一切都要从新社会中重新攫取，只有在政府的掩盖下，通过政府之手达到目的，才可以弹冠相庆。它们祈求的，不是一个真诚的、自然的、保守的政府，而是一个人为的、压制性的政府，因为它们需要的是一场革命，一场不是通过民众的动乱进行的革命；因为它们无力发动这样一场革命，而是一场通过渗透和腐蚀整个政府来进行的革命。假如法兰西的政府不能满足它们，假如它没有足够的力量来建立一种可以达到它们目的的秩序，它们就会向全欧洲的政府发出呼救；它们会求助于全世界的专制政权，来支持它们的虚弱无力的躁动。

我再重复一遍，无政府状态来自何方？我不知道这样的利益有朝一日是否能够服务于一个置身于其麾下的政府。我肯定的一点是，在它们的支持下，什么也建立不起来，因为它们不拥有任何强大的、持久的治理国家的手段，因为在其虚弱和暴力中没有一点持久的原则。然而，当虚弱、暴力成为一个党派的条件、需求和基础时，暂时予以掩饰是徒劳的；早晚有一天问题会爆发，那时，与它们保持亲密往来就不是一件快事了。相反，新的利益，开始时可能不大好驾驭，但它们却好处多多，因为未来属于它们，随着它们不断前进，它们的本性是要安定下来，定会规范自己的行动。要回到旧制度，就要踏过新法兰西的身体，过一日，危险就增一分。能够在前进道路上领导新法兰西的人，不用踏过任何人的身体，展现在他面前的道路是平坦的。

第十章　公众的激情

社会是由人组成的，它的肌体也与人没有什么两样。同人一样，它的本性也是十分丰富和多种多样的。当人们细细端详它的内部构成、它的观念和利益时，就要颇费心思，而在开始着手治理社会的时候，就要善待它。

我想探测一下新法兰西的激情。她拥有激情，而且是汹涌澎湃的激情，这些激情或者服务于政府，或者起来反对政府，就看你怎么对待这些它们了。

笨拙的政府将群众的激情看成它公开的敌人，这是政府的错。它们只看到激情是动乱的原因，看到激情是反对派的工具。当它有力量镇压时，只知道肆意地反对这些激情；而当它没有力量肆意镇压时，就胆战心惊。

怎么总是奢望阉割人性，总是片面看问题呢！为何总是不能全面地看问题，全面地考虑问题，回应其全部需要，承受全部的负载呢！全面看问题、处理问题，正是政府的职责，是它必须做到的。我还能说什么呢？全面考虑社会的政府，在任何情况下不会都对社会内部产生的问题无动于衷、充耳不闻或者置身局外，从而社会也会感觉到被完全理解和彻底接受，只有这样的政府才会是强有力的。

宗教的狂热将大英帝国搅得亢奋不已。[1] 这不仅仅危害着政治观念和利益集团，人们的激情也变成了暴力。一种神学辩论的狂热兴趣席卷全国。伊丽莎白怎么办呢？仅仅局限于宣传占统治地位的意见，只满足基督教新教的利益吗？伊丽莎白走得更远；同她的臣民一样，她也变成了神学家；她也加入其臣民热衷的问题的讨论，她不再对一种论证的意义或成功与否无动于衷；她与公众激情如此紧密地联系在一起，她从中汲取了新的力量，并因此扎根于国民情感之中。

在这里，也同样既存在着治理国家的手段，也存在着障碍。在这里，也存在着一些力量，如果忽视了它们就是危险的，而若能使其为己所用，就会带来丰厚的成果。

如果说大革命和波拿巴留给我们的激情常常是无政府主义的和反社会的，我立马同意这种观点。但是，我还要说，在它们之中甚至也有一些是乐于参与到政府的行动之中的，也有一些优秀的成分，只有在政府不知道如何吸引它们，以致其不能为政府所用时，才会妨碍政府。

大革命曾不只是两种利益的冲撞，而且是两种自尊之间的冲撞，一种是趾高气扬的；一种是被激怒了的。特权阶级认为，有人胆敢与它们争夺社会优势地位简直是大逆不道。那些没有特权的阶级则奋起改变它们所处的卑微地位，并反对妄想将它们限制在那种卑微地位上的举动。

[1] 这里指的是英国从亨利八世 1533 年开始的宗教改革起，直到伊丽莎白一世（1558—1603 在位）所确立的宗教宽容政策，这数十年间英国内部激烈的宗教论争与冲突。

这样两种自尊都是十分强烈的情感，它们让法兰西四分五裂，使法兰西处在动乱之中。双方都显现出激情的所有特征与重要性，特别是在新的法兰西。为了更好理解其在今日的后果，应该说一说它们经历的反复曲折。

在革命的斗争中，以前的优势集团不再拥有力量。长久以来，他们就失去了力量。他们从高位的跌落不是造成其虚弱的原因，而是显明了他们的虚弱。请允许我这样说，新的人民陶醉在胜利中，就像被解放了的奴隶一样，不但需要将他们以前的主人拉下马，而且还要侮辱他们，以表明自己完全彻底的胜利。

当波拿巴控制局势时，陶醉停止了。取而代之的，是由波拿巴本身的狂烈激情所产生的对暴力反抗的深刻厌恶，对那些次要胜利的厌恶，以及对过去粗暴辱骂那些要求权利的人们或者只保持表面优势的人们的厌恶。逃亡国外者回归了，过去的优势阶级被允许现身了。他们失去了特权，失去了一大部分财富，失去了尊严与工作。剩下的只是他们对过去地位的留恋和固有习惯。不用多久，这就显得十分重大了。推翻一种社会优势不是十分容易的，即使人们采取了杀戮的手段；当强力认为自己无所不能时，它就错了，因为它太不懂得节制。强力无法夺走旧制度的人们所受的高贵教育，这种教育使得他们拥有自信，可亲可敬，容易与政府亲近，言语高雅，品行端正以及一切表现高贵的细节，这些可以立刻表明这个人出身高贵，获得高位是应得应分。对这些旧阶级人物来说，除这些优势之外，还要加上司法部门曾卑鄙地从他们身上夺走的力量。他们飞快地利用了这种形势。波拿巴也迫不及待地帮助他们。新法兰西的主人们，只有当他们身边站满过去的主人时才感到坐稳了天下。没用多少年，旧体制在社会上的优势就成为了帝国政府宠爱的装饰。这些旧的社会优势集团心满意足，趋之若鹜，公众也不再反对。

这就是因为大革命自己厌倦了自己，由于这种厌倦情绪，它放弃了自己神圣的权利，最终，对其最紧迫的利益不再疑惧，保持了权力的实质。它的某种本能告诉它，最紧迫的需要是在国内持之以恒，在欧洲保持社会稳定与规范的面貌。最后，革命的优势力量群体的感觉与波拿巴没有二致。他们同波拿巴一样，很乐意接近比他们社会地位更高的那些阶层。他们从中得到了荣誉，补偿了令人发指的不公，得到了虚荣心的满足，还有他们求之不得的自我认同，尽管有时他们还装得对此不屑一顾。

这就是 1814 年两种自尊之间的关系。它们并肩而立，不放弃任何机会互相排挤，互相侮辱。不过几个月后一切都变了。尽管有宪章的存在，但或者是由于行政机关的过错，或者是由于自由而产生的后果，旧制度认为自己的机会更多，不再甘心其固有的地位，恢复了它们的高傲；革命不再感觉到自己大权在握，不再心安理得，不再宽容大度。应该探索这种新的形势。

这种形势下，一个突出的特点和根本的恶习就是谎言满天飞。没有取得胜利的人在欢庆胜利；真正的、永久的胜利者却要承受表面上的失败，即使政权要庄严地认可他们的成功与权利，情况也没有什么不同；弱势者充满希望，强势者却忧心忡忡。这里存在一种矛盾，一种虚假，是社会所无法承受的，它本身就令各利益集团如惊弓之鸟，令各种情绪狂躁不安。这就是我们所看到的。这里就是忌妒、仇恨和革命情绪的秘密所在，人们有理由怨声载道。

但是，那些大张旗鼓地抱怨的人是否深入想过呢？他们深入探讨过原因吗？这样一种事实所谴责的正是他们自己和他们的体系。我不知道我是否弄错了；但是，至少对于我来说，妄图迫使进行了大革命的法国，迫使制定了宪章的法国接受一种被征服的屈辱，甚至某种程度的无知与精神错乱，这是难以想象的。然而，这正是旧制度的拥护者们每时每刻所期望的，正是他们在喋喋不休。听听他们在说些什么吧！宪章本身就是倒退回过去，是对我国最近 25 年生活与历史的中止。而这 25 年这是什么样的年代呵！在这些年，展现了动摇世界的、从未有过的神奇力量！这是让法兰西改天换地的年代，是征服欧洲的年代，在上帝的天平上，它们比数个世纪的分量还要重！要做出了这样伟业的人民自甘屈辱，你们知道自己在做什么吗？你们事先想到过这种情感所会隐含的急风骤雨吗？或者说，是否你们自以为最终能够让人们接受呢？多么荒唐的幻想！是的，尽管经过了大革命，经过了财富与权力的巨大转移，外在的优越与真正的优势并没有完全混融在一起，这是千真万确的。在社会内部仍然存在着某种程度的、我已指出其危险的谎言，这也是千真万确的。与这种形势密不可分的是，在许多地方，旧的利益仍然浮现在表层上，正在获取真实的利益，但是这一切今天却是骗人的。新法兰西的一部分尚没有展开它的翅膀，没有上升到它的真实力量足以给予它的地位，没有满足所有条件，没有形成习惯，这些东西都还没有内在于优势群体，这也是千真万确的。对于这一部分新法兰西来说，这是一种痛楚；可是，你们要注意呐，对你们来说，这也是一个陷阱。无论现下时局在表面上看起来是什么样的，真正的力量却在别处；面对扎根于真实之中的力量，在表面上运转的各种东西都是渺小的、脆弱的。大革命的法兰西感知到它的样子，尽管它还没有变成它应该成为的那个样子。对它的实力与所处地位之间的矛盾，及其因此而产生的情绪，应该感到特别焦虑的是你们。

这种情绪是治理国家的一种障碍，这是肯定的。从这种情绪中会产生出一些与良

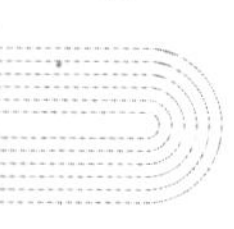

好的秩序及社会的和谐格格不入的感情、疏远与猜忌，我丝毫不否认这一点。它产生的可悲后果就是，通过对就其正当性而言过于轻浮的优势群体制造一些麻烦，来延长革命的激情，延续优势群体的恐惧，原则上也会延续混乱与无政府状态。但是，治疗病痛不是头痛医头，脚痛医脚，不能光治表，更应该治本，从根本上进行治疗。在这里，所谓的本，就是我所指出的谎言，是现实与表面之间的不和谐。努力终止这种不和谐吧，痛楚就会节节倒退。你们希望治疗法国对贵族的仇恨，那就成为一个布尔乔亚的政府吧。现在轮到你们要谈论宪政下的公正无偏与平等了吗？你们弄错了这些字眼的含义，它们所指的并不是你们所理解的那样。公正无偏是针对个人的，而不是针对党派的。要说所有的党派都是平等的，都被平等地召唤来参与治理，这也是不真实的。一旦它们现实存在，一旦它们为控制局势而争斗，终究会有一个得到好结果，一个得到不好的结果；一个是强大的，一个是弱小的；一个上升的，一个下降的。一个党派应该进行选择，而且坚持这种选择。这不排除交易，不排除尊重所有的权利，也不排除照顾所有利益。我知道，只有通过这种方式才能结束革命。但是，我同时还要重复一句，只有当拥有正当性的党派，赢得胜利的党派处在统治地位，并感觉到自己处在统治地位时，革命才会结束。如果它们的利益受到了威胁，则任何利益都不再是确定无疑的；如果它们的激情被搅动起来，那么任何激情都不会平息下去。只有在这些党派确定无疑地相信自己的胜利时，其激情才会平静下来，才能让其感觉利益得到了保障。给予它这种感觉吧，这样它才能战胜其他利益。波拿巴做到了这一点。我知道，通过自由的手段，比通过专制的手段更难做到这一点。但是，正因为困难，所以才更加必要，政府因为困难就敷衍塞责，人们是不会答应的。尽力去克服困难吧，真诚地长期努力去试着克服困难吧。丝毫不要担心中产阶级的影响，接纳这种影响吧。帮助它扩展自己的力量，帮助它组织起来，这是它求之不得的；在这一点上，为它服务的人就是它的主人。与其羞答答地限制这支上升的运动，不如协助它；它所缺乏的，正是自我的完善。中产阶级的地位已经够高了，没有办法让它降下来，但它又没有达到足以向社会与政权提供它们两者都十分需要的真正的、正当的贵族的高度。看到这个阶级的青年人们的热情了吧，他们正热衷于严肃认真地学习，热衷于从事一些可以给他们带来尊严的职业，他们有大量的支持者，将他们的人推举到社会秩序的领导地位上去。去掌握这种热情吧，只是要提升它所期望的目标，为达到这新的目标，它需要进行艰巨的努力。有能力达成这种目标的人不会退缩，没有能力达成目标的人也没有什么值得抱怨的。路易十四看到贵族们日渐贫穷和式微，就为他们建立了一些重大机构，一些免费的学校，试图以此支持他们，使他们不要衰败下去。也表现出你们的善意吧，赶紧帮助那个上升的阶级，让它同你们结为一体吧。它不向你们要求特权；它要求的是竞争；它是严肃认真的，是自由的。付出巨大努力吧，这些努力是会取得成功的。这是一种伟大的考验，足以防止多数派无序的爆发；同时，它也会让通过考验的人变得高贵，让未通过考验的人平静下来。

假如你们采取另一种体系，不去向那些只需要被你们接受就能自我组织起来的贵族伸出援手，反而试图维持那些路易十四及其继任者大力支持和宠爱都没有防止其分崩离析的人们的高位，你们谈论平等与公正无偏就是徒劳的；你们这样做常常收效甚微。你们的言词就会被看成是一种讽刺，你们的行为就会被当成是迫不得已和居心叵测的妥协退让。革命的激情如果够胆量，就会与你们对抗；如果它害怕你们，它就会在暗影之下成长壮大，那么，在爆发之前它也会令你们的脚下地动山摇。

现在，我说说另一种我以为不那么普遍的情感，一种与对贵族的仇恨相比，在原则上及产生的后果都是次要的，但却是实实在在的情感，这也是一种需要赶快消除的情感，而且是只有采取某种措施才能使之消融的情感。这就是对教会的仇恨。我丝毫不想重复我在谈到新利益时说过的话，这些问题彼此纠缠在一起，你中有我，我中有你，不大容易依次地消除。因此，我只想就宗教的激情发表点观感。

是谁使得宗教的激情再度升温？从什么时候开始不断的重印伏尔泰的著作？是谁让丑闻变得有滋有味，让亵渎神灵的放荡再次成为一种时髦？我让别人来回答这些问题。我只指出这种错误，但各人都应负起他应负的那部分责任。

这里存在一种邪恶，一种政府对其没有任何直接控制的邪恶。政府既没有强迫人们去接受一种信仰，也没有强迫人们回到他们已不再接受的信仰上去。在这方面，起决定作用的是信仰的崇高本性，也是出于这种本性，人们才会不受别人的支配。这种本性来自上帝，是独立自主的、自由的，就像上帝一样独立自主。过去有过这样的时期，那时，轻视了信仰的权利和它自己的权利的强势群体，成功地支持一种宗教观念，而反对另一种宗教观念。我深信这种时代已经一去不复返了。在将来，它可能会有回潮；但是，办好我们自己的事，让未来去决定一切吧。

当人们深入研究一下时，就会发现政府并不是完全无能为力。它仍拥有一些资源，我承认，这是一些发挥作用比较缓慢的资源，但却不是毫无价值的。

这些资源就在于提供一些榜样，以促进对信仰自由的尊重，因为在今日，人们只有以这种感情的名义，才可以成功地打退渎神行为的进攻。

每个时代都有其崇尚的观念，该时代会保卫这种观念，反对任何其他观念，该时代也会从这种观念中发现真理，其中或多或少地含有治理的手段。

当一种宗教信仰在大多数人们的头脑中生根，它就会支配这些人们的行动，它就会成为这种观念。遵循这种观念的人们就会赋予它完全、完美、绝对真理的权利。这时，它就会采取攻势，传播自己，它就会进行迫害，以使自己处于统治地位；它就希望拥有自己的政府，而且这个政府也以它的名义进行迫害，为这种观念服务。这是最大的灾难，这甚至是极大的犯罪，激起这种状态的信仰早晚要承受其后果。但是，这却是一种客观事实，无论是基督教，还是伊斯兰教抑或天主教、基督教新教，都轮番重演了这样的局面。

现在，还没有任何一种正面的信仰足够年轻，有足够的力量，处在上升状态，能够获取这样的力量，限制自由。信仰自由本身就是我们这个时代的一种宗教观念，事实上是一种带有深刻宗教色彩的观念，由此所产生的当然不是一种教义和宗教实践的体系，但这种观念本身也是一种人们膜拜的信仰。

就是要以这种观念武装起来，反对咄咄逼人的、富有侮辱性的渎神行为。在信仰自由占压倒优势的地方，任何一种崇拜，一种宗教信仰，都很正当地不仅要求政权的尊重，还要求公众的尊重。它们不被凌辱的权利来自于其自由权利的同一原则。

我认为，为了让这种学说深入人心，法兰西需要对它进行大张旗鼓地宣传，应由政府来长期进行这种工作。在我们当中，非宗教思想不仅拥有力量，而且它自认为是真理的化身。它进行迫害，因为人们抗拒它的法令，因为人们拒绝它的说教。18 世纪的不宽容原则与 16 世纪的不宽容原则没有什么两样。当它们对自己深信不疑，成为时代的主人，则无论是怀疑者，还是狂热分子，都要求人们同他们一样，相信它们。

他们这样的罪恶自负症没有被治愈，尽管今天希望使用政府的武器来对付宗教的人为数不多，但是，却有相当数量的人，每当宗教大胆展示时，就感到震惊、感到愤怒，好像这是对自由的伤害。对于他们来说，这其中包含一些新的东西，一些难以逆料的东西，一些触犯他们的东西。在这样的状况下，如果政府不是作为自由的捍卫者来行动，而是表现出对于某个教会或某种信仰的偏向，或对其示弱，则激情就立即拥有了某种正当性，其内里的敌对性与压迫性就在正当性之名下被掩饰起来了。有一些过错甚至会让政府失去进行辩驳的权利，有一些错误会毒化正确行为本身。政府不在一个方向退让，就不能在另一方向进攻。在这里，同其他任何地方一样，只有符合宪法的立场，高姿态的立场，才是强大的立场。它无法自降身价，而又不陷入泥潭之中，混淆正义与非正义，左右为难，出手时只能是偶然地时而打击了僭越行为，时而却伤害了某种权利。

假如现在脱开一些特殊的事例，从普遍意义上看看我刚刚谈到的一些激情，以及大革命遗留给我们的一些情感，我就会说，与它们进行日复一日的直接斗争，是毫无用处的，也是危险的。有些事物，应该懂得让它逝去，而到另外一些事物中召唤生命。在各国人民的政府中，就像在对个体的教育中一样，施政的艺术不在于指示一切，成就一切，所有事情都亲力亲为。一个政权与公众处在不断的对抗中，一心要证明公众错了，这是一种多么悲惨的处境啊。还不如去证实公众在哪方面倾向于正确；从他们之中寻找出良好的原则、正义的情感、正当的倾向；开发、培育这些情感；将社会能量引向这个方面，不去担忧其他方面。各国人民，同众多个体一样，很难甘心情愿地一直倾听训示；当真理与他们毫不相干时，真理就会令他们很不舒服。当真理产生于他们，出自于他们时，他们就会将它当成自己的发现，自己的荣耀；这样，真理就会更容易、更快捷、更加广泛地对他们形成权威。当然，新法兰西的理性的观念和仁慈的情感并未被剥夺殆尽，以至于它不能从自己已经拥有的这些观念和情感中催生出新的观念和情感。甚至无论你们试图从外部强加给新法兰西什么，它的观念和情感也都是从这一点出发，不断提升的。在这里，你们还是一心向善，以此来达到除恶的目的吧。无论是关于政治观念，还是关于激情，抑或是关于利益，我都会达到同样的结论，这对证明其为真理绝非无关紧要。

但是，假如你们将善恶一并拒之门外，假如能量不论导向何处，你们都心怀疑惧；假如仁慈的情感令你们不舒服，就像无政府的激情令你们恐惧一样；假如你们声称要压制这种情绪或是那种情绪；假如你们不知道如何对付堕落的道德力量和专断的物质力量，你们就不要再对你们的无能感到惊奇吧，你们就心甘情愿地惊恐不安吧。尽可能长时间地去利用重压在人民身上的倦怠；开发利用各个党派精神世界的不确定性，利益趋向的分散，怀旧的影响，内部结构松散与软弱无力吧。但是，不要妄想在法兰西之上建立你们的统治，也不要对扎根其中感到沾沾自喜，不对长期拥有感到沾沾自喜。法兰西丝毫不会同你们一样停滞不前。她已经厌倦，正在一个她不甚喜欢但不折磨她的制度下休养生息。但是，不要指望这足以保证你们前途无量。一场伟大运动的原则存在于法兰西，她就要向前迈进，由于你们表现出无力在前面引导她，她就不要求你们是否跟随她的步伐。那么，内阁就从容不迫地胡来吧；从一些无效的、临时的机构中去寻求仅有的支持吧。它既抓不住将产生巨大效能的原则，也抓不住长期稳定的利益和强烈而正当的激情。这样一种体系不是那种人们害怕它无法生存的体系；法兰西，真正的法兰西，她的生命是长久的，她想得到的，应该得到的，比人们今天能够提供给她的要多得多，她只会向这个脆弱而一事无成的内阁说："老爷，我期待着呢。"

第十一章　波拿巴和波拿巴主义

我说到了革命的激情。我还没有说到波拿巴所引发或说他所刺激起来的激情，以及在他之后仍然延续下来的激情。这些激情需要单独谈。这才显出它们的重要性，也才与它们的主人的荣耀相称。这样一个人物走过世界，不会不留下深刻的印记。他可能倒台，他可以死亡。他也可以在政治上没有建立起什么稳定的东西，没有建立任何富有成果的东西；但他在道德秩序当中留下的印记仍存；他对各国人民想象力的冲击，对人们精神、情感和观念的震荡，已成为人们的需要和习惯。正是这些，是保留下来的，并且还要长时间地保留下去。法国不再希冀这一切，也不再恐惧这一切。她现在仍然要承受这一切，即使她忘却了，却也仍然带有他所留下的印记。

他已经后继有人了，难道不是这样吗？无论是友是敌，是对手还是宠臣，这些现在开始评价他的人几乎都是他一手造就的。在他那个时代，没有多少人是在他的影响之外组织起来的。听听攻击他的人是怎么说的吧。他们对那些拥护他的人说，你们是可疑的；你们曾为他服务。拥护他的人们对攻击他的人说，你们没有攻击他的权利，因为你们憎恨他。他的拥护者想让人们保持缄默，这是有道理的。强人们只有在下台之后，人们才可能评判他们。正是因为这一点，我个人对人们开始评判波拿巴感到欣慰，即使这些评判是错误的，因为这些评判只有在波拿巴下台后才有可能。他的名字，他的影响，他的所作所为在我们身上留下的痕迹，这一切已不再是我们要做的事情的障碍了。这一切让我们偏离了我们的事务，削弱了我们，妨碍了我们反对旧制度的斗争，妨碍我们建立一个立宪制的政府。

重要的是年轻人，那些在他垮台之后进入政治生活和道德生活的青年人，不再接受怀旧的枷锁。主人不存在了，不再将他自己的枷锁强加给他们；他们不会从一些软弱无力的人手中接受枷锁。这关系到他们的利益，关系到他们的荣誉。他们诞生在不同的天空之下，他们生活在另一片天地中。波拿巴及其体系与等待他们的前景没有任何共同之处。自由的制度，合法而强大的风尚，公民的思想与情感，这才是他们所需要的，也是他们应该操心的。让他们心不在焉地适应一些在他们未来生活中毫无用处的情感与思想，是对他们的一种欺骗。他们将因此而背离自己，事先就放弃了在他们自己的事业中能够和应该成就的事业，投身到一种不是他们的，而且注定要失败的事业中去。如果说这是因为波拿巴的支持者，那些自认为与他一起倒台的人们试着将他们诱惑到自己这边来，是将问题过于简单化；党派与个体的人一样，都不会甘心死亡，会千方百计地挽救即将消逝的生命，尽管成功的希望十分渺茫。但是，但愿年轻的一代人，但愿那些对此没什么义务的人不要落入圈套。但愿他们想到自己，为他们自己而活着，朝向自己的未来自由地前进。

我正是在这样的观念下，为了这一利益，才来考虑波拿巴与产生于他的激情。因此，我不会停止评判他，我并不怕说出我的观点，下面，你们就会看清楚。这是因为我认为，研究他曾经如何，没有比研究他现在仍然如何更加紧迫，没有比研究人们应该如何对待他遗存下来的影响更加紧迫。

我会毫不犹豫地说，他是伟大的；正是因为他是伟大的，所以即使他死了，也会成为他身后政府的一个障碍。在法兰西，自由的朋友们长期有一个癖好，他们对用“伟大”二字赞誉世界上伟大的那些人物表示置疑。在他们的眼中，亚历山大、恺撒、查理大帝，一切征服者，所有的专制者都不过是光荣的篡夺者，人民赞赏他们是极其错误的。这种观点可以原谅，但却是毫无价值的奇谈怪论！人民群众赞赏与否，不是随意而为的，光荣也不是篡夺来的。光荣属于那些由伟大的事迹证实了的伟大的天才，属于他们的精神与性格所达到的高度，尽管这些精神与性格在行动时可能会不合法度，甚至令人痛苦万分。造物主没有那么温和地善待世界，只让美德处在强势地位，给予造福于民众者以光荣。这就是人的本性，它让人们自发地承认和接受强势者的控制，即使这强势者采取镇压的手段。人民的诉求应该更高，也就是说，应该更加自由，迫使强势者本身也接受正义与理智的法则。但是，强势者一旦存在，抵制它就是徒劳的，也不能因为它的名誉败坏了，就否认它的效果。在这里，公众的潜意识是比狭隘的理论更加可靠的判断。当人民一边遭受苦难一边欣赏时，它就是在欣赏的同时要求不再受苦受难的权利。因此，我再重复一遍，波拿巴是伟大的，他使法兰西政权习惯于伟大，这甚至成为法兰西政权的一种需求。这种需求是如此真实，如此强烈，使之在今天成为了自由的危害之一，它控制了许多人，使这些人盲目到为了暴力而饱尝暴力，为了专制而忍受专制，只要暴力与专制表现出是伟大的。你们不要产生错觉，人性当中有两种情感，一种是好动，一种是好静。当第一种情感被煽动到某种程度，人就会受其支配，尽管他表现得十分疲惫不堪，甚至支配他的闲暇，使之感到强烈希冀的闲暇也十分乏味了。在这样一种状况中，没有全真，没有全假，没有全对，也没有全错。不要希望完全清除这种情绪，也不要希望人民只满足于不受压迫。它要求政府做更多的事，而不是消极怠工；它要求政府不要让人们感到臃肿不堪和暮气沉沉，而是表现出朝气蓬勃，充满活力。为了相信政府，它就期待政府向它表明，如果不是同流星一样光芒四射，至少也要像星辰一样明亮与富有生气。你们对自己的想法过于拘谨；你们不仅仅被要求迎合你们的官吏，调动你们的宪兵；你们有权制定一些宏伟的蓝图，完成一些伟业，回应人民的想象，保证人民利益的安全。你们正致力于促进农业、工业与商业的繁荣，致力于保持社会的安定，保持法国今天所享有的财富。你们做得对，我也深表赞同。现在拥有极大的繁荣，生活安定，日子富足，确实是这样。那为什么大家认为你们是软弱的呢？你们又为什么认为自己是软弱的呢？你们的立场为什么总是摇摆不定呢？你们在结盟时为什么飘忽不定呢？你们为什么给人以心神不宁的印象呢？为什么不能保持或断然离开你们的朋友呢？为什么这样温馨的现实是那么不肯定，前途如此渺茫呢？你们看到了，尽管存在繁荣景象，尽管存在公众安定，仍有一种缺陷在吞噬着你们。这种缺陷存在于领导层，存在于你们政府的体系之中。你们对政权所做的一切也显得小家子气了。是的，它所能给予的比你们所要求的要多得多。在你们的手中，它将僵化、瘫痪。人们会说你们害怕权威，如同害怕自由一样，想尽一切办法贬低它们，使之归于无所事事和沉默不语。你们好像一心忙于自我消融，自我贬低，消融与贬低你们周围的一切；似乎是为了支撑法兰西，你们就让她来支撑你们，你们需要她昏昏欲睡，就自荐分担她的睡眠。好啦，你们要明白，不能够以这种方式将法兰西与王位结合在一起，并以此让宪章获得正当性。想象一下，在你们之前已经有一个人，他令政权更加令人生畏，但也更加辉煌地利用了政权，他自己一个人就支配了政权，占据一切，完成了一切功能。现在，有两件事要做：应该平息社会上为了（波拿巴）一个人的利益，为了他一个人的声音而过度的、持续不断的动荡；应该抓住社会对政府充满期待的情绪，以便使政府可以深深扎根于社会当中，将这种情绪导向现政权，让它为巩固政权服务，使之成为取之不尽、用之不竭的源泉，成为政府合法的期望，使之协助政府，与政府的生命融为一体，成为公众的激情。这是一种既危险又值得敬重的激情，丝毫都不应该将它煽动起来，危害理智与自由。但是，只要巧妙地加以运用，它就会成为政府进行治理的手段。波拿巴这个不知疲倦的、聪明绝顶的行贿者，总是提出一个罪恶的或疯狂的目标，或者是制服法国，或者是征服世界。他的疯狂集中体现在这些目标中，也可以说在这些目标中消耗殆尽。他对于治理手段的辨识力与掌控力都是出类拔萃的；他在追求虚幻的或是罪恶的目标时表现出了最为灵活又最为坚定的见识。这个人使得他的行动既是致命的又是有力的。他使自己得到人们的欣赏，并使得这种欣赏在其整个过程中看上去都是有道理的，于是就没有留给人们自省的时间，也没有留给人们看清楚他要将人们引向何方的时间。对于你们来说，你们已经去除了错误与邪恶；我不认为你们提出了什么重大的或可憎的目标。但是，在辨识与掌控治理手段方面，你们表现出缺乏技巧，缺乏谨慎，缺乏决心，缺乏智慧。你们甚至在寻求一些危险的、无法实施的手段；与此同时，你们又让一些自然天成手段变质、失效。你们手边的人民，它习惯了政权的连续性，而且不久之前还失去理智，全身心地投身政权，因为当政权吸纳了它的行动时，亦激活了它的存在。而轮到你们的时候，你们却不知道如何将这种动能运用到良好的事业中；你们不知道如何以公共利益和自由的名义来动员群众。

除了缺乏技巧之外，这种停滞不前还另有原因，我马上就要加以说明。波拿巴让我们养成了一些表面上看起来自相矛盾的习惯和需求。他将我们的政治变成一台大戏，又小心谨慎地将我们大家变成纯粹的观众。所有那些没有被他纳入其随从队伍的人，没有参与他的行动的人，都只有观看的份。在某种程度上说，他负责给予我们欢乐，条件就是由他来处理我们的事务。由此就出现了热情与慵懒的混合，对运动的兴趣与行动上懒惰的混合；由此也产生了对激动的渴望与对努力工作的厌倦，这一切就是当前法兰西政治秩序中的精神状态。这种状态同时充满了不耐心与无能力，其结果就使得我们无法承受休息，却又没有工作的热情，使我们既难以忍受单调的存在，又远离了公民的勤勉生活。波拿巴犯下了一种罪行，让我们大家都情绪激动又心情紧张，调动起我们对政治上懒散的兴趣及对无聊的厌倦。在这两种情绪中，现内阁无法满足后者，就想保持前者；它不再负责通过丰功伟绩使我们兴味盎然，心旷神怡。但是，它又十分害怕我们自己掌握自己的命运，处理自己的事务。它梦想我们投身到它那微不足道而又平庸的政治中，投身到行政管理的整个体制中，使我们既无大戏可看，也没有工作可做。自由的运动令它心悸，它感觉无法吸引自由的影响，无法领导自发的力量。它既不知道如何让我们关注它，又对我们只关注我们自己感到很不自在。当它听到我们要求一些它无法向我们提供的养料，要求完善我们的制度，实现政治生活时，便害怕得发抖。假如我们同意谦卑地回到私利的小圈子，让它领导一种屈辱的政策，因循守旧的行政机器，让它每天都向我们提供一些报纸，上面没有任何重要的报道和行动以弥补新闻检查留下的空白，这样它就高兴了。

人们并不能这样对待激情。人们并不能这样交换，转移这些激情的目标，改变它们的本质。法兰西还没有像她应该了解的那样了解到波拿巴给她造成的苦难。这种苦难不再是她的重负，不再让法国的家庭感到悲伤，不再向她封锁海洋，不再禁止她对政府的行为做出评断，不再禁止她发表自己的思想，不再在她与欧洲之间树立起一堵只有战争和悲痛才可以跨越的铜墙铁壁。这一切都已成为过去，离人们越来越远，只要这些东西不再存在，它就会很快地从人们的头脑中流失。然而，法兰西还是要保持自己的记忆；为了我们自己的利益，她不应该忘记这种灾难，不仅如此，她还要了解产生这种灾难的原因。帝国体系所有的弊端都应该展现在我们的眼前，法兰西要学会观察、判断和仇恨这些弊端。人们不应该再胆敢虚伪地向她宣称，一种体系应该同它的创立者被区分开，人们可以在不赞同这一体系的情况下去称赞它的创立者，或者相反，赞同这种体系却去诋毁它的创立者。是的，波拿巴无疑是伟大的，他创立的体系也有伟大之处。但是，体系与人是融为一体、是密不可分的。无论是体系还是其创立者都没有权利左右我们的思想，在今天，体系与其创立者都应该受到谴责，都应该在公众的感情中消亡。当波拿巴还只是净化和规范革命时，他是在服务于法兰西。一旦他自称替代了法国大革命时，一旦他只把我们看成对付欧洲和对付我们自己的战争机器和驯服工具时，一旦他想将所有的正义、所有的权利、所有的力量，即整个法兰西集中于他一个人身上，而且只有他一个人时，他就不再拥有正当性，一如最致命的篡权者那样，因为他篡夺了一切：自由与权力，王位与祖国，也伤害了这一切。上面就是法兰西应该知道的，她永远都不要被征服。但是，请相信我，这样的信念不是几句话就可以成就的，也不是人们的善意与和平的温文尔雅所能成就的。为了让它在人民当中扎下根来，扩大影响，还要做一些其他的努力，提供其他一些例证，接受其他一些教训。应该存在一个自由的和全民族的政府体系，它每天都在对抗波拿巴，它产生的效能每时每刻都冲击着人们的头脑，使混乱的念头远离人们的思想。因为，只要明确而强大的事实没有教会人们区分对与错，好与坏，拯救与危机，这些混乱的念头就会继续存在下去。波拿巴死了，世界上没有一个角落再保留他，给予他。现在，对于他的对手来说，他这个人不再是恐惧的对象，对于他的朋友来说，他也不再是一种希望。只有现在，才可以考虑以另一种方式看待他，而不是一味地害怕他。应该重视他，因为我们今天前进道路上大多数障碍都来自他这个人。你们可以肯定，在很长一段时间里，他仍然是法兰西评判自己政府的一个参照物。假如你们愿意——我不是说要使这种比较变得对你们有利，而是要防止法兰西产生一系列虚假的思想和骗人的偏见——假如你们想让这个人的名字从人民大众的记忆中消失，假如你们想让波拿巴主义与波拿巴本人一起死亡，你们自己就摆脱波拿巴主义吧；不要在情感上谴责它的同时，又在实践上采行那种体系。你们自己要学会区分波拿巴政策中正当的部分与罪恶的部分，有用的部分与不祥的部分，精明的部分与失去理智的部分。当你们无法同时通过一些强有力的措施（我不是说一些好的措施）来掩盖不良措施，你们就不要试图保持他的一些坏的手段为己所用。无疑可以从波拿巴那里学到很多东西，下面我还要不停地说到这一点。但是，其条件是人们学到的一切都要通过一些其他的原则来加以节制，通过另外的精神加以激活，并将它导向另外的目标。他很会操控群众的激情；但是，他所做的一切，你们却无法做到。应该同他一样，深入到人的本性之中，明白从何处入手才能让群众感激涕零，将自己同他们的利益联系在一起，促使他们适应政府的一般体系。但是，这一体系不应再是他的那种体系了。因为环境、需求、权利、承诺，这一切都变了，一切都是新的，这一切都要求，那些波拿巴曾经堪称典范地使用过的手段与技巧，要赋之以另一种性格，适应于另外的意图。

以此为代价，波拿巴主义就不再是反对你们的一种可怕的激情。这样，你们就能够成功地利用从波拿巴那里得来的习惯与情感的好的成分，并摒弃其中不好的和充满危险的因素。在这方面，作为大革命的征服者，他使法兰西习惯了将优势群体与权力相结合起来的观念；他将大众群体拉下了宝座，让人们承认了道德的影响。他不仅恢复了秩序，而且让人们恢复了对秩序的兴趣。在群众的心目中，是他让被雅各宾派煽动起来的无政府主义名誉扫地，即使在社会下层各阶级中也大大削弱了无政府主义的势力。如果说他没有让权威恢复正义赋予它的尊严，至少也使它得到了正常社会所应有的尊重。最后，他使得革命不再构成政府，不再控制政府，反而对政府俯首帖耳，遵纪守法。你们不仅在波拿巴培养出来的大多数人中看到了这种情绪，而且在忍受或被动接受波拿巴行为的那部分群众中也会看到这种情绪。这是极大的好事，极大的利益。对于一个立宪政府，对于一个以一己之力很难取得这样效果的政府，对于一个必须给予自由以无法拒绝的权利，而又不想削弱自己的政府来说，尤其如此。你们瞧，这就是波拿巴遗留下能够成为政权支撑点的东西，这就是政权应该承认并接受的东西。请相信我，利用这个时代的总成果，比从它之中发掘出一些个人的虚荣，而将总的成果置于朝廷的次要地位会更加有益处，更加荣耀。在那样一个朝廷之中，无疑，最殷勤的一些阶层肯定不是对他们的状况最满意的那些阶层。

此外，做一切应该做的，这也会是一件好事；置身局外是一种幼稚的行为。

第十二章　政府在个体人物当中的手段

在新法兰西，我详细地考察了大众。我研究过政府的什么手段会带给它一些成见、利益和倾向。我再重复一遍，这其中包含政权的巨大资源与需求。然而，问题还不在此。对于要治理国家的人来说，光有能够满足社会的总需求的智慧和手段还是远远不够的。政权并不总是与公众打交道。它还必需与各种各样的个体人物建立直接的关系，这些个体也有自己的知识，忘记他们不是没有危险的。这也可以解释为什么有一些政治家不重视有普遍性的观念与措施。经验告诉他们，用人的技巧、操纵成见、情感与个人利益的技巧更加重要。他们甚至得出这样的结论，认为这就是一切。这又是一种错误的想法。在政府工作这样巨大而复杂的工程中，一切都是必不可少的，应该能够高屋建瓴，也应该能够深入基层，应该有远见卓识，也应该看到自己的脚下。

在今天，对于我们来说，与个体人物交往的艺术甚至更为重要。在那些秩序井然的旧制度下的社会中，这样的工作以人们不易察觉的方式就被分摊完成了。人们被分为等级，受到规训；有一些公认的、牢固的影响力量。大部分公民自己很少与政府发生联系。他们的利益得到了调节，他们的行为是由一些习俗作导向，是根据当时的形势来进行的，他们从来都没有考虑要摆脱这些习俗。每种存在，每件事都顺理成章，政府本身只是与十分有限的一小部分人发生必不可少的个人关系。

今天的法兰西却不是这种情景了。已经发生过惊天动地的变化，而且这种动荡现在仍然在延续，形势的不稳定，影响的不确定，利益的复杂性，妄想洞察一切、规范一切的专制制度的野心，这些因素及其他因素，促使我国的政权不可避免地要与相当多的个人、官员、甚或普通公民发生直接关系，迫使它关怀他们个人的行为和利益，这使得政权同个体进行交往之艺术的适用范围和延续性有了如此扩展，以致其与社会甚至与政权本身的利益背道而驰，我相信，这是无法否认和忽略的事实。

这种艺术的一个突出特性就是，当它由一个聪明的人来操作的，就不会令人厌倦。（政府中）那些贵人们经常会有一些我说不清楚属于哪种的、对于自由与休息的需求，这种需求使得他们在需要顺应一些观念或情感时，在需要顺应一些行为准则时，在需要处理一些因政府而起，这些占据政府者必须要处理的大众事务时，往往会感到疲惫和厌倦。他们过于关注自己，总是不懂得应当去考虑一下别人，与别人相处。他们总是不愿地将自己的一部分记忆，一部分注意力，一部分时间，一部分工作用来服务于那些个人。他们错了。无论这些事是多么微不足道，也要把它们当成一件大事来做才行。

在他们处理人与人之间的关系时，也是类似的状况，即使他们已经愿意处理这些关系，也还总是过分突出自己的意愿。他们并未达到遗忘其他，眼中只有与之交往的个人的地步。对这些贵人们来说，相较于努力去了解那些个人，以便团结之，使其追随自己，他们花了更多的精力让这些个人直接接受贵人们的情感、信念或意志。他们喋喋不休地说，却很少倾听别人的诉说，只提出一些有利于他们自己的建议，而不是试图梳理人们对他们的期盼。这不是成功之道。在与个体人物相处的关系中，政府需要某种公正无偏，某种忘我的精神，让人们去自由评论，并让施政结果深入人心，最真实地、最简约地利用这些成果，防止它们被歪曲，失去其本来的面目。克伦威尔、亨利四世、德·黎塞留红衣主教、波拿巴，所有那些善于操纵个体的人都是这样做的。在任何情况下，他们都不认为可以放弃与个体的接触。他们甚至主动寻找机会来接触个体，他们总会给予对他们来说有点用处的人一点时间和小恩小惠；当他们面对一个他们需要说服的人，这个人就变成了一个外在的对象，他们首先要仔细观察他，不掺杂任何出于自己而非出于对象的内容，绝不在还不了解对方之前就试图去改变他，他们也几乎不做任何评判，目的只是为了弄清如何才能深入这个人的内心，并使他完全接受自己。

我讲这些，不是要教给人们所谓的笼络艺术，不是为收买人心寻找借口，使之合情合理；相反，正是因为我不相信在政府的施政过程中，为了赢得它所需要的人，一切都是可以收买的。因为我相信，关心和照顾他们的倾向，关心和照顾他们的利益，关心和照顾他们的事业，是合情合理的，必不可少的。现在回到本题上来，我要说，在人与人的这种关系中，新法兰西的人们，比旧制度的人们更适合现在的当局；我还要说，为了得到他们的支持，没有必要收买贿赂他们。

首先，看看现在的形势是多么复杂吧，一方面，它是那么的自然而简单;另一方面，它又是那么虚幻与局促。设想下，有一个人，他与旧制度有着千丝万缕的联系，宣传旧制度的原则，支持旧制度的利益，说到底，他为旧制度的逝去有着不少遗憾，打心眼里要协助旧制度东山再起，这只是因为他更加喜爱旧制度，不喜欢新秩序。而由于心里恐惧就心向旧制度的政府内阁，内心不希望，也不认为可能恢复旧制度，甚至认为指责它要恢复旧制度的人在败坏它的名声，内阁找到前述那个人。内阁将对他说些什么呢？它能正面承诺他十分珍视的那些原则和利益将会获得胜利吗？它能保证要带领他最终走向他一生梦寐以求和为之奋斗的目标吗？它不仅不可能这样做，而且我还敢肯定地说，它不敢撒下这样的弥天大谎，不敢向这个它想要吸引的朋友做出如此明确的承诺。政府是受到一定约束的，它或者在欺骗这个人，愚弄他，告诉他正在接近一个它无法领导他达到的目标；或者是让他自己放弃自己的目标，忘记他的朝思暮想，忘记他的愿望，放弃他以前的观点和承诺。政府会采取第一种态度吗？那么，它的武器就是谎言；它偏爱第二种态度吗？它的手段就是收买贿赂。为了让这个人投身其中，政府就必须欺骗他，或者引诱他；它就必须让他失去理智，或者促使他为了得到一些蝇头小利而牺牲自我意识。这就是半立宪制内阁与半内阁制旧制度之间的角力，这就是它们之间应该建立的关系。在与这类个人的关系中，政府不得不利用的，不是个人利益，就是他们的错误。无论是在哪种假想之中，双方都不得不采取强力手段来对付良心或是真理。

相反，还可设想另一个人，他希望立宪的原则与新的利益获得胜利，他曾依照这一观念来生活与表达。自称忠于宪章的政府，对这样一个坚持自己的生命与观念的人无须强求。为了使之接近政府，这个人没有必要被欺骗和被引诱。他可以始终保持良知，对一切都看得很清楚。必须要做的就是，政府要向他证明，政府所说是真实的，它所希望的确实就是宪章，它要巩固宪章的地位。假如政府与这个人因此而接近，并建立起更为亲密的关系；假如这位公民在服务于政府过程中其个人利益得到了增进，而这个政府也正在服务于他一直追求的事业；对这样一个人，还需要说些什么吗？他可以接受这些利益增进的。从什么时候开始禁止人们在尽到自己义务的同时追求自己的利益呢？从什么时候开始真理只承认它的殉道者了呢？当权利的捍卫者担任了国家公职之后，英格兰是否就不再承认他们了呢？无私地服务于国家利益的公民，是否就应该比只服务于个人私利的人受到更加严厉的对待呢？伦理道德所指示于人的，公民所有权要求的，就是没有腐败，没有谎言，就是公民与政府团结一致，同心同德，因为政府正在投身于他所推崇的事业，他也就可以毫不尴尬地、大胆直接地去做了。然而，一个自称是立宪制的内阁，只有同新法兰西的人们，同承认和保卫新利益的人们，才能达成这样一种关系。只有在这时，联盟的事业才是明确的、天经地义的和公共的事业。这对联手的双方可能都是有利的，对于双方来说，没有什么是不正当的。

对政府来说，不需利用谎言和收买，这是一种大为有利的状况。别忘了这还能挽救它的颜面，这就更了不起啦。

在这一重大事实之外，随着对个体秉性的进一步研究，我认为，总的来说，政府将从这些新法兰西人中，而不是旧制度的人中，寻找到朋友和盟友，寻找到更加有用的人才和令人放心的干将。

有两个阶级的人注定要与政府结盟，服务于政府，以便政府反过来也服务于他们，因为在这个世界上，一切对等的、相辅相成的东西才是真实的、牢固的。权利是相互的，服务也是相互的。一方面，旧有的、正规的、公认的贵族拥有社会的影响，他们希望保持这种社会影响；另一方面，希望得到社会影响的人们，他们的地位正在提升，他们的立场和势力正在扩展。身处高位的人们，想要提升自己地位的人们，这都是政府天然的支持者，天然的工具。看看历史吧！任何一个懂得如何执政的政府，都是从这两个阶级的人中寻求和找到自己的可用之才的。

因此，英国政府从英国旧贵族中任命各郡郡长、治安法官、各郡的行政长官，总而言之，任命它的法官与官吏，就是最简单不过的事了。英国的贵族平平稳稳地拥有力量和道德影响,合法的力量和影响应该轻而易举地就落在他们手中。同样,也可以说，波拿巴依靠早已形成的、一切或多或少有点重要性的势力，一切上升的才俊，一切渴望展示自己的活跃分子，他也做得很对。这也是政府明摆着的辅佐力量。

就上述两个阶级的人来看，第一种人在我国不多。我还要多说一句，与它相似的人所处的状态是虚假的，它不大可能来辅佐政府。

对贵族利好的是，它的权利、它的抱负、它的力量，这一切都是得到公认的、约定俗成的，是被公众和政府认可的，也是被他们自己认可的。它们是相互制约，相互支持的。假如这种和谐被打破，假如贵族没有了抱负，没有了力量，没有了权利，政府又怎么办呢？它从他们之中会找到些什么呢？人们找到的，将是一些前途不明确的人，一些对自己的地位不满足的人，不被人们的给予感动的人，认为人们欠他些什么的人，被人们的拒绝激怒了的人。这些人同政府的关系始终都是纠缠不清的，是酸溜溜的，因为政府从来都不会做一些他们认为正确的事，一些他们认为政府需要为他们做的事。对于公众来说，他们始终都是令人厌烦的、难以承担的，因为他们不断地致力于从公众那里重新得到他们以前失去的东西，这些东西对于使他们的力量足以适应他们的地位而言，是必须的。

在当今的法兰西，旧贵族的状态正是这样。它仍然拥有财富，拥有重要性，拥有尊严。但是，即使它想的仅仅是保持、运用其拥有的这些东西，它所拥有的实际上也远远不够。它根本没有它断定属于自己的权利。它想拥有的，比它现在所拥有的，以及它能够拥有的要多得多。由此，产生了一些渴求，这些渴求系于其抱负，而非系于其力量。你瞧，这就是为什么属于这个阶级的人，倾向于自认为没有必要得到政府的任何承认，也没有必要与为他们做什么，但却没有也不可能和不应该做得像他们需要的那么多的政府，保持互利性。

很明显，处在这样地位的一些人给予政府的只有尴尬，而不是力量；对于政府来说，他们与其说是一种支持，不如说是一种负担。

与此相反，新法兰西的人，在其与政府的关系中，所能带来的更多地是尊严，而不是苛求。他们不用没完没了地忍受其过去地位与现在地位不协调感的煎熬。他们很容易满足他们应有的地位，因为他们的要求能够，而且很容易得到满足。他们投向政府的目光既不高傲，也不贪婪。他们不用在财产上进行投机，也没有必要以脑袋换取希望。假如政府寻求接近他们，或者假如他们接近政府时，他们不会相信自己对政府拥有特殊的权利，他们能够接受适合他们的事物，不会强求毫不适合他们的东西。政府要为他们做的，就是主持正义，或者表现出智慧。他们知道自己要什么，政府也会铭记在心。而在与旧制度的人相处时，政府面临的是一个达娜依特的酒桶[1]；政府给予他们用以弥补他们权利欲壑的，很快就流失了，消失在他们的抱负之中。而面对新法兰西的人们，政府可以自由、平等地相处；双方所作的承诺是自觉自愿的，不受百无一用的旧头衔左右，只是建立在真实的协议基础之上，义务的相互性只是对权利的相互尊重之延续而已。

一个英明的内阁应该理解新人们这种不可或缺的、理智而公正的要求。忠诚于波旁家族的内阁应该明白，即使是大革命一代人，参与革命行动并在革命的旗帜下老去的人们，也不是无法接触的。我这样说，是因为我看出了这一点。对于这些人中的相当大一部分，可能是其中最显赫的那部分人来说，无论是否发生大革命，无论是战争还是自己的身家性命，甚至是他们的恐惧，都不能完全彻底泯灭他们心中的正统观念，以及对我们国王的古老血统的敬意。对昔日之伟大的记忆、不幸的跌落、众多无耻的亵渎、所曾经受的种种磨难，所有的这些强烈事件，都给他们留下了深刻印象。他们自我感觉十分强大，也相信自己是有正当性的。但是，他们对波旁家族接受他们的正当性及其力量仍心存感激。只要这个家族服务于他们的事业，他们就会满怀亲切和自豪感投靠这个家族；他们会对效忠于这个家族感到无上的光荣，如果这个家族通过他们来统治他们，他们将感激涕零。那些曾经作为法兰西国民的人们，那些现在还想继续作为法兰西国民的人们，将会对同时成为国王的臣民而感到幸福。这样一种感情不仅在军人当中存在，在文官之中也存在。甚至可能有一小部分老雅各宾派人士，如果他们自认为能够做出贡献，也会做出巨大努力来同波旁家族和解，也会对能够为这个

[1] 达娜依特酒桶，据希腊神话，达那俄斯的女儿们被罚向一个无底的桶里装酒，相当于中国人所说的无底洞。——译者注

家族服务而感到幸运和自豪，而在过去，人们却看到他们热衷于驱逐这个家族。

我没有做过完整的考察。旧制度人士的这种难填的欲壑和傲慢的忘恩负义，是不是使他们成为政府难以相处的和靠不住的朋友的唯一原因。在他们的立场与利益当中，有一种令政权在他们手中变质的恶习，有一种不断伤害政府执政行为的恶习。

1814 年，他们之中的一位人士，而且是有思想有声望的一位人士，强烈要求给他一个省，而且就是他邻近的那个省。他对我谈起过，“你瞧，我认识那里所有的人”他说，“我将悄无声息地让他们与过去的领主们谈判，或者是赔偿旧领主，或者是将原来的领地归还给他们。”他没有得到他所要求的东西。

上面就是旧制度人士们利用政府的方式。他们希望于政府的，不是为了政府的利益，而是为了他们自己的利益，不是为了服务于政府的目标，而是要政府服务于他们自己的目标。在他们心目中，政府只是一件工具，他们转移了政府法定的目标，使之为他们的利益服务。他们将政府当成一部机器，可以轮番将这部机器导向他们要征服的目标。政府希望那些协助它的朋友们，那些服务于它的官员们，能够依凭政府托付给他们的一些手段，做些政府所冀望的事。不要期望这些人能有这样的信念。只要你们乐意，他们可以当省长，当专区区长，但他们只是在为自己的利益服务，而丝毫不是在为你们的利益服务。听从你们的命令，实现你们的意图，保持公共和平，为政府赢得民心，巩固政府对形势的控制，他们所关心的并不是这些。对他们来说，这一切都是次要的，好像与他们毫不相干。对他们来说，这一切什么都不是，你们也只是他们的一种手段，他们自己才是他们的目的。要达到这一目的，就要为他们的派别服务。需要挑起动乱吗？他们就会骚动不安；应该加重政府的负担吗？他们就会加重政府的负担；应该使政府百依百顺和软弱无力吗？他们就会削弱政府；应该让政府不知所措吗？他们将对政府保持缄默；应该回避政府的法令吗？他们将进行回避。你们将有一些情报员，可他们什么也不会告诉他们；你们将有一些官吏，可他们丝毫也不代表你们；你们将有一些不切实际的法律，一些毫无结果的想法，一些欠缺实现手段的意图。整个政府机器不再根据政府的意愿管理社会，反而使这些恶习浸透整个政府与社会。

不要说新法兰西的人士们为了另外的一些意图也会做出这样举动。这一切与他们风马牛不相及，没有什么东西促使他们这样做。毫无疑问，他们也有自己的原则、自己的利益、自己的事业。但是，这些原则和利益是得到宪章承认的，你们说这也是你们的原则与利益，这种事业就是维持社会秩序，保护在法律上和事实上存在的一切。丝毫没有必要进行什么暗箱操作，丝毫没有必要去垂询一些阴暗的势力。一旦他们承诺加入了政府，则其在政府中的职责将是其唯一的职责，其目标是公开的、确定的。法律规定了省长、专区区长和市长的职权是什么；他们以他们特有的方式和观点执行法律，这是没有疑义的。但是，他们没有任何理由脱离法律的框架，将公职责任转移到执行公职责任之外的其他目标上。对于他们来说，行政机构和政府就是一种现实，他们自己也参与其中，在政府与行政机构中，他们根据自己所处的地位，根据政府给予他们的那部分权力来行动，遵照法律规定和他们从上级得到的命令行事。只要愿意，就可以探索新人们的一般想法。他们只要接受公职，就会全心全意地投入政府，只想着为它服务，而不是期待着它给予自己一些什么。

我承认，政府自己也可能曲解这些人的立场，以致丧失掉他们本来可以带来的力量。我也承认，政府可能以小人之心度君子之腹，在他们是为政府服务还是为小团体服务这个问题上产生怀疑，或者只给予他们一种不足够、靠不住的力量来对付小团体，却又指望他们能够获胜。可是，问题来自何方？是来自政府的行为，还是来自这些新法兰西人的立场呢？

这是因为仅仅选择一些其立场适应他们职务的人是不够的，还要明白如何利用他们的立场，让他们保持他们选择的立场。不应该事无巨细地指挥他们，也不应该不加区别地使用他们。担任公职的官吏，特别是那些行政官员是政府的臂膀和手，但是，这些臂膀和手却是一些人；假如你们要用他们的方法加以统治，就要将他们当做人来对待。内阁恰恰忘记了这一点。它似乎常常将政府官员当成会读、会写、会说话的机器人，只要向他们发一个指令，他们就会采取它所要求的态度，发出声音，执行某个动作，得到给予他们的指令所要求的结果。这样一来，政府就不会考虑到他们也有自己的观点，有自己个人的立场。它向他们说什么，他们就应该相信什么；向他们发出指令，他们就应该照着去做。假如陷于一种巨大的困境之中，政府自己都不知道应该说什么，不知道如何指挥时，突然之间，官员们的地位就发生了变化：他们原来是一些唯命是从的机器人，现在却变成了大臣、部长，各行其是了。他们应该自己猜度需要说的话，猜度应该采取的行动，独立自主地判断形势，克服困难，没有人来指导他们，引导他们，他们代替了昨天还要求他们做这做那，令他们疲惫不堪的，现在却缺位了的政府。假如政府与他们相处时仅仅保持缄默，不试图更换他们，不像群众那样伤害他们的前途，损害事物的本质，他们甚至是幸运的！

行政机关的效率不是这样来的，政府官员们也不是这样成为政府的治理手段的。官员们既需要方向，也需要独立思考。在其与议会的关系之外，是他们在事实上、随时随地在管理着国家。假如他们时而感到被缚住了手脚，时而又被抛弃，听天由命，他们怎么会成功呢？人们向他们索取的远远大于给予他们的。如果他们在其被放置的位置上不能自己创造一些力量的话，那么他们带去的力量，或从巴黎得到的力量就是微不足道的。这种自己创造的力量来自群众的信任，来自他们个人的威望。然而，群众的信任不会给予一个机器人，威望也会远离那些犹豫不决的官吏，人们会认为他们在困难时刻丧失了方向，失去了支持，人们似乎会认为拥有这样一些领导人就为了让自己名誉扫地和被抛弃。不能这样用人，这是在消耗他们，耗尽他们的精力，对他们造成巨大的伤害，对政府也是无利可言的。在这样一种体系下，如果这还是一种体系的话，那些正直的官员，那些新法兰西的人，较之其他人要面临更多危险。旧制度的人士还有他的党派在支持他们，在帮助他们恢复。但是，一个省长、一个总检察官，如果他不愿投靠旧制度，又不愿成为反对派，却缺乏政府的支持，也不知道政府处在何种境地及其会向何处去，他们又该怎么办呢？最终，他们只有遗憾地接受居于统治地位的小团体的枷锁，或者在他们的不断打击之下遭到灭顶之灾。

这样一来，优秀的官员，真正的法官，就会同人民一起因为同样的错误而一败涂地。这样，蕴藏在个体人物之中可供运用的政府手段，就像蕴藏在群众之中可供运用的手段一样，时而被忽视了，时而被曲解了。

我似乎可以就此打住了。我谈到了公开围绕在政府周围的盟友，谈到了政府聘用的官员。我也表明了处在什么样地位和立场的个人更加适合政府的本质，以及它应当如何使用这些人。但是，如有必要，这也不是政府需要与之打交道的仅有的一些人。即使它已经（恰当地）分派官员，团结其直接盟友了，它也并未尽获自己与个体人物的关系中所可能获得的治理手段。

在每个省，每个市，每个地方，都会有一部分人，他们没有甚至不愿意与政府保持亲密的关系或正面的联系，但是，他们却对其周围群众拥有一些或多或少决定性的影响，相当广泛的影响。这就是那些地产主、律师、公证人、资本家、实业家、商业掮客，他们远离公共事务，打理自己的事业，但是，他们却拥有强大的影响力，他们并没有淹没在群众之中，而是在群众之外崛起，突现他们的重要性与信用。

但愿政府不要迷失方向。假如政府不主动接近这些不会主动来接近政府的人物，假如政府让他们处在似乎是他们自己选择的孤立状态，假如政府对他们不感兴趣，不在构成真正的社会治理的这一巨大整体中给他们保留应有的地位，这个政府就始终是不得心安的，软弱无力的。因为那样一个既苛求、又闲适的社会，它所会要求于政府的，将远超过政府所能提供的，而且不会向政府提供社会本身所拥有的任何养分。

我们的大臣们拥有一些怪诞的抱负，他们想把水火不相容的一些东西撮合在一起。他们悲叹缺乏全体贵族的支持，又想单独执掌政权。他们惋惜在法国缺乏社会力量来协助他们，又害怕公民们真正积极地参与公共事务。他们对不得不管理一个分裂成个体的社会感到遗憾；他们求助于优势群体，又要控制这些优势群体；一旦众多个体开始聚集起来，或者是他们相互聚集，或者围绕在某个人的周围，一旦优势群体的队伍显示出来，他们就在这个优势群体面前害怕得发抖，拒绝与其分权，甚至怒不可遏，将任何分权的企图视为篡权和无政府，他们自己也承认在此状况下将遭到灭顶之灾。

这就需要抉择。需要想清楚究竟是要当专制暴君，还是要忍受自由的人民。然而，自由就在于自己做自己的事，无论是在个人商业行为中，还是在任何理智的或公益的事务中。我在外省生活过，在那个被称为只布满分散的、孤立的、没有阶级区分的、相互之间没有联系的个人的社会中生活过。但是，对我来说，这一事实似乎只是表面的，一点也不是真实。我曾随时随地发现一些被忽视了的联系，被漠视了的影响力，没有被利用的优势群体。我遇到过一些人，他们拥有人们的信任，却无所事事，他们可能做许多事，却一事无成。我听到他们谈论公共事务、地方事务，可是，是作为事不关己的事务来谈论的，无论其目的，还是其活动都与他们无关。他们在闲聊，就像在咖啡馆里、在剧院里，一点也不像谈他们自己的事，他们之间似乎不用取得一致，不用联合起来，不用让那些影响活起来，不用让他们之间的联系永远存在下去。我从那时起就承认，当人们将法兰西描绘成缺乏内在的影响力群体，缺乏凝聚力，使之成为一个多元化社会，以便不用求助于绝对权力就可能抵御无政府状态时，是多么的不公正，人们提出来以指责她的原因也是不正确的。

这种描绘是不真实的；但是，国家的政府和行政机关的设计与组成，却以它是真实的为基础而进行的。确实有一些真实的优势群体，有一些公认的影响力，但是，它们在政府中却是无根基的。由于它们在政府中无根基，它们就对政府也是无足轻重的。它们给予政府的，恰好就是从政府给那里得到的，即或是无足轻重，或是少之又少。政府就被迫孤单地生存，单打独斗，似乎在事实上，它的命令和官员是社会上存在的唯一联系、唯一的公共力量，而事实却不是这样。政府失去了社会的支持，因为它欺骗了社会；因为它将社会想象成另外的样子，而不是它本来的面目；因为它拒绝与社会进行交流，根据真实的情况分配权力；因为它不愿意求助于社会，不愿意以这一自然天成的、正当的贵族的名义进行行动；因为它无视了这一贵族的存在，并尽力让它百无一用、死气沉沉，而后者也无视了自己的力量，尽管它是实实在在的存在。

但愿谎言自行消散，但愿中央政权不再大权独揽、妄自尊大，那么，它立即就不再是孤立无援了；它立即就会发现社会中不乏有能力与政府合作的人士，他们的优势、他们的地位、他们的信义就足以帮助政府。这样自然而真实的分权，不仅不会导致无政府状态，而且还是结束精神上无政府状态的唯一办法，这种精神上的无政府状态让法兰西成为劲吹的风暴和小集团专制的猎物。你们知道为什么所有党派的报纸，各种各样的指导委员会，都以为社会向它们的影响开放，对它们的控制俯首帖耳吗？这是因为没有一个中心可能令公民们团结在它的周围，没有一种事业令他们共同奋斗，在其中研究积极的需求，研究社会秩序真正的利益。只有在这样一些事务中，他们才能学会相互了解，学会互谅互让，学会协商一致以取得既定的成果。你们抱怨各个党派不互相接近，抱怨温和的人们没有力量，互不联络。我相信这一点，个体的人们是在孤立地生活，没有什么能让他们集体处理事务，没有什么强迫他们寻求可以将他们团结起来的共同点、共同思想和共同意志。我看到过一些省协商会议或市协商会议，一些有良好常识的省长们早在有法律规定之前就接受它们了。协商会议里集中了一些颇有见地的人们。尽管需求是微弱的，尽管他们之间的关系是受限的，这些人最终还是通过协商在他们之间或在他们与政府之间建立了一些联系，达成了某种程度的共同意愿和思想，进而减少了意见的分歧，弱化了党派对人们思想的控制，让他们之中所有的人更加理智，更加独立自主。在英国，正是通过那些郡议会、治安法官大会、市民会议等，雅各宾派、汉诺威派、托利党人和辉格党人才学会了共同生活，共同处理国家的大部分事务，与此同时，他们又在全国议会中争夺政府的领导权。在这样一种体制下，不仅自由取得胜利，而且良好的秩序与和平也取得了胜利。

但是，要取得这样的结果，还需要谎言与幌子之外的一些东西。要使一个国家中既存的优势群体和自然的影响力不丧失掉，就要使其被运用起来。众多个体是不会长期被欺骗的，他们很快就会知道人们让他们参与的事务是他们的事务，还是别人的事务。只有在他们自己感觉有参与的必要的时候，他们才是可用的力量。波拿巴的立法院认为政府的命运和事务与它是毫不相干的。它是对的。在群众对政权的干预不是真实的，不是有效的时候，都会产生这种情绪。对于这些个体来说，政府是有吸引力的，但是，只有在政府是属于他们的时候，情况才会如此；而在它临时借用人们的帮助来掩盖其无能时，就不是这样了。对于政府来说，没有什么比显露它虚弱的秘密，让人们看清它们的无能更加危险的了。

假如你们想利用优势群体和个人影响力之中所蕴含的各种治理手段的话，就在事实上让他们分享一部分权力吧。不要像吝啬鬼对待黄金那样对待权力，不要将权力堆集起来却一无所成。政治治理的艺术不在于表面上攫取所有的力量，而在于使用现存的力量。因为现实当中存在的力量，是不会因政府的意志而转移的。政府可以无视它，可以使它无用武之地，但是，这样一来，政府就得不到任何好处，就无法汲取必要的资源，以弥补它所忽略的力量。因此，还是从盲目的自私中摆脱出来吧！你瞧，有着一些十分重要、有影响、有受众的人，让他们做官吧！采纳一种得以发掘他们，让他们显露出来的真实有效的行为方式吧！你们与其徒劳无益地试图脱离他们进行统治，不如迫使他们为你们去统治国家。如果他们拒绝成为你们的官吏，就让他们成为你们的盟友吧！不要害怕为了得到他们而令自己跌落。你们的权威令你们不堪重负，分一部分给予那些自身能够让它们发挥作用的人吧！他们置身政府之外，他们就不会为政府服务，甚至会对政府碍手碍脚。同意与他们分享权力，他们就会高高兴兴地发挥他们的智慧，这样，国家与政府都会感到舒服。

我同意这样的说法，一个属于国民的政府是唯一使所有这些成为可能的政府。但是，我也想要证明，只有一个属于国民的政府才能使一切好事成为可能。

第十三章　立宪政府对旧制度一方的影响

在研究该如何对待新法兰西的原则、情感和总体利益，以及如何对待遵从它的规则的诸多个体人物时，我在每前进一步都会碰到一个事实。这就是，对于政府来说，与旧制度一方的个体人物、原则、情感与利益的联盟，使得出自大革命的一切变得难以处理了，使得大革命所拥有的及所能提供的所有统治手段都变了质，受到了侵蚀并最终被摧毁了。

这是一个控制在大革命的朋友手中的旧制度吗？假如新法兰西处在统治地位，旧法兰西给予政府的是否就会是敌意与障碍呢？这个问题是很重要的，应该加以仔细地研究。

这个问题之所以重要，因为旧法兰西仍然生活在我们之中，这是任何一个政府都不应该、也不能忘记的。旧法兰西被战胜了，但是并没有被消除。但是，它也不是如同它的捍卫者有时声称的那样，经历了大革命之后反而比以前更加强大有力了。最强烈的、最自然的反应并没有那么大的意义。但是，它仍然是强大有力的，这却也是真实的。重新进行大革命那样横扫一切的战争这类念头，再也不会进入人们的头脑当中，我不只是说不会进入清醒的、中规中矩的头脑中，而且也不会进入没有被疯狂冲昏了的头脑中。我不知道这样的暴风雨有时是否还有必要；我只知道暴风雨过时了，我也知道受到全法兰西责备的那些无耻之徒，那些冷血动物今天可能还梦想以在国民公会中发动政变的方式来对抗旧制度。

因此，应该接受旧制度这个派别的存在。人们应该也能够利用它的失败，但人们一点也不能将它清除殆尽。可是，我在回答我所提出的问题的同时，我也要说，与旧制度控制下的大革命所发生时的一切正好相反，新法兰西控制下的旧制度今天更加温顺，变得日益容易打交道，甚至向懂得如何调动它的政府提供一些有用的治理手段。

腐蚀、毒化强大党派的是恐惧。对于一些弱小的党派来说，产生同样效果的是希望。面对危险，强势集团会有所察觉，会暴跳如雷；而弱小群体则会承认自己的地位，并听天由命。

当乔治三世[1]登上英国王位时，英国的雅各宾派[2]没有完全消失，也不会一下子消失，这是事实。这个党派继续怀着希望，进行恐吓、挑唆甚至密谋策划。但这一切都是劳而无功的。为什么呢？因为这个党派的主要领导人，甚至大众中的大部分人都很快就懂得了，这是无可挽回的事实。平头百姓屈服于政权，头面人物与政权结盟。他们从雅各宾派演变成为托利党人，乔治三世成功地利用了他们，来抗衡辉格党人的过分而强烈的要求。这位聪明的国王知道，将政权绝对交给一个党派，即使这个党派是他自己的党派，这个政权也会变质，腐败也就开始了。

当波拿巴自己加冕成为皇帝时，为什么旧制度表现得那么温顺和迫不及待地投靠于他呢？这不仅仅是因为波拿巴很好地对待了它，而且是因为它在别处没有了任何希望。它失去了机会，却得到了权利。正是这两者的结合扼杀了各个党派。关闭他们想重开的那扇门，为他们开启一扇别的门。这样，就可以驯服他们，在他们之中撒下认命的种子，让他们的队伍分崩离析。

旧制度党派今天的组成，与乔治三世统治之下的雅各宾派没有什么两样，它不再是波拿巴时期那个样子了，这并不是因为它的性质变了，而是因为它所处的环境变了。

---

[1] 英国国王乔治三世（1738—1820，其中1760—1820在位），是1714年开始的汉诺威王朝中第一位能够流利说英语的国王，前面的两位来自汉诺威的英国君主乔治一世和乔治二世都是英语不大灵光，这两位君主便也防守内阁去代替自己治理英国，英国的责任内阁制就是在这个时期形成的。汉诺威王朝前期的内阁主要由辉格党人控制，他们极力压制君主权力，推动议会权力。乔治三世上台后，依靠托利党，努力要摧毁辉格党的势力，国王与议会之间有着长期的权力斗争，期间还经历了美洲独立战争。——译者注

[2] 雅各宾派这个概念是在法国大革命中才第一次出现的，在乔治三世上台时并没有这个概念。但是法国大革命之后，人们经常用雅各宾派来指代政治上的极端激进派，基佐即用此意。——译者注

说到底，它既不再是难以打交道的，也不再是强大的。它只是还心怀一线希望。让它失去希望，它就会意识到自己的虚弱，愿意接受统治。

只有一种政府能够让旧制度党派的希望破灭，这就是坚持采纳新原则、顺应新情感、代表新利益的政府，它会被人们热情地推崇和追随。旧制度被战胜了，是被谁战胜的呢？是被大革命战胜的，旧制度将胜利只交给了大革命，应该让它看到革命是组织严密的，有章法的，处在了统治地位，它才会相信自己无力再继续抗争下去。只要它看到政府犹豫不决，没有固定的形式，没有固定的色彩；今天受议会控制，明天又受宫廷控制；在这个地方是法治政府，在另外一个地方又是一个专断的政府，是倾向于某种利益的政府；一个大臣主张捍卫国有资产，另一个大臣又主张对流亡者实行补偿；新法兰西时而被拥护，时而被否决。只要政府一会儿主张宪章的理论，一会儿又主张过去的信条，一会儿使用代议制的办法，一会儿利用旧制度的办法，那么，旧制度的党派就不会甘心失败，因为它没有感觉到被战胜了。宫廷、专制和过去的信条，这都是一些属于它的东西，这是它的领地，它的机会所在。当然也应该在这些领域向它发起攻击，但人们是不能在这些领域里最终战胜它的。假如你们的政府体系中占统治地位的就是这些东西，那你们就是在它的领地里渔猎，它就会以为自己是强大的，比你们更加合乎正统。在这些领域，当然也不可无所作为，不要放下武器；但是，要将战斗的重点转向他处，从别的地方找到你们真正的支撑点。要对付旧制度，仅凭大臣这一身份是不够的，大臣的地位、大臣的光环、大臣获得的权力，都不足以让它信服，不足以令它恐惧。这是一个习惯了生活在政府身边的派别，是一个与政府过从甚密的派别，善于发现政府的弱点，利用政府的错误，知道如何通过阴谋诡计或傲慢无理，打肿脸充胖子来摧毁政府。你们要表明自己是新法兰西的代言人，是新法兰西的铁腕人物，是新法兰西的领袖。这才是旧制度派别害怕的政府，面对这样一个政府，他们会感到无法自卫，在政府的身上，它已经看到了胜利者，时至今日，它预感到政府就是它的战胜者。向全国性的选举，向强大的议会，向一些自由的机构，向法庭，向新闻界要求你们所需要的对抗旧制度的力量吧！这些力量不仅在那里，而且旧制度也知道它们在那里。这才是它恐惧的主人，是它承认的主人。否则，它只会看到一些竞争对手，自认为始终与他们处在斗争之中。

你们会发现，我所建议的这种立场好处多多。它满足了要治理这个派别所不可或缺的两个条件。这一方面，让它感觉到自己是虚弱不堪的，剥夺了它回归过去的机会；另一方面，这却为它开启了美好的前途，如果它甘于它目前的地位，放弃野心的话。

1688年的英国光荣革命剥夺了其雅各宾派一切合理的希望；但是，它同时也让天主教徒陷入失望之中，这既不正确，也不是好的征兆；因为这导致了英国的动乱。应该战胜一个反民族的党派；但是，将它的成员变成局外人或奴隶，既是危险的，也是不公正的。我国大革命的原则没有产生这样的后果，它们不反对某个特定阶级的人，它建立起适用于所有人的法律，保护接受革命原则的所有人的利益。我们国家旧制度的人，如果他们愿意，可以成为公民，与新法兰西人一样自由。这是政府巨大的统治手段，通向顺从命运的大门始终都是开着的，一直邀请他们与祖国达成新的契约。波拿巴正是通过这种办法获得了旧制度人物的拥护。倒退是没有希望的，向前看，他们同所有法国人一样拥有光明的前途。立宪体系拥有同样的优势，可以提供同样的机会。你们想生活在和平中，你们就生活在和平中；人们只要求你们服从法律。你们想走一条仕途之路，仕途的大门没有向你们关闭；只是，你们要与其他人一样，要经过考试，才能达到目的。对于被征服者，从来都没有过这样温和的对待；就其本性而言，从来没有哪个新政权采纳过如此之多的手段来安抚并力图赢得其过去的敌手。

我们再深入地研究一下这个派别，研究一下它形形色色的成员，看一看新的原则和利益完全占据统治地位后，可能会对他们产生什么样的后果。

我曾在别处说过，如下成分仍然存在：宫廷、地方上的贵族、教会，最后就是那些腼腆的、忠厚老实的人们，他们被革命的暴力或对或错地抛离了，远离了召唤他们回归的一切。我相信这个清单是确实的。因此，我要顺着这个思路进行下去。

7年来，宫廷曾是政府的一个障碍，这是肯定的。目前的内阁试图将宫廷变成一种统治手段。但是，内阁没有考虑到，要将它当成手段加以运用，就必须先摧毁使它成其为障碍的那些东西。只有新法兰西处于统治地位才能完成这一任务。

宫廷中人，就下述两种情况必居其一。或者他们置身宫中是因其为一些凭其自身，无论在哪都会是很重要的人，其对国家也就同样是重要的；或者他们只是一些简单的宠臣，他们之所以处在那个地位，是因为他们以前就在那里，但是，到处都没有他们的根。

对于前者，立宪体系使他们真正地复兴，现在的政府已经从宫廷走出来，置身于议会，置身于国家之中。你们不用害怕，他们会按立宪体系行事的。对于他们来说，宠臣们的角色与资质是无关紧要的，因为他们的重要性不再是需要在宫廷里发挥作用，带来结果了。德·舒瓦瑟尔先生与德·莫勒帕先生[1]十分重视他们在宫廷中的地位与

[1] 舒瓦瑟尔（César Gabriel de Choiseul-Chevigny，1712—1785），莫勒帕（Jean Frédéric Phélypeaux de Maurepas, 1701—1781），皆为法国旧制度下路易十五、路易十六时期重要的廷臣。——译者注

存在，这一点我们可以想象到。国家的力量就在那里，因此他们应该出现在那里，以便尽力掌握或保持这种力量。但是，你们看看，查塔姆勋爵、皮特先生是否这样做了，是否利物浦勋爵和卡斯尔雷勋爵[1]这样做了。他们都是宫廷的宠臣，他们还在出入宫廷。但是，他们的生活不在那里，他们也不是在那里从事其政治活动；他们除了展示其信用，还有别的事要做；除了野心与阴谋诡计这样的小争斗，他们还有别的争斗要支持。在英国，代议制政府让宫廷继续存在下去，但这也只是王位的装饰，是一些无所事事的闲人们消磨时间的方式而已；作为一种政治力量，它已经死亡了；宫廷很少成为政府的统治手段，也从来没有成为议会的障碍。除非是到那里消遣的人，在国内谁也想不起他们。这是因为在公众眼中，宫廷已没有任何力量足以抗拒现实，它只保留了一种表面价值，用以象征民族利益、动员国家。

在我们国家，相同的事业产生了相同的结果。对于一个在新法兰西与旧政体之间摇摆不定的内阁来说，宫廷是一种力量，也是一种障碍。对于新法兰西真正的政府来说，在一段时期内宫廷仍是个需要面对的事物，因为旧制度继续以其为阵地在骚动不安。但是，政府在别处找到了足以克服这种状况的手段；举足轻重的人物，或者严肃认真的人物，不论他们是属于那个党派，都会很快地看到真正的战斗是在别处进行的。

至于单纯的宫廷宠臣，我不大相信对他们有什么值得不放心的。假如应该绝对照顾他们，我也怀疑，这很难坚持到底。

总的看来，是旧制度仍存的希望，让宫廷变成了某种需要严肃对待的事物。如果旧制度这个派别在别处被战胜了，那么，它也就不再对政府形成威胁，不再成为政府的障碍。

但还有更多需要考虑的。如果以为宫廷及旧制度的派别，其在外省的状况也是这样的，那就大错特错了。分歧是深刻的，而立宪政府这一现实很快就会让分歧爆发出来。谁又没有听说过外省的一些达官显贵在他们的城市里，或者许多右翼党派的议员们在巴黎满怀强烈的情绪表达对宫廷的不满呢？他们不满于宫廷的抱负，不满于宫廷的蛮横无理，不满于宫廷对这一派别的真正利益的无视与忘却。这种情感并不是新鲜的。在法国，贵族们对第三阶级所企望的，就是宫廷对外省贵族所企望的。在一个绝对的、贵族化的政府中，权力在日趋自我孤立，特权在日趋收缩。只有自由，才会越相互交流就越向前推进；只有宪定平等，才会在其基础上不断扩大。在外省的旧体制

[1] 查塔姆勋爵（Lord Chatam），皮特（Pitt），利物浦勋爵（Lord Liverpool），卡斯尔雷勋爵（Lord Castlereagh）皆为英王乔治三世时期重要的英国大臣，或是带领英国抗击革命法国，或是在拿破仑战争后的维也纳和会上纵横捭阖。——译者注

拥护者们也清楚地知道这一点；假如自由的法兰西突然一下子消失了，假如他们要单独面对宫廷的贵族，人们就会看到轮到他们来要求宪章的原则，为了他们自己的利益强烈地要求代议制体系的保证。即使在今天，这些人中最明智者，习惯于远离巴黎生活的那些人，尽管面对现在的精神状态，尽管存在共同的危险，也不否认，对于他们反对宫廷的事业来说，代议制政府也是好的。不仅他们在其派别内的重要性有赖于代议制，而且他们的权利与安全也有赖于代议制，他们失去这些权利与安全是会很气愤的。每一次谈到旧制度与它的朋友们时，人们都很少考虑到这种立场的差异，这种差异使他们分裂。差异是很深刻的，对于一个依靠新法兰西、为新法兰西的胜利而奋斗的政府来说，尤其如此，它试图并应该小心谨慎、公平合理地管理旧制度的党派。

在巡视各省的时候，不能不承认在几乎所有省份中，确实都存在一些坚持旧制度原则与利益的绅士，他们希望旧制度的这些原则与利益获得胜利，甚至在促成这件事。但是，他们又很少倾向于为了这个目的而重新进行革命的斗争，为了这一事业的成功而甘冒巨大的风险，让他们的祖国与他们本身都受到拖累。他们之中许多人都不缺乏财产，不缺乏思虑，不缺乏积极的知识，不缺乏对地方利益的深切了解，这一切都直接或间接地极大帮助某个省、市的政府治理这个地方。此外，由于他们财产的特性，也因为他们以前地位而形成的习惯，他们往往拥有某种程度的闲暇，容易从个人的私利之中解脱出来，投身到为公共利益服务的活动之中。他们既不缺乏为他们那个地方的一般需要而服务的热情，也不缺乏对政府某种程度的独立性。在市议会中，在省议会中，他们都有时间和智慧投入到这类事业中去。最后，他们充分做好了生活在家乡的准备，夏天在地里劳作，冬天在城里享受，照顾他们的家庭，他们的财产以及国家的繁荣，他们对巴黎期待很少，也不担心巴黎的阴谋诡计。

让这些人冲昏头脑的，还是（旧制度复活的）希望。如果他们不抱任何希望，他们就会简单地成为他们所应是的人，一些有用的、受到尊敬的平和公民。政府从他们之中得到支持，自由从他们之中获得捍卫者。他们的愿望就是保持他们立场的独立，即使他们不甚了解，或者拒绝构成他们独立状况的那些原则。但是，所有的机会都调动起来了，所有的人都激动不已。他们有过某些遗憾，人们又让他们产生了某些欲望，这些欲望就演变成了野心；这些野心挑起了他们的不满和情绪；他们曾经是宁静的，现在却被挑动得骚动不安；他们既有令人敬佩的品质，又有令人心生疑惧；他们就应该是这个样子，因为，在他们的心目中，一切都成了问题，一切都似乎成为可能，一切都是允许的。从巴黎不断地向他们传来一些许诺、一些呼吁。没有什么向他们表明这些呼吁是无用的，没有什么向他们表明这些许诺是骗人的，没有什么让他们感觉到“现实需求”这只沉重而又有益的手，当这只手造成伤害时，它还会为人们疗伤，当这只手同时向人们展示牺牲的巨大与其限度时，还会使人静下心来。

这样，政府随时随地都在毁坏着它有所期待的这个贵族的组成成分。在新的法兰西，政府对这些成分不甚了解，对其感到惊恐;在旧的法兰西，政府让这些人迷失方向，又引诱腐蚀他们。在让革命感到不安时，政府疏远了革命；在向旧制度献媚时，政府又失去了旧制度。政府的摇摆不定，懦弱不堪，对真正力量与真正弱点的无知，这一切都在它希望加以优待的地方造成了混乱。这一切搅混了一汪清水，拖累了各种利益团体和社会存在，而立宪体系的完全、不容置疑的统治，本可在将这些利益团体与社会存在约束在其地位上的同时，也巩固它们，从而将它们转化为国家的一般财富。无疑，这样的后果不会那么迅速和普遍；旧贵族全体并未变成像我所描绘的那样。在某些省份，他们几乎绝对地投向了最具有暴力倾向的小集团。在他们之中，随处可见一些完全盲目、无可救药的人，一些难以克服的偏见，满脑子反民族情绪和难以驾驭的热情的人，这样一来，最终没有什么能够挽救他们，只有把他们彻底摧毁，让他们失去所有力量。旧制度的党派本身是一个坏透了的党派，这就是为什么要战胜它。但是，在这里，善与恶也是纠缠在一起的；在这里，政府也应该给予善以公正和尊重，给予它一切足以让它恢复其本性的东西。然而，当这个党派处在上升阶段，只要政府还留给它一线希望，只要恶势力还处在统治地位，善也会变成恶。只有在恶势力被制服，一切大门都对它关闭，让它没有任何机会的时候，善才会浮出水面，才会在社会中重获它应有的位置。

我对贵族所说的这一切，也适用于教会。在那里，也正是希望在让人们蠢蠢欲动，投身到重新建立旧秩序的追求中，而这样的秩序已经不复存在，也不会重生。在这里，可能存在一种比其他地方更加深层的力量，它热衷于旧的信条，反对立宪体系。它附属于一些比旧贵族更加难以驾驭的、更加高层次的原则。归根结底，所有的利益在宪章中都有自己的地位，那些最富叛逆性的力量，如果他们抓住了所有的机会，他们也会成为满足于宪章提供给他们的地位的人。但是，宪章不容讨论地拒绝了那些教皇绝对权力主义的理论，而这正是一些宗教人士今天的避难所，他们很难承认这些理论的不兼容性。幸运的是，教皇绝对权力主义的理论尽管似乎取得了某些进展，但它还没有强大到足以提出一些潜藏在它内里的要求的地步。时间是对这些理论不利的。深入观察，我倾向于认为，如果教会在向这些理论靠拢，更大程度上是为了拯救其残存的影响，而不是期待这些理论能够赋予教会以过去曾赋予它的地位。德·拉马奈先生没有从宗教人士那里得到多少好处，所有明智的人士都感觉到，他那么尖锐地提出问题，反而会连累宗教事业。这一事实足以证明，即使在今天，教会对于它自己的处境是很清楚的，它正十分小心谨慎，以免与当今的世界潮流处于难以挽回的对立状态。因此，假如新思想的胜利是显而易见的，假如它在世俗秩序中完全彻底占据了统治地位，就应该相信精神秩序也会来适应它，让未来解决未来的问题，而且解决之道并不源于政治。说到底，教会所要求的，也只是确定性与尊重。假如它的地位完全确定了，假如它得到保持和受到控制，假如现实对它有利，而且是不可逆转的，它就会接受这种现实。现在，它受到两种感情的撕扯，这两种感情更让人们不安，这就是希望与恐惧。新社会的种种措施令他们惊恐不安，政府的所作所为又给他们的野心开辟了用武之地。一方面，他们从心里感觉受到威胁；另一方面，他们又认为拥有完全的自由。没有什么比这种处境更加危险，更加令人迷狂的了。立宪政体的确立这一事实本身，就足以让这种处境结束，让教会的神职人员感到世俗的安全，在今天，这正是他们在试图追求过去的统治时所寻求的。

至于旧制度派别最后的一个构成部分，即那些腼腆的、忠厚老实的人们，他们害怕一切革命的暴力，尤其主要是害怕那些将会带来最良好后果的新原则与新利益的牢固确立。需要让他们知道，这些新原则与新利益一点也不像他们所想象的那样，它们将很适合这些人。这些人所希望的，就是要有一个政府。这个政府的正规化与稳定是这些人心目中社会的首要需求；他们不会过多地过问这个政府是来自何方，是个什么样的政府，他们只关心政府是否有效能，政府的存在是否能给他们带来安全与和平。这就是为什么他们时而倒向这边，时而倒向那边，所根据的就是他们认为这个政府会由哪一边的人士组成。假如他们更乐意倾向于右派，更习惯与右派结成联盟，这是因为这个派别已有先例，它的处境也让它更多地宣扬秩序、宣扬法纪、宣扬权力，一句话，这是一个政府，尽管它实际上不能够给予他们秩序、法纪和权力。假如这个政府表明了不可能给予他们这些东西，他们就会离开这个政府，就会向我所不知道的什么人，以及那个方面提出要求，让他建立一个他们渴望的政府，如同长时间漂泊的水手渴望停靠到一个港口一样。立宪体系来到了他们面前，政府从新法兰西的内部发掘出一些有力的、持久的治理手段，他们对此十分满意，他们就支持这个政府，并不是因为这是一个这样的政府，而非其他什么样的政府，而是因为他们需要一个政府。我不想对这些人们的错误保持缄默，因为没有一个人比我更为这些人感到惋惜。我知道他们渴望的自由少之又少，我知道他们十分惧怕变动，由此可知，即使是在立宪政体内部，因其本性，也有一些让他们不安的东西。但是，我也知道他们不希望旧制度复辟，首先是因为他们认为这是不可能的，其次是因为旧制度的复辟会伤害到他们之中大多数人的利益。他们与旧制度的人士接近，不是为了旧制度，而是为了一些他们四处寻求而不可得的希望。假如他们找到了他们寻求的东西，即一个政府，即使这个政府较之他们所能适应的要更不稳定，他们也会在初始的怀疑之后，投向这个政府。他们丝毫都没有考虑到投身到反对派中去，这不是因为他们无法反抗，而是因为害怕反对派对已建立起来的秩序抱有某些企图，或者造成威胁。他们将抗拒诱惑，抗拒无政府状态；为了捍卫政府，他们甚至会牺牲自己。我认识一些人，他们割断了友情与亲情的纽带，他们忽略了自己的地位所产生的最自然的后果，这是为了什么？为了得到某个职位，某些利益？不是的，这是为了服从那种惧怕的情感，这种情感让他们在政府遇到障碍的任何地方都看到危险。这也是为了服从其对稳定的需要，这促使他们支持政府，反对政府的所有敌人，即使政府犯下了一些错误。我也知道有一些人，他们的原则是十分自由化的，他们在自由原则上言行一致，他们对任何一个政府都没有什么期待，也不希望得到什么好处。但是，对他们来说，对一个政府的需求也是十分强烈的，为此，他们甚至会做出巨大的牺牲。当然，无论是这些人，还是与他们怀有同样感情的人，甚至更加接近旧制度的人，都不会长期反对一种政权，只要这个政权会从新法兰西汲取强大的力量，并允诺给予人们可预期的前途。

真正唯一的问题，就是要明白，在新的法兰西，在她的原则中，在她的利益中，在她的情感中，在她的盟友中，是否能够找到达到目的的手段。我曾试图让他们看到这一点。如果我没有错，如果他们看到了这一点，那么就没有什么问题了。因为，为了团结一致，同心同德，为了治理好新的法兰西，这是唯一的一些手段。这也是为了治理国家，或者让旧制度的党派解体的最好的办法。这些手段中，一方面包含着满足现存需求的因素，另一方面也包含着克服即将出现的障碍的因素。在这样一种体系中，并不是整个新法兰西都是理智的，也不是旧制度完全烟消云散了，或者对自己的失败听天由命了。政府在领导其朋友时仍然会遇到困难，在战胜其对手时仍然要付出辛苦。谁怀疑这一点呢？这就是它所处的环境。但是，问题是要明白政府应该如何做才能克服其所面临的尴尬，而不是如何去躲避这种尴尬。因为，躲避这种尴尬局面只是一种不切实际的幻想，任何一个存有这种幻想的政府将会死于辛苦之中。只有敢于面对困难的那些政府，只有那些不逃避现实，从群众中、从所有的事物中寻求办法以完成其使命的政府才会取得成功。

第十四章　反对派的一般手段

“真的，我是弱不禁风的”政府这样说，“但是，人们为什么要不断地攻击我呢？为什么反对派是那么的强悍，那么的活跃，那么的咄咄逼人呢？正是它的继续存在，它的狂热，它给我造成的障碍，它引起我的恐惧，使我神经质，搅乱了我的思想，将我推向一种我自己心里也清楚存在何种危险的联盟。”

政府感觉到软弱无力和处在危险之中，这一点我想象得到。但是，它将这种状态归咎于反对派，这点就令人大惑不解了。能从四面八方妨碍政府，损坏政府形象的这个反对派又是什么呢？它在做些什么，它的手段又是什么呢？

我做了研究，但没有什么结果。在法兰西，我只看到反对派的一种手段，这就是话语权；我只看到在一个地方它是真正强大的、真正自由的，这就是在讲坛上。出版自由并没有完全死亡，我同意这一点；但是，自从报纸杂志对它关上大门，尽管这种自由仍然是十分珍贵的，它却没有能力给政府造成这么大的恐惧。每年当中有 6 个月，演讲台控制在多数派手中，反对派的力量就存在于这里。

全面观察我们的社会，人们不会发现反对派的任何其他手段。政府可能处处遇到一些障碍，但这仅仅是碰到了一些抵制而已。它继承了一台机器，在那里面没有给反对派的留下什么出路，一切都出自政府，又回归于政府。它单独任命所有公职人员，自己单独处理所有的公共事务，无论它是多么微不足道，还是重大无比，无论它是深层次的，还是表面上的。假如在它行使权力的那个地区，在它操控一切的那个地区，出现了一种与它相左的意愿，它就会不择手段地摧毁这种意愿；如果出现某种需要它插手的问题，它就会以它认为适宜的方式加以解决。除了众议院之外，在政府前进的道路上，处处都没有反对派的位置；在任何地方，都没有一种独立的力量来插手它的行动，与它争夺什么。

这就是自由人民的自然状态吗？这就是代议制政府的执政条件吗？我不认为是这样。我不仅不认为今天的反对派拥有过强的力量，而且我深信，反对派没有力量，没有武器，而这是一件极坏的事，即使对政府也是如此。

鲁瓦耶·科拉尔先生说过——我把这种思想归诸于他，因为我是从他那里得到这一思想的——在过去，主权在中心是唯一的和绝对的，而在外围的许多地方则是分割的和有限的。现在，主权在中心是分割的，而在其他地方却是唯一的和不受限制的。这就出现了矛盾与危机。为了建立起秩序与自由，政府就要在任何地方都受到一些限制，都要有一些前提条件。

我认为这是正确的，事实证明了这一点。到英国和瑞典去看看吧，在那里，自由处处都成为一种真实的强大力量，给予所有事情以保障，而不是一个搅动一切的可怕字眼。在这些地方，人们将看到，政治权力在外围是受到限制的，而在其中心却是分割的。在那里，一些独立的力量协助政府处理社会事务。在那里，也有一些事是在没有中央政府干预的情况下得到解决的，或者是中央政府无法单独处理这些事；有一些官员无须中央政府任命，或者是不用服从中央政府的命令。在那里，权利不是通过夸夸其谈才得到保障。在那里，反对派不是在讲坛上，而是在别的地方亮相，不是通过话语，而是通过别的方式。在那里，反对派拥有真实的、积极的手段；它的地位不是在政治权力之外，而是在政治权力的范畴之内，通过一些直接的途径、合法的解释来进行运作。

事实上，要想让反对派真正发挥作用，就要让它有点事做。当渴望自由的人民获得了可以宣称自己不自由的权利时，他就真的是自由了；但是，现在他还不是自由的。只要人民还不是自由的，自由与权力就是同样地软弱无力的，也是不确定的。这就是目前我们所处的状况。在这样的状况下，权力与自由轮番怨天尤人。它们双方都有理；因为，为了保证共存，双方都不拥有足以自我运作与自我保障的东西。我们已经看到了这一点。只要政治权力在中央受到威胁，只要反对派的船开足马力向它冲击，并且就要将它撞沉，政治权力就全面瘫痪了。它的官员、朋友、法律、公共财政收入，它所拥有的一切手段、一切武器，现存的一切都失去了生命。反对派也只知道夸夸其谈，他们什么事都干得出来。如果时运转变了，无论通过什么办法，政治权力又控制了中央的一切，它也什么事都干得出来。自由失去了力量和保障。反对派还在喋喋不休，甚至更加声嘶力竭，但却没有什么成果。社会变成了广袤的荒漠，死气沉沉、无声无息，政府可以在里面随意驰骋，不会受到来自任何一方的质询和反驳，可是，从某个角落却升起几声呐喊，高呼“拿起武器来！”也就是说，为了得到一点机会，要求毁掉整个社会。

这样一种形势毫无价值、毫无意义，也是无益于任何人的。政府垄断一切从来都不一件好事，为了对付它就毁掉一切也从来都不是一件好事。代议制体系的目的就是防止人们这样提出问题。然而，只要反对派被局限在演讲台上，无法参与任何具体事务，对于权力的行使和社会的前途无法施加任何影响，问题就只能这样提出来，代议制体系的目标就没有达到。

假如人们要问，反对派该在哪里以及如何参与那个它抨击的政府的活动，我将会告诉你们，它的位置到处都已明确地指出来了。假如司法的独立得到保障，反对派就找到一个能以其决定警示政权的机构，或者反对派由此可以依照自己的想法行事，不至于因非法影响这样的借口而被干预了。假如公民们真正参与地方行政管理，我们就不会看到所有的省议会、市议会，都千篇一律地保持沉默或是大献殷勤了。像现在这样的一种政治体系无论其是好是坏，肯定都是会令大部分公众不高兴的。这样说，不仅是一种寡廉鲜耻的一致性——像以前的掌玺大臣所讲的那样——更有甚者，这也是种极其危险的一致性。这些自由而具有活力的团体将向反对派提供一种进行正常活动的手段。反对派会根据自己的资质和力量参与进来，或者是制约政府，或者至少是谴责政府，而且在谴责中获得满足。假如市镇在它们的事务中拥有某种程度的独立性，它们对事务的处理就不会是整齐划一的，不考虑任何差别，而是根据在每个地区占统治地位的利益与精神来处理。这样一来，人们就不会看到一个党派将一位市长强加给一个市镇，而这个市长刚愎自用，独断专行，毫不顾忌其治下群众的看法。人们就不会看到这个市长向谎言连篇的市镇议会要求并得到权威，进而让市镇议会通过一些预算，并运用这些预算来实施一些大多数居民都不感兴趣的项目。假如教师队伍拥有权力，我们就不会听到人们不断地诉说教师脱离学生，学生脱离教师了。詹姆斯二世[1]剥夺了洛克在牛津大学的职务，他又得到了什么？这成了群众反对他的一个口实，人们还将永远记住这段历史。你们企图处处排挤反对派，这就把反对派逼到也要排斥你们的地步。它丝毫都不会放弃，也不会在它尚拥有影响与信誉的时候心甘情愿地无所作为。它在议会中的部分影响与信誉是你们造就于它的。你们感觉到有必要给予它在议会话语权，这是议会活动的特色。那么好啦，你们能够想象在国家中全体的反对派，作为当时的少数派——它可能还不是真正的少数派——只满足于倾听五六个演讲者的清谈，自己无动于衷，而在其他所有的地方都无所作为，全无影响，甘心被统治，没有矛盾，也没有权力的分享吗？你们能够想象它被对手排除在社会事务之外——如果不是祖国的领土之外的话——一心只等待这些演讲家的雄辩，或者社会的混乱让它反过来控制局势，再来强迫别人接受这样的转换吗？这真是荒唐至极！这是对于自由的权利与权力的利益多么大的无知啊！你们知道为什么在英国有自由吗？知道为什么那

[1] 詹姆斯二世（1633—1701），1685年到1688年间担任英国国王。他是最后一位信奉天主教的英国国王，力图改变英国的新教取向，并改变一系列政治经济政策。其臣民反对他的专权，通过光荣革命中将其逐下王位，邀来他信奉新教的女婿威廉三世担任英国国王。詹姆斯二世退位后受到法国国王路易十四的保护。图谋复辟未成逝于国外。

里的政府经受住了那么多的风暴吗？这是因为在那里，内阁与反对派没有进行，也不可能进行类似的战争。在那里，反对派除了在议会中之外，还有更多的机构；在国家中，有一些法官同它抱有同样的想法；它参与到省市议会中，参与到各郡的法院中，参与部分的公职与公共事务；在那里，他们想怎么做就怎么做。伯明翰和利兹在议会下院并没有议员，但是，伯明翰和利兹却根本就不是由内阁的代表来治理，它们的居民自己管理自己市里的事务，有了这样的独立，则虽有使得他们远离中央政府的禁令，也能令他们感到宽慰。最后，人们强烈地感觉到，不需要将反对派排斥在外，而应随时随地接受它的存在和影响，在议会两院的各个委员会中，在多数派赢得一切的舞台上，到处都有反对派议员的身影，他们得以坚持他们的观点，发表他们的意见。

以这样的代价，自由可能仍感不满，但它会确信自己得到了捍卫；以这样的代价，政权就有基础对反对派说："你们要抱怨什么呢？你们并不缺乏展示你们实力和保护你们权利的手段啊。你们拿出证据来，我就把阵地让给你们。在那天到来之前，你们就只能满足于同我争论。"但是，当反对派失去一切阵地时，当它的力量只有在语言的暴力中发挥时，当它注定完全无能为力，只能游手好闲时，当一切进行较量的机会都对它关闭时，就只能对它讲一些类似谎言和冷嘲热讽的话了。

我们真是一个奇怪的国度，太容易使我们上当了。我们的欲望让我们忘记了自己的需要。我们的抱负冲决一切限制，却不要求自己哪怕一半的权利。在大革命时期，人们曾说，为了建立自由，就应该到处煽风点火，让权力瘫痪。人们那样做了，在权力的余烬上，我们并没有找到自由。现在，人们又反复地说，假如权力不担当起一切，它就完了；即使它克服了演讲台上的矛盾，别的地方还会有一些障碍。我们袖手旁观；政府也抱怨自己软弱无力；它将自己的无能归咎于反对派的势力，而这个反对派，一旦停止高谈阔论，它也就寿终正寝了。在这里面，肯定有某种巨大的、致命的误解。这种误解就是，认为内阁与反对派的斗争是一种过渡性的革命状态，是一种暂时的危机，内阁在这场危机中或者沉沦，或者胜利，不论通过何种方式，它都得尽快摆脱这种状态。完全不是这个样子的，大灾大难中的一切不是这个样子。反对派的存在，反对派的战斗，不仅仅是为了在它力所能及的时候推翻一种它认为坏的行政体系，而且还是为了在它不能推翻这种行政体系的时候改造它，引导行政体系自我约束，妥协让步。这就是为什么如果它不控制政府，它也不应该完全是局外人。它应该就在政府的身边，在政府前进的道路上随时都可以遇见，向政府表明它有足够的武器，让政府意识到不要滥用职权，对政府施加影响，尽管政府会抗拒这些影响，有时这些抗拒甚至会成功。当反对派得以接近各种制度，参与权力的行使，当所有的公职不再是附属品，当社会事务不再集中在少数人手中，当自由不再将议会演讲台作为其唯一避难所，而是存在于社会之中，拥有众多支撑点时，情况就是这样。这样一来，各个党派之间摩擦的激烈程度就会减弱；这样一来，处在非统治地位的党派也会得到某种程度的满足，让占统治地位的人有所节制，不要越过雷池，以此来服务于公众。难道你们没有发现通过建立一种与此相反的体系，你们恰好就是在内阁与反对派之间建立起一种代议制政体在尽力避免的、如同王权与国家之间那样的战斗关系吗？将一种危机当成了治疗不良行政机构的唯一可能药方，难道你们不是在制造更多的危机吗？以内阁的革命替代更高层次的革命，定能获益匪浅。这种目标也是一种妥协，因为假如每一届内阁只在一个地方发现障碍，在其他地方都排他性地攫取了社会与权力，那么在这个障碍被消除后，它就再也不会遭遇到监督与阻碍，没有什么可以钳制它，或者在它偏离正道时向它发出警告。同时，一国的人民应该能够改良它的政府，而不是摧毁政府，反对派则能够改善内阁而不是推翻内阁。正是通过这种方式，它才能够提供各种服务，提供日常的服务；也是通过这种方式满足和安抚它所代表的那一部分公众；最后，也是通过这种方式完成代议制体系要求它完成的使命，通过校正它所谴责的权力的方式来支持这个权力。

除此之外，你们将会冒比动摇内阁还要更高的危险；假如只有内阁受到伤害，那么它们倒台的结果就是，将社会轮番置于不同的党派的绝对和粗暴的统治之下。

我还要多说几句。假如反对派不能够以这样的方式不断地影响内阁，它也就无法在需要推翻它的时候推翻它，特别是及时地推翻它；这样一来，代议制体系的目的就完全达不到了。目的都达不到，那这种体系本身也就被败坏了。与其说这种体系是在减少重大的动荡，不如说是在促成重大的动荡，它就会保持持久的狂热，总有一天将会成为革命的工具。推翻内阁，即使是一种必需，对于反对派来说也决非轻而易举之事。假使在内阁存在的过程中都没有办法抑制它，假使缺乏必要的手段，不能向它施加压力使其做出必要的让步，当需要推翻它的时候，又怎么能够做得到呢？在自由的国家里，在议会中失去了多数派的地位，几乎就是最后一次用事实警告内阁，这是它退出舞台的时候了。在此前很长时间里，它在政治领域里作了许多尝试，但国家不赞同这些尝试，陪审团也谴责了它的行为；市镇官员的选举是逆着它的意愿进行的，表达了公众的不满；独立的官吏抵制它的要求，表明了他们不赞成内阁。力量逐渐从它那里流失，流到它的对手那边去了；只有在它拒绝这众多的预兆，在全国性的选举中，或者在议会中失去多数派的地位才表示它应该结束了。如此一来，预示着动荡就要来临，经过多次的警告之后，渐渐来到了；动荡只要一发生，就会马上结束，因为此时那些事实上拥有权力的人也在名义上取得了权力。

如果任何一种这样的先兆都无法警示，所有的征兆都被扼杀，假如反对派完全被解除武装，无法以渐进的方式进入权力机构，在收获胜利果实之前无法显示它的力量，最糟糕的、不被公众信赖的内阁控制局势到最后一分钟，那么，君主、公众与内阁自己都将为形势所欺骗。它所有的神经都会过分地绷紧，因为有越来越多的事情成为它的障碍；它在日常事务中越多遇到障碍，它就越少受到人们的抵制，因为此时人们的抵制日益困难，日益危险。痛楚在增长，屈从也在痛楚中增长；其结果就是，在它倒台的前夕，在苟延喘息之时，这个内阁就会以绝对专制的方式加以统治，比它在统治的成功时期更加绝对专制。那它就倒台好啦！这时，动荡却丝毫没有结束，反而是刚刚开始。这时，会突然出现各种反应，出现了反应的必要，因为这时时间紧迫，任务紧急，需要匆忙应对，毫无准备地打乱仗。我不用说下去了。人们曾希望反对派一事无成，永远也不要到来。现在，它却到来了，而且它的到来成为了一场革命；可能它的到来实在是太晚了。

我不是在预测，而是在陈述。这是显而易见的。

因此，当反对派几乎没有什么手段足以让它正常完成其担负的任务时，再也不要对我们谈什么反对派过强的力量。它举止优雅，但是说到底，它没有足够的手段来完成它的任务，以便让你们也完成自己的任务。它只靠漂亮话活在世上，我愿它能够取得更大成功，但是，法兰西所需要的，不只是漂亮话一类的成功。法兰西听到人们对它大加赞赏会感到欣慰，读到这些演讲时也会感到欣慰。但是，只让它享受这种唯一的养分，将使它最终变为一个渺小的政权。你们说这样的演讲也是一件坏事，它们会让人们重复这些讲话，激起革命的热情，挑起仇恨与暴动。我很清楚这些演讲者的意图。他们有自知之明，知道自己什么也不是，只有通过夸张地表达愤怒，才会成为点什么。假如他们是点什么，假如他们不是孤立无援的，假如反对派在社会事务中拥有哪怕是有限的一些力量——我是说实实在在的力量——它就不会从社会事务之外去寻求影响事务发展的、行之有效的手段了。它很快就会明白，得到一寸土地，真正将一寸土地掌握在手中，强于挑起所有的激情。在既定的法律中加上一个好的条款，任命一个好的法官，好好捍卫它们城市的收入，或者它们省里的利益，远比得到一些一般性的、名义上的胜利要强得多。但是，你们却在处处排挤反对派；你们无法容忍一个重要的人物，一个大财主在他的家乡，在他的周围拥有哪怕一点点合法的、毋庸置疑的影响。只要这个人依附于你们，你们就拒绝在法律上给予他事实上已经拥有了的东西，你们剥夺了他们活动的资质。从此之后，所有的才智都奔向巴黎，要求严酷的社会现实要满足于言辞的表达。那么，反对派议员们的言辞至少就必须回应给予他们发言权的那些人；他们就必须煽动群众的情绪，使之群情激昂。这是可悲的，但却是很自然的；这一切都源自反对派被压缩得无能为力了，成了聋子的耳朵。正面地接纳反对派的影响，让它分享一部分权力，它就会更加强大，这是肯定的。但这样，你们就会省下不少力气，何乐而不为呢。这样一来，反对派就用不着到处寻求力量啦，它也就不用盲目地寻找机会，也就不用冒那么大的风险了。

现在看看现实吧。你们甚至不愿有一个十分虚弱的反对派，因为你们以为说到底它对于你们来说已经是十分强大了。你们那么精心地剥夺了反对派一切直接的、正常的行动手段，因为如果它们拥有了这些手段，大臣们、你们就在他们面前站不住脚了。假如陪审团、地方行政机关、公共教育机构以及其他制度真实存在，并被赋予了它们应有的独立性，指责声就会四起，谴责你们的体系，只要你们的体系被迫要给予自由的法兰西以其本来面目，这个体系就会垮台。反对派一旦拥有了众多的、合法的支撑点和战壕，它就会向你们发起更有力的攻击。今天，它是不是根据真正的国家利益，理智地做了呢？我不知道。损失已经够大了。然而，我以为，对于新法兰西，刚刚过去的 7 年，特别是我们经历过的最近几次考验没有白费。我认为，法兰西是很好治理的，她已从干预政府的适当行动中学到了许多许多。依我看，这一切都表明，无序的倾向、夸夸其谈的兴趣、玩弄字眼、无组织无纪律、毫无经验的热情，与其说是在进步，不如说是在退步。我丝毫不认为这些令人恼怒的倾向完全消失了，也不认为没有党派企图利用这些倾向。但是，我以为，在我们美丽的祖国，善的力量已经相当强大，足以让恶的势力不那么难以驾驭。只要有人诚恳地要求她，真正的法兰西就准备给予善的力量以支持。时间与自由是伟大的主宰，尽管以往的内阁体系犯下了许多错误，尽管目前的内阁体系仍然是可悲可叹，尽管我们仍然处在水深火热之中，五年来法兰西的政治自由与合法的秩序仍是现实存在，并产生了良好的效果。人们听到我这样说可能感到奇怪，但是，我丝毫不接受无端的指责。人们从什么时候开始，会因为错误没有窒息真理便对它宽大为怀呢？从什么时候开始，人们会对某些人所希望的或者所做的坏事保持缄默，仅仅是因为没有这些人的策动，这些事本来不那么坏呢？依我看，以前的内阁没有做它应该做的事，而目前内阁的所作所为与它应该做的却是南辕北辙。对前者的不足，我已经讲出了我的所思所想，我强烈责备后者的罪恶行径。难道这就是不承认下列事实的一个理由吗？6 年来，专制主义不复存在已成事实；秩序井然但又没有完全扼杀思想的生命，没有闭塞言路，议会两院的存在也是事实；人们拥有了演讲的自由，也有了某种程度的出版自由，在尊重人权与法律方面也出现了几缕光芒，这与代议制是分不开的。难道这是不承认和平与温和的王权让法兰西无论在追求自由的过程中，还是在创造繁荣的事业中都取得了不少实实在在的进步，尽管这些进步仍远不能满足法兰西的需要和权利，仍然不能让法兰西远离危险这样的事实的一个理由吗？我坚持认为事实就是如此，我大声讲了出来，因为我是这样想的，而且不停地想、不停地讲，说现在政府各部的体系阻碍着这些良好事物的发展，极大地损害着现有的一切。对我来说，要建立具有活力的反对派，这已经够了。

我也说过反对派能力有限，十分有限。然而，我远不认为反对派就是百无一用的，不认为它只能丧失勇气。是的，内阁体系覆盖了全法兰西；它自己就占据了所有的林荫大道，手中牵着所有的线，操纵着所有权力。今天，人们搞不明白反对派通过哪个缺口才能打破这种局面，进入它被排除在外的地方，因为它如此缺乏进攻的手段。然而，这种体系是既充满危险的，又是虚假的，它所依靠的联盟是十分脆弱的，它给新法兰西造成了无尽的苦恼，也对它自己的盟友造成了极大的不便。为了保持自己的地位，它就求助于各种机缘巧合，要求维持这种极不自然的状况，只要小小的意外就会打破这种局面，引起另外的力量组合。斯威夫特曾对某些外交官们对“欧洲平衡”迷信一样的尊崇嗤之以鼻，他对他们说：“你们希望你们的平衡是怎么样的完美无缺，只要一只小小的麻雀无意之中降落在屋顶的某个角落，整个大厦就会倾覆。”要颠覆目前的内阁体系，所做的事情也不比这更大。因此，反对派不用失望，而是应该加倍努力地工作。它应该做的，尤其是要运用一切手段，抓住一切机会。这比任何时候都更需要做出正确的行动。各个党派要能够生存下去，都得益于其对手的失误。新法兰西的人所犯的任何一个错误，最终都会不利于法兰西的事业。而旧制度的人将要犯下的许多错误也会服务于我们，假如我们做好利用这些错误的准备的话。正是从这种观点出发，在承认了反对派目前所处的境遇之后，在发现它所拥有的手段远远没有适应它的权利之后，我才想研究一下它如何才能充分利用现有的手段，充分发掘潜力，不放过任何一个机会，并做好采集意想不到的力量的准备，而这种资源在人类事务中是丰富的，取之不尽、用之不竭的，这一切都将为其所用。

第十五章　议会内的反对派

在议会内，反对派应该做些什么呢？两件事：阻止现任大臣们的胜利；使自己取得胜利。

我急急忙忙地赋予反对派两个目标，因为在我的心目中，这就是一切。

为什么要攻击政府的大臣们呢？因为人们认为这些大臣们做得不好，还可以做得更好。为什么在所有的国家里，在任何时候，有那么多对大臣们不满意的人们还继续支持内阁呢？这是因为他们在心里思量，如何才能做得更好呢？但却没有找到办法。

必须回答这个问题，因为这是所有公正的，或者拿不定主意的人们，即公众们的问题。有一些人，他们知道，或者自认为知道如何进行治理，另有一些人只关心受到良好的治理。代议制体系使前一种人成为权力的竞争者，而使后一种人成为评判者。

这是事情的力量所在，也是代议制体系的价值所在。这种体系造就了各个党派，但却没有将整个国家完完全全地交给这些党派。它将公众置于党派之间，强迫各个党派不停地接近公众，争先恐后地设法迎合公众，从公众中去寻求支持者，而且只有公众认可，他们才能取得成功。

通过这种方式，各个党派首先是要组织起来，而在各个党派之间则会出现众多分歧。然后，它们还要改变自己，公开放弃那些极端的手段，一心为祖国服务，而不是仅仅为他们个人的利益服务。这样一来，政权就有了一些明确而坚定的主张，它若想要强大起来，便应当如此。与此同时，这些主张又要受到限制以变得温和，需要适时地改变，以适应总体情感的需要，这对于一个明智的政权是不可或缺的。因而，各个党派就成了政权与国家的工具，而不是它们的主人。

你们说政府的大臣们对国家治理得不好。事实可能是这样。那就向他们指明应该如何治理国家吧。不要说你们没有被授予治理国家的责任。今天你们确实没有执掌权力，但你们也认为现在执掌权力的人不应继续在位。假如他们失去了权力，就要有人来取得权力。这会是谁呢？你们在那里只是为了阻止而丝毫不是为了行动吗？你们要注意啦，政治并不是从批评与夸夸其谈中汲取营养；它希冀着行动，希冀着一些成果。一个党派如果挣扎抗拒它自己所选择的局势，就会失去一切。你们已经结成了党派，宣称自己是政府的对头，你们曾经努力让政府明白它错了，它迷失了方向，它损害了王权与祖国。表面上，你们比他们更清楚如何服务于王权与祖国。那就服务一下好啦，至少要表达出这种愿望。你们攻击的不是个人，而是一种体制。你们随时随地都得面

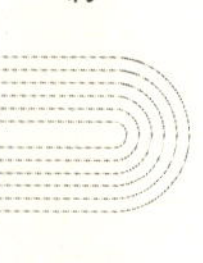

对这种体制，都在谴责这种体制产生的后果，你们不断地提出一些别的原则；你们提出另一种治理国家的思路。那么，你们拥有更好的知识，便不能因拒绝实施这些原则，而使得它们软弱无力、无果而终。

你们害怕别人说你们野心勃勃；你们披上了独立的外衣，你们只满足于或多或少有点活力的反对派地位，永远不变的反对派地位。在这种情况下，你们又有什么可以抱怨的呢？你们又为什么要求变革呢？你们想要的东西，你们已经拥有了；你们批评，你们反对。可能你们无法自吹自擂地声称，你们在夸夸其谈时大臣们会听你们的，你们也无法自我吹嘘大臣们只是你们驯服的工具，只是你们意图简单的执行者。他们有他们的想法，他们遵循自己的想法。难道你们等待从天上掉下来一些你们自己的大臣吗？事情不是这样的，权力从来都不会卑微地落到那些将“不掌权”当成职业的人们手中，应该花些力气去争取。人们不会是为了在胜利后让战场变成真空而去战斗。假如拥有一个好的政府是人民的权利，那么，存在一个政府则是他们的必需。

同内阁一样，反对派也必须有一种体制及一个前途。它不是管理国家，但是上台执政则是它必不可少的目标。因为假如它取得胜利，就应该轮到它来管理国家了。只要它还没有坦诚地接受这种现实，它就一直是软弱无力的、缩手缩脚的，因为它不拥有必要的手段，就只有受其敌手的控制。批评别人是一件令人愉快的事，是举手之劳，这肯定的；但是，批评本身，是没有多少权威的。假如人们无法在它的背后感觉到另外一种力量，假如智慧不是作为力量的象征，而仍然自认为是清闲的，无所事事的，用不了多久，人们就会视其为软弱无力的。公众并不相信这种所谓的大公无私。他们可能理解和赞赏某个个人身上的这种品质，这已经是难能可贵的了，但他们永远都不会把这样的欣赏给予一个党派。假如还要求公众相信这种大公无私，则他们就会去寻求其他解释了。公众或者会认为这个党派别有用心，这种用心尽管它不会公开宣示，但却毫无疑问存在；或者会认为这个党派缺乏行动纲领，缺乏政治远见，缺乏动力，缺乏纪律或者还有其他内在的恶习，这就是它之所以软弱无力的隐秘原因。这样设想的结果只会让这个党派更加远离政权，听起来它似乎对政权不感兴趣，一个党派是不会以此为荣的。这样一来，即使它想保住自己反对派的地位，它也会遭到人们的摈弃，至少会变得神经质。作为反对派，如果出于这样或那样的动机而使得这种情况出现，政府就绝不会落入它的手中，它将会因此损失良多，或者会失去反对政府大臣的力量，又或者会失去国内人民的信任。政府内的大臣们将会习惯于将对反对派的抵制视作是一种应该的、必须的忍受，而人民将只会看到一些毫无意义的满足，这或可聊博人民的欢心，但他们却不能期待什么重大的成果。它可能会想，人们越是认可它所呼吁的大公无私，就越会团结在它的周围。这是对历史潮流的无知。大众不会只满足于倾听人们向他们宣扬一些令其高兴的想法，或者陶醉在空洞的清谈之中。出于他们率直的本能，他们会希望其保卫者强大有力，他们认为权力比雄辩更能保护他们。个体的人都是匆匆过客，他们希望自己的愿望能够很快实现。假如他们追随的党派不能提供给他们机会，除了让他们欣赏巧舌如簧的演讲者之外，什么东西也不能给予他们，许多人就会离开这个党派，到别处去寻求更加有用的朋友。这个党派不仅会感觉到其影响的广度与浓度在减弱，而且会发现它的性质变了，变成只在小帮派与小团体之间摇摆不定。它的盟友中就只剩下那些具有暴力倾向的人，那些为所欲为的人，那些被小集团偏见或者立场蒙蔽了眼睛的人，那些只能或者只愿意寄希望于混乱、幻想和疯狂的人。如果这个党派掌握着政权，假如它还在前行，在其行动中感受着这样一个目标无法避免的影响，这群人就会淹没在芸芸众生之中，或者只能是追随着别人亦步亦趋。这些人展现在人们面前的就是：这个党派毫无前途，止步不前，胸无大志，得过且过。这些人可能还会表现出一种奇特的重要性，人们不得不经常对其表示认可，不停地关怀他们，因为他们至少还是忠诚的。他们会连累这个党派，让它不断地丧失民心，因为它并不想要这些人所期望的东西。这个党派也没搞清楚，它应该站在法律赋予它的立场上，这可以使它摆脱束缚，并获得一些手段。

最后，我是不是要说，任何一种舆论，任何一种体制，任何一个党派，首要的、最紧迫的利益就是进行统治，就是治理国家呢？这是最简单不过的事了，假如不是因为我发现了刚刚谴责过的那种偏见的痕迹，我将羞于论及于此。有一些人，受到革命的恶劣理论如此之深的浸透或影响，以致无论是议员，或者只是一个简单的公民，只要当了大臣，就几乎自认为完蛋了。大家不要笑呢，这样一种观念或说这样一种感觉——无论人们怎么称呼它——在他们的心里并不是十分地明确和简单的，无疑，没有多少人深信政府处在卑微的地位，真心地实意地相信只要当了官，为政府工作，就从自由人的行列上坠落下来。可是，我认识一些人，他们在公开宣传这种理论时可能感到一定的尴尬，但他们存有这种理论，在内心里还十分珍爱这种理论。这些人还算是一些真诚的人。对于另外一些人来说，我所说到的这种想法则是十分模糊与可疑的。他们没有认识到这种想法，即使面对事实，他们也不相信；迫不得已，他们就会承认。从本质上说，权力不会削弱人们的能力，也不会让人地位下降；但是，他们事先也没有问过，即使他们不相信这种想法，他们自己是否也言不由衷地说过，或者做过这样的事。最后，就是另外一些人，一些为数众多的人，他们明白如何坚持这种偏见，他们一点也不否认权力会提高掌握权力的那些人的地位，同时增强他们的力量。但是，他们生活在一种抗拒这种事实的氛围之中。他们不断地听人们说，政府是公仆，拥有主权的人民有权粗暴地对待它；他们是属于主权人民的一部分，假如他们离开这个拥有主权的人民，去管理国家，他们崇高的地位就蒙受了损失；他们甚至会被怀疑有非分之想，有野心，想以一己私利，以主权的荣耀换取政府的好处。在这里，这是一种限制人们政治生涯的想法，让一些明智而诚实的人们的良知感到屈辱。我们似乎不再懂得真正的、合法的雄心壮志是超越我们的思想与希望的。人们似乎要说我们的感情萎缩了，降低到相信只有贪婪、虚荣、某种自私的或可耻的情绪才能够帮助国家的政府；最后就是每一个满怀希望的人都在讨价还价，进行交易。我不知道还有一种什么理论能够将一个党派置于比这更加糟糕的境地，让它绝对失去尊严、失去能量、失去取得巨大成功的机会。这种理论是错误的，因为它设想，任何提升自己地位的需要都是发财致富的需要，在我们的本性中最仁慈的倾向和最和善的倾向，都缺乏真正的原则，缺乏强有力的理由。在今天我们所处的环境中，它比过去任何时候都更加错误。因为，过去的公职，从来也没有像今天这样不易通向发家致富的道路；过去从来都没有像现在这样，在政府之外有那么多可以满足发财欲望的手段，以及获得享受生活或者满足虚荣心的手段。当一些最为诚实的人带着他们的财富离开实业界，为了生活得更舒服更高贵就要绝对拥有政府的部分权力时，我谈到过的偏见尽管不是那么正当，但它至少还算是公平的、有道理的。但在今天的法兰西，不是仅存在这种荒诞理论的影响，也不是仅残存着一点革命激情。这种理论不仅是错误的，而且对于受这种理论支配的党派也是十分危险的。人们无法驯服人的本性，无法泯灭构成人的本性的一些倾向。你们自称是自由的朋友或者是盲目的朋友，该如何对待这些非常有能量、十分活跃的人呢？他们需要通过直接服务于国家，即参加政府来扩大和提升他们的命运，这是最值得他们努力的目标。你们既不能改变这些人，也不能改变事物的进程；你们无法做到让政府不利用优势集团，或者让优势集团不要求掌权。你们在苛求一个品德高尚的人，一个性格高傲的人；苛求人们做出他们不愿做的牺牲，或者迫使他们远离你们，到别处去寻找一些不限制他们竞争的准则，寻找一个承认他们的工作并允许他们达到自己目的的党派。你们要看清楚啦，就像福音书所说的那样，他们是“世上的盐”[1]。政权属于他们，因为他们有能力取得政权；谁能够向他们提供属于他们的东西，

[1] 语出新约《马太福音》（5：1），耶稣基督对门徒说：“你们是世上的盐。盐若失了味，怎能叫它再咸呢？以后无用，不过丢在外面，被人践踏了。”意指基督徒受圣灵所启，要在世间行公义。作者在此处的引用意指这些能干的人正是使得政权有行动力的人。——译者注

他们就会投到谁的门下。波拿巴正是通过让他们与政府合作才将他们召唤到自己的麾下。但愿立宪派的技巧不逊于波拿巴；我知道，立宪派既不会带来专制制度，也不能允诺征服全世界。但是，它的政府仍然十分强大，仍然相当漂亮，足以让最躁动不安的精神得到满足，足以吸纳一些最苛求的行为。因此，立宪派应当渴望当政，但要达到这一目的，它首先要表达这种愿望。只要表达了这种愿望，即使它在达到这个目标之前只处在反对派的地位上，它仍然可以得到许多力量和朋友。旧贵族的党派深深地明白这一点，它从来也没有局限于要求政府是一个它所希望那样的一个政府，它始终试图上台自己执政，它在公开承认它的目标之时，还坚持认为这是它的权利。正是采取这种态度，它才经常对自己的力量产生幻觉，人们很容易相信那些自信的人，当人们自称有权对运动进行调整时，放弃置身于队伍的领导位置，就是自甘处于从属地位。

但愿反对派能够将其职责掌控在自己手中。但愿为了它当前与未来的利益，为了它要捍卫的大众以及它凝聚在自己身边的人的利益，它能够昂首阔步地走向权力的顶峰，将它与内阁的斗争变成真正的政治斗争。它会失去革命气概，与此同时，也失去表面上的学究气，这些表象使它有时被当成是一群捣乱分子，有时被当成是著作者的集合。无论是这种面貌，还是那种面貌，对它来说都不是一件好事。它最好表现为更加正规，更加严肃认真。有人说，它没有任何机会，追求政权对它而言就是追求幻觉。这话是谁对你们说的？你们当中又有哪个人读懂了未来呢？你们因此而相信现内阁是不倒的。在这种情况下，反对派自己也是永远长不大的，因为它从内阁手中什么都得不到。假如内阁不是不会倒台的，你们为什么不着手收集它的遗产呢？这是迫使它倒台的最好方法，没有一届内阁只是因其继任者而倒台的。千百条理由促成了它的倒台，千百种意外能够让它的弱点显露出来。此外，从什么时候开始着手工作才会确定无疑地取得成功呢？地位获得上升的人们，曾取得过胜利的党派，都是曾坚持不懈地追求自己的目的的。尽管有种种不确定的因素，看到了最令人沮丧的前景，但他们仍然克服重重障碍，朝着既定的目标前进。将自己的命运寄托于一次完美无缺的革命，在等待革命到来之前，自己不采取任何行动，一味地示弱，有这样的人吗？在我看来，这种愿望是罪恶的，这种希望是毫无根据的。无论哪一场革命都不会以小集团的意志为转移的；即使革命写在天上，天空也会犹豫不决，迟迟不愿它降临人间。即使在法兰西有许多人急于看到革命破壳而出，法兰西也无力这样做，今天，离起义的不满情绪为时尚远。然而，时间在流逝，江山依旧，那些受到损害的利益，被戕害的原则，仍希望以现有的更有效的方式得到保护和支持。混乱所可能带来的机会并不足以让他们有耐心来接受灾难。因此，我们能够将拯救我们的希望寄托在可怕的震荡中吗？这些可怕的震荡往往不受人们意志所左右，其最后的结果不是人们可以预料的。为了补充我们无能为力的不足，是不是总要由偶然来决定我们的命运呢？

我们自己所能够做的远远超过我们的想象。政府如果明智，它就完全可以进行调节；反对派尽管能力有限，但它仍大有可为。它要想上台执政，就要先表现出它有这个能力，它先要让我们向一个更加优良的政府体系迈进一大步。依我看，这才应该是它在议会中行动的指导思想，这才应该是它所有行动的目标，尽管这一目标今天看来仍然是遥不可及的。

这种观念的实际后果是什么呢？这一目标要求人们如何行动呢？

反对派处在一种极其复杂的处境，它有两方面的关系要处理。一方面，在议会内，它要处理与同样在议会中有席位的、并且处在多数派地位的那个党派的关系。另一方面，在议会以外，它要处理与它所代表的、并支持它的那一部分群众的关系。

认为反对派应将它的意愿与话语限制在议会之内，声称它采取行动和宣传的目的仅仅在于重新赢得多数派地位，仅仅在于影响大会决议，这是不正确的，也是不可能的。反对派在议会当中处于少数地位，这无关乎对错也无须追问其缘由。这种少数地位不是一朝一夕的，而是比较长期的。通常情况下，它的议会演说是不顶用的，它的努力是不会成功的。因而，它的本性决定了它必须在议会之外得到支持。它的影响在议会之外，它期待的与自己所能得到的力量也在议会之外。因而，它有权到议会之外去寻找这一切。

在与多数派的抗争中，少数派的责难，在议会之外经常发出的呼吁，这一切都还没有那么牢靠。在议会两院中，它的地位是虚弱的，而抗争是它的义务。我知道，将它限制在目前的处境中，让它接受并明确感知到自己的虚弱，是很容易的。但它不能这样，也不应该这样。它所要主张的，恰恰就是它的虚弱是不正当的，它的处境是与它的权利背道而驰的，如果说它在议会中处在少数地位，但在全国它则处在多数地位。它不仅仅主张这种观点，而且它的存在就是为了主张这种观点。假如它不再主张这种观点，它也就完蛋了。一旦多数派表态，反对派就要让步。但是，它是在对需要让步，它是对一种合法的力量让步，确实，它应该服从这一合法力量。但是，在它的心目中，多数派的意志并不因此就是正确的，否则这无异于承认自己错了。事实就是如此，接下来就是反对派没有能够说服议会，而且，它常常事先就知道自己不能说服议会，这时它有一种法律义务去向公众讲话，至少可以此证明，多数派是错的。

这就是法律所赋予的权利界限，反对派也应该克制自我，不要过多地使用这种方式。对于它来说，如果有机会在议会中取得多数，它的演讲就不用再越过议会，寻求公众的帮助了。如果它的话有了结果，它就应该只在议会中讲。在一个公开辩论的议会中，议会的任何一个成员的首要义务，最根本的使命就是影响辩论的进程。他们不停地辩论，目的就是明辨是非，就是培养公众舆论，让公众认可辩论中的法律与措施，更为重要的是，假如有办法，就要让这些法律成为好的法律，这些措施成为好的措施。当人们预期能将多数派拉回到理智的时候，忘记这种义务，一味地去谴责本来能够预防的错误，一心只想着如何煽动群众起来反对多数派的错误，这是在曲解话语权，事实上是在代议制政府中煽动革命的无政府状态。这是一种最坏的策略。反对派在议会中最微小的胜利，都要胜过它在议会外最辉煌的成就；外部的任何一种掌声给予它的力量，都没有它成为即使是短时间的多数派所给予它的真正力量那样大。

如果这样的机会不存在，当反对派只能从外部舆论之中汲取其全部力量，当它将自己希望实现的所有东西都以观念的形式在这外部舆论中进行传播时，由于在议会内部，反对派已在立法决议的形式下穷尽了其法律权利，其在外部的努力就不能被视作鼓动抵抗，不能被视作在事实上反对多数派所通过的法律了。没有人会对此提出质疑。人们会指责反对派忘记了这一点；反对派也承认这一原则，但却拒绝人们对它的指责。反对派有没有道理呢？事实上多数派正是将此问题提出来，经常以此为借口，进行挑衅，将坚持不懈的正当抗争当成叛乱。多数派不满足于人们对它的服从，它希望被对手承认和认可。正是通过这种方式，优势走向了专制。在任何情况下，反对派都不会接受这样的野心。但是，对于反对派来说，避免那些能让多数派的指责变得正当的事情，是十分重要的，这也符合反对派的利益；因为它无法完全逃脱多数派对它的指责。在自由的国度里，能够使得热爱自由的人无法获得权力的，往往是他们无法让人相信他们的能力。在被一时的形势所激怒时，他们常常更适宜战斗，而不是胜利；人们怀疑他们是不是像适应抗争那样适应成功。当反对派遇到这样一个人，他能使人们在反对派身上看到组建政府的能力，他能向人们证明反对派的纪律丝毫不逊色于其热情能量，他投身于改变政权体系而不是摧毁政权本身，他既不会对自己的需要也不会对自己的权利无知，他在攻击现存秩序的时候，丝毫不会威胁到普遍意义上的秩序，那么反对派就几乎总能得手，几乎总能实现它的价值。假如为反对北美战争和诺思勋爵[1]

[1] 诺斯勋爵（Lord North，1732—1792）是英王乔治三世的宠臣，1770 年至 1782 年出任大不列颠王国首相，是美国独立战争时期决定英国政策的重要人物。——译者注

内阁而奋斗的英国反对派所有成员都是威尔克斯[1]，那么反对派就永远也推翻不了诺思勋爵，也不会取得内阁组阁权。30年来，辉格党人在英国议会里取得的成绩为什么微乎其微呢？他们为什么没有能够取得权力，即使从一些平庸而不大受到尊重的大臣手中取得呢？这正是因为他们一头扎进反对派的政治中，忽略了事情的总状态，忽略了国家的形势，只看到那些适合他们反对政府大臣斗争的东西，也只支持这样一些东西。英格兰从他们身上看到的，是在自由的名义下，实质上保护了帝国的专制主义。当战争成为民族的必须时散布反对战争的说教、毫无节制的攻击、不加区别的保护、错误的预言，始终受到他们一党之私的支配与引导，永远也不知道让人们看到一旦他们成为国家的主人，他们的政策是否能够满足国家总形势的实际需要，让人们看到他们如何通过他们的体系摆脱重压在他们身上以及重压在现任大臣们身上的窘境。人们发出了疑问，在对外关系中，在国内形势中，在战争与和平的问题上，在议会改革及一切无法避免的问题上，他们的做法会是什么样的？他们的手段会是什么样的？人们无法形成一种固定的想法，或者无法从中得到一点合理的启示。公众尽管不满意，大臣们尽管失去人们的信任，辉格党人也没有上台；全国民众在敬重他们的愿望与原则的同时，却认为他们没有能力实行这些原则。这是因为，即使人们倾向于认为管理他们的政府是一个不好的政府，他们也不愿意让这个政府的倒台，使他们去冒飘忽不定的风险，他们需要看到远处的避风港。反对派即使只做批评和攻击，也会带来很多好处。但是，假如它的技巧在攻击中消耗殆尽；假如它让人们以为它无法完成更艰巨的任务；假如它看起来与人们召唤它投入的另一种形势及任务格格不入，难以胜任；假如它不知道如何管理自己，并在攻击对手的同时，能让对手能够看清并相信，在轮到它来执政时，能够管理其对手，那么，它就会在未来失败，在现时也会被削弱。将自己的局限性展现在人们的面前，让人们看到它就是这个样子，也只能是这个样子，不能够再做其他任何事，也不能做得更多，没有什么比这更要命的了。对于一些党派，同某些个人一样，无论它们的组合是什么样子的，它们的力量所在，只在于人们认为他们有没有前途，及他们有没有能力将这种前途变成现实。各个党派走得越近，它们就越更加容易相互了解，它们就更加需要表现出适应各种形势，适应各种机会。特别是在今天，反对派还不知道，说它无能力领导政府这样一种成见一旦再现，它就完蛋了。在新的法兰西，与在旧制度之下一样，人们期待的是一个政府；每个人都希望有一个他

[1] 约翰·威尔克斯（John Wilkes，1725—1797），是个直言不讳的18世纪英国新闻工作者和受欢迎的伦敦政治家。因屡屡受到议会的排挤打击而被认为是政治迫害的牺牲品和争取自由的先锋。对他的广泛支持成为英国激进主义的开端。后期逐渐变为保王派，名声一落千丈。——译者注

自己的政府，希望政府为他的利益服务。但是，每个人又感觉到只有一个能干的、正规的政府才能让他得到他所希望得到的东西。在新的法兰西，这种感觉甚至比在别的时候更加强烈，因为新法兰西不再需要进行革命，她只需要自由地、放心地拥有她征服的一切。正是这一点，她不能够期望从反对派那里得到，只有一些献身于她的事业的人组成的政府才能够实现这种价值。但愿这些人小心翼翼地向人们证明，政府在他们手中不是一件坏事。他们要避免给人以怒不可遏、无法无天、轻举妄动、目光短浅、不适合掌权和无力建立立宪政体的印象。未来属于我们大家，我们要表现得不愧拥有未来。显然，现在的事情脱开了它的常轨，今天的政权不是掌握在拥有权力的人手中；政权的易手将会建立起秩序，而不是损害秩序；法兰西拥有力量的体系——而不是无政府势力或革命——将会控制局势。

在我看来，这是在议会中取得一定的阵地，保持那些尚未完全丧失的拥护者的最好方法。真理总是会产生巨大影响的，即使对各个党派也一样。假如右翼阵营不仅将对手看成新利益的保卫者，而且是一些有一天将会上台，为了新利益、以新利益的名义而执政的人，右翼阵营就会有所收敛，也就不会那么容易招来拥护者了。

至于反对派与议会之外的关系，也有其诸种规则，它们会在反对派中引导出适合于这些规则的行动。反对派的主要力量即来源于此。但愿它谨慎对待这种力量，但愿它能够小心谨慎地适应支持它的外部舆论；它必须这样做，否则就要垮台。因此，在行动中不要忽略群众的好恶，在对群众演讲时不要漫不经心，没有什么比不脱离真正的支持力量更加重要。问题仅仅在于要知道从何处寻找这些真正的支持力量，怎样才能得到这些支持而又不失去行动的自由。因为，假如不自由，就不会强大。一个党派，在给予人们信心的同时，也将它的法则强加到人们的头上，迫使人们认同它的欲念，严格地遵从它的意志，从而让人们变得无足轻重。然而，在这里也存在危险，对于反对派来说，一方面，它无法再将它的观点传播得更远；另一方面，它也无法掌握它的所有权利。

人们每天都在说，议员是属于全法兰西的；正是以这种全国性的身份，反对派的成员们充分显示了他们使命尊贵，让人们尊重他们的独立性。他们是对的，他们的存在，就是以全法国的名义，并为了全法国的利益。他们不是受哪个小团体或帮派的指派，不是为了屈从于某个人的任性，不是为了在某个会议上得到一点掌声。他们身上内在的力量，不是来自聚拢在他们周围的那一小群人，而是来自更遥远、更众多的人群。他们的支撑点，不存在于他们私人关系的小圈子，而是更深地扎根于法兰西大地的深处。普遍的利益、普遍的情感，这一切的组成部分，与此相关的一切，以及新法兰西的需要与愿望，这就是他们力量的来源，也是它们的支撑点。愿他们快到那里去寻求力量与支持吧；愿他们的目光总是投向全法兰西，总能意识到他们向政府提出的一切要求。在这一点上头脑不清醒的话将会带来大灾难。因为，倾听一些更亲近的呼声，向一些更加直接的暗示让步，变成一些小集团的代言人，习惯成自然，他们就可能无视真正的法兰西，就会在无意识之中远离真正的法兰西，即使心里没有想到要与法兰西分开，也无济于事。法兰西不是一个小集团、一个小帮派，也不是一个党派；但是，在她的内部却有一些小集团，小帮派，它们自称代表法兰西，它们要求以法兰西的名义在议会里拥有代表，并在议会里代表法兰西。但愿反对派不要落入这样一个陷阱之中，不要亲手压缩那构成它的领地的利益与思想。只有充分回应这些利益与思想，它才能获得力量，它的作用才会更大，它的使命才会更加广泛，可能这是反对派从来都没有得到过的。它不仅要支持自由的斗争来反抗政府，而且它还要负责像保卫自由那样要求秩序，因为自由和秩序都是新法兰西的需要与愿望，两者都遭受到现在内阁体系的损害。它有一场革命需要保卫，同时有一场革命需要打击；它应该提出要求，促成新秩序的建立，又要抗拒恢复旧秩序的试图。初看起来，它将要承担的利益，是自相矛盾的，但实际上却是不可分割的。它既要以民众安居乐业的名义讲话，也要以公民自由的名义讲话。击退旧贵族的进犯，又不能中止事物的发展，不能动摇公众公正的权利，不能动摇新优势群体，因为这是我们的力量和希望所在。它应该满足战争与和平的双重需求，满足反抗旧制度的斗争与建立立宪政体的双重需求，这是我国当前形势的普遍现实，是当前形势压倒一切的特点。

你们瞧，这就是新法兰西对真正反对派的要求；这就是反对派应当从法兰西看到的一切，它从中汲取力量，回应法兰西的需求。这远远超过了党派之间的斗争，超过了对地产与实业的争夺，超过了下层阶级与上层阶级之间的斗争，超过了自由与政府之间的斗争。新法兰西是一个完整的社会，她有自己的地产主、自己的商人、自己的贵族、自己的人民、权力的追求者和自由的朋友。作为一个为了法兰西而奋斗的反对派，它应该懂得为这些利益而战斗，将它们召唤到自己的原则之下，在它的语言中安抚这些利益，将这一切提升到行动与思想的高度，承认和保卫表面看起来是那么繁杂的事物当中的那些合法和真实的东西。

假如它不去认识和利用它所拥有的一切，假如反对派拘泥于某种特殊的利益或者拘泥于它的理论之中，它就会受到削弱，甚至变质。这时，它自己也就要经历内阁沉没时那样的惊涛骇浪。例如，这个党派就会看到国有地产的购买者离它而去，因为他们害怕一般意义上的财产受到它的信条的损害。还会导致刚被委任的布尔乔亚认为所有的优势地位都处在危险之中。导致自由的朋友们恐惧某种新的无政府状态。导致一些不希望看到政权掌握在旧制度手中，但是却希望政权强大有力的人们，团结在旧制度身边，尽管在其他情况下这样一种联盟绝不会牢固，也绝不会受人尊重。这样一来，反对派由于对它所有的力量源泉以及它所依凭的广泛基础的无知，就失去了力量与基础的一大部分，它会发现在其与议会外部力量的关系上，其天然支持者中的相当大一部分离它而去。

这还不是全部。反对派即使将自己力量的所有元素一点不落地全部收集起来，也还是远远不够的。我说过，不自由就不会强大。假如感觉不到自己的尊严，假如自甘堕落，它就一点也不自由。我在别处对权力所说的话，在这里再说给反对派听听，因为反对派本身也是一种权力。它是那一少部分不赞同统治他们的政府、希望变革的群众的政府。作为纯道义性的政府，它对它的朋友和对手当然不拥有任何强制手段，只可能拥有影响力，但是，对于它来说，对尊严与自己法律权利的意识就尤其必要。然而，议会中反对派的权利，是领导而非尾随议会外的派别。它是外部派别的首领，而不是尾巴。它与其外部盟友的关系，就如同政府与人民的关系一样，这无疑是一种相互依存、相互作用的关系。在这种关系中，走在前面的人，受到后面的人的推动，这就是前进的动力。但是，这丝毫改变不了事情的本质，不妨碍走在前面的人是领袖，而且作为领袖来思想和行动。他们就是以这种身份被选出来的，他们就是以该派别的优秀分子、最有能力的分子、最有用的成员，被派去担任最困难和最显赫的职位的。人们是这样设想他们的，他们自己也是这样想的。他们不是把自己当成卑贱的、驯服的仆从，我再重复一遍，他们是领袖，他们的任职将他们推到这个位置上了，这一点也公开向大家宣示了。许多人对真正的授权（mandat）理论没有完全理解，它要求议员们必须根据使得他们进入到议会中的那种观念的主张与利益行事，这是没有错的。假如他们放弃了这种观念，假如他们不去支持这种观念，反而背离它，他们就肯定没有尽到义务，就背叛了自己获得的授权。但是，至于说到他们完成任务的手段，采用最有利于他们承担的事业的言论与行动，他们就拥有完全的自由了。因为没有这一点，他们就什么也不是，他们就不是人们所能指望的人，就不是人们所能期待的人。坏的学说已经产生了一些荒唐的，但却是拥有正当性的后果。这些学说甚至对于那些想要以它们当作打击自己对手武器的人也是致命的，这些学说也会令这些人错置、混淆一切事物。当反对派不能很好地理解权力的本质与权利时，它自身也会受到削弱与牵连；他们用以攻击敌人的手段，反过来就会被他们所保护的人用来对付他们。你们自称是一种强大观念和利益的代言人、保护者、当选代表。那么，你们希望别人如何看待你们，你们就得先这样地来看待自己。评估自身，团结你们的朋友，但不要从你们想要占据的高位上自降身价，也不要让你们的对手看到你们所处的那个高位。不要以为当你们不与你们的对手打交道时，他们就不再注视着你们。这时，他们仍然在观察你们的行为，研究你们的立场；假如你们的立场变弱了，假如他们看到你们一方面要战胜他们，而在另一方面你们却被战胜了，他们就会利用这个机会来反对你们。他们很清楚从哪里入手能够给你们造成无限的尴尬，知道如何攻击你们最为有利。对于皮特先生来说，福克斯先生为什么那么可怕呢？因为他同皮特先生一样，对自己在其党派内的权利有着明确的认知，他自视为其派别的领袖，并以全国性反对派的领袖身份讲话，而不是仅仅以威思敏斯特选区选民的代言人的身份说话。霍布豪斯先生空有福克斯先生的才能，假如他不能将自己提升到自己的地位应有的高度，假如他受制于大众的任性，受制于一种错误的授权理论的束缚，他的才能就不足以反对内阁，也无助于他自己的事业。

你们如果想知道其领袖一味屈从于追随他的群众，受这种意识支配的党派会变成什么样子，那就看看克伦威尔死后到查理二世复辟之间英国的老共和派的样子吧。政权在它手中几乎有一年的时间，但它什么也没有做。对于它的不佳业绩，可以找出成百上千个理由。其中有一点特别明显。这个党派的领袖们，他们在别种情形下都是勇敢而有能力的人，却在当时对自己毫无信心，丝毫感觉不到自己在党派内部的强势与权利。他们不停地向其党派提出自己的想法，一直等待它的决定，在没有收到许可和命令之前不敢越雷池一步，恳求其党派决定自己的命运，选择自己的道路，要求党派在前面引导他们。这个党派什么也没有选择，什么也没有解决，什么也没有决定。它的战士们，甚至领袖们也相信自己是无能为力的，也存有同样的宿命。要把一个党派引导向它的目的，所要做的同领导好一个人民所要做的毫无二致。在这里，权力是有条件的，行使权力也应该遵从权力本身的规律。当人们不知道权力是什么，它的前提条件是什么的时候，那就是在放弃权力，也就一定会失去权力。

我们的一个紧迫需要就是，在议会内的反对派要知道自己应该是个什么样子，而且要变为我们期待它成为的那个样子。请允许我这么说，我们仍然是一个处在混乱中的党派，其内部许多事情尚不明确，十分模糊，无组织无纪律妨碍力量的发挥，最有影响的力量在怀疑自己，权威在寻找自己的位置，而且始终还没有找到这个位置。刚刚走出像我们经历过的那样一场大革命，这是很自然的，但也不能说这是最好的结局。无政府状态给最具全国性关怀的党派留下了悲惨的遗产。罪恶的情绪、杂乱的习惯、荒唐的诉求，在我们内部搅动着；它们都希望得到满足，甚至希望处于支配地位；它们要求我们的议员时而遵从它们的原则，时而服从它们的行动，时而为它们讲话，时而保持沉默。正是我们的议员应该对付这些弊病。愿他们既不接受这些框框，也不过分地受议会外力量的推动或钳制；他们的所言所行是为我们所有人服务的，而不是取悦于某些个人。愿他们保持对其党派的独立性，为了有尊严地代表这个党派，并成功地保卫这个党派，这是必不可少的。愿他们是一些忠诚的，而且是货真价实的领袖。法兰西希望获得理解以便被引导，它也确实希望被引导；此起彼伏的嗫嚅并不是法兰西的回响，真正的力量并不是来自声响最大的地方。

我不知道最强有力、最娴熟的反对派的努力是否能够得到回报。我所知道的是，娴熟的技巧与实力能够缩短漫长的道路，而体系、纪律和谨慎的不足，会使我们远离最为接近的目标。

第十六章　议会外的反对派

我一般性地谈了我们反对派之手段的不足，或者毋宁说是手段的匮乏。那么，对议会外的反对派我又能说些什么呢？议会外的反对派人数众多，十分强大，没有人怀疑这一点。但是，一旦它将选票投入票箱，对于它来说，一切就都结束了。假如人们将它唯一的，也是最后的一件武器剥夺了，它就陷入无能为力的状态，甚至卖身投靠。它目前的存在，像它以前从不存在过一样。然而，它的思想、它的影子，如果人们愿意这样称呼的话，会紧紧地伴随着政府的脚步，追逐着政府，给政府制造一些乱子，令政府恐惧，尽管它无法阻止政府前进的脚步，甚至对政府构不成任何障碍。

多么奇怪的比对！政府什么也不缺乏，所有的武器都集中在它的手中，它占据了所有职位，它无处不在，而且处处得到服从。可它也知道自己是软弱的！它不能对此保持缄默！没有一声喘息，没有一片叶子在晃动，它内心却充满阴暗的预感！反对派无能为力，什么也不做，只发出细微的嗫嚅，始终是俯首帖耳。政府却处处感觉到它的存在，处处在怕它。在无能为力的下面，它的力量仍然残存下来，而且将会在静止中爆发。

这是因为，在今天正在运行的体系中，法兰西才是反对派。那些声称自己是在与一个党派或与一个小帮派打交道的人，是十分轻率的，请对我们说出我所描绘的那种状态的秘密吧。你们从这个小帮派手中夺走了选举与报纸，夺走了它可以运用的一切武器。它仍在骚动不安，将几个战士引入歧途，策动了几个走私犯，从西班牙向你们寄来一些声明。你们没有费多大力气，就处处战胜了它的努力。你们以展示它的无能与可笑为乐趣。假如整个反对派不过如此，为什么还有那么多的恐惧呢？为什么你们心头仍萦绕着自身的软弱这样一种意识？假如这个不搞阴谋、没有动荡、对你们真正拥护的整个法兰西，只要她不反对你们，那么，你们就表现出更多的信心，更加放心好啦。将她的一部分机构分给她，将她的一部分事务分给她好啦。不要让她的权利变成无源之水，无本之木，不要让她的力量处在不作为之中。你们为了保卫屈涅先生和蒙塔尔洛先生以及他们的一些朋友，就让全法兰西保持沉默与停滞不前，岂非咄咄怪事。

你们有此需要，这是肯定的；但是，你们还有其他一些对手要对付，其他一些危险要躲避。这是因为你们的体系刺伤了其他的东西，威胁着其他的东西，不光是你们所说的那些小帮派。它们让你们产生恐惧，这一点我同意；你们打击它们，这是你们的本分。但是，这样一种恐惧掩盖着另外一种恐惧，这样一场战斗掩盖着另外一场战斗，后者是你们不敢也不能承认的。你们的不安映射着另一种更为一般的不安，你们的措施是指向一个更加强大的反对派。沉默不语的反对派比蠢蠢欲动的反对派更加困扰着你们；你们自感到脱离新法兰西，受到新法兰西的置疑。尽管她没有采取行动，尽管她表现出服从，但你们惧怕她的远离与置疑，仍然远胜于波拿巴主义的那些小册子，或者雅各宾派的所作所为。

你们是对的。真正的法兰西就是这种被逼无奈的不作为，她当前所陷的无法正常把握其命运的困境，她表面上的服从，最后还有国家的反对派目前被逼入的四分五裂与无能为力的状态。这一切都是不会长久的，这一切都蕴含着一些政府将会走下坡路的动因，总有一天，人们会给予我们本应属于我们的行动手段，虽则今天人们还拒绝给予我们这些。

我已经指出了这些。旧制度将新法兰西打了个措手不及。差不多30年以来，新法兰西习惯于进攻，习惯于战而胜之，没有想到自我保护，没有想到抵抗。她既没有获得关于自我保护与抵抗的知识，也没有汇聚这方面的手段。在进行了革命之后，她将自己交到波拿巴的手中，自以为完成了她的工作。她错了，她感觉到疲惫不堪，却没有表示出雄心壮志。当政治生活重新开始，当未来重新展现在面前，当我们有了需要的时候，我们突然发现自己既不习惯，也无经验。小帮派马上就重新诞生了，但全国性的党派却不能够很快组织起来，不能在很短的时间里表明自己的态度，成为一个整体，获得她应得的领导地位。她还在寻觅，在摸索。她被迫匆忙投入战斗，其前景是相当暗淡的，无法从中解脱出来，甚至无法判断机会。3 月 20 日促成了波拿巴的初步胜利。当时新法兰西并不认为他是好人，并不信任他。但是，她心中不安，就随他去了。法国不知道与谁结盟，不知道走一条什么样的路才能达到目的。她就让波拿巴放手地干，不是作为她的真正的保护者而接受他，而是作为一种惨痛的无奈承受了他。从那时起，同样的现象反复出现，只是形式略有不同，规模也不一样。革命受到攻击，法兰西便求助于那些推动了大革命的理论、实践与人物。绝对权力的信条重又回潮，人们便求助于人民主权。迷信与宗教狂热重新抬头，人们便又重印了伏尔泰的著作。特权表现出咄咄逼人之势，最为民主的理论便又获得人们的信赖。我早就说过，这不是因为法兰西既不想要平均主义，也不想要大众的喧嚣，亦不想要亵渎宗教的丑闻。而是因为，一方面，她不大熟悉新制度，不了解自己的需要，不了解行事准则，不了解未来的手段；另一方面，她又看到她所要保卫的历史处在危险之中。她首先是从这种历史中去寻求武器，寻求结盟的支撑点，寻求领袖。所有的人都在倒退。旧制度的党派由于没有更好的选择，便回到了 17 世纪，回到路易十四的封建专制时代。新法兰西回到了 18 世纪，回到大革命时代。在那里，有一座观念武器库，有足够的武器来反对我们的对手，有一些现成的干部，有一些众所周知的名字，有一个完整的战斗序列，有一个战争的体系。人们都没有机会问一声这是否适合，是否有用，是否可行，是否强大。人们只是急匆匆地尽快奔过去。

人们开始隐约地发现，这一切并不充分，并不适合。每度过一天，人们就会有更多的发现。旧制度的党派从历史中得到它的支撑点，这是肯定无疑的。它将自己奉献给了一种倒退落后的制度，它理当站立在它要将我们拉回去的地方。可是，这个党派自己也感觉到支持它的力量是虚弱的，它被迫让这些力量动起来。它试图更新它的理论，将它的理论建立在一些更加严密的和不那么陈旧的原则基础之上。这就是德·博纳尔先生、德·迈斯特先生和德·拉马奈[1]先生的努力。不要以为这一切对这个党派没有一点影响，也没有什么外部影响；它由此而重新获得了信心，也得到了几个新的

[1] 博纳尔（Louis de Bonald, 1754—1840），迈斯特（Joseph de Maistre, 1753—1821），拉马奈（Robert de Lamennais, 1782—1854），是法国大革命时期及嗣后法语世界最重要的几位保守主义思想家。博纳尔的理论对后世涂尔干的社会学影响很大，迈斯特的理论深刻影响了德国浪漫派。拉马奈的理论在前后期有过巨大变化，前期他是个坚定的保守主义者，后期则转为天主教社会主义的理论中坚。——译者注

信徒。它至少还由此而梦想一些创新和行动的外观。我们作为一个本质上主张渐进的党派，我们作为一个拒绝对过去的夸耀，支持未来的权利的党派，我们的智慧和热情也是毫不逊色的。我们不会停滞不前，我们知道我们的摇篮不是我们万无一失的避难所。对于我们来说，朝向未来的目标前进，比退回到原来的位置上要有利得多，会获得更大的力量。18 世纪、大革命、它们的思想、它们的实践，这一切都已经成为过去，它们产生过效果。我们应该继承这一遗产，但是，继承的目的是丰富这一遗产，而不是捡拾残存下来的东西。卢梭曾经强烈地动摇了神权和特权，但他没有弄明白构成自由的所有原则，并不是宪政体系的所有支持者都团结在《社会契约论》的周围。伏尔泰给予神启论与不宽容以沉重打击，但是，时至今日，并不是所有希望拥有良心自由，尊重思想权利的人们都奉伏尔泰为自己的领袖。制宪会议迈出了巨大的步伐，做了一些很有用的事；但是，并不是所有代议制的拥护者们都亦步亦趋地紧随它。大革命的大部分名人并不缺乏才能，有的甚至德高望重；但是，渴望着保卫革命的法兰西并不准备整个地站在他们的身后，甚至也没有准备将全部的信心寄托于他们身上。这是几面旗帜，但它们却不能将我们所需要也有权利召唤的所有人都吸收到我们队伍中来。这些旗帜并不是毫无价值的，上面附着着强烈的记忆，当我们处在危险之中的时候，我们可依凭的就是这些旗帜。但是，今天，它们已不再是最好的旗帜，甚至不是真正的旗帜了。正是因为这些旗帜已不再成其为旗帜，法国才在犹豫不决、四分五裂，人们才看到她飘忽不定、沉浮莫测，对一些她自己鼓吹的原则的后果也表示担心，要求一些人给予她秩序而又不剥夺她的自由，要求另一些人拯救自由而又不损害她的安宁，担心到处都存在着危险或陷阱，最终就是惶惶不安地寻找一个中心，以便她能够团结在这个中心的周围，寻找一条今天走上去而在明天不用迂回的道路，在期待或者恐惧中耗尽自己的时间与精力。你瞧，这就是公众在精神上混乱，反对派在进行各种摸索，同时又在表面上表现出服从的真正原因。假如反对派现在没有采取行动，这不仅仅是因为它的行动手段不多，而且是因为它对人们吁请它选择的任何一条道路都不放心，因为人们提供它的任何一种体系都得不到它完全的信任，因为人们以它的名义支持的理论都不再能完全符合它的情感和满足它的利益，因为人们展现在它面前的结合之基础，含有一些令它拒绝的成分，或者让它疑窦丛生。为了让它集中精力，使它拥有集体的能量，就必须有一些新的、更完整的东西，以免它总是能在需要其帮助的时候发现一些危险的因素，以及在希望的原则中看到令它恐惧的主体。这些新东西最终应能说服反对派相信，已经找到了命运的真正归宿，找到了通向未来的真正之门。

但愿这种事情发生在它的身上，但愿全国性的反对派从过去的阴影中摆脱出来，不是为了拒绝历史，而是不成为历史的囚徒，不将自己禁锢在另一种形式的旧制度之中，这种形式的旧制度至少是部分地无法实现，而且也是很不完备的。但愿反对派宣传一些更新、更具普遍性的原则，向所有的利益开放。只有这时，它才会团结一致，同心同德，才会在一个确切的方向上，从事一种整齐划一、目标明确的运动。只有这时，人们才会看到，尽管它的手段可能还是无力的，尽管它仍然表现出一种服从，但它是否还会坚持创造千百个机会，寻觅到各种各样的出路，以便将它的全部力量投入到反对坏的政府体制的斗争中去。那些在当下最相信反对派具有广泛影响的人，远没有对反对派进行深入的考察；他们不知道反对派到底是个什么样子，也不知道有过近距离接触后，反对派又会走向何方，在什么地方再遭遇反对派。反对派甚至会坐到内阁党派的席位上，它甚至存在于内阁行政机关的内部；内阁将它视为盟友，内阁不得不借助一群思想与愿望绝然异于它的人，一群谴责它的信条与方向的人，这些人之所以与内阁结成联盟，只是因为他们在其他地方找不到另外一种体系，找不到另一个党派能够让他们合理地期待他们希望的东西。在法兰西，刚正不阿的人比人们想象的要多得多。在我们的眼皮底下发生了那么多的事情，那么变化莫测的事情，有那么多的事和人，那么多的思想向我们展现了它们的方方面面，以至于相当大一部分善良的公民养成了一种怀疑一切的习惯。这让他们的行为飘忽不定，往往让他们接受一些有悖于他们的思想倾向，甚至是有悖于他们愿望的形势。他们不会放弃他们的怀疑，而去接受一些原来就是他们的怀疑对象的理论或倾向，一些他们已经眼见为实、经受过检验、证明是错误的甚至是危险的理论与倾向。他们只会多少接受一些在实践的打击下摇摆得不那么厉害的思想，多少接受一个不会将他们引向令他们怀疑的事物的运动。对于那些刚刚进入这个圈子的人，我也这样说。人们往往将他们一般性地视作反对派现有成员中最有活力的一代人。我相信人们是对的，也不认为这代人拒斥现有的统治体系是错误的。但是，不要以为这一代人就会满足于一个仅仅将 18 世纪与大革命作为自己支撑点的反对派。那段历史里面仍有可以令他们激动起来的观念与记忆，但他们不会放任自己被这些思想与记忆所引导。他们可以感知到这些观念与记忆的虚弱一面，认识到它们的不足；他们不会将这些牺牲给自己的敌人，但也不会以它们作为自己的向导。这一代人希望有一些属于自己的原则，希望这些原则富有成效，希望这些原则不仅仅是保卫过去，更是开辟未来。他们对这样的情感充满了热情，并不总是能判断将这样的情感煽动起来会产生什么样的后果。他们希望时代跟上他们思想的步伐。这一代人往往过分相信高谈阔论，在自己的愿望中游荡，往往热衷于偶然发生的一切。但是，这一切都源于他们的年轻无知，而不是他们的政治方向。说到底，他们很少激扬文字，他们的心气更高，不只是喜欢社会动乱或者无政府主义的风潮。他们丝毫不相信，自由在于对法律秩序的嘲弄，也不相信人们可以摆脱任何义务而只享受权利。他们一点也不厌烦表现出敬意，不厌恶规则，不惧怕强烈的需求，不惧怕严肃的义务。他们不要求免除工作与道德的责任，也不要求免除真正自由的诸前提条件。他们将逐渐地学会待人处世，人们无法跳过这些阶段而又不脱离最终的目标，他们丝毫不会拒绝承认这些。他们将会变得难以自处，就像难以同别人相处一样；他们将不再滥用其热情，不再急于接受各种诱惑，不再轻信表面现象。没有一个小派别能够拥有他们，即使他们很乐意倾听这个派别的意见。他们知道自己不应成为任何人的工具，每过一日，他们的信心就增长一步。但是，如果内阁的大臣们以为，他们远离那些小派别，因此就会投入内阁的怀抱，并因此而弹冠相庆，那他们就是大错特错了。这种对小派别的疏远会普遍地发生在青年人身上和反对派身上。他们对新秩序的真正原则，对我们国家真正的利益认识得越清楚，他们就同时变得越强大、越严肃。要求他们更富有纪律性，要求他们团结一致，要求他们更加集中精力，不要无视任何东西，不要损害需要认真对待和敬畏的一切；这不是要刺激他们，不是要阻止他们前进的步伐，不是要压缩他们活动的空间。事情正好相反，这是为了让他们变得更加真实，更加有效率，每时每刻都扩大自己的阵地，团结自己所有的天然盟友。由于我们缺乏即时的、直接的行动手段，反对派的一般行为与公众形象就更形重要了。反对派可能在今天只让人们隐约地看到一些愿景、一些趋向、一些能力。反对派还没有行动起来；但是，全欧洲都在注视着他们，都在观察他们，从细小的表征中分析他们所希望的，或者所畏惧的。人们感觉到未来属于他们，这种感觉是那么深刻，那么普遍！愿他们将自己的运动导向未来；在他们的全部职业生涯中，走在前头，向他们的敌人发起进攻；愿他们不要满足于向政府发起一场微不足道的战争，就像昔日在一个温和的绝对主义体制下，闲散的自由所作的消遣一样；也愿他们不要再急不可耐地投身到无序的道路上，这会令所有不愿走上歧路的利益、情感和群体惊恐万分，并将他们拒于千里之外。愿他们既精力充沛，又小心谨慎，既有耐心，又坚忍不拔；最后，愿他们不要分散自己的力量，浪费自己的力量去捍卫一切，或至少是去掩饰一切，时而隐身于18世纪，时而隐身于大革命当中，时而隐身于波拿巴身后，而是要将一切力量集中起来，迈向我们理当承担的伟大而积极的目标，即通过建立立宪体制来挫败旧制度。今天，现政权丝毫不能将我们引导到这条道路上；但是，它也不能阻止我们继续向这个目标前进，或迟或早，这一目标终将达到。

第十七章　结　　论

我描绘了现在统治我们的体系，我试着指出应该统治我们的体系。我研究了我们时下拥有一些什么样的手段，何种行动是适合于我们的，如果不是让善的力量战胜一切，至少是为善的力量的胜利准备条件。假如我将目光投向刚刚过去的一年，我只发现了这样一个重大的结果。这一年，让法兰西，现在的内阁，以及各党派的真实处境展现在人们的面前。没有哪个时期像今天这样毫无成果，同时又那么富有教益。事物停顿下来，似乎是为了让人们有充足的时间相互认识，评判过去，思考未来。自 1813 年以来，各种事件发展得太快了，人们的思想比这些事件走得更快。我不惧于说明，每个人都不了解他自己的位置，或是过分地自以为是，或是过分地如惊弓之鸟；夸大了自己的力量，或者是夸大了自己的危险。停滞不动的政府的那只冰冷的手在我们的身上伸展，运动放慢了步伐。这样的停顿，尽管是不完全彻底的停顿，也不是长时间的停顿，却将不久前尚模糊不清和暗淡的事物暴露在光天化日之下了。假如人们知道如何梳理，这段时间并没有完全浪费掉。请让我来回顾某些事实。

在新法兰西，内阁遇到的障碍是少之又少。它挫败了自由势力组织起来的企图。它迫使报纸保持沉默。所有的一切都收缩了，被征服了。在这样的表象之下，还有一些什么呢？新法兰西是不是就真的自我放弃了呢？公众舆论是不是真的改变了呢？

就在本届议会开幕之前，发生了一场重大的诉讼。我称之为一场重大的诉讼，实际上这只是关于一个人的诉讼，目的仅仅是要确认这个人是不是应该被暂停职务，受到弹劾。但是，马迪耶・蒙若[1]先生曾经谴责过旧制度，谴责过旧制度的所作所为和它的推进。如此一来，他就成了新法兰西的捍卫者，成为了一个喉舌，新法兰西聚集在了他周围。他说出并支持了所有人的想法，大家就聚拢在他的周围了。他的事业成为了公众的事业。公众观念只有依托于他的利益，才能获得表达；公众观念反过来也庇护了他的利益。旧制度的党派自己也感觉到普遍情感的巨大能量与正当性。它不敢

[1] 约瑟夫・马迪耶・蒙若（Joseph Madier de Montjau, 1755—1830），自大革命以来即成为法国政坛上的重要人物，其子鲍林・马迪耶・蒙若（Paulin Madier de Montjau）在 1820 年曾在乃父主持的法庭上被剥夺军衔，此处所说的诉讼就是指这场诉讼。约瑟夫・马迪耶・蒙若因其公正的行为而受到普遍的颂扬。——译者注

粗暴地攻击这个人，也不敢公开地称这个人为乱党。它只是在私下里诋毁这一事件，说这是一个错误，司法掌玺大臣把一切正义观念放在一边，弄清楚了与一个好人较量是不明智的。结果，马迪耶·蒙若先生得到全法兰西的热爱，也得到了他的敌人的敬重。

另外一个人，他言之凿凿，充满自信，而他的自信又十分迷人，他一会儿反对革命，一会儿反对旧制度，一会儿保卫自由，一会儿保卫王权，他对一切正义都表现出热情，对一切苦难都表现出忠诚，从来都没有背叛一句誓言，一种事业，一种思想。他年纪轻轻就开始了他的政治生涯，这种政治生涯一直延续到他的老年时代，在整个政治生涯中，捍卫一切正当和神圣的事业，他都表现出勇气与智慧。这个人就是卡米耶·若尔丹先生，他已逝去。他的一个热情地投入到贵族事业中的朋友蒙莫朗西子爵和一名大臣帕基耶参加了他的葬礼。他们都看到了。在万众的静默哀思当中，他们有没有听到一点什么呢？送葬的人群来自各个社会阶层，各个年龄层次，走过一条一条的大街，队伍不断壮大。那些在别的环境下躁动不安的青年人，此时却是平静地、严肃认真地，陪伴着一位德高望重的公民的遗体直到他的坟墓。一些未曾与卡米耶·若尔丹先生谋面、只通过他的议论与生平认识他的人们，给予了他虔诚而充满情感的悼念。这是公众思想面对一副棺材的一次平静而沉默的爆发，这里面没有点什么吗？难道卡米耶·若尔丹先生没有从他的坟墓的深处告诉人们，法兰西只会站在自由和权利的拥护者，国家利益和真理的保护者们一边吗？

采集种种事实吧！质诸最阴暗的例子和最庄严的例子吧！它们全都说着同样的话语，它们都在说，法兰西没有变，公众的观念仍坚持着同样的信仰，心中怀着同样的愿望。受到压迫之后，她会保持缄默，在她的缄默中，她也不会忘却自己。她寻找各种各样的出路，以各种各样的形式表现自己。今天，你们强大得足以令她害怕，但却不足以征服她。你们不能改变她的命运，你们也不能像波拿巴一样令她丧失理智，腐蚀她。你们无法补偿她为你们做出的牺牲。她可以让荣耀征服自己，却不会被对沉闷的停滞的许诺所收买。你们存在，你们统治；但是，不要以为你们在进步；也不要沾沾自喜，以为时间会使你们的地位更加稳固；也不要以为，法兰西忍受你们，就是准备欢迎你们。她之所以忍受你们，是因为在她前进的道路上，很少遇见你们；只要她发现你们，感觉到你们的存在，只要你们让她感到不舒服，你们就会让她远离你们，就会激起她的不信任。她是那样强大，也明白你们的弱点，因此她对你们的存在一点也不担心。不要期待更多的东西，不要企求她支持你们，也不要企求她向你们提供立足点。她不会改变自己的立场、希望和信仰来向你们提供帮助；你们也不要期待她会为你们做出任何牺牲，不要期待她的内部会发生根本性的变化。她只会在无声中实现进步，这种进步是在智慧指导之下做出的，立宪体制的实践只会反对你们，而不会支持你们。你们剥夺了她的权利，你们不能许诺给她任何未来，你们与她的敌人结成了联盟，在她之外寻找力量和持久的元素，她不会向一个她毫不害怕，也对其不抱任何期待的体系提供她所拥有的一切。

从法兰西那里什么也没有得到的这一届内阁，从别处能够得到什么呢？选举结果告诉了它答案。它已经尽可能地放低了自己的期待。有五六个反对派色彩最浓的人当选，内阁似乎想要排斥的旧制度党派则全然当选。这个党派本身没有抛弃任何一个人，没有撤销对任何一个人的支持。只有贝尔丹·德·沃[1]先生没再次当选；这是因为他被怀疑在贵族的事业中不够盲目，对这种自由或那种自由怀有兴趣。并不是内阁成功地将他排除在外，而是其党派将他排除出去了。你瞧，这就是所谓伟大的、确定无疑的胜利！这就是内阁对其新朋友们所期待的温和、忠诚和顺从！什么？你们放弃了公共权利，你们让政权倾向于30年来努力接近政权而不可得的那些人，却没有从他们那里得到任何允诺，为了你们而放弃德拉洛先生或沃勃朗先生？你们能不能让他们忘记自己的野心，哪怕一点点忘记的表示，能不能让他们做出更加富有理智色彩的筹划呢？难道这就是你们征服的阵地吗？难道这就是你们向我们许诺的被驯服的、洗心革面的反革命吗？当然，或许是人们对你们食言了，或许是你们自己欺骗了我们，给予我们你们自己也不曾拥有的希望。

愿内阁能够很好地认识到自己的处境。它什么也没有做，什么也没有得到。旧制度丝毫也没有退缩，新法兰西也没有改变；无论是人还是事，无论是国家还是诸党派，一切都还在停留它们原来的位置上，处在同样的状况下，至少就其对权力的关系而言是这样。内阁没有扎根于任何一个地方，它没有在任何一个地方创建起自己的力量，建立起自己的立足点，没有开创自己的未来。大臣们的任期又延长了一年，这就是一切。他们还能延长一年吗？这是可能的。但是，他们每一年的所得都与前一年是同样的，他们同样地虚弱，同样地没有把握，同样地什么也保障不了，什么也建立不起来。他们的持续存在仅仅是表明了，新秩序没有得到它所要求的，旧制度也不能为所欲为。

事实上，这是对旧制度党派精神的无可救药的盲目性的第二次暴露，只是它没

[1] 贝尔丹·德·沃（Louis-Francois Bertin de Vaux, 1771—1842），与其兄 Louis-Francois Bertin，同为法国大革命起经复辟王朝一直到七月王朝时期法国重要的公众人物，兄长办了一份支持王党事业的报纸《争鸣报》（Journal des Debats），弟弟则是其中的主笔。但是在复辟王朝时期，《争鸣报》开始批判绝对主义王权，逐渐倾向了自由宪政派，并在后来成为七月王朝的坚定支持者。——译者注

有认识到罢了。6年来，旧制度曾有过两次重要的机会，一次是3月20日；一次是1820年2月13日那次致命的暗杀行动。这个党派就在现场，它亲身经历了两次事件，它利用了这些事件，运用了它所能够运用的一切活力与智慧。那么，它又从中得到了什么呢？它是不是离它的目标更近了呢？它给我们造成许多痛苦，它使我们脱离了宪法发展的轨道；但是，为了它自己的利益，它又怎么样了呢？新法兰西是否就屈服了呢？我们的社会是不是改变了原则与形态呢？陈旧的理论、旧有的利益是不是重新掌握了局势呢？很明显，事实不是这样。新法兰西始终在那里，总是那么活跃，总是占有支配地位，尽管她放弃了政权，尽管她的对手盛气凌人。即使在失败中也在保护新秩序的力量，对政权的曲曲折折嗤之以鼻的力量，挫败旧制度党派最美妙的希冀的力量，即使不公开进行抵抗也会使旧制度党派的成功毫无成果的力量，让这个旧制度党派命中注定虚弱不堪，在威胁所有人的同时自己也惊恐万分的力量，这种蕴藏的力量又是什么呢？我深知个中奥秘。这就是存在于被战胜的党派的命运之中的力量，尽管它仍然能够伤害它的敌人，但仍难以把握自己。当一个制度，一种观念，归根结底是事物的一种秩序，处在青年时代，拥有无限前途的时候，它们就会征服社会，在其中同时扩展善与恶，通过它们的错误与真理，通过它们的恶习与品德，使自己广为散布，使自己扎根于社会。不只一种新生的宗教在其初创时期曾在人们头脑中播种下荒诞的迷信，错误而危险的信仰；但是，与此同时，它也改变着民情，提升着遭受打击的道德本性，宣扬着高贵而十分有用的真理。这种宗教是新颖的、充满活力的；它在前进，它要征服一切；在它胜利的发展过程中，恶与善并行不悖。因为有善，所以恶也获得了人们的信赖。但是，当败退的日子到来的时候，当生命力被消耗殆尽的时候，如果人们仍要将它们本已不再掌握的控制权交于它们手中时，它就与世界格格不入了，恶就成了它手中唯一的武器了。这时，它就会延缓新的善的到来，也不会重建原有的善；它就会阻碍新制度前进的步伐，而在自己这方面却毫无建树；它就要妨害一切，而自己并不会因此有所得，因为没有什么能够为一个精疲力竭的党派服务；没有什么能够让未来落到它的手中，因为未来已不属于它了。这就是目前旧制度的党派在法兰西的命运。它还可以做点什么事来反对我们，但是，这也不会给它带来什么好处。在阻止了宪政运动之后，它试图开展它自己的运动，它受到一种秘密力量的掌控。对于这个党派来说，一切都是障碍，没有什么能成为它的手段；它没有能力实现自己的愿望，没有胆量做它还能够做的事；从期待到期待，它陷入了破产之中。人们似乎要说，造物主还允许这个党派染指政权，只是为了告诉世界和它本身，它无法实现自己的意图。

愿旧制度的党派能够睁开双眼看清它所处的位置。机会、拯救、努力和服从，它什么也不缺少；它什么也没有做，至少是没有做点什么来接近它的目标。法兰西在它的手中，但是，它的手没有抓紧，以便按它的意志改造法兰西。法兰西忍受了它带来的痛苦，因为这个党派是无能的。假如它要用疯狂替代无能，假如它想要用它的愿望来试探法兰西，法兰西就会抛弃它，我不知道什么时候，也不知道以何种方式，但肯定是要抛弃它的。祈求上苍，这种极端情况不要发生！现在，这个党派对我们造成极大伤害，极大地伤害了君主，对于它自己来说，也没有出现它所期待的重大结果。它将所有的事都搞得一团糟，离胜利越来越远了。

它自己是否已经发现了这一点呢？我不得而知。时下，它在选举中取得的成就令它鼓足了风帆。看起来，它受到强烈的推动，准备公开攻击那些尚没有皈依到它的门下的大臣们，以及那些不能满足它的大臣们。这些大臣们是要对抗这场风暴呢？还是要让步呢？他们是要退出历史舞台呢？还是要执行这个党派向他们下达的指令呢？对此，我也毫无所知。我可以肯定这些大臣们也并不比我知道得更多。他们没有为未来做任何事情，因此也不能指望明天。我毫不怀疑他们还要坚持，还要继续停滞不前。人们甚至说，他们的计划就是要这一届议会的寿命短之又短，要使它无功而返，只做一些必做不可的事。人们肯定说，他们就只想延长新闻检查，通过预算而已。事实上，他们应该让议会无所作为，这样他们自己也就不用作为了。我很难相信事情会这样，尽管它们现在处在平静期，但也不会如此顺从以致完全地没有了运动与生活。我再重复一遍，我们现在处在两种无能之间，一种是内阁的无能，它坚持其固有的立场，对任何人来说，它什么也做不成；一种是旧制度的无能，它无法为自己做任何决定性的事情。这就是今天非常明显的唯一事实。

还有一种事实，也是我已经说过的；不过，我还要强调一下，这就是新法兰西不准备无代价地追求一些危险的机会，不准备将自己交给一些小派别，即使是那些最受她青睐的派别。她感觉到她所拥有的财富的价值，不会甘冒失去这些价值的代价，急匆匆地投入到不会带给她多少希望，反而会带给她各种紧张信号的未来。不要以为她的处境、她的感情、她的愿望、她的信仰以及她内部的一切都是那么简单，都是已经决定了的。她还有一些担心，正在忐忑不安；她也有一些愿望在权衡，她常常不大相信一些观念，尽管她自己也在宣传这些观念；她也不大相信一些人，尽管她赞同这些人的看法；或者说，她不会跟随这些观念走到底，也不会完全赞同那些人。她希望人们既能保障她的自由与安宁，将她从旧制度的手中解放出来，又不使她成为革命的猎物。总而言之，她希望有一个政府，一个属于她的政府，希望这个政府能够让她在国外摆脱外国的控制，在国内摆脱旧制度与各种各样的小派别的挟持。根据宪章的精神，只有真正的君主制才符合她的愿望。她将得到这样一个体制。在这个统摄一切的愿望之外，她还会提出另一个愿望，那就是，为实现第一个愿望不要付出太大的代价。要实现这两个愿望，取决于政权。而我们的政权现在所采纳的体系，正离这个目标越来越远，也正离我们越来越远。

附　录

1821 年 2 月 27 日关于公共教育的法令激起了法国基督新教徒们强烈的抗议，这些抗议提出了一些如此重要的问题，并在下议院引起了如此激烈的辩论，尽管这场辩论持续时间不长，但我却认为有必要详细地加以探讨，回顾一下事实，讨论一下所涉及的法律权利，预测一下内阁的所作所为而导致国家所处的充满矛盾与不确定性状态的后果。

这项法令部分规定如下。

第十三条："中学教育的基础是宗教、王权、正当性与宪章。"

第十四条："每个教区的主教对其教区辖下所有中学的宗教教育行使监督权。他自己得以视察这些学校，或者得以派遣其治下的某个助理主教进行视察，并向负责公共教育的王国委员会提出他认为必要的措施。"

第十五条："王国中学内的指导神甫的待遇与学监的固定待遇相同，他们的退休金与其他公务员的退休金相同。"

读着这些条款，不能不使人相信它们是根据下列考虑来制定的。

或者是，天主教在法律上是唯一合法的，假如它不是唯一事实上存在的宗教的话；是各个机构承认的唯一的宗教，是法律关怀的唯一宗教。

或者是，在王国的高中里只有天主教徒，或者在学校中缺乏其他教会的学生，所以学校当局不必对他们表示关心。

或者是，主教们被赋予监督王国中学里所有学生的宗教教育，不论他们是属于哪个教派。

或者是，基督新教教派学生的宗教教育无人关心。

最后，或者是，王国中学里新教徒的教育和宗教教育一点也不重要，根本不值得一谈。

我对每一种设想都有几句话要说，这种种设想都是有悖于宪章精神的，对于新教徒的权利都是危险的。

我不会在停留在第一种设想。这项规定直接违背了宪章；正是这部宪章宣布（第五条）“每个人都得自由地传布他们的宗教信仰，他们的宗教信仰得到同样的保护”并规定（第七条）“基督教各教派的大臣们都从王国的金库中领取他们的俸禄”。

第二种设想被事实批驳得体无完肤。在王国的中学里，特别是在巴黎、斯特拉斯堡、尼姆等地的中学里，有相当数量的新教徒学生，有相当数量自由的奖学金获得者和寄宿生。假如没有不信任感，这样的学生还会更多，而这样的不信任感是很容易驱散的。他们的人数足够让人们对他们给予特别的关注，足以引起政府的注意。

第三种设想是不能被接受的，这太明显了。可是，它也值得进行一番研究。在议会下院中，外交大臣说过：“设想一名天主教神甫可以监督不属于天主教的宗教教育，就是忘记了所有的原则，甚至是天主教的原则。因此，很明显，天主教神甫们的监督只适用于天主教宗教教育，如果人们让一个天主教神甫去监督另一个宗教，你们就不怕他真就这么去做吗；这样的监督对他来说是一种渎神的行为。”看来，对于信仰天主教的任何一位大臣来说，劝人改宗的热忱，采取一系列措施将生为其他信仰的人们拉进他们的教堂，这都不算是一种渎神行为。天主教教士们做得要比监督其他基督教派这件事更多，它企图侵犯别的教派，消灭别的教派，这一点我丝毫不感到惊奇。如果讨论是公开的，改宗皈依是自由的，劝人改宗的热忱是允许的，那就非常简单了，也没什么不公正的。但如果是在一个公共机构中，让孩子们单独地、无助地面对这样的进攻，这是不能允许的。天主教的神甫们和指导神甫们什么也监督不了，这是肯定的。难以相信他们所受的关于新教的教育，会让他们很容易地接受这另外一种宗教信仰。可是，在今天，人们看到了，这样的事却发生了，我可以举出好几个例子。正是为了避免这种滥用权力，新教徒们才要求以法律的形式正式规定，由他们的教区会议或他们的特派员来监督他们孩子的宗教教育。人们越犹豫，越不敢公开承认他们的这种权利，他们的恐惧就越强烈，其根据就越充分。

第四种设想似乎不需要特别的关注。很明显，新教徒的学生也需要受到一种宗教教育。这种教育应该由某个人给予，由某个人来监督，国家也应该关心，因为国家接受了基督新教会，付给了它的牧师与神学教师工薪，它就需要知道，这样代代相传，他们是否还是它所了解的那个样子，是否还是它能够接受的那个样子。然而，帕尔德舒先生却在议会的讲台上说，新教徒缺乏一种固定的信条，缺乏纪律，缺乏等级观念，一句话，缺乏构成宗教信仰所需要的一切，缺乏构成一个社会所需要的一切，“对宗教信条的教育进行监督是有悖于基督新教的原则与习惯的”。也就是说，是不可能的。以这种论调为基础，他谈到了自由考试的权利，谈到了新教的教区会议纯民事方面的权威等。人们再也不能看到这样荒唐的无知了，请原谅我使用了这样的字眼。马丁·路德派和加尔文派也有他们的宗教机构，有他们的宗教权威，有他们的理论。这些理论正在斯特拉斯堡和蒙托邦等地的学校里教授，在王国中的许多地方都有传布，正是因为有一些理论，才会有一些牧师在传布，有一些教授在传授。难道帕尔德舒先生相信基督新教的学生们丝毫也不属于基督教，没有受到确定的宗教教育吗？他是不是不知道这些教派的调处权、理论、纪律、所有内部的组织机构，不是属于天主教的主教团，而是属于基督新教的教区会议呢？不去花点精力了解一下讲的是什么就随便乱讲，这是不大合适的。基督新教与天主教一样要进行宗教教育，而且他们也在进行这种教育。在学校里监督教育的权力属于它的牧师，如同在教堂里向它的信徒们传教是一样的。

至于第五种设想，我试图将它看作是最有可能的，也是最致命的。我已经说过，正是由于对权利保持沉默，人们才忘记了这些权利，而从忘记权利开始，人们就开始侵犯这些权利了。当然，我不相信会回到宗教迫害的年代；但是，从亨利四世到路易十四，也正是通过这样的途径，基督新教徒们看到他们合法存在的权利被剥夺了。他们现在仍是人数众多，十分富有，受到信任。他们也值得人们无论在什么地方遇见他们，都要关怀他们，处理他们的事务，承认他们的权利。作为政府，即使为了自己的利益，忽略新教徒也是十分错误的，他们的事业不再同昔日法兰西那样，是一种单独的、孤立的事业。它以一种密不可分的方式同全法兰西的总事业联结在一起。新教徒的权利与思想自由的总权利，思想自由的总权利与所有宪法权利，它们是一个整体，它们捆绑在一起，一荣俱荣，一损俱损。一点小问题就这样变成具有普遍性的问题，人们不停地要在整个新秩序层面上遇到它，我知道这是令人讨厌的，然而，这却是事实。应该明白的是，不要以为对某些学生听几节课的权利保持沉默，对某些牧师对学校的视察权利保持沉默，这种事只会令几个家庭不安，只会引致人们一些模糊与有限的担心。

我粗略地谈了 2 月 27 日法令制定时所可能考虑的几种设想，我阐明了它们是十分危险的，是没有正当性的。现在涉及根本问题了。应该明白什么是权利，政府做了些什么，又忘记了什么，人们要求它做什么，它又拒绝了什么。

我上面引述的那些条款有双重目的。它们宣布了主教们对王国学校里宗教教育的监督权，它们也规定了由国家招聘的、从事宗教教学的指导神甫——公务员的命运。这样一来，一方面，国家教授宗教；另一方面，学校的宗教教育由主教们监督，他们保留着宗教教育的裁决权。

这里有两个问题。国家是否应该像承担天主教宗教教育的费用一样，也承担起基督新教的宗教教育费用呢？无论国家承不承担新教徒宗教教育的费用，对宗教教育的监督权都属于基督新教的牧师们，这种监督权是不是应该像天主教宗教教育正式赋予天主教的主教或他们的副手一样，真实地赋予基督新教的牧师们呢？

我将这两个问题分别提出来，因为人们将这两个问题人为地混在一起了。在将它们混在一起之后，同一名大臣在解决它们的时候就分别使用不同的方式了，两位大臣在同一天里，同一个地点，给出了相互矛盾的解决方法。它就像下面所述这样发生了。

一些对于行政部门的要求向科比埃尔先生提出来了。有一些要求仅仅涉及第二个问题，局限于要求再发布一个补充法令，承认新教的牧师们在学校里对他们教派的学生拥有同于天主教主教的可监督本教派学生宗教教育的权力。应该由谁来承担新教徒宗教教育的费用——是由国家直接承担还是国家让新教徒自己承担的问题一点也没有提出来。在这方面，人们只是局限于对宪法做出一定的保留，对未来提出一点愿望。

对于这样的要求，科比埃尔先生做出了回答，根据 1808 年 3 月 17 日学校组织法第 38 条的精神，国家只承担天主教宗教教育的费用，新教徒们应自己承担他们孩子的宗教教育费用。在这样的情况下，新教的牧师们事实上有权利监督新教的宗教教育，在这方面会给他们提供所有便利。但是，他拒绝公开地、正式地承认这种权利。

这样一来，为了拒绝人们对他提出的要求，他却回答了人们并没有提出的要求，以人们丝毫也不否认其存在的法令来保护人们指责的另一个法令。与此同时，他正面宣布新教的宗教教育永远都不可能由国家任命的公务员来承担，永远都不可能由国家来负担这笔费用。

又有其他的一些要求提出来了，这一次将两个问题一并提出来，既要求承认普遍的监督权利，又要求在某些新教徒学生人数已使得设立新教指导牧师成为必要的学校里，进行相应的设置。

对于这些要求，科比埃尔先生否定性地回应了第一部分，其理由一直是与这个问题风马牛不相及的。然后他马上又改变了立论基础，采取就事论事的态度，说他将研究在人们向他说起的那些学校里，是否有必要和可能设立基督新教的指导牧师。

这样，他引用了一个普遍性的原则来拒绝了人们的一个普遍性的要求，而对于这个普遍性的要求，该原则是不适用的。他也表明了，自己决定，在一些特定情况下，人们可能害怕看到这一原则获得执行时，便不执行它。

问题交到了下院议员们的手中，这个问题没有得到很好的说明，未获澄清。然而，在那里，科比埃尔先生仍是时而支持他的行政答复，时而违背他的行政答复。帕基耶先生驳斥了科比埃尔先生的说法。

在维护 2 月 27 日的法令，批驳所有的责难，解释和附加意义时，科比埃尔先生说："假如（在某所王家中学里）新教徒学生人数足够多，他们就会拥有一位该教派的特别牧师，其费用由学校负担……这已成定规。"

假如这已是事实，已成定规，那么，科比埃尔先生在别处所提到的，关于学校中只应该提供天主教宗教教育，只应该负担天主教宗教教育的费用的原则又如何办呢？他在议会的讲台上否认了他在公告中庄严宣布的原则。帕基耶先生抓住了这一点，就在议会的讲台上予以反击，他说："尽管所有的学生都应该以同样的便利被接纳到课堂上和寄宿的宿舍中，然而，不信仰国教的学生却不能够接受他自己的宗教教育。但是，人们不反对他从自己教派的牧师那里接受宗教教育，可是，这样一来，就意味着不是大学在对他进行宗教教育，大学只进行国教的宗教教育。"

这真让人一头雾水！言论与行动之间，行动与原则之间，甚至原则与原则之间都存在多么荒唐的矛盾！我深信，可能更为荒唐的还是，人们发现，两位大臣以难以置信的轻率态度，相继发表互相矛盾的言辞。

我们最好还是将这些相互矛盾的言论归纳为几个简单的概念，其所面对的问题本身是容许这么做的。

假如大学只负责提供天主教的宗教教育，并负担其教育费用；假如大学与基督新教的宗教教育毫无关联，新教的教区会议及牧师们领导与监督学校宗教教育的权利就不明确；这种权利只能是默示的，暗淡的；它就需要每时每刻地正式宣示，这才是使新教徒家长们对其孩子在公立学校中受到的宗教教育感到放心的唯一保障。这样，人们越是将自己困在我所提出的这种假设中，人们拒绝这样的保障就越是错误的；人们越顽固地坚持这种拒绝，其引起的恐惧就越是正当的。

但是，由大学任命和承担费用的指导牧师来进行基督新教的宗教教育就真的是闻所未闻，有悖于法律与事实吗？帕基耶先生确认了这一点，而科比埃尔先生则一会儿确认，一会儿否认。下面就是法律与事实。

（1）共和 12 年风月 19 日的政府决定规定（第五十条）："假如在城市中有一所公

立中学，又有一座或几座不同宗教的场所，信仰不同宗教的学生的宗教活动以（天主教）同样的方式进行。（第五十一条）假如没有这样的宗教场所，在天主教学生做弥撒时，就会让那些非天主教的学生接受福音精神的教育。”

帕基耶先生引用了这条规定，肯定地说：“这些规定在所有有条件适用的学校都完全有效。”我一点也不相信这么肯定的说法，但是，最终我们的对手自己也承认共和12年风月19日的决定仍然具有法律效力。

（2）事实上，人们也应该赋予1808年3月17日学校组织法第五十八条以应有的意义。下面就是它的原文。“帝国的所有学校，其推行教育的基础是天主教的教义等。”这是不是就是说，无论他们的信仰如何，天主教的教义在所有的学校里向所有的学生教授呢？很明显，丝毫不是这样的。是不是就能说基督新教的宗教教育与大学毫无关联，没有一个地方在进行这种教育呢？也不是这种情况，因为就是那条法令在斯特拉斯堡与日内瓦设立了两个基督新教的神学院（第八条），这两个学院是大学的一部分，其教授是大学任命的，由大学付薪酬。你瞧，基督新教的宗教教育正式建立，并依照公共教育体系的目标限定，而纳入该体系之中了。

此外，在斯特拉斯堡的王家学院内，也一直有路德宗的指导牧师存在，负责本教派学生的宗教教育，并由大学给付薪酬。

因此，无论从法律上讲，还是事实上，1808年3月17日的学校组织法第五十八条内都不包括我批驳的结果。人们有时想将它从法律中剔出去，新教徒们也不停地反对扩大这条模糊的法律条款的适用范围，他们告诉我们，该条款与其他一些一直有效的条款相矛盾，甚至与公立学校的存在本身相矛盾。1819年，在德卡兹内阁统治时，这些要求被接纳了。这个内阁决定，在新教徒学生人数达到一定数量的王家学校里，任命一个新教的指导牧师，设立新教讲坛，让这些学生接受本教派的宗教教育。这些条款在巴黎的路易大帝中学执行了，假如现任内阁不中止这项法令，可能还要在其他一些学校里执行。当有人对我讲述这个党派的牢骚时，真有点让人泄气。埃利萨加莱神甫在法国中部巡行时，很正式地对新教徒宣布，他不赞同这类措施，他将以他所有的权力来反对这种作法。可是，这是些什么措施呢？人们提出了一些什么样的要求呢？科比埃尔先生不久前在讲台上讲出来了，“在所有新教徒学生人数达到一定数量的学校里，都会有他们教派的一名特别牧师，学校将负担这位牧师的费用……这是这方面的定规”。

事实上，这正是应该建立的规矩，人们也已开始建立这个规矩，而科比埃尔先生

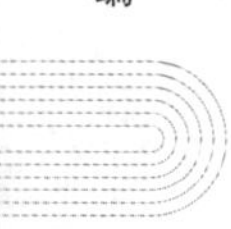

的内阁却在停止执行它。这各种规矩出自宪章原则的必然延伸，这难道不是很明显吗？宪章的文本中就规定各种宗教都得到同样的保护。当在大学里已经有了基督新教的神学院，从它们的领袖那里得到了教师和应有的对待，当在斯特拉斯堡和巴黎已经有了基督新教的指导牧师，当人们承认共和 12 年风月 19 日的法令有效的时候，最后当大学的领导人们自己都在议会的讲台上宣布人们要求的在各处已经在执行时，还去援引 1808 年 3 月 17 日法令第五十八条难道不是儿戏吗？事实并不如此，因为如果那是事实，人们为什么还要提出要求呢？事实是，假如人们不了解一个无原则的政府的尴尬处境，假如人们不了解这个党派在精神上的遁词，人们就不可能理解这种自相矛盾的说法所造成的混乱，它的唯一目的就是避免公开地将这条法令神圣化，避免让一项人们不敢反对也不敢取消的法律权利在全国普遍落实。

该权利是明确的。一方面，它限定自己，仅仅要求一项真正的宣示——这是科比埃尔先生所曾拒绝做的——该项宣示已包含在 1816 年 2 月 29 日关于小学教育的政令之中，而在 1821 年 2 月 27 日关于普遍的公共教育的法令中却对其避而不谈了；另一方面，则是要求完全执行科比埃尔先生错误地认为已经得到完全执行的规定。

论宪政和其他人类制度的生成原则[1]

约瑟夫·德·迈斯特　著

王立秋　译

前　言

政治，可能是所有科学中最为棘手的，因为要在其诸种要素中区分常态的东西与变化的东西，这是一种不断翻新出现的困难。它呈现了一种非常奇特的现象，其设计是如此精密以至于一切审慎的人在治国的要求面前都要颤抖。常识在这门科学中最先感知为明显的真理的东西，一旦经过经验的检验，几乎总会被发现不仅是错误的而且是灾难性的。

让我们从基础开始。如果人们从未听人谈论过政府，而被要求，比如说，在等级君主制和选举君主制之间做选择的话，我们应该公正地认为，决意选择前者的人是一个疯子。反对等级君主制的论证的推理看起来是如此自然，以至于没有必要去重复它们。

然而，历史——它就是实验的政治——却表明等级君主制是最稳定、最合适，对人来说也最自然的；而选举君主制，相反，却是已知的最坏的政府形式。

在人口、商业、禁止性的立法和其他大量重要的主题上，看似最有道理的理论，几乎总是与经验矛盾或被经验推翻。让我们来引述几个例子。

用什么方法来使国家变得强大？“首先必须以一切可能的手段来鼓励人口（的生育）。”（经验表明）正好相反，一切倾向于直接鼓励人口生育，而不作其他考虑的法律，

[1] 译文所据底本为 Joseph de Maitre, *Essai sur le Principe Générateur des Constitutions Politiques et des Autres Institutions Humaines*, Paris : A la Société Typographique, 1814。

都是坏的。甚至有必要努力在国家中建立一种倾向于减少婚姻数量，使它们不那么仓促的道德力量。在统计图表中所展示的出生率大于死亡率，通常表明的只是贫困人口的数目等。法国经济学家概略地论证了这些真理，而马尔萨斯的作品则完成了这些论证。

该如何避免食品短缺和饥荒？“没有什么比这更简单了，应该禁止谷物的出口。”（经验表明）正好相反，必须给出口谷物的人津贴。英格兰的权威的例子已经迫使我们忍受这一矛盾了。

怎样维持对一个国家有利的汇率？“毋庸置疑，削减各种出口，用严厉的禁令来确保这个国家所购买的数量不会多于它出售的数量。”（经验表明）正好相反，这些手段在使用的时候，总是使汇率恶化，或导致同样的结果，使一个民族的债务增加；而相反的举措却总会改善汇率，明显地使这个民族的国际信用相较于其邻国上升等。

但是在宪法（la Constitution）甚至是在诸帝国（des Empires）——这是政治里最实质性也是最根本的东西——当中，我们才最常观察到那种与常识相反的经验结果。据说德国哲学家发明了元政治（学）（Métapolitique）这样一个词，该词之于政治（学）（Politique），一如形而上学（Métaphysique）之于物理学（Physique）。这个新术语看起来很适合用来表达政治的形而上学，因为确实存在这么一种东西，而那种学问值得深刻的关注。

一位专注于这方面的思考并力图领会社会大厦的隐匿基础的匿名作家，在他于近20年前提出以下这些命题，把它们当做与当时的各种理论相反的不容辩驳的公理的时候，相信自己是正确的。

（1）没有一部宪法是出自于审慎思考（délibération）的。人民的权利绝不是写下来的，除非作为对先前就有的，不成文的权利的简单宣示。

（2）（在宪法形成中）人的行动是如此地受限，以至于行动的人不过是构成环境。

（3）人民的权利，恰当地说，几乎总是从主权者的让步中来的，因此可能是历史性地确定的；但主权者和贵族的权利，人们既不知道其起源，也不知道其创建者。

（4）这些让步本身永远是在一种使它们（这些让步）成为必要的事态之后发生的，这种事态也不依赖于主权者而发生。

（5）尽管成文法（lois）只是对既存的法权（droits）的宣告，但这远不意味着所有的法权都是可以成文的。

（6）成文的东西越多，制度也就越弱。

（7）没有哪个民族能够给自己自由，如果它本就没有自由的话，[1] 因为人的影响无法超出对于既有权利的发展。

（8）按照严格的定义，立法者是非同寻常的人，也许只属于古代的世界和民族的青年（时期）。

（9）甚至是这些立法者，尽管他们有巨大的权力，也只是对已有的部分进行组合罢了，而他们也总是以神（Divinité）之名展开自己的行动。

（10）在某种意义上，自由是君主的礼物，因为所有自由的民族都是由君主建立的。[2]

（11）从来不曾有一个自由的民族，在它自然的宪法中没有和它自己一样古老的自由的种子。也不曾有任何民族的如下尝试——通过它本质上成文的法律，来发展出在它的自然的宪法中已存在的权利之外的权利——成功过。

（12）一群人所组成的无论什么样的集会，都不能形成一个民族。确实，这样的事业可以列于最令人难忘的蠢行之中。[3]

自 1796 年，我们引用的著作 [4] 的第一版出版之日以来，看起来，这世界上还没有发生什么事情，让这位作者放弃他的理论。相反，我们相信，这一次，完整地阐发这一理论并探寻它所有的含义是值得的。其中最重要的一个，无疑是在同一部作品的第十章中的这些主张。

人无法创造主权者。他至多也只可能是一个废除主权者并把他的王国移交给另一个本身便是君主的主权者的工具……此外，从来没有过一个王室家族，人们可以将其世袭追溯到平民。如果这样的现象出现的话，那么它就会标志着一个新的世界时代的开始。[5]

我们可以思考这个主题，神意最近才以一种足够庄严的方式证实了它。但谁知道我们时代无知的轻浮会不会十足严肃地说："如果祂（神意）曾想这样做过，祂岂不是还会在位吗？"正如一些人在两个世纪后还在重复这样的话："如果理查德·克伦

[1] 这可以到马基雅维利那里去找证据，"一个习惯于在君主之下生活的人民，即便他们通过某种偶然变得自由，也难以维持他们的自由"。《论李维》，Ⅰ，16。

[2] 在现代君主制中应该承认这点的重要性。由于所有这种合法的和神圣的自由（franchise）都必然出自于主权者，故而一切用武力从他那里强取的都是受诅咒的。"写作法律"德摩斯梯尼公正地评论道，"算不得什么。使人想要它才是一切"。（*Olynthiacs*,《关于奥林图斯事务的演说》，Ⅲ）但如果主权者与人民的关系真是如此的话，那么，关于（这样）一个民族，也就是说——用最温和的语言——关于少数几个头脑发热，要对合法的主权者提出一部宪法——对一个被围困的将军投降的人一样——的哲学家，我该说什么呢？那是不适宜的、荒谬的，以及最主要是徒劳的。

[3] 这里要再次引用马基雅维利，"任何同样的组织过程，都只能是依赖于一个个人的头脑与手段，这是很关键的一点"。《论李维》，Ⅰ，9。

[4] *Considération sur la France*（《论法国》），Ch. Ⅳ。

[5] Ibid., ch.x, part 3.

威尔有他父亲的天才的话，他就会把摄政之位固定在他的家族里了。”这和说“如果这个家族没有停止统治的话，那么它就会一直统治”是一样的。

经上如此写道，是我创造主权者。[1]这不简单地是一个教会的句子或传道者的修辞，它是一个逐字记录的真理，简单而明显。它是政治世界的律则。上帝创造（确如字面所云）君主（主权者）。他准备了诸王族，在隐藏他们的起源的云之中，使他们成熟。然后他们出现，以光耀和荣誉加冕；他们登上王位，这是他们的正当性的最确凿的证据。

王族仿佛是独力前行，一方面不伴随着暴力，一方面也不为深思熟虑所标记，而是伴随着某种难以表达的壮观的宁静。要刻画这样一种时间急于为其圣化的起源，在我看来，正当的僭夺（usurpation légitime）是一种合适的表达（如果不是太鲁莽的话）。

不要被最杰出的人的表象所眩惑。有谁比那个不同寻常的人——他的陨落仍然响彻欧洲——更集它们（最杰出的人的表象）于一身呢？人们从未见过如此坚实的主权之外表，从未见过如此之多的手段之汇聚，从未见过更有力、更活跃、更令人生畏的人。长期以来我们看着他把二十个因恐惧而沉默落魄的民族踩在脚下。最后，他的权力如此稳固，以致令任何希望都感到绝望。然而他陨落到了如此之低的位置，以至于人们的怜悯之心会看到他，却怕自己被他沾染到而退缩回去。而且，我们可以出于一个有些不同的原因评论说，谈论这个人，和谈论将世界从他手中夺走那个威严的对手，已变得同样艰难。一个消逝于藐视，而另一个则超脱于赞美。但我离题了。

在一部只为圣彼得堡的少数人所知的作品中，作者在 1810 年写道，“如果在两派人参与革命冲突的时候，如果我们看到高贵的受害者跌落一旁，那么我们可以打赌这一边最后会赢得胜利，哪怕一切表象都与之相反”。

最后，通过一种最为引人注目也最出人意料的方式，证明了这一论断的真理性。道德的秩序有它的法则，就像物理秩序一样，而对它们的探究，非常值得一位真正的哲学家的沉思。在一整个世纪的无意义罪行之后，是时候反思一下我们是什么，并把所有知识回溯到它的起源了。这种考虑，使得这本小册子的作者，在将它藏于文件夹中 5 年之久之后，决定让其见天日。他保留了原来的日期并逐字呈现当时的形貌。善意促成了这部著作，这对作者来说可能更糟，因为情操有时和爱情一样盲目。尽管如此，他还是具有一项众所周知的特权。无疑他可以在不重要的点上不时地犯错。他可以夸张，或说的太过于自信；品味或语法可能失当，如果真是这样的话，如果有这样的情况的话，对心怀恶意者来说就更好了。但是他深刻地希望不会使任何人感到不高

[1] 《箴言》8:16，和合本为“王子和首领，世上一切的审判官，都是借我掌权”。

兴，因为他爱整个世界。而且，他确定（这部作品）会使一个广大而可贵的阶级的人感兴趣，同时不会伤害到哪怕一个人，他有完全令人放心的自信。

一

这个世纪所有最大的谬误之一——这一谬误足以涵盖世纪的所有谬误——是相信宪法可以先验地被书写和创造。尽管理性和经验都一致地确认，宪法是神的作品，而在一民族的种种法律中，那最根本的、本质上最成其为宪法的，恰是那不可被书写的。

二

问法国人“萨利克法写在哪本书里？”，常常被认为是一个经典的玩笑。但热罗姆·比农（Jérôme Bignon）的回答——非常恰当且很可能他本人也没有认识到他所说的一切的全部真理——指出，它写在法国人的心里。让我们假设，事实上，一部如此重要的法律之所以存在仅仅因为它被写下的话；那么，当然了，任何可能写下它的无论何种权威，都有权利废除它。这样一来，法律就不会拥有神圣和不朽的特征，而正是这些特征，使真正成其为宪法的法律突出出来。一部根本之法的本质在于，没有人有权废止它；然而，假如它是由某个个体所创立的话，它又如何超越于全体之上呢？人民的同意是不可能（做到这点）的，即便当真如此，它也只应是别的什么东西，是合约（accord）而不是法律（loi），而且约束不了任何人，除非存在一个为它提供保障的更高的权威。洛克力图在统一意志的表达中发现法律的特征，但他以此方式碰巧发现的却正是那排除了法律之观念的特征。事实上，统一的意志形成规约（règlement）而非法律，而规约显然且必然地假设一个使自身得到服从的更高级的意志。[1]“在霍布斯的体系中（同样的体系在洛克的笔下，在我们时代如此流行），民法的力量仅仅依赖于一项契约。然而，如若不存在责成人们贯彻这些制成法的自然法的话，那么，这些法律又有何用？承诺、约定、誓言不过是言辞而已，打破这种轻佻

[1] “自然状态中的人只有权利……在进入社会的时候，我放弃了我私人的意志以使我自己与作为普遍意志的法律一致。”（《法国观察者》（*Le Spectateur Français*），Ⅰ，p. 194）正当地嘲弄了这个定义，但他本可以进一步地观察到，它（这个定义）属于时代，尤其属于洛克，后者以如此有害的方式开启了这个世纪。

的关系与形成它同样地容易。倘若没有一个神圣立法者的教义的话，那么，一切道德的义务就不过是奇想而已。一方面有力，另一方则无力——这构成了人类社会的整个联系。”[1]

这位明智而深刻的神学家这里关于道德义务所说的一番话，也同等地适用于政治或公民的义务。法律——除非它源自于某个更高的意志——并非真正的法律，也不具备真正的法律的神圣性。因此，法律的本质特征正在于，它并非全体的意志；否则法律——正如我们刚才评论的那样——就只是规约了。而且，正如刚才引述的那位作者进一步指出的那样。“那些有制订这些规约之自由的人并没有带走自己撤销这些规约的力量；而他们的后代，对规约的制订毫无参与，就更少遵循它的限制了。”[2] 这正是最初的常识的来源，幸好古人不是从种种诡辩中，而是从在一切方面高于人的某种力量之中获得常识，要么通过承认主权来自于上帝，要么通过对出自于上帝的某些不成文法的尊崇，来寻求法律的神圣性。

三

罗马法的编纂者在他们编纂的法典的第一章中，很谦逊地加入了一个极为著名的希腊法理学的片段。那段话是这样说的，在治理我们的法律中，有的是成文的，有的则是不成文的。没有什么比这更加简单也更加深刻了。存在任何明确允许主权者不经法庭的中介决断而直接判处一个人死刑的土耳其法律吗？我们听说过任何禁止基督教欧洲的主权者这么做的成文法，甚至是宗教的成文法吗？[3] 然而土耳其人在看到他的主人直接判处一个人死刑的时候，并不比看到他去清真寺时更惊奇。就像所有的亚洲人，甚至和所有的古人一样，他相信直接判处死刑，是主权合法的附属物。但我们的君王会在处人死刑的赤裸意图前战栗；因为，在我们看来，这样的责罚将是种卑鄙的谋杀。但我怀疑，通过某个根本的成文法律来禁止这种行为，而又不至于产生比我们意图的那些邪恶更大的邪恶，这是不可能。

[1] 贝尔吉埃（Bergier）：《论宗教的历史与教义》（*Traité historique et dogmatique de la religion*），Book Ⅲ，Chap. iv。（在德尔图良 [Tertullian]：《护教学》[*Apologeticus*], 45 以后。）

[2] Ibid..

[3] “教会禁止她的子女，甚至比民法更为强力地禁止她的子女充当他们自己的审判者；而正是经由教会的精神，基督教的君主才禁绝此类行为——甚至对重大叛国罪来说也如此——才把罪犯移交到法官手中，也才有可能根据正义的种种法律和形式而受到惩罚。”——（帕斯卡 [Pascal]：《外省人信札》[*Lettres Provinciales*, XIV]）这段话非常重要，而且应当随处可见。

四

咨诸罗马的历史，元老院的权力确切来说是什么。她（历史）是沉默的，至少就此权力的确切的界限而言，她只字未提。确实，通常我们看到，人民的权力与元老院的权力相互制衡，又无止息地相互对抗。我们也观察到，爱国心和疲惫，软弱或暴力终止了这些危险的争斗。但除此之外，我们并不知道什么。[1] 在审视这些伟大的历史场景的时候，我们有时会受到诱惑，相信如果有专门的法律来界定这些权力的话，事情可以变得更好。但这只会是个大错，这样的法律，永远为预料之外的案例和被迫的例外所害，要么持续不到 6 个月（就会被废除），要么就会侵蚀共和国的基础。

五

英国的宪政对我们来说是一个更为切近，因此，也更为显著的例子。无论是谁，只要留心考察，都会看到它只是通过停步来前行（elle ne va qu'en n'allant pas）（如果这种文字上的游戏是可以接受的话）。它只是通过例外来维系自身。比如说，人身保护权（Habeas corpis），如此经常且长期地遭受悬置，以至于人们也开始怀疑，是不是例外已经成为了法律。假设在某个时刻这个著名法案的作者开始（用它来）裁定那些它本可以悬置不用的案例的话，他们的行为将在事实上废止这种权利……

六

1807 年 6 月 26 日，在英国下院会议期间，一位领主援引一个伟大政治家的权威来说明，国王在会议期间无权解散议会。但这个意见遭到了驳斥，（这方面的）法律在哪里？试图立法，并通过诉诸文字来专门限定国王在什么情况下具有此项权利，那你就是在制造一场革命。一位议员说，“国王在重大场合下具有此项权利”，但什么是

[1] 我经常思考西塞罗的这段话，–*Leges Livœi prœsertim uno versiculo senatûs puncto temporis sublatœ sunt*。［元老院只用了一句话和片刻就废除了李维法（中译参见商务版《国家篇 法律篇》第 189—190 页：“——马：那么，你认为提梯乌斯法或阿普列乌斯法实际上根本就不是法律？——昆：不是；李维法也不是。——马：你说得对，特别是因为元老院只用了一句话和片刻就废除了这些法律。而那我已经解释了其本质的法律却既不能废除也不能取消。”——译者注）］–（《法律篇》[*Laws*]，Ⅱ，6.）元老院因何权利而得此自由？而为什么人民会允许他们这么做呢？这当然不易回答；但在在这种问题上，我们又能对什么感到惊奇呢，既然在所有那些关于历史和罗马古人的书写之后，我们的时代中竟然有必要为认识元老院如何自我组建而撰写专论。

重大场合？有本事就试着也通过诉诸文字来对此作出决定吧。

七

但是，还有另一个更为独特的事实。全世界都记得在1806年在英格兰纷争不断，引起如此认真对待的那个大问题，即“在担任司法职务的同时，又在枢密院占有一席之地，是否符合英国宪政的原则？”在同一届下院的会议期间，在三月份的第三天，一位议员指出，“英国为一个不为宪法所知的机构（枢密院）所治理”。只不过，他补充道：“这个机构是得到默许的。”[1]

因此，在这个明智的、以公正著称的英格兰，存在一个参与治理，在事实上无事不做的机构，但却不为宪法所知。德洛尔默（Delolme）忽视了这个特征，而我则用许多其他的特征来证实这个特征。

尽管如此，人们还是告诉我们，书面的宪政和宪法可以得到先验地制造。我们不能设想一个明白事理的人和议会会想象这样一种幻想之物存在的可能性。如果有谁想要在英国制定一部法律，以赋予枢密院一种宪法上的存在，继而制定调整并严格限制其特权与职权，以防它滥用权力的预防措施的话，那么他会毁了这个国家。

真正的英国宪政是那种可敬、独特且超于一切的公共精神，它超越一切赞美，引导一切，维持一切，保护一切。成文的东西什么也不是。[2]

八

18世纪末，人们对一位大臣发起了强烈的抗议，他构想了这样的一个计划：在一个混乱动荡，一个以某种极度的激动需要某种宪政的王国，引进这种同样的英国式的宪政（或者随便被称作那个名字的什么东西）。他错了，如果你高兴的话当然可以这么说，但至少这是一个以善意行动的人所犯下的错误，有足够的理由作此假设，我也真心诚意地相信这点。但那时谁有权利责备他呢？也许有几个，要么就没有（Vel

[1] This country is governed by a body not known by Legislature. ——迈斯特注
迈斯特这里把枢密院和内阁混为一谈，在他提到的争论中，后者才是争论的问题。——译者注

[2] 英格兰动荡的政府，休谟说，一直波动在特权利（previlige）与特权力（prerogative）之间，这一整体提供了许多可为双方辩护的先例。——（《英国史》[*History of England*]，“詹姆士一世”[James 1], ch, xlvii, 1621）休谟在如此言说这个真理的时候，也不乏对自己国家的尊敬；他既说出了实然，也说出了应然。

duo, vel nemo)。[1] 他没有声称他意欲摧毁任何他自己赞成的东西。他说，他仅仅希望用一种在他看来合理性的东西来替代一种已经不再有人需要，且正处于这个原因而不再存在的东西。而且，如果这个原则——人能创制宪法——能够成立的话（事实上它也得到了人们的承认），那吗，这位大臣（他当然也是一个人）也同样与别人一样，甚至比别人更有权利去创造自己的宪法。关于这点的学说有人质疑吗？各方面的人们难道不都对此深信不疑吗：宪法是智力的产物，就像一首颂诗或悲剧那样。难道托马斯·潘恩（Thomas Paine）没有带着令世人倾倒的深刻宣称“只要不能被装进人们的口袋，一部宪法就算不上存在”？自信到无以复加的18世纪，实际上当然对什么也不会犹豫，我不相信这个时代出产了任何有才能的新人——无论是谁，在离开学校的时候都没有完成了以下三件事情：新的教育体系、宪法和世界。因此，如果，一个年龄和才能均已成熟，深谙当时的经济学和哲学的人，仅在这三件大事中的第二件上作出尝试的话，那么，我就应当视之为极度低调的人了。但在我看到他，在用经验来替换那些愚蠢的理论（至少像他相信的那样）的同时，满怀敬意地要求英国的宪政，而不是制造自己的宪法的时候，我承认他在我看来就是一个具备智慧与谦逊的奇才了。人们会说，这样做也是不可能的。我知道，但他不知道，他怎么可能知道呢？你指出一个曾告诉他这一点的人让我来看看。

九

我们越是考察宪法形成过程中人类行动的影响，也就会越发地确信，人类的行动只以极度次要的方式，或者说作为一个简单的工具参与其中。我不相信人们对以下命题不可辩驳的真实性还会有所怀疑。

（1）宪法的根本原则先于一切成文法而存在。

（2）宪法性的法律，是也只能是对预先存在的、未成文的权利的发展和认可。

（3）最本质的、内里最具宪法性的、真正根本的东西，永远不是成文的，也不可能是成文的———旦成文，必将威胁国家之生存。

（4）宪法的缺陷与脆弱实际上与宪法的成文条款之繁复性直接相关。[2]

[1] 也许，有几个，要么就没有。波修斯（*Persiu*），Ⅰ，3。——译者注

[2] 这可算是对塔西佗（Tacitus）著名评论的评注—*Pessimæ Reipublicæ plarimæ Leges*。{国家弊端登峰造极之日，正是法律多如牛毛之时。《编年史》[*Annals*]，Ⅲ，27。（中译参见商务译本上卷第155页）}

十

在这点上，我们为一种如此自然，以至于全然不为我们所见的诡辩所欺骗。因为人行动，所有他认为自己独自行动；因为他对自己的自由有所意识，所以他也就忘记了自己的依赖性。在物理次序中，他聆听理性；因为尽管他能够，比如说，种下橡果并加以浇灌等，他还是能够确信这一点，即他并没有（凭空）造出橡树，因为他见证了没有人力襄助的橡树的成长和完善；而且，他也没有造出橡树。但在社会次序中，在他在场、行动的地方，他却完完全全地相信，他真的是为他所做的一切的唯一作者。这在某种意义上，就像泥刀自以为是建筑师一样。人无疑是一种自由、有智性的、高贵的存在；但他不过是上帝的工具——根据普鲁塔克在一个美妙段落中快乐的表达那样，这段话足可以顺理成章地引述于此。

“我们不必怀疑，世上最美丽和最伟大的事物均为上帝的意志与神恩所造。看，在世上一切最伟大的、原则性的成分之中皆有灵魂。因为灵魂的器官和工具乃是身体，而灵魂则是上帝的工具。正如身体本身有许多运动，也正如更伟大和更高贵的东西均是源自灵魂那样，对灵魂来说甚至也如此。它的一些运作是自动的，而它的其他运动，则为上帝所指示、规训和引导，因这些运动使祂喜悦。存在本身即是可能（存在）的最美丽的器官和最灵巧的工具，因为风、水、云和雨当为上帝的工具，上帝以之滋养、供给许多造物，也摧毁许多其他造物，而他却不用生灵去执行他的一些工作，这确实是件奇怪的事情。因为说完全依赖于上帝的力量的他们，应当服从祂的指导并完成祂所有的意志，要比说应当服从塞西亚人（Scythians），竖琴和芦笛应当服从希腊人，要合理的多。”[1]

没有人能写得（比这）更好了，我不相信这些美妙的思考，除应用在宪法的形成上之外——在这里我们也可以说，人什么都做了，同时又什么也没做——在其他地方还能得到更为恰当的使用了。

十一

如果有什么是人人都知道的，那就是西塞罗在伊壁鸠鲁体系——这种学说希望建立一个原子在空间中随机下落的世界——的主题上所作的类比了。这位伟大的演说家

[1] 普鲁塔克的《七贤会饮》（*Banquet of the Seven Sages*）。

说，“我宁可相信，文字被扔到空中之后，会在落下的时候以如此的方式自动排列为一首诗”。成千上万种声音已经重复且称赞过这个观念；然而，据我所知，还没有人为它补上最后那缺失的一环（必然的推论）。让我们假设，将印刷的活字大量地从空中撒下，它们在落地的时候形成拉辛的《阿达利》（*Athalie*），随之而来的推论会是什么？某种智力指导着活字的坠落和排版。除此之外常识不能得出其他结论。

十二

现在让我们来思考某种宪法，比如说，英国的宪法。它肯定不是先验地造就的。英格兰的政治家们从来就没有聚集到一块说，“让我们来创设三权，以如此的方式来平衡它们”等。他们中没人动过这个念头。宪法是诸多境遇的作品，而这些境遇的数目是无限的。罗马法、基督教会法、封地法，萨克森、诺曼和丹麦的习俗，各种等级的特权、偏见和野心，战争、叛乱、革命、征服和十字军，一切种类的德性和恶习，各种知识，所有的谬误与激情，——所有这些要素，简而言之，共同作用，并通过它们繁复至无数的混合与互动，结合而形构的要素，在许多世纪后，终于生产出这最最复杂的统一体，这种为世界所见的政治权力的令人满意的均衡。[1]

十三

既然这些被如此投射到空间中的要素，以如此美妙的次序安排自身，而无须在这个广阔舞台上行动的无以计数的群众——其中的单个个体对于对其行为与全体的关系一无所知，也预见不到会发生什么——那么，不可避免地，这些要素自然也就在其下落中接受一只高居于人类之上的无差错的手的引导。在一个愚蠢盛行的时代，也许，最大的愚蠢就在于相信，根本的法律可以先验地写作，而这些法律，显然是一种高于人类的力量的作品。而在它们存在长久之后再把它们文字化的努力，是这些法律已丧

[1] 塔西佗相信这种政府形式不可能在理想的理论或短暂的实验之外存在。“所有政府中最好的”，他说（正如我们知道的那样追随着西塞罗），“是作为相互制衡的三权混合的结果的那种政府；但这种政府不可能存在，或者说，即便它有所显现，也不能长久持续下去”。（《编年史》，Ⅳ，33。[中译参见商务版第 223 页：“每一个国家或城邦的统治者或许是人民、也许是贵族、或许是一些人，这三种统治方式适当配合起来的政体比较容易得到别人的称赞，然而却不是容易创造的。而且即使创造出来，它也无法长久维持下去。”——译者注]）然而，英国人的明智，却通过持续却或多或少地，让理论，或所谓的原则服从于经验和谦逊的教益，使这种政治制度比想象的要持续得更久：倘若这些原则是成文的，那这种情况就是不可能的。

失效力的最确实标志。

十四

引人注目的是，上帝，在屈尊与人类说话之后，亲自在祂通过祂无尽的仁爱给予我们的两次启示中，展示了这些真理。一位在我看来非常聪慧之人——在我们的时代，因他在自己著作中展示的时代、宗派、习俗的最为可怕的偏见和最纯洁的意图、最富德性的情感以及最有价值的知识之间的绝望的斗争而造就了一个纪元——我要说，他坚决主张，“直接来自上帝的教导，或只在其命令中方才给定的东西，必须成为人类对此在（cet Etre）之存在的最初保障。”事实与此相反，因为这种教导的首要特征并非直接昭示上帝的存在或属性，而是以人们已知的全部为前提，而不论我们是否理解为什么或何以至此。因此，它说的不是存在，或你必须相信仅有的这一个唯一的上帝、永恒者、万能者等。它以纯粹叙事的方式（而且这是它的第一句话）说，太初、神创造等，通过这种表述，它假定这一信条在成文之前就为人所知晓。

十五

让我们继续来看基督教，它是所有可以想象的制度中最伟大的，因为它全然是神圣的，是为所有人和一切时代所设的，我们会发现它服从于普遍的法律。当然，它神圣的作者全然可以自己把它写作成文，或者让人把它写作成文。但祂两样都没做，至少没有以立法的形式为之。新约，在立法者死去，甚至在祂的宗教奠立之后，展现的仍然是一种警示、道德戒律、劝诫、命令、威胁等组成的叙事；但它绝不是以命令形式表达的教义的汇总。福音书的作者，在描述上帝甚至直到最后还爱着我们的时候，本有很好的机会通过写作来命令我们的信仰；然而，他们却自我收敛，防止宣告或判定任何事情。确实，在他们令人钦佩的故事中，我们读到的是，去传道！但根本不是，传这样或那样的道。如果教义出现在这神圣的史家的笔下，那么祂也仅仅是把它当做某种已为人知的事情来表达的。[1] 那些后来出现的信经，是为使自身得到承认，或为

[1] 十分引人瞩目的是，甚至福音书的作者，直到后来，才拿起笔来写作，这主要是为了反驳在他们时代出版的那些虚假的历史著作。列入《圣经》的书信也是始于偶然的原因。《圣经》从来没有进入奠基者的原始计划。密尔（Mill），尽管是新教徒，也明确地承认这点。（《前言》[*Proleg.*]，载《新约希腊文版》[*Nov. Test. Græc.*] p. 1, No. 65。）霍布斯在英国也发表过相同的看法。（《荣誉学位考试》[*Tripos*]，Ⅲ。）

驳斥时下的谬误而作出的信仰的表白，在这些信经中，我们读到，我们相信；但永远不是，你要信。作为真正的祈祷者，我们个别地复述它们；我们在庙堂里，用丝弦的乐器，和箫的声音来咏唱它们[1]，因为它们是谦恭、信心和信仰的惯用语句（formules），它们的言说对象是上帝，它们不是对人类颁布的训令。我会很愿意看到《奥格斯堡信纲》（*Confession d'Ausbourg*）或《三十九条信纲》被谱上曲儿，那该有多诙谐！[2]

最初的信经远不包括对我们全部教义的宣告；相反，那时的基督徒会把对全部教义的宣告视为大罪。圣经也如此，不存在比这——试图在圣经中寻找基督教义的总体——更肤浅的念头了。在这些著作中，没有哪怕一行字，对某种建构一切信仰条款之法典或教条式声明的计划进行规定甚或暗示。

十六

不仅如此，如果一个人民拥有了这些信典（Codes de croyance）中的一个，我们就可以确定以下三件事。

（1）这群人的宗教是虚假的。

（2）这群人是在狂热的发作中写下其宗教的法典的。

（3）这部法典在不久之后在这个民族中遭到嘲笑，它既不会有力也不会持久。比如说，那些著名的条款（ARTICLES）就如此，它们"签的人比读的人多，读的人比信的人多"。[3] 这些教条目录不但在诞生的国度算不了什么或近于形同虚设；而且，甚至在外邦人的眼中，这些卷册的拥有者被它们弄得窘迫不堪，也是很明显的。事实上，他们自己就很想摆脱它，因为民族的心灵，在时间的启迪下，已经日益厌倦了它。而且，它还让他们回想起那令人不快的起源：那宪法是（人为）写就的。

十七

无疑，英国人也绝不会要求《大宪章》（*Grande Charte*）——倘若这个民族的特

[1] In chordis et organo，诗篇 150:4。

[2] 理性只能言说；咏唱的，是爱；因此我们咏唱我们的符号；因为信仰只是信念，经由爱，她不仅寓居于理解，她还进一步穿透并在意志中扎根。一个哲学神学家曾经真诚而机智地说过，"在相信和判断必须信仰什么之间是有差别的。"（Aliud est credere, aliud judicare esse credendum.）见里奥纳德·莱修斯（Leonard Lessius）：《神定论》（*Opuscula, De predestinatione*; Lyons, 1661）。

[3] 参见吉本（Gibbon）：《吉本自传》（*Autography*）。（参见三联书店 1988 年出版的戴子钦译本。——中译注）

权没有受到侵犯的话。同样，如果这些特权在《大宪章》前不存在的话，他们也不会要求它。从这点来看，对国家和教会来说都一样。如果基督教从未受到攻击的话，那么，它就绝不会为确定自己的教义而使之成文；而如果这些教义不以其自然的状态——即口头（的形式）——先行存在的话，这些教义也不可能因成文而确定。

特利腾大公会议（Concil of Trent 或译特伦托公会议、特林议会）的真实作者是16 世纪两位伟大的改革家。[1] 他们的门徒现已变得更为平静，从那以后就提议我们废除这部根本的法律，因为它包含着一些对他们来说过于强硬的言语。他们也试图通过向我们展示这就是重新统一——而这次重新统一将使我们成为共犯而不是朋友——的代价来诱惑我们，但这种要求在神学和哲学上都不是正当的。此前他们自己就把那些现在使他们感到厌倦的文字引入宗教的语言。但愿他们现在学会如何表达它们。如果诡辩的对手从未强迫人们写下信仰的话，那么它将比现在要纯净一千倍。信仰为这些背叛迫使它不得不作出的，那些永远不幸的决定而哭泣，而这些决定，永远是罪恶，因为它们全部以怀疑或攻击为假设，而只有在最危险的骚动中，才会出现这样的决定。战争状态在真理四周筑起了这些值得敬重的防护。无疑，它们保护了它，但同时也隐藏了它。它们使真理变得牢不可破，但同时也意味着从此真理也变得更加难以企及。啊！这可不是它所热望的，它可是想要把全人类拥入怀中的呀。

十八

我已经说到作为信仰体系的基督教，现在，就其数量最为巨大的信众（association）而言，我将把它思虑为一种主权。众所周知，基督教采取的是君主制；而这也是应然之事，因为，信众越多，君主制，出于事物的本性，也就变得越发必要。人们尚未忘记，在说出“法国在地理上就是君主制的”这句话时，就算是一张不纯洁的嘴巴，也会因此而惹人喜爱。的确，要以某种（比这）更加讨人喜欢的方式表达这个不可辩驳的真理是困难的。但如果法国的幅员就排除了一切其他政府形式的观念的话，那么，这种依其构造的本质属性而在全球每个角落都布有臣民的主权（即基督教），就更有必要，必然只能是君主制的了；而在这点上，经验完美地符合于理论。如果承认这点的话，那么，谁不会相信这样（一种制度下）的君主，在领袖的特权上比其他任何政体都得到了更为严格的界定和限制？然而事实上发生的一切却与这种想法截然相反，读读那

[1] 回顾阿里乌斯（Alius）时代人们也可以这么说。教会不会试图写下她的教义，她总是被迫这么做的。

些为对外战争，甚至某种兼具利害的内战而衍生的卷帙浩繁的著作的话，你会发现每一方都是只引证了事实，而这尤其是一件引人注目的事情。在每个人都认为对宪法来说最为根本的那些问题上，这个最高的法庭一直允许争议的存在，而不希望以某种正式的法律来对此作出决定。因此，如果我没有严重地误解的话，那么，这应当是出于这个问题的重要性。[1] 有些无甚权威的，因懦弱而鲁莽的人，在 1682 年的时候，不顾那位伟大的人（的反对），曾试图对此作出决断；而这是世上犯下的最为重大的愚行之一。它对我们来说还仍然存在的遗产，无疑在各方面都应当受到谴责；但正是从一个至今尚未得到思虑的特征来看才尤其如此，尽管它比另一些特征更应得到开明的批判。（这个特征就是）著名的《宣言》竟胆敢通过写作，而在并无显然必要性的情况下——这就把错误推到了极致——来决定应当留给为普世良知所启迪的某种实践智慧去处理的问题。这就是与这种工作的设计完全契合的唯一的一种观点，但它也完全值得每一个公正的头脑和正直的心灵深思。

十九

这些观念（就其普遍的意义而言）并不为古代的哲学家所知。他们敏锐地感觉到，书写对于伟大制度的无能——我差不多要说——虚无；但他们中没有一个比柏拉图更清楚地看到这个真理，或更出色地表达这个真理的了，后者，总是最先发现伟大真理的踪迹。据柏拉图，“完全把书写当作其指导的人，只占有智慧的表象”。“话语”他补充道，“之于书写正如人之于人的画像。书写出来的文字在我们眼中显得栩栩如生，但如果你对其提问的话，它们会保持一种庄严的沉默。同样，书写作品并不知道该对一个人说什么，也不知道该对另一个人隐藏什么。如果你无理地攻击或冒犯它的话，它不能维护自己；因为作者永远不在场维护其作品的存在。因此，任何想象自己有能力只通过书面文字来确立一套清晰而持久的学说的人都是十足的大傻瓜。[2] 如果他真的占有真理的种子的话，那么，他就不会纵容这样的想法，即只用一点笔墨他就能使真理的种子在时间中生根发芽，防卫它们免受季节的严酷，并赋予它们必要的效力。至于那写下法律或公民宪法，幻想因为他写下这些东西，他就有能力给它们足够的明

[1] 我不知道英国人是否评论过，这里提到的主权的最为博学和热诚的保卫者把他作品的一个章节题为：受贵族制和民主制驯服的混合君主制比纯粹的君主制更好。（贝拉明 [Bellarmine], [*De Summo.*]. Pontif.，Ⅲ，3。）对空想家来说，这还不坏！

[2] 用文字来支持文字，他就过于愚蠢了。我们国家的每一个人，都要担心这种过度，不要让它变成流行病。

晰性和稳定性的人，无论是谁，是一个平民还是一个立法者，他都是在自取其辱——无论我们是不是这么说。因为他因此也就证明他对灵感与谵妄，对与错，善与恶的性质一概无知。而这种无知是一种责备，尽管整个粗俗的大众都会把它赞颂。”[1]

二十

在听完异教的智慧之后，不妨也来进一步聆听基督教的哲学。

“这对我们来说确实是可欲的”一位最雄辩的希腊教父如是说：“永远不需要书面文字的帮助，而让神的戒律仅仅借神恩而书写在我们的心上，就像人们把它们用墨水写在书上那样。但既然我们已经出于自身的过错而失去了这样的恩典，那么，就让我们——因为这是必然的——抓住木板而非（整艘）船吧，但无论如何别忘了初始状态的优先性。上帝从未在书写中对旧约的选民启示任何事物，祂直接对他们说话，因为祂看到了他们心灵的纯洁；但希伯来人民已经堕入罪恶的深渊，书籍和律法也就变得必要。同样的事情也发生在新的启示的帝国治下，因为基督并没有给祂的使徒留下任何书写作品。与书本相反，祂许诺他们以圣灵。正是祂，我们的主对他们这么说，将教你说你应当说的话。但因为在时间的过程中，有罪的人背叛了信仰和道德，诉诸书本才变得必需。”[2]

二十一

人们会发现，全部的真理都能在这两部权威中找到。它们展示了那种深刻的愚昧（像柏拉图那样说话当然是可以接受的，他从未失掉他的脾性），那种深刻的愚昧，我说的，体现在那些想象立法者是人，[3] 法律不过是数页纸，而国家则可以用墨水来建构的可怜的人们的身上。相反，他们表明，经文始终不变地是软弱、无知或危险的标志；而一个制度越完善，相应地，它书写的也就越少，因此真正神圣的东西，根本就不以书写之物作为它的基础。这一切，为的是让我们感觉到，一切成文的法律只是一种必要的恶，它不过是出于虚弱或人类的恶意。它根本就没有权威，无论什么权威都不可能具有，除非它得到过去的，不成文的许可。

[1] 柏拉图：《斐德罗篇》（*Phaedrus*），XV。

[2] 屈梭多模（Chrysostom）：《关于圣马太的讲道》（*Homily on St. Matthew*），I, i。

[3] 在大卫诗篇无数令人钦佩的闪光的段落中，我挑出了以下这句话：*Constitue Domine legislatorem super eos, ut sciant Gentes Quoniam hominess sunt*。也就是说，“主啊，在他们之上指派一名立法者吧，这样众民族就会知道他们自己不过是人。”这是个美妙的句子。（这句话出自诗篇 9:21。——中译注）

二十二

这里我们只能为一个如此令人不快地使欧洲分裂的体系的根本错误而哀悼。这个体系的信徒曾经说过，我们只相信上帝的言（parole，道，言语）。这是对词语怎样的一种滥用！这是怎样一种对神圣事物的奇特而可悲的无知！我们只相信上帝的言（语），而我们亲爱的敌人却顽固地下定决心只相信《圣经》。就好像上帝可能或愿意改变祂作为作者创造的事物的本质，并给经文它本不具有的生命和效力似的！那么，《圣经》——它是不是一部书写之作呢？它难道不是用些许笔墨草拟出来的吗？它知道有必要对一个人说出什么，而对另一个人则保留什么吗？[1] 莱布尼茨和他的女仆在其中读到的难道不是相同的言语吗？这些经文除言的影像（Portrait du Verbe）外还能是别的什么东西么？尽管在这方面它值得敬重，但如果我们询问它，难道它不是必须保持某种神圣的沉默吗？[2] 如果它遭到攻击或侵犯，在其作者缺席的情况下它能保护自己吗？荣耀属于真理！假如言，永生的言，没有使经文充满生机的话，那么，它就永远不会成为言（Parole），也就是说，生命。因此，让其他人随他们的喜欢，去乞灵于那沉默的文字吧，我们将平静地对这虚假的上帝微笑，以温和的渴望，期待着那个时刻的到来，那时候，它醒悟了的信徒们，将投入我们过去为拥抱他们已经张开了三个世纪之久的怀抱。

二十三

但凡头脑健全的人都会相信这点，只要他在重要性和普世性上同样引人注目的公理上稍加思考。这条公理便是，没有什么伟大的东西会具有伟大的开端。对于这个法则，在一切时代的历史中都找不到一个例外。*Crescit occulto velut arbor ævo*[3]，是一切伟大制度永恒的箴言。因此，通过文字表达得多的，正是那些错误的制度，因为它感到自己的孱弱，并（意图以此）寻求支撑。从刚才表达的真理，我们可以得出这样一个更加不可变易的结论：没有一种真正伟大和真实的制度，能够奠立在一部成文的法典之上，因为人本身，作为制度成立的持续的工具，并不知道它会成为什么，也因为在事物一切可能的次序中，只有不可觉察的生长才是持久的真正标志。在作为主权者的教皇那里，我们可以找到这类力量的显著的例子，但在这里我不打算从教义来探讨这个

[1] 参见上文。

[2] 柏拉图：《斐德罗篇》，X。

[3] 穿越世纪悄无声息地增长，像一棵树。贺拉斯（Horace）：《颂歌》（*Odes*），Ⅰ，12。——译者注

问题。自 16 世纪起，一群有才干的作家，就下了很大的功夫，通过回溯基督教的起源，来确定这点，即罗马的主教，在最初的几个世纪，并不是他们后来的那个样子；并因此假设——作为得到广泛承认的一种观点——不见于原始时代的一切事物，都是滥用。这里我要说，当然我也没有争辩和冒犯任何人的意思，他们在这样的努力中展示的哲学和真正的知识，差不多就是他们在襁褓中的婴儿那里寻找成人的真实尺寸中错失的智慧。我在这里所说的主权，像其他主权一样诞生，也像其他主权一样生长。而无论什么制度，一诞生即成熟，将是最大的荒谬和真正的逻辑上的自相矛盾。如果这种力量（无疑此类力量还有很多）的开明而慷慨的敌人，从这点上考察问题，就像我诚挚地祈祷他们这么做的那样，我不怀疑，所有这些反对，从古人那里出来的一切反对，都会像一阵轻烟一样从他们眼前消失。

至于滥用，这里我一定不能在它们身上浪费任何时间了。我只想说——既然我已经提到这个主题——在这个伟大的主题上，18 世纪已经给了我们充足的反驳这些宣称的资源。这样的一个时代即将到来，那时，饱受抗议的，比如说，像格里高利七世那样的教皇，将在各国得到承认，被认同为人类的朋友、守护者和救主——被认为是欧洲最必不可少的天才。

没有人会对此表示怀疑——一旦法国知识分子成为基督新教徒而英国的知识分子成为天主教徒，——将来的某天，这一切都会发生。

二十四

然而，此时此刻，要用什么穿透性的文字，我们才可以使自己的声音传到那个被写作冲昏了头脑，如此猜忌于（不成文的）言语，以至于相信人可以创造宪法、语言甚至主权的时代耳中呢？在这样一个时代，对它来说现实全部成了梦想，而梦想倒全部成了现实，它甚至都看不到在它眼前发生的一切。它使自己埋首于书本，并从修昔底德或李维那里寻求暧昧的教益，同时又对在时代公报上闪光的真理闭上眼睛？

倘若一介凡人的欲望，也有资格从神恩（Providence）那里得到那些构成历史伟大时代的值得纪念的信条之一，那么，我要请祂来启迪一些强力的民族——这些民族曾以在政治上自我建构的骄傲想法严重地冒犯了祂——在此基础上开始他们的行动。而如果，尽管我无甚价值，但某个大主教的古老世系还是愿意听我说话的话，我会说："把一切许给这个民族吧！给他们天才、知识、财富、见识，尤其是那无限的自信，以及同时柔韧而又充满事业精神的脾性——什么都不能阻挡它，什么都不能威胁它——吧。消除她古老的政制，带走她的记忆，摧毁她的激情，在她身旁散布恐怖，使她的敌人盲目而麻木，让胜利充满她对所有边界的守护，以便她的邻国无法干涉她的事务，或扰乱她的运作。让这个民族在科学上卓著，在哲学上丰富，充盈人力，摆脱一切偏见，一切束缚，一切来自上级的影响。赠予她她欲望的一切，这样她就不能在某个时候说，我缺少这个，或我受限于那个。简言之，让她自由地以自己无限的手段行动，以便最终她在您永恒的保护下，成为人类永恒的教益。”

二十五

无疑人们不能期望某种按字面意义来说是奇迹的境遇之组合，但历史中次序相类的事件——如果还不那么引人注目的话——确实在这里或那里有所出现，甚至在我们时日的历史中也如此。而尽管它们作为例子并不具备我刚才要求的那种理想的力量，但它们还是指向了一些重要的教益。

在不到 25 年中，我们就已经见证了为一个道德上染疾的伟大民族的复兴而作出的一次庄严的努力。这是那个伟大事业中的第一次试验，而且也是——如果我可以这么说的话——后来我们读到的那部惊世骇俗的著作的前言。一切预防措施都准备好了。这个国家的明智的人们相信，在外国的圣殿中向现代的神明咨询是他们的义务。他们给德尔菲写信，两位著名的大祭司以适当的形式给他们回信。[1] 在这种情况下，他们宣布的神谕，并不像古代那样是轻盈的树叶或微风的吹拂，它们是捆束起来的。

...Quidque hœc sapientia posit,

Tunc patuit...[2]

然而，必须要承认，在这个民族（Nation）全然出于其自身良知的东西之中，有许多在今天能够激起我们的尊敬的东西。一切准则无疑都统一于受召管理政府的那个明智而令人敬畏者的头脑中。维持古代法律的核心关注，使得人们为公众利益做出了伟大的牺牲；为了强化至高权威，人们甚至允许改变对于主权的修饰词。可是，哎，一切人类的智慧都是有错的，而一切都在死亡中终结。

[1] 卢梭和马布里。

[2] 无论在这里的是何种智慧，它都是开放的。——译者注

二十六

有人会说:“但我们知道是什么导致了这一事业的失败。”那么,是怎么一回事呢?难道上帝一定要派出以人形出现，肩负摧毁宪法之命令的天使吗?第二因（secondary causes，辅因，继发性的原因，次要的原因）总是必要的。至于它们是什么，这又有什么关系呢?所有工具，在那个伟大的工匠手中，都是有效的。但人们是如此盲目，以至于如果明天又有某个宪法贩子来组织民族，用些许黑墨来构造它们的话，群众又会再一次急切地相信（他们）宣告的奇迹。他们又会说,什么也不缺,一切都预见到了,一切都写下了,而确切来说,正因为一切都看到、写下和讨论过了,这点也才变得明显,即，宪法是空洞的，只提供转瞬即逝的表象。

二十七

我相信我在某个地方读到过，很少有主权能够证明其起源的正当性。承认了这一论断的正当，并不会因此而使一位遭到众口非议的统治者的继承人变得非法。或多或少掩隐其权威之起源的迷雾，只是一个缺憾，它是道德秩序的一个法则的必然结果。否则，结果就会是，只有通过所有人民的商议——也就是说，靠人民的恩赐——主权者才能合法地进行统治了。这绝对不会发生，因为没有什么话，比《论法国》（*Considerations on France*）一书的作者所说的更真实的了：人民总会接受他们的主人而绝不会对他们加以选择 [Ch.IX.]。这点是必不可少的,即,主权的起源,必须显得超乎人力的领域之外,这样，甚至那些看起来直接影响它（即主权）的人，也只是外在的环境罢了。至于正当性，如果它的起源看起来晦暗的话,那它也可以为上帝在此世的首席大臣——时间——所解释。尽管如此，当我们处在观察立场上的时候，某些当代的异兆并没有对我们产生大的误导，这也是真的；拓展这一观念，就是另一部著作的事情了。

二十八

因此，一切都把我们带回到那个普遍的法则：人不能创制宪法，正当的宪法不可能被写下来。那些必然构成一个公民的或宗教的社会的根本法的汇编绝不是也绝不会是被先验地写下来的。只有在社会发现自己已经构成，却不知道（这一切）如何（发生）的时候，特定的法律条款才可能在写作中为人所知或得到解释。但几乎不变的是，这些宣告总是非常巨大的邪恶的起因或结果，它们总让人民得不偿失。

二十九

对宪法不可被先验地写下或制成这个普遍的法则来说，我们只知道一个例外：摩西的立法。只有这个例外，可以说，被一个无与伦比的人像一座雕像一样铸就，事无巨细地写下。他说，"随它去吧（FIAT）！"事后这部作品永远不需要他本人或其他任何人的更正、补充或修订。只有这个例外，经得起时间的考验，它不从时间那里借鉴什么也不从时间那里期待什么。它存续了1500年，而且，甚至在那个在命定之日打击它的巨大的厄运之后，又过去了8个世纪，我们又看到，它重生并依旧以某种无名且神秘的纽带，维系着离散却不分裂的那个人民的形形色色的星散的家庭。像磁力一样，它以某种类似的力量，在远处起作用，使许多相距甚远的部分成为一体。显然，对聪明的人来说，这一立法超越了人类能力的界限，并且是那个只屈服过一次，屈服于其作者（即上帝）的普遍法则的了不起的例外。仅凭这一例外就展示了这位伟大的希伯来立法者（所负）的神命，比英国的教士（Prelat Anglais）全部工作做的还要好，后者，拥有最强大的心智之力量和巨大的博学，却不幸地通过一个悲惨的谬误来支持这个伟大的真理。

三十

既然一切宪法的原则都是神圣的，随之而来的结果便是，人对宪法无能为力，除非他寻求上帝的帮助，并因此而成为上帝的工具。[1] 这是一个真理，全人类一直对这个真理进行着激荡人心的见证。考诸历史——历史就是实验的政治——我们就会看到，诸民族的摇篮一直为祭司所包围，我们就会听到要求上帝襄助以弥补人类之缺陷的呼告。[2] 寓言，对那些准备好理解它的人来说比古代的历史还要真实，这进一步佐证了

[1] 我们可以使这一论断普遍化并宣布，无一例外地，任何制度，倘若不是建立在宗教的基础上的话，无论如何也不可能持续下去。

[2] 柏拉图，在一个可惊叹的、完全是摩西式的段落中，谈到了这样一个原始的时代，"当时，神把帝国之兴建与管理（的要务）托付给恶魔，而不是人"。因此，在说到创造可持续的宪政的时候，他补充道："事实是，如果神不对城邦的建立负责，而它只是从人类开始的话，那么它就不可避免地遭受着最大的恶。因此，以一切可能的方式模仿原始的进程是必要的；在相信人有非道德的部分的情况下，我们必须通过把（最高的）智能者的意志奉为家族和城邦的法律。如果一个国家（无论它的形式为何）是建立在恶习的基础之上且为把正义踩在脚下的人所统治的话，那么它就不可能是安全的。"（柏拉图，《法律篇》，Ⅳ，713-714）

这一论证。奠立城邦的永远是神谕，它总是一道宣告神佑和奠基英雄之成功的神谕。诸王，特别是新兴的帝国的首领，经常以某种不同寻常的方式为上天所指派，差不多（可以说为上天所）标记。[1] 多少轻浮的人曾嘲笑过圣瓶（Holy Ampulla），却从来没想到，圣瓶只是一个表意符号，它唯一需要的，只是阐释。[2]

三十一

诸王的加冕礼也出自同样的根源。从来没有什么比国王的加冕礼更有意义、更值得尊重的仪式——或更确切地说——信仰的告白了。教宗的手指总要触摸新君的前额。许多在这些奥古斯特的仪式中只看到野心的动作，甚或迷信与僭政的蓄意合谋的作家，反对这个真理，他们几乎都在悖逆自己的良知。这个问题值得研究。有时主权者寻求加冕，有时加冕礼要求主权者。在其他情况下，拒绝被加冕则被视作独立的标志。我们足够熟悉为正确判断这一缘故所需的事实，但仔细地区别不同的人、不同的历史时期、不同的国家和不同的崇拜形式是必要的。这里，只要强调在帝国建立时援引神力的那个普遍而永恒的意见就够了。

三十二

最著名的古代诸民族尤其是像埃及人、伊特鲁里亚人、斯巴达人和罗马人那样最严肃、最明智的民族，正是那些有着最虔敬宗教之宪法的民族；而帝国持续的时间也总与宗教元素在宪法中获得的影响力的程度成比例。“最尊敬神明的城邦和民族总是最明智最经久的（城邦和民族），正如最具宗教性的时代总是天才最出众的（时代）。”[3]

三十三

唯有宗教使民族文明开化。没有其他已知的力量能够对野人产生影响。在这点上，

[1] 在争论中，人们经常使用圣维克托的理查德（Richard of Saint Victor）的这个著名的法则：“*Quod semper, quod ubique, quod ad omnibus*（凡是在各地、经常被所有人相信）。”但这个法则是普遍的，它可以这样表达：一切恒定不变的，普世的信念都是真实的，而无论何时，只要为不同民族所特有的特定条款与之分离那它就是虚假的［刨除为全体所共有的不说，剩下的部分也是一个真理（即除掉普世这个部分以外的，恒定不变的都是真的这个论断也是真理——译者注）。］

[2] 出于事物的本性，每个宗教都会提出一套类似于它的神话。出于这个原因，基督教的神话永远是纯粹的，永远是有用的，并经常是崇高的，然而（出于特别的原因）它决不能与宗教本身混为一谈。故而，基督教的神话不可能是有害的，它往往值得充分的关注。

[3] 色诺芬：《回忆苏格拉底》，Ⅰ，iv，16.

无须诉诸古代那些决定性的证据，在美洲我们就能找到可见的明证。带着我们的法律、我们的艺术、我们的科学、我们的文明、我们的商业和我们的奢侈品，我们已经在那里待了三个世纪。我们改变了多少野蛮呢（我们从野蛮的状态中拉拢过来多少呢）？什么也没有。我们用剑和酒精毁灭了这些不幸的人。我们逐渐把他们赶向荒原的中心直到最后他们彻底消亡，他们是我们的恶习和我们残酷的优越感的受害者。

三十四

可曾有哲学家想过离开自己的故土和愉悦，为在美洲野人身上唤起他们对所有野蛮恶习的厌恶，并给他们某种道德的目的，而去美洲的森林中追寻他们？[1] 他们做得更好。他们炮制精致的书本来论证野人是自然状态下的人，我们所有人应该渴望变得和他们一样。孔多塞说过，传教士只把可耻的迷信带入亚洲和非洲。[2] 带着某种不可设想的加倍的愚蠢，卢梭也说过，对他来说，传教士看起来不比征服者高明多少。[3] 确实，他们（这些哲学家）的领头人放肆地（可他又有什么损失呢？）对这些古人会奉以为神的和平的征服者进行了最粗俗的嘲弄。[4]

三十五

然而，完成这样一个如此超越人力甚或人类意志的奇迹的，却是传教士。他们只身穿越辽阔的美洲大陆，从一端到另一端，以提升人类的精神。他们只身完成了世俗的权力甚至都不敢想象的事业。但巴拉圭的传教士是无与伦比的。在那里，宗教在使人开化文明上独占的权威和能力得到了最为显著的标记。这一奇迹已得到人们的赞誉，但还不够。18 世纪的精神和另一种同谋的精神，已经足够强大到部分地窒息了正义甚至钦佩的声音。也许有一天（因为我们确实希望这些伟大而慷慨的努力会再次出现），在建立在某个古老的大平原上的繁荣的城市中心，这些传教士的（天）父会有他的雕像。

[1] 确实，孔多塞曾向我们许诺，哲学家会不断地为原始民族的文明化和福利承担起责任（在他的《人类精神进步史纲要》中）。我们等着看他们开始呢。

[2] 同上。

[3] 《致巴黎主教的信》。

[4] “那么！我的朋友们，你们为什么留在家里呢？你们也许不会在那里发现更多的恶魔，但你们会发现同样多的愚蠢。”（伏尔泰：《风俗论》[Essai sur les Moeurs et l' Esprit], Introd,《论巫术》[De la Magie]）在别的任何地方你们都不会发现（比这本书中的）更多的胡闹、粗鄙和糟糕的品味。然而，这本书，其中几乎没有一个章节不包含类似（于上面的引文）的段落，这华而不实的玩意儿，一些现代的爱好者居然毫不犹豫地称之为人类智力的丰碑。无疑，（它）就像凡尔赛的教堂和布歇的画。

人们可以在它的底座上读到如下文字。

给基督教的奥西里斯
你的使者遍及全球
把人救出苦难、
残酷和野蛮
教导他们农业
给他们立法
教他们认主侍主
因此而驯化不幸的野人

不是通过武力
他们不需要武力
而是通过温柔的说服，道德的颂扬

并通过赞美诗的力量
使人相信他们就是天使。[1]

三十六

现在，我们想起，这个立法的僧侣次序——在巴拉圭，这个次序仅因德性与才能

[1] 统治埃及的奥西里斯，通过教他们播种耕作，给他们法律，通过教导他们尊重和崇拜众神，而迅速把埃及人从贫困、苦难和野蛮中提拔出来。而后，在世界范围内，他再次在不使用任何武力，而是通过温柔的说服和蕴含在歌曲和一切种类的音乐中的规谏来吸引和赢取大多数民族，而再次做到了这点。希腊人认为他就是巴克斯本人。（普鲁塔克．伊西斯与奥西里斯 [D' Isis et d' Osiris]. 阿米欧 [Amyot] 译）最近，（人们）在贝诺布斯考特河的一个岛上，发现一群野人，他们还以在最好的唱诗班那里也找不到的精确，用他们的语言，和着教会的音乐，唱许多虔诚而有教育意义的赞美诗。波士顿教堂中歌唱的最美的风度之一，便来自于这些印第安人（他们在四十多年前从他们的老师那里学到这种风度），尽管自那时起这些不幸的人便不再受益于宗教的启迪。（《法兰西信使报》[*Mercure de France*], 7 月 5 日，1806 年）。

萨尔瓦特拉（Salvaterra，对一个传教士来说这是一个多么美妙的名字！）神父，被恰当地叫做加利福尼亚的使徒，他去会见有史以来最难对付的野人的时候，随身携带的不过是他擅长演奏的一支长笛。他开始歌唱：我相信你，哦我的上帝！等。男人和女人们都一样地围绕在他身边安静地聆听。穆拉托里（Muratori）在说到这位非凡的人的时候，说道，这看起来就像俄耳甫斯的寓言，但谁知道在相似的情况下他会不会失败呢？只有传教士理解了那个寓言并证明了它的真理。戛然，他们发现了那种值得与这些伟大的故事联结的音乐。他们给他们在欧洲的朋友写信说："给我们寄来伟大的意大利作曲家（创作）的歌曲吧，以便在没有小提琴的复杂伴奏的情况下（发出）最悦耳（的声音）。"（穆拉托里，《基督教的快乐》[*Christianesimo felice* Ⅻ]，284.）

的权威而长久居于支配地位，甚至都不必从对最远的立法权威的谦卑的服从出发。这一次序，如我所说的那样，同时在我们的监狱、医院和我们受蔑视的殖民地解决了穷困、疾病和绝望最可怕、最可憎的那些方面。这些人—— 一经呼吁就会急切地躺到稻草床上的穷人身边——在最有教养的圈子里也不会格格不入。他们登上断头台，对人类正义的牺牲者（即为实现人类的正义而不得不牺牲的人）说出最后的话，并匆匆退出这些恐怖的场景，走进布道坛，到国王面前慷慨陈词。[1] 他们在中国舞动画笔，在我们的天文台上操作望远镜，在野人那里吟诵俄耳甫斯的抒情诗，他们拔高了路易十四的整个时代。在现在，我们意识到一个由变态的大臣、疯狂的法官和无耻的文官组成的可鄙的联盟已经有能力，在我们的时代，拆毁这个美妙的制度并为此而弹冠相庆的时候，我们就像看到一个洋洋得意地在踩踏钟表，叫喊着我要停止你的噪音的傻子。可我在说什么呀？傻子可不是罪犯（而那些大臣、法官和文官是有罪的——译注）。

三十七

我应当将论述主要放在帝国的形成上，因为它是最重要的主题。但所有的人类制度都服从同样的法则，除非它们以存在之整体（toute existence）为基础，否则它们（人类的制度）就是无意义或危险的。这个原则是不可否认的，对于把一切都投向混乱，甚至触及社会结构的根基，把教育变成纯粹科学的一代人，我们还能想到什么呢？没有什么过错比这更可怕的了。因为一切不以宗教为基础的教育体系，都会在一瞬间崩溃，要不然，就只会毒害整个国家，“宗教之存在”正如培根恰如其分地说的那样，“是使科学免于腐朽的香料”。

三十八

人们经常会问：“为什么每个大学里都有神学院？”答案很简单，“这样大学才得以存在而教育也不至于腐化。”起初，大学只是神学院，其他学院都依附于它，就像拱卫他们的女王的臣民那样。公共教育的大厦建立在这样的基础之上，才一直持续到

[1] “我也要在君王面前，论说你的法度，并不至于羞愧。”（诗篇 119:46，译文自和合本）这是一段可以放到布尔达卢埃（Bourdaloue）的画像下边，他的一些同事也配得上的铭文。

我们今天。那些在自己国家推翻这种制度的人会长期地为此而突然懊悔。要烧毁一座城市，只要一个孩子或一个疯人就够了。要重建它，则需要建筑师、材料、工人、财资以及最重要的——时间。

三十九

也许给人类带来同等损害的，还有那些尽管保留古制的外在形式，却乐于在内部腐化它们的人。现代大学对欧洲大部分地区的道德和民族性格的影响已经很常见了。[1] 在这方面，英国大学保留的声誉，比其他国家都要好，这也许是因为英国人更清楚如何在正确的时刻保持沉默或称赞自己，也许，这也是因为在那里，他们不同寻常的充满活力的舆论，比其他地方更有效地保护了这些历史悠久的学校，使它们免于公众的诅咒，然而，最终它们也必将屈服，而在这点上，吉本邪恶的心灵已经给我们披露了一些奇特的秘密。[2] 简而言之，要继续总结的话，如果我们不回到那些古老的箴言，不把教育之牛耳，重新放到教士手中的话，以及如果科学不被统一地贬到次属的品级上的话，等待我们的，就是不可估量的邪恶。我们会因科学而变得残忍，而那种残忍是（所有）残忍中最糟糕的一种。

四十

创造不仅不是人的领域，他无助的力量看起来甚至不能改进已经建立的制度。如果有什么事情对人来说是显然的话，那就是，在宇宙中存在持续冲突的两种对立的力量。没有一种善的东西不为恶所玷污或改变。一切恶也都会遭到善的压制和攻

[1] 这里我不会允许自己公布我自己的观点，无论在别的地方，公开它们可能有多大的价值。但我相信，对任何人来说，重新公布已经公布过的，引用一个德国人所说的关于德国的话都是合法的——没有人能够指责他醉心于旧式的观念。他这样说他的国家的大学：“所有我们德国的大学，甚至最好的，也亟须一场道德的改革。甚至最好的大学，也变成了深渊，成群的青年在其中无可挽回地失去了他们的纯真、健康与未来的幸福，而从这些深渊里爬出的则是心智与灵魂皆毁的造物，与其说是社会的助益不如说是社会的负担。愿我的这几页话成为青年的保护！让他们在我们大学的门前读到以下铭文吧：‘年轻人！你的许多同胞在这里丧失了他们的幸福和他们的纯真。’（冈普 [Campe]：《青年教育行纪》[*Recueil de Voyages pour l'Instruction de la Jeunesse*]，Ⅱ，129.）

[2] 参见他的《自传》，其中，在一些关于他的国家的大学的高贵的评论之后，他特别说到了牛津：“她乐意否认我是她的儿子，我也愿意否认她是我的母亲。”无疑这个本应对这一声明敏感的、慈爱的母亲，给了他这样一段绝妙的墓志铭：LUBENS MERITO。

威廉·琼斯爵士在他给恩奎蒂尔先生的信中落入了另一个极端，但这给他带来了荣誉。

击，它持续地推动所有存在走向一个更加完满的状态。[1] 这两个力量无处不在。我们在植物的生长、动物的发育、语言和帝国（这是两件密不可分的事）的形成，以及其他许多过程中，同样地观察到它们。很可能，人类的力量只能到这样的程度，即除恶或与恶斗争，从恶中解放善，恢复善依其本性而生长的力量。著名的萨诺第曾经说过："要把事情变好是很难的。"[2] 这个思想在极度简单的外表下隐藏了一种深刻的寓意。它完美地契合于奥利金的另一个想法，但是后者就担得起一本书的篇幅。"在人间"他说，"若无神助，没有什么可变得更好。"[3] 所有人都会感觉到这个真理，甚至都不用有意识地去意识它。正是出于此，所有明智的人才会本能地抵制创新。改革这个词本身，在经受详细的检视之前，对明智的人来说永远是可疑的，而每一代人的经验，都证明了这种直觉。我们太清楚这种思辨中最吸引人的那些的结果了。[4]

四十一

把这些普遍化（的归纳）应用到一个特例之上，正是出于对基于简化的人类理论创新之严重危险的单独考量，而不相信我在议会改革——后者如此深刻而长久地植根于英国人的心灵——（这样）的大问题上也能够持有理性的观念，我才凭感觉进而相信这个观念是危险的，而且，如果英国人太过激进地屈从于这个观念的话，他们会为之而后悔。但是，改革党人说（因为这是一个经典的论证），"滥用是令人震惊的，不可否认的；而一个滥用，一个缺陷，可能是宪法性的么？"无疑，它当然可以是宪法性的，因为一切宪法在本质上都有不可能从中抽离的缺陷。而且——所有将来的改革者都应该三思而行——这些缺陷可能随环境而改变，因此而显示得像新的缺陷一样。通过展示它们现在是什么样

---

[1] 一个希腊人会说：*pros ipanorthosin*。人们可以说，走向总体的复原，哲学可以相当贴切地从法学那里借用这一表达，它在这个新的语境中惊人地恰当。至于这两种力量之间的对立和平衡，它已经是很明显的了。"善对立于恶，生对立于死。如此看至高者的所有作品，事事两两出现，彼此对立。"（Ecclesiastes 33:14–15，"教会书"或"西拉奇书"或"耶稣之子西拉奇智慧书"，是一部伪经，译文出自译者之手。——译者注）

我们可以附带说：因此也就有了理想的美的观念。自然中没有什么是它所应是的样子，但真正的艺术家，能够说上帝就在我们心中的人有觉察美的最不残缺的容貌，并把它们拼凑起来已形成一个只在他的心智中存在的整体的神秘的能力。

[2] 向善是艰难的（*Difficile est mutare in melius*）。（引自《都灵皇家学院学报，1788–9》[*Transunto della R.' Accademia di Torino*, 1788–9], 6.）

[3] *Athe* 或者说更加精炼，更忽略语法限制地表达这个观念：没有上帝，就没有善（SANS DIEU, REIN DE MIEUX）（奥利金，《反塞尔苏斯》Ⅰ，26）。

[4] *Nihil motum ex antique probabile est.*（李维，XXXⅣ 54）

子，并不能因此而证明它们是不必要的。[1] 因此，什么慎重的人会不畏惧着手改革工作呢？社会的和谐和音乐的和谐一样，服从宇宙这个琴键上的正音律。调准了五度音，八度音就必然不和，反之亦然。由于不和是不可避免的，因此，与消除它相反（那是不可能的），通过分配不和来调和不和才是必要的。这一主张只在形式上是矛盾的。但是，人们依然会反问："区分意外的缺陷与那些属于事物之本性而不可能排除的缺陷的法则何在？"自然只给了他们耳朵的人才会问这样的问题，而那些有音乐鉴赏能力的人则只会耸耸肩。

四十二

在涉及滥用的时候，人们必须谨慎，只根据政治制度持续的效果，而绝不以它们的原因——不管是哪种原因，它都不能说明什么[2]——更不能依据特定的、附带的困难（它会轻易地把鼠目寸光的人吸引过去，使他们看不到完整的图景）来判断政治制度。确实，根据那个看起来已经得到证实的假设，因果本无逻辑的关联。由于所有天生为善的制度的缺陷，正如我刚才解释的那样，只是伟大的琴键中的一种不可避免的不和，那么，怎么能根据它们的原因和它们的缺陷来判断制度呢？几十年来无所不谈却又无一深入[3] 的伏尔泰滑稽地论证过法国的司法公职的售卖（的滥用性），也许，没有什么例子比这更好地说明我的理论之精确了。"卖官是滥用的证据"他说，"是它源自另一个滥用。"[4] 这里，伏尔泰不仅仅是理解错误，因为所有人都易受谬误之害。他无耻地误解，错得完全没有常识。源自弊端的一切都是弊端！相反，这正是那种隐藏却又显然的权力（这种权力在各方面运作并使自己为人所知）最普遍也最显见的法则之一，即对一项滥用的补救来自于此滥用本身，而积累到一定程度的恶，必然就是它自身的毁灭者。因为恶——它只是一种否定——与它附属并绕行的那种存在一样有着相同的维度和相同的持续时间。它就像癌症一样只有通过自我摧毁才能自我实现。但

---

[1] "人必须回归，"他们说，"为不义的习惯所废弃的那种状态的根本而原始的法律；而这是一个必定会失去一切的游戏。按这个尺度来衡量，没有什么是正义的。然而，群众容易被这样的论证说服。"（帕斯卡，《沉思录》，第一部分，文章Ⅵ）

没有什么比这更真实的了，然而——这就是人啊！——这一评论的作者及其叫人厌恶的党派无休止地玩着这个游戏，这个必定会失去所有的游戏。确实，这个游戏从根本上说成功了。而且，在这点上，伏尔泰的说辞和帕斯卡很像："这是一个徒劳的观念"，他说，"一种没有结果的努力，即，试图通过寻找相应的古代的制度来为一切正名的努力"，等等。（《风俗论》，第 85 章。）听听他关于教皇的进一步的言论，你就会看到他对他自己的准则记得有多清楚了。

[2] 至少就制度的优点而言，因为从其他观点出发，考虑原因是必要的。

[3] 但丁对有点过于尊重他的维吉尔说，人必须承认：*Maestro di color che sanno*（那位大师指亚里士多德）。帕里尼（Parini），尽管心智被完全转化，却依然有勇气戏仿但丁，对伏尔泰说："Sei Maestro…di coloro che credon che sanno."——一个恰当的评论。

[4] 《路易十五世纪概要》（Précis du siècle de Louis XV），Chap. 42.

接下来必然会有一种新的现实冲进原为业已消失之物所占据的场所，因为自然厌恶真空，而善……我和伏尔泰的分歧太大了。

四十三

这位伟大的作家的过错，源于这样一个事实，即他在“为二十种科学所分神”——正如他本人在某处坦承的那样——并持续地专注于给世界传达指示的情况下，很少给自己时间去思考。“一个耽于肉欲的、奢侈的王廷，在被它最愚蠢的开销削减到最匮乏之境地的情况下，设计出售司法公职，以此来创造（它绝不可能自由地以及在知晓原因的情况下，做到这点）一个富有、不可罢免的、独立的司法部门。以此方式，在人间喜乐的[1]、无限的权力，用腐败创造了不可腐败的法庭（尽人类之缺陷所能允许的程度接近于不朽）。”事实上，对于一个真正的哲学家来说，没有什么比这更有道理的了，没有什么比这更符合（通过类推）决定“最重要的制度永远是境遇而非商议的结果”的那个不可辩驳的法则了。这里，问题一旦得到正确的陈述，就已经接近于解决了——对这样的问题来说，这样的结果是常见的（即问题一提出就得到了解决）。“还有什么能比世袭法官更好地服务于法国这样的国家呢？”如果，就像我设想的那样，人们对这个问题作出肯定的回答的话，那么，我就必须立刻提出这第二个问题：在司法必然世袭的情况下，还有什么最初构成并继而征召司法人员的方法，比那种至少可以为国库增添数百万财富，同时又保障了高等法院的富裕、独立甚至（某种）高贵（的品性）的方法更好呢？如果卖官只被认为是法官世袭的一种方式的话，那么，一切公正的人都会慑服于这个真实的观点。这里不是大谈这个问题的地方，但要证明伏尔泰完全没有意识到这个问题，此处所说的已经足够。

四十四

假设一个像他（伏尔泰）那样的人处在事务长的位置上，以完满的和谐把迷信、无能和鲁莽融合在一起。他当然会根据他关于法律和滥用的轻浮的理论来行动。他会以百分之七的利率借债来偿还利率仅为百分之二的债务。他会用被金钱收买的著作的洪水

[1] 《箴言》，8:31。（译文据英文，和合本作“踊跃在他为人预备可住之地，也喜悦住在世人之间”。——译者注）

腐蚀公众，这些作品会侮辱司法人员并摧毁公众对司法的信心。迟早，保护人（这些文人的赞助人），比碰运气还要愚蠢一千倍的家伙，会开始他们无止境的错误。优秀的人，在世袭制中再看不到压倒一切的劳力（阶层）的平衡物，将永远放弃职位；高等法院会落入无名的冒险者手中，这些没有特权也没有财产的人会取代年高德昭的法官，而正是在后者身上，德性和学识才变得和公职的尊严一样世袭。（我们的法官）这个真正的圣职，在虚假的哲学把智慧逐出她所有习惯的居所之前，一直为其他民族所艳羡。

四十五

这就是大多数改革的真实反映。因为创造不仅在人（力）的范围之外，而且，甚至改革，也只是以某种次属的能力的形式，在许多严格的限定之下，才为人所有。从这些不容置疑的原则开始，每个人都能够以绝对的确定性来判断他的国家的制度。首先，他会激赏所有那些对 18 世纪来说如此弥足珍贵的诸民族的创造者、那些立法者和那些民族的复兴者——后世会带着同情甚至是恐怖来思考他们。欧洲内外都建起了纸牌叠的城堡。细节是可厌的，但简单地要求人们至少以事件为基础去商议和评判，甚至是在他们坚持拒绝任何形式的指示的情况下，当然没有对任何人不敬。与其创造者和谐相处的人是崇高的，他的活动也是创造性的。另一方面，在他使自己与上帝分离，单独行动的那一瞬间，他并不会失去他的力量，因为那是他的自然、本性的特权，但他的活动就会是否定性的，且只能导致毁灭了。

四十六

所有时代的历史都不包括哪怕一个悖逆这些准则的事实。没有一种人类的制度能够持续下去，除非得到祂，那支撑所有（维系万物）者的支持——也就是说，除非，这种制度在起源处被特别地奉献给祂。它越为神的本质所渗透，它（未来）存活的时间也就越长。在我们的时代，人的盲目是多么地奇怪啊！他们吹嘘他们的理解（力），却又对一切无知，因为他们不自知，不知道他们自己是什么以及他们自己能够做什么。不可征服的骄傲不停地刺激他们去推翻不为他们自己所造的一切，而为完成新的创造，他们又抛弃了所有存在的本源。让·雅克·卢梭正确地说到：“愚蠢渺小的人啊，向我展示你的力量，我会向你展示你的缺陷。”他本可以同样真实地，更恰当地这么说：“愚蠢渺小的人啊，向我坦承你的缺陷，我会向你展示你的力量。”事实上，一旦一个人承认他自己的微不足道，他也就向前走了一大步，因为他已经相当接近于这样的境界了，即寻求这样一种支持——在这种支持下，一切才是可能的。确切来说，刚刚结束(唉！它只结束在我们的日历里啊！）的那个世纪的特征，恰恰与此相反。检视它（这个世纪）的所有的事业，它所有的制度，无论它是什么；你就会发现它总是意图使它们与神分离。（在过去的一个世纪里）人相信自己是某种独立的存在，并公开宣称某种实践的无神论，这种无神论也许要比理论上的无神论要危险得多，也更应该受到谴责。

四十七

人，在被这个世纪种种空洞的科学分神而不能专注于那唯一真正与之相关的科学的情况下，相信自己具备创造的力量，但实际上他甚至连命名的力量都没有。人甚至不能生产一只虫子或一簇苔藓，却认为他自己是主权——那道德与政治世界最重要、最神圣、最根本的部分——的直接作者。[1]他相信一个特定的家族，比如说，之所以统治，是因为特定的人民想要它去统治。尽管他身边充满了绝对的证据，这些证据证明，一切主权权力之所以统治是因为它为一个更高的权力所选择。如果说他没有看到这些证据的话，那只不过是因为他闭上了眼睛，或者说因为他把眼睛凑得太近。他相信自己发明了语言。再一次地，他应该意识到这点，即一切人类语言都是习得的而从来不是发明的，没有一种可设想的假设，能够以哪怕最低程度的可信度，来解释语言的形成或多样性。他相信他可以建构民族，换言之，他能够创造那种使一个民族区别于另一个民族的民族的统一性。最后，他相信，因为他有能力塑造制度，所以，他也就更加自然而然地能够从其他民族那里借来制度，引进现成的制度和它们原本的名字，就像它们最初的所有者那样，享受它们带来的同样的好处。法国给我提供了一个有趣的例子。

四十八

几年前，法国人曾动过这样的念头，即在巴黎发起那些在一些当代的作品中被一本正经地称作奥运会的体育竞赛。那些发明或者说复兴这个高调的名字的人的推理（理论）

[1] “（这个）原则，本身是堂皇的，看起来也是貌似有理的……被所有的历史和经验证明是假的，即人民是所有正义的权力的起源。”（休谟，《英国史》，查理一世，ch. LIX，a. 1649.）

并不复杂。他们对自己说："人们在阿尔菲厄斯湖畔徒步或骑马竞速。人们也将在塞纳河畔徒步或骑马竞速。因此，这是一回事。"（这个理由）不可能更简单了。且不问为什么他们不把这些竞赛称作巴黎现（Parisian）而非要把它们叫做奥林匹克，我要继续给出其他的评论。在奥运会开始之前，人们要请示神谕，众神和英雄要参与，在献祭和进行别的宗教仪式之前，他们是不会开始比赛的。奥运会被认为是希腊最大的公共聚会，没有什么（比这）更威严的了。但在巴黎人开始他们的从希腊人那里复兴的竞赛之前，他们会去罗马到最高权威那里（ad limina apostolorum）请示教皇吗？在开始他们为消遣店主的赛马之前，他们会唱大弥撒吗？这些竞赛的政治目标是什么？（它的）祭司长的名字又是什么？但这么说就足够了。最普通的常识也会即刻感觉到这种模仿的空洞甚至荒谬。

四十九

然而，在一些聪明人（他们唯一的缺点或者说不幸，在于传授现代的学说）写作的一本杂志中，以下这段关于这些竞赛活动的话，是（他们）在若干年前，以最丰富多样的激情写下的。

"我预言有一天，法国的奥运会会把全欧洲都吸引到战神广场上来。在此中只看到一种体育竞赛的人的灵魂是多么地无趣而迟钝啊。至于我，我看到的是自艾丽斯（指小城邦艾丽斯的奥林匹亚平原——译者注）的壮景以来（所有希腊都可以在那里看到它自己的光彩）的一种无与伦比的景观。不，罗马斗兽场和我们自己的骑士比武大赛都不能与之争辉。"[1]

至于我，我相信，实际上，我知道，没有一种人类的制度，在没有宗教基础以及（对此我表示最全面的关注）在不具备一个取自民族之语言（这种语言无须任何事先的、公共的商议而自行产生）的名字的情况下，是能够持续的。

五十

名字的理论也是一个极其重要的主题。名字并非纯粹任意（之物），就像许多失

[1] 《哲学十年》（*Decade Philusophique*），1797年10月，Ⅰ，3。这段话，联系它（发表）的日期来看，有双重的价值，它既高度滑稽，又引人思考。其中我们可以看到当时的孩子们（那些幼稚的人）玩弄的观念是什么以及他们对人首先应该知道的是什么了解得有多清楚。自那时起，一种新事物的秩序，就已经彻底驳倒了这些精致的幻想。而如果今天全欧洲都被吸引到巴黎来的话，那么，它当然也不为看奥运会来的。

去自己名字的人声称的那样。上帝称自己为我是（Je suis），而一切造物则称自己为我是某某（Je suis cela）。一个精神性存在（être spirituel）的名字，必然与它的行动相关，后者是它独特的品质。因此，在古人那里，对于神来说，其最大荣誉，是有多个名字（Polyonumie），也就是说，名字的复数性，而这，为广阔力量的功能之多样提供了证据。古代的神话告诉我们，黛安娜在她还是儿童的时候，就向朱庇特要求这一荣誉，而在被归到俄耳甫斯名下的诗文中，她被冠以 Demon polynyme（有多个名字的神灵）之名。[1] 本质上说，这意味着，只有上帝有权利赐予名字。祂命名万物因为祂创造万物。祂命名星辰[2] 和天使。圣经只提到三位天使的名字，但所有这三个名字都意在成为这些（上帝的）代理人的目的。人也一样，在上帝看来，亲自给他们命名是合适的，《圣经》也让我们熟知许多这样的名字。名字总是和这些人的功能相关。[3] 难道祂没有说，在祂未来的王国中，祂将给征服者一个新的名字[4]，一个与他们的功绩相称的名字？难道，依上帝的形象被造的人，还能找到比给征服者一个新的名字——依照被征服者看来是人类的评价中最可敬的名字——更庄严的回报胜利者的方式吗？[5] 每一次，在一个人的生活要发生变化或承担某种新特征的时候，他经常因此而获得一个新的名字。这在洗礼、坚信礼、士兵的招募、宗教教团的入教（仪式）、奴隶的释放等中都是真实的。常见的表达，他有名字，却没有声望（Il a un nom, il n'a point de nom），是相当真实且意味深长的。没有人会被放到那些在有名望选入会中[6] 的人的品级上，除非他的家族有区别于其他家族的印记。

五十一

对个人来说为真的事，对民族来说也为真。有一些民族没有名字。希罗多德评论

[1] 参见斯潘海姆（Spanheim）关于《黛安娜颂》（*Hymn to Diana*）Ⅶ第七行的注释。转引自朗济（Lanzi）的《论欧洲语言》（*Saggio di Lingua Etrusca*），Ⅲ，part 1. 荷马式的史诗实际上只是那些属于这同一个多名原则的称号的汇编罢了。

[2] 以赛亚书 1:26.（和合本："我也必复还你的审判官，像起初一样，复还你的谋士，像起先一般。然后你必称为公义之城，忠信之邑。"）

[3] 让我们来回忆神直接给人的那个最伟大的名字。名字的理由是在这种情况下与名字一起给出的，确切来说名字表达了命运，或者说，那种可被算作同一种东西的，权力。

[4] 启示录，3:12。（和合本："得胜的，我要叫他在我神殿中作柱子，他也必不再从那里出去。我又要将我神的名，和我神城的名（这城就是从天上从我神那里降下来的新耶路撒冷）并我的新名，都写在他上面。"——译者注）

[5] 这一评价是一本题为《内嵌于一种对启示的仁爱之解释的基督教宗教的胜利史》（*Die Siegsgeschichte der christlichen Religion, in einer gemeinnutzigen Erklaerung der Offenbarung*; Nuernberg, 1799：89）的匿名却又众所周知的作者给出的。

[6] 民数记，16:2。（和合本："并以色列会中的二百五十个首领，就是有名望选入会中的人，在摩西面前一同起来（聚集攻击摩西）"。——中译注）

道，色雷斯人会是宇宙中最强大的民族，如果他们统一起来的话。“但是”他补充道：“这种统一是不可能的，因为他们被不同的名字分成了不同的群体。”[1] 这是一个准确的评价。也有一些现代的人民没有名字，而其他的一些人民则有几个名字。但多名对民族来说是一种不幸，正如在古人那里它对他们的神来说是可赞誉的那样。

五十二

因此，名字不具有任何任意的性质并和所有的事物一样，或多或少直接起源于上帝，所以，我们决不能相信这样的观点，即人有不受限制的命名——甚至命名那些他有一定的权利认为他自己是它们的作者，根据他用它们形成的观念来把名字强加于这些事物——的权利。在这种关联中，上帝把某种直接的管辖权留给祂自己，这点是不可能被忽视的。[2] “哦我亲爱的赫尔莫根尼斯！授予名字是件沉重的事，它不可能被托付给坏人甚或常人……这一特权只属于名字的创造者（onomaturgos），也就是说，只属于立法者。但在所有被造之人中，他（立法者）是最为罕见的。”[3]

五十三

但是，人却像热爱虚无那样热爱命名。他在把口头的绰号应用于事物时就这么干了，这是标识出伟大的作家、特别是伟大的诗人的天分。对于一个修饰词的恰当应用，在于以其来修饰一个名词，后者因此新的标识而受到赞誉。[4] 在每种语言中都能找到这样的例子……[5] 人永远不会忘记他原始的权利，在某种意义上说，他会一直行使这些权利。但他的堕落对他这些权利的褫夺是多么巨大啊！以下是一条与创造它的上帝一样真实的法则。

人类不得将伟大的名字赋予他所创造的、并认为其很伟大的东西；但如果他合法地行动（即命名）的话，用于这件作品的普通的名字也会因此而变得高贵，变得伟大。

[1] 希罗多德：Therpsyc, v.3.

[2] 《奥利金反塞尔苏斯》Ⅰ，18，23，以及《劝殉道》（*Exhortation to Martyrdom*），46.

[3] 柏拉图：《克拉底鲁斯篇》，390.

[4] 如此，正如哈利加纳萨斯的迪奥尼修斯（Dionysius of Halicarnassus）评论的那样，如果称号是独特且自然的话，那么它有和名字同等的分量（《论荷马的诗》[*De la poesie d'Homere*], ch. Ⅵ）。人们甚至可以说在某种意义上说它的价值更大，因为它有创造——这种创造没有旧词新用的缺陷——的优势。

[5] 我不记得伏尔泰任何（有）著名的称号——也许这只是因为我的健忘。

五十四

法则是同一个，无论它涉及的是政治的还是物质的创造。比如说，在希腊历史上，没有什么比西拉米克（*Céramique*）这个词更著名的了。雅典人没有（比这）更了不起的（词）了。在它失去它的诸多伟人及其政治存在之后很久，当时在雅典人那里（生活）的阿提格斯（Atticus），给他著名的朋友的信中狂妄地写道“那天，发现我自己就在西拉米克”等，西塞罗在他的回复中奚落了他。[1]*Tuilerie* 这个著名的词的本义是什么？[2] 没有什么比这更寻常的了。但与这个地方混合的英雄的遗体使之变得神圣，而这片土地反过来也使那个名字变得神圣。有趣的是，在时间和空间上相隔如此之远的情况下，这同一个词，TUILERIES，之前以一块墓地的名字而著名，竟再度以宫殿之名（的身份）而变得著名。居于杜伊勒里宫的大人物并未试图给那个建筑一个配得上它的显赫的名字。如果他犯这样的错误的话，就没有理由不会在第二天，这个地方便住满妓女和小偷。[3]

五十五

另一个原因也值得考虑，它也应该使我们怀疑任何先验地给出的自命不凡的名字。人的良知几乎总在对他刚刚完成的作品的不完满进行警示。叛逆的骄傲，不能自欺，（于是）它试图通过发明可敬的名字（这个名字恰恰起到了相反的作用）来欺骗他人。结果，这一发明，与在实际上证明这一作品的杰出相反，反倒是对作为其特征的那些缺陷的清晰的承认。如此富于一切可想象的荒谬和愚蠢的 18 世纪，提供了无数关于这点的，以书名、引语、题词和其他形式出现的有趣的例子。比如说，在这个时代的主要作品之一的开头，我们读到如下文字。

Tantum series juncturaque pollet:

Tantum de medio sumptis accredit honoris.

忘掉这段自以为是的引语和大胆的替换，甚至不用打开书，（我们就会读到这段）一点也不怕有失公允（的话）。

[1] 回复你的表述，那天发现自己在西拉米克等。（西塞罗：《答阿提格斯》，I，10.）

[2] 在一定程度上这个词包含陶器或一件陶器的意思。

[3] 意指“杜伊勒里”一名之所以再度变得有名，是因为宫殿的伟大，而非君主有意赋予宫殿一个伟大的名字；如若君主有意为之，反倒会适得其反。迈斯特以此来证明人狂妄的主动行事不会带来好结果。——译者注

Rudis indigestaque moles;

Non bene junctarum Discordia seroina rerum.

确实，这本书就是混乱的影像，而这引文已在最大程度上清晰地表达了这部作品中欠缺的东西。如果你读另一本书《哲学与政治史》的开头的话，不必读完这个书名声明的那段历史，你就知道它既非哲学也非政治。除此之外，在读完这本书之后你还会知道，它是一个疯人的作品。人会厚颜无耻到在他自己的肖像下方写上 *Vitam impendere veto* 吗？你可以毫不犹豫地打赌这是一个骗子的画像。也许他本人有一天，在他突发奇想要说真话的时候也会对你承认这点。在另一幅画像下看到 *Postgenitus hic carus erit, nunc carus amicis* 的时候，谁又不会立即想到，这句话，本身是从以另一种方式描绘他自己的原文那里借过来的呢："我有许多仰慕者却没有一个朋友"？确实，也许不曾有过一个文人（比他）更不能感受友谊也更不值得激发友谊的了。另一种类的作品和事业则服膺于同样的观察。比方说，如果在一个著名的民族中，音乐突然成为一件国家事务。如果这个时代的精神（它在各方面都是盲目的）给这种艺术以一种虚假的重要性和一个虚假的保护人（即国家）的话——这大大不同于它的实际需要——如果事实上在那个神圣而响亮的头衔 ODEON 下人们真的为音乐建起一座庙宇的话——那么事实证明，毫无疑问，艺术正在衰落。不久之后，在听到一个著名的批评家以一种非常强烈的方式宣布，要在入口上挂上"房屋出租"的标识，人们也就无须感到奇怪了。[1]

五十六

但正如我已经说过的那样，所有这些观察，在重要性上还只是次要的。让我们回到那个普遍的原则，即，人没有或不再有命名事物的权利（至少在我刚刚所说明的那种意义上）。我们必须清楚地意识到这点，即最可敬的名字，在所有语言中都有着鄙俗的起源。名字与事物永不相称，事物总会使名字变得光荣。可以说，名字必须生长，否则它就是虚假的。Throne（王座）这个词原来指的是什么？座位甚或凳子。

[1] "在音乐厅演奏的音乐不能在我身上激发我在以前的音乐剧场中感到的那种情感，过去我经常在那里带着极大的喜悦聆听同一段音乐。我们的歌手已经丧失了这种杰出的传统（佩尔戈莱西的《圣母悼歌》）。它是以一种对他们来说是外国的习语写作的。他们唱出这些音符却不熟悉它们的精神。他们的演奏是冰冷、没有灵魂、无情而没有表现力的。甚至管弦乐队也机械地演奏，如此无力以至于糟蹋了效果……古代的音乐复兴了最高贵的诗歌，而我们的音乐则只是鸟叫。因此，让我们现代的乐手们停止对崇高的作品的亵渎吧……让他们（特别是）不再演奏佩尔戈莱西吧。他对他们来说太宏大了。"（《帝国期刊》[*Journal del'empire*],1812 年 3 月 28 日）。

Scepter（权杖）的意思是什么？一根可以倚仗的棒子。[1] 然而，国王的棒子却很快和所有其他的棒子区分开来，而这个名字，带着它的新意义，已经持续了三千年。在文学中还有什么比 Tragedy（悲剧）这个词更高贵，但在一开始的时候却更下贱的么？在我们的语言中，又有什么比那个原本几乎令人反感，却为战士的长矛所提升和高贵化的词 drapeau（旗帜）更招人喜爱呢？许多其他的名字也佐证了这点——Senate, Dictator, Consul, Emperor, Cardinal, Marshal 等。我要以 Constable（警员）和 Chancellor（大臣）这两个头衔作结，它们被用来意指现代两个显要的职位。前者原本仅仅意味着马厩的主人；[2] 后者则是站在围栏后面的人（这样我们就不会为太多的请愿者所压倒）。

五十七

因此，判断所有的人类创造——无论是什么种类的创造——有两条不会出错的法则：基础和名字。一旦得到适当的理解，这两条法则的应用是很简便的。如果基础是纯粹属人的话，那么那座大厦就站不住脚。参与其构造的人越多，他们为之而提供的商议、学识以及特别是著作越多。简言之，属人的各种手段越多，制度也就越脆弱。我们必须主要依靠这个法则来判断主权者或人民议会在民族的文明化、奠立或再生方面做出的尝试。

五十八

另一方面，一个制度的基础越神圣，它也就越经久。为获得更大的明晰性，我们应该补充这点，即，宗教的原则出于自然，在两个意义上说既是创造的又是保守的。首先，作为对人类心灵最有效的影响，宗教可以激励天才的努力。比如说，如果一个

[1] 在《伊利亚德》第二卷中，尤利西斯想阻止希腊人卑鄙地放弃他们的事业。如果在不满者激起的骚动中他发现贵族或国王的话，他会温和地对他说话以说服他。如果他遇到的是他手中的人民的人（*demsu andra*，一个著名的法语习语）的话，那么他就会用他的权杖的重击来打击他。（《伊利亚德》，Ⅱ，186–201.）

之前，据说苏格拉底犯过这样的罪，即借用尤利西斯当时使用的诗行，并通过对人民引用这些诗行来向他们证明他们什么也不知道什么也不是。色诺芬：《回忆苏格拉底》，Ⅰ，ii，58.

在权杖（这个词）的历史上，品达可能也被引用过，他讲过罗德岛以前的国王的一段轶事，他在一个精神高涨的时刻，在没有恶意的情况下，用权杖（不幸的是这根权杖是巴德木制的）击打他的连襟而杀死了他。（《奥林匹克》，Ⅶ，49–55.）一个很好的教训，教人把权杖弄轻些！

[2] Constable 只是高卢语 COMES STAULI 的缩合语，指的是随从，或君王的负责马厩的大臣。

人的宗教信仰使他相信，在死后尽可能完好地保存他的身体，不允许任何轻率或亵渎的手触碰他，对他来说最有利的话，那么，在把防腐的艺术推向完满之后，会以建造埃及的金字塔而告终。第二，尽管宗教原则在其影响上如此有力，但它在抑制方面的影响力甚至要大得多得多，这是因为随年代悠久而来的那种尊重——它把一切事物纳入它的保护之下。如果一块自然的卵石被奉为神圣的话，人们立刻就有理由证明为什么它应该免于那些可能乱放或污损它的手的侵犯。世上充满了证明这个真理的证据。比如说，被墓葬的宗教所保全的伊特鲁利亚的花瓶，尽管脆弱，流传到我们手上的数目，却要比同一时代的青铜或大理石质的遗物多得多。[1] 因此，如果你希望保守一切的话，那么，就把一切都奉为神圣吧。

五十九

第二个法则，是名字的法则，它在明晰性或决定性上毫不亚于第一个。如果名字为议会所强加的话，如果它是由事先的商议而确立并因此而先于它要适用的事物的话，如果它是夸大的话，[2] 如果它在语法上和它要再现的那个事物相称的话，最后，如果它取自外语，特别是一门古老的语言的话——所有这些微不足道的迹象实际上是同一的，人们可以确信这个名字和这个事物很快就会消失。相反的条件则指示着制度的合法性，因此也是它的永恒性。我们必须当心，不要轻易地放过这个主题。一个真正的哲学家决不能忽视语言，它是真正的晴雨表，它的变化准确无误地预言着好天气和坏天气。限于这个主题，确定的是，对外来词汇（特别是用来意指某种民族制度的那些词汇）的过度借用，是一个民族的道德堕落的最确定的标志。

六十

如果一切帝国的形成、文明的进步和所有历史和传统的一致还不足以说服我们的话，那么，帝国的灭亡会完成这个在它们诞生处开始的论证。正如宗教的原则创造万物一样，它的阙如将毁灭万物。可被称作古代的怀疑主义的伊壁鸠鲁派先是堕落，不

[1] 《法兰西信使报》，1809 年 6 月 17 日。

[2] 因此，比如说，如果除主权者外的任何人自称立法者的话，那么，这就是证明他不是立法者的当然证据。而如果一个议会胆敢自称立法者的话，那么，这不仅证明它不是立法者，而且它还会失去它的机智并在不久后遭到全世界的嘲笑。

久之后便摧毁了一切不幸接受它的政府。无论在什么地方，卢克莱修都是凯撒的先驱。

但所有过去的经验，在上个世纪提供的令人恐怖的例子面前都会黯然失色。还被它的浓烟熏得头昏脑涨的人，普遍而言，至少还远远不够沉着到思考它真实的意义，他们尤其不能从中引出那些必然的结论。因此，把所有人的注意力都引向这个可怕的场景是至关重要的。

六十一

世上总有某种形式的宗教和反对这些宗教邪恶的人。不虔诚也永远是一种罪。由于一切虚假的宗教都必然含有某种真理的要素，因此所有的不虔诚都对某种神圣的真理(无论它如何破碎)发起了攻击。但只有在真正的宗教内里才可能存在真正的不虔诚。从这点出发不可避免地得出的结论是，在过去的时代中不虔诚从未造成它在我们的时代引出的那些邪恶，因为它的罪，总是和环绕着它的启蒙直接成比例。我们必须根据这个法则来判断十八世纪，因为在这方面它和其他任何一个世纪都不一样。人们常说所有的时代都是一样的，人也永远是一样的。但我们必须意识到这些普遍的准则，是那些懒惰和浮躁的人为免于思想的苦差事而发明出来的。相反，一切时代和一切民族都有某种特别的独特的本性，必须仔细地思考这种本性。无疑，世间总有恶，但它在量、质、主要特征和强度上可能是不一样的。[1]尽管不虔诚的人总是存在，但是，在十八世纪之前，在基督教世界的中心，不曾有过一场对上帝的反叛。最重要的是，之前，也不曾有过一场一切人类联合起来反对它的创造者的、渎神的合谋。因为这是我们在我们时代（方才）见证的。杂耍表演渎神，悲剧也一样，小说和历史及自然科学也如此。这个时代的人已经把天才出卖给非宗教，并且，根据圣路易临终前所说的那段可敬的话，他们用上帝的礼物来进行反对上帝的战争。[2]古代的不虔诚不曾是愤怒的，有时它会推理，通常它会说笑话，但从来不是酷烈的。甚至卢克莱修也绝少自贬到谩骂的地步，而尽管他极度忧郁的性情使他看到事物的黑暗面，他也仍然保持平静，甚至在他指责宗教生成巨大的邪恶的时候也如此。古代的宗教还不足以激怒其同时代的怀疑主义者。

[1] 人们必须意识到德行的混合，其比例是无限多样的。同一种恶在不同的时代和地方被发现的时候，有些人相信他们有权公正地得出这个结论，即人永远是一样的。没有比这更常见的，更俗陋的诡辩了。

[2] 茹安维尔：《圣路易的历史》，CXLV.

六十二

在福音在世上传播的时候，攻击也就变得越发暴力。然而，基督教的敌人总是保持一种特定的节制。他们在历史上只在大的间隔之间出现并且总是独自出现。他们不曾形成某种联盟或某种正式的社团。他们不会恣意于我们见证的这种狂怒。培尔本人，现代怀疑主义之父，也和他的后继者不一样。甚至在他最可谴责的过错中他也没有表现出这样一种劝人改宗的欲望，更不用说恼怒的情绪或党派精神的语气了。他与其说否定，不如说怀疑。他从支持与反对两个方面立论；确实，有时他在好的事业上比在坏的事业上还要雄辩。[1]

六十三

直到 18 世纪上半叶，不虔诚才真正成为一种力量。起初我们看到它在各个方向上以惊人的能量扩散。从宫殿到木屋，它潜入一切场所，寄生在一切事物之上。它走的是无形的路，秘密却绝对切实地行动，这样，最敏锐的观察者，尽管能够看到其后果，却总是无法发现（它使用的）手段。通过一种不可想象的幻想（欺骗），它甚至赢得了那些对他们来说它是最为致命的人的感情，而它准备牺牲的权威，也在遭受打击之前愚蠢地拥抱它。不久之后，一个简单的体系就变成了一个正式的联盟，它逐渐地、迅速地转变为一场密谋，并最终成为一场涵盖整个欧洲的大密谋。

六十四

接着，这种只属于 18 世纪的不虔诚第一次显露出来。它不再是那种冷漠的，或者最糟也不过是怀疑主义的恶意的、讽刺的、冰冷的语调。它成了一种致命的仇恨、愤怒且经常是暴怒的语调。这一时期的作家们，至少他们中最杰出的那些，不再把基督教当作人类一个不重要的过错来对待。他们像追逐致命的敌人一样追逐它，他们对它的反对走到了极端，这是一场至死方休的斗争。看起来难以置信的是，如果我们自己的眼睛还没有看到关于这点的那些悲伤的证据的话。这些人中一些自称哲人的人，从对基督教的仇恨，走到了对它神圣作者的个人仇恨。他们真的仇恨祂，就像仇恨一

[1] 比如说，参见他在他的《词典》的《留基伯》一文中攻击唯物主义的强力的逻辑。

个活生生的敌人那样。特别是有两个人——他们将永远遭到后世的诅咒——他们以如此一种形式的邪恶而著称，这种邪恶甚至超越了看起来最堕落的人类天性。

六十五

无论如何，由于整个欧洲都是为基督教所文明化的，而教会的使节在每个国家也都取得了崇高的政治声望，公民和宗教的制度也混合甚至合并到了某种令人惊奇的程度。故而人们在用吉本说法国的话来说一切欧洲国家的时候，或多或少触及了真理，即“这个王国是为主教们所造就的。”因此，这个时代的哲学不假思索地诽谤与宗教原则相同一的社会制度，就是不可避免的了。这就是过去实际发生的事情。欧洲的一切政府和所有的制度都令这个时代的哲学不满，因为它们是基督教的，而与它们是基督教的成比例地，一种观念的不适，一种普遍的不满，侵袭着每个人的心智。特别是在法国，哲学的狂乱不再承认任何限制，不久之后许多声音就和到了一起，形成合唱，回荡在罪恶的欧洲的中心。

六十六

“离开我们！[1] 难道我们必须永远在神父面前战栗，从他那里接受无论何种他们乐于给予我们的指示么？在整个欧洲，真理都被燃烧的熏香的烟雾隐藏了。是时候让她（真理）从这有毒的烟云中现身了。我们不会再对我们的孩子说起你。你是否存在、你是什么、你对他们要求什么，这些要留给他们，在他们成年之后，再去认识。存在的一切都不合我们的口味，因为它们身上满是你的名字。我们希望摧毁一切，在没有你的情况下重建一切。离开我们的议会、我们的学校和我们的家。我们能够单独行动，理性是我们需要的一切。离开我们！”

上帝如何惩罚这种该诅咒的胡说八道？祂像创造光一样，用一个词，来惩罚它。祂说，“随它去！”——然后政治的世界崩溃了。

因此，瞧，这两种证据是如何统一起来震慑最没有眼光的眼睛的。一方面，宗教的原则主持所有的政治创造。另一方面，一旦宗教的原则抽身而退，则一切都会崩溃。

[1] 约伯记 21:14。（和合本：“他们对神说，离开我们吧。我们不愿晓得你的道。”——中译注）

六十七

欧洲因为对这些伟大的真理闭上她的眼睛而获罪，而她也因为她的罪而受苦。然而，她还在拒斥光明，不承认那惩罚她的大能。确实，在唯物主义的这一代人中，几乎没有人有条件认清个体、民族和主权犯下的特定罪行的日期、本质和这些罪行的罪大恶极。他们更没有能力理解这些罪行所必然导致的那种赎罪（方式），以及迫使邪恶用它自己的手来清洁那个永恒的建造者为他那令人敬畏的作品而勘定的场所的可敬的奇迹。这个时代的人已经选择了他们的命运。“他们发誓要把他们的眼睛固定在地上。”[1] 但进一步深入细节是无用的，也许甚至还会是危险的。我们被劝导用爱心说诚实话。[2] 在某些场合下除带着敬意外不说话会更加必要；而且，尽管（作出了）一切可想象的预防措施，甚至对于那些最为平静、意图也最为和善的作家来说，（在爱中说真话）这条道路也是异常艰难的。而且，世界依然包含不计其数的人——他们是如此乖张、如此深刻地腐败，以至于，如果他们不禁要怀疑某些事物的真理的话，他们的邪恶也会使结果加倍，使他们变得，可以说，和叛乱的天使一样有罪。哦！但愿他们的残忍变得更甚，如果可能的话，这样，他们甚至不能变得像人所能做到的那样有罪了（即不能称作人，也就不能像人一样负罪，其罪错反倒会减轻——译者注）。当然盲目有时是一种致命的惩罚，然而，它还是能够承认爱。这就是在这个时代可说的、有用的一切。

1809 年 5 月

[1] Oculos suos statuerunt declinare in terram. 诗篇 17:11。（“他们围困了我们的脚步。他们瞪着眼，要把我们推倒在地。”——中译注）

[2] Aletheuontes en agape. 以弗所书 4:15。（“惟用爱心说诚实话，凡事长进，连于元首基督。”——中译注）这个表达是不可译的。拉丁文《圣经》，与说拉丁语相比更喜欢直说（speak rightly），说 Facientes veritatem in charitate。

编译者简介

本卷主编：

施展，1977年生，现任教于外交学院外交学系。毕业于北京大学历史系，史学博士。曾于法国巴黎第一大学访学。主要研究领域为西方近代政治思想史、国际政治。出版专著《迈斯特政治哲学研究——鲜血、大地与主权》，译著《西方文明简史》《康德的欧洲观》，于各种学术期刊与丛刊等发表论文十余篇。

译者

（依其译文顺序排序，转引自商务印书馆版本译文的译者下文未作简介）：

韩伟华，1977年生，现任教于南京大学政府管理学院政治学系。毕业于北京大学历史学系和法国社会科学高等研究院雷蒙·阿隆政治学研究中心，政治学博士。主要研究领域为欧洲近代政治思想史，于各种学术期刊与丛刊等发表论文十余篇。

龚克，1979年生，巴黎第二大学公法学博士在读，从事中法宪政的比较研究，曾从事杂志编辑等媒体工作，现亦为自由撰稿人。

潘丹，1984年生，北京大学历史系博士在读，曾于瑞士洛桑大学“贡斯当研究中心”、巴黎政治学院等处访学。主要研究领域为法国大革命史，对于贡斯当、斯塔尔夫人的政治思想等多有研究。

高振华，1982年生，现在法国做自由职业翻译，并长期在法国博物馆界工作。巴黎政

治学院，国际事务方向硕士；巴黎第十大学文化管理方向硕士。曾翻译出版法国历史学家皮埃尔·罗桑瓦龙的《法兰西政治模式》。

周威，1979 年生，现任教于郑州大学法学院，同时中国人民大学宪法学博士在读。主要研究领域为宪法学。曾参与《世界各国宪法》（孙谦，韩大元主编）中 5 个法语国家宪法典的翻译工作。

王新连，1941 年生，退休外交官。1964 年毕业于外交学院，从事外交工作 38 年，同时进行写作和翻译。曾出版翻译作品：《乌弗埃—博瓦尼的政治生涯》（合译）、《政治厩房—法国社会丑闻》（合译）、《尼古拉·齐奥塞斯库》（主译）、《非洲民主化浪潮中的华裔外交部长》、《永恒的玩具》（合译）、《美国制造》、《亲亲数学，缘何惧怕》、《变色龙才是政治的徽章——塔列朗自述》。

王立秋，1986 年生，北京大学国际关系学院博士在读，曾于伦敦政治经济学院和早稻田大学访学。主要研究领域为欧洲近代政治思想史。曾做不以出版为目的的业余学术翻译累计数十万字，散见于多个学术网站。